HISTORIA DE FAMILIAS CUBANAS

TOMO IX

COLECCIÓN CUBA Y SUS JUECES

EDICIONES UNIVERSAL, Miami, Florida, 1988

FRANCISCO XAVIER DE SANTA CRUZ Y MALLEN
Conde de San Juan de Jaruco y de Santa Cruz de Mopox
Grande de España

HISTORIA
DE
FAMILIAS CUBANAS

TOMO IX

(Escrita en presencia de documentos inéditos)

P.O. Box 450353 (Shenandoah Station)
Miami, Florida, 33245, U.S.A.

© Copyright 1988 by Conde de San Juan de Jaruco

Library of Congress Catalog Card No.: 41-2350

I.S.B.N.: 0 - 89729 - 409 - 2 (Tomo IX)
I.S.B.N.: 0 - 89729 - 379 - 7 (Obra completa)

Depósito legal: B 18.475 - 1988

(Los 6 primeros volúmenes fueron publicados en Cuba entre 1940-1950). Quedan varias colecciones completas en existencia. Los volúmenes 7 y 8 fueron publicados por Ediciones Universal en 1985 y 1986. El volumen 10 y último se publicará en un futuro próximo.)

Impreso en España

Impreso en los talleres de artes gráficas de
EDITORIAL VOSGOS, S. A. - Avda. Mare de Déu de Montserrat, 8
08024. BARCELONA - España

ALFONSO DE ARMAS

A fines del siglo XV, se encontraba radicada esta familia en el lugar de Aguamuxe, isla de la Gomera, una de las siete de la Gran Canaria, de donde pasaron a fines del siglo XVII a la villa de Guanabacoa, en la isla de Cuba.

Son sus armas: en campo de plata, un brazo saliendo del lado derecho, armado y con guantelete, sustentando un pendón con las armas de Castilla y de León, cuarteladas.

Aguamuxe tenía su morada en las montañas de su nombre, y fue uno de los principales naturales de la isla de la Gomera. Dejó por hijo: al

Príncipe indígena Juan Aguamuxe, natural de la Gomera, que profetizó la conquista de su tierra natal diciendo a sus súbditos: «que verían venir por mar gentes, que no les impidiesen la entrada, antes los residiesen y tomasen todo lo que les mostrasen y dijese, por lo que todo sería bueno, y no recibiendo peligro ni daño alguno, porque venían de parte de aquel SEÑOR a quien ellos ofrecían el diezmo que daban de los frutos que les daba». Todos observaron su mandato, y debido a ello, entregaron la isla sin derramamiento de sangre a Juan Bethancourt, conquistador y segundo Rey feudatario de Canarias, por merced del año 1417, que le hizo la Reina Catalina, como tutora de su hijo don Juan II de Castilla. El Príncipe Aguamuxe dejó por hijo a:

Don Juan Negrín, natural de la Gomera, que pasó a Castilla, de donde regresó en compañía de don Diego García de Herrera y de su mujer doña Inés de Peraza, quienes le adjudicaron datas en Fuerte Ventura. Doña Catalina, como madre y tutora de su hijo don Juan II de Castilla, le nombró Rey de Armas de Canarias, para si, sus hijos y demás descendientes. Casó con doña María del Valle, y tuvieron por hijo a:

Don Juan de Armas y del Valle, que fue segundo Rey de Armas de Canarias. Casó con doña Beatriz Guerra, que testó dos veces: la primera, el 2 de septiembre de 1506, ante Sebastián Páez; y la segunda, el 17 de julio de 1527 ante Bernardino Justiniano. Tuvieron por hijos a: Catalina; a Andrea; a Luis, y a Juan de Armas y Guerra. De los cuales:

Don Juan de Armas y Guerra, fue tercer Rey de Armas de Canarias, y además uno de los conquistadores de la isla de Tenerife, donde obtuvo reparto de tierras, habiendo levantado el Pendón y Estandarte Real cuando la referida conquista. Testó el 21 de junio de 1532 ante Bernardino Justiniano. Casó con doña Ana Sánchez, la que testó el año 1558 ante Francisco Márquez otorgando codicilo ante Roxas. Tuvieron por hijos a: Catalina Guerra; a Francisca; a Inés; a Catalina; a Gaspara; a Luis; a Melchor; a Antonio, y a María de Armas y Sánchez. Los cuales:

1. — Doña Catalina Guerra de Armas y Sánchez, casó con don García de Alcubillo, uno de los conquistadores de la isla de Tenerife.

2. — Doña Francisca de Armas y Sánchez, casó con don Gregorio Castellanos.

3. — Doña Inés de Armas y Sánchez, casó con don Diego Pérez Lorenzo.

4. — Doña Catalina de Armas y Sánchez, casó con don Pedro Hernández.

5. — Doña Gaspara de Armas y Sánchez, casó con don Gonzalo Pérez.

6. — Don Luis de Armas y Sánchez, fue Regidor en Tenerife. Casó con doña María Placeres.

7. — Don Melchor de Armas y Sánchez, casó con doña Antonia Zarazo, y fundaron un vínculo en el lugar de Taganana, Canarias.

8. — Don Antonio de Armas y Sánchez, casó con doña Beatriz Baeza, hija de Nicolás, Alguacil Mayor de la isla de Tenerife.

9. — Doña María de Armas y Sánchez, casó con don Hernán Gómez y González, hijo de don Ascencio Gómez, conquistador de la isla de Tenerife, Paje del Rey don Fernando, y de doña Guiomar González, vecinos del lugar de Taxina, en Canarias. Tuvieron por hijos a: Melchor, y a Gaspara de Armas y Gómez. Los cuales:

A. — Don Melchor de Armas y Gómez, vecino de la isla de Tenerife, fue Alcalde Mayor de Fuerte Ventura, donde casó con doña Juana de la Peña, y tuvieron por hijo: a

Don Hernán Gómez de Armas y Peña, natural de Fuerte Ventura, que fue padre: de

Don Melchor de Armas, que casó en Fuerte Ventura el año 1674, con doña X... Manuel, y tuvieron por hijo: a

Don Lázaro de Armas y Manuel, que casó en la villa de Arucas, con doña Josefa Rodríguez. Tuvieron por hijo: al

Capitán Antonio de Armas y Rodríguez, que fue bautizado el 13 de enero de 1712. Casó en la villa de Aquín, con doña María Melián.

B. — Doña Gaspara de Armas y Gómez, casó con don Gaspar Quirós, y tuvieron por hija: a

Doña Catalina Quirós Herrera y Armas, vecina del lugar de Taxina, que recibió carta dotal el año 1604 ante el Escribano Baltasar Hernández. Casó con don Juan Alfonso, vecino de dicho lugar, hijo de don Baltasar Martín Alfonso, y de doña Gracia María. Tuvieron por hijo: a

Don Gonzalo Alfonso de Armas, vecino del Valle de Guerra, en Canarias, que casó en la ciudad de La Laguna, Tenerife, parroquia Concepción, el 22 de agosto de 1637, con doña Florencia María Marrero, hija de don Miguel Marrero, Alcalde del lugar del Valle de Guerra, y de doña María de la O, oriunda de la isla de la Palma. Tuvieron por hijos: a Nicolás; a Francisco y a Miguel Alfonso de Armas y Marrero. De los cuales:

a. — Don Francisco Alfonso de Armas y Marrero, fue Alcalde del Valle de Guerra.

b. — Don Miguel Alfonso de Armas y Marrero, vecino del Valle de Guerra, pasó a Cuba y fue Alcalde ordinario de Matanzas en la isla de Cuba, los años 1695 y 1696. Casó en la ciudad de la Laguna, parroquia Concepción, el 15 de octubre de 1662, con doña María Felipa Álvarez de la Cruz, hija de don Juan Álvarez y de doña María Felipa de la Cruz. Tuvieron por hijos: a María Felipa; a Juan, y a Sebastián Alfonso de Armas y de la Cruz. Los cuales:

1. — Doña María Felipa Alfonso de Armas y de la Cruz, natural de la Laguna, pasó en unión de sus padres a la villa de Guanabacoa, provincia de La Habana, y casó en la parroquia de dicha villa el 13 de septiembre de 1683, con don Gaspar López-Barroso y Núñez, natural de San Juan de la Rambla, en la isla de Tenerife, hijo de don Marcos López-Barroso y de doña Ana Francisca Núñez.

2. — Don Juan Alfonso de Armas y de la Cruz, del que se tratará en la LÍNEA PRIMERA.

3. — Don Sebastián Alfonso de Armas y de la Cruz, del que se tratará en la LÍNEA SEGUNDA.

LÍNEA PRIMERA

Don Juan Alfonso de Armas y de la Cruz (anteriormente mencionado como hijo de don Miguel Alfonso de Armas y Marrero, y de doña María Felipa de la Cruz), natural de la ciudad de la Laguna, testó en Guanabacoa ante Nicolás Fernández, y su defunción se encuentra en la parroquia de San Miguel del Padrón a 3 de febrero de 1755. Casó en la parroquia de la villa de Guanabacoa el 12 de febrero de 1702, con doña Juana Bautista Rivero y Ximénez, hija de Juan y de María. Tuvieron por hijos: a Ana; a María Jacinta; a Miguel; a Tomás; a José, y a Ángel Alfonso de Armas y Rivero. De los cuales:

A. — Doña Ana Alfonso de Armas y Rivero, testó en 1768 ante don Juan del Junco, y su defunción se encuentra en la parroquia de San Miguel del Padrón a 8 de marzo de 1777.

B. — Doña María Jacinta Alfonso de Armas y Rivero, natural de La Habana, casó en la parroquia de San Miguel del Padrón el 16 de septiembre de 1753, con don Diego Rodríguez-Casanova y Rodríguez, natural de la villa de Guanabacoa, hijo de Mateo y de María.

C. — Don Miguel Alfonso de Armas y Rivero, casó en la parroquia de Santa María del Rosario el 21 de junio de 1734, con doña María Bernarda Borges y Palacios, hija de Cayetano y de Isabel.

D. — Don Ángel Alfonso de Armas y Rivero, testó el 3 de mayo de 1766, ante Pedro Guerrero, y su defunción se encuentra en la parroquia de San Miguel del Padrón a 25 de julio de 1768. Casó con doña Manuela Hernández-Labrador, y tuvieron por hijos: a María del Rosario; a Bárbara; a Cecilia; a María Teresa; a Mariana; a Juan; a Manuel; a Gregorio, y a Tomás Alfonso de Armas y Hernández-Labrador. De los cuales:

a. — Doña Mariana Alfonso de Armas y Hernández-Labrador, tiene su defunción en la parroquia de San Miguel del Padrón a 18 de abril de 1779.

b. — Doña Cecilia Alfonso de Armas y Hernández-Labrador, casó en la parroquia de San Miguel del Padrón el 29 de julio de 1767, con don Mateo Rodríguez-Casanova y Pérez, hijo de Diego y de Florencia.

c. — Don Manuel Alfonso de Armas y Hernández-Labrador, fue natural de la villa de Guanabacoa, donde testó el 17 de septiembre de 1824, y su defunción se encuentra en la parroquia de San Miguel del Padrón a 26 de dicho mes y año. Casó con doña María Josefa Hernández-Piloto.

LÍNEA SEGUNDA

Don Sebastián Alfonso de Armas y de la Cruz (anteriormente mencionado como hijo de don Miguel Alfonso de Armas y Marrero, y de doña María Felipa de la Cruz), natural de la Laguna, tiene su defunción en la parroquia Peñalver a 12 de diciembre de 1773. Casó con doña María Rodríguez del Cristo, y tuvieron por hijos: a Bernarda; a Isidora; a Juana; a Cayetano; a Santiago; a Bernardino, y a Sebastián Alfonso de Armas y Rodríguez. Los cuales:

1. — Doña Bernarda Alfonso de Armas y Rodríguez, testó el 29 de abril de 1791 ante José Lorenzo Rodríguez, y su defunción se encuentra en La Habana, parroquia del Espíritu Santo, a 29 de junio de 1792. Casó con don Manuel de la Cruz.

2. — Doña Isidora Alfonso de Armas y Rodríguez, fue bautizada en la parroquia de la villa de Guanabacoa el 8 de abril de 1709.

3. — Doña Juana Alfonso de Armas y Rodríguez, fue bautizada en la parroquia de Guanabacoa el 23 de julio de 1721.

4. — Don Cayetano Alfonso de Armas y Rodríguez, natural de la Laguna, Tenerife, casó en La Habana, parroquia del Espíritu Santo, el 19 de marzo de 1736, con doña María de la Luz y Martínez, hija de José y de Catalina.

5. — Don Santiago Alfonso de Armas y Rodríguez, del que se tratará en la Rama Primera.

6. — Don Bernardino Alfonso de Armas y Rodríguez, del que se tratará en la Rama Segunda.

7. — Don Sebastián Alfonso de Armas y Rodríguez, del que se tratará en la Rama Tercera.

Rama Primera

Don Santiago Alfonso de Armas y Rodríguez (anteriormente mencionado como hijo de don Sebastián Alfonso de Armas y de la Cruz, y de doña María Rodríguez del Cristo), natural de La Habana, fue Alcalde ordinario de Villaclara. Casó dos veces: la primera, con doña María de Neira y Valenzuela; y la segunda, en la Parroquial Mayor de Villaclara el 7 de mayo de 1758, con doña Ana María López-Silvero y Sarduy, hija del Alférez Gregorio López-Silvero y del Águila, natural del partido de Hanábana, y de doña Ana Sarduy y Ramírez, natural de la villa de San Juan de los Remedios. Con su segunda mujer, tuvo por hija: a

Doña Ana Josefa Alfonso de Armas y López-Silvero. que casó en la Parroquial Mayor de Villaclara el 18 de agosto de 1774, con don Nicolás López-Silvero y Monteagudo, hijo del Teniente Francisco López-Silvero y Sarduy, y de doña María Manuela Monteagudo y Pérez de Morales.

Tuvieron por hijo: a Nicolás López Silvero y Alfonso de Armas, que casó en la Parroquial Mayor de Santa Clara el 19 de octubre de 1800, con doña María López Silvero y Fleites, hija de don Francisco López Silvero y Monteagudo, y de doña María Nicolasa Fleites y Pérez de Alejos.

Don Santiago Alfonso de Armas y Rodríguez, y su primera mujer doña María de Neira y Valenzuela, tuvieron por hija: a

Doña María Francisca Alfonso de Armas y Neira, que casó en la Parroquial Mayor de Villaclara el 22 de octubre de 1770, con don Manuel

Antonio López-Silvero y Moya, hijo de don Rosendo López-Salvero y Sarduy, Capitán de Milicias, y de doña Ana Ventura de Moya. Tuvieron por hijos: a Micaela; a Josefa; a Manuela y a José Joaquín López Silvero y Alfonso de Armas.

Rama Segunda

Don Bernardino Alfonso de Armas y Rodríguez (anteriormente mencionado como hijo de don Sebastián Alfonso de Armas y de la Cruz, y de doña María Rodríguez del Cristo), fue bautizado en la parroquia de Guanabacoa el 31 de mayo de 1715. Testó ante Ignacio Rodríguez el 3 de septiembre de 1768, y su defunción se encuentra en La Habana, parroquia del Espíritu Santo, a 10 de dicho mes y año. Casó en la parroquia de Guanabacoa el 4 de marzo de 1742, con doña María Sardiña y Hernández-Madruga, hija de don Pedro Sardiña y Reyes, Teniente de Milicias, y de doña Teresa Hernández-Madruga y Pérez-Galindo. Tuvieron por hijos: a Paula María; a Bárbara; a María de Jesús; a Rita; a Petrona; a Santiago; y a José Fructuoso Alfonso de Armas y Sardiña. De los cuales:

A. — Doña Bárbara Alfonso de Armas y Sardiña, casó en la parroquia de Guanabacoa el 30 de enero de 1775, con don Manuel de Otero y Ruiz del Álamo, hijo de don Esteban de Otero y Báez de Fuentes. natural de Matanzas, y de doña Josefa Ruiz del Álamo y González, natural de Guanabacoa.

B. — Doña Petrona Alfonso de Armas y Sardiña, testó el 19 de abril de 1804, ante Jorge Díaz Velázquez, y su defunción se encuentra en La Habana parroquia del Santo Ángel, a 22 de dicho mes y año. Casó en la parroquia de Guanabacoa el 3 de diciembre de 1766, con don Diego González de la Barrera y Hernández-Piloto, natural de La Habana, Capitán de Caballería Ligera de la plaza de Matanzas, hijo de Juan Manuel y de Francisca.

C. — Don José Fructuoso Alfonso de Armas y Sardiña, natural de Guanabacoa, testó ante el Capitán de Partido, y su defunción en encuentra en la parroquia de San Matías de Río Blanco, a 23 de octubre de 1789. Casó con doña Josefa González, y tuvieron por hijos: a Bernardina; a María Dolores; a Eusebia; a Josefa Fortunata; a José Serafín; a José Vicente, y a Pedro Nolasco Alfonso de Armas y González. De los cuales:

a. — Doña Josefa Fortunata Alfonso de Armas y González, natural de Guanabacoa, casó en la parroquia de Jaruco, el 24 de marzo de 1806, con don José de Jesús Pérez y Hernández, hijo de José y de Inés.

b. — Don José Vicente Alfonso de Armas y González, natural de Guanabacoa, casó en la parroquia de Jaruco el 4 de julio de 1820, con doña María Gertrudis Manresa y Espinosa, hija de José y de María Josefa.

c. — Don Pedro Nolasco Alfonso de Armas y González, natural de Guanabacoa, fue Regidor del Ayuntamiento de Jaruco. Testó el 19 de abril de 1836 ante José de la Cruz Velasco, y su defunción se encuentra en la parroquia de Jaruco a 15 de julio de dicho año. Casó con doña Margarita Carrasco y de los Reyes, natural de Santa María del Rosario, hija de Juan Antonio y de Rita. Tuvieron por hijos: a Sabina; a Andrea; a Quintín, y a Cándido Alfonso de Armas y Carrasco.

Rama Tercera

Don Sebastián Alfonso de Armas y Rodríguez (anteriormente mencionado como hijo de don Sebastián Alfonso de Armas y de la Cruz y de doña María Rodríguez del Cristo), bautizado en la parroquia de la villa de Guanabacoa el 26 de junio de 1717, testó el 29 de noviembre de 1801 ante Fernando Rodríguez, y su defunción se encuentra en la referida parroquia el 13 de julio de 1803. Casó en la parroquia de Santa María del Rosario, el 20 de agosto de 1742, con doña Simona Díaz y González, natural de San Miguel del Padrón la que testó el 14 de febrero de 1798 ante José Tomás Gómez, encontrándose su defunción en la parroquia de Guanabacoa a 15 de febrero de 1798, hija de Ignacio y de Antonia. Tuvieron por hijos: a María de Regla; a María Josefa; a María de Jesús; a María Catalina; a Sebastián; a Blas; a Esteban; a Manuel; a Francisco Xavier, y a Juan José Alfonso de Armas y Díaz. De los cuales:

1. — Doña María Josefa Alfonso de Armas y Díaz, natural de Guanabacoa, testó el 11 de mayo de 1850 ante el capitán de Partido, y su defunción se encuentra en la parroquia de Ceiba-Moncha a primero de julio de dicho año. Casó con don Manuel Fernández.

2. — Doña María de Jesús Alfonso de Armas y Díaz, casó con don Isidro García.

3. — Doña María Catalina Alfonso de Armas y Díaz, tiene su defunción en la parroquia de Guanabacoa a 8 de julio de 1795, donde casó el 27 de enero de 1765, con el Teniente Coronel Francisco Pérez-Barroso y González de la Joya, Alcalde ordinario, hijo de don Juan Pérez-Barroso y Pérez, y de doña María González de la Joya y González.

4. — Don Sebastián Alfonso de Armas y Díaz, natural de Guanabacoa. Casó con doña Mariana Hernández Marrero, natural de Santa María del Rosario, hija de Bernardo y de Teodora. Tuvieron por hijos: a José; y a Florencio Alfonso de Armas y Fernández, que fueron bautizados en la parroquia de Peñalver.

5. — Don Blas Alfonso de Armas y Díaz, natural de Guanabacoa, fue Alcalde ordinario de dicha villa, en cuya parroquia casó el 3 de mayo de 1779, con doña María de la Concepción Ruiz y Ruiz, hija de Pedro y de Manuela. Tuvieron por hija: a

Doña Antonia María Alfonso de Armas y Ruiz, que fue bautizada en la parroquia de Peñalver, el 23 de octubre de 1793. Casó en Guanabacoa el 5 de mayo de 1810, con don José Francisco Alfonso de Armas y Ruiz, hijo de don Juan José Alfonso de Armas y Díaz, Regidor del Ayuntamiento, y de doña María Francisca Ruiz y Abreu.

6. — Don Esteban Alfonso de Armas y Díaz, natural de Guanabacoa, fue Sub-teniente de Milicias. Casó con doña Rafaela Pérez-Barroso y Carrasco, hija del Teniente Coronel Miguel Pérez-Barroso y González de la Joya, Alcalde ordinario de dicha villa y de doña Juliana Carrasco. Tuvieron por hijo: a Rufino Alfonso de Armas y Pérez-Barroso que fue bautizado en la parroquia de Peñalver.

7. — Don Manuel Alfonso de Armas y Díaz, natural de Guanabacoa, casó con doña Julia Garrido y Hernández, natural de Santa María del Rosario, hija de José Antonio y de Mariana. Tuvieron por hijos: a Agueda; a José Joaquín, y a José Eduardo Alfonso de Armas y Garrido. De los cuales:

Doña Agueda Alfonso de Armas y Garrido, natural de San Miguel, casó con don Lorenzo Morales y Marrero, natural de Bibacoa, hija de Lorenzo y de María Mauricia.

8. — Don Franisco Xavier Alfonso de Armas y Díaz, casó en la parroquia de Guanabacoa el 30 de noviembre de 1778, con doña María de la Concepción González-Amador y Nis, hija de Valentín y de Micaela. Tuvieron por hijos: a María Francisca; a Leandro, y a Ignacio Alfonso de Armas y González Amador. Los cuales:

A. — Doña María Francisca Alfonso de Armas y González-Amador, testó en Guanabacoa el 16 de enero de 1812, ante José Díaz, y su defunción se encuentra en la parroquia de San Miguel del Padrón a 22 de octubre de dicho año, donde casó el 25 de octubre de 1803, con don Vicente García y Alfonso de Armas, hijo de don Isidro García, y doña María de Jesús Alfonso de Armas y Díaz.

B. — Don Leandro Alfonso de Armas y González-Amador, natural de San Miguel del Padrón, tiene su defunción en la parroquia de Ceiba-Mocha a 2 de noviembre de 1849. Casó con doña Josefa González de la Joya y tuvieron por hijos: a Josefa; a José del Rosario, y a Andrés Alfonso de Armas y González de la Joya.

C. — Don Ignacio Alfonso de Armas y González-Amador, natural de Guanabacoa, casó en la parroquia de San Miguel del Padrón el 20 de julio de 1801 con doña María Regla Quiñones y Rizo, hija de Fernando y de Josefa.

9. — Don Juan José Alfonso de Armas y Díaz, natural de Guanabacoa, fue Regidor de su Ayuntamiento. Casó en la parroquia de dicha villa el 20 de noviembre de 1779, con doña Mariana Francisca Ruiz y Abreu, hija del doctor Cipriano Ruiz, Regidor del Ayuntamiento, y de doña María Abreu. Tuvieron por hijos: a María Loreto; a María Bernarda; a Mariana; a José Miguel; a Santiago; a José Gregorio; a Juan José; a Manuel; a José Gabriel, y a José Francisco Alfonso de Armas y Ruiz, que fueron bautizados en la parroquia de Peñalver. De los cuales:

Don José Francisco Alfonso de Armas y Ruiz, casó en la parroquia de Guanabacoa, el 5 de mayo de 1810, con doña Antonia María Alfonso de Armas y Ruiz, hija de don Blas Alfonso de Armas y Díaz, Alcalde ordinario y de doña María Concepción Ruiz y Ruiz.

A principios del siglo XVIII, procedente de la Laguna, en la isla de Tenerife, Canarias, se estableció en Matanzas, provincia cubana, otra rama de la familia Alfonso de Armas, a la cual perteneció:

Don Lorenzo Alfonso de Armas y Díaz hijo de Juan y de María, naturales de la ciudad de la Laguna, que fue Regidor del Ayuntamiento en 1717, y Alcalde ordinario de Matanzas los años 1727 y 1734. Testó ante José Martínez de Velasco, y su defunción se encuentra en la Catedral de Matanzas a 20 de octubre de 1760, donde casó el 23 de octubre de 1702, con doña Juana González. Tuvieron por hijos: a Angela; a Rita; a Lorenza; a Rosa; a Baltasar; a Blas; a José; a Tomás; a Buenaventura, y a Simón Alfonso de Armas y González. De los cuales:

1. — Doña Lorenza Alfonso de Armas y González, fue bautizada en la Catedral de Matanzas, donde casó el 25 de febrero de 1742, con don Manuel Alfonso de Armas y Pérez Báez, hijo de don José Alfonso de Armas y Rodríguez, y de doña Bibiana Pérez Báez y Romero, naturales de las islas Canarias.[1]

2. — Doña Rosa Alfonso de Armas y González, casó en la Catedral de Matanzas el 11 de septiembre de 1741, con don Joaquín Enríquez y Delgado, natural de La Habana, hijo de Felipe y de María.

3. — Don Blas Alfonso de Armas y González, fue Síndico Procurador General del Ayuntamiento de Matanzas los años 1752 y 1757, y Alcalde ordinario en 1756. Casó en la Catedral de dicha ciudad el 19 de julio de 1747, con doña María López de Cuellar y Barroso, hija de Tiburcio y de Rosa.

4. — Don José Alfonso de Armas y González, casó dos veces en la Catedral de Matanzas: la primera, el 23 de noviembre de 1744, con doña María Benítez de Lugo y Ávalos, hija de Francisco y de Manuela, y la segunda, el 16 de agosto de 1765, con doña Francisca González. Con su primera mujer, tuvo por hija: a

Doña María Dolores Alfonso de Armas y Benítez de Lugo, que casó en la Catedral de Matanzas el 31 de octubre de 1764, con don Gregorio Montáñez y Ojeda, natural de La Habana, hijo de Nicolás y de Rosa.

5. — Don Tomás Alfonso de Armas y González, fue bautizado en la Catedral de Matanzas el 20 de marzo de 1714, donde casó el 25 de noviembre de 1737, con doña Ana García de Oramas y Pérez de Ramellón, hija de don Diego García de Oramas, natural del Realejo de Abajo, en la isla de Tenerife, Regidor del Ayuntamiento de Matanzas, y de doña Agustina Pérez de Ramellón y León. Tuvieron por hijos: a Rosalía, y a Francisco Xavier Alfonso de Armas y García de Oramas. Los cuales:

A. — Doña Rosalía Alfonso de Armas y García de Oramas, casó en la Catedral de Matanzas el 18 de junio de 1756, con el Teniente Francisco Roque de Escobar y Hernández-Madruga, natural de Guanabacoa, hijo del Capitán Fernando Roque de Escobar y Sardiña y de María Candelaria Hernández-Madruga.

B. — Don Francisco Xavier Alfonso de Armas y García de Oramas, casó en la Catedral de Matanzas el 27 de junio de 1761, con doña María Teresa García de Oramas y Benítez de Lugo, hija de don Ubaldo García de Oramas y Rodríguez Landín, Regidor del Ayuntamiento, y de doña Manuela Benítez de Lugo y Morgado.

6. — Don Buenaventura Alfonso de Armas y González, nacido en Matanzas el 19 de julio de 1721, casó dos veces en la Catedral de dicha ciudad: la primera, el 25 de mayo de 1747, con doña Juana Luciana de Soto y Morales, hija de don Juan de Soto y Díaz de la Vega, y de doña María Morales y Pérez Báez,[2] y la segunda, el 14 de junio de 1756, con doña Rafaela López de Cuéllar y Barroso, hija de Tiburcio y de Rosa. Con su primera mujer tuvo por hijo: a

Don Juan Alejandro Alfonso de Armas y Soto, bautizado en la Catedral de Matanzas el 16 de septiembre de 1750, que fue Síndico Procurador General del Ayuntamiento y Alcalde de dicha ciudad los años 1791 y 1798. Casó dos veces: la primera, con doña María Bárbara Polanco, y la segunda, en la mencionada Catedral el 10 de junio de 1798, con doña Ana Gregoria del Portillo y Acosta, natural de Santi-Spiritus, hija de don Manuel del Portillo y del Portillo, recaudador de Rentas Reales y factor de tabacos de Matanzas, y de doña Mariana de Acosta y Serrano. Con su primera mujer, tuvo por hijo: a

Don Antonio Benito Alfonso de Armas y Polanco, que obtuvo por Real título de 12 de noviembre de 1831, un oficio vitalicio de Regidor perpetuo de Penas de Cámara del Ayuntamiento de Matanzas, en consideración a los servicios prestados por su padre. Falleció en 1834.

Don Juan Alejandro Alfonso de Armas y Soto, y su segunda mujer doña Ana Gregoria del Portillo y Acosta, tuvieron por hija: a María de las Mercedes, y a María Ignacia Alfonso de Armas y del Portillo. Las cuales:

a. — Doña María de las Mercedes Alfonso de Armas y del Portillo, casó en la Catedral de Matanzas el 24 de diciembre de 1821 con don José María Díez Gálvez y Lamar, hijo de don Juan Díez Hidalgo Gálvez, natural de la villa de Osuna, en Andalucía, y de doña Gertrudis Justa Lamar y Vincens.

b. — Doña María Ignacia Alfonso de Armas y del Portillo, casó en la Catedral de Matanzas el primero de octubre de 1827, con don Manuel del Portillo y Bermúdez, hijo de don Manuel Casimiro del Portillo y Acosta, Síndico Procurador General, Mayordomo de Propios y Alcalde ordinario, y de doña Teresa Gertrudis Bermúdez y Escobar.

7. — Don Simón Alfonso de Armas y González, bautizado en la Catedral de Matanzas el 3 de noviembre de 1708, fue Teniente de Milicias, Regidor del Ayuntamiento y Alcalde ordinario los años 1744, 1761 y 1765. Testó ante su sobrino Juan Alejandro Alfonso de Armas y Soto, y su defunción se encuentra en la referida Catedral a 10 de abril de 1790, donde casó el 18 de junio de 1736, con doña Luisa Francisca Morales y Pérez-Báez, hija de don Melchor Morales y de los Santos, natural de Guanabacoa, Síndico Procurador General y Regidor del Ayuntamiento, y Alcalde ordinario de Matanzas, y de doña Juana Pérez-Báez y Romero, natural del lugar de la Victoria, en la isla de Tenerife.[3] Tuvieron por hijos: a Francisco Xavier; a José; a Francisco José, y a Juan José Alfonso de Armas y Morales. Los cuales:

1. — Don Francisco Xavier Alfonso de Armas y Morales, fue Capitán de Milicias, Regidor del Ayuntamiento y Alcalde ordinario de Matanzas. Casó en la Catedral de dicha ciudad el 18 de julio de 1761, con doña María de Jesús Rangel de Chávez y González, hija de don Juan Rangel de Chávez y Ávalos, Síndico Procurador General, Regidor del Ayuntamiento, Alcalde ordinario, y de doña María Antonia González y Gómez. Tuvieron por hija: a

Doña María Luisa Alfonso de Armas y Rangel de Chávez, que fue bautizada en la Catedral de Matanzas el 21 de octubre de 1777. Su defunción se encuentra en la referida Catedral a 11 de marzo de 1838, donde casó el 24 de diciembre de 1793, con don Francisco Cecilio Domínguez y Morales, hijo del Alférez Manuel Domínguez y Martínez, Hacendado, y de doña Bárbara Andrea Morales y Fuentes. Tuvieron por hija: a Doña María Josefa Domínguez y Alfonso de Armas, que casó en la parroquia de la Santa Cruz, de Sabanilla del Encomendador, con don José Domínguez y Morales, hijo de don Manuel Domínguez y Martínez, y de doña Bárbara Andrea Morales y Fuentes..

2. — Don José Alfonso de Armas y Morales, fue bautizado en la Catedral de Matanzas el 23 de abril de 1747, donde casó el 5 de febrero de 1769, con doña Joaquina Rangel de Chávez y González, hija de don Juan Rangel de Chávez y Ávalos, Síndico Procurador General, Regidor del Ayuntamiento y Alcalde ordinario, y de doña María Antonia González y Gómez. Tuvieron por hijas: a María Rita; a Manuela y a María del Socorro Alfonso de Armas y Rangel de Chávez. Las cuales:

A. — Doña María Rita Alfonso de Armas y Rangel de Chávez, fue bautizada en la parroquia de Guamacaro el 3 de septiembre de 1779, y su defunción se encuentra en la Catedral de Matanzas a 9 de julio de 1833, donde casó el 3 de agosto de 1795, con don José Domínguez y Morales, hijo del Alférez Manuel Domínguez y Martínez, Hacendado, y de doña Bárbara Andrea Morales y Fuentes. Tuvieron por hijos: a María del Rosario; a María Luciana; a Margarita; a Juana de la Luz; a Manuela; a José Eugenio, y a Juan Domínguez y Alfonso de Armas.

B. — Doña Manuela Alfonso de Armas y Rangel de Chávez, casó en La Habana, parroquia de Guadalupe, el 28 de juio de 1804, con don Dionisio Zambrana y Zamora, hijo de don Manuel Zambrana y Farrás, y de doña Luisa Zamora y Pérez. Tuvieron por hijo: a don Manuel Zambrana y Alfonso de Armas, bautizado en la Catedral de Matanzas el 31 de mayo de 1808, que fue escribano del gobierno de S. M. de 1855 a 1857, y notario eclesiástico de Matanzas en 1869. Casó dos veces, la primera, en la mencionada Catedral el 20 de mayo de 1838, con doña Lucía Navia y Fernández Arocha, cuya defunción se encuentra en la Catedral de Matanzas a 4 de agosto de 1854, hija de don Pedro Eloy de Navia y García de Oramas y de doña Juana Fernández Arocha y Rodríguez, naturales de dicha ciudad. Casó por segunda vez, en La Habana, parroquia del Espíritu Santo, el 17 de octubre de 1857, con doña María Teresa Calero y Parreño, natural de La Habana, hija de don Clemente Calero y Tapia, y de doña Paula María Parreño y Pesas.

C. — Doña María del Socorro Alfonso de Armas y Rangel de Chávez, casó dos veces: la primera, con don Vicente Jiménez; y la segunda, en la Catedral de Matanzas el 3 de diciembre de 1830, con don Francisco Moreno y Bernal, natural de Arcos de la Frontera, comisionado Real de la Renta de Tabacos de La Habana, hijo de don Pedro Moreno y Muñoz, y de doña Ana María Bernal y Morales.

3. — Don Francisco José Alfonso de Armas y Morales, casó en la Catedral de Matanzas el 23 de septiembre de 1782, con doña María Rosalía Rangel de Chávez y González, hija de don Juan Rangel de Chávez y Ávalos, Síndico Procurador General, Regidor del Ayuntamiento y Alcalde ordinario, y de doña María Antonio González y Gómez.

4. — Don Juan José Alfonso de Armas y Morales, fue bautizado en la Catedral de Matanzas el 10 de junio de 1761, donde casó el 20 de diciembre de 1805, con doña María Josefa Aniceta Arévalo y Rodríguez-Landín, hija de don Santiago Arévalo y Rodríguez-Landín y de doña María Rodríguez-Landín y Méndez. Tuvieron por hijos: a María Francisca y a José Victoriano Alfonso de Armas y Arévalo. Los cuales:

a. — Doña María Francisca Alfonso de Armas y Arévalo, casó en la Catedral de Matanzas el 21 de diciembre de 1833, con don José Miguel Domínguez y González, hijo de don José Francisco Domínguez y Soto, y de doña María del Rosario González y Domínguez.

b. — Don José Francisco Alfonso de Armas y Arévalo, casó en la Catedral de Matanzas el 3 de diciembre de 1834, con doña Francisca Domínguez y González, hija de don José Francisco Domínguez y Soto, y de doña María del Rosario González y Domínguez.

BAS

Apellido catalán.

La familia de este apellido enlazada con Cuba, es originaria de la provincia de Gerona y ostenta las siguientes armas: en campo de azur, un chevrón de plata y, en una punta, una flor de lis de oro.[1]

Don José Bas y Casas, natural de San Feliú de Guíxols, en la provincia de Gerona, casó con doña Josefa Roig y Prats, con la que tuvo los siguientes hijos: José, Gertrudis, Josefa, Carmen y Juan Bas y Roig. De los cuales:

1. — Don José Bas y Roig, casó con doña Francisca Mató, natural de Puerto Rico, y fueron padres de:

Doña Josefina Bas y Mató, que casó con don Esteban Vidal y Mestres, y fueron padres de: Manuel Vidal y Bas.

2. — Doña Gertrudis Bas y Roig, casó con don Manuel Dalmau y Andreu.

3. — Doña Josefa Bas y Roig, casó con don Antonio Mascort y Maury.

4. — Doña Carmen Bas y Roig, casó con don Dionisio Mimó y Miralpeix, natural de Manlleu, en Barcelona, y fueron padres de:

Don Manuel Mimó y Bas, cuya ascendencia se estudia al tratar el apellido Mimó.

BASTIDAS

Las armas de esta familia son: escudo cuartelado: 1ro. y 4to. en campo de gules, un castillo de plata, a cuya puerta está un león encadenado y a su lado, una bastida, y 2do. y 3ro., en campo de sable, una estrella de oro.

Don Rodrigo de Bastidas, natural de Triana, Sevilla, hizo asiento, para salir a descubrir, con los Reyes Católicos el 5 de junio de 1500. Fue descubridor y Adelantado de Santa Marta de Indias. Lo hirió traidoramente Juan de Villafuerte, muriendo en Cuba en 1527, de resultas de las heridas recibidas, y sus restos reposan en la Capilla que fue del Mayorazgo, edificada por su hijo, el Obispo, en la iglesia de la Catedral de Santo Domingo. Casó con doña Isabel Rodríguez de Romera Tamarís, y tuvieron por hijos: a Isabel y a Rodrigo de Bastidas. Los cuales:

1. Apellido derivado del de Bastida, el cual es catalán, de la provincia de Lérida.

1. — Doña Isabel de Bastidas, casó con el hidalgo Hernando de Hoyos, que desempeñó interinamente el cargo de Alcaide de la Fortaleza de Santo Domingo.

2. — Don Rodrigo de Bastidas, fue Dean de la Iglesia de Santo Domingo por nombramiento de 7 de octubre de 1521, Obispo de Venezuela, de Puerto Rico y de Santo Domingo, Visitador Real de Puerto Rico y dos veces Gobernador de Venezuela. En unión de su madre, fundó mayorazgo el 24 de mayo de 1551, con la condición de que para disfrutarlo era requisito indispensable usar en primer apellido Bastidas, y llamando como primer poseedor a su sobrino don Rodrigo de Bastidas, hijo de don Hernando de Hoyos y de doña Isabel Bastidas.

Don Rodrigo de Bastidas, hijo de don Hernando de Hoyos y de Isabel de Bastidas, fue el primer poseedor del Mayorazgo de su casa. Fundador de Bayala y Alcaide de la Fortaleza de Santo Domingo. Casó con doña Juana Fernández de Oviedo, única hija de don Gonzalo Fernández de Oviedo y Valdés, Paje del Príncipe don Juan, Veedor de la Fundación de oro de Tierra Firme, Regidor perpetuo de la ciudad de Santo Domingo, Procurador y Alcaide de su Fortaleza, Cronista de Indias, Adelantado y Gobernador de Cartagena de Indias, y de doña Catalina de Riva Flecha y Burguillos. Tuvieron por hijos: a Mariana; a Isabel y a Rodrigo de Bastidas y Fernández de Oviedo. Los cuales:

A. — Doña Mariana Bastidas y Fernández de Oviedo, casó con el Capitán Alonso de Añasco.

B. — Doña Isabel Bastidas y Fernández de Oviedo, casó con don Dionisio de Guzmán.

C. — Capitán Rodrigo de Bastidas y Fernández de Oviedo, fue Mayorazgo de las casas de Bastidas y de Fernández de Oviedo, y Alcalde de la ciudad de Santo Domingo. Falleció el 2 de octubre de 1668. Casó con doña Felipa Margarita Fuenmayor y Berrio, hija del Contador Ruy Fernández de Fuenmayor, y de doña Leonor de Berrio. Tuvieron por hijos: a Rodrigo de Bastidas y a Gonzalo Fernández de Oviedo. Los cuales:

a. — Capitán Rodrigo de Bastidas, fue Mayorazgo de la casa de Bastidas y Alcalde de la ciudad de Santo Domingo. Falleció el 12 de septiembre de 1677. Casó con doña Juana Castellanos Peñalosa, y tuvieron por hijos: a Mariana y a Rodrigo de Bastidas. Los cuales:

1. — Doña Mariana de Bastidas, casó con el Regidor Juan de Loaces Otáñez.

2. — Capitán Rodrigo de Bastidas, bautizado el 20 de junio de 1614, fue Mayorazgo de la casa de Bastidas, Gobernador y Capitán General de Venezuela en 1656. Falleció el 22 de octubre de 1683. Casó el 18 de agosto de 1634, con doña María Ana D'Avila, hija de don Gómez Daza (D'Avila) y Benavides, Mayorazgo, y de doña Catalina Guerrero y Valdés. Tuvieron por hijos: a Ana; a Ignacio y a Tomás de Bastidas. Los cuales:

A. — Doña Ana de Bastidas, bautizada el 22 de diciembre de 1649, fue Mayorazgo de la Casa de D'Avila. Falleció el primero de agosto de 1724. Casó con don Gonzalo (Figueroa) Fernández de Oviedo y Henao, Mayorazgo de la Casa de Oviedo, hijo del Capitán Gonzalo Fernández de Oviedo, Mayorazgo de la referida Casa, y de doña Ana de Henao Almeida y Casasola.

B. — Don Ignacio de Bastidas, fue Mayorazgo de la Casa de Bastidas, Teniente Cura, y más tarde Beneficiado de la Catedral de Santo Domingo.

C. — Don Tomás de Bastidas, fue Alcalde ordinario de la ciudad de Santo Domingo. Casó el 24 de febrero de 1684, con doña María del Rosario Mieses Ponce de León, hija de don Juan de Mieses Ponce de León, y de doña María Fernández de Fuenmayor y Figueroa. No tuvieron sucesión.

b. — Don Gonzalo Fernández de Oviedo (hijo de Rodrigo de Bastidas y Fernández de Oviedo, y de doña Felipa Margarita Fuenmayor y Berrio), conforme a la fundación del Mayorazgo de Oviedo, tuvo que anteponer el apellido Fernández de Oviedo al suyo para poder disfrutar del Mayorazgo de esta Casa. Casó con doña Ana de Henao Almeida y Casasola, hija de don Luis de Henao y de doña Mariana Casasola. Tuvieron por hijos: a Felipa Margarita y a Gonzalo Fernández de Oviedo. Los cuales:

a. — Doña Felipa Margarita Fernández de Oviedo, casó dos veces: la primera, con el Capitán Lázaro Franco Robles; y la segunda, en la Catedral de Santo Domingo el 12 de noviembre de 1664, con don Francisco Manuel Fernández de Castro y Monasterios, Regidor del Ayuntamiento, hijo de don Baltasar Fernández de Castro y de la Riva, y de doña María Monasterios.

b. — Capitán Gonzalo Fernández de Oviedo, bautizado el 8 de marzo de 1659, fue Mayorazgo de su Casa. Falleció el 13 de junio de 1684. Casó con doña Felipa Estévez de Figueroa, hija de don Alonso Estévez y de doña María de Figueroa. Tuvieron por hijo: a

Don Gonzalo (Figueroa) Fernández de Oviedo, que fue Mayorazgo de su Casa. Falleció el 4 de enero de 1712. Casó con doña Ana de Bastidas, Mayorazgo de la Casa D'Avila, hija del Capitán Rodrigo de Bastidas, Mayorazgo de la Casa de Bastidas, Gobernador y Capitán General de Venezuela, y de doña María Ana D'Avila. Tuvieron por hijos: a Ana María; a Ana Teresa y a Gonzalo Fernández de Oviedo y Bastidas. Los cuales:

1. — Doña Ana María Fernández de Oviedo y Bastidas, fue Mayorazgo de la Casa de Bastidas. Casó el 29 de septiembre de 1698, con el Almirante Antonio Landeche, Sargento Mayor y Capitán General de la isla de Santo Domingo.

2. — Doña Ana Teresa Fernández de Oviedo y Bastidas, casó en Santo

Domingo el 12 de noviembre de 1707, con el Teniente Coronel Juan Caro y Guerrero, Sargento Mayor de dicha plaza, hijo de don Ignacio Pérez Caro, Almirante Real, Presidente, Gobernador y Capitán General de la isla de Santo Domingo, y de doña Luisa Guerrero.

3. — Licenciado Gonzalo Fernández de Oviedo y Bastidas, fue Mayorazgo de la Casa de Oviedo, Abogado, Auditor General, Visitador Real de la Capitanía General de Puerto Rico y Fiscal de su Real Audiencia. Falleció el 6 de octubre de 1734, y casó el 11 de mayo de 1711, con doña Águeda Bardeci y Carvajal, hija de don Juan Castillo Torquemada Bardeci, Alguacil Mayor, y de doña María Bibiana Carvajal. Tuvieron por hijas: a Ana María y a Juana Fernández de Oviedo y Carvajal. Las cuales:

A. — Doña Ana María Fernández de Oviedo y Carvajal, fue Mayorazgo de la Casa de Oviedo. Falleció el 12 de enero de 1799. Casó con el Brigadier Ignacio Francisco Caro y Fernández de Oviedo, hijo del Teniente Coronel Juan Caro y Guerrero, Sargento Mayor de la plaza de Santo Domingo y de doña Ana Teresa Fernández de Oviedo y Bastidas.

B. — Doña Juana Fernández de Oviedo, casó con don Antonio de Coca-Landeche, hijo del Teniente Coronel Antonio de Coca-Landeche, Alcalde ordinario de la ciudad de Santo Domingo, Teniente Rey de dicha isla, y de doña Josefa Landeche y Fernández de Oviedo.

Don Gonzalo Fernández de Oviedo, fundador de esta casa en la isla de Santo Domingo, estuvo presente en la entrevista que tuvo Cristóbal Colón con los Reyes Católicos, para dar cuenta de su descubrimiento. En el año 1513, obtuvo el empleo de Veedor de la fundación de oro de Tierra Firme, acompañando poco después a don Pedro de Arias D'Avila, en su Gobierno de Darién. Escribió la «Historia General de las Indias y Tierra Firme del mar Océano». Casó con doña Catalina de Riva Flecha y Burguillos, y tuvo por única hija: a Juana, que casó con don Rodrigo de Bastidas, Mayorazgo de su Casa, Fundador de Bayajá y Alcaide de la Fortaleza de Santo Domingo.

El referido don Gonzalo Fernández de Oviedo y Valdés, tuvo Mayorazgo en Castilla la Vieja, y una vez concertado el matrimonio de su única hija doña Juana con el ya mencionado don Rodrigo de Bastidas, sobrino y heredero del Obispo de Santo Domingo, fundó un Mayorazgo en esta isla que recaería en el primer descendiente segundogénito que naciera de la unión de don Rodrigo y de doña Juana, el cual tendría que llevar por primer apellido el de Fernández de Oviedo. De esta manera consiguieron el Obispo don Rodrigo de Bastidas y su gran amigo don Gonzalo Fernández de Oviedo, perpetuar sus nombres a través de varias generaciones.

En la isla de Santo Domingo, en la Santa Basílica, se erigió un monumento a Cristóbal Colón, en el mismo lugar que fue enterrado el 27 de junio de 1557, el Cronista de Indias don Gonzalo Fernández de Oviedo.

CALVO

A principios del siglo XVIII aparece radicada esta familia en el lugar de San Román de Arciniega, partido judicial de Amurrio, provincia de Álava, España, de donde pasaron a San Rabón de Ciérvana, Ayuntamiento de Abarte y Ciérvana, partido judicial de Valmaseda, Vizcaya, estableciéndose en La Habana a fines del mismo siglo.

Don Francisco del Calvo y Pedregal, natural del lugar de San Ramón de Arciniega, casó el 10 de enero de 1712, con doña Ramona del Valle y Larrea, y tuvieron por hijo a:

Don Francisco del Calvo y Valle, natural de San Ramón de Arciniega, que casó doña Josefa Santelices y Zazo, y tuvieron por hijo a:

Don Tomás del Calvo y Santelices, natural de San Ramón de Arciniega, que fue Capitán de la Real Marina en los vapores de Correos. Hizo dos informaciones de hidalguía: la primera, en La Laguna, Tenerife; y la segunda en La Habana, a nombre de sus hijos, el 14 de diciembre de 1811, ante Tomás Bombalier. Testó el 10 de febrero de 1812, ante José Salinas, y su defunción se encuentra en La Habana, parroquia del Santo Ángel, a 16 de mayo de 1825. Casó con doña Clara López Crespo y González, natural de Santiago de las Vegas, hija de Diego y de Teresa. Tuvieron por hijos: a María Josefa; a Inés; a José Joaquín; a Bartolomé; a José Luis; a José Facundo; a Pedro; a Francisco y a Juan Tomás del Calvo y López Crespo. De los cuales:

1. — Doña Inés del Calvo y López Crespo, testó el 14 de marzo de 1871 ante Antonio Mendoza, y su defunción se encuentra en La Habana, parroquia de Guadalupe, a 25 de octubre de dicho año. Casó dos veces: la primera, con don Ángel Díaz; y la segunda con el Capitán Francisco Xavier Igualado y Negra.

2. — Don José Luis del Calvo y López Crespo, bautizado en La Habana, parroquia del Santo Ángel, el primero de septiembre de 1801, casó con doña Josefa Sáenz y de la Guardia, natural del Ferrol, hija de don Pedro Sáenz y González de Vinasgire, Capitán de Navío de la Real Armada, y de doña Josefa de la Guardia y Díaz Crespo. Tuvieron por hijo a:

Don Luis del Calvo y Sáenz, que casó en La Habana, parroquia de Guadalupe, el 2 de julio de 1864, con doña Antonia de la Teja y Chaves, hija de Manuel y de Antonia.

3. — Don José Facundo del Calvo y López Crespo, fue Capitán de Fragata de la Real Armada. Testó el 2 de abril de 1833, ante José Salinas, y su defunción se encuentra en La Habana, parroquia de Guadalupe, a 8 de agosto de 1834.

4. — Don Pedro del Calvo y López Crespo, bautizado en La Habana, parroquia del Santo Ángel, el 7 de febrero de 1803, casó dos veces: la primera, con doña María de la Luz Pérez y García-Travieso; y la segunda, en la misma ciudad, parroquia de Guadalupe, el 8 de julio de 1849, con doña María Josefa Fernández y Gutiérrez, hija de don Nicolás José Fernández y González, y de doña María Bibiana Gutiérrez y López.

Don Pedro del Calvo y López Crespo, y su primera mujer doña María de la Luz Pérez y García-Travieso, tuvieron por hijo: a Pedro María del Calvo y Pérez.

5. — Doctor Francisco del Calvo y López Crespo, bautizado en La Habana, parroquia del Santo Ángel, el 20 de septiembre de 1790, fue Abogado, Auditor Honorario del departamento de Marina, Padre General de Menores en 22 de agosto de 1834, Regidor del Ayuntamiento de La Habana, Fiscal Togado del Tribunal Superior de Apelación de Marina, y Caballero de la Orden de Carlos III, en la que ingresó el 25 de septiembre de 1837. Su defunción se encuentra en la Catedral de La Habana a 6 de agosto de 1840. Casó dos veces en dicha capital: la primera, en la parroquia de Jesús María, el año 1812, con doña Juana Bautista López y García, hija de don Juan López y González, y de doña María del Triunfo García y Salas. Casó por segunda vez, ante el Capellán Castrense del Regimiento de Infantería de esta plaza, el año 1833, con doña Josefa Chenard y de las Cuevas, natural de Santiago de Cuba, hija de don José María Chenard y Coto, Teniente Coronel del Regimiento de Infantería de la plaza de La Habana, y de doña María Manuela de las Cuevas y Merino.

Don Francisco del Calvo y López Crespo, y su primera mujer doña Juana Bautista López y García, tuvieron por hijos: a Clara; a Tomás y a José del Calvo y López. De los cuales:

El Licenciado José del Calvo y López testó el 3 de marzo de 1855, ante Juan de Dios Pastoriza, y su defunción se encuentra en La Habana, parroquia de Monserrate, a 8 de marzo de 1855. Casó con doña Josefa Fernández, y tuvieron por hija: a María de Jesús del Calvo y Fernández.

Don Francisco del Calvo y López Crespo, y su segunda mujer doña Josefa Chenard y de las Cuevas, tuvieron por hijos: a Antonio; a Joaquín y a Francisco del Calvo y Chenard. De los cuales:

A. — Don Joaquín del Calvo y Chenard, casó en La Habana, parroquia de Guadalupe, el 16 de mayo de 1868, con doña Ana Luisa Fernández Morell, hija de Pedro y de Ana Luisa.

B. — Don Francisco del Calvo y Chenard, bautizado en la Catedral de La Habana el primero de septiembre de 1834, fue Promotor Fiscal del Juzgado de Pinar del Río. Casó en La Habana, parroquia del Espíritu Santo, el 28 de noviembre de 1860, con doña Felipa de Orozco y Arascot, natural de Puerto Príncipe, hija del Licenciado Anastasio de Orozco y Arango, Asesor Teniente Letrado de la Intendencia de dicha villa, y de doña Gabriela de Arazcot y Soto-Carrillo. Tuvieron por hijos: a María Josefa, y a Francisco del Calvo y Orozco. Los cuales:

a. — Doña María Josefa del Calvo y Orozco, bautizada en Pinar del Río, parroquia de San Rosendo, el 22 de abril de 1861, casó en La Habana, parroquia del Santo Ángel, el 24 de noviembre de 1881, con el Doctor Eliseo Giberga y Galí, Abogado, natural de Matanzas, hijo de don Antonio Giberga y Gibert, natural de Barcelona, y de doña Amelia Galí y Parto, natural de Carcassonne, Francia.

b. — Don Francisco del Calvo y Orozco, natural de Pinar del Río, fue Ingeniero. Falleció el 6 de abril de 1940.

6. — Don Juan Tomás del Calvo y López Crespo, casó con doña María Justa Pérez y García-Travieso, y tuvieron por hijo: a

Don Juan Tomás del Calvo y Pérez, que fue bautizado en la parroquia de Bejucal el 5 de septiembre de 1831. Casó con doña Carmen Toledo y González, natural de la Salud, hija de don Lorenzo Toledo y Sánchez, y de doña María de la Concepción González y de la Cruz. Tuvieron por hijos: a María; a María de la Concepción; a Carmen; a América; a Lorenzo; a Juan Tomás y a Leopoldo del Calvo y Toledo. De los cuales:

1. — Doña Carmen del Calvo y Toledo, casó con don Ricardo Sierra y de la Cruz.

2. — Doña América del Calvo y Toledo, casó con el doctor Manuel Gómez y Cordido.

3. — Don Lorenzo del Calvo y Toledo, casó don doña Carmen Figueroa, y tuvieron por hijos: a Carmen; a María de la Concepción; a Cristina; a Carlos Manuel; a Agustín y a Juan Tomás del Calvo y Figueroa.

4. — Don Juan Tomás del Calvo y Toledo, natural de Quivicán, casó con doña Aurora González y Toledo, hija de Manuel y de Rosalía. Tuvieron por hijos: a Carmen; a Juan Tomás; a Jacinto; a Julio; a Francisco; a Joaquín y a Alberto del Calvo y González.

5. — Coronel Leopoldo del Calvo y Toledo, natural de Quivicán, casó con doña María de los Dolores Ariza y Rodríguez, natural de La Habana, hija de don José Ramón Ariza y Rodríguez, y de doña Bárbara Rodríguez y Pérez. Tuvieron por hijos: a Leopoldo y a Armando del Calvo y Ariza. Los cuales:

A. — Doctor Leopoldo del Calvo y Ariza, es Abogado. Casó con doña Ángela Touzet, y tuvieron por hija: a Ángela Yolanda del Calvo y Touzet.

B. — Doctor Armando del Calvo y Ariza, es Abogado. Casó con doña María de la Concepción Gómez y Calvo, hija del Doctor Manuel Gómez y Cordido, y de doña América del Calvo y Toledo. Tuvieron por hija: a Teresa Marta del Calvo y Gómez.

A principios del siglo XIX, procedente de la ciudad de Lima, en el

Perú, se estableció en la isla de Cuba, otra familia Calvo, cuya genealogía comienza con:

Don Francisco Calvo y López, que casó con doña Gertrudis Olasagarri, y tuvieron por hijo: a

Don Francisco Xavier Calvo y Olasagarri, natural de la ciudad de Lima, que casó en la Catedral de Matanzas en el mes de junio de 1831, con doña María Teresa Posada y Gutiérrez, natural de la ciudad de Cartagena de Indias, hija de Benito y de Josefa. Tuvieron por hijos: a Teresa y a Manuel Agustín Calvo y Posada. Los cuales:

1. — Doña Teresa Calvo y Posada, casó con don Manuel del Mazo y Franco. Tuvieron por hija a María del Carmen del Mazo y Calvo que casó con don Lorenzo de Arellano y Gómez, III Conde de Tarifa.

2. — Don Manuel Agustín Calvo y Posada, bautizado en La Habana, parroquia del Cerro, el 15 de abril de 1843, murió en el naufragio del vapor español «Vizcayya» el 31 de octubre de 1890. Casó dos veces en esta ciudad: la primera, en la parroquia del Santo Cristo, el 19 de febrero de 1871, con doña María Natalia Broch y Sanz, hija del Licenciado José Francisco Broch y Calzadilla, Abogado, y de doña Rosa Sanz y Dolz del Castellar. Casó por segunda vez, el 3 de enero de 1884, en la parroquia del Santo Ángel, con doña María de Jesús Angulo y Garay, hija del Licenciado Andrés Angulo y Beer, Abogado, y de doña Carmen Caray y Sola.

Don Manuel Agustín Calvo y Posada, y su segunda mujer doña María de Jesús Angulo y Garay, tuvieron por hijos: a María Teresa, y a Carlos Calvo y Angulo. De los cuales:

Don Carlos Calvo y Angulo, murió en el naufragio del vapor español «Vizcaya» el 31 de octubre de 1890.

Don Manuel Agustín Calvo y Posada, y su primera mujer doña María Natalia Broch y Sanz, tuvieron por hijo: al

Doctor Manuel Francisco Calvo y Broch, bautizado en La Habana, parroquia del Cerro, el primero de noviembre de 1873, que fue Abogado y Secretario de la Legación de Cuba en Suiza.

CARMONA DE ALBORNOZ

A mediados del siglo XVII, procedente de la villa de Aguilar, en Córdoba, se estableció esta familia en La Habana.

Don Antonio de Albornoz, casó con doña María Tercero, y tuvieron por hijo: a

Don Francisco Carmona de Albornoz y Tercero, que fue bautizado en la parroquia de la villa de Aguilar, el 7 de octubre de 1619. Su defunción se encuentra en la Catedral de La Habana a 25 de noviembre de 1667, donde casó el 24 de abril de 1644, con doña María Rodríguez de Valdivieso y Rodríguez de Acosta. Tuvieron por hijos: a Micaela; a Leonor y a Ignacio Carmona de Albornoz y Rodríguez de Valdivieso. De los cuales:

1. — Doña Micaela Carmona de Albornoz y Rodríguez de Valdivieso, casó en la Catedral de La Habana el 12 de marzo de 1670, con don Juan Francisco Franco y Pacheco, Regidor del Ayuntamiento de La Habana, hijo del Alférez don Antonio Franco y Rodríguez, y de doña María Pacheco y Acosta.

2. — Doña Leonor Carmona de Albornoz y Rodríguez de Valdivieso, bautizada en la Catedral de La Habana el 17 de septiembre de 1648, testó el 16 de febrero de 1676 ante Cristóbal Núñez de Cabrera. Casó en la Catedral de La Habana el 9 de diciembre de 1668, con don Manuel Umpiérrez de Armas y Pérez Cortés, natural de Fuenteventura, en las Canarias, hijo de Luis y de Margarita.

CARRIÓN

Apellido castellano.
En la segunda mitad del siglo XVII, procedente de la ciudad de Sevilla, se estableció esta familia en Santiago de Cuba.

Sus armas: escudo partido: 1ro., en campo de oro, tres matas de carrizo, de sinople, bien ordenadas, y 2do., en campo de sinople, cinco ruedas de carro, puestas en sotuer. Bordura con su mitad diestra de gules, con ocho aspas de oro, y la siniestra de azur, con ocho ruedas de carro de oro.

El Capitán Francisco Carrión y Merodio, natural de la ciudad de Sevilla tiene su defunción en la Catedral de Santiago de Cuba a 2 de agosto de 1693, donde se hace constar que falleció a los 41 años. Casó con doña Catalina González de Almuyna y Araujo, hija del Capitán Gregorio González de Almuyna y Araujo, y de doña Manuela Duque de Estrada. Tuvieron por hijos: a María Manuela; a Gregorio; a Ignacio y a Álvaro Carrión y Almuyna. Los cuales:

1. — Doña María Manuela Carrión y Almuyna, casó en la Catedral de Santiago de Cuba el 29 de junio de 1701, con el Capitán Francisco González-Regüeiferos y Duque de Estrada, Regidor y Alférez Mayor del Ayuntamiento, hijo del Alférez Manuel y de Ana.

2. — Alférez Gregorio Carrión y Almuyna, casó en la Catedral de San-

tiago de Cuba el 26 de mayo de 1722, con doña Ana Gertrudis Clavijo, viuda de don José Ramos y Ferrer.

3. — Don Ignacio Carrión y Almuyna, fue Regidor del Ayuntamiento de Santiago de Cuba. Su defunción se encuentra en la Catedral de dicha ciudad a 30 de junio de 1761, donde casó el 19 de enero de 1716, con doña Bernarda Serrano de Padilla y de la Torre, hija del Alférez Juan Serrano de Padilla, y de doña Ana de la Torre y Arce. Tuvieron por hijos: a Ana María, y a Félix Carrión y Serrano de Padilla. Los cuales:

A. — Doña Ana María Carrión y Serrano de Padilla, casó en la Catedral de Santiago de Cuba el 2 de febrero de 1742, con don Ignacio Hechavarría y Ramos, hijo del Alférez Ignacio Hechavarría Elguesúa y Moreno Xirón, Alcalde Mayor Provincial, y de doña Francisca Ramos y Ferrer.

4. — Don Álvaro Carrión y Almuyna, casó con doña María de la Caridad Sánchez de Castro, y tuvieron por hijos: a Juan y a Pedro Carrión y Sánchez de Castro. Los cuales:

a. — Don Juan Carrión y Sánchez de Castro, tiene su defunción en la Catedral de Santiago de Cuba a 15 de julio de 1797, donde casó dos veces: la primera, el 26 de junio de 1745, con doña Isabel González-Regüeiferos y Carrión, hija del Capitán Francisco González-Regüeiferos y Duque de Estrada, Regidor del Ayuntamiento, y de doña María Manuela Carrión y Almuyna. Casó por segunda vez, en el mes de marzo de 1748, con doña Mariana Velasco y Mancebo, hija del Alférez Nicolás Velasco y Osuna, y de doña Josefa Fernández-Mancebo y Rosas. Con su segunda mujer, dejó por hijas: a María Ana y a Manuela de la Cruz Carrión y Velasco. Las cuales:

1. — Doña María Ana Carrión y Velasco, casó en la Catedral de Santiago de Cuba, el 16 de noviembre de 1789, con don Cristóbal Caballero y Sánchez, hijo del Capitán Juan Antonio Caballero y Proenza, y de doña Luisa Manuela Sánchez de Castro y Vázquez Valdés de Coronado.

2. — Doña Manuela de la Cruz Carrión y Velasco, casó en la Catedral de Santiago de Cuba el 19 de marzo de 1796, con don Pedro González-Carvajal y Hechavarría, hijo de don Luis Ignacio González-Carvajal y Arredondo, Capitán de Milicias, Regidor y Alcalde Mayor Provincial, y de doña Josefa Hechavarría y Ramos.

b. — Don Pedro Carrión y Sánchez de Castro, casó con doña María Teresa Serrano de Padilla y Ramos, y tuvieron por hijos: a María Dorotea; a Juan Rafael y a José Carrión y Serrano de Padilla. Los cuales:

A. — Doña María Dolores Carrión y Serrano de Padilla, casó en la Catedral de Santiago de Cuba el 9 de octubre de 1786, con don Francisco Xavier Cisneros y Fuentes, hijo de don Francisco Xavier Cisneros y Regüeiferos, Síndico Procurador General, Padre General de Menores, Oficial Real de Hacienda, Regidor, Alguacil Mayor, y de doña Ana María Fuentes y Alba.

B. — Don Juan Rafael Carrión y Serrano de Padilla, casó en la Catedral de Santiago de Cuba el 20 de diciembre de 1789, con doña María Josefa Hechavarría y Moncada, hija de don Francisco Hechavarría Elguesúa y Nieto de Villalobos, y de doña Juana Antonia de Moncada y Castañeda.

C. — Don José Carrión y Serrano de Padilla, casó en la Catedral de Santiago de Cuba el 21 de octubre de 1789, con doña María Josefa de los Ángeles Rodríguez de Sosa y Pineda, hija de don Domingo Rodríguez de Sosa, y de doña Inés Manuela Pineda y Machado. Tuvieron por hija: a

Doña Ana María Carrión y Rodríguez de Sosa, que casó en la Catedral de Santiago de Cuba el 31 de agosto de 1823, con don José María Landa y Hernández, Teniente del Regimiento de Infantería de la plaza de La Habana, hijo del Capitán Juan y de María Josefa.

B. — Don Félix Gregorio Carrión y Serrano de Padilla (hermano de Ana María y, por consiguiente, hijo de Ignacio y de Bernarda), casó en la Catedral de Santiago de Cuba el 2 de octubre de 1755, con doña Mariana Caballero y Hechavarría, y tuvieron por hijos: a María Soledad; a María Josefa y a Ignacio Carrión y Caballero. Los cuales:

a. — Doña María Soledad Carrión y Caballero, casó en la Catedral de Santiago de Cuba el 11 de enero de 1784, con don José Antonio Palacios-Saldurtún y Herrera Moya, hijo de don Mateo Palacios-Caldurtún y Orozco, y de doña María Herrera y Moya y Serrano de Padilla.

b. — Doña María Josefa Carrión y Caballero, casó en la Catedral de Santiago de Cuba el 6 de enero de 1785, con don Benito Villalón y Rivera, Capitán de Infantería, hijo de don Manuel Villalón y Ortega, Capitán del Regimiento de Infantería Fijo de la plaza de La Habana, y de doña Ana Rivera y Avilés.

c. — Don Ignacio Carrión y Caballero, casó en la Catedral de Santiago de Cuba el 22 de septiembre de 1815, con doña María Loreto González-Carvajal y Losada, hija de don Luis Ignacio González-Carvajal y Arredondo, Capitán de Milicias, Regidor, Alcalde Mayor Provincial, y de doña Agustina Losada y Hechavarría.

A principios del siglo XIX, se estableció en La Habana otra familia Carrión, a la que perteneció:

Don Sebastián Carrión, que casó con doña Josefa Álvarez, y tuvieron por hijo: a

Don José Carrión y Álvarez Andrade, natural de Cajamarca, en el Reino del Perú, bautizado en la parroquia de Santa Catalina el 13 de julio de 1755, que fue Teniente General de los Reales Ejércitos. Casó con doña Josefa Manso Maldonado y León, natural de Ceuta, hija de Francisco Manso y Maldonado, natural de Málaga, Teniente del Regimiento de Granada destinado a Ceuta, y de Magdalena de León y Herrera, y tuvieron por hijo: a

Don Antonio Carrión y Manso, natural de Málaga, bautizado en la parroquia de Santiago el 13 de junio de 1761, que fue Coronel del Regimiento de Granada de Puebla. Casó dos veces en la Catedral de La Habana: la primera, el 15 de enero de 1791, con doña Mariana de Castro-Palomino y Murguía, hija de don José María de Castro-Palomino y del Puerto, Capitán de Milicias de la plaza de La Habana, y de doña Rosalía Murguía y Zaldívar. Casó por segunda vez, el 28 de julio de 1808, con doña María de los Dolores Hidalgo-Gato y Murguía, natural de Guamutas, hija de don José Manuel Hidalgo-Gato y Rodríguez Morejón, Alférez de Caballería de la plaza de La Habana, y de doña Catalina Francisca Murguía y Zaldívar.

Don Antonio Carrión y Manso, y su segunda mujer doña Jaría de los Dolores Hidalgo-Gato y Murguía, tuvieron por hijos: a Clara; a Manuel; a José María; y a Antonio Pío Carrión e Hidalgo-Gato. De los cuales:

1. — Subteniente Manuel Carrión e Hidalgo-Gato, testó el 31 de octubre de 1847 ante Eugenio Pontón, y su defunción se encuentra en La Habana, parroquia de Guadalupe, a 23 de febrero de 1858, donde casó dos veces: la primera el 15 de nero de 1840, con doña Margarita Genoveva de la Torre y de la Torre, hija de don José Ignacio de la Torre y Cárdenas, Teniente del Regimiento de Infantería de La Habana, y de doña Margarita Genoveva de la Torre y Cárdenas. Casó por segunda vez, el 20 de diciembre de 1854, con doña María Josefa Xenes y Armenteros, hija de don Juan Xenes y Montalvo, y de doña María de Jesús Armenteros y García-Barrera.

Don Manuel Carrión e Hidalgo-Gato, y su primera mujer doña Margarita Genoveva de la Torre y de la Torre, tuvieron por hija: a

Doña María de los Dolores Genoveva Carrión y de la Torre, que testó ante Gabriel Salinas, y su defunción se encuentra en La Habana, parroquia de Guadalupe, a 16 de enero de 1860.

2. — Don José María Carrión e Hidalgo-Gato, casó en La Habana, parroquia de Monserrate, el 16 de noviembre de 1844, con doña María de la Trinidad de la Torre y Armenteros, hija de don Francisco Xavier de la Torre y Cárdenas, y de doña Estanislás Armenteros y San Martín. Tuvieron por hijas: a María de los Dolores; a María de la Concepción y a María de la Trinidad Carrión y de la Torre. Las cuales:

A. — Doña María de los Dolores Carrión y de la Torre, casó en La Habana, parroquia de Guadalupe, el 20 de noviembre de 1867, con don José María Gómez de Molina y Bonilla, hijo de don José María Gómez de Molina y Cabrera, Caballero Maestrante de la Real Ronda, y de doña Crispina Bonilla y Cabrera.

B. — Doña María de la Concepción Carrión y de la Torre, casó en La

Habana, parroquia de Guadalupe, el 26 de febrero de 1870, con don Federico Gómez de Molina y Bonilla, hijo de don José María Gómez de Molina y Cabrera, Caballero Maestrante de la Real Ronda, y de doña Crispina Bonilla y Cabrera.

C. — Doña María de la Trinidad Carrión y de la Torre, casó en la Catedral de La Habana el 17 de mayo de 1876, con don Francisco Xavier Igualada y Gordillo, hijo de Francisco Xavier y de María de las Mercedes.

3. — Don Antonio Pío Carrión e Hidalgo-Gato, bautizado en la Catedral de La Habana el 23 de junio de 1809, fue doctor en Leyes Sindicales de Latín, Fiscal de la Real y Pontificia Universidad de La Habana, Auditor de Guerra Honorario, Receptor General de Rentas de Cámara, Síndico Procurador General los años 1839 y 1840, Alcalde Mayor del Ayuntamiento de La Habana, y Caballero de la Orden de Carlos III. Su defunción se encuentra en La Habana, parroquia de Monserrate, a 17 de mayo de 1882. Casó en La Habana, parroquia del Cerro, el 13 de julio de 1844, con doña María de los Dolores de Cárdenas y Zayas, hija de don Joaquín de Cárdenas y Chacón, Teniente Coronel de Infantería de Milicias, y de doña María de Jesús de Zayas-Bazán y Aguirre. Tuvieron por hijos: a Antonio y a Joaquín Carrión y Cárdenas. Los cuales:

a. — Licenciado Antonio Carrión y Cárdenas, casó en la Catedral de La Habana el 20 de junio de 1874, con doña Filomena de Cárdenas y Reinosa, hija de don Miguel de Cárdenas y Zayas, y de doña Juana Reinosa y Márquez. Tuvieron por hijo: al

Doctor Miguel Carrión y Cárdenas, bautizado en La Habana, parroquia de Monserrate, el 5 de mayo de 1875, que fue Médico. Casó con doña Lucía Juana Rivero y Beltrán, y tuvieron por hija: a

Doña María Antonia Carrión y Rivero, que casó en La Habana, el 19 de octubre de 1936, con el doctor José Francisco Botet y Dubois, Abogado. Tuvieron por hijos: al doctor Francisco Botet y Carrión, Médico, que casó con la doctora Celia Menéndez. Tienen por hijas: a Celia Alexandra, y a Patricia Georgina Botet y Menéndez.

b. — Don Joaquín Carrión y Cárdenas, casó dos veces: la primera, con doña Josefina Benítez y Lamar, hija de don Carlos Benítez y Blanco, Coronel del Real Cuerpo de Ingenieros, y de doña Serafina Belén Lamar y Jiménez. Casó por segunda vez, con doña María Dolores Coppinger y Lamar, hija del licenciado Cornelio Coppinger y Saravia, Auditor Honorario de Guerra, y de doña María de Jesús Lamar y Jiménez.

Don Joaquín Carrión y Cárdenas, y su primera mujer doña Serafina Benítez y Lamar, tuvieron por hijo: a

Don Rodolfo Carrión y Benítez, que casó con doña María Dolores Baringa, y tuvieron por hijas: a Elena; a María Dolores y a Georgina Carrión y Baringa.

CATURLA

Procedente de Alicante, en España, se estableció esta familia en la villa de Remedios a principios del siglo XIX.

Don José Ignacio de Caturla y su mujer, doña María Antonia Spering fueron padres de: don José de Caturla y Spering, natural de Alicante, que fue Brigadier de Infantería y Comandante General del Centro de la isla de Cuba. Se estableció en Remedios y casó con doña María de los Dolores Roas y de la Torre, natural de San Juan de los Remedios, hija de Manuel José de Roxas, Coronel del Batallón de Milicias de las Cuatro Villas, y de doña Catalina de la Torre. Tuvieron por hijos a: Manuel José; y José Ignacio Caturla y Roxas. Los cuales:

1. — Don Manuel José de Caturla y Roxas, fue bautizado en Trinidad el 11 de noviembre de 1836.

2. — Don José Ignacio de Caturla y Roxas nació en Trinidad el 24 de septiembre de 1834 y fue bautizado en esa ciudad. Fue Coronel Graduado de Infantería y Teniente Coronel de Bomberos de San Juan de los Remedios. Casó con doña Laudelina García y Carrillo, hija de don Francisco García Conde, y de doña Juana Carrillo y Roxas. Tuvieron por hijo: a

Don Gastón Ernesto de Caturla y García, que fue bautizado en la parroquia de San Juan de los Remedios el 17 de junio de 1874. (Archivo Nacional, lejago 914, núm. 56.783).

CEBALLOS

Apellido castellano, de la merindad de Trasmiera, Santander desde donde se extendió por toda la Península. Tres grandes maestros de las Órdenes Militares de Santiago, Calatrava y Alcántara, llevaron en la Edad Media este apellido. Son sus armas: En campo de plata, tres fajas de sable; bordura jaquelada de oro y gules en dos órdenes. Lema: «Es ardid de caballeros, ceballos para vencellos».

Procedente de Torrelavega, Santander, pasó esta familia a La Habana a fines de la primera mitad del siglo XIX. Obtuvieron el título de Marqués de Torrelavega.

El Licenciado don Pablo de Ceballos y Prieto, y su mujer doña Basilia de Vargas y Gutiérrez, tuvieron por hijo: a

Don Francisco de Ceballos y Vargas, natural de Torrelavega, que fue Teniente General de los Ejércitos Nacionales en 1873, Director General de Infantería, Capitán General de las provincias vascongadas, y de 1875 a 1879, Ministro de la Guerra; dos veces Benemérito de la Patria en grado eminente, heroico Mariscal de Campo y Ayudante de Su Majestad don Alfonso XII. Anteriormente había sido Teniente Gobernador Político y Militar de Cienfuegos, Cuba, siendo entonces Coronel, y más tarde Segundo Cabo, e interinamente, Capitán General y Gobernador Superior Político de dicha Isla, en ausencia del Conde de Valmaseda. Además fue Ayundante, en África, del Presidente del Consejo de Ministros cuando éste fue General en Jefe de la guerra en Marruecos, habiendo comenzado su brillante carrera militar como Guardia de Corps. Veterano de la primera guerra carlista, fue Gentil-hombre de Cámara de Su Majestad con ejercicio, Gran Cruz de la Real y Distinguida Orden de Carlos III, Gran Cruz de la Orden de Isabel la Católica, y poseedor de dos Cruces Laureadas de la Orden de San Fernando; Gran Cruz de la Orden del Mérito Militar con distintivo rojo, y condecorado con la Cruz de la Defensa de Bilbao en el segundo y tercer sitios. Por Real Decreto de don Alfonso XII el 3 de abril de 1876, y el subsecuente Real Decreto de 24 de octubre del mismo año, por sus excepcionales servicios, libre de gastos, fue creado I Marqués de Torrelavega, falleciendo en Madrid el 9 de marzo de 1883. Casó dos veces: la primera, con doña María de la Asunción Urnedo de Velasco; y la segunda, en la parroquia de Cienfuegos el 14 de marzo de 1854; con doña Victoria Isabel de los Santos Avilés y Dorticos, natural de esa ciudad, hija de don Juan Nepomuceno de Avilés y Uassage de Rusie, y de doña Carolina Dorticós y Gómez de Leys, natural de Cienfuegos. De su segundo enlace, el primer Marqués de Torrelavega tuvo por hijos: a Pablo Esteban; a Juan Nepomuceno; a Pedro; y a José de Ceballos y Avilés. Los cuales:

1.— Don Pablo Esteban de Ceballos y Avilés, del que después se tratará.

2.— Don Juan Nepomuceno de Ceballos y Avilés, nacido el 12 de febrero de 1856, fue bautizado en la parroquia de Cienfuegos el 2 de marzo inmediato (libro 9, folio 201 vuelto, partida 819) y fue General de Brigada del Real Cuerpo de Alabarderos en 1918, Gentil-hombre de Cámara de Su Majestad con ejercicio desde 1879, Gran Cruz de la Orden Militar de San Hermenegildo desde 1926, y Gran Cruz de la Orden de Isabel la Católica desde 1918.

3.— Don Pedro de Ceballos y Avilés, fue Teniente Coronel del Segundo Regimiento de Campaña del Real Cuerpo de Artillería; en 1920, General ed Brigada honorario, siendo además Vocal de la Comisión Técnica, y en el citado año, Gran Cruz del Mérito Militar.

4.— Don José Ceballos y Avilés, fue General de Brigada del Real Cuerpo de Artillería, Director de la Escuela Central de Tiro, y Gran Cruz de la Orden Militar de San Hermenegildo.

Don Pablo Esteban de Ceballos y Avilés, ya mencionado, nació el 26 de diciembre de 1854, siendo bautizado en la parroquia de Cienfuegos el 22 de enero de 1855 (libro 8, folio 102 vuelto, partida 433). En 1883, sucedió como II Marqués de Torrelavega, falleciendo el 4 de diciembre de ese año. Casó con doña Joaquina López-Dóriga y López-Dóriga, natural de Santander, fallecida el 10 de noviembre de 1933, y tuvo por hijas: a Josefa María y a María Victoria de Ceballos y López-Dóriga. Las cuales:

A. — Doña Josefa María de Ceballos y López-Dóriga, fue III Marquesa de Torrelavega por Real Carta expedida el 10 de noviembre de 1884, falleciendo el 7 de noviembre de 1892.

B. — Doña María Victoria de Ceballos y López-Dóriga, sucedió a su hermana y fue IV Marquesa de Torrelavega por Real Carta expedida el 5 de mayo de 1894. Casó dos veces: la primera, el 10 de octubre de 1906, con don Federico de Contreras y García de Leaniz, Montes y Arias de Saavedra, nacido el 12 de octubre de 1880 y fallecido el 25 de septiembre de 1919.[1] Y la segunda vez, casó el 20 de diciembre de 1925, con don Juan de Loygorri y Falcón, de la Torre y Bravo, muerto en 1936, y anteriormente enlazado en la casa de los marqueses de Estella.

Don José Antonio González Contreras, casado con doña María Teresa Grau Salva es desde el 10 de febrero de 1976, el actual VI Marqués de Torrelavega y don José González Sola, Marqués viudo.

CERRA

Apellido asturiano.
A mediados del siglo XIX, procedente de Ribadesella, Asturias, España, se estableció esta familia en la ciudad de La Habana.

Son sus armas: En campo de plata, un león de sable, con garras de gules y coronado de oro; bordura endentada de azur.

Don Antonio de la Cerra y Blanco casó dos veces: la primera con doña Josefa García, y la segunda con doña María Antonia Álvarez, natural de Leces, Ribadesella, el 4 de febrero de 1768. Tuvieron por hijo: a

Don Pedro de la Cerra y Álvarez, que casó con doña Josefa de la Barrera, natural de San Pedro, Ribadesella, el 3 de julio de 1816. Tuvieron por hijo: a

Don Francisco de la Cerra y de la Barrera, natural de Ribadesella, en cuya iglesia parroquial fue bautizado el 2 de octubre de 1818. Pasó a la isla de Cuba y fue Comandante Capitán Graduado del Regimiento de

Infantería de Milicias de La Habana, tomando parte en la campaña de Cuba. Fue Caballero de la Real y Militar Orden de San Hermenegildo, Cruz de Isabel la Católica y dos veces Benemérito de la Patria. Solicitó su retiro, después de 20 años de servicios, el 15 de febrero de 1873. Casó en La Habana con doña Dolores Dieppa y de Castro, natural de La Palma, Gran Canaria, y tuvieron por hijos: a Francisco; a Teodoro; a Francisca y a Alberto de la Cerra y Dieppa. Los cuales:

1. — Don Francisco de la Cerra y Dieppa, del que se tratará en la Línea Primera.

2. — Don Teodoro de la Cerra y Dieppa, del que se tratará en la Línea Segunda.

3. — Doña Francisca de la Cerra y Dieppa, nació en La Habana, donde casó con don José Bernardo Artidiello, natural de Asturias.

4. — Don Alberto de la Cerra y Dieppa murió joven.

LINEA PRIMERA

Don Francisco de la Cerra y Dieppa nació en la ciudad de La Habana el 27 de marzo de 1846. Fue Subteniente de las Milicias Disciplinadas de La Habana, Abogado, graduado en la Real Universidad de esta ciudad y prestigioso criminalista. Casó tres veces: la primera, con doña Ana Guitart; la segunda, con doña Susana Ramonteu, y la tercera vez, con doña Susana de Vega.

Ddon Francisco de la Cerra y Dieppa, y su tercera esposa doña Susana de Vega, tuvieron por hijos: a María del Carmen y a Francisco de la Cerra y Vega, los cuales:

A. — Doña María del Carmen de la Cerra y Vega casó con don Antón Fernández.

B. — Don Francisco de la Cerra y Vega casó con doña Concepción Montoto.

LINEA SEGUNDA

Don Teodoro de la Cerra y Dieppa nació en la ciudad de La Habana el 3 de septiembre de 1852. Perteneció al curso académico de medicina de 1871-1872, de triste recuerdo, habiendo matriculado el primer año de la carrera el 14 de octubre de 1871. Acusados los cuarenta y cinco estudiantes de este curso, de deshonrar el sepulcro del periodista integrista don Gonzalo de Castañón, fueron apresados por las autoridades y sometidos a juicio, y a pesar de la brillante actuación del Abogado defensor, el pundonoroso y recto Capitán del ejército español, don Federico Capdevila, resultaron condenados 43 estudiantes, y dos de ellos dejados en libertad, por no haberse encontrado en el lugar del suceso, ya que no habían asistido a clases en ese fatídico día. El tribunal decretó ocho penas de muerte por fusilamiento, sorteando entre todos los condenados el honor de estos ocho puestos de martirio.

El estudiante don Teodoro de la Cerra y Dieppa, y otros 19 compañeros, fueron condenados a cuatro años de presidio por tener menos de veinte años de edad. Comenzó a cumplir su condena en las canteras de San Lázaro, arrastrando una cadena de tres eslabones y grillete que se conservan, junto con el traje de presidiario que llevó en la Fragua Martiana de La Habana. Indultado, obtuvo con fecha 16 de mayo de 1872, certificación de los estudios hechos en La Habana para continuarlos en la península, donde cursó el primer año, en la Universidad de Santiago de Compostela, Galicia, regresando a La Habana al comienzo del segundo curso, graduándose de doctor en Medicina y Cirugía el 28 de septiembre de 1880, en la Real y Pontificia Universidad de La Habana. Falleció en la ciudad de Marianao, provincia de La Habana, el 26 de septiembre de 1914, a los 62 años de edad.

Casó dos veces: la primera, con doña María Teresa del Cristo y del Cristo, también estudiante de medicina del infortunado curso de 1871. La segunda, con doña Lucrecia Montenegro y Fernández.

Don Teodoro de la Cerra y Dieppa y su primera mujer tuvieron por hijos: a María Teresa y a Teodoro de la Cerra y del Cristo, los cuales:

a. — Doña María Teresa de la Cerra y del Cristo fue bautizada en la iglesia del Espíritu Santo el 13 de agosto de 1886, donde casó el 2 de julio de 1904, con don Miguel Márquez y Salgado.

b. — Don Teodoro de la Cerra y del Cristo fue bautizado en el Espíritu Santo, y casó con doña Elena Delgado y Rodríguez. Tuvieron por hijos: a María del Carmen; a Elena María; a Teodoro Guillermo; a Alberto; a María de la Concepción; a Fernando; a Guillermo y a José Antonio de la Cerra y Delgado.

Don Teodoro de la Cerra y Dieppa y su segunda mujer, doña Lucrecia Montenegro y Fernández, tuvieron por hijas: a Juana Serafina; a María Dolores Josefa y a Lucrecia Susana de la Cerra y Montenegro, las cuales:

1. — Doña Juana Serafina de la Cerra y Montenegro murió niña.

2. — Doña María Dolores Josefa de la Cerra y Montenegro fue bautizada en la iglesia parroquial de Nuestra Señora de Guadalupe el 28 de junio de 1893, y casó el 28 de julio de 1928, en la parroquia del Vedado,

Habana, con el Capitán del Ejército Nacional don José del Rosario Plácido Crispín Jorge y Rivero, natural de Managua, provincia de La Habana, hijo de don José María Jorge y de doña Trinidad Arcadia Rivero.

3. — Doña Lucrecia Susana de la Cerra y Montenegro fue bautizada en la iglesia parroquial de Guadalupe el 4 de julio de 1896. Casó en la parroquia del Vedado, Habana, el 26 de abril de 1936, con don Narciso Villa y Caballero, natural de Barcelona, hijo del General don Adolfo Villa, Gobernador de Manila en las islas Filipinas, y de doña Ana Caballero, natural de Camagüey.

CERVANTES

Apellido castellano, de Toledo.
En la primera mitad del siglo XVI, procedente de Andalucía, España, se estableció esta familia en Nueva España, hoy en día México, a raíz de la Conquista de donde pasaron a La Habana en la primera mitad del siglo siguiente.

Son sus armas: en campo de azur, dos ciervos de oro, puestos en palo; bordura de gules, con ocho aspas de sinople.

Don Diego Gómez de Cervantes fue el primero de este linaje que se estableció en Andalucía, estando sepultado en unión de su mujer en la Capilla Mayor de Santa María, que reedificaron en la villa de Lora. Casó con doña María García de Cabrera, hija de don Pedro García de Cabrera, y de doña Sancha de Sotomayor, fundadores de la iglesia de San Jorge y Santa Constanza, en la villa de Constantina. Tuvieron por hijo: a

Don Gonzalo Gómez de Cervantes que casó con doña Beatriz López de Bocanegra, hija de don Micer Ambrosio de Bocanegra, Señor de Palma, Almirante de Castilla, y de doña Beatriz Carrillo. Tuvieron por hijo: a

Don Rodrigo de Cervantes, llamado «El Sordo», que casó con doña María Gutiérrez Tello, los que a su vez fueron padres de:

Don Juan de Cervantes, que fue Veinte y Cuatro de Sevilla, vasallo y guarda mayor de don Juan II de Castilla y capitán de sus jinetes. Casó con doña Aldonza de Toledo, hija de don Alfonso Álvarez de Toledo, Caballero de la Banda Contador Mayor de Castilla, del Consejo de los Reyes Juan II y Enrique IV, y de doña Catalina Núñez de Toledo, fundadora del Monasterio de Santa Clara. Tuvieron por hijo: a

Don Diego de Cervantes, que fue Comendador de la Orden de Santiago. Casó con doña Juana de Avellaneda, hija de don Juan Arias de Saavedra, llamado «El Famoso», Conde del Castellar, Señor del Viso, y de doña Juana de Avellaneda. Tuvieron por hijo: a

Don Gonzalo Gómez de Cervantes, que fue Corregidor de la ciudad de Jerez de la Frontera y proveedor de la Real Armada en 1501. Casó con doña Francisca de Casaús, hija de don Alfonso de las Casas, y de doña Ana Segarra. Tuvieron por hijo: a

Don Juan de Cervantes y Casaús, natural de Sevilla, que fue conquistador y poblador de México, Factor y Veedor de Real Hacienda, Caballero de la Orden de Santiago, Capitán General de las provincias de Panuco y Huasteca en 1529, las que conquistó a su costa. Tuvo en Encomienda los pueblos de Ilamatlán, Tlahuistlán y Tamagunchale. Testó el 26 de marzo de 1564 ante Cristóbal de la Cerda, escribano Real, y falleció en ciudad México el 13 de abril de dicho año, siendo sepultado en el Convento de San Francisco donde tiene su panteón este linaje. Casó en México con doña Luisa de Lara y Andrada, hija de don Leonel de Cervantes, Comendador de la Orden de Santiago, y de doña Leonor de Andrada. Tuvieron por hijos: a Gonzalo y a Alonso Gómez de Cervantes, y a Leonardo; a Juan y a Leonel de Cervantes. De los cuales:

1. — Don Gonzalo Gómez de Cervantes casó con doña Catalina Tapia Carvajal, hija de don Antonio Carvajal, conquistador de Nueva España, capitán de uno de los trece bergantines con que se ganó a México, Alcaide de la fortaleza y atarazanas de dicha ciudad, y su Procurador General, y de doña Catalina Vázquez de Tapia. Dejaron una ilustre y dilatada descendencia.

2. — Don Alonso Gómez de Cervantes, fue Regidor de México y fundó un mayorazgo. Casó con doña Ana de León Cervantes, hija de don Gaspar de Aguilar Cervantes, y de doña Isabel de León. Dejaron una numerosa y distinguida descendencia.

3. — Don Juan de Cervantes fue Arcediano de la Santa Iglesia de México Catedrático de Escritura de su Universidad, Gobernador del Arzobispado, juez ordinario, calificador del Santo Oficio de la Inquisición, y Obispo de Antequera, en el Valle de Oaxaca.

4. — Don Leonel de Cervantes, como hijo primogénito, heredó la Encomienda que disfrutó su padre. Casó con doña María de Carvajal y Tapia, hija de don Antonio Carvajal, conquistador de Nueva España, Capitán de uno de los trece bergantines con que se ganó a México, Alcaide de la fortaleza y atarazanas de dicha ciudad, y su Procurador General, y de doña Catalina Vázquez de Tapia. Tuvieron por hijos: a Luisa de Lara Cervantes; a María; a Bernardino; a Pedro; a Miguel; a Antonio; a Leonel; a Agustín; a Juan Leonel; y a Francisco Cervantes y Carvajal. De los cuales:

A. — Doña Luisa de Lara Cervantes, casó con el Regidor Alonso Valdés, tallador mayor de la Casa de la Moneda de México, hija de don Melchor y de doña Francisca Arellano.

B. — Don Bernardino Cervantes y Carvajal, fue fraile de la Orden de San Agustín.

C. y D. — Don Pedro y don Miguel Cervantes y Carvajal, fueron religiosos de la Orden de San Francisco.

E. — Don Antonio Cervantes y Carvajal, fue Canónigo y Tesorero de de la Santa Iglesia de Puebla de los Ángeles, Comisario del Santo Oficio de la Inquisición de México y fundador de la insigne Capilla de las Religiosas en el Convento de los Carmelitas Descalzos de Puebla.

F. — Don Leonel Cervantes y Carvajal, fue colegial de la Universidad de Salamanca, doctorándose en la de Sigüenza, Maestro-escuela y Arcediano de la Metropolitana de Santa Fe de Bogotá, Comisario del Santo Oficio, Provisor y Vicario general de los Arzobispos Bartolomé Lobo Guerrero y Fernando Arias Ugarte. Sucedió al Maestro fray Gregorio de Alarcón como XVI Obispo de Cuba, por cédula de 6 de agosto de 1625, la que presentó en el Cabildo que para el efecto se celebró el 27 de septiembre de dicho año, y cuya mitra ocupó hasta el 30 de noviembre de 1630. Fue además, Obispo de Santa Marta, Jamaica, Florida, Guadalajara y Oaxaca. Falleció en México el año 1638 y fue enterrado en el Convento de San Francisco, en el panteón de su familia.

G. — Don Agustín Cervantes y Carvajal, casó con doña Isabel de Quiñones.

H. — Don Juan Leonel Cervantes y Carvajal, heredó la Encomienda que tuvo su padre y fue Señor de los dos mayorazgos de su familia. Casó con doña Isabel Dávalos, hija de don Gonzalo López de Dávalos, y de doña Juana Jerez. Tuvieron descendencia.

I. — Don Francisco Cervantes y Carvajal, casó dos veces: la primera, con doña Ana de Molina; y la segunda, con doña Elvira Escobar, dejando por hija con esta última a doña Francisca Cervantes y Escobar.

Don Francisco Cervantes y Carvajal y su primera mujer doña Ana de Molina, tuvieron por hijos: a María; a Diego; a Leonel; a Andrés y a Cristóbal Gómez de Cervantes y Molina. Los cuales:

a. — Doña María Gómez de Cervantes y Molina, fue monja de la Concepción de México.

b. — Don Diego Gómez de Cervantes y Molina, fue chantre de la Santa Iglesia de Oaxaca.

c. — Don Leonel Gómez de Cervantes y Molina, fue religioso de la Orden de San Francisco.

d. — Don Andrés Gómez de Cervantes y Molina, casó dos veces: la primera, con doña Jerónima López de Peralta y Aríndez de Oñate, hija de Francisco y de Francisca; y la segunda, con doña Mariana de Hoyos y Rosales, hija de don Fernando de Hoyos Aseca, Caballero de la Orden de Calatrava, y de doña N. Rosales. Dejó descendencia.

e. — Don Cristóbal Gómez de Cervantes y Molina, pasó a Cuba acompañando a su tío el Obispo don Leonel, y fue Teniente de la fortaleza del Morro y Alcalde ordinario de La Habana en 1631. Lo casó su referido tío en la Catedral de esta ciudad el 20 de mayo de 1630, con doña Juana de Maldonado y Trimiño, hija del Capitan Juan Maldonado, natural de Madrid (que pasó a La Habana en compañía de su tío don Juan Maldonado Barnuevo, Contador de la Armada Invencible, Caballero de la Reina, Caballero de la Orden de Santiago y Gobernador de la Isla de Cuba), y de doña María Mercadillo Trimiño y Pacheco. Fueron padrinos de la boda, el Maestre de Campo don Lorenzo Cabrera y Corbera, Caballero de la Orden de Santiga, Gobernador de la Isla de Cuba, y su mujer doña Mariana de Soto. Tuvieron por hijo: a

Don Leonel Cervantes y Maldonado, bautizado en la Catedral de La Habana el 18 de marzo de 1631, que fue Alcalde ordinario de esta ciudad de La Habana el año 1657.

Sin poder precisar nexo alguno con la familia Cervantes anteriormente relacionada, en la segunda mitad del siglo XVII aparece establecido en Santiago de Cuba:

El Capitán Fernando Cervantes, natural de Nueva España (México), casado con doña Catalina Silva y Figueroa, los que tuvieron por hijos: a Juana; a José; a Simón, y a José Antonio Cervantes y Silva. Los cuales:

1. — Doña Juana Cervantes y Silva, casó en la Catedral de Santiago de Cuba el 14 de octubre de 1691, con don Diego de Medina Pizarro y Cortés, hijo de Salvador, y de doña Isabel Fromesta Montejo.

2. — Don José Cervantes y Silva, casó en la Catedral de Santiago de Cuba el 11 de agosto de 1700, con doña Juana de Medina Cortés, hija de Salvador y de doña Isabel Fromesta Montejo.

3. — Alférez Simón Cervantes y Silva, casó dos veces en la Catedral de Santiago de Cuba: la primera, el 29 de junio de 1701, con doña X. Fuentes; casó en segundas nupcias con doña Úrsula María Herrera y Acosta, hija de Francisco Andrés y de María. Con su primera mujer tuvo por hijo: a

Don Juan José Cervantes y Fuentes, que casó en la Catedral de Santiago de Cuba el 9 de febrero de 1724, con doña Agustina Petronila Santa Cruz-Pacheco y Ferrer, hija del capitán Lucas Francisco Santa Cruz-Pacheco, natural de Sanlúcar de Barrameda, y de doña Mariana Ferrer y Rojas, natural de San Juan de Puerto Rico.

4. — Capitán José Antonio Cervantes y Silva, natural de Santiago de Cuba, casó en la parroquia de la villa de San Salvador del Bayamo con

doña María de Torres Quesada y Miranda, que testó en Puerto Príncipe el 7 de enero de 1740, hija de don Francisco Antonio de Torres Quesada y Guerra, y de doña Leonor de Miranda y Balboa. Tuvieron por hijo: a

Don Francisco Xavier Cervantes y Quesada, natural de la villa de Bayamo, que casó en la Catedral de Puerto Príncipe el 23 de marzo de 1733, con doña María Soledad Socarrás e Inza, que testó en 1769, hija del Capitán Gabriel Socarrás y Miranda, y de doña Leonor Rosa Inza y Miranda. Tuvieron por hijos: a Leonor; a Juana; a Micaela; a María Dolores; a María Caridad; a José Antonio; a Gabriel; y a Francisco Xavier Cervantes y Socarrás. De los cuales:

A. — Doña María Caridad Cervantes y Socarrás, casó con el doctor Antonio Guillén del Castillo, Médico.

B. — Don José Antonio Cervantes y Socarrás, casó en la Catedral de Puerto Príncipe el 21 de marzo de 1778, con doña Antonia de Zayas-Bazán, viuda de don José Miranda.

C. — Don Gabriel Cervantes y Socarrás, testó el 25 de marzo de 1797. Casó en la Catedral de Puerto Príncipe el 9 de agosto de 1772, con doña María de la Luz Recio y de la Torre, hija de don Andrés Recio y Oramas, y de doña María de la Luz de la Torre y Varona. Tuvieron por hijos: a Ana María; a José Rafael y a Gabriel Antonio Cervantes y Recio. De los cuales:

Doña Ana María Cervantes y Recio, casó con Rafael Guerra y Álvarez.

D. — Don Francisco Xavier Cervantes y Socarrás, casó en la Catedral de Puerto Príncipe el 3 de noviembre de 1764, con doña Agueda Sánchez-Pereira y Zayas-Bazán, hija de don Felipe Sánchez-Pereira y Agüero, y de doña Ana de Zalas-Bazán y Velasco. Tuvieron por hijos: a María Soledad; a Paula; a José María y a Francisco Xavier Cervantes y Sánchez-Pereira. De los cuales:

a. — Doña María Soledad Cervantes y Sánchez-Pereira, fue beata.

b. — Don José María Cervantes y Sánchez-Pereira, casó en la Catedral de Puerto Príncipe el 22 de noviembre de 1801, con doña Ana Guillén del Castillo y Socarrás, hija de don Antonio Guillén del Castillo y Álvarez, y de doña María de la Luz Socarrás y Miranda.

c. — Don Francisco Xavier Cervantes y Sánchez-Pereira, casó en Puerto Príncipe, parroquia de la Soledad, el 4 de octubre de 1799, con doña Josefa Socarrás y Arias, hija de don Juan Gabriel Socarrás y Arias, y de doña María Trinidad Arias y Socarrás. Tuvieron por hijo: a

Don José Antonio Cervantes y Socarrás, que casó con doña Antonia Piña, viuda del Regidor José de Miranda. Tuvieron por hijo: a don Felipe Cervantes y Piña.

Otra familia Cervantes, procedente de la ciudad de Cádiz, se estableció en La Habana a principios del siglo XVIII, y a la cual perteneció:

Don Pedro Caballero Bustamante, que casó con doña María Morales, los que tuvieron por hijo: al

Teniente Tomás Cervantes Caballero, natural de la ciudad de Cádiz, que casó en La Habana, parroquia del Espíritu Santo. el 16 de diciembre de 1706, con doña María Ignacia Rodríguez y Norato, que fue enterrada en la iglesia del Convento de San Francisco el 8 de marzo de 1750, hija de don Juan Andrés Rodríguez y Rodríguez, y de doña Josefa Norato y Ortiz. Tuvieron por hijos: a Francisca; a María Ignacia; a Rosa y a José Cervantes Caballero y Rodríguez. Los cuales:

1. — Doña Francisca Cervantes Caballero y Rodríguez, testó el 22 de mayo de 1788, y su defunción se encuentra en la Catedral de La Habana a 20 de septiembre de 1805.

2. — Doña María Ignacia Cervantes Caballero y Rodríguez, testó el 22 de mayo de 1788, y su defunción se encuentra en la Catedral de La Habana a 15 de abril de 1803.

3. — Doña Rosa Cervantes Caballero y Rodríguez, testó el 7 de enero de 1775 ante Nicolás Frías, y su defunción se encuentra en la Catedral de La Habana a 3 de diciembre de 1782. Casó en esta ciudad, parroquia del Espíritu Santo, el 25 de octubre de 1731, con don José de Fleitas y Rodríguez, hijo de Francisco y de Manuela.

4. — Don José Cervantes Caballero y Rodríguez, tiene su defunción en la Catedral de La Habana a 21 de agosto de 1757. Casó en esta ciudad, parroquia del Espíritu Santo, el 19 de marzo de 1737, con doña Dionisia Antonia Gómez y Barroso, hija del Capitán Antonio Gómez y Montiel Alcalde ordinario de Guanabacoa, y de doña Ana Gregoria Barroso y Martín. Tuvieron por hijos: a María Jerónima; a Rosalía; a María del Rosario; a Juana María; a Catalina Josefa; a Rafael; a Marco Antonio; a José Antonio y a Tomás Mateo Cervantes y Gómez, que fueron bautizados en la parroquia del Espíritu Santo de La Habana. De los cuales:

A. — Doña Catalina Josefa Cervantes y Gómez, tiene su defunción en la Catedral de La Habana a 8 de julio de 1782. Casó don José María Arteaga y Carrillo, hijo de don Joaquín Arteaga y Basagoiti, natural de Vizcaya. Capitán de Dragones de América, agregado al Estado Mayor de la plaza de La Habana, y de doña María Carrillo de Albornoz y Munive.

B. — Don José Antonio Cervantes y Gómez, fue Presbítero, cura beneficiado de la Catedral de La Habana. Testó el 5 de agosto de 1801 ante José Leal, y su defunción se encuentra en la referida Catedral a 5 de marzo de 1812.

C. — Licenciado Tomás Mateo Cervantes y Gómez, bautizado en La Habana, parroquia del Espíritu Santo, el 2 de octubre de 1747, fue Abogado, Síndico Procurador General del Ayuntamiento de La Habana, primer administrador del Hospital de San Juan de Dios de dicha ciudad, Comisario de Guerra, Ministro familiar del Santo Oficio y Alguacil Mayor perpetuo del Santo Oficio de la Inquisición de Cartagena de Indias. Su defunción se encuentra en La Habana a 16 de junio de 1812. Casó en esta ciudad, parroquia del Espíritu Santo, el 9 de julio de 1769. con doña Josefa de Castro-Palomino y Morales, hija del doctor Agustín de Castro-Palomino y Sanabria, Médico, Maestro en Filosofía, Catedrático de Anatomía, Comisario de la Real y Pontificia Universidad de La Habana, y de doña María Rita Morales y Calvo. Tuvieron por hijos: a María de Belén; a Tomás José; a Tomás Agustín y a Agustín Ramón Cervantes y Castro-Palomino. Los cuales:

a. — Doña María de Belén Cervantes y Castro-Palomino, testó el 15 de noviembre de 1824, y su defunción se encuentra en la Catedral de La Habana a 25 de noviembre de dicho año. Casó en esta ciudad, parroquia del Espíritu Santo. el 28 de marzo de 1796, con don José Isidoro Arteaga y Cervantes, hijo de don José María Arteaga y Carrillo y de doña Catalina Josefa Cervantes y Gómez.

b. — Don Tomás José Cervantes y Castro-Palomino, casó en la parroquia de Jaruco, provincia de La Habana, el 18 de julio de 1825, con doña María del Rosario de la Cruz Castañeda y Díaz-Llanos, hija de don Félix de la Cruz Castañeda, Regidor Alférez Real del Ayuntamiento, y de doña María de los Ángeles Díaz-Llanos. Tuvieron por hijos: a Leonel y a Daniel Pedro Cervantes y Castañeda. De los cuales:

El Licenciado Daniel Pedro Cervantes y Castañeda, bautizado en la parroquia de Guamacaro, Cárdenas, el 15 de abril de 1841, fue Médico.

c. — Licenciado Tomás Agustín Cervantes y Castro-Palomino, bautizado en La Habana, parroquia del Santo Cristo, el 12 de julio de 1782, fue Abogado, Ministro Oficial Real de América, Intendente honorario de provincia, Síndico Administrador General del Real Hospital de San Juan de Dios (destruido en abril de 1970 a los doscientos cincuenta y ocho años de haberse fundado, hoy parque público), Administrador Depositario General de las Temporalidades, comisionado del Crédito Público, socio de mérito y Director de la Real Sociedad Económica de Amigos del País, Presidente de las Juntas del Jardín Botánico y de Historia, curador de la Academia de San Alejandro, vice-presidente de la Sección de Educación y miembro de la Junta Permanente de Caridad, redactor de la Guía de Forasteros, de las Memorias de la Sociedad Económica y del periódico oficial que fue convertido en «Diario del Gobierno», comisionado con otros para la publicación de la obra de Arrate, y del «Diccionario Histórico-Geográfico de la Isla de Cuba», académico de la de San Carlos, y condecorado con la Flor de Lis de la Vendee, de Francia. Falleció en La Habana el 13 de enero de 1848, donde casó, en la parroquia del Espíritu Santo, el 18 de marzo de 1805, con doña Inés María Interián y Castro-Palomino, hija de don Pedro Interián y Bécquer, y de doña Rosalía de Castro-Palomino y Morales. Tuvieron por hija: a

Doña Rosalía Cervantes e Interián, que casó dos veces: la primera, en la Catedral de La Habana el 21 de diciembre de 1827, con don Joaquín Arteaga y Cervantes, hijo de don José Isidoro Arteaga y Cervantes, y de doña María de Belén Cervantes y Castro-Palomino; y la segunda, con don José Romero y Ruiz, natural de Alcaudete, Jaén, hijo de don Miguel Jerónimo Romero y Espinosa, y de doña Patricia Ruiz y Alejandre.

d. — Don Agustín Ramón Cervantes y Castro-Palomino, bautizado en la Catedral de La Habana el 15 de noviembre de 1792, fue militar. Al ser nombrado virrey de Nueva España el Teniente General, Juan José Ruiz de Apodaca y Eliza, más tarde Conde de Venadito, Capitán General y Gobernador de la Isla de Cuba, se incorporó don Agustín Ramón a los regimientos de México y Puebla, sirviendo a la corona durante toda la guerra de Independencia, alcanzando el grado de Coronel de los Reales Ejércitos. Al regresar a Cuba, fue nombrado Gobernador de Santiago de las Vegas. Falleció en La Habana en julio de 1854, donde casó, en la parroquia del Santo Ángel el 26 de febrero de 1822, con doña María Clara Noriega y Castro-Palomino, hija del doctor Sebastián Noriega y Martín de Medina, Catedrático de la Real y Pontificia Universidad de San Jerónimo de La Habana, y de doña Manuela de Castro-Palomino y Morales. Tuvieron por hijos: a Isabel; a María de Belén; a José Leonel y a Tomás Mateo Cervantes y Noriega, que fueron bautizados en la parroquia de Santiago de las Vegas. De los cuales:

1. — Doña María de Belén Cervantes y Noriega, casó en La Habana, parroquia de Guadalupe, el 8 de julio de 1854, con don José Ignacio Ramírez de Estenoz y Zequeira, Comandante del Regimiento de Dragones de Matanzas, hijo de don Ignacio Ramírez de Estenoz y Acosta, Coronel de los Reales Ejércitos, Comandante del primer batallón del Regimiento de Navarra, Caballero de la Orden de San Hermenegildo, y de doña María de Jesús Zequeira y Acosta, de la casa de los Condes de Lagunillas.

2. — Doctor Tomás Mateo Cervantes y Noriega, fue Abogado.

CÉSPEDES

Apellido castellano, del lugar de su nombre, partido judicial de Villarcayo, Burgos.

Esto amplía lo ya publicado sobre esta familia en el Tomo tercero, página 110.

Son las armas de esta familia: en campo de oro, seis trozos de césped de sinople, cargados de flores de plata, puestos en dos palos.

1. — Licenciado Miguel de Céspedes y Coffigny está reseñado en el lugar supra señalado.

2. — Doña Matilde de Céspedes y Coffigny, nacida en La Habana, el 13 de abril de 1847, fue bautizada en la Catedral de La Habana el 11 de mayo del mismo año, y casó en Matanzas, en la iglesia de San Carlos de Borromeo, con don José Rodríguez y Correa, falleciendo en La Habana el primero de abril de 1883. De su relacionado matrimonio, tuvo por hijos: a Juana; a María Elvira y a Ramón Rodríguez Correa y Céspedes. Los cuales:

A. — Doña Juana Rodríguez Correa y Céspedes, nacida el 7 de julio de 1875, en Matanzas, y bautizada en la iglesia de dicha ciudad de San Carlos de Borromeo, casó el primero de mayo de 1898, en la Capilla del Obispado de La Habana, con don José Eugenio de Ajuria y González.

B. — Doña María Elvira Rodríguez Correa y Céspedes, nacida en Madrid el 14 de junio de 1878, falleció soltera en La Habana el 15 de abril de 1903.

C. — Don Ramón Rodríguez Correa y Céspedes, nacido en Madrid el 4 de junio de 1879, murió en La Habana el 23 de febrero de 1905.

3. — Doña Elvira de Céspedes y Coffigny. nacida en La Habana el 30 de abril de 1850, y bautizada en la Catedral de dicha Capital, falleció soltera el 30 de septiembre de 1914.

CIRIA

Apellido aragonés. Una rama pasó a Castilla.
Procedente de la villa de Almagro, en la provincia castellana de Ciudad Real, se estableció esta familia en Santiago de Cuba, sucediendo en los marquesados de Villaytre y de Cervera. La rama que quedó en España, sucedió a su vez en el condado de Valdeparaíso y en el marquesado de Añavete.

Son sus armas: en campo de plata, una encina al natural, frutada de oro, y un león de gules, coronado de oro, empinado a su tronco; bordura de gules, con ocho aspas de oro.

Don Benito María de Ciria y Douchet, Mariscal de Campo de los Reales Ejércitos, y su mujer doña María Micaela Sánchez de Gauna y Palafox, tuvieron entre sus hijos: a José de Calasanz y a Manuel de Ciria y Sánchez de Gauna. Los cuales:

1. — Don José de Calasanz de Ciria y Sánchez de Gauna, en 1827 fue V Conde de Valdeparaíso y VI Marqués de Añavete. De su matrimonio con Guerrero tuvo por hijos: a María del Carmen y a José de Ciria y Guerrero. Los cuales:

A. — Doña María del Carmen de Ciria y Guerrero, previa licencia regia dada el 18 de septiembre de 1853, casó con don Eduardo Fernández Reluz.

B. — Don José de Ciria y Guerrero, por cesión paterna, fue VII Marqués de Añavete, mediante Real Carta expedida el 29 de junio de 1857. Previa licencia regia dada el 25 de abril de 1856, casó con doña María del Pilar Arbeleche y Ramírez, de la que tuvo por hijo: a

Don Alfredo de Ciria y Arbeleche, que fue VI Conde de Valdeparaíso y VIII Marqués de Añavete, por Real Carta sucesoria extendida el 23 de marzo de 1871. Antes de obtener licencia regia, dada el 4 de mayo de 1885, casó don doña María del Pino del Castillo-Olivares y Fierro, procreando a:

Don Pedro de Ciria y del Castillo-Olivares, VII Conde de Valdeparaíso y IX Marqués de Añavete, por Real Carta sucesoria expedida el 14 de junio de 1930. Casó con doña Antonia González-Ochoa y Enríquez de Salamanca. Tuvieron por hijo a don Antonio de Ciria y González, VIII Conde de Valdeparaíso y X Marqués de Añavete, que casó con doña María Luisa Romero Girón y González Amaliach.

2. — Don Manuel de Ciria y Sánchez de Gauna, nacido en Almagro el 17 de febrero de 1810 fue Coronel de los Reales Ejércitos y Alférez del Cuerpo de Lanceros del monarca, en 1845, VII Marqués de Villaytre, Gentil-hombre de Cámara con ejercicio el 14 de octubre de 1847, y poseedor de la Gran Cruz de la Orden de Isabel la Católica desde el 9 de junio de 1872; Comendador de la Orden de Carlos III, y poseedor de la placa del Mérito Militar. En Santiago de Cuba fue Presidente de la Real Sociedad Patriótica de Amigos del País, y como socio de mérito perteneció al Britanic Museum de Londres. Testó en Santiago de Cuba el 14 de junio de 1875 en unión de su mujer ante el escribano Manuel Caminero, y falleció en dicha ciudad el 2 de octubre de 1883. Casó en la Catedral santiaguera el 12 de diciembre de 1837, con doña Micaela de los Dolores Vinent y Gola, allí bautizada el 9 de agosto de 1819, hermana del V Marqués de Palomares de Duero, e hija de don Antonio Vinent y Ferrer, natural de la villa de San Carlos de Mahón, en la isla de Menorca, Avenidor del Real Consulado de Comercio de Santiago de Cuba, y desde el 22 de octubre de 1846, Caballero de la Orden de Isabel la Católica; y de doña Ana María Gola y Palacios Saldurtún, natural de la ciudad de Santiago de Cuba. Tuvieron por hijos: a Manuel Antonio; a María del Pilar; a María de los Dolores; a María de la Caridad; a María Isabel; a Fernando Máximo; a Carlos y a Carolina de Ciria y Vinent, los dos últimos gemelos y fallecidos párvulos. De los cuales:

1. — Don Manuel Antonio de Ciria y Vinent, bautizado en la Catedral de Santiago de Cuba el 18 de noviembre de 1841, fue IV Marqués de Cervera por Real Carta rehabilitatoria de 30 de marzo de 1871, Teniente Coronel de Infantería, Gentil-hombre de Cámara de Su Majestad con ejercicio, Gran Cruz del Mérito Naval, y desde el 12 de marzo de 1871, Gran Cruz de la Orden de Isabel la Católica. Casó dos veces: la primera, en Madrid, el 26 de marzo de 1870, con doña Manuela Amalia Feijoo

de Sotomayor y Lapiaza de Martiartu, natural de Guamacaro, en la provincia de Matanzas, perteneciente a la casa progenitora de los Marqueses de Santa Ilduara y Vizcondes de San Rosendo, y cuya defunción se encuentra en la ciudad de Matanzas, parroquia de San Pedro Apóstol, en Versalles, a 5 de septiembre de 1880, hija de don Jaime Feijoo de Sotomayor y Cejo, natural de la parroquia de San Eusebio de la Peroja en Bamio de Cima, Ayuntamiento de Coles, partido judicial y provincia de Orense, y de doña Manuela Lapeza de Martiartu y Fernández, natural de La Habana. El IV Marqués de Cervera, que no dejó sucesión, casó por segunda vez en Madrid, el 23 de septiembre de 1901, con doña María de la Caridad Bulart y de la Cruz, bautizada en La Habana, parroquia del Espíritu Santo, el 5 de febrero de 1863 y fallecida en España, hija de don Luis Bulart y Quintero, y de doña María del Carmen Serafina de la Cruz y Pérez, naturales de La Habana.

2. — Doña María del Pilar de Ciria y Vinent, bautizada en la Catedral de Santiago de Cuba el 19 de marzo de 1843, casó con don Eugenio de Torreblanca y Díaz, General de División en el Cuerpo de Caballería desde 1898, que fue Jefe de la VIII División Militar de España, Gran Cruz de la Orden de San Hermenegildo, y poseedor de dos Grandes Cruces del Mérito Militar por servicios especiales otorgadas en 1891 y 1895, y fallecido el 21 de diciembre de 1918. Tuvieron por hija: a

Doña María Josefa de Torreblanca y Ciria, que casó con don José Díaz y Palau que tuvieron por hijo: a don José María Díaz y Torreblanca, V Marqués de Cervera desde el 13 de julio de 1935, por autorización de la Diputación de la Grandeza de España, y que falleció en Barcelona el 14 de mayo de 1946. Casó con doña Josefa María Ramírez de Orozco y Cárcer, sucediéndola su hija doña Beatriz Díaz y Ramírez de Orozco, que es la VI y actual Marquesa de Cervera, por carta sucesoria de 10 de julio de 1953.

3. — Doña María de los Dolores de Ciria y Vinent, fue bautizada en la Catedral de Santiago de Cuba el 16 de mayo de 1846, donde casó el primero de marzo de 1867, con don Eduardo García y Gallardo, natural de la villa de Alcalá de Guadaire en la provincia de Sevilla, vecino de la Orotava, en las Canarias, hijo de José y de María del Rosario. Tuvieron dos hijas.

4. — Doña María de la Caridad de Ciria y Vinent, fue bautizada en la Catedral de Santiago de Cuba el 3 de marzo de 1852, donde casó el 22 de diciembre de 1872, con don Ignacio Pérez y Galdós, natural de Canarias, entonces Coronel graduado y Jefe del Estado Mayor del Departamento oriental de Cuba, y luego Teniente General, y que siendo General de División, fue Segundo Jefe de la Capitanía General de las islas Canarias, Gobernador Militar de Santa Cruz de Tenerife e islas de la Gomera, La Palma y Hierro. Gran Cruz del Mérito Militar en 1894, y Gran Cruz de la Orden de San Hermenegildo en 1886, hermano del gran escritor español de los mismos apellidos, e hijo de Sebastián y de María de los Dolores.

5. — Doña María Isabel de Ciria y Vinent, bautizada en la Catedral

de Santiago de Cuba el 24 de diciembre de 1858, casó con don Ángel Norma y de las Cuevas, natural de la citada ciudad, hijo de don Antonio Norma y Lerma, natural de la isla de La Palma, en Canarias, y de doña Manuela de las Cuevas y Vidal, natural de Santiago de Cuba. Tuvieron por hijos: a Ángel, y a Enma Norma y Ciria, esta última viuda de Méndez.

6. — Don Fernando Máximo de Ciria y Vinent, bautizado en la Catedral de Santiago de Cuba el 24 de diciembre de 1858, hermano gemelo de la anterior, casó dos veces: la segunda vez, en su ciudad natal, con doña María López. De su primer matrimonio, tuvo por hija a María de Ciria.

DURLAND

A mediados del siglo XVII, dos hermanos de esta familia, procedentes de los Países Bajos, pasaron a las posesiones holandesas de Norteamérica, primeramente a la villa de Bedford, y luego a Brooklyn en Fort-Amsterdam, donde se establecieron. Al sobrevenir la dominación inglesa en estas posesiones y cambiarse el nombre de Fort-Amsterdam por el de New York, quedó allí arraigada esta familia, uno de cuyos miembros pasó a la isla de Cuba a fines del siglo XIX.

Gerret Dorlandt y su mujer que perteneció a la familia Jänsen, tuvieron por hijos: a Lamber-Janse, y a Jan Garretse Dorlandt. Los cuales:

1. — Lambert Janse Dortlandt, natural de Holanda, pasó a Fort Amsterdam, casando con Herminie Janse Peters, y tuvieron por hijos: a Gerret Janse; a Mary; a Elsie, y a John Dortlandt Peters.

2. — Jan Gerretse Dortlandt, natural de Holanda, pasó a Fort-Amsterdam en 1652, primeramente a la villa de Bedford, y luego a Breauklyn (Brooklyn). En 1687, fue elegido Comisionado de la plaza de Tuns Guyabert, y en 1699 designado Colector de Breauklyn. Casó dos veces: la primera, el 25 de mayo de 1682, con Cornelie de Beauvoise, y la segunda, con Gertrude Aukes Van Nuys, de la que tuvo por hijos: a Herminie; a Anna; a Cornelius; a Gerret, y a John Dortland Aukes Van Nuys. De los cuales:

John Dortland Aukes Van Nuys se avecindó en Norwich, Oyster Bay, Long Island, y casó con Mary Birdsall. Tuvieron por hijos: a Cornelia; a Anna; a Mary; a Mercie; a Gerret; a John; a Joseph; a Daniel; a Henry, y a Charles Durland Birdsall. De los cuales:

Charles Durland Birdsall nacido en Oyster Bay el 19 de marzo de 1731, falleció en Chester, Condado de Orange, New York, el 17 de diciembre de 1798. Casó con Jane Stewart Wout, y tuvieron por hijos: a

Mary Catherine; a Elisabeth; a Roxannah; a Gerret; a Joseph; a Samuel, y a Charles Durland Stewart Wout. De los cuales:

Charles Durland Stewart Wout nacido en Chester el 24 de mayo de 1768, falleció en Ridgebury, Condado de Orange, el 27 de febrero de 1851. Casó con Lidia Terry, natural de Southola, Long Island, y tuvieron por hijos: a Esther Jane; a Ezra; a Sara; a Thomas; a John; a Joseph; a Daniel, y a Stewart Terry Durland. De los cuales:

Stewart Terry Durland, nacido el 10 de mayo de 1813, fue Miembro de la Asamblea de New York, y falleció el 17 de enero de 1877. Casó dos veces: la primera, el 25 de febrero de 1841, con Phoebe Lee; y la segunda, el 16 de marzo de 1854, con Sarah Jane Case.

Stewart Terry Durland, y su primera mujer Phoebe Lee, tuvieron por hijos: a Sarah; a Emma; a Lydia; a Ira Lee; a Phoebe Ellen; a Alfred, y a Addison Durland Lee. De los cuales:

Addison Durland Lee nacido el 23 de febrero de 1845, residió en Centralia, Estado de Kansas. Casó con Rose King, y tuvieron por hijos: a Alfred Brice, y a John Stewart Durland King. De los cuales:

John Stewart Durland King, nacido en Kansas City el primero de octubre de 1876, fue banquero y Presidente del «Italian Bank of New York». Casó en dicha ciudad el 15 de mayo de 1899, con doña Carmen Victoria Nieto y Font, natural de La Habana, hija de don Mariano Nieto y Múgica, natural de Guanajay, General de Brigada, Jefe de la Segunda Brigada de Cazadores, Jefe Militar de la Provincia de Camagüey, y del Castillo del Príncipe de La Habana, Benemérito de la Patria, Cruz y Placa de la Orden de San Hermenegildo pensionada, Medalla de Cuba con seis pasadores, Cruz de San Fernando de primera clase, Cruces Rojas de primera y segunda clase, y Cruz Blanca del Mérito Militar, y de doña Carmen Font y Madariaga, natural de La Habana. Tuvieron por hijos: a Rosa Teresa; a Addison; a Juan; a Mariano, y a Archibald Durland y Nieto. De los cuales:

A. — Doña Rosa Teresa Durland y Nieto, fue Abogado, y Agregada a la Legación de Cuba en la Gran Bretaña.

B. — Doctor Juan Durland y Nieto, natural de La Habana, fue Abogado, y Cónsul de la República de Cuba. Casó con doña Ana Julia Ábalo y Barlett, hija del doctor Miguel Ángel Ábalo y Betancourt. Médico, y de doña Micaela Barlett y Zaldívar. Casó en segundas nupcias con doña María Eugenia Descourts.

C. — Don Mariano Durland y Nieto, natural de La Habana, casó con doña Yolanda Acosta y Vaamonde, y tuvieron por hijo: a Addison Durland y Acosta.

Don Addison Durland y Acosta casó con X Hall, y tuvo por hijos: a Charles; a John; a George y a Yolanda Durland y Hall.

ENTENZA

Apellido aragonés.

A mediados del siglo XVIII, ya aparece radicada esta familia en la villa de Trinidad, en la isla de Cuba. Son sus armas: Escudo de gules pleno. Otros traen: de oro, partido de gules.

Don Juan Antonio Entenza, Teniente Alguacil Mayor del Santo Oficio, casó con doña Micaela Naranjo, y tuvieron por hijo: a

Don Andrés José Entenza y Naranjo, natural de Trinidad, que casó con doña Ignacia de Jesús González y López, natural de Trinidad, hija de Miguel Antonio, y de María de la Caridad. Tuvieron por hijo: a

Don Juan Bautista Entenza y González, bautizado en Trinidad, el 21 de mayo de 1804, que casó en dicha ciudad, parroquia de San Francisco de Paula, el 26 de septiembre de 1825, con doña María Nicolasa Fernández Rebustillo y del Villar, bautizada en la Catedral de Cartagena de Indias el 17 de septiembre de 1804, hija de don Antonio Fernández Rebustillo y de la Paz, Teniente Coronel de Infantería, natural de Madrid (hijo a su vez de don Juan Fernández Rebustillo, natural de Vega del Rey en el Obispado de Oviedo, y de doña María Antonia de la Paz y Badillo, natural de Sigüenza), y de doña Rafaela del Villar y Tatis, natural de Cartagena de Indias (hija ésta de don Nicolás del Villar y Coronado, natural de España, y de doña Manuela Martina Tatis, natural de Cartagena de Indias). Tuvieron por hijos a: José Ramón; a Eugenio Leopoldo; a Andrés José, y a Juan Bautista Entenza y Fernández Rebustillo. Los cuales:

1. — Don José Ramón Entenza y Fernández Rebustillo, natural de Trinidad, casó con doña Isabel Vilahomat y Cuesta, natural de Cienfuegos, hija de don José María Vilahomat, natural de Trinidad, y de doña Helena Cuesta, natural de San Antonio de las Cabezas. Tuvieron por hijo: a

Don José Ramón Entenza y Vilahomat, bautizado en la parroquia de la Purísima Concepción de Cienfuegos, el 10 de marzo de 1876.

2. — Don Eugenio Leopoldo Entenza y Fernández Rebustillo fue natural de Cienfuegos.

3. — Don Andrés José Entenza y Fernández Rebustillo, bautizado en Trinidad, el 16 de junio de 1827, fue Licenciado en Derecho Civil.

4. — Don Juan Bautista Entenza y Fernández Rebustillo, natural de Trinidad, casó con doña María del Carmen Márquez y Valdivia, natural de Sancti Spiritus, hija de don Pedro Nolasco Márquez y Ximénez, y de doña Isabel Valdivia y Hernández. Tuvieron por hijos: a Carlos Guillermo y Jorge Entenza y Márquez. Los cuales:

A. — Don Carlos Guillermo Entenza y Márquez, fue bautizado en la parroquia de San Juan de los Remedios, el 30 de mayo de 1866.

B. — Don Jorge Entenza y Márquez, natural de Sancti Spiritus, casó con doña María Ana Averhoff y tuvieron por hijos: a Jorge y Miguel Ángel Entenza y Averhoff. De los cuales:

Don Miguel Ángel Entenza y Averhoff casó con doña Hilda de León y tuvieron por hija: a Miriam Patricia Entenza y León.

Doña Miriam Patricia Entenza y León casó con el doctor Víctor M. Vega Queral, Abogado y Contador Público, y tienen por hijo a Víctor Manuel Vega y Entenza.

EZPELETA

Apellido navarro.

A mediados del siglo XIV, aparece radicada esta familia en la merindad de Olite, Reino de Navarra, pasando a La Habana a fines del siglo XVIII donde ocuparon, dos de sus miembros, uno de ellos habanero, el cargo de Gobernador y Capitán General de la Isla de Cuba. Obtuvieron el título de Conde de Ezpeleta de Veire, con Grandeza de España, y por enlace, los de Duque de Castro Terreño, Marqués de Montehermoso, y Conde del Vado, de Triviana y de Echauz.

Son sus armas: En campo de plata, un león rampante de gules, armado y lampasado de lo mismo.

Mosén García Arnault de Ezpeleta, Señor de Mixa y de Ezpeleta, en unión del Barón y Señor de Garro, mosén García Arnault Garro y Agramont. hizo homenaje el 30 de junio de 1373, al Rey de Inglaterra Eduardo III y a su hijo el Príncipe de Gales. Casó con doña Juana Miguel de Echauz, de los Vizcondes de Baigorri, y tuvieron por hija: a

Doña Juana de Ezpeleta y Echauz, que casó en 1382, con mosén Oger de Garro y Chatillón, Caballerizo y Escudero de Carlos II y Carlos III, Reyes de Navarra, que fue designado Bailío de Labourde por el Rey de Inglaterra. en carta fechada en Westminster el 12 de febrero de 1384, hijo de mosén García Arnault Garro y Agramont, Embajador de Carlos II de Navarra ante el Rey de Inglaterra, para concertar el matrimonio de sus hijos, Barón y Señor de Garro, Señor de Mixa y de Escudero, y de doña Carlota de Chatillon. Tuvieron por hijos: a

Mosén Bernald de Ezpeleta Garro y Agramont, Señor de Veire y de San Martín de Unx, Caballerizo Mayor del Príncipe de Viana, quien sirvió como militar a los Reyes de Navarra y luego al Rey de Inglaterra en su guerra contra el de Francia, obteniendo del Rey de Navarra la mitad de las pechas del Valle de Erro. Casó en 1412, con doña Bona Martínez de Baquedano y Sault, hija de don Diego Martínez de Baquedano Merino de Olite, Grafier de Armas del Rey de Navarra, y de doña Estefanía de Sault. Tuvieron por hijo: a

Mosén Charlot de Ezpeleta y Martínez de Baquedano, que fue Copero Mayoyr de la Reina doña Blanca, fallecido en 1452, antes que su padre. Casó con doña Catalina de Baquedano, hija del Vizconde de Marenes, y tuvieron por hijo: a

Mosén Bernald de Ezpeleta y Baquedano, que fue Señor de Veire y de San Martín de Unx, y Merino Mayor de Olite. Casó en 1480, con doña Catalina Pasquier, hija del Señor de Varillas, y tuvieron por hijo: a

Don Diego de Ezpeleta y Pasquier, que fue Señor de Veire y de San Martín de Unx. Casó con doña Ana de Jasso y Azpilicueta (hermana de San Francisco Xavier), hija de don Juan de Jasso y Atondo, y de doña María de Azpilicueta y Aznares-Xavier, Señores de Xavier, Azpilicueta y de Idocin. Tuvieron por nijo: a

Don Miguel de Ezpeleta y Jasso de Xavier, Señor de Veire y de San Martín de Unx, y Merino Mayor de Olite, que en 1548, obtuvo del Tribunal Superior de Navarra la declaración de ser Palacio de Cabo de Armería su castillo de Beire. Casó con doña Leonor Goñi de la Torre, hija de don Pedro de Goñi, Caballero de Calatrava, y del Real Consejo de las Órdenes Militares. Tuvieron por hijo: a

Don León de Ezpeleta y Goñi, que fue militar, Señor del castillo de Cintruénigo, Alcaide perpetuo por juro de heredad de los Reales Alcáceres de Olite, Señor de Veire y de San Martín de Unx, que obtuvo por juro de heredad el cargo de Merino Mayor de Olite por gracia del Rey don Felipe II en 1593. Casó en 1564, con doña María de Atondo, hija de don Francés de Atondo, Consejero de Navarra, Señor del Palacio de Atondo. Tuvieron por hijo: a

Don Miguel de Ezpeleta y Atondo, militar, Señor de Undiano, del castillo de Cintruénigo, de Goñi y de San Martín de Unx, Merino Mayor de Olite y Alcaide de sus Regios Alcáceres por juro de heredad. Casó en 1610, con doña Graciana de Arizcún y Beaumont, hija de don Pedro de Arizcún y de doña Martina de Beaumont, Barones de Beorlegui y Vizcondes de Arbolea. Tuvieron por hijo: a

Don Ignacio de Ezpeleta y Arizcún, que fue militar, Señor de Veire y de San Martín de Unx, de Undiano, de la Torre y del castillo de Cintruénigo, Merino Mayor de Olite y Alcaide de sus Regios Alcáceres. Falleció en 1649. Casó con doña Juana de Rada y Elío, Señora de las Casas de Tajonar y de Rada. Tuvieron por hijos: a Silveria; a Leonor; a Bernardo; a Jerónimo; a León, y a Miguel de Ezpeleta y Rada. De los cuales:

1. — Don León de Ezpeleta y Rada, fue Señor de Veire, San Martín de Unx, de Undiano, de la Torre y del castillo de Cintruénigo, Merino

Mayor de Olite, Alcaide de los Regios Alcáceres de dicha merindad. Falleció soltero.

2. — Don Miguel de Ezpeleta y Rada, fue militar y sucedió a su hermano León como Señor de Veire, de San Martín de Unx, de la Torre, de Undiano, y del castillo de Cintruénigo, y Merino Mayor de Olite y Alcaide de los Regios Alcáceres de dicha merindad. Casó con doña Antonia de Amatriaín y Olóriz, Señora del Palacio de Cabo de Armería de Undiano, hija de Antonio y de Josefa. Tuvieron por hijos: a Inés; a José; a Fermín, y a Agustín de Ezpeleta y Amatriaín. Los cuales:

A. — Doña Inés de Ezpeleta y Amatriaín, casó con don Andrés de Baquedano.

B. — Don Fermín de Ezpeleta y Amatriaín, fue Canónigo de Pamplona, y Vicario general de su Obispado.

C. — Don José de Ezpeleta y Amatriaín, fue Alcaide del Crimen, y Oidor de la Real Cancillería de Valladolid, Alcalde de Casa y Boca, y Consejero Togado de Indias. Falleció en Madrid el año 1757.

D. — Don Agustín de Ezpeleta y Amatriaín, fue militar, Señor de Veire y de San Martín de Unx, Merino Mayor de Olite, y Alcaide perpetuo de sus Regios Alcázares. Estuvo en la guerra de Sucesión con los ejércitos de Felipe V, y falleció el 29 de octubre de 1754. Casó con doña María Luisa Dicastillo y Acedo-Araciel, heredera del Mayorazgo Dicastillo, en Viana, y tuvieron por hijos: a Teresa; a María Ana; a León; a Pedro Antonio, y a Joaquín de Ezpeleta y Dicastillo. Los cuales:

a. — Doña Teresa de Ezpeleta y Dicastillo, casó con don Domingo Veráiz y Magallón.

b. — Doña María Ana de Ezpeleta y Dicastillo, casó con don Pedro Fermín de Mayona Olleta y Sada-Ezpeleta. Señor de Olleta de Izanoz de la Casa de Sada-Ezpeleta, con pechas de Rala, Iriso y Reta.

c. — Don León de Ezpeleta y Dicastillo, fue Alférez de Granaderos en el Real Cuerpo de Guardias Españolas, muriendo gloriosamente en la batalla de Plasencia.

d. — Don Pedro Antonio de Ezpeleta y Dicastillo, fue Señor de Veire, de San Martín de Unx, de Undiano, de la Torre y del castillo de Cintruénigo, Merino Mayor de Olite y Alcaide perpetuo por juro de heredad de los Regios Alcázares de su merindad. Falleció soltero en Madrid, el año 1779, heredándolo su hermano Joaquín.

e. — Don Joaquín de Ezpeleta y Dicastillo, fue Señor del Palacio de Veire y de las Pechas Concejiles de San Martín de Unx, Undiano de la Torre y del castillo de Cintruénigo, Merino perpetuo de Olite, y Alcaide perpetuo de los Reales Alcázares de dicha merindad. Como militar, hizo la campaña de Nápoles, distinguiéndose notablemente. Casó con doña

María Ignacia Galdeano y Prado, natural de Navarra, hija de don Joaquín Galdeano y Veráiz, y de doña Antonia Prado. Tuvieron por hijos: a Joaquín, y a José de Ezpeleta y Galdeano. Los cuales:

1. — Don Joaquín de Ezpeleta y Galdeano, fue XIV Señor de Veire y de San Martín de Unx, Alcaide perpetuo de los Reales Alcázares de Olite y Señor de Undiano, de la Torre y del castillo de Cintruénigo. Casó dos veces: la primera, con doña Eduarda Aguirre y Veráiz, y la segunda, con doña Francisca de Paula Ramírez de Arellano. De su segundo matrimonio tuvo por hijos: a Manuela, y a Francisco Xavier de Ezpeleta y Ramírez de Arellano, fallecidos ambos solteros antes que sus padres.

2. — Don José de Ezpeleta y Galdeano, nacido en Puente-la-Reina, Pamplona, en 1740, fue XV Señor del Palacio de Veire y de las Pechas Concejiles de San Martín de Unx, y Señor de Undiano, de la Torre y del Castillo de Cintruénigo. En 1785 sucedió a don Bernardo Troncoso en el cargo de Gobernador y Capitán General de la Isla de Cuba, cargo que desempeñó hasta 1789, en que fue relevado por don Domingo Cabello. En 25 de enero de dicho año, fue ascendido a Mariscal de Campo y designado Virrey de Santa Fé, Nuevo Reino de Granada. Fue además Inspector General de los Reales Ejércitos de Nueva España, Gobernador Supremo del Consejo de Castilla, y Caballero de la Orden de San Juan de Jerusalén. Por Real Despacho de 31 de octubre de 1797, se le concedió el título de Conde de Ezpeleta de Veire. Falleció en Madrid el 23 de noviembre de 1823. Casó en La Habana, parroquia del Espíritu Santo, el 23 de enero de 1783, con doña María de la Paz Enrile y Alcedo, hija de don Jerónimo Enrile y Guerci, Marqués de Casa-Enrile, natural de Arenzano, en Génova, y de doña María de la Concepción Alcedo y Herrera, natural del Magro, en las montañas de Santander, de la Casa de los Marqueses de Villaformada. Tuvieron por hijos: a María Magdalena; a María de los Ángeles; a María Concepción; a Ana María; a María Asunción; a Ángela María; a Francisco Xavier; a Fermín; a Joaquín, y a José María de Ezpeleta y Enrile. De los cuales:

A. — Doña María de los Ángeles Ezpeleta y Enrile, casó con don Pedro Antonio de Salazar, Mariscal de Campo de los Reales Ejércitos Nacionales.

B. — Doña María de la Concepción Ezpeleta y Enrile, bautizada en la Catedral de La Habana el 8 de marzo de 1784, casó con don Pedro Agustín Girón y de las Casas, Teniente General de los Ejércitos Nacionales, primer Duque de Ahumada, primer Marqués de las Amarillas, Ministro de la Guerra y fundador del Benemérito Instituto de la Guardia Real.

C. — Doña Ana María de Ezpeleta y Enrile, casó con don Domingo Manso de Zúñiga y Areizaga, Conde de Hervías.

D. — Doña Ángela María de Ezpeleta y Enrile, casó con el Licenciado José Francisco Morejón, Abogado y Magistrado del Tribunal Supremo de España.

E. — Doña María Asunción de Ezpeleta y Enrile, casó con su tío don Pedro Enrile y Alcedo, Teniente General de los Ejércitos Nacionales, Capitán General de las Islas Filipinas, hijo de don Jerónimo de Enrile y Guerci, Marqués de Casa-Enrile, y de doña María de la Concepción Alcedo y Herrera.

F. — Don Francisco Xavier de Ezpeleta y Enrile, fue Teniente General de los Ejércitos Nacionales, Capitán General de Extremadura y de Andalucía, Senador del Reino y Ministro de la Guerra. Falleció soltero el 18 de octubre de 1865.

G. — Don Fermín de Ezpeleta y Enrile, fue Teniente General de los Ejércitos Nacionales, Capitán General de Extremadura y de las Islas Canarias. Falleció el 21 de mayo de 1869. Casó en 1851, con doña María de la Concepción Salazar y Ezpeleta, hija de don Pedro Antonio Salazar y Salazar, Mariscal de Campo de los Ejércitos Nacionales, y de doña María de los Ángeles Ezpeleta y Enrile.

H. — Don Joaquín de Ezpeleta y Enrile, del que se tratará en la LÍNEA PRIMERA.

I. — Don José María de Ezpeleta y Enrile, del que se tratará en la LÍNEA SEGUNDA.

LÍNEA PRIMERA

Don Joaquín de Ezpeleta y Enrile (menionado asteriormente como hijo de don José de Ezpeleta y Galdeano, y de doña María de la Paz Enrile y Alcedo) nacido en el castillo de la Fuerza, en La Habana, el 19 de septiembre de 1788, Teniente General de los Ejércitos Nacionales, fue Diputado por Navarra, Gobernador político y militar de Jaén, Segundo Cabo de la isla de Cuba en 1837, y su Inspector General de Infantería y Caballería, y primer Subinspector General Delegado de Real Hacienda de la isla de Cuba. El 22 de abril de 1838, sucedió al General Tacón como Gobernador y Capitán General de la isla de Cuba, cargo que desempeñó hasta qne en 1840, pasó a ocuparlo el Príncipe de Anglona. Organizó el Cuerpo de Bomberos de La Habana, inauguró el Teatro de Tacón, concluyendo en 1838, el camino de hierro Habana-Güines; instaló la Real Audiencia Pretorial de La Habana, de la que fue Presidente, y posteriormente fue Ministro de la Guerra y Marina, Consejero de Estado, Senador del Reino, Presidente del Senado, y Vicepresidente del Tribunal Superior de Guerra y Marina. Obtuvo las Grandes Cruces de las Órdenes de San Fernando y de San Hermenegildo, falleciendo en Madrid el 24 de marzo de 1863. Casó con doña María Dolores Contreras y Mencos, hija de don Luis Contreras de Escobar y de doña María Dolores Mencos. de la Casa de los Marqueses de Lozoya. Tuvieron por hijos: a María Dolores; a José, y a Luis de Ezpeleta y Contreras. Los cuales:

a. — Doña María Dolores de Ezpeleta y Contreras, casó en 1870 con don Eduardo Ruiz del Arco y de la Hoz, Marqués del Arco Hermoso.

b. — Licenciado José de Ezpeleta y Contreras, fue Abogado y Diputado a Cortes. Casó en 1877, con doña Eloisa Quiñones y Gómez-Yara, Marquesa de Lorenzana.

c. — Don Luis de Ezpeleta y Contreras, fue General de División, Gentil-hombre de Cámara con ejercicio, Vocal del Consejo de Administración de Huérfanos de Guerra, y obtuvi las Grandes Cruces de la Orden de San Hermenegildo y del Mérito Militar por Servicios Especiales. Casó en 1871, con doña María de los Dolores Montenegro y Gamio, hija de don Joaquín Montenegro y Guitart, Teniente General de los Ejércitos Nacionales, y de doña María de los Dolores Gamio. Tuvieron por hijos: a María Luisa; a María del Carmen; a Francisco de Paula, y a Joaquín de Ezpeleta y Montenegro. De los cuales:

1. — Doña María del Carmen de Ezpeleta y Montenegro, casó con don Francisco Xavier Bustamante y de la Maza, Oquendo y Bárcena, IV Conde de Basoco.

2. — Licenciado Joaquín de Ezpeleta y Montenegro, fue Abogado y Ministro Plenipotenciario de España en Checoslovaquia, Gentil-hombre de Cámara de Su Majestad, y Gran Cruz de la Orden de Isabel la Católica. Casó con doña María de los Dolores González de Castejón.

LÍNEA SEGUNDA

Don José María de Ezpeleta y Enrile (anteriormente mencionado como hijo de don José de Ezpeleta y Galdeano y de doña María de la Paz Enrile y Alcedo), bautizado en la Catedral de La Habana el 16 de marzo de 1787, fue II Conde de Ezpeleta de Veira. Falleció en Bagnares-Ludian, en 1847. Casó con doña María Amalia del Pilar Aguirre-Zuazo y Acedo, III Duquesa de Castro-Terreño, Marquesa de Montehermoso y Condesa de Triviana, del Vado y de Echauz. Tuvieron por hijo: a

Don José María Ortuño de Ezpeleta, y Aguirre Zuazo, Duque de Castro-Terreño, Conde de Triviana y III Conde de Ezpeleta de Veire, que obtuvo la Grandeza de España anexa a este último título, por Real Despacho de 22 de marzo de 1866. Casó el 10 de junio de 1848, con doña María Soledad Samaniego y Asprer de Neuburg, Dama de la Reina doña Isabel II, y de la Banda de María Luisa, hija de don Joaquín Samaniego y Pizarro, Marqués de Valverde de la Sierra, de Monreal y de Caracena del Valle, y de doña Narcisa Asprer de Neuburg, Camarera Mayor de la Reina de España. Tuvieron por hijos: a Mariana; a Narcisa; a Joaquín; y a Ortuño de Ezpeleta y Samaniego. De los cuales:

A. — Doña Narcisa de Ezpeleta y Samaniego, casó con don Ricardo de Rojas y Porres, V Marqués de Alventos, Conde del Sacro-Imperio.

B. — Don Joaquín de Ezpeleta y Samaniego, nacido el 22 de enero de 1846, fue IV Conde de Ezpeleta de Veire, IV Duque de Castro-Terreño, XV Conde de Triviana, y IV de Echauz. Casó el 29 de mayo de 1869, con doña María Álvarez de Toledo y Caro, hija de don José Álvarez de Toledo y Silva, Duque de Medinasidonia y Marqués de los Velez, y de doña Rosalía Caro y Álvarez de Toledo, de los Marqueses de la Romana, Grandes de España. Tuvieron por hijas: a Amalia y a Joaquina de Ezpeleta y Álvarez de Toledo. De las cuales:

Doña Joaquina de Ezpeleta y Álvarez de Toledo, fue la V Condesa de Ezpeleta de Veire, V Duquesa de Castro-Terreño, dos veces Grande de España, IX Marquesa de Montehermoso, V Condesa de Echauz y XIV de Triviana Casó en San Sebastián el 7 de noviembre de 1898, con don Ignacio Jerónimo de Villar-Villamil. Tuvieron por hijos: a Fernando; a Joaquín, y a Blanca María del Carmen Villar-Villamil y Ezpeleta. Los cuales:

a. — Don Fernando de Villar-Villamil y Ezpeleta, es el VI Duque de Castro-Terreño, VI Conde de Echauz y XV de Triviana.

b. — Don Joaquín de Villar-Villamil y Ezpeleta, es el VI Conde de Ezpeleta de Veire, Grande de España.

c. — Doña Blanca María del Carmen de Villar-Villamil y Ezpeleta, es la X Marquesa de Montehermoso. Casó con don Carlos Sánchez-Navarro.

FERNÁNDEZ

Apellido patronímico derivado del nombre de Fernán o Fernando, ampliamente extendido por toda la Península, sin que, como en todos los apellidos patronímicos, tengan relación alguna entre sí los diversos linajes de la misma denominación.

Esta familia, originaria del Principado de Asturias, España, se estableció en La Habana a finales del siglo XVIII.

Don Francisco Antonio Fernández, natural del Obispado de Oviedo, y su mujer doña Lorenza de Magallanes, natural de Madrid, tuvieron por hijo: a

Don Eugenio Fernández y Magallanes, natural de Madrid, el cual fue bautizado en la iglesia parroquial de San Martín, Madrid, el 16 de noviembre de 1766. Fue Brigadier de los Reales Ejércitos y pasó a La Habana, donde casó en la parroquia de Guadalupe, el 24 de febrero de 1798, con doña Ana María de Villiers y Castro Palomino, hija de don Ramón de Villiers y del Corral, natural de Igualada, en el Principado de Cataluña, Teniente Coronel del Escuadrón de América, y de su mujer doña Manuela de Castro Palomino y del Puerto. Tuvieron por hijos: a Eugenia; a Manuela; a María Luisa; a Juana; a Serafina; a Francisca; a Lorenza; a Mercedes; a Cecilia; a Ana; a Ramón Eugenio; a Juan Bautista, y a Francisco Fernández y Villiers. De los cuales:

1. — Doña Eugenia Fernández y Villiers casó con don Gabriel del Cristo y del Corral, Capitán de Caballería de la Plaza de La Habana.

2. — Doña Manuela Fernández y Villiers casó con don Antonio Quintana.

3. — Doña María Luisa Josefa Fernández y Villiers casó con don Agustín Ramos.

4. — Doña Juana Fernández y Villiers casó dos veces: la primera, con don Victoriano del Cristo, y la segunda, con don Luis Montenegro y Ford-Steward, hijo de don José Jorge Montenegro y Orange, natural de Santa Cruz de Tenerife y de doña Teresa Sofía Ford-Steward y Colt, natural de Filadelfia, en los Estados Unidos de América.

5. — Doña Serafina Fernández y Villiers casó con don Carlos del Cristo.

6. — Don Ramón Eugenio Fernández y Villiers, del que trataremos en la «Línea Primera».

7. — Don Francisco Fernández y Villiers, del que trataremos en la «Línea Segunda».

LÍNEA PRIMERA

Don Ramón Eugenio Fernández y Villiers, natural de La Habana, fue Capitán de Lanceros. Casó en la parroquial mayor de Trinidad, el 31 de marzo de 1839 con doña Isabel María de Armenteros Guzmán y Armenteros Guzmán, hija de don Carlos Armenteros Guzmán y Cárdenas, natural de La Habana, Regidor y Alcalde de la Santa Hermandad de Trinidad, y su mujer doña María de las Mercedes de Armenteros Guzmán y González Iglesias, natural de Trinidad. Tuvieron por hijos: a María de las Mercedes; a Ana; a Isabel, y a Carlos Fernández y Armenteros. Los cuales:

A. — Doña María de las Mercedes Fernández y Armenteros, natural de Trinidad, casó con su primo don Francisco de Paula Fernández y

Ledón, natural de La Habana, hijo de don Francisco Fernández y Villiers, Teniente Coronel de los Reales Ejércitos, y de su mujer doña Ana Ledón y Herrera.

B. — Doña Ana Fernández y Armenteros, natural de Trinidad, casó con su primo don Juan Fernández y Ledón, natural de Santa Clara, hijo de don Francisco Fernández y Villiers, Teniente Coronel de los Reales Ejércitos, y de su mujer doña Ana Ledón y Herrera.

C. — Doña Isabel Fernández y Armenteros falleció soltera.

D. — Don Carlos Fernández y Armenteros falleció soltero.

LÍNEA SEGUNDA

El Teniente Coronel de los Reales Ejércitos, don Francisco Fernández y Villiers, anteriormente mencionado como hijo del Brigadier don Eugenio Fernández y Magallanes y su mujer doña Ana de Villiers y Castro Palomino, casó en Santa Clara con doña Ana Ledón y Herrera, natural de esta ciudad, hija de don Juan José Ledón y Noriega, Alcalde Constitucional de Santa Clara, y de su mujer doña Alberta Herrera y Surí. Tuvieron por hijos: a Emilia; a Francisco; a Eugenio, y a Juan Fernández y Ledón.

a. — Doña Emilia Fernández y Ledón falleció soltera.

b. — Don Francisco Fernández y Ledón, natural de La Habana, casó con su prima doña María de las Mercedes Fernández y Armenteros.

c. — Don Eugenio Fernández y Ledón falleció soltero.

d. — Don Juan Fernández y Ledón casó con su prima doña Ana Fernández y Armenteros.

Don Francisco Fernández Ledón y su mujer doña María de las Mercedes Fernández y Armenteros tuvieron por hijos: a Emilia; a Isabel María; a Francisco de Paula; a Ramón, y a Francisco Fernández y Fernández. Los cuales:

1. — Doña Emilia Fernández y Fernández falleció soltera.

2. — Doña Isabel María Fernández y Fernández casó en la iglesia parroquial de Santa Clara el 12 de enero de 1890, con don José Elías López Silvero y Baeza, natural de Santa Clara, Capitán de Milicias de los Cuatro Lugares, y de su mujer doña María Lutgarda Veitia y Gutiérrez.

3. — Don Francisco de Paula Ramón de la Caridad Fernández y Fernández natural de Santa Clara, fue bautizado en la iglesia parroquial de dicha ciudad el 13 de enero de 1868. Fue doctor en Medicina. Falleció soltero.

4. — Don Ramón Fernández y Fernández, falleció soltero.

5. — Doctor Francisco Fernández y Fernández, natural de Santa Clara fue Médico Cirujano. Casó dos veces: la primera con doña María Marinello y Albarrán, natural de San Diego del Valle, hija de don Félix Marinello, natural de Barcelona, y de doña Francisca Albarrán y Domínguez, natural de Sagua. Casó por segunda vez con doña María del Carmen Caramés.

Don Francisco Fernández y Fernández y su primera mujer doña María Marinello y Albarrán tuvieron por hijo: a Félix Francisco Fernández y Marinello.

Doctor Félix Francisco Fernández y Marinello, nació en Santa Clara el 1 de marzo de 1896, fue Abogado y Notario. Casó con doña Digna Rosa Pérez de Morales y Pérez de Alejo, natural de Santa Clara, hija de don Lorenzo Pérez de Morales y de doña Juana Pérez de Alejo. Tuvieron por hijas: a María Cecilia; a Juana, y a María Amalia Fernández y Pérez de Morales. Las cuales:

A. — Doña María Cecilia Fernández y Pérez de Morales casó con don Emilio Dirube.

B. — Doña Juana Fernández y Pérez de Morales casó con don Armando Criado. Tuvieron por hijos: a Armando, que casó con doña Conchita Álvarez Hirsel; a Francisco que casó con doña Sandra Eleby Acosta; y a Mario, que casó con doña Suzanne Rouseau Bueno.

C. — Doña María Amalia Fernández y Marinello casó con don Viriato Gutiérrez Falla. Tuvieron por hijos: a Viriato; a Amalia, que casó con don Ricardo Agurcia; a Carolina, que casó con don Carlos González; y a María Franciscca Gutiérrez Falla y Fernández Marinello.

FERNÁNDEZ DE LARA

Don Juan Fernández de Lara, Presbítero, pasó a la Isla de Cuba y entre 1690 y 1700, se le mercedó la Hacienda «El Quemado»; en 1701, era Sacristán Mayor de la Parroquial de Trinidad y más tarde Vicario y Comisario del Tribunal de la Santa Cruzada. Testó en Trinidad, donde murió en 1736, con alrededor de 78 años de edad.

Don Salvador Fernández de Lara, hermano del anterior, pasó a la Isla de Cuba y falleció en Trinidad el 13 de mayo de 1742. Era casado con doña María Sánchez Camero, que falleció en Trinidad el 3 de julio de 1754. Tuvieron por hijo: a

Don Salvador Fernández de Lara y Sánchez Camero, natural de Málaga, Alférez y Alcalde ordinario de Trinidad. Casó en dicha villa el 6 de enero de 1737, con doña Felipa Alfonso del Manzano y Lebrón de Aldana, natural de Trinidad, hija de don Vicente Alfonso del Manzano, natural de la ciudad de La Laguna, Tenerife, Islas Canarias, Capitán de Milicias, Alcalde Mayor Provincial y Alcalde ordinario de Trinidad (hijo de don Domingo Alfonso y de doña Jerónima Rodríguez del Manzano), y de doña María Rosa Lebrón de Aldana y Yanes, natural de Trinidad (hija de don Juan Lebrón de Aldana y Yanes, natural de Jamaica y de doña Catalina de Pinto y González, natural de Trinidad). Tuvieron por hijos: a

1. — Don Pedro Fernández de Lara y Alfonso del Manzano, que fue bautizado en Trinidad el 9 de febrero de 1738.

2. — Don Francisco Xavier Fernández de Lara y Alfonso del Manzano, bautizado en Trinidad el 3 de diciembre de 1741.

3. — Don Salvador Miguel Fernández de Lara y Alfonso del Manzano, bautizado en Trinidad el 20 de mayo de 1743.

4. — Don Vicente Gabriel Fernández de Lara y Alfonso del Manzano, que fue bautizado en Trinidad el 13 de diciembre de 1745.

5. — Doña Bárbara Teresa Fernández de Lara y Alfonso del Manzano, que fue bautizada en Trinidad el 30 de julio de 1747.

6. — Don Juan Rafael Fernández de Lara y Alfonso del Manzano, que fue bautizado en Trinidad el 1ro. de abril de 1739.

7. — Doña Elena María de las Nieves Fernández de Lara y Alfonso del Manzano, que fue bautizada en Trinidad el 21 de noviembre de 1750.

8. — Doña Ana Isabel Fernández de Lara y Alfonso del Manzano, que fue bautizada en Trinidad el 21 de noviembre de 1750.

9. — Doña María Loreto Fernández de Lara y Alfonso del Manzano, que fue bautizada en Trinidad el 17 de diciembre de 1753.

10. — Doña Rita Rafaela Fernández de Lara y Alfonso del Manzano, que fue bautizada en Trinidad el 19 de marzo de 1755.

11. — Doña Felipa Gertrudis Fernández de Lara y Alfonso del Manzano, que fue bautizada en Trinidad el 22 de noviembre de 1756.

12. — Don Juan Rafael Fernández de Lara y Alfonso del Manzano, que fue bautizado en Trinidad el 22 de marzo de 1760. Fue Alcalde ordinario de Trinidad. Casó en dicha villa el 10 de septiembre de 1788, con doña Brígida Gertrudis de Armenteros Guzmán y Rodríguez de Alaraz, natural de Trinidad, hija del Regidor don Pedro de Armenteros Guzmán y Poveda, natural de La Habana, y de doña Juana Rodríguez de Alaraz y López de Dicastillo, natural de Trinidad.

13. — Don José Fernández de Lara y Alfonso del Manzano, del que se tratará en la LÍNEA PRIMERA.

14. — Don Vicente Gabriel Fernández de Lara y Alfonso del Manzano, bautizado el 10 de julio de 1740, del que se tratará en la LINEA SEGUNDA.

15. — Don Manuel Antonio Fernández de Lara y Alfonso del Manzano, del que se tratará en la LINEA TERCERA.

LINEA PRIMERA

Don José Fernández de Lara y Alfonso del Manzano, (anteriormente citado como hijo de don Salvador Fernández de Lara y Sánchez-Camero y de doña Felipa Alfonso del Manzano y Lebrón de Aldana), casó en Trinidad el 15 de marzo de 1767, con doña Magdalena Sacerio y Hernández, natural de Trinidad, hija de don Pedro Sacerio y Germán y de doña Petronila Hernández y de Valdivia. Tuvieron por hijos: a Petronila Josefa; a María de la Concepción; a María Josefa y a Antonio Eugenio Fernández de Lara y Sacerio. Los cuales

A. — Doña Petronila Josefa Fernández de Lara y Sacerio, fue bautizada en Trinidad el 6 de julio de 1775.

B. — Doña María de la Concepción Fernández de Lara y Sacerio, fue bautizada en Trinidad el 25 de junio de 1786.

C. — Doña María Josefa Fernández de Lara y Sacerio, fue bautizada en Trinidad el 6 de septiembre de 1772.

D. — Don Antonio Eugenio Fernández de Lara y Sacerio, fue bautizado en Trinidad el 24 de noviembre de 1777, casó el 23 de septiembre de 1799, con doña Joaquina Ruiz y Pérez de Corcho, natural de Trinidad, hija de Gregorio y de Ana Josefa. Tuvieron por hijos: a María Teresa de Jesús; a José de la Luz; a María Josefa del Sacramento; a María Salomé; a María de Jesús; a Cayetana de Jesús; a Antonia María, y a María de la Concepción Fernández de Lara y Ruiz. Los cuales:

a. — Doña María Teresa de Jesús Fernández de Lara y Ruiz, fue bautizada en Trinidad el 6 de julio de 1800. Casó el 19 de abril de 1820, con don José Santiago Gutiérrez y del Carpio, natural de Trinidad, hijo de Silvestre y de Francisca María.

b. — Don José de la Luz Fernández de Lara y Ruiz, fue bautizado el 7 de diciembre de 1801, en Trinidad.

c. — Doña María Josefa del Sacramento Fernández de Lara y Ruiz, fue bautizada el 20 de febrero de 1803. Casó el 19 de abril de 1820, en Trinidad, con don José Santiago Gutiérrez y del Carpio, hijo de Silvestre y de Francisca María.

d. — Doña María Salomé Fernández de Lara y Ruiz, fue bautizada el

e. — Doña María de Jesús Fernández de Lara y Ruiz, fue bautizada el 15 de mayo de 1806. Casó en Trinidad con don José María Rodríguez y del Carpio, hijo de Calixto y de Ana Dominga.

f. — Doña Cayetana de Jesús Fernández de Lara y Ruiz, fue bautizada en Trinidad, el 17 de agosto de 1807.

g. — Doña Antonia María Fernández de Lara y Ruiz, fue bautizada en Trinidad. Casó en dicha villa el 20 de abril de 1835, con don Juan Bautista Ruiz y Ramos, hijo de José María y de Juana Salvadora.

h. — Doña María de la Concepción Fernández de Lara y Ruiz, casó en Trinidad con don Francisco Hernández de Rivera y Fernández de Lara, natural de Trinidad, hijo de don Tomás Hernández de Rivera y Fernández de Cala y de doña María de la Caridad Fernández de Lara y Lazo de la Vega.

LÍNEA SEGUNDA

Don Vicente Fernández de Lara y Alfonso del Manzano (anteriormente mencionado como hijo de don Salvador Fernández de Lara y Sánchez-Camero. y de doña Felipa Alfonso del Manzano y Lebrón de Aldana), casó en Trinidad con doña Josefa Lazo de la Vega y Matos, natural de Trinidad, hija de don Silvestre Lazo de la Vega y Vázquez, natural de Puerto Príncipe, y de doña Antonia de Matos y Ximénez, natural de Trinidad. Tuvieron por hijos: a José María; a José María Tiburcio; a Tomás José; a Antonio María; a Joaquín María; a María de las Mercedes; a Juan Nepomuceno; a Carlos Antonio; a Salvador Miguel; a María de la Asunción; a María de la Caridad; a José Hidalgo y a José Dionisio Fernández de Lara y Lazo de la Vega. Los cuales:

1. — Don José María Fernández de Lara y Lazo de la Vega, fue bautizado en Trinidad el 20 de agosto de 1766.

2. — Don José María Tiburcio Fernández de Lara y Lazo de la Vega, fue bautizado en Trinidad el 18 de agosto de 1767.

3. — Don Tomás José Fernández de Lara y Lazo de la Vega, fue bautizado en Trinidad de 20 de diciembre de 1768.

4. — Don Antonio María Fernández de Lara y Lazo de la Vega, fue bautizado en Trinidad el 25 de agosto de 1772.

5. — Don Joaquín María Fernández de Lara y Lazo de la Vega, fue bautizado en Trinidad el 21 de noviembre de 1773.

6. — Doña María de las Mercedes Fernández de Lara y Lazo de la Vega, fue bautizada en Trinidad el 28 de abril de 1775.

7. — Don Juan Nepomuceno Fernández de Lara y Lazo de la Vega, fue bautizado en Trinidad el 23 de junio de 1778.

8. — Don Carlos Antonio Fernández de Lara y Lazo de la Vega, fue bautizado en Trinidad el 3 de noviembre de 1779.

9. — Don Salvador Miguel Fernández de Lara y Lazo de la Vega, fue bautizado en Trinidad el 10 de abril de 1781.

10. — Doña María de la Asunción Fernández de Lara y Lazo de la Vega, fue bautizada en Trinidad el 3 de mayo de 1788.

11. — Doña María de la Caridad Fernández de Lara y Lazo de la Vega, fue bautizada en Trinidad el 15 de enero de 1789. Casó dos veces: la primera, el 21 de marzo de 1813, con don Tomás Hernández de Rivera y Fernández de Cala, hijo de don Fernando Hernández de Rivera y Pablo Vélez, Regidor de Trinidad, y de doña Juana Fernández de Cala y Gutiérrez. Casó por segunda vez el 29 de octubre de 1821, con don Miguel Antonio de Castiñeyra y Yanes, bautizado en Trinidad el 10 de mayo de 1789, hijo de don Antonio Germán de Castiñeyra y Ramos, natural de Trinidad, Licenciado en Derecho Civil, y de doña María Bárbara de Yanes y Lazo de la Vega.

12. — Don José Higinio Fernández de Lara y Lazo de la Vega, fue bautizado en Trinidad el 15 de enero de 1771 y casó en dicha villa con doña María de la Luz de Prados y López, hija del Capitán don Pedro de Prados, y de doña Tomasa López. Tuvieron por hijos: a Rita María; a Antonia María y a Manuel de Jesús Fernández de Lara y Prados. Los cuales:

A. — Doña Rita María Matilde Fernández de Lara y Prados, fue bautizada el 17 de marzo de 1805.

B. — Doña Antonia María Fernández de Lara y Prados, casó en Trinidad el 28 de julio de 1837, con don José Joaquín Polo de la Vega y Guzmán de Medina, hijo de don Pedro Polo de la Vega y Guzmán, y de doña María de la Trinidad de Medina.

C. — Don Manuel de Jesús Fernández de Lara y Prados, bautizado en Trinidad el 26 de diciembre de 1807, casó en Trinidad el 19 de diciembre de 1836, con doña Josefa María García y Naranjo, natural de Trinidad, hija de don Juan García y Ruiz, y de doña María del Carmen Naranjo y de Quesada.

13. — Don José Dionisio Fernández de Lara y Lazo de la Vega, bautizado en Trinidad el 15 de octubre de 1776, casó el 5 de noviembre de 1808, con doña María de la Consolación Hernández y Fermín de Salabarría, natural de Trinidad, hija de don Blas Antonio Hernández y Marín (hijo de don Tomás Hernández y Ponce de León y de doña Juana Marín y Gutiérrez) y de doña María Fermín de Salabarría de los Reyes y Santa-Ella (hija de don Pedro Fermín de Salabarría y Vencomo y de doña Francisca de los Reyes Santa-Ella y Bernal). Tuvieron por hijos: a Ma-

ría Andrea; a José María; a José María Sotero; a José Teodoro; a Matías y a María de las Mercedes Fernández de Lara y Hernández. Los cuales:

a. — Doña María Andrea Fernández de Lara y Hernández, natural de Trinidad, que casó en dicha villa el 28 de marzo de 1837, con don Juan Antonio Cabo de Villa Gambino, natural de Trinidad, hijo de don Antonio Cabo de Villa y de Iglesias, natural de Galicia, España, y de doña Isabel María Gambino y Falconete, natural de Trinidad.

b. — Don José María Fernández de Lara y Hernández, que casó en Trinidad en 1828, con doña María de la Caridad de Cadalso y de Piedra, bautizada en Trinidad el 24 de diciembre de 1810, hija de don José Manuel de Cadalso y de Hermosilla, natural de Trinidad, Mayorazgo de su Casa (que sirvió en los barcos correos de la isla con Costa Firme, desde 1817 hasta 1824 y que mandó en clase de Comandante la lancha Cañonera «Raquel», destinada a las costas de Trinidad con treinta hombres de tripulación, haciendo travesías en la costa sur de la isla y teniendo a su custodia el Puerto de Casilda); y de doña María de Jesús de Piedra y Siverio, natural de Trinidad, hija de don José Mariano de Piedra y Serrato, natural de La Habana, y de doña Manuela Antonia Siverio y González de Andrade. Tuvieron por hijos: a María de los Ángeles; a Ildefonso; a Vladislao; a José María; a Ulpiano; a Juan y a Pánfilo Fernández de Lara y Cadalso. De los cuales:

1. — Don Juan Fernández de Lara y Cadalso, casó el 6 de mayo de 1871, con doña Andrea Fernández de Lara y Vargas, natural de Trinidad, hija de don Manuel Antonio Onofre Fernández de Lara y Martínez de Campos, y de doña Mercedes de Vargas.

2. — Don Pánfilo Fernández de Lara y Cadalso, casó con doña María de las Mercedes Martí y Urquiza, hija de don Francisco Martí y de doña Serafina Urquiza. Tuvieron por hijos: a Pánfilo; a María de las Mercedes; a Serafina y a Francisco Fernández de Lara y Martí. Los cuales:

A. — Don Pánfilo Fernández de Lara y Martí, casó en 1872, con doña María del Carmen de Cadalso y Troconiz, hija de don Ángel de Cadalso y del Castillo, y de doña Juana Bautista Troconiz y Fermín de Salabarría.

B. — Doña María de las Mercedes Fernández de Lara y Martí. Casó en Trinidad con don Manuel Álvarez y Aguirre, hijo de X Álvarez y Granda, natural de Asturias, y de doña X Aguirre y Entenza, natural de Trinidad.

C. — Doña Serafina Fernández de Lara y Martí, casó en Trinidad con don X. Cortés.

D. — Don Francisco Fernández de Lara y Martí, casó en Trinidad con doña María de los Dolores Grau y Zerquera, hija del Capitán don Juan Grau y Tramont y de doña Rosa María del Rosario de Zerquera y de la Torre, hija de don Cipriano de la Luz de Zerquera y Hernández Prieto, y de María de los Dolores de la Torre y Sánchez. Tuvieron por hija: a

Doña Ana María Fernández de Lara y Grau, que casó con don Francisco Martínez, natural de Trinidad.

c. — Don José María Sotero Fernández de Lara y Hernández, fue bautizado en Trinidad el 29 de julio de 1804.

d. — Don José Teodoro Fernández de Lara y Hernández en Trinidad con doña Catalina Hernández y del Castillo, natural de Trinidad, hija de don Isidro Hernández y Fermín de Salabarría y de doña María de la Concepción del Castillo y Ortiz de Zúñiga. Tuvieron por hijos: a José Dionisio; a Francisco; a Teodoro; a Felipe; a Isidro; a María de las Mercedes; a Isabel; a Ana Catalina; a Bárbara; a Carmen; a María del Consuelo y a Enrique Fernández de Lara y Hernández. De los cuales:

a. — Don José Dionisio Fernández de Lara y Hernández, casó con doña María Ana Andrea Echemendía y González de Iglesias, natural de Trinidad, hija de don Jesús Delfín Echemendía y Muñoz (hijo de don Diego Manuel Echemendía y de Pina, natural de Sancti-Spiritus, y de doña María Ana Andrea Muñoz y González de Iglesias), y de doña Ana González de Iglesias y de la Peña (hija de don José Felipe González de Iglesias y Pomares y de doña Ana Dominga de la Peña y Ponce de León. Tuvieron por hijos: a Francisco; a Héctor Enrique; a Jesús Delfín; a José Domingo Teodoro, y a Dámaso Armando Fernández de Lara y Echemendía. De los cuales:

1. — Don Héctor Enrique Fernández de Lara y Echemendía, casó con doña María Josefa Gálvez, y tuvieron por hijo: a Héctor Fernández de Lara y Gálvez.

2. — Don José Domingo Teodoro Fernández de Lara y Echemendía, casó con doña Manuela Mínguez.

b. — Don Francisco Fernández de Lara y Hernández, casó en Trinidad el 18 de diciembre de 1873, con doña María Andrea Mónica Pomares y Boisseau, natural de Trinidad, hija de don José Fernando Pomares y de los Monteros, y de doña Asunción Boisseau y Sauce, natural de Kingston. Contrajo segundo matrimonio con doña Antonia Femenías, natural de Cienfuegos. De su primera mujer tuvo por hijos: a María; a Teodoro; a Zoilo; a Rafael y a Oscar Fernández de Lara y Pomares. De su segundo matrimonio, tuvo por hijo a Francisco Fernández de Lara y Femenías.

c. — Don Teodoro Fernández de Lara y Hernández, casó en Trinidad con doña María de la Concepción Arrechea y Soto del Valle, hija de don Simón Arrechea y Apesechea, y de doña Rosa Soto del Valle y Galliano (la familia Galliano originaria de Génova, es conocida desde el año 1122). Tuvieron por hijos: a María de la Concepción y a Rosa Fernández de Lara y Arrechea. Las cuales:

A. — Doña María de la Concepción Fernández de Lara y Arrechea casó en Trinidad con don Román Bandrich.

B. — Doña Rosa Fernández de Lara y Arrechea, casó con don Manuel Menéndez, hijo de Joaquín y de María.

d. — Don Felipe Fernández de Lara y Hernández, casó en Trinidad con doña Rosa Soto del Valle y Galliano, viuda de don Simón Arrechea. Tuvieron por hijos: a Dionisio; a Luis Felipe; a María de Lourdes y a José Luis Fernández de Lara y Soto del Valle. De los cuales:

Don Dionisio Fernández de Lara y Soto del Valle.

Don Luis Felipe Fernández de Lara y Soto del Valle, natural de Trinidad, Doctor en Medicina, casó con doña María de Lourdes del Valle y Fernández, natural de Trinidad, hija de don José María del Valle y Martínez y de doña Honoria Fernández y Choperena, naturales de Trinidad. Tuvieron por hijos: a María de Lourdes; a Luis Felipe y a José Luis Fernández de Lara y del Valle.

e. — Doña María de las Mercedes Fernández de Lara y Hernández, natural de Trinidad, casó con don Francisco Orri y Salabarría, hijo de don Francisco Antonio Orri y Alonso del Valle, y de doña María de la Encarnación Salabarría y Salabarría.

f. — Doña Ana Catalina Fernández de Lara y Hernández, casó en Trinidad con don Joaquín Cortés y Trillo, natural de Caracas, Venezuela, hijo de don José Sabas Cortés, Oficial de la Administración de Tesorería de Rentas Reales de Caracas, y de doña Isabel Trillo, natural de Puerto Cabello.

g. — Doña Bárbara Fernández de Lara y Hernández, casó en Trinidad con don Dámaso Gómez y Muñoz-Palacios, natural de Trinidad, hijo del Coronel don Pedro Gómez y García, natural de Torrecilla, hijo de Dámaso y de Manuela y de doña Francisca Muñoz-Palacios y Veloso, natural de Trinidad, hija de Sebastián y de Josefa.

h. — Doña Carmen Fernández de Lara y Hernández, casó en Trinidad con don Nicolás Orri y Salabarría, hijo de Francisco Antonio y de María de la Encarnación.

i. — Doña María del Consuelo Fernández de Lara y Hernández, casó el primero de noviembre de 1880, con el Alférez don Francisco Álvarez e Iglesias, natural del Bayo, Oviedo, hijo de Francisco y de Agueda.

e. — Don Matías Fernández de Lara y Hernández (hijo de José Dionisio y de Consolación) tuvo por hijo natural con doña Rufina Rodríguez: a

Don Juan Crisóstomo Fernández de Lara y Rodríguez, que casó con doña Ana Catalina de Arteaga y Guerrero, natural de Puerto Príncipe, hija de don Remigio de Arteaga y de doña Francisca Guerrero, el 2 de octubre de 1867.

Don Matías de su matrimonio con doña María de la Trinidad Trocóniz y Cudina, hija de don Manuel Trocóniz y Martínez y de doña María de la Caridad Cudina y Aliserraga, tuvo por hijo: a

Don Lucas Evangelista Fernández de Lara y Trocóniz, que casó en Trinidad el 4 de febrero de 1878, con doña María del Carmen Corbeiller y Zaragoza, hija de Desiderio y de Francisca.

f. — Doña María de las Mercedes Fernández de Lara y Hernández (hija de José Dionisio y de Consolación) casó con don Félix Tomás Hernández y Hernández, hijo de Tomás y de Braulia, el 13 de noviembre de 1855.

LÍNEA TERCERA

Don Manuel Antonio Fernández de Lara y Alfonso del Manzano (anteriormente mencionado como hijo de don Salvador Fernández de Lara y Sánchez-Camero, y de doña Felipa Alfonso del Manzano y Lebrón de Aldana), fue Alcalde ordinario de Trinidad y Tesorero Administrador de Rentas Reales de Correos. Casó con doña Isabel María Pérez de Vargas-Sotomayor y Guzmán y Varela de Silva, hija de don Pedro José Antonio Pérez de Vargas-Sotomayor y Guzmán y Rivera, hijo de los Marqueses de Castellón, Capitán de Milicias, y de doña María Varela de Silva y Ponce de León. Tuvieron por hijos: a María Teresa Andrea; a Manuel Antonio; a Micaela Gabriela Rafaela; a José María; a Vicente Ferrer; a Francisco; a Juan Nepomuceno y a José Joaquín Pío de la Cruz Fernández de Lara y Pérez de Vargas Sotomayor y Guzmán. Los cuales:

a. — Doña María Teresa Andrea Fernández de Lara y Pérez de Vargas-Sotomayor y Guzmán, fue bautizada en Trinidad el 27 de noviembre de 1769.

b. — Don Manuel Antonio Fernández de Lara y Pérez de Vargas-Sotomayor y Guzmán, fue bautizado en Trinidad el 24 de mayo de 1779, y fue Cadete.

c. — Doña Micaela Gabriela Rafaela Fernández de Lara y Pérez de Vargas-Sotomayor y Guzmán, fue bautizada el 25 de octubre de 1782. Casó en la parroquia de Trinidad el 25 de enero de 1800, con don Francisco José de Albear y Hernández Crespo, nacido en La Habana el 10 de marzo de 1762, Coronel de Infantería, Comandante de las fortalezas de Jagua, San Carlos y San Severino de Matanzas, del Príncipe y del Morro de La Habana; Gobernador Militar de Matanzas, Subdelegado de la Hacienda Pública y de la Superintendencia y Dirección General de la Factoría de Tabacos, Caballero de la Orden de San Hermenegildo, hijo de don Francisco Antonio de Albear y Palacio, natural de Hoz de Marrón, Santander, Tesorero Oficial Real, Administrador General de Rentas Reales de Santiago de Cuba, Comisario de Guerra, Teniente Gobernador de Trinidad, y ayudante de Dragones del Capitán General de la Isla de Cuba, y de doña María Teresa Hernández-Crespo y Díaz.

d. — Don José María Fernández de Lara y Pérez de Vargas-Sotomayor y Guzmán, que fue bautizado el 5 de diciembre de 1785.

e. — Don Vicente Ferrer Fernández de Lara y Pérez de Vargas-Sotomayor y Guzmán, que fue bautizado en Trinidad el 30 de abril de 1774.

f. — Don Francisco Fernández de Lara y Pérez de Vargas-Sotomayor y Guzmán, bautizado en Trinidad el 25 de septiembre de 1782, fue Alcalde de la Santa Hermandad, y casó el 4 de marzo de 1805, con doña María de Belén de Mena y de Herrera, natural de Trinidad, hija de don Manuel de Mena y Quiñones, y de doña Antonia de Herrera y Alfonso del Manzano, hija de don Joaquín de Herrera y de Cuba, y de doña Micaela Alfonso del Manzano y Pablo Vélez. Fueron sus hijos:

1. — Don Manuel Fernández de Lara y Mena.

2. — Don Joaquín Fernández de Lara y Mena, bautizado el 7 de abril de 1813, que hizo información de Limpieza de sangre el 2 de abril de 1832, ante Ambrosio de Herrera, para ingresar en la Universidad de La Habana.

7. — Don Juan Nepomuceno Fernández de Lara y Pérez de Vargas-Sotomayor y Guzmán, que fue bautizado en Trinidad el 2 de marzo de 1773. Casó con doña María de la Candelaria Martínez de Campos y González de la Cerda, natural de Trinidad, hija de don Domingo Martínez de Campos y de doña Belén González de la Cerda, el 6 de agosto de 1798. Tuvieron por hijos: a Roque Jacinto de las Mercedes; a María de la Candelaria; a Vicente Ferrer; a María de la Concepción; a Marcos Antonio Sergio; a José María de Belén; a Florencio y a Manuel Antonio Onofre Fernández de Lara y Martínez de Campos. Los cuales:

A. — Don Roque Jacinto de las Mercedes Fernández de Lara y Martínez de Campos, bautizado en Trinidad el 23 de agosto de 1789, que casó en Trinidad el 31 de marzo de 1846, con doña María Francisca del Valle y Castillo, bautizada en Sancti-Spiritus el 28 de octubre de 1796, hija de don Fernando del Valle Llorente, natural de La Habana, Coronel de Infantería de los Reales Ejércitos, Coronel Jefe del Batallón de Milicias Provinciales de las Cuatro Villas, Regidor Perpetuo de Santi-Spiritus, Alcalde ordinario y de la Santa Hermandad, Comandante de Armas, Diputado del Real Consulado, Elector Representante de Trinidad, Síndico Procurador Apostólico, y de doña Ana Antonia del Castillo y Barroso.

B. — Doña María de la Candelaria Fernández de Lara y Martínez de Campos, que casó el 21 de febrero de 1840 en Trinidad, con don Faustino de Arbe y García de Carrasquedo, natural de Cádiz doctor en Medicina, hijo de don Narciso de Arbe y de doña Rita García de Carrasquedo.

C. — Don Vicente Ferrer Fernández de Lara y Martínez de Campos fue bautizado en Trinidad el 15 de abril de 1800.

D. — Doña María de la Concepción Fernández de Lara y Martínez de Campos, bautizada en Trinidad el 16 de febrero de 1801.

E. — Don Marcos Antonio Sergio Fernández de Lara y Martínez de Campos, bautizado en Trinidad el 8 de octubre de 1803.

F. — Don José María de Belén Fernández de Lara y Martínez de Campos, bautizado en Trinidad el 8 de octubre de 1805.

G. — Don Florencio Fernández de Lara y Martínez de Campos, bautizado en Trinidad el 24 de febrero de 1807.

H. — Don Manuel Antonio Onofre Fernández de Lara y Martínez de Campos, que casó con doña Mercedes de Vargas. Tuvieron por hijas: a Andrea y a María de la Asunción Fernández de Lara y Vargas. Las cuales:

a. — Doña Andrea Fernández de Lara y Vargas, casó el 6 de mayo de 1871, con don Juan Fernández de Lara y Cadalso.

b. — Doña María de la Asunción Fernández de Lara y Vargas, casó el 27 de mayo de 1864, con don Pedro Pablo Arsis y Bandomo, hijo de Pedro Pablo y de María de la Encarnación.

8. — Don José Joaquín Pío de la Cruz Fernández de Lara y Pérez de Vargas-Sotomayor y Guzmán, bautizado en Trinidad el 14 de mayo de 1784, que fue Regidor Perpetuo de Trinidad, y Padre General de Menores. Casó dos veces, la primera con doña Isabel Borrell y Padrón, hija de don Pablo Borrell y Soler, Teniente Reformado y Alcalde ordinario de Trinidad, y de doña Ángela Josefa Padrón y Ximénez de Valdespino, progenitores del Marqués de Guaimaro. Casó por segunda vez, con doña Josefa Fernández del Cueto y Baró, hija de don José Fernández del Cueto, Caballero de la Orden de Carlos III, y de doña Mercedes Baró.

De su primera mujer, tuvo por hijos: a Lino; a María Monserrate y a José Mariano Fernández de Lara y Borrell. Los cuales:

1. — Don Lino Fernández de Lara y Borrell, casó en Trinidad el primero de abril de 1837, con doña María de la Peña y Ponce de León, hija de don Pedro de Alcántara de la Peña y Sarduí, natural de Trinidad, y de doña Josefa Ponce de León y de la Peña, natural de Trinidad.

2. — Doña María Monserrate Fernández de Lara y Borrell, bautizada en Trinidad el 23 de septiembre de 1811, casó dos veces: la primera, el 4 de febrero de 1829, con don Pedro José de Iznaga y Borrell, bautizado el 3 de mayo de 1789, Cadete del Batallón de Milicias de las Cuatro Villas, Regidor Perpetuo de Trinidad, Alcalde ordinario de dicha villa, Diputado del Real Consulado, Caballero de la Orden de Carlos III, y Cruz de la Flor de Lis de la Vendée, de Francia, hijo de don Pedro de Iznaga y Pérez de Vargas-Sotomayor y Guzmán, natural de Trinidad,

Diputado del Real Consulado, Subdelegado de todos los ramos de la Real Hacienda, Regidor Receptor de Penas de Cámara, Alcalde ordinario de Trinidad, y de doña María del Carmen Borrell y Padrón. Casó por segunda vez, con don Justo Germán Cantero y Anderson, Médico, Regidor Alférez Real de Trinidad, Gentil-hombre de Cámara de Su Majestad con Ejercicio, Caballero Gran Cruz de la Orden de Isabel la Católica.

3. — Don José Mariano Fernández de Lara y Borrell, casó en Trinidad el 8 de julio de 1832, con doña María de las Mercedes del Rosario de Irarragorri y Muñoz, natural de Trinidad, hija del Regidor Alguacil Mayor don José Manuel de Irarragorri y Luxán, y de doña Isabel María Muñoz y González de Iglesias. Tuvieron por hijos: a María de las Mercedes; a Micaela; a Elvira; a María Monserrate; a José Mariano Bembenuto y a Fernando Fernández de Lara e Irarragorri. De los cuales:

A. — Doña María de las Mercedes Fernández de Lara y de Irarragorri, casó dos veces: la primera, con don Tomás Puig Armenteros y Guzmán, hijo de don Miguel Antonio Puig y González, y de doña Rita Clara de Armenteros Guzmán y Muñoz. Casó por segunda vez, el 27 de septiembre de 1851, con don José Moreno y de Luyando, natural de Madrid, Alcalde Mayor y Asesor del Juzgado de la Tenencia de Gobierno Político y Militar de Trinidad, hijo de don Miguel Moreno, natural de Bogotá, y de doña Fortunata de Luyando, natural de ciudad México.

B. — Doña Micaela Fernández de Lara y de Irarragorri, que casó con don Justo Germán Cantero y Fernández de Lara, hijo de Justo Germán y de Monserrate.

C. — Doña Elvira de la Caridad de las Mercedes Fernández de Lara y de Irarragorri, casó con don Juan José Hermenegildo Bequer y Barceló, natural de Trinidad, hijo de don Juan Guillermo Bequer y Smith (antes Mr. John Williams Baker), Caballero Gran Cruz de las órdenes de Isabel la Católica y de la de Carlos III, a quien se le hizo merced del Hábito de Santiago el 29 de mayo de 1847, Gentil hombre de Cámara de Su Majestad con Ejercicio, y de doña Josefa Barceló y Villa.

D. — Don José Mariano Bembenuto Fernández de Lara y de Irarragorri, casó con doña María Luisa Serafina Bequer y Barceló, hija de Juan Guillermo y de Josefa.

E. — Don Fernando Fernández de Lara y de Irarragorri, que casó el 23 de marzo de 1867, con doña Manuela Josefa Bequer y Barceló, hija de Juan Guillermo y de Josefa. Tuvieron por hija: a

Doña Isabel Fernández de Lara y Bequer, natural de Trinidad, que casó con don Daniel Bequer y Fernández de Lara, natural de Trinidad, hijo de Juan Hermenegildo y de Elvira.

Don José Joaquín Pío Fernández de Lara y Pérez de Vargas y su segunda mujer tuvo por hijo: a

Don Manuel Fernández de Lara y Fernández del Cueto, que casó en Trinidad el 24 de mayo de 1865, con doña Elisa de Zaldo y Fernández del Cueto, natural de Nueva York, hija de don Ramón de Zaldo y Valiente, natural de Cádiz, y de doña María de la Trinidad Fernández del Cueto y Baró, natural de Trinidad. Tuvieron por hijos: a Néstor; a Pío y a Elisa Fernández de Lara y de Zaldo. Los cuales:

a. — Don Néstor Fernández de Lara y de Zaldo, nacido en La Habana el 26 de febrero de 1872, Dentista, casó en Trinidad con doña Esperanza Rubíes, natural de Trinidad.

b. — Don Pío Fernández de Lara y de Zaldo, fue bautizado en Trinidad el 6 de abril de 1866.

c. — Doña Elisa Fernández de Lara y de Zaldo, natural de Trinidad, casó con X. Panadés, natural del mismo lugar.

FERNÁNDEZ PELLÓN

Esta genealogía amplía lo ya aparecido bajo el apellido «Castellanos», tomo 6, páginas 31 y 32.

Don Antonio Fernández Pellón y de la Cámara, natural de Valladolid, y su mujer doña María de los Dolores Castellanos y Fuentes, tuvieron por hijos: a Antonio; a Eugenia; a Cándida Aurora; a José Ricardo; a Enrique; a María de los Dolores, y a María Teresa-Fernández Pellón y Castellanos. Los cuales:

1. — Don Antonio Fernández Pellón y Castellanos, nacido en la ciudad de Santiago de Cuba, falleció en La Habana, el 25 de abril de 1915. Casó en la parroquia del pueblo de Quemado de Güines, provincia de Santa Clara, el 5 de julio de 1878, con doña Catalina Agramonte y Varona, natural de Puerto Príncipe (fallecida en Santiago de las Vegas, provincia de La Habana, el 8 de julio de 1887), hija de don Manuel Agramonte y Porro, natural de Puerto Príncipe, que fue Oficial del Ejército Cubano en la Revolución de 1868 (fallecido en la provincia de La Habana el 8 de noviembre de 1912), y de doña Juana de Dios Varona y Varona, natural de Puerto Príncipe. Tuvieron por hija: a

Doña Consuelo Fernández Pellón y Agramonte, nacida en la villa de Guanabacoa, provincia de La Habana, el 28 de mayo de 1879, que fue bautizada en dicha villa, parroquia de la Asunción, el 25 de diciembre de 1879. Casó en la ciudad de La Habana, el 27 de agosto de 1921, con don Juan Sarabia y Gil, natural de Güira de Melena, provincia de La Habana, que fue Tesorero del Distrito Fiscal de Occidente de esta Capital, hijo de don Apolonio Sarabia y Borrego, y de doña Ángela Gil y Díaz, ambos naturales de Güira de Melena. No tuvieron sucesión.

2. — Doña Eugenia Fernández Pellón y Castellanos, nacida en la ciudad de La Habana, que falleció soltera en la villa de Guanabacoa, provincia de La Habana, el 2 de octubre de 1936.

3. — Doña Cándida Aurora Fernández Pellón y Castellanos, nació en la Isla de Pinos, Cuba, el 10 de septiembre de 1849, donde fue bautizada, parroquia de Nuestra Señora de los Dolores y San Nicolás de Bari, el 18 del mismo mes y año. Falleció en La Habana, el 27 de marzo de 1935. Casó en dicha ciudad, parroquia del Santo Ángel, el 26 de marzo de 1872, con don Luis Barinaga Rementería e Ibarzábal, natural de Bilbao, provincia de Vizcaya, España, que fue Sobrecargo de los vapores mercantes «Trinidad» y «Purísima Concepción»; Cajero y Tenedor de Libros del Ingenio Azucarero «Toledo» que falleció en la villa de Guanabacoa el 2 de febrero de 1896, hijo de don José Andrés Barinaga y Rementería, y de doña María del Carmen de Ibarzábal y Larama, naturales de España. Tuvieron sucesión.

4. — Licenciado José Ricardo Fernández Pellón y Castellanos, nació en la ciudad de Holguín, el 23 de febrero de 1852, donde fue bautizado, parroquia de San Isidoro, el 2 de marzo de dicho año. Fue prominente político autonomista, y distinguido Abogado, que obtuvo el grado de Licenciado en Derecho Civil y Canónico en la Universidad de La Habana, el 30 de junio de 1881. Para ingresar en el Instituto de Segunda Enseñanza de La Habana, hizo información de legitimidad y limpieza de sangre, el 31 de agosto de 1866. Cultivó el periodismo, y figuró en la época colonial como redactor de los diarios habaneros «La Discusión», «La Lucha», «El País», y también del semanario «El Tábano»; fue Abogado de Pobres en 1883; Tesorero del Colegio de Abogados de La Habana de 1892 a 1898; Socio de la Real Sociedad Económica de Amigos del País de La Habana; formó parte, con el Licenciado Alfredo Zayas y Alfonso, don Manuel Valdés Rodríguez, don Francisco Rodríguez Ecay y otros, de la Comisión designada por dicha Sociedad Económica, en 2 de marzo de 1894, para estudiar y proponer un plan de reformas de las escuelas a cargo de esa Institución; Vocal de la Junta Central del Partido Autonomista; Subsecretario de la Presidencia del Consejo de Secretarios del Gobierno Autonómico de la Isla de Cuba y Representante a la Cámara Insular por el Distrito de Holguín; en dicho año pasó a Cienfuegos, donde fue Notario y Archivero General de Protocolos, Vicepresidente de la Asamblea Municipal del Partido Moderado, Presidente de la Asamblea Municipal del Partido Conservador, y Consultor Diplomático de la Secretaría de Estado de esta República, por nombramiento de 20 de mayo de 1913. Falleció en La Habana el 3 de julio de 1916, donde casó, en la parroquia del Vedado, el 24 de octubre de 1889, con doña Eugenia Desvernine y Galdós, natural de La Habana, hija de don Pablo Desvernine y Legrás, nacido en La Habana en agosto de 1823, célebre pianista y profesor de música que fue Director de la «Revista Musical, Artística y Literaria de La Habana», en 1856, y presidente de la Sociedad Filarmónica Cubana, que se hizo oír en las principales capitales de Europa y en los Estados Unidos de Norteamérica; y que falleció en La Habana, el primero de marzo de 1910, donde casó con doña Carolina Galdós y Echániz (sobrina del célebre novelista

español don Benito Pérez Galdós), natural de dicha ciudad, que falleció el 5 de marzo de 1918. Tuvieron por hijo: a

Don José Eugenio Fernández Pellón y Desvernine, que falleció soltero en la ciudad de La Habana, el 12 de agosto de 1910.

5. — Don Enrique Fernández Pellón y Castellanos, nació en la ciudad de Santiago de Cuba, el 12 de febrero de 1855, donde lo bautizaron, parroquia de la Santísima Trinidad, el 27 de marzo de dicho año. Fue Cadete del Ejército Español y falleció soltero en la ciudad de La Habana, el 13 de agosto de 1873.

6. — Doña María de los Dolores Fernández Pellón y Castellanos, nacida en la ciudad de Santiago de Cuba el 20 de julio de 1859, y fue bautizada en dicha ciudad, parroquia de la Santísima Trinidad, el 10 de agosto de 1859. Falleció soltera, en la villa de Guanabacoa, provincia de La Habana, el 28 de junio de 1942.

7. — Doña María Teresa Fernández Pellón y Castellanos, nacida en Batabanó, provincia de La Habana, casó en la villa de Guanabacoa, parroquia de la Asunción, el 13 de junio de 1908, con don Laureano Rodríguez y Álvarez, natural de dicha villa (fallecido en La Habana el 25 de septiembre de 1922), hijo de don Laureano Rodríguez, natural de Asturias, España, y de doña Concepción Álvarez y Núñez de Villavicencio. No tuvieron sucesión.

FERNÁNDEZ ROSILLO

En la segunda mitad del siglo XIX, procedentes de Puente de Arce, provincia de Santander, España, se establecieron en la ciudad de Santiago de Cuba dos hermanos de este apellido, oriundos por su rama paterna, de Llano, partido judicial de Reinosa, en la referida provincia santanderina.

Don Laureano Fernández, natural de Llano, casó con doña Francisca Rosillo y González, natural de Puente de Arce, teniendo entre sus hijos: a Manuel, y a Federico Laureano Fernández Rosillo. Los cuales:

1. — Don Manuel Fernández Rosillo, natural de Puente de Arce, fue ganadero y terrateniente en la provincia oriental de la isla de Cuba. Casó en Santiago de Cuba, parroquia de Santo Tomás, el 23 de abril de 1884, con doña Cristina Gómez y Peña, natural de Holguín, hija de don José Ángel Gómez, natural de Arredondo, en Santander, y de doña María de la Caridad Peña, natural de Holguín. Tuvieron por hijos: a Ángel Laureano; a Manuel Francisco; a María del Rosario; a Cristina; a Federico Simón, y a Sara Julia Fernández Rosillo y Gómez. De los cuales:

A. — Don Ángel Laureano Fernández Rosillo y Gómez, fue bautizado en Santiago de Cuba, parroquia de Santo Tomás, el 23 de marzo de 1886, y casó en esa ciudad, iglesia de San Francisco, el primero de agosto de 1914, con doña Victoria Leopoldina Arias y Gutiérrez, de la que no tuvo sucesión.

B. — Don Manuel Francisco Fernández Rosillo y Gómez, natural de Santiago de Cuba, que falleció párvulo.

C. — Doña María del Rosario Fernández Rosillo y Gómez, natural de Santiago de Cuba, que casó con don Federico Guillermo Morales y Valcárcel, natural de La Habana, Representante a la Cámara, hijo de don Federico Jorge Morales y Santa Cruz, y de doña María de los Dolores Valcárcel y Mantilla de los Ríos, naturales de La Habana. No tuvieron sucesión.

D. — Doña Cristina Fernández Rosillo y Gómez, bautizada en Santiago de Cuba, que casó con el doctor Guillermo de Castellví y Vinent, natural de Madruga, Abogado, hijo de don Guillermo de Castellví e Ibarrola (de la casa de los Condes de Castellá, de Carlet, y de la Villanueva, por su rama paterna, y por la materna de la casa de los Marqueses de Zambrano); y de doña Cristina Vinent y Kindelán (perteneciente a su vez a la casa de los Marqueses de Palomares de Duero).

E. — Don Federico Simón Fernández Rosillo y Gómez, natural de Santiago de Cuba, que casó dos veces: la primera, con doña Luciana Rodríguez; y la segunda, en la parroquia santiaguera de Santo Tomás, el 24 de marzo de 1919, con doña María Izabel Pérez de Camino y Figueredo, natural de Rodas, en la provincia de Las Villas, hija de Rafael y de Rita.

2. — Don Federico Laureano Fernández Rosillo, natural de Alar del Rey, en Nogales (Palencia); que fue industrial azucarero y dueño entre otros ingenios, del Central «América». Casó en Santiago de Cuba, parroquia de Santo Tomás, el 5 de marzo de 1887, con doña Leonela Augusta Casas y Saumell, natural de San Salvador del Bayamo, hija de don Ignacio Casas Saumell, y de doña Carolina Saumell, ambos naturales de Cataluña. Tuvieron por hijos: a María de los Ángeles; a Marina; a Carolina Cándida, y a Federico Fernández Casas. Los cuales:

a. — Doña María de los Ángeles Fernández Casas, bautizada en Santiago de Cuba, parroquia de Santo Tomás, el 10 de noviembre de 1892, casó allí el 21 de diciembre de 1911, con el doctor José Antonio Ortiz y Rodríguez, natural de San Juan de Jaruco, Médico-Cirujano, hijo de José y de Paula.

b. — Doña Marina Fernández Casas, que casó en Santiago de Cuba, parroquia de Santo Tomás, el 9 de noviembre de 1919, con el doctor Fernando José Ganivet y Horruitiner, Abogado, hijo de don Francisco Ernesto Ganivet, natural de Madrid, Jefe de Administración Civil y Subdirector de la Real Hacienda, y de doña María Francisca Horruitiner y Asencio.

c. — Doña Carolina Cándida Fernández Casas, natural de Santiago de Cuba, que casó en esa ciudad, parroquia de Santo Tomás, el 23 de octubre de 1914, con don Francisco Vidal y Mas Curdá, natural de Puigcerdá, provincia de Gerona, en Cataluña, hijo de Juan y de María de los Dolores. Tuvieron por hija: a

Doña Dora Marina Vidal y Fernández Casas, cuyo bautismo consta en Santiago de Cuba, parroquia de Santo Tomás, al folio 28, núm. 69, libro 27. Casó en la Catedral santiaguera el 14 de abril de 1940 (asentándose la correspondiente partida en la parroquia de la Santísima Trinidad) con el doctor Fausto Juan Rosillo y Luque, natural de Arganda del Rey, provincia de Madrid, bautizado allí en la parroquia de San Juan Bautista en el año 1910 (folio 405, libro 26) que es Abogado, hijo del doctor Fermín Rosillo y Ortiz Cuñavate, Abogado, miembro de la Asamblea Nacional española, Vocal de la Contaduría General de Seguros, Presidente de las Compañías de Seguros Rosillo, Director de la Equitativa Nacional, Consejero del Comisariado Marítimo, y Diputado por Mora de Rubielos (Teruel), condecorado con la medalla Pro-Trabajo de España, y de doña María Teresa Luque y Coca-Ballesteros, natural de Granada.

d. — Don Federico Fernández Casas que fue bautizado en Santiago de Cuba, parroquia de Santo Tomás, el 29 de marzo de 1891. Fue Senador de la República de Cuba por la provincia de Oriente, Hacendado, y Presidente de la Compañía Azucarera América, S.A. Casó en la Catedral de Santiago de Cuba el 12 de junio de 1913, con doña María de los Dolores Hechavarría y de la Pezuela, hija de don Luis de Hechavarría y Limanta, y de doña María de los Dolores de la Pezuela y Kindelán. Tuvieron por hijos: a Alberto; a Gladys, y a Cecilia Fernández Casas y Hechavarría. Los cuales:

1. — Doña Gladys Fernández Casas y Hechavarría, casó con John Smithies. Tuvo por hijos: a Dolores (que casó 1ro. con Boissier, con el que tuvo por hijos: a André, a Sergei, y a Natasha Boissier y Smithies. Casó por 2da. vez con don Jacques Leviant y tuvo por hijo a Alexander Leviant); a John (que casó con doña Laura Lorenzo y Vianello, los que procrearon a John Anthony, y a Charles Philip Smithies y Lorenzo); y a Michael (que casó con doña Amalie Helena Garrison, y tienen por hijo a Shephen Smithies y Garrison).

2. — Don Alberto Fernández Casas y Hechavarría, que es ingeniero, y está casado con doña Ofelia Rionda y del Monte, hija de don Salvador Rionda y de la Torriente, Hacendado, y de doña Lola del Monte y del Monte. Tuvieron por hijos: a Ileana, y a Mariana Fernández Casas y Rionda.

3. — Doña Cecilia Fernández Casas y Hechavarría, que casó con don José Ignacio Maciá y del Monte, hijo del doctor José Maciá y Barraqué, Abogado, y de doña María de las Mercedes del Monte y Martínez-Ibor. Tuvo por hijos a José Ignacio, que casó con doña Jennifer Lorie Lewis, los que procrearon a José Ignacio Maciá y Lorie Lewis; y a Sergio, que

casó con doña Marianne Pantín Cuervo, los que son padres de Andrés Maciá y Pantín.

FEYJOO DE SOTOMAYOR

A mediados del siglo XIX, se estableció este linaje en La Habana, procedente de la parroquia de San Eusebio de la Pareja, Ayuntamiento de Coles, en el partido judicial, provincia y diócesis de Orense, titulando como Marqueses de Santa Ilduara, y Vizcondes de San Rosendo.

Son sus armas: de gules, con una espada de plata puesta en palo y con la punta hacia arriba, acompañada de seis bezantes o «feijoos» de oro, tres a cada lado.

Siguiendo las constancias existentes al núm. 50, del legajo 1093 de «Hijosdalgo», en el Archivo Histórico Nacional de Madrid, aparece que:

El Capitán Pedro Feyjoo de Sotomayor, casó en la parroquia gallega de Santomé de Morgade, el 5 de julio de 1627, con doña Isabel Pérez, teniendo por hijo: a

Don Ignacio Feyjoo de Sotomayor y Pérez, bautizado en la parroquia de Santomé de Morgade el 28 de octubre de 1639, que casó en la de Feces el 25 de febrero de 1677, con doña Antonia Fernández de Melo. Tuvieron por hijos: a Francisco Antonio; a Tomás, y a Manuel Feyjoo de Sotomayor y Fernández de Melo. Los cuales:

A. — Don Francisco Antonio Feyjoo de Sotomayor y Fernández de Melo, bautizado en la parroquia de Feces el 8 de abril de 1683, fue cura propio de la parroquia de San Esteban en la villa de Alleriz, siendo el litigante que con sus hermanos solicitó el reconocimiento de su hidalguía, según el expediente arriba indicado.

B. — Don Tomás Feyjoo de Sotomayor y Fernández de Melo, bautizado en Feces el 28 de diciembre de 1684, que casó en la parroquia de Parada de Rivera, provincia de Orense, el 22 de mayo de 1712, con doña Josefa Vallejo y Salgado, de la que tuvo por hijos: a Francisco Antonio; a Antonio; a Ignacio; a Bernardo, y a Nicolás Feyjoo de Sotomayor y Vallejo, bautizados en la parroquia de Feces, respectivamente, el 18 de junio de 1714, el 18 de marzo de 1716, el 20 de marzo de 1718, el 22 de octubre de 1724, y el 15 de septiembre de 1726.

C. — Don Manuel Feyjoo de Sotomayor y Fernández de Melo, bautizado en la parroquia de Feces el 25 de febrero de 1687, que casó en la parroquia de Parada de Rivera el 22 de mayo de 1712, con doña Felicia Vallejo y Salgado, de la que tuvo por hijos: a Manuel Rosendo; a Victoriano, y a José Feyjoo de Sotomayor y Vallejo, el primero bautizado en la parroquia de Parada de Rivera el 18 de febrero de 1715, y los dos últimos en la de Feces el 22 de septiembre de 1720 y el 6 de marzo de 1731.

Don José Feyjoo de Sotomayor y Marquina, natural de la parroquia gallega de San Eusebio de la Peroja, fue Intendente de ejército y Pariente Mayor de los linajes Feyjoo de Sotomayor y de Ron en Galicia, siendo dueño y señor de varios «pazos» (casas-palacios) tales como los de Bemio, La Mamá, Mirado Río, Furada, Casal de Pazos y otros. Casó con doña Manuela Cejo y Montes, natural de la parroquia de San Salvador de Arnoya, en el Ayuntamiento de esa denominación, partido judicial de Rubalcava, en la provincia y diócesis de Orense, cuyo padre don Ventura Cejo poseyó la Casa de Otero-Rial. Tuvieron por hijos: a Castor; a Leonardo; a María de la Concepción; a Urbano; a Jaime; a Camilo; a Amalia, y a Tadeo Feyjoo de Sotomayor y Cejo. De los cuales:

a. — Don Jaime Feyjoo de Sotomayor y Cejo, natural de Bamio de Cima, parroquia de San Eusebio de la Peroja, en el Ayuntamiento de Coles, partido judicial, provincia y diócesis de Orense, casó en la Catedral de La Habana el 15 de julio de 1842 con doña Manuela Lapaza de Martiartu y Fernández, bautizada en dicha Catedral habanera el 21 de agosto de 1820, hija de don Salvador Lapaza de Martiartu y Escalsa, natural de Bilbao, en el Ayuntamiento de ese nombre, provincia de Vizcaya, y diócesis de Vitoria, y de doña María Isabel Fernández y Rodríguez. Fueron los padres de:

Doña Manuela Amalia Feyjoo de Sotomayor y Lapaza de Martiartu, bautizada en Cárdenas, provincia de Matanzas, parroquia de San Cipriano de Guamacaro, el 7 de julio de 1843, cuya defunción se encuentra en la ciudad de Matanzas, parroquia de San Pedro Apóstol de Versalles a 5 de septiembre de 1880. Casó en Madrid el 26 de marzo de 1870, sin tener sucesión, con don Manuel Antonio de Ciria y Vinent, natural de Santiago de Cuba, IV Marqués de Cervera, Teniente Coronel de Infantería, Gentil-hombre de Cámara de Su Majestad con ejercicio, Gran Cruz del Mérito Naval, y poseedor de la Gran Cruz de la Orden de Isabel la Católica, hijo de don Manuel de Ciria y Sánchez de Gauna, natural de la villa de Almagro, en la provincia castellana de Ciudad-Real, Coronel de ejército, Alférez del Cuerpo de Lanceros, VII Marqués de Villaytre, Gentil-hombre de Cámara de Su Majestad con ejercicio, Comendador de la Orden de Carlos III, Gran Cruz de la Orden de Isabel la Católica, poseedor de la Placa del Mérito Militar, Presidente de la Real Sociedad Patriótica de Amigos del País en Santiago de Cuba, y de doña Micaela de los Dolores Vinent y Gola, natural de Santiago de Cuba.

b. — Don Camilo Feyjoo de Sotomayor y Cejo, natural de la ciudad de Orense, fue Teniente Coronel del Regimiento de Nápoles, Primer Comandante de Infantería del Regimiento de Mallorca. Gran Cruz de la Orden de Isabel la Católica, y poseedor de la Placa del Mérito Militar. Por Real Decreto de Amadeo I, el 12 de enero de 1873, fue creado Marqués de Santa Ilduara y Vizconde de San Rosendo, casado en La Habana, parroquia del Cerro, el 20 de agosto de 1856, con su cuñada doña Manuela Lapaza de Martiartu y Fernández, bautizada en la Catedral habanera el 21 de agosto de 1820, a la sazón viuda de su hermano el indicado don Jaime Feyjoo de Sotomayor y Cejo. De su citado matrimonio, tuvo por hijas: a María Ilduara, y a Ilduara María Feyjoo de Sotomayor y Lapaza de Martiartu. Las cuales:

1. — Doña María Ilduara Feyjoo de Sotomayor y Lapaza de Martiartu falleció a los tres días de nacida y su defunción se encuentra en La Habana, parroquia del Pilar, a 13 de noviembre de 1838.

2. — Doña Ilduara María Feyjoo de Sotomayor y Lapaza de Martiartu, fue bautizada en La Habana, parroquia del Pilar, el 10 de marzo de 1860, siendo una persona notable por su altruismo. Casó en el convento habanero de San Agustín el 7 de mayo de 1884, con su primo don José Tomás Feyjoo de Sotomayor y Villacampa, nacido en Bamio el 7 de abril de 1858, y bautizado en la parroquia de San Eusebio de la Peroja, ayuntamiento orensano de Coles, el 10 de ese mes y año, Alférez del Batallón de Cazadores de la Unión que falleció el 21 de junio de 1927, hijo del Coronel Castor Feyjoo de Sotomayor y Cejo (hermano de su padre) y de doña Manuela de Villacampa y del Castillo, natural de Murcia.

c. — El Coronel Castor Feyjoo de Sotomayor y Cejo, natural de la parroquia orensana de San Eusebio de la Peroja, casó con doña Manuela de Villacampa y del Castillo, natural de Murcia, (como ya se ha dicho), hija de don José de Villacampa y Maza de Lizana, natural del lugar de la Huerta de Vero, partido judicial de Barbastro, provincia y diócesis aragonesa de Huesca, y de doña Rita del Castillo, natural de la villa de Benasque, en el partido judicial de Botaña, también perteneciente a la provincia y diócesis de Huesca. Tuvieron por hijos: a Castor, y a José Tomás Feyjoo de Sotomayor y Villacampa. Los cuales:

A. — Don Castor Feyjoo de Sotomayor y Villacampa, en 1860 era Subteniente del Regimiento de la Unión en La Habana.

B. — Don José Tomás Feyjoo de Sotomayor y Villacampa, nacido en Bamio el 7 de abril de 1858 y bautizado en la parroquia de San Eusebio de la Peroja el 19 de ese mes y año, Alférez del Batallón de Cazadores de la Unión, y Pariente Mayor de los linajes Feyjoo de Sotomayor y de Ron en Galicia, dueño de varios «pazos» o casas-palacios, entre ellos los de Bamio, La Mamá, Mirado-Río, Furada y Casal de Pazos, falleciendo el 21 de julio de 1927, estudió Derecho en la Universidad de Santiago de Compostela y en la de La Habana (expediente 4259 antiguo de la Universidad habanera) y casó en La Habana, convento de San Agustín, el 7 de mayo de 1884, con su prima doña Ilduara María Feyjoo de Sotomayor y Lapaza de Martiartu, anteriormente relacionada.

Tuvieron por hijos: a Camilo; a María de las Mercedes; a Salvador; a Urbano Camilo y a Elena Feyjoo de Sotomayor y Feyjoo de Sotomayor. De los cuales:

a. — Don Urbano Camilo Feyjoo de Sotomayor y Feyjoo de Sotomayor, bautizado en Corral Falso de Macuriges (provincia de Matanzas) parroquia de Santa Catalina el 27 de febrero de 1888, fue el II Marqués de Santa Ilduara y II Vizconde de San Rosendo; Diplomático de carrera, Ministro plenipotenciario de España en Liberia, y anteriormente, Consul español en Bayona, Francia.

b. — Doña Elena Feyjoo de Sotomayor y Feyjoo de Sotomayor, casó con don Fernando Casaleiz y Lago, y tuvieron por hija: a

Doña Elena Casaleiz y Feijoo de Sotomayor, que es la III Marquesa de Santa Ilduara, y III Vizcondesa de San Rosendo. Casó con don Valentín Dávila Jalón, II Marqués de Dávila, Grande de España, Abogado, Teniente de Complemento del Cuerpo Jurídico-Militar de España, ex Alférez de Infantería, Académico correspondiente de las instituciones «Fernán González» de Burgos, y «Tello Téllez de Meneses» de Palencia, correspondiente del «Instituto Cubano de Genealogía y Heráldica», notable investigador y gran genealogista, que es cofrade del «Santísimo y Santiago de Burgos», hijo de don Fidel Dávila Arrondo, I Marqués de Dávila, Grande de España, Teniente General, Vocal de la Junta de Defensa Nacional, Presidente de la Junta. Técnica del Estado en Burgos, General Jefe del Ejército del Norte, Ministro de Defensa Nacional, Capitán General de la II Región, Jefe del Alto Estado Mayor, Ministro del Ejército, Consejero del Reino, Presidente del Consejo Superior Geográfico, y poseedor de las Grandes Cruces de las Ordenes de Carlos III, Isabel la Católica, Méritos Naval y Militar, San Hermenegildo, Mérito Aeronáutico y Medahuia; y de doña Teresa Jalón y Rodríguez Gallo de Miguel.

FLORENCIA

A mediados del siglo XVI, aparece radicada esta familia en la isla de San Miguel, una de las Terceras, de la Corona de Portugal, de donde pasaron a fines del mismo siglo a San Agustín de la Florida, estableciéndose en La Habana a mediados del siglo XVII.

Son sus armas: escudo dividido en tres cuarteles: en el primero superior, en campo verde, una cruz roja cuidada con cinco veneras de plata dentro, una en medio y cuatro en los extremos de los brazos. En el segundo cuartel de abajo, sobre plata, cinco matas de espadañas verdes. En el último cuartel superior, un lago de agua, en que están sobre ella tres truchas, la del medio mirando al centro, y las dos de los lados, a la parte de arriba.

Don Mateo Luis de Florencia, natural de la isla de San Miguel, casó con doña Luisa de los Ángeles, natural de Sevilla, la que tiene su defunción en la parroquia de Florida a 23 de marzo de 1637. Tuvieron por hijos: a Lorenza; a Luisa; a Claudio; a Patricio, y a Mateo Luis Florencia y de los Ángeles. Los cuales:

1. — Doña Lorenza de Florencia, tiene su defunción en la parroquia de San Agustín de la Florida, a 15 de octubre de 1638, donde casó dos veces: la primera, el 6 de mayo de 1619, con don Francisco de Alderete; y la segunda, el 10 de enero de 1627, con el Alférez Juan Ruiz y Cañizares, Cabo de Escuadra.

2. — Doña Luisa de Florencia, fue bautizada en la parroquia de San Agustín de la Florida el 8 de septiembre de 1599, donde casó el 24 de noviembre con don Alonso de Argüelles.

3. — Don Claudio de Florencia, del que se tratará en la LÍNEA PRIMERA.

4. — Don Patricio de Florencia, del que se tratará en la LÍNEA SEGUNDA.

5. — Don Mateo Luis de Florencia, del que se tratará en la LÍNEA TERCERA.

LÍNEA PRIMERA

Don Claudio de Florencia (anteriormente mencionado como hijo de don Mateo Luis de Florencia, y de doña Luisa de los Ángeles), fue bautizado en la parroquia de San Agustín de la Florida el 2 de septiembre de 1597, donde casó el 23 de septiembre de 1619, con doña Juana de Leiva y Arteaga. Tuvieron por hijos: a María; a Antonia; a Catalina; a Juan; a Antonio; a Claudio; a Francisco, y a Pedro Florencia y Leiva. Los cuales:

A. — Doña María Florencia y Leiva, fue bautizada en la parroquia de San Agustín de la Florida el 23 de enero de 1628.

B. — Doña Antonia Florencia y Leiva, fue bautizada en la parroquia de San Agustín de la Florida el 23 de octubre de 1632.

C. — Doña Catalina Florencia y Leiva, fue bautizada en la parroquia de San Agustín de la Florida el 18 de diciembre de 1637.

D. — Don Juan Florencia y Leiva, fue bautizado en la parroquia de San Agustín de la Florida el 6 de marzo de 1622.

E. — Don Antonio Florencia y Leiva, fue bautizado en la parroquia de San Agustín de la Florida el 23 de junio de 1642.

F. — Don Claudio Florencia y Leiva, fue bautizado en la parroquia de San Agustín de la Florida el 29 de agosto de 1625, y fue religioso de la orden de San Francisco.

G. — Don Francisco Florencia y Leiva, bautizado en la parroquia de San Agustín de la Florida el 13 de agosto de 1620, perteneció a la Compañía de Jesús. Enseñó Filosofía en México, y fue Procurador de esta Provincia en Sevilla. Escribió varias obras, entre ellas, «Historia de la Provincia de la Compañía de Jesús de Nueva España». Falleció en México el año 1695.

H. — Alférez Pedro Florencia y Leiva, fue bautizado en la parroquia de San Agustín de la Florida el 6 de mayo de 1630, donde tiene su defunción el 23 de octubre de 1729. Casó en la referida parroquia el 5 de marzo de 1662, con doña Francisca de Uriza, y tuvieron por hijos: a Juana; a María Petronila; a Diego, y a Juan Francisco Florencia y Uriza. Los cuales:

a. — Doña Juana Florencia y Uriza, casó en la parroquia de San Agustín de la Florida el 19 de noviembre de 1675, con el Alférez Jacinto Roque Pérez y González, natural de Zamora, hijo de Pedro y de Ana.

b. — Doña María Petronila Florencia y Uriza, tiene su defunción en la parroquia de San Agustín de la Florida a 17 de abril de 1727, donde casó dos veces: la primera, el 13 de noviembre de 1702, con el Capitán Antonio Felipe de Bustos, natural de Sevilla; y la segunda, el 25 de junio de 1710, con don Juan Manrique de Lara y Urrutia, natural de Murcia, hijo de Luis y de María.

c. — Don Diego Florencia y Uriza, casó dos veces en la parroquia de San Agustín de la Florida; la primera, el 15 de enero de 1691, con doña María Gómez Pinto y Uriza, hija del Ayudante Manuel Gómez Pinto, y de doña Juana de Uriza y Mercado. Casó por segunda vez, el 22 de abril de 1717, con doña Marina Rodríguez de Lara.

Don Diego Florencia y Uriza, y su segunda mujer doña Marina Rodríguez de Lara, tuvieron por hija: a

Doña Ana Florencia y Rodríguez de Lara, que fue bautizada en la parroquia de San Agustín de la Florida el 9 de marzo de 1719. Casó en la mencionada parroquia el 11 de diciembre de 1735, con don Romualdo Ruiz y del Moral, natural del Obispado, hijo de Francisco Xavier y de Catalina.

d. — Don Juan Francisco Florencia y Uriza, casó dos veces en la parroquia de San Agustín de la Florida; una con doña María Salas, y la otra, el 3 de julio de 1697, con doña Ana María Argüelles y Cañizares, con la que tuvo por hijas: a Josefa; a María Teresa, y a Francisca Florencia y Argüelles. Las cuales:

1. — Doña Josefa Florencia y Argüelles, fue bautizada en la parroquia de San Agustín de la Florida el 13 de julio de 1704.

2. — Doña María Teresa Florencia y Argüelles, testó ante Simón Vázquez, y su defunción se encuentra en la parroquia de San Agustín de

la Florida a 24 de nero de 1750, donde casó el 29 de agosto de 1725, con don Francisco Crisóstomo y Ponce de León, hijo de don Juan Crisóstomo y Lara, y de doña María Antonia Ponce de León y Ruiz de Zartucha.

3. — Doña Francisca Florencia y Argüelles, natural de Thamalí, en los Apalaches, casó dos veces en la parroquia de San Agustín de la Florida; la primera, el 16 de abril de 1631, con don Manuel Benedit-Horruitiner y Sánchez de Uriza, Ayudante en la referida plaza de San Agustín de la Florida, hijo de don Lorenzo Benedit-Horruitiner y Ruiz de Cañizares, Capitán de Mar y Guerra, y de doña Gertrudis de Uriza y Lara. Casó por segunda vez, el 22 de noviembre de 1739, con don Carlos Díaz d'Avila y Pérez-Borroto, natural de La Habana, hijo de Melchor y de Josefa.

Don Juan Francisco Florencia y Uriza, y su 2da. mujer doña María Salas, tuvieron por hijos: a Mariana, y a Diego Florencia y Salas. Los cuales:

A. — Doña Mariana Florencia y Salas, tiene su defunción en la parroquia de San Agustín de la Florida a 23 de abril de 1727, donde casó el 17 de agosto de 1721, con don Juan José Arransate, natural de La Habana.

B. — Don Diego Florencia y Salas, natural de San Agustín de la Florida, tiene su defunción en la Catedral de La Habana a 20 de agosto de 1777. Casó dos veces en la parroquia de San Agustín de la Florida: la primera, el 30 de noviembre de 1735, con doña Josefa Muñoz y Toro, hija de Tomás y de Emerenciana. Casó por segunda vez, el 2 de enero de 1742, con doña María de los Ángeles Solana y Torres, hija del Alférez Antonio Solana y de los Reyes, y de doña María Josefa Torres.

Don Diego Florencia y Salas, y su primera mujer doña Josefa Muñoz y Toro, tuvieron por hijos: a Francisca, y a José Florencia y Muñoz. Los cuales:

a. — Doña Francisca Florencia y Muñoz, fue bautizada en la parroquia de San Agustín de la Florida el 17 de octubre de 1736.

b. — Don José Florencia y Muñoz, fue bautizado en la parroquia de San Agustín de la Florida el 9 de marzo de 1740.

Don Diego Florencia y Salas, y su segunda mujer, doña María de los Ángeles Solana y Torres, tuvieron por hijos: a Manuela; a Francisca; a Clara; a Antonia; a Casilda; a María de los Ángeles; a Miguel; a Diego; a José Xavier, y a Francisco Xavier Florencia y Solana. De los cuales:

1. — Doña Clara Florencia y Solana, natural de San Agustín de la Florida, casó en La Habana, parroquia del Espíritu Santo, el 4 de abril de abril de 1793, con don Bartolomé de Aranguren y Arana, natural de la villa de Villaro, en el Señorío de Vizcaya, hijo de Francisco y de Teresa.

2. — Doña Antonia Florencia y Solana, natural de San Agustín de la Florida, casó en La Habana, parroquia del Espíritu Santo, el 20 de febrero de 1774, con don Nicolás Estévez Carabuena y Díaz de Aguiar, hijo de José y de Juana.

4. — Doña María de los Ángeles Florencia y Solana, casó en La Habana, parroquia del Santo Ángel, el 10 de agosto de 1767, con don José Miguel de Cárdenas y Campos, hijo de Fernando y de Manuela Gertrudis.

5. — Don Miguel Florencia y Solana, fue bautizado en la parroquia de San Agustín de la Florida el primero de octubre de 1748.

6. — Don Diego Florencia y Solana, fue bautizado en la parroquia de San Agustín de la Florida el 17 de agosto de 1750.

7. — Don José Xavier Florencia y Solana, fue bautizado en la parroquia de San Agustín de la Florida el 22 de julio de 1758.

8. — Don Francisco Xavier Florencia y Solana, fue bautizado en la parroquia de San Agustín de la Florida el 19 de septiembre de 1754. Casó dos veces: la primera en La Habana, parroquia del Espíritu Santo, el primero de febrero de 1787, con doña María Cecilia Cardona y Falcón, hija de Manuel de la Cruz, y de María Luisa. Casó por segunda vez, con doña María de la Encarnación Rodríguez y Serrano, natural de La Habana, hija de Ramón y de María de Regla. Con su segunda mujer, tuvo por hija: a

Doña Francisca Florencia y Rodríguez, que fue bautizada en La Habana, parroquia del Espíritu Santo, el 2 de mayo de 1821.

LÍNEA SEGUNDA

Alférez Patricio Florencia (mencionado anteriormente como hijo de don Mateo Luis de Florencia y de doña Luisa de los Ángeles), natural de Sevilla, fue confirmado en la parroquia de San Agustín de la Florida el 27 de agosto de 1606, donde casó el 8 de enero de 1625, con doña Mariana de la Rocha y Mendoza, hija del Capitán Francisco, Tesorero de las Reales Cajas, y de Ana María. Tuvieron por hijos: a Ana; a Josefa; a Catalina; a Juan; a Francisco; a Patricio; a Antonio; a Alonso, y a Joaquín Florencia y de la Rocha. Los cuales:

A. — Doña Ana Florencia y de la Rocha, casó dos veces: la primera, con el Capitán Juan de Asencio; y la segunda, en la parroquia de San Agustín de la Florida, el 26 de noviembre de 1646, con el Capitán Francisco Salvador y de la Vera, natural de Huesca, en Aragón, hijo de Francisco y de Elena.

B. — Doña Josefa Florencia y de la Rocha, casó en la parroquia de San Agustín de la Florida el 17 de agosto de 1667, con don Domingo de Aguilar, natural de La Coruña.

C. — Doña Catalina Florencia y de la Rocha, casó en la parroquia de San Agustín de la Florida el 12 de enero de 1671, con el Ayundante Andrés Pérez.

D. — Don Juan Florencia y de la Rocha, fue bautizado en la parroquia de San Agustín de la Florida el 19 de septiembre de 1640.

E. — El Capitán Francisco Florencia y de la Rocha, fue bautizado en la parroquia de San Agustín de la Florida, el 3 de octubre de 1625, donde casó el 25 de julio de 1689, con doña Manuela Rodríguez y Meléndez, hija del Alférez Bartolomé y de Juana.

F. — Don Patricio Florencia y de la Rocha, testó ante Cristóbal Valero el 20 de junio de 1672, y su defunción se encuentra en la Catedral de La Habana a primero de julio de dicho año. Fue bautizado en la parroquia de San Agustín de la Florida el 25 de noviembre de 1627, y fue Cabo de Escuadra. Casó con doña Mariana Pérez, y tuvieron por hijos: a Ana, y a Agustín Antonio Florencia y Pérez. De los cuales:

Don Agustín Antonio Florencia y Pérez, fue bautizado en la parroquia de San Agustín de la Florida el 3 de abril de 1698.

G. — Don Antonio Florencia y de la Rocha, casó en la parroquia de San Agustín de la Florida el 19 de abril de 1656, con doña Úrsula de Mendiola y tuvieron por hija: a

Doña María Florencia y Mendiola, que casó en la parroquia de San Agustín de la Florida el 24 de septiembre de 1685, con don Francisco Suárez y Basulto, natural del Puerto de Santa María, hijo de Francisco y de Margarita.

H. — Don Alonso Florencia y de la Rocha, fue bautizado en la parroquia de San Agustín de la Florida el 21 de enero de 1636, donde casó el 7 de agosto de 1674, con doña Luisa María de los Ángeles y Argüelles. Tuvieron por hijos: a Lorenca; a Francisco; a Antonio, y a Alonso Florencia y Argüelles. Los cuales:

a. — Doña Lorenza Florencia y Argüelles, testó ante Simón Vázquez, y su defunción se encuentra en la parroquia de San Agustín de la Florida a 24 de septiembre de 1747. Casó dos veces: la primera, con don Juan Jacinto Rodríguez Alfrán; y la segunda, con el Alférez Tomás de Mora.

b. — Don Francisco Florencia y Argüelles, fue Sargento de la plaza de San Agustín de la Florida, en cuya parroquia casó el 24 de enero de 1710, con doña Margarita Rescu, hija de don Bernardo Patrick, natural de Irlanda, y de doña Antonia Rescu.

c. — Sargento Antonio Florencia y Argüelles, tiene su defunción en la parroquia de San Agustín de la Florida a 2 de abril de 1727, donde casó el 6 de mayo de 1723, con doña Juana Hita-Salazar y de los Ríos, hija del Alférez Tomás Hita-Salazar y D'Avila, y de doña Lorenza de los Ríos Enríquez y de la Vera. Tuvieron por hija: a

Doña Antonia Florencia Hita-Salazar, que fue bautizada en la parroquia de San Agustín de la Florida el 17 de enero de 1724, donde casó el 19 de agosto de 1753, con don José de León y Rivera, hijo de Jerónimo y de Jacobina.

d. — Alférez Alonso Florencia y Argüelles, casó en la parroquia de San Agustín de la Florida el 9 de diciembre de 1705, con doña Ana Rodríguez de Acosta y Argüelles, y tuvieron por hijos: a Manuela; a Antonia; a Agustín; a Pedro, y a Bernardo Florencia y Rodríguez Acosta. De los cuales:

1. — Don Agustín Florencia y Rodríguez Acosta, fue bautizado en la parroquia de San Agustín de la Florida, el 4 de octubre de 1706.

2. — Don Pedro Florencia y Rodríguez Acosta, fue bautizado en la parroquia de San Agustín de la Florida el 15 de abril de 1713, donde tiene su defunción a 23 de octubre de 1729.

3. — Don Bernardo Florencia y Rodríguez Acosta, casó en la parroquia de San Agustín de la Florida el 23 de octubre de 1727, con doña Agustina de Goyas-Regidor y Mercado, hija de Juan y de Martina María. Tuvieron por hijos: a María; a Antonia, y a Pedro Agustín Florencia y Goyas-Regidor. De los cuales:

Don Pedro Agustín Florencia y Goyas-Regidor, casó en la parroquia de San Agustín de la Florida el 3 de febrero de 1751, con doña María Gertrudis Nieto y Car, hija del Alférez Bartolomé Nieto de Carvajal y de la Cruz, y de doña María Dolores Car y Torres. Tuvieron por hijos: a María Ciriaca; a Bernardo; a José Xavier; a Eugenio; a Juan Crisóstomo, y a Pedro Florencia y Nieto.

I. — Capitán Joaquín Florencia y de la Rocha, bautizado en la parroquia de San Agustín de la Florida el 17 de agosto de 1638, fue Tesorero de las Reales Cajas de dicha Provincia. Casó en la referida parroquia el 14 de abril de 1673, con doña Agustina de la Urriaga y Lara, hija del Capitán Martín, y de Gertrudis de la Cosa-Espín y Lara.

Don Joaquín Florencia y de la Rocha, tuvo con doña Lorenza Flores, un hijo natural llamado:

Don Patricio Florencia y Flores, que testó ante José de León, y su defunción se encuentra en la parroquia de San Agustín de la Florida a 13 de agosto de 1752.

Don Joaquín Florencia y de la Rocha, y su mujer doña Agustina de la Urriaga y Lara, tuvieron por hijos: a Francisca; a Anastasia; a Ana

María; a Mariana; a Joaquín, y a José Florencia y de la Urriaga. Los cuales:

A. — Doña Francisca Florencia y de la Urriaga, fue bautizada en la parroquia de San Agustín de la Florida el primero de mayo de 1680.

B. — Doña Anastasia Florencia y de la Urriaga, fue bautizada en la parroquia de San Agustín de la Florida el 15 de abril de 1686, donde casó el 30 de abril de 1713, con don Antonio Ponce de León y Espinosa, Capitán de los Reales Ejércitos, hijo del Capitán Nicolás Ponce de León y D'Ávila, Sargento Mayor de la Florida, y de doña Ana María de Iraeta Espinosa y Andrade. Tuvieron por hijos: a Rosalía; a Prudenciana; a Antonio; a Joaquín, y a Nicolás Ponce de León y Florencia.

C. — Doña Ana María Florencia y de la Urriaga, fue bautizada en la parroquia de San Agustín de la Florida el 20 de enero de 1678, donde casó el 15 de febrero de 1695, con don Juan José de León y Argüelles, hijo del Capitán Lorenzo, y de Luisa de los Ángeles.

D. — Doña Mariana Florencia y de la Urriaga, casó en la parroquia de San Agustín de la Florida el 9 de marzo de 1714, con el Capitán Manuel Roldán.

E. — Don Joaquín Florencia y de la Urriaga, fue bautizado en la parroquia de San Agustín de la Florida el 14 de noviembre de 1675.

F. — Don José Florencia y de la Urriaga, fue bautizado en la parroquia de San Agustín de la Florida el 4 de marzo de 1682.

LÍNEA TERCERA

Capitán Mateo Luis de Florencia (anteriormente mencionado como hijo de don Mateo Luis de Florencia y de doña Luisa de los Ángeles), nació a bordo de una nave en la travesía de España a San Agustín de la Florida, y fue bautizado en la parroquia de San Agustín de la Florida el 25 de julio de 1594, donde casó el 6 de noviembre de 1617, con doña Francisca Leiva y Arteaga, natural de la ciudad de Luzona, hija de don Gaspar Fernández de Arteaga y Pereto, y de doña Francisca de Leiva. Tuvieron por hijos: a María; a Francisca; a Lucía; a Margarita; a Gaspar; a Mateo, y a Diego Florencia y Leiva. Los cuales:

a. — Doña María Florencia y Leiva, fue bautizada en la parroquia de San Agustín de la Florida el 27 de agosto de 1622.

b. — Doña Francisca Florencia y Leiva, fue bautizada en la parroquia de San Agustín de la Florida el 1 de octubre de 1635.

c. — Doña Lucía Florencia y Leiva, fue bautizada en la parroquia de San Agustín de la Florida el 23 de nero de 1625, donde casó el 28 de agosto de 1645, con don Francisco García de Lara, hijo de don Alonso de la Vera y de doña Marina de Lara.

d. — Doña Margarita Florencia y Leiva, bautizada en la parroquia de San Agustín de la Florida el 12 de agosto de 1630, testó en La Habana el 15 de marzo de 1670 ante Cristóbal Valero, y su defunción se encuentra en esta ciudad, parroquia del Espíritu Santo, a 11 de mayo de dicho año. Casó en la parroquia de San Agustín de la Florida el 2 de enero de 1651, con don Mateo Pacheco Salgado, natural de la ciudad de La Palma, en Canarias.

e. — Don Gaspar Florencia y Leiva, fue bautizado en la parroquia de San Agustín de la Florida el 5 de octubre de 1627.

f. — Don Mateo Florencia y Leiva, fue bautizado en la parroquia de San Agustín de la Florida el 13 de enero de 1620.

g. — Capitán Diego Florencia y Leiva, bautizado en la parroquia de San Agustín de la Florida el 8 de abril de 1633, pasó a La Habana, donde dio poder para testar el 6 de septiembre de 1706, ante Antonio Fernández de Velasco, y su defunción se encuentra en la Catedral de la ciudad, a 19 de marzo de 1707, donde casó el 31 de julio de 1658, con doña María González de Alfonseca y de la Roche, hija del Capitán Baltasar González de Alfonseca, y de doña María de la Roche y Pérez de Utrera. Tuvieron por hijos: a María Josefa; a Francisco; a Ignacio; a Gaspar; a Mateo Luis; a Diego; a Antonio, y a Juan Florencia y González de Alfonseca. De los cuales:

1. — Doña María Josefa Florencia y González de Alfonseca, bautizada en la Catedral de La Habana el 24 de marzo de 1668, testó el 5 de agosto de 1732 ante Dionisio Pancorbo, y su defunción se encuentra en la referida Catedral a 9 de agosto de dicho año, donde casó el 28 de mayo de 1704, con don José Pedroso y González-Carvajal, Tesorero Oficial de la Real Hacienda de San Agustín de la Florida, Regidor Perpetuo y Alcalde ordinario y de la Santa Hermandad, hijo del Capitán Jacinto Pedroso y Calvo de la Puerta, Regidor, Alcalde ordinario y de la Santa Hermandad, y de doña Melchora González-Carvajal y Muñoz. Tuvieron por hijos: a Antonia; a Teresa; a María Gertrudis; a Diego; a Antonio; a Jacinto; a José; a Francisco y a Mateo Pedroso y Florencia.

2. — Don Francisco Florencia y González de Alfonseca, natural de La Habana, fue Sargento Mayor interino de esta plaza, y Tesorero Tenedor de Bastimentos, por Real Despacho de 18 de abril de 1703, cuyo cargo desempeñó hasta el 8 de diciembre de 1710, en que falleció.

3. — Don Gaspar Florencia y González de Alfonseca, testó ante Juan Argote el 29 de diciembre de 1691, y tiene su defunción en la Catedral de La Habana a 10 de nero de 1692.

4. — Don Mateo Luis Florencia y González de Alfonseca, natural de La Habana, fue Factor y Tesorero de la Real Hacienda en 1706, y Tenedor de Bastimentos por Real despacho de 11 de marzo de 1692, cuyo cargo desempeñó hasta el 18 de abril de 1703, en que le sucedió su hermano Francisco anteriormente mencionado. También fue Tesorero Oficial de la Real Hacienda de la isla de Cuba, por Real Cédula de 10 de marzo de 1717. Su defunción se encuentra en la Catedral de La Habana a 16 de octubre de 1728. Casó en esta ciudad, parroquia del Espíritu Santo, el 22 de septiembre de 1728, con doña Juana Díaz de Argüelles y Cienfuegos, natural de San Agustín de la Florida, hija del Capitán Diego Díaz de Mexías, y de doña Gertrudis de Argüelles y Cienfuegos.

5. — Don Diego Florencia y González de Alfonseca, fue Presbítero. Dio poder para testar el 27 de agosto de 1716 ante Gaspar Fuentes, y su defunción se encuentra en la Catedral de La Habana a primero de septiembre de dicho año.

6. — Don Antonio Florencia y González de Alfonseca, natural de San Agustín de la Florida, fue Fraile de la Orden de San Francisco, y Procurador General de esta Provincia. En 1720, pidió licencia para fundar un convento en la villa de Guanabacoa, y se le concedió en 1721. En 1726, pidió otra licencia para fundar otro convento en la villa de Sancti-Spiritus.

7. — Don Juan Florencia y González de Alfonseca, bautizado en la Catedral de La Habana el 8 de febrero de 1670, fue Capitán de Infantería y Comandante de la Fortaleza de San Salvador de la Punta en La Habana, por patente Real de 15 de abril de 1731. Testó el 2 de marzo de 1738, ante Tomás Núñez, y su defunción se encuentra en la Catedral de La Habana a 5 de marzo de 1739. Casó dos veces en La Habana, en la parroquia del Espíritu Santo: la primera, el 22 de febrero de 1712, con doña Teresa González Cordero y Chirinos, hija del Capitán Juan González Cordero y Esquivel, y de doña Francisca Chirinos y Calvo de la Puerta. Casó por segunda vez, el 9 de octubre de 1722, con doña Josefa María Sotolongo y Maldonado, hija del Capitán Esteban Solares Sotolongo y Aguilar, y de doña Blasa de Maldonado y Pinzón.

Don Juan Florencia y González de Alfonseca, y su segunda mujer doña Josefa María Sotolongo y Maldonado, tuvieron por hija: a

Doña María Tomasa Florencia y Sotolongo, bautizada en La Habana, parroquia del Espíritu Santo, el 26 de noviembre de 1720, que testó ante Francisco Xavier Rodríguez, y su defunción se encuentra en La Habana, parroquia del Espíritu Santo, a 3 de junio de 1766. Casó en la Catedral de La Habana el 28 de marzo de 1737, con don Manuel García y Barrera, natural de Trespalacios, en el Valle de Carranza, Vizcaya, Ministro Honorario del Real Tribunal Mayor de Cuentas de la isla de Cuba, hijo de don Francisco García de la Cuadra, y de doña Antonia de la Barrera.

A esta familia perteneció:
Don Bernardo Patricio Florencia, natural de San Agustín de la Flo-

rida que casó con doña Antonia Rescu-Arriaga, y tuvieron por hijos: a
José; a Antonio Patricio, y a Margarita Florencia y Rescu-Arriaga. Los
cuales:

A. — Don José Florencia y Rescu-Arriaga, perteneció a la Orden de
Predicadores.

B. — Don Antonio Patricio Florencia y Rescu-Arriaga, natural de San
Agustín de la Florida, casó en La Habana, parroquia de Jesús del Monte el 3 de julio de 1730, con doña María Gertrudis Pérez y Arocha, hijo
de Domingo y de Margarita. Tuvieron por hijas: a Margarita y a Rosalía Florencia y Pérez. Las cuales:

a. — Doña Margarita Florencia y Pérez, fue bautizada en La Habana,
parroquia de Jesús del Monte, el 16 de noviembre de 1730; otra del
mismo nombre fue bautizada en dicha parroquia el primero de febrero
de 1733.

b. — Doña Rosalía Florencia y Pérez, casó en La Habana, parroquia
de Jesús del Monte, el 20 de agosto de 1790, con don José Cipriano
Monleón y Godoy, natural de la ciudad de Cádiz, Piloto de la Real Armada, hijo de José y de María Josefa.

C. — Doña Margarita Florencia y Rescu-Arriaga, testó el 20 de octubre de 1727, y su defunción se encuentra en la Catedral de La Habana
a 15 de enero de 1728. Casó con don Francisco de Florencia, natural de
San Agustín de la Florida, y tuvieron por hijo: a

Don Francisco Florencia y Florencia, natural de San Agustín de la
Florida, que casó en La Habana, parroquia de Jesús del Monte, el 22
de mayo de 173..., con doña Simona Hernández-Alfonso y Hernández-Gaytán, hija de Diego y de Catalina. Tuvieron por hijos: a María de los
Dolores; a Juana; a Antonia; a José Ramón; a José Antonio, y a Francisco Florencia y Hernández-Alfonso. Los cuales:

1. — Doña María de los Dolores Florencia y Hernández-Alfonso, casó
en La Habana, parroquia de Jesús del Monte, el 8 de diciembre de
1760, con don Juan de la Cruz Silvera y López, hijo de Juan y de Manuela.

2. — Doña Juana Florencia y Hernández-Alfonso, casó en La Habana,
parroquia de Jesús del Monte, el 26 de enero de 1761, con don José del
Pino y Ansúrez, natural de San Agustín de la Florida, hijo de Juan Antonio y de María.

3. — Doña Antonia Florencia y Hernández-Alfonso, casó en La Habana, parroquia de Jesús del Monte, el 8 de octubre de 1764, con don
Joaquín José Díaz y López, hijo de Francisco y de Ana.

4. — Don José Ramón Florencia y Hernández-Alfonso, fue bautizado
en La Habana, parroquia de Jesús del Monte, el 8 de septiembre de 1731.

5. — Don José Antonio Florencia y Hernández-Alfonso, fue bautizado en La Habana, parroquia de Jesús del Monte, el 29 de octubre de 1747.

6. — Don Francisco Florencia y Hernández-Alfonso, natural de La Habana, testó el 17 de agosto de 1794, ante Félix Cruz, Teniente de partido de Jesús del Monte, y su defunción se encuentra en esta parroquia a primero de septiembre de 1794. Casó dos veces: la primera, con doña Damiana de Torres, y la segunda, con doña Micaela Alfonso Centellas, de la que tuvo por hijo: a Manuel José Florencia y Alfonso. Con su primera mujer, tuvo por hijo: a Francisco Florencia y Torres.

En la primera mitad del siglo XVIII, también aparece: el

Licenciado Pedro Díaz de Florencia, Abogado, que casó con doña María Pérez de Balmaceda. Tuvieron por hijos: a Juan Miguel, y a Pedro Florencia y Pérez de Balmaceda. Los cuales:

A. — Don Juan Miguel Florencia y Pérez de Balmaceda, tiene su defunción en la Catedral de La Habana a 3 de julio de 1843. Casó con doña Isabel García de Monterroso.

B. — Licenciado Pedro Florencia y Pérez de Balmaceda, fue Escribano Mayor de Registro y Real Hacienda de La Habana. Su defunción se encuentra en la Catedral de esta ciudad, a 28 de agosto de 1769, donde casó el 20 de enero de 1748, con doña Paula Pérez de Borroto y Hernández, hija de Pedro y de Margarita. Tuvieron por hijos: a Gabriela; a María Candelaria; a Mariana; a Antonio; a Dionisio, y a Juan Nepomuceno Florencia y Pérez Borroto. Los cuales:

a. — Doña Gabriela Florencia y Pérez Borroto, testó el 28 de enero de 1824, ante Cayetano Pontón, y su defunción se encuentra en la Catedral de La Habana a 7 de julio de 1832.

b. — Doña María Candelaria Florencia y Pérez Borroto, testó el 16 de febrero de 1809, ante Felipe Álvarez, y su defunción se encuentra en la Catedral de La Habana a 28 de enero de 1817.

c. — Doña Mariana Florencia y Pérez Borroto, testó el 30 de julio de 1785, ante José María Rodríguez, y falleció el 22 de mayo de 1810. Casó con don José Julio Álvarez, Escribano de Registros.

d. — Don Antonio Florencia y Pérez Borroto, casó en La Habana, parroquia del Espíritu Santo, el 9 de abril de 1780, con doña María Concepción Prados y Pérez, hija de Francisco Xavier y de Dionisia.

e. — Don Dionisio Florencia y Pérez Borroto, casó en La Habana, parroquia del Espíritu Santo, el 19 de abril de 1778, con doña Luisa Josefa Jiménez y Márquez, hija de José Antonio y de Juana Antonia.

f. — Don Juan Nepomuceno Florencia y Pérez Borroto, fue bautizado en la Catedral de La Habana el 22 de noviembre de 1751.

GARÓFALO

A principios del siglo XVIII, aparece radicada esta familia en la ciudad de Cartagena de Levante, provincia de Murcia, España, pasando a fines del mismo siglo a la ciudad de Villaclara, en la isla de Cuba.

El doctor Eustaquio Garófalo y Valero, natural de Cartagena de Levante, fue Regente de la Cátedra de Pharmacia en la Facultad Médica de la Universidad de Granada. Obtuvo certificación de nobleza y armas expedida el 19 de agosto de 1733, por don Juan Alfonso Guerra y Sandoval, Cronista y Rey de Armas de Su Majestad.

Don José Antonio Garófalo y Valero, hermano del anterior, y también natural de Cartagena de Levante, casó con doña Josefa Sevilla, natural de Pozo Efredio, los que tuvieron por hijos: a María de la Concepción, y a Andrés Garófalo y Sevilla. De los cuales:

Don Andrés Garófalo y Sevilla, natural de Cartagena de Levante, casó con doña Francisca Clavera y Freimundos, hija de Francisco y de María. Tuvieron por hijos: a José Antonio, y a Francisco Garófalo y Clavera. Los cuales:

1. — Don José Antonio Garófalo y Clavera, natural de Cartagena de Levante, pasó a la isla de Cuba. Representado por su tía, doña María de la Concepción Garófalo y Sevilla, hizo información de nobleza en el Ayuntamiento de Cartagena de Levante el 10 de octubre de 1809, ante Jerónimo Servent, Alcalde Mayor y Teniente Corregidor de dicha ciudad, y por ante don Antonio Chambrer, Escribano Mayor del mencionado Ayuntamiento.

2. — Don Francisco Carófalo y Clavero, bautizado en la parroquia de Cartagena de Levante el 11 de mayo de 1785, pasó a Villaclara en la isla de Cuba. Casó con doña Catalina de Guzmán, y tuvieron por hijas: a Catalina y a María Regina Carófalo y Guzmán. Las cuales:

A. — Doña Catalina Carófalo y Guzmán, natural de Villaclara, casó con don Francisco Mosquera.

B. — Doña María Regina Garófalo y Guzmán, nacida en Villaclara el 6 de septiembre de 1829, casó con don José García y Morales, natural de la villa de Níjar, en Granada, Alférez de Caballería de Villaclara, hijo de don Pedro García Labrador y Jurado, y de doña María Morales y García.[1]

GARSON

En la primera mitad del siglo XVIII, procedente del Arzobispado de Toledo, se estableció esta familia en Santiago de Cuba, provincia de Oriente.

Don Francisco Antonio Garsón y Carvajal, casó con doña María Ignacia Maldonado, y tuvieron por hijo: a

Don Francisco Antonio Garsón y Maldonado, natural del Arzobispado de Toledo, que casó en la Catedral de Santiago de Cuba el 2 de febrero de 1729, con doña Catalina Fromesta y Salazar, hija del Capitán Francisco y de María. Tuvieron por hija: a

Doña Rosa Garsón y Fromesta, que casó en la Catedral de Santiago de Cuba el 5 de abril de 1750, con don Prudencio de Hechavarría y Herrera y Moya, Capitán de Milicias de la plaza de La Habana, hijo de don Mateo de Hechavarría y Elguezúa y Moreno Xirón, y de doña Petronila Herrera Moya y Ramos.

GELABERT

Apellido catalán, de Lérida. Una rama pasó a Baleares.
Sus armas: Los de Cataluña traen: en campo de oro, un águila de sable, coronada. Los de Baleares traen: en campo de plata, un águila de azur, coronada del mismo color.

En la primera mitad del siglo XVIII, procedente de la ciudad de Barcelona, se estableció esta familia en la isla de Cuba.

Don Juan Gelabert, casó con doña Serafina Garcés, y tuvieron por hijos: a Mariano Antonio, y a José Antonio Gelabert y Garcés. Los cuales:

1. — Don Mariano Antonio Gelabert y Garcés, natural de Barcelona, fue Teniente de Infantería del Regimiento de La Habana. Casó en la Catedral de La Habana el 16 de julio de 1767, con doña Antonia Arango y Meyreles, hija de don José Arango y Loza, Capitán de Milicias, Síndico Procurador General Regidor del Ayuntamiento y Alcalde ordinario de La Habana y Director de la Real Compañía de Tabacos, y de doña Antonia Dionisia Meyreles y Bravo de Acuña.

2. — Don José Antonio Gelabert y Garcés, natural de la ciudad de Barcelona, fue Contador Mayor del Real Tribunal de Cuentas de la isla

de Cuba, del Consejo de Su Majestad, su Secretario y Juez para la venta y composición de tierras y Alcalde de la Santa Hermandad en 1778. Casó en La Habana, parroquia del Espíritu Santo, el 7 de enero de 1732, con doña Catalina Hipólita Martínez de Acosta y Gaitán de Vargas, hija del Capitán Gaspar Mateo Martínez de Acosta, Depositario General, Alcalde ordinario, y Caballero de la Orden de Santiago, y de doña Josefa Petronila Gaitán de Vargas. Tuvieron por hijos: a Serafina; a María Andrea, y a Gaspar Francisco Gelabert y Gaitán. Los cuales:

A. — Doña Serafina Gelabert y Gaitán, casó en La Habana, parroquia del Espíritu Santo, el 7 de abril de 1765, con el licenciado Antonio San Martín y Arango, Abogado de la Real Audiencia de Santo Domingo, Juez de Bienes de Difuntos y Alcalde ordinario de La Habana, hijo de don José Tomás San Martín y Espinosa, y de doña Dionisia Arango y Loza.

B. — Doña María Andrea Gelabert y Gaitán, casó en La Habana, parroquia del Espíritu Santo, el 8 de diciembre de 1771, con don Pedro Rafael García-Menocal y Pérez de Velasco, Síndico Procurador General los años 1765, 1778 y 1779, hijo de don Pedro García-Menocal y González Arango, Contador del Tribunal de la Santa Cruzada, Síndico Procurador General del Ayuntamiento de La Habana, y Director de la Real Compañía de Tabacos de la isla de Cuba, y de doña Francisca Pérez de Velasco y Espinosa. Tuvieron por hijos: a Pedro Mariano, y a Francisco de Paula Menocal y Gelabert.

C. — Don Gaspar Francisco Gelabert y Gaitán, natural de La Habana, fue Alcalde ordinario de Santi Spiritus en 1772 y 1777, y Comisario de Guerra. Testó ante Francisco María Cañizares y falleció en la villa de Santi Spiritus el 7 de mayo de 1796, de 68 años de edad. Casó dos veces: la primera, en la referida villa, con doña Isabel Gutiérrez y Agüero, hija de don Francisco José Gutiérrez Puebla y Rivero, Coronel del Batallón de Milicias de las Cuatro Villas, Sargento Mayor de las Milicias de Puerto Príncipe, Teniente Gobernador de Trinidad, Santi Spiritus, Remedios y Villaclara, y de doña Granciana Agüero y Ortega. Casó por segunda vez, con doña Ana Josefa Rodríguez Vanegas y Rodríguez Gallo, hija de José Rodríguez Vanegas, Regidor Fiel Ejecutor de Santi Spiritus, y de doña Isabel Rodríguez Gallo y Bello.

Don Gaspar Francisco Gelabert y Gaitán, y su segunda mujer, doña Ana Josefa Rodríguez Vanegas, tuvieron por hija: a

Doña Ana Josefa Gelabert y Rodríguez Vanegas, que falleció en Santi Spiritus, el 30 de enero de 1839. Casó en la referida villa el 2 de noviembre de 1812, con don Francisco María Rodríguez-Gallo y Bernal-Pacheco, Capitán de Milicias, hijo de don José Rodríguez-Gallo, Regidor y Alcalde de dicha villa, y de doña Francisca Bernal Pacheco y Rodríguez Vanegas.

Don Gaspar Francisco Gelabert y Gaitán, y su primera mujer doña Isabel Gutiérrez y Agüero, tuvieron por hijos: a Manuel José; a José Antonio, y a Ramón Ignacio Gelabert y Gutiérrez. De los cuales:

a. — Don José Antonio Gelabert y Gutiérrez, casó con doña Elena de la Pera, y tuvieron por hijas: a Carmen; a Ana Petronila, y a Mercedes Gelabert y de la Pera. De las cuales:

1. — Doña Ana Petronila Gelabert y de la Pera, casó en la Catedral de Puerto Príncipe el 7 de abril de 1811, con don Juan de Velasco y Sánchez-Pereira, hijo del Capitán Juan de Velasco y Agüero, y de doña María Manuela Sánchez-Pereira y Boza.

2. — Doña Mercedes Gelabert y de la Pera, casó en la Catedral de Puerto Príncipe el 26 de julio de 1812, con don Luis Ubaldo Socarrás y Gregory, hija de don Ubaldo Socarrás y Castellanos, Sub-teniente de Milicias de la mencionada villa, y de doña Rosa María Gregory y Castellanos.

b. — Don Ramón Ignacio Gelabert y Gutiérrez, natural de Santi Spiritus, fue Capitán de Milicias. Casó en la Catedral de Puerto Príncipe el 14 de septiembre de 1787, con doña Josefa Arteaga y Agüero, hija de don Ubaldo Arteaga y Agramonte, Regidor de dicha villa, y de doña María Caridad Agüero y Bringas. Tuvieron por hijos: a Ana Josefa; a Mercedes; a María Francisca; a José Antonio; a Ramón, y a Gabriel Gelabert y Arteaga. De los cuales:

A. — Doña Mercedes Gelabert y Arteaga, casó con don Manuel Cisneros y del Risco, Cabo de Matrículas de la villa de Puerto Príncipe, hijo de don Pablo Cisneros y Gerardo, y de doña Manuela del Risco y Villavicencio.

B. — Doña María Francisca Gelabert y Arteaga, casó dos veces en la Catedral de Puerto Príncipe: la primera, el 6 de noviembre de 1814, con don Miguel Betancourt y Miranda, Alcalde ordinario de dicha Villa, hijo de don Diego Alonso Betancourt e Hidalgo, Alcalde ordinario, y de doña Catalina Miranda y Agramonte. Casó por segunda vez, el 23 de julio de 1823, con el Sub-teniente Francisco Manzanero y Campos, natural de Murcia, hijo de Cristóbal y de María.

C. — Don José Antonio Gelabert y Arteaga, testó en Puerto Príncipe el 8 de junio de 1840.

D. — Licenciado Gabriel Gelabert y Arteaga, casó en la Catedral de Puerto Príncipe el 19 de enero de 1825, con doña Catalina Miranda y Loinaz, hija de don Juan Agustín Miranda y Miranda, y de doña Rufina Loinaz y Miranda. Tuvieron por hijas: a Francisca, y a María Soledad Gelabert y Miranda. Las cuales:

a. — Doña Francisca Gelabert y Miranda, casó en la Catedral de Puerto Príncipe el 6 de mayo de 1843, con don Diego Varona y Duque de Estrada, hijo de don José Joaquín Varona y Batista, y de doña Rosa María Duque de Estrada y Varona.

b. — Doña María de la Soledad Gelabert y Miranda, casó en la Catedral de Puerto Príncipe, el 30 de noviembre de 1849, con don Francisco de Borja Rodríguez y García, hijo de Miguel Agustín y de María del Rosario.

Otra familia de este apellido, procedente de la ciudad de Alicante, se estableció en La Habana a fines del siglo XVIII.

Don Juan Gelabert, casó con doña Catalina Almiñana, y tuvieron por hijo: a

Don Francisco Gelabert y Almiñana, natural de la ciudad de Alicante, que fue Brigadier de los Reales Ejércitos, Director Sub-Inspector del Real Cuerpo de Ingenieros de la plaza de La Habana. Testó el 16 de febrero de 1806 ante Mauricio de Porras-Pita, y su defunción se encuentra en La Habana, parroquia del Santo Cristo, a 18 de julio de 1806. Casó con doña María Josefa Fernández-Trevejo y Rives hija de don Antonio Fernández-Trevejo y Zaldívar, Coronel de Infantería del Real Cuerpo de Ingenieros en Jefe de la plaza de La Habana, y de doña Mariana de Rives. Tuvieron por hijos: a Josefa; a Francisco; a Mariano, y a Antonio Gelabert y Fernández Trevejo. De los cuales:

1. — Don Mariano Gelabert y Fernández-Trevejo, fue Teniente Coronel del Real Cuerpo de Ingenieros de la plaza de La Habana. Su defunción se encuentra en dicha ciudad, parroquia de Monserrate, a 19 de junio de 1845.

2. — Don Antonio Gelabert y Fernández-Trevejo, casó con doña María Josefa Meyreles y González de la Torre hija de don José Luis Meyreles y Cepero, Coronel del Regimiento de Infantería de Milicias de la plaza de La Habana, Síndico Procurador General del Ayuntamiento de La Habana, Caballero de la Orden de San Hermenegildo, y de doña Ana María González de la Torre y Rives.

GELT

Procedente de Hamburgo, en Alemania, se estableció esta familia en La Habana a principios del siglo XVIII.

Juan Federico Gelt, natural de Hamburgo, fue vecino de La Habana. Casó con doña Francisca Pascual Pérez y tuvieron por hijo: a

José Teodoro Gelt y Pérez, natural de La Habana, bautizado en la parroquia del Espíritu Santo el 16 de noviembre de 1736. Casó en La Habana, parroquia del Espíritu Santo, el 6 de diciembre de 1784, con doña María de la Encarnación Luz y Sánchez Silveira, natural de La Habana, y bautizada en la Catedral de La Habana el 26 de marzo de 1762. (Ver apellido Luz). Tuvieron por hija: a

Eduarda Gelt y Luz, natural de La Habana, bautizada en la parroquia del Espíritu Santo, el 5 de noviembre de 1795. Casó en La Habana, parroquia del Santo Cristo, el 5 de diciembre de 1813, con don Manuel de Moya y Rodríguez-Morejón. (Ver apellido Moya en el tomo X).

GIRÓ

A mediados del siglo XVIII, aparece radicada esta familia en el antiguo Estado Pontificio, estableciéndose al comienzo del siglo XVIII, en la ciudad de Santiago de Cuba.

Giovanni Giro casó con Isabella Moreno, ambos naturales de la provincia de Roma, y tuvieron por hijo: a

Pietro Giro y Moreno, natural de Civitavecchia, en los Dominios de Su Santidad, Provincia de Roma, que casó en la Catedral de Santiago de Cuba el 8 de noviembre de 1722, con doña Gabriela Josefa Velázquez de Rúa, hija de don Nicolás Velázquez y Herrera, natural de las islas Canarias, y de doña Juana de Rúa y Velasco, natural de la isla de Jamaica. Tuvieron por hijos: a Isabel Josefa Antonia, y a Manuel Fernando Giró y Velázquez. Los cuales:

A. — Doña María Teresa Giro y Escobar, fue bautizada en Santia- en la Catedral de Santiago de Cuba el 3 de octubre de 1723, tiene su defunción en la referida Catedral a 6 de abril de 1797, donde casó el 1 de mayo de 1744, con don Tomás Francisco de Campos y Barrientos, natural de Veracruz, hijo de don Luis José de Campos y de doña María Soledad Barrientos.

2. — Don Manuel Fernando Giro y Velázquez de Rúa, bautizado en la Catedral de Santiago de Cuba el 8 de mayo de 1732, tiene su defunción en la referida Catedral a 24 de mayo de 1788. Casó en la referida ciudad, parroquia de Santo Tomás Apóstol, el 28 de julio de 1763, con doña María Estefanía de Escobar y Alberja, hija de don Juan José de Escobar, y de doña María Alberja.. Tuvieron por hijos: a Juana Teresa; a Pedro José Emigio; a Francisco Rafael de Paula; a Juan Nepomuceno; a Francisco de Paula; a María Nicolasa de los Dolores; a María del Rosario; a Paula Antonia, y a María Manuela Petronila Giro y de Escobar. Los cuales:

A. — Doña María Teresa Giro y de Escobar, fue bautizada en Santiago de Cuba, parroquia de Santo Tomás Apóstol, el 5 de marzo de 1774.

B. — Don Pedro José Emigdio Giro y Escobar, fue bautizado en Santiago de Cuba, parroquia de Santo Tomás Apóstol, el 3 de diciembre de 1766.

C. — Don Francisco Rafael de Paula Giro y Escobar, fue bautizado en Santiago de Cuba, parroquia de Santo Tomás Apóstol, el 10 de abril de 1763.

D. — Don Juan Nepomuceno Giro y Escobar, fue bautizado en la Catedral de Santiago de Cuba, el 8 de agosto de 1779.

E. — Don Francisco de Paula Giro y Escobar, fue bautizado en la Catedral de Santiago de Cuba, el 7 de abril de 1773, donde casó el 24 de mayo de 1806, con doña Ana María Josefa Miranda.

F. — Doña María Nicolasa de los Dolores Giro y Escobar, fue bautizada en Santiago de Cuba, parroquia de Santo Tomás Apóstol, el 15 de abril de 1764, donde casó el 22 de enero de 1783, con don Julián Francisco Hernández y Callejas, hijo de don Antonio Hernández y Miyares, natural de las islas Canarias, y de doña Rosalía Callejas y Pérez.

G. — Doña María del Rosario Giro y Escobar, fue bautizada en Santiago de Cuba, parroquia de Santo Tomás Apóstol, el 12 de noviembre de 1786, donde casó, el 15 de junio de 1812, con don Juan Antonio Fresneda y Belisón, natural de Cádiz, Reino de Andalucía, hijo de don Luis Cayetano Fresneda y de doña Mariana Belisón.

H. — Doña Paula Antonia Giro y Escobar, fue bautizada en Santiago de Cuba, parroquia de Santo Tomás Apóstol, el 10 de agosto de 1765, donde casó el 18 de agosto de 1794, con don Agustín de Sierra y Fernández, hijo de don Jaime Santiago de Sierra y Seguina, natural de Alcudia, Obispado de Mallorca, y de doña Andrea Fernández y Ramírez.

I. — Doña María Manuela Petronila Giro y Escobar, fue bautizada en Santiago de Cuba, parroquia de Santo Tomás Apóstol, el 26 de octubre de 1781. Otorgó testamento ante Rafael Ramírez el 11 de mayo de 1850, y casó en la mencionada parroquia el 4 de junio de 1804, con don Vicente Antonio Mariño y de León, hijo de don Juan Antonio Mariño y Fernández, y de doña Paulina Antonia de León y Castellanos.

3. — Don Luis Giro y Velázquez de Rúa, bautizado en la Catedral de Santiago de Cuba el 30 de enero de 1726, otorgó testamento ante Luis Agustín Guerra el 30 de diciembre de 1779, y tiene su defunción en la referida Catedral a 11 de febrero de 1780, donde casó, el 29 de agosto de 1751, con doña Tomasa Francisca Díaz de Pliego y Silva, hija de don Francisco Díaz de Pliego y Rodríguez, y de doña Estefanía de Silva y del Portillo. Tuvieron por hijos: a Miguel José; a Rosalía Celedonia; a Margarita Manuela; a María Dolores Matea; a Ángela Gertrudis Rosalía; a Manuel Ebigdio; a Juan Miguel; a Francisco Antonio, y a José Rafael Giró y Díaz de Pliego. Los cuales:

a. — Don Miguel José Giró y Díaz de Pliego, fue bautizado en la Catedral de Santiago de Cuba, el 1 de marzo de 1752. A partir de este momento el apellido se escribe GIRÓ con acento.

b. — Doña Rosalía Celedoni Giró y Díaz de Pliego, fue bautizada en la Catedral de Santiago de Cuba el 8 de junio de 1753 y tiene su defunción en la referida Catedral, a 31 de octubre de 1758.

c. — Doña Margarita Manuela Giró y Díaz de Pliego, fue bautizada en la Catedral de Santiago de Cuba el 18 de junio de 1757.

d. — Doña María Dolores Matea Giró y Díaz de Pliego, fue bautizada en la Catedral de Santiago de Cuba el 29 de septiembre de 1771, y tiene su defunción en la referida Catedral a 4 de enero de 1774.

e. — Doña Ángela Gertrudis Rosalía Giró y Díaz de Pliego, fue bautizada en la Catedral de Santiago de Cuba el 23 de febrero de 1761, y tiene su defunción en la referida Catedral a 24 de febrero de 1820, donde casó el 11 de agosto de 1785, con don Isidoro Grave de Peralta y Muñoz, hijo de don Pedro Grave de Peralta y García de Aguilar, y de doña Isabel Muñoz y González.

f. — Don Manuel Emigdio Giró y Díaz de Pliego, fue bautizado en la Catedral de Santiago de Cuba el 14 de enero de 1759, y casó en la referida Catedral, el 29 de junio de 1778, con doña Isabel Morales y Delgado, hija de don Juan Morales y Pérez, natural de las islas Canarias, y de doña Juana Bautista Delgado y Ramírez.

g. — Don Juan Miguel Giró y Díaz de Pliego, del que se tratará en la LÍNEA PRIMERA.

h. — Don Francisco Antonio Giró y Díaz de Pliego, del que se tratará en la LÍNEA SEGUNDA.

i. — Don José Rafael Giró y Díaz de Pliego, del que se tratará en la LÍNEA TERCERA.

LÍNEA PRIMERA

Don Juan Miguel Giró y Díaz de Pliego (anteriormente mencionado como hijo de don Luis Giró y Velázquez de Rúa y de doña Tomasa Francisca Díaz de Pliego y de Silva), bautizado en la Catedral de Santiago de Cuba el 15 de junio de 1755, otorgó testamento ante José Urtarte el 18 de enero de 1827, y casó dos veces en la referida ciudad. La primera, en la Catedral, el 13 de mayo de 1788, con doña Juana María Cervantes y Frontado, hija de don Luis Teodoro Cervantes, y de doña Juana Micaela Frontado y Arriola. Casó por segunda vez, en la parroquia de Santo Tomás Apóstol, el 6 de septiembre de 1804, con doña María Manuela Meneses y Arencibia, de la que no tuvo sucesión.

Don Juan Miguel Giró y Díaz de Pliego y su primera mujer doña Juana María Cervantes y Frontado, tuvieron por hijos: a María Salvadora; a José Alejandro; a Juan Nicolás Bautista; a María de los Dolores; a Tomás José; a María Luisa; a Juan Nicolás Valentín; a José Vicente Saturnino, y a Luis Filomeno Giró y Cervantes. Los cuales:

1. — Doña María Salvadora Giró y Cervantes, fue bautizada en la Catedral de Santiago de Cuba el 23 de febrero de 1779; otorgó testamento ante Antonio Martínez el 31 de marzo de 1846, y tiene su defunción en la referida Catedral a 25 de diciembre de 1864.

2. — Don José Alejandro Giró y Cervantes, fue bautizado en la Catedral de Santiago de Cuba el 20 de julio de 1784

3. — Don Juan Nicolás Bautista Giró y Cervantes, fue bautizado en la Catedral de Santiago de Cuba el 10 de diciembre de 1785.

4. — Doña María de los Dolores Giró y Cervantes, fue bautizada en la Catedral de Santiago de Cuba, el 7 de julio de 1787.

5. — Don Tomás José Nepomuceno Giró y Cervantes, fue bautizado en la Catedral de Santiago de Cuba, el 2 de abril de 1781.

6. — Doña María Luisa de la Triniadd Giró y Cervantes, fue bautizada en la Catedral de Santiago de Cuba el 31 de enero de 1793, y tiene su defunción en la referida Catedral, a 6 de febrero de 1793.

7. — Don Juan Nicolás Valentín Giró y Cervantes, fue bautizado en la Catedral de Santiago de Cuba, el 16 de enero de 1789, tiene su defunción en la citada Catedral a 9 de agosto de 1854. Casó en la referida ciudad, parroquia de Santo Tomás Apóstol, el 3 de septiembre de 1811, con doña María Candelaria Rodríguez y de Oramas, hija de don José Antonio Rodríguez y Fernández, y de doña Juana María de Oramas y González de Páez. Tuvieron por hijos: a Juan Esteban Ramón; a María Joaquina de los Dolores; a Juana Francisca, y a María de las Nieves Giró y Rodríguez. Los cuales:

A. — Don Juan Esteban Ramón Giró y Rodríguez, fue bautizado en Santiago de Cuba, parroquia de Santo Tomás Apóstol, el 3 de enero de 1812.

B. — Doña María Joaquina de los Dolores Giró y Rodríguez, fue bautizada en Santiago de Cuba, parroquia de Santo Tomás Apóstol, el 27 de agosto de 1814.

C. — Doña Juana Francisca Giró y Rodríguez, fue bautizada en Santiago de Cuba, parroquia de Santo Tomás Apóstol, el 30 de diciembre de 1815, y tiene su defunción en la referida parroquia a 15 de febrero de 1835.

D. — Doña María de las Nieves Giró y Rodríguez, fue bautizada en Santiago de Cuba, parroquia de Santo Tomás Apóstol, el 13 de agosto de 1817.

8. — Don José Vicente Saturnino Giró y Cervantes, fue bautizado en la Catedral de Santiago de Cuba el 3 de junio de 1794. Casó en la referida ciudad, parroquia de Santo Tomás Apóstol, el 24 de octubre de 1821, con doña María Asunción Varela y Soler, hija de don Rafael Varela y de doña Juana María Soler. Tuvieron por hijos: a María de Jesús; a Juan Miguel Bonifacio; a Juan Bautista de Jesús; a Marcelina de la Caridad, y a María Dolores Filomena Giró y Varela. Los cuales:

a. — Doña María de Jesús Giró y Varela, fue bautizada en Santiago de Cuba, parroquia de Santo Tomás Apóstol, el 4 de agosto de 1822.

b. — Don Juan Miguel Bonifacio Giró y Varela, fue bautizado en Santiago de Cuba, parroquia de Santo Tomás Apóstol, el 20 de junio de 1824.

c. — Don Juan Bautista de Jesús Giró y Varela, fue bautizado en Santiago de Cuba, parroquia de Santo Tomás Apóstol, el 8 de agosto de 1825.

d. — Doña Marcelina de la Caridad Giró y Varela, fue bautizada en Santiago de Cuba, parroquia de Santo Tomós Apóstol, el 30 de junio de 1827.

e. — Doña María Dolores Filomena Giró y Varela, fue bautizada en Santiago de Cuba, parroquia de Santo Tomás Apóstol, el 25 de abril de 1837.

9. — Don Luis Filomeno Giró y Cervantes, fue bautizada en la Catedral de Santiago de Cuba, el 13 de julio de 1796, y tiene su defunción en la parroquia de Santo Tomós Apóstol de la referida ciudad, a 9 de marzo de 1837. Casó en la referida Catedral el 9 de mayo de 1815, con doña María Gregoria Mariño y de León, hija de don Juan Antonio Mariño y Fernández, y de doña Paulina Antonia de León y Castellanos. Tuvieron por hijos: a Tecla de la Caridad; a Emigdio Ladislao; a María Dolores; a Filomena Catalina; a Antonio José; a Juan Bautista, y a Jorge de Jesús Giró y Mariño. Los cuales:

1. — Doña Tecla de la Caridad Giró y Mariño, falleció en Santiago de Cuba el 14 de septiembre de 1898.

2. — Don Ebigdio Ladislao Giró y Mariño, fue bautizado en la Catedral de Santiago de Cuba, el 18 de julio de 1827.

3. — Doña María Dolores Claudia Giró y Mariño, fue bautizada en la Catedral de Santiago de Cuba, el 10 de noviembre de 1822, y tiene su defunción en la parroquia de la Santísima Trinidad de la referida ciudad.

4. — Doña Filomena Catalina Giró y Mariño, fue bautizada en la Catedral de Santiago de Cuba el 2 de diciembre de 1820. Otorgó testamento

ante Manuel Caminero el 31 de julio de 1877, y tiene su defunción en la villa de Guantánamo, parroquia de Santa Catalina de Riccia, a 10 de diciembre de 1894. Casó en Santiago de Cuba, parroquia de la Santísima Trinidad, el 6 de marzo de 1848, con el licenciado Lino Guerra y Cavada, Abogado de los Tribunales del Reino, Secretario de la Real Audiencia Territorial, Censor de la Real Sociedad Económica de Amigos del País, Auditor de Guerra, Asesor Honorario de Marina, Regidor del Ayuntamiento de Santiago de Cuba, Caballero de la Orden de Isabel la Católica, y Comendador ordinario de la Orden de Carlos III, hijo de don Valeriano Guerra y Ruiz, y de doña María del Rosario Cavada y Cisneros.

5. — Don Antonio José Giró y Mariño, fue bautizado en la Catedral de Santiago de Cuba el 5 de agosto de 1814, y tiene su defunción en la Catedral de Santiago de Cuba a 9 de noviembre de 1876. Fue Anotador de Hipotecas y Escribano Real, Secretario Honorario de Su Majestad, y Caballero de la Orden de Carlos III. Casó en la parroquia de Santo Tomás Apóstol de la referida ciudad, el 23 de diciembre de 1853, con doña Lorenza Tomasina Thomas y Poirrier, hija de don Luciano Thomas y Welche, natural de Santo Domingo francés, y de doña Angelina Poirrier y Quinquet, natural de Santiago de Cuba. Tuvieron por hijos: a Edilberto; a Ernesto Antonio; a Emilio, y a María de los Dolores Giró y Thomas. Los cuales:

A. — Don Edilberto Giró y Thomas, fue bautizado en la Catedral de Santiago de Cuba, el 2 de abril de 1843, y falleció en Milán, Italia, el 17 de enero de 1922. Casó dos veces; la primera, en la Catedral de Santiago de Cuba el 1 de abril de 1867, con doña Lorenza Stable y Gevronin, hija de don Juan José Stable y Bonne, y de doña Eloisa Gevronin y Rousseau, naturales de Santiago de Cuba. Casó por segunda vez, en Milán, Italia, con doña Ebe Lampadose, con la que no tuvo sucesión.

Don Edilberto Giró y Thomas, y su primera mujer doña Lorenza Stable y Gevronin, tuvieron por hijas: a María Lorenza, y a María Dolores Giró y Stable. Las cuales:

a. — Doña María Lorenza Giró y Stable, fue bautizada en la Catedral de Santiago de Cuba el 27 de junio de 1868, y tiene su defunción en la ciudad de La Habana a 20 de agosto de1934. Casó en Santiago de Cuba, parroquia de la Santísima Trinidad, el 31 de agosto de 1887, con su tío don Ernesto Antonio Giró y Thomas, hijo de don Antonio José Giró y Mariño, y de doña Lorenza Tomasina Thomas y Poirrier.

b. — Doña María de los Dolores Giró y Stable, fue bautizada en la Catedral de Santiago de Cuba el 27 de junio de 1868, y tiene su defunción en la referida ciudad a 27 de diciembre de 1927. Casó en la Catedral de Santiago de Cuba el 11 de mayo de 1892, con don José Bargalló y Godoy, hijo de don Buenaventura Bargalló y Bustillo, y de doña María Francisca Godoy y Céspedes.

B. — Don Ernesto Antonio Giró y Thomas, fue bautizado en Santiago de Cuba, parroquia de la Santísima Trinidad, el 22 de mayo de 1851;

otorgó su testamento ante Pedro Secundino Silva el 7 de noviembre de 1877, y tiene su defunción en la referida ciudad a 14 de agosto de 1902. Casó dos veces: la primera en la Catedral de Santiago de Cuba, el 23 de septiembre de 1882, con doña Anastasia Crombet y Ballón, natural de la villa del Cobre, hija de don Manuel Crombet y Martínez, y de doña Isabel Agustina Ballón y Fernández, naturales de Santiago de Cuba. Casó por segunda vez, en la referida ciudad, parroquia de la Santísima Trinidad, el 31 de agosto de 1887, con su sobrina doña María Lorenza Giró y Stable, hija de don Edilberto Giró y Thomas, y de doña Lorenza Stable y Gevronin.

Don Ernesto Antonio Giró y Thomas, y su primera mujer doña Anastasia Crombet y Ballón, tuvieron por hijo: a

Don Emilio Giró y Crombet, bautizado en Santiago de Cuba, parroquia de Nuestra Señora de los Dolores, el 4 de noviembre de 1883, que tiene su defunción en la ciudad de La Habana a 6 de abril de 1926. Casó en Santiago de Cuba, parroquia de Nuestra Señora de los Dolores, el 25 de noviembre de 1912, con doña Isabel Luisa Giró y Mariño, hija de don José Rafael Giró y Giró, y de doña Paula Mariño y Sierra.

Don Ernesto Antonio Giró y Thomas, y su segunda mujer, doña María Lorenza Giró y Stable, tuvieron por hijas: a Catalina y a Leonor Giró y Giró. Las uales:

a. — Doña Catalina Giró y Giró, que tiene su defunción en la Catedral de Santiago de Cuba a 12 de junio de 1892.

b. — Doña Leonor Giró y Giró, bautizada en Santiago de Cuba, parroquia de la Santísima Trinidad el 26 de diciembre de 1888, casó en Nueva York, parroquia de Saint Paul the Apostle, el 4 de marzo de 1911, con don Humberto Villa y Carrerá, natural de Cárdenas, ex-alcalde de la referida ciudad, hijo de don Carlos Villa y Giorge, natural de Córcega, Italia, y de doña Dolores Carrerá y Sterling, natural de Matanzas.

C. — Don Emilio Giró y Thomas, nació en Santiago de Cuba, el 21 de julio de 1852, y tiene su defunción en la referida ciudad, parroquia de Nuestra Señora de los Dolores, a 4 de febrero de 1885. Fue Ingeniero y Médico de la Compañía Naviera «Márquez de Campos».

D. — Doña María de los Dolores Giró y Thomas, fue bautizada en la Catedral de Santiago de Cuba el 5 de septiembre de 1849, y tiene su defunción en la ciudad de La Habana, a 9 de junio de 1936. Casó en la referida Catedral, el 2 de febrero de 1873, con don Leopoldo de la Barrera y Pasarín, Concejal del Ayuntamiento de Santiago de Cuba, natural de la villa de Santa María de Lieiro, provincia de Lugo, hijo de don Modesto de la Barrera y de doña Francisca Pasarín.

6. — Don Juan Bautista de Jesús Giró y Mariño, fue bautizado en la Catedral de Santiago de Cuba el 10 de julio de 1825. Otorgó testamento

ante Rafael Ramírez el 12 de marzo de 1861, y murió en dicha ciudad el 6 de octubre de 1868. Fue Escribano de Gobierno y Gran Maestre de la Gran Logia de Colón. Casó en la referida Catedral el 10 de julio de 1852, con doña Amalia Manzano y Mariño, hija de don Joaquín M. Manzano y Sepúlveda, concejal del Ayuntamiento de Santiago de Cuba, natural de Cádiz, y de doña Ángela Carlota Mariño y de León. Tuvieron por hijos: a Caridad Filomena; a Ladislao; a Amalia de la Caridad; a María de los Ángeles Amalia; a María Dolores de la Caridad; a Luis Filomeno, y a Juan Bautista Giró y Manzano. Los cuales:

1. — Doña Caridad Filomena Giró y Manzano, fue bautizada en la Catedral de Santiago de Cuba el 29 de septiembre de 1859, y tiene su defunción en la referida Catedral a 9 de diciembre de 1863.

2. — Don Ladislao Giró y Manzano, tiene su defunción en la Catedral de Santiago de Cuba a 17 de octubre de 1863.

3. — Doña Amalia Eloisa Giró y Manzano, nació en Santiago de Cuba el 14 de febrero de 1853, y otorgó testamento ante Rafael Ramírez el 3 de marzo de 1883, y tiene su defunción en la referida ciudad a 30 de noviembre de 1935. Casó en Santiago de Cuba, parroquia de Santo Tomás Apóstol, el 5 de marzo de 1877, con su primo carnal don Lino Guerra y Giró, hijo del licenciado Lino Guerra y Cavado y de doña Filomena Giró y Mariño.

4. — Doña María de los Ángeles Amalia Giró y Manzano, fue bautizada en la Catedral de Santiago de Cuba, el 11 de agosto de 1855, y tiene su defunción en la villa de Guantánamo, parroquia de Santa Catalina de Riccia el 21 de marzo de 1894. Casó en Santiago de Cuba, parroquia de Santo Tomás Apóstol, el 13 de enero de 1882, con su primo carnal el licenciado don Pedro Guerra y Giró, hijo del licenciado don Lino Guerra y Cavado, y de doña Filomena Giró y Mariño.

5. — Doña María Dolores de la Caridad Giró y Manzano, fue bautizada en la Catedral de Santiago de Cuba el 7 de septiembre de 1858. Casó en la referida ciudad, parroquia de Santo Tomás Apóstol, el 13 de marzo de 1880, con don Rodolfo Hernández y Solelino, hijo de don Pedro Adolfo Hernández y Richard, y de doña Juana Emilia Solelino y Salomón, natural de Palma Soriano. Tuvieron por hijos: a Juan Emilio, y a Rodolfo Hernández Giró, que fueron notables pintores santiagueros.

6. — Don Luis Filomeno Giró y Manzano, fue bautizado en la Catedral de Santiago de Cuba el 28 de septiembre de 1856. Casó en la Parroquia Mayor de Puerto Príncipe el 2 de marzo de 1883, con doña Alejandra de los Dolores Campo y Perossier, natural de Puerto Príncipe, hija de don Julián Campo y Micas, natural de Aragón, y de doña Isabel Perossier y Usatarres, natural de Puerto Príncipe. Tuvieron por hijos: a Isabel Amalia; a Luz de los Ángeles; a María de los Dolores; a Juan Bautista; a Aurora, y a Armando Rogelio Giró y Campo. De los cuales:

A. — Doña Aurora Giró y Campo, tiene su defunción en la ciudad de Camagüey a 23 de noviembre de 1913. Casó en la referida ciudad, con don Juan de la Cruz Perossier, hijo de don Francisco de la Cruz y Salas, y de doña Josefa Perossier y Salas.

B. — Don Armando Rogelio Giró y Campo, casó en la ciudad de Camagüey el 11 de mayo de 1932, con doña Aurelia Ramona Mejías y Castillo, hija de don Diego Mejías y Rivero, y de doña Ana Castillo y León. Tuvieron por hija: a Ana Dolores de la Caridad Giró y Mejías.

7. — Don Juan Bautista Giró y Manzano, fue bautizado en la Catedral de Santiago de Cuba, el 14 de septiembre de 1864, y tiene su defunción en la referida ciudad a 24 de octubre de 1945. Casó dos veces en Santiago de Cuba parroquia de Santo Tomás Apóstol. La primera, el 8 de febrero de 1891, con doña María Serafina de los Dolores Estrada y Arias, hija de don Nicanor Estrada y Rodríguez, natural de Jiguaní, y de doña Genoveva Arias y Ladrón de Guevara, natural de Guisa, Bayamo. Casó por segunda vez, el 10 de octubre de 1902, con doña Carlota Sierra y Navarro, hija de don Rafael Sierra y Villalón, y de doña Manuela Navarro y Salazar, natural de Holguín.

Don Juan Bautista Giró y Manzano, y su primera mujer, doña Dolores Estrada y Arias, tuvieron por hijos: a Amalia; a Milagros de los Ángeles, y al doctor Juan Bautista Giró y Estrada, Médico.

Don Juan Bautista Giró y Manzano y su segunda mujer, doña Carlota Sierra y Navarro, tuvieron por hijos: a María Esperanza; a Edith; a Guillermo; a Roberto, y a Carlos Manuel Giró y Sierra. De los cuales:

a. — Don Guillermo Giró y Sierra, casó en Morón, parroquia de San Nicolás, el 10 de agosto de 1930, con doña Adela Sorí y Morales, natural de Yaguajay, hija de don Rodolfo Sorí y Rodríguez, y de doña Enriqueta Morales y Morales. Tuvieron por hijos: a Adela Margarita; a Nora Yolanda; a Guillermo Héctor, y a Carlos Roberto Giró y Sorí.

b. — Don Roberto Giró y Sierra, es Médico. Casó en Santiago de Cuba, parroquia de Santa Lucía, el 18 de agosto de 1932, con doña Annette Rumeau y García de Luna, hija de don Javier Rumeau y Delpeche, natural de Astaffort Departamento de Lot-et-Garonne, Francia, y de doña Ana García de Luna y Aguilera. Tuvieron por hijos: a Haydee Teresita, que casó con don Rafael de la Rosa y Machado, y tienen por hijos: a Haydee Ann; a Rosa María; a Elizabeth, y a Rafael Gregorio de la Rosa y Giró; a Magdalena Sofía, que casó con don León Argamasilla y Bacardí, y tienen por hijos: a León Antonio; a José, y a Anette María Argamasilla y Giró; a Roberto Antonio, y a Raúl Ramón Giró y Rumeau. Los cuales:

1. — Don Roberto Antonio Giró y Rumeau, Presidente del Magna Trading Inc., casó con doña Dolores Mercadé y Cendoya. Tienen por hijos: a María Dolores; a Anette, y a Roberto Antonio Giró y Mercadé.

2. — Don Raúl Ramón Giró y Rumeau, es Ingeniero Contratista, y casó con doña Mingthoy Bernal y Sánchez. Tienen por hijos: a Mingthoy María; a Raúl Javier, y a Fernando Alberto Giró y Bernal.

c. — Don Carlos Manuel Giró y Sierra, es Dentista. Fue Alumno Eminente de la Universidad de La Habana. Casó en Santiago de Cuba, parroquia de Santo Tomás Apóstol, el 12 de febrero de 1944, con doña Florence Epstein y Cantor, natural de Nueva York, hija de Morris Epstein y de Cussy Cantor.

7. — Don Jorge de Jesús Giró y Mariño, fue bautizado en la Catedral de Santiago de Cuba, el 18 de mayo de 1815, y tiene su defunción en la citada Catedral, a 29 de diciembrede 1876. Fue Médico y fundador de la primera casa de salud de dicha ciudad y Concejal de su Ayuntamiento. Casó tres veces: la primera, en la parroquia de Santiago del Prado Real de Minas del Cobre, el 14 de agosto de 1848, con doña María de los Ángeles Dolores Oquendo y Olverá, hija de don Sebastián Oquendo y Carrillo, y de doña Simona Olverá y Aroche, natural de Santo Domingo. Casó por segunda vez, con su cuñada, doña María de la Caridad Oquendo y Olverá. Casó por tercera vez, en Santiago de Cuba, parroquia de Santo Tomás Apóstol, el 3 de mayo de 1855, con su prima carnal, doña Antonia Manzano y Mariño, hija de don Joaquín M. Manzano y Sepúlveda, Concejal del Ayuntamiento de Santiago de Cuba, natural de Cádiz, y de doña Ángela Carlota Mariño y de León.

Don Jorge de Jesús Giró y Mariño y su primera mujer doña María de los Ángeles Dolores Oquendo y Olverá, tuvieron por hijos: a Jorge Ladislao; a María de la Caridad Filomena, y a María de los Ángeles de la Concepción Giró y Oquendo. Los cuales:

A. — Don Jorge Ladislao Giró y Oquendo, fue bautizado en Santiago de Cuba, parroquia de Nuestra Señora de los Dolores, el 24 de octubre de 1847.

B. — Doña María de la Caridad Filomena Giró y Oquendo, fue bautizada en Santiago de Cuba, parroquia de Nuestra Señora de los Dolores, el 14 de agosto de 1847.

C. — Doña María de los Ángeles de la Concepción Giró y Oquendo, fue bautizada en Santiago de Cuba, parroquia de Nuestra Señora de los Dolores, el 2 de junio de 1842, y tiene su defunción en la referida ciudad, parroquia de la Santísima Trinidad, a 3 de febrero de 1872. Casó en Santiago de Cuba, parroquia de Santo Tomás Apóstol, el 22 de octubre de 1865, con el licenciado don Antonio Camilo Díaz y Domínguez Palacios, natural de Santiago de Cuba, hijo del Capitán Antonio María Díaz y Méndez, natural de Ceuta, y de doña María Josefa Domínguez Palacios y Urquijo, natural de Cartagena de Indias.

Don Jorge de Jesús Giró y Mariño y su segunda mujer doña María de la Caridad Oquendo y Olverá, tuvieron por hijos: a Antonio, y a Enrique Giró y Oquendo. Los cuales:

a. — Don Antonio Giró y Oquendo, otorgó testamento ante Rafael Ramírez el 17 de octubre de 1881, y tiene su defunción en la Catedral de Santiago de Cuba, a 18 del mismo mes y año.

b. — Don Enrique Giró y Oquendo, tiene su defunción en Santiago de Cuba, a 1 de septiembre de 1906. Fue Oficial de Administración de Hacienda, Mayordomo de Propios, Miembro del Concejo Municipal, Secretario de la Administración Municipal, y Concejal del Ayuntamiento de Santiago de Cuba.

Don Jorge de Jesús Giró y Mariño, y su tercera mujer doña Antonia Manzano y Mariño, tuvieron por hijos: a Juan Bautista; a María Caridad; a Ladislao Máximo; a Juan Francisco; a Aureliano, y a Justo Giró y Manzano. De los cuales:

1. — Don Juan Bautista Giró y Manzano, fue bautizado en la Catedral de Santiago de Cuba, el 25 de octubre de 1856, y tiene su defunción en la referida Catedral a 5 de mayo de 1857.

2. — Doña María Caridad Giró y Manzano, tiene su defunción en la Catedral de Santiago de Cuba, a 22 de mayo de 1897. Casó en España con don Manuel Maqueda y Pintó, natural de Cataluña.

3. — Don Ladislao Máximo Giró y Manzano, fue bautizado en Santiago de Cuba, parroquia de la Santísima Trinidad, el 22 de diciembre de 1858, y tiene su defunción en el naufragio del vapor español «Vizcaya», en ruta Nueva York-Habana, el 19 de noviembre de 1890. Casó en la ciudad de Baracoa, parroquia de Nuestra Señora de la Asunción, el 19 de marzo de 1884, con doña Enriqueta Urgellés y Urgellés, natural de Baracoa, hija de don Elías Urgellés y Pérez y de doña Juliana Urgellés y Rodríguez. Tuvieron por hijos: a Jorge; a Elías; a Rafael, y a Ladislao Giró y Urgellés. De los cuales:

Don Rafael Giró y Urgellés, fue bautizado en Santiago de Cuba, parroquia de la Santísima Trinidad, el 24 de abril de 1889. Casó en la villa de Banes, el 16 de marzo de 1918, con doña Mercedes Pérez y Clará, natural de Baracoa, hija de don Vicente Pérez y Tormos, natural de Valencia, y de doña Caridad Clará y Ruens, natural de Baracoa. Tuvieron por hijos: a Ladislao; a Caridad; a Enriqueta; a Rafael; a Jorge; a Elías, y a Fabio Giró y Pérez.

4. — Don Juan Francisco Giró y Manzano, fue bautizado en la Catedral de Santiago de Cuba, el 15 de octubre de 1857, y tiene su defunción en la referida ciudad, a 14 de febrero de 1913. Fue Concejal, Síndico primero y Teniente Alcalde primero del Ayuntamiento de Santiago de Cuba. Casó dos veces en la referida Catedral. La primera, el 17 de septiembre de 1884, con su prima carnal doña María de los Ángeles Espino y Manzano, hija del licenciado don Loreto Espino y Díaz, Abogado, Juez de Paz, y de doña Ángela Manzano y Mariño. Casó por segunda vez, el 10 de octubre de 1908, con doña Cristina López del Castillo y Bravo, hija de don Manuel López del Castillo y de Hechavarría, y de doña Antonia de la Caridad Bravo y Sánchez.

Don Juan Bautista Giró y Manzano, y su primera mujer, doña María de los Ángeles Espino y Manzano, tuvieron por hijos: a Antonio; a Marcos; a Magdalena; a Augusto, y a Jorge Juan Giró y Espino. Los cuales:

A. — Don Antonio Giró y Espino, falleció en Santiago de Cuba, el 31 de octubre de 1889.

B. — Don Marcos Giró y Espino, falleció en Santiago de Cuba, el 20 de junio de 1889.

C. — Doña Magdalena Giró y Espino, falleció en Santiago de Cuba, el 25 de abril de 1891.

D. — Don Augusto Giró y Espino, falleció en Santiago de Cuba, el 8 de mayo de 1893.

E. — Don Jorge Juan Giró y Espino, nació en Santiago de Cuba, el 28 de septiembre de 1896, y falleció en la referida ciudad el 25 de junio de 1927. Fue el más destacado filatelista de Santiago de Cuba.

5. — Don Aureliano Giró y Manzano, fue bautizado en Santiago de Cuba, parroquia de la Santísima Trinidad, el 2 de febrero de 1860, y tiene su defunción en la referida ciudad a 30 de septiembre de 1912. Casó en Santiago de Cuba, parroquia de Santo Tomás Apóstol, el 6 de noviembre de 1886, con su prima carnal doña María de la Caridad Manzano y Carbó, hija del licenciado Joaquín Manzano y Mariño, y de doña María de la Caridad Carbó y Serrano. Tuvieron por hijos: a Caridad; a José Ramón; a Aureliano, y a José Rafael Giró y Manzano. Los cuales:

a. — Doña Caridad Giró y Manzano, casó en Santiago de Cuba, parroquia de la Santísima Trinidad, el 26 de noviembre de 1913, con su primo carnal don José Manzano y Hernández, ex-Capitán del Ejército Nacional, hijo de don Prisciliano Manzano y Palacios, y de doña Caridad Hernández y Pera.

b. — Don José Ramón Giró y Manzano, falleció en Bayamo el 21 de marzo de 1935, soltero.

c. — Don Aureliano Giró y Manzano, es Ingeniero. Casó en Santiago de Cuba, parroquia de la Santísima Trinidad, el 24 de septiembre de 1925, con su prima carnal doña Enma Manzano y Hernández, hija de don Prisciliano Manzano y Palacios, y de doña Caridad Hernández y Pera.

d. — Don Rafael Giró y Manzano, es Abogado. Casó en Santiago de Cuba, parroquia de Santa Lucía, el 16 de diciembre de 1941, con doña Margarita Sánchez y Sierra, hija de don Ulpiano Sánchez y Vives, y de doña Caridad Sierra y de Moya. Tuvieron por hijo: a Rafael Giró y Sánchez.

6. — Don Justo Giró y Manzano, fue bautizado en Santiago de Cuba, parroquia de Santo Tomás Apóstol, el 28 de mayo de 1864, y tiene su

defunción en la referida ciudad a 6 de junio de 1930. Fue Protocolista de Notaría y Secretario de la Junta Provincial Electoral de Oriente. Casó en Santiago de Cuba, parroquia de Nuestra Señora de Dolores, el 22 de junio de 1895, con su prima carnal, doña Caridad Espino y Manzano, hija del licenciado don Loreto Espino y Díaz, Abogado, Juez de Paz, y de doña Ángela Manzano y Mariño. Tuvieron por hijos: a Ciro; a Justo; a Liria; a Irma; a Ángeles; a Aníbal; a Edgardo; a Humberto, y a Hiram Giró y Espino. De los cuales:

1. — Don Aníbal Giró y Espino, fue Catedrático de la Escuela de Artes y Oficios de Oriente.

2. — Don Edgardo Giró y Espino, es Abogado.

3. — Don Humberto Giró y Espino, es Abogado. Casó en Santiago de Cuba, parroquia de Santa Lucía, el 2 de enero de 1943, con doña Concepción Rodríguez y Rodríguez, hija de don Pedro Rodríguez y Formesa, y de doña Francisca Rodríguez y Moreno. Tuvieron por hija: a Concepción Giró y Rodríguez.

4. — Don Hirán Giró y Espino, es doctor en Ciencias y Catedrático del Instituto de Segunda Enseñanza de Santiago de Cuba. Casó en la citada ciudad, el 22 de junio de 1935, con doña Esperanza Garay y Monterde, hija de don Benigno Garay y Matamoros, y de doña Pilar Monterde y Ramos.

LÍNEA SEGUNDA

Don Francisco Antonio Giró y Díaz de Pliego (anteriormente mencionado como hijo de don Luis Giró y Velázquez de Rúa y de doña Tomasa Francisca Díaz de Pliego y de Silva), bautizado en la Catedral de Santiago de Cuba, el 5 de noviembre de 1763, otorgó testamento ante Francisco de Fresneda el 29 de noviembre de 1841, y tiene su defunción en la mencionada Catedral, a 13 de junio de 1842, donde casó, el 13 de octubre de 1794, con doña María de la Luz Hernández de Salinas y Sánchez, hija de don Diego Hernández de Salinas y Sevedes, y de doña Juana Sánchez y de Mora. Tuvieron por hijos: a María del Rosario Carlota; a María de los Dolores Eulalia; a María Micaelina de los Dolores; a Ángeles Faustina; a María de la Luz; a Antonia de la Trinidad Josefa; a Manuel Ramón; a Venancio de los Dolores; a José Dolores Coleto, y a Miguel Ángel del Rosario Giró y Hernández de Salinas. Los cuales:

A. — Doña María del Rosario Carlota Giró y Hernández de Salinas, fue bautizada en la Catedral de Santiago de Cuba, el 22 de octubre de 1804, y tiene su defunción en la referida ciudad, a 6 de marzo de 1886.

B. — Doña María de los Dolores Eulalia Giró y Hernández de Salinas, fue bautizada en la Catedral de Santiago de Cuba el 22 de febrero de 1806, y tiene su defunción en dicha Catedral a 26 de noviembre de 1852. Murió soltera.

C. — Doña María Micaelina de los Dolores Giró y Hernández de Salinas, fue bautizada en la Catedral de Santiago de Cuba, el 20 de agosto de 1812. Casó en la referida ciudad, parroquia de Santo Tomás Apóstol, el 21 de enero de 1833, con don Federico Alejandro de Hadfeg, D'Argy de Maresal, natural de Philadelphia que otorgó testamento en la ciudad de Santiago de Cuba ante José Utarte, el 21 de mayo de 1831, y tiene su defunción en la parroquia de San Anselmo de los Tiguabos a 22 de agosto de 1835, hijo de don Andrés Antonio Yaromir de Hadfeg, natural de Viena, y de doña Henrietta Agustine D'Argy de Marechal, natural de Reims, Francia, nieto del Conde Andrés Yaromir Ladislao Thurn, Señor de Hadfeg y de Breilueg, de Praga, Bohemia, y de la Condesa Dorotea Elfrida Caronini, de Venecia, Italia. Tuvieron por hijos: a Andrés Estanislao de Hadfeg y Giró, que fue bautizado en Santiago de Cuba, parroquia de Santo Tomás Apóstol, el 23 de mayo de 1835, y a Aspacia Celestina de Hadfeg y Giró, bautizada en el mismo lugar, el 11 de febrero de 1834. Que casó en la Catedral de Santiago de Cuba el 1ro. de enero de 1853, con don Enrique de Justiz y Zubiría, natural de dicha ciudad, hijo de don Manuel de Justiz y Ferrer, Teniente del Regimiento de dicha plaza, y Diputado Provincial, y de doña María Josefa Zubiría y Ramírez de Arellano, natural de Caracas, Venezuela.

D. — Doña Ángeles Faustina Giró y Hernández de Salinas, fue bautizada en Santiago de Cuba, parroquia de Santo Tomás Apóstol, el 20 de febrero de 1799, donde casó el 6 de enero de 1818, con don Pedro Valverde y Carvajal, hijo de don Ramón José Valverde y Morales, y de doña María Manuela Carvajal y Ramírez.

E. — Doña María de la Luz Giró y Hernández de Salinas, fue bautizada en la Catedral de Santiago de Cuba, el 3 de junio de 1810, donde casó el 19 de octubre de 1829, con don Antonio José Odio y Valero, hijo de don Patricio Odio y Ballejos, y de doña Juana Manuela Valero y Nogueras.

F. — Doña Antonia de la Trinidad Josefa Giró y Hernández de Salinas, fue bautizada en la Catedral de Santiago de Cuba, el 18 de junio de 1797, y tiene su defunción en la referida ciudad, a 21 de noviembre de 1869. Casó en Santiago de Cuba, parroquia de Santo Tomás Apóstol, el 28 de julio de 1830, con su primo carnal, don Manuel Fernando Giró y Pera, hijo de don José Rafael Giró y Díaz de Pliego, y de doña Rosa María Pera y García de la Torre.

G. — Don Manuel Ramón Giró y Hernández de Salinas, fue bautizado en la Catedral de Santiago de Cuba el 8 de octubre de 1795, y tiene su defunción en la mencionada Catedral, a 3 de agosto de 1796.

H. — Don Venancio de los Dolores Giró y Hernández de Salinas, fue bautizado en la Catedral de Santiago de Cuba, el 9 de abril de 1808.

I. — Don José Dolores Coleto Giró y Hernández de Salinas, fue bautizado en Santiago de Cuba, parroquia de Santo Tomás Apóstol, el 18 de marzo de 1801, y tiene su defunción en la catedral de la referida ciudad, a 3 de agosto de 1878. Conocido cariñosamente por el PADRE COLETO, fue durante medio siglo, Fiscal Eclesiástico y Cura Rector por Su Majestad del Sagrario de la Santa Iglesia Catedral Metropolitana de Santiago de Cuba, en cuya Catedral fue sepultado, haciéndosele entierro de Dean y Cabildo.

J. — Don Miguel Ángel del Rosario Giró y Hernández de Salinas, fue bautizado en la Catedral de Santiago de Cuba, el 12 de octubre de 1802, y tiene su defunción en la citada Catedral a 14 de enero de 1873. Casó en la referida ciudad, parroquia de la Santísima Trinidad, el 4 de abril de 1831, con doña María de la Luz Odio y Valero, hija de don Patricio Odio y Ballejos y de doña Juana Manuela Valero y Nogueras. Tuvieron por hijos: a Juana Evangelista; a María Caridad Nicomedes; a Isabel; a Andrés Corcino; a Carmelo de la Cruz; a Miguel Ángel; a Manuel María; a Antonio Gregorio; a José Dolores; a José Ángel Esteban; a Francisco José de la Caridad, y a Agustín Crispo Giró y Odio. Los cuales:

a. — Doña Juana Evangelista Giró y Odio, tiene su defunción en Santiago de Cuba, parroquia de Nuestra Señora de los Dolores, a 21 de diciembre de 1869.

b. — Doña María Caridad Nicomedes Giró y Odio, fue bautizada en Santiago de Cuba, parroquia de Santo Tomás Apóstol, el 29 de septiembre de 1834.

c. — Doña Isabel Giró y Odio, tiene su defunción en Santiago de Cuba, parroquia de Nuestra Señora de Dolores, a 27 de enero de 1868. Casó con don Juan Salomón y Quevedo, natural de Santiago de Cuba, hijo de don Pedro León Salomón y Pagcot, natural de La Habana, y de doña Martina Coleta Quevedo y Ramos.

d. — Don Andrés Corcino Giró y Odio, fue bautizado en la Catedral de Santiago de Cuba, el 2 de abril de 1849, y tiene su defunción en la referida ciudad, parroquia de Nuestra Señora de Dolores, a 12 de febrero de 1870.

e. — Don Carmelo de la Cruz Giró y Odio, fue bautizado en la Catedral de Santiago de Cuba, el 5 de octubre de 1855, y tiene su defunción en la villa de Guantánamo, a 29 de noviembre de 1904. Fue Teniente del Ejército Libertador de Cuba.

f. — Don Miguel Ángel Giró y Odio, tiene su defunción en Santiago de Cuba, parroquia de Nuestra Señora de Dolores, a 30 de octubre de 1871.

g. — Don Manuel María Giró y Odio, fue bautizado en Santiago de Cuba, parroquia de Santo Tomás Apóstol, el 15 de julio de 1838, y tiene su defunción en la referida ciudad, parroquia de Nuestra Señora de Dolores, a 27 de enero de 1869.

h. — Don Antonio Gregorio Giró y Odio, fue bautizado en la Catedral de Santiago de Cuba, el 24 de febrero de 1850, y tiene su defunción en la referida ciudad, a 12 de junio de 1890.

i. — Don José Dolores Giró y Odio, fue bautizado en Santiago de Cuba, parroquia de la Santísima Trinidad, el 21 de diciembre de 1840. Casó en la referida parroquia, el 7 de enero de 1898, con doña María Caridad Artigas y Villanueva, hija de don Pedro Artigas y Ávila, y de doña Juana Villanueva y Cárdenas.

j. — Don José Ángel Esteban Giró y Odio, fue bautizado en Santiago de Cuba, parroquia de Nuestra Señora de Dolores, el 28 de octubre de 1852. Otorgó testamento ante Erasmo Regüeiferos el 17 de abril de 1876, y casó en la referida ciudad, parroquia de la Santísima Trinidad, el 8 de abril de 1872, con doña María de los Dolores Jiménez y Fernández de los Ríos, hija de don Juan Antonio Jiménez y Castillo, y de doña María Dolores Domitila Fernández de los Ríos y Mariño.

k. — Don Francisco José de la Caridad Giró y Odio, fue bautizado en la Catedral de Santiago de Cuba, el 21 de agosto de 1833. Casó en la referida Catedral el 19 de mayo de 1867, con doña Luisa Grillo y López, hija de don Rafael Grillo y Brioso, y de doña Asunción López y Hechavarría.

l. — Don Agustín Crispo Giró y Odio, fue bautizado en Santiago de Cuba, parroquia de Santo Tomás Apóstol, el 5 de febrero de 1845, y tiene su defunción en la villa de Guantánamo, parroquia de Santa Catalina de Riccis, a 12 de julio de 1892, donde casó el 16 de febrero de 1878, con doña Francisca Rodríguez y Montero, hija de don Manuel Antonio Rodríguez y López, natural de Asturias, y de doña María Eligia Montero y López, natural de Guantánamo. Tuvieron por hijos: a Isabel Luisa; a Miguel; a Antonio; a Juan; a Agustín, y a Elvira Giró y Rodríguez. Los cuales:

1. — Doña Isabel Luisa Giró y Rodríguez, casó con don José Borges y Medrano.

2. — Don Miguel Giró y Rodríguez, casó con doña Carmen Olivares y Crombet.

3. — Don Antonio Giró y Rodríguez, casó con doña Nicanora Rodríguez y Sánchez.

4. — Don Juan Giró y Rodríguez, casó con doña Luisa Sánchez y Blasco.

5. — Don Agustín Giró y Rodríguez, casó con doña Edelmira Giró y Martínez.

6. — Doña Elvira Giró y Rodríguez, casó con don Juan Martínez y Soto.

LÍNEA TERCERA

Don José Rafael Giró y Díaz de Pliego (anteriormente mencionado como hijo de don Luis Giró y Velázquez de Rúa, y de doña Tomasa Francisca Díaz de Pliego y de Silva), bautizado en la Catedral de Santiago de Cuba el 30 de marzo de 1766, otorgó testamento ante José León Godoy el 26 de septiembre de 1824, y tiene su defunción en la referida ciudad, parroquia de Santo Tomás Apóstol, a 27 del mismo mes y año. Casó en la Catedral de Santiago de Cuba, el 25 de julio de 1791, con doña Rosa María Pera y García de la Torre, hija de don Pedro Pera y Baget, natural del Obispado de Gerona, Cataluña, y de doña Micaela García de la Torre. Tuvieron por hijos: a José Dolores; a Juan Bautista Dolores; a Juan Bautista Pantaleón; a Irene de los Dolores; a Juana Bautista, y a Manuel Fernando Giró y Pera. De los cuales:

A. — Don José Dolores Giró y Pera, tiene su defunción en la Catedral de Santiago de Cuba, a 12 de diciembre de 1793.

B. — Don Juan Bautista Dolores Giró y Pera, tiene su defunción en la Catedral de Santiago de Cuba a 20 de septiembre de 1795.

C. — Don Juan Bautista Pantaleón Giró y Pera, fue bautizado en Santiago de Cuba, parroquia de Santo Tomás Apóstol, el 7 de agosto de 1799, otorgó testamento ante Rafael Ramírez el 31 de enero de 1870, y tiene su defunción en la referida parroquia a 1 de febrero de dicho año. Casó el 28 de mayo de 1841, con su prima carnal, doña María de las Mercedes Pera y Callejas, hija de don Pedro Pera y García de la Torre, y de doña Bárbara Callejas y Aguilera. Tuvieron por hijo: a

Don Manuel Francisco Giró y Pera, bautizado en la Catedral de Santiago de Cuba, el 20 de mayo de 1842; que tiene su defunción en la referida ciudad, parroquia de Santo Tomás Apóstol, a 31 de mayo de 1896, donde casó, el 7 de abril de 1866, con doña Juana Bautista Casañas y Rodríguez, hija de don Antonio J. M. Casañas y González, y de doña Catalina Dolores Rodríguez y Poveda. Tuvieron por hijos: a Federico; a María de la Caridad; a Antonio; a Manuel Francisco, y a Pantaleón Giró y Casañas. Los cuales:

a. — Don Federico Giró y Casanas, fue bautizado en la Catedral de Santiago de Cuba, el 13 de enero de 1878.

b. — Doña María de la Caridad Giró y Casañas, fue bautizada en la Catedral de Santiago gde Cuba el 8 de mayo de 1880. Casó en la referida ciudad, parroquia de Santo Tomás Apóstol el 12 de mayo de 1898, con don José Fernández y Lugo, natural de Nuevitas, hijo de don Agustín Fernández y Delgado, natural de la referida villa, y de doña Andrea Lugo y González.

c. — Don Antonio Giró y Casañas, fue bautizado en Santiago de Cuba, parroquia Santo Tomás Apóstol, el 9 de febrero de 1867, y murió en la villa de Guantánamo el 10 de abril de 1939. Casó con doña Edelmira Martínez y Álvarez, natural de Holguín, hija de don Miguel Martínez y Ruiz, natural de Camaguey, y de doña Caridad Álvarez y Peña, natural de Gibara. Tuvieron por hijos: a Edelmira; a Evangelina; a Ángeles; a Blanca Rosa; a Libia; a Dora, y a Antonio Giró y Martínez.

d. — Don Manuel Francisco Giró y Casañas, tiene su defunción en la ciudad de La Habana, a 21 de mayo de 1941. Casó en la ciudad de Puerto Plata, República Dominicana, parroquia de San Felipe, el 16 de junio de 1897, con doña Carmen Oller y Carreras, natural de Santiago de los Caballeros, hija de don Rogelio Oller y Rangel, y de doña Josefa Carreras y Cayra, naturales de San Juan de Puerto Rico. Tuvieron por hijas: a Emma; a Auth, y a Esther Giró y Oller.

e. — Don Pantaleón Giró y Casañas, fue bautizado en Santiago de Cuba, parroquia de Santo Tomás Apóstol, el 13 de mayo de 1868, y tiene su defunción en la ciudad de La Habana, a 24 de febrero de 1926. Casó en Santiago de Cuba, parroquia de Santo Tomás Apóstol, el 10 de marzo de 1892, con doña Rosa García de la Cruz y Revilla, hija de don Elías García de la Cruz y Oberto, natural de la villa de Regla, y de doña Juana Revilla y Torres. Tuvieron por hijos: a Rosa; a Esperanza; a Enrique, y a Alberto Giró y García de la Cruz. Los cuales:

1. — Doña Esperanza Giró y García de la Cruz, casó en La Habana el 8 de julio de 1933, con don Enrique Ponce de León y Martínez, natural de Matanzas, hijo de don Eduardo Ponce de León y Madan, y de doña Carmen Martínez y Alday, natural de La Habana.

2. — Doña Rosa Giró y García de la Cruz, casó en La Habana, parroquia de Monserrate, el 16 de agosto de 1915, con don Luis García y Nattes, natural de Nueva Orleáns, hijo de don Benigno García y Serrano, natural de Castilla la Vieja, y de doña Adelaida Nattes, natural de Madrid.

3. — Don Enrique Giró y García de la Cruz, es doctor en Derecho Público y Diplomático. Casó en La Habana, parroquia de San Francisco, el 15 de julio de 1929, con doña Flora María Mora y Rivas, insigne pianista, natural de La Habana, hija de don Hipólito Mora y García, natural de Villarubia de los Ojos, en Ciudad Real, y de doña Florencia Rivas y Almagro, natural de Castilla la Nueva.

4. — Don Alberto Giró y García de la Cruz, fue redactor del Diario de la Marina. Casó en La Habana el 19 de marzo de 1927, con doña Ela Bianchi y Zabatta, natural de Italia, hija de don Vittorio Bianchi, y de doña Giovanna Zabatta. Tuvieron por hija: a Norma Victoria Giró y Bianchi que casó con don Enrique Triana Varela.

D. — Doña Irene de los Dolores Giró y Pera, bautizada en la Catedral de Santiago de Cuba el 20 de septiembre de 1795, otorgó testamento ante Francisco de Fresneda el 5 de mayo de 1848 y tiene su defunción en la mencionada ciudad, parroquia de Santo Tomás Apóstol, a 8 de junio de dicho año. Casó el 4 de abril de 1818, con el licenciado don Juan de Mata Tejada y Tapia, natural de Santiago de los Caballeros, isla de Santo Domingo, hijo de don Félix de Tejada y de doña Mónica de Tapia.

E. — Doña Juana Bautista Giró y Pera, bautizada en la Catedral de Santiago de Cuba, el 29 de febrero de 1799, tiene su defunción en la referida ciudad, parroquia de Nuestra Señora de los Dolores, a 9 de septiembre de 1890. Casó en Santiago de Cuba, parroquia de Santo Tomás Apóstol, el 1 de noviembre de 1824, con don José Bernardo de Revilla y Quintero, hijo de don José de Revilla y Chavarri de Oyancas, natural del Concejo de Santurce, en Portugalete, Señorío de Vizcaya, España, y de doña Isabel Quintero y de Castro Luna, natural de Santiago de Cuba.

F. — Don Manuel Fernando Giró y Pera, bautizado en Santiago de Cuba, parroquia de Santo Tomás Apóstol, el 8 de junio de 1801, tiene su defunción en la referida ciudad, a 21 de noviembre de 1869. Casó en Santiago de Cuba, parroquia de Santo Tomás Apóstol, el 28 de julio de 1830, con su prima carnal, doña Antonia Josefa Giró y Fernández de Salinas, hija de don Francisco Antonio Giró y Díaz de Pliego, y de doña María de la Luz Fernández de Salinas y Sánchez. Tuvieron por hijos: a Genoveva; a María del Pilar; a Eminalda de los Dolores; a Manuel Fernando; a Antonia Margarita; a Lucila de los Dolores; a Rosa María, y a José Rafael Giró y Giró. Los cuales:

A. — Doña Genoveva Giró y Giró, nació en Santiago de Cuba el 13 de enero de 1840, y tiene su defunción en la Catedral de Santiago de Cuba, a 23 de febrero de 1874. Murió soltera.

B. — Doña María del Pilar Giró y Giró, fue bautizada en Santiago de Cuba, parroquia de Santo Tomás Apóstol, el 25 de diciembre de 1836, y tiene su defunción en la referida parroquia, a 22 de noviembre de 1869.

C. — Doña Eminalda de los Dolores Giró y Giró, fue bautizada en Santiago de Cuba, parroquia de Santo Tomás Apóstol, el 9 de febrero de 1831.

D. — Don Manuel Fernando Giró y Giró, fue bautizado en Santiago de Cuba, parroquia de Nuestra Señora de los Dolores, el 2 de octubre de 1843, y tiene su defunción en la villa de Guantánamo, parroquia de Santa Catalina de Riccis, a 30 de julio de 1879.

E. — Doña Antonia Margarita Giró y Giró, fue bautizada en Santiago de Cuba, parroquia de Santo Tomás Apóstol, el 27 de julio de 1832, y tiene su defunción en la referida ciudad, parroquia de la Santísima Trinidad, a 28 de agosto de 1864. Casó en la villa de Palma Soriano, parroquia de Santa María del Rosario, el 28 de agosto de 1850, con su primo carnal don José Rafael Revilla y Giró, hijo de don José Bernardo Revilla y Quintero, y de doña Juana Giró y Pera.

F. — Doña Lucila de los Dolores Giró y Giró, fue bautizada en la villa de Palma Soriano, parroquia de Santa María del Rosario, el 13 de noviembre de 1842, y tiene su defunción en la ciudad de San José, Capital de la República de Costa Rica, a 20 de agosto de 1922. Casó en la referida parroquia, el 9 de abril de 1864, con don José María Odio y Boix, conspirador y emigrado, hijo de don José Aniceto Odio y Medero, y de doña María del Carmen Boix y Grave de Peralta.

G. — Doña Rosa María Giró y Giró, fue bautizada en Santiago de Cuba, parroquia de Santo Tomás Apóstol, el 6 de septiembre de 1835, y tiene su defunción en la ciudad de Cartago, República de Costa Rica, a 15 de octubre de 1891. Casó dos veces en la villa de Palma Soriano, parroquia de Santa María del Rosario. La primera, el 22 de febrero de 1857, con don Leonardo Jacobo Bravo y Soria, Bachiller en Ciencias y Artes, Teniente de Guardias Rurales, hijo del licenciado don Leonardo Bravo y González, Abogado de la Real Audiencia del Distrito, Oidor de la Real Audiencia Territorial del Consejo Supremo, Juez Delegado de Bienes de Difuntos, Asesor Honorario de Marina, Síndico Procurador General, Regidor y Alcalde ordinario en 1827 y en 1834, y Caballero Comendador de la Cruz de Carlos III, y de doña Manuela de Soria y Torres. Casó por segunda vez, en la referida parroquia, el 19 de marzo de 1860, con don Luis Felipe Odio y Boix, conspirador y emigrado, hijo de don José Aniceto Odio y Medero, y de doña María del Carmen Boix y Grave de Peralta.

H. — Don José Rafael Giró y Giró, fue bautizado en Santiago de Cuba, parroquia de Santo Tomás Apóstol, el 6 de abril de 1834, y tiene su defunción en la villa de Guantánamo, parroquia de Santa Catalina de Riccis, a 1 de junio de 1897. Encarcelado por las autoridades militares españolas por hallarse su hijo, el patriota Emilio Giró en los campos de la Revolución, falleció en la Cárcel Pública de la referida villa. Fue profesor destacado, Presidente de la Junta de Libertos, Contador y Tesorero del Ayuntamiento de la referida villa. Casó dos veces. La primera, en la villa de Palma Soriano, parroquia de Santa María del Rosario, el 29 de agosto de 1859, con doña María de la Concepción Odio y Boix, hija de don José Aniceto Odio y Medero, y de doña María del Carmen Boix y Grave de Peralta. Casó por segunda vez, en la villa de Guantánamo, parroquia de Santa Catalina de Riccis, el 9 de agosto de 1877, con doña Paula Mariño y Sierra, hija de don Estanislao Mariño y Giró, y de doña Valentina Sierra y Giró.

Don José Rafael Giró y Giró, y su segunda mujer doña Paula Mariño y Sierra, tuvieron por hijos: a José Rafael; a Isabel Luisa; a Francisco; a Ángel Alfonso, y a Luis Felipe Giró y Mariño. Los cuales:

a. — Don José Rafael Giró y Mariño, casó con doña Inés María Alonso y Bustillo.

b. — Doña Isabel Luisa Giró y Mariño, casó con don Emilio Giró y Crombet.

c. — Don Francisco Giró y Mariño, casó con doña María Portales y Delgado.

d. — Don Ángel Alfonso Giró y Mariño, fue Farmacéutico. Casó dos veces: la primera con doña Consuelo Campos y Lisabet. Casó por segunda vez, con doña Leonor Catasús y García.

e. — Don Luis Felipe Giró y Mariño, casó con doña Martha Campos y Lisabet. Tuvieron por hijas: a la doctora Australia, Técnica de Laboratorio; a Sardis M., Maestra, que casó con X. Pla, y tuvo por hija a Amarylis Pla y Giró, que casó con don Timothy John Brown III.

Don José Rafael Giró y Giró, y su primera mujer doña Concepción Odio y Boix, tuvieron por hijos: a José Rafael; a Alfredo, y a Emilio Giró y Odio. Los cuales:

1. — Don José Rafael Giró y Odio, fue bautizado en la Catedral de Santiago de Cuba, el 9 de junio de 1866, y tiene su defunción en la villa de Guantánamo, parroquia de Santa Catalina de Riccis, a 14 de enero de 1873.

2. — Don Alfredo Giró y Odio, fue bautizado en Santiago de Cuba, parroquia de Santo Tomás Apóstol, el 2 de noviembre de 1861, y tiene su defunción en la República de Costa Rica en 1896.

3. — Don Emilio Giró y Odio, aparece en nuestra Historia, acentuado su apellido por haberlo adoptado tal vez en esa forma uno de sus predecesores, llamándose Giró, en vez de Giro, como lo es originalmente. Fue bautizado en la Catedral de Santiago de Cuba el 15 de diciembre de 1860, y falleció en la referida ciudad el 17 de mayo de 1926. Patriota y conspirador desde la Guerra Chiquita, fue el Comisionado Especial desde Costa Rica, del General Antonio Maceo, para preparar la costa sur de Oriente para el arribo de su expedición libertadora, y organizar el importante núcleo de Guantánamo, zona escogida por Maceo para su desembarco en Cuba. Sublevado en «La Confianza» el 24 de febrero de 1895, junto con el General Pérez, redactó el acta de la declaración y comienzo de la guerra y juramento de luchar o morir en defensa de la independencia de Cuba. Fue Coronel Jefe del Estado Mayor de la primera División del primer Cuerpo de Ejército, y Teniente Gobernador del Distrito Civil de Guantánamo. En la paz, Tesorero y Alcalde Municipal de la referida villa. Casó en el Juzgado Municipal de la villa de Guantánamo el 29 de agosto de 1899, y en la parroquia de Santa Catalina de Riccis, ante el Ilmo. y Rmo. don Félix Ambrosio Guerra y Fezia, Arzobispo de Santiago de Cuba, el 23 de agosto de 1926, con doña Aristónica Crespo y Garcell, hija de don Antonio Crespo y Zorrilla, natural de Castilla la Vieja, Comandante del Cuerpo de Voluntarios del Reino, Juez Pedáneo, Receptor de Real Hacienda y Caballero de la Orden de Isabel la Católica, y de doña Micaela Garcell y Rodríguez, natural de la villa de Gibara. Tuvieron por hijos: a Emilio; a Godofredo; a José Napoleón; a José Rafael; a Aristónica, y a Groenlandia Giró y Crespo. De los cuales:

A. — Don Emilio Giró y Crespo, es Médico. Casó en Santiago de Cuba, parroquia de la Santísima Trinidad, el 28 de octubre de 1933, con doña Silvia Mestre y Hereña, hija de don Rafael Mestre y Díaz, y de doña Gertrudis Hereña y Macías. Tuvieron por hijos: a Silvia Elsie, y a Emilio Rafael Giró y Mestre.

B. — Don Godofredo Giró y Crespo, es Abogado y Juez Municipal. Casó en Santiago de Cuba, el 7 de marzo de 1936, con doña Mariana Rams y Mateos, hija de don Félix Rams y Durand, natural de Blanes, Cataluña, y de doña Juana Mateos y Pérez. Tuvieron por hijas: a Mariana, y a Vilma Giró y Rams.

C. — Don José Napoleón Giró y Crespo, es Bachiller en Ciencias y Letras. Casó en la villa del Cobre, el 7 de septiembre de 1935, con doña Lilia Lamas y Rosabal, hija de don Antonio Lamas y Gil, natural de Orense, y de doña Silas Rosabal y Pérez. Tuvieron por hijos: a Jorge Luis; a Hugo; a Humberto; a Guillermo, y a Emilio Giró y Lamas.

D. — Don José Rafael Giró y Crespo, es farmacéutico. Casó en Santiago de Cuba, parroquia de la Santísima Trinidad, el 20 de agosto de 1938, con doña Josefina Odio y Padrón, hija de don Amador Odio y Matos, y de doña Dolores Padrón y Leyte Vidal. Tuvieron por hijas: a Miriam, y a Isela Giró y Odio.

GONZÁLEZ-LARRINAGA

A fines del siglo XVIII, procedente de la ciudad de Bilbao, en Vizcaya, se estableció esta familia en La Habana.

Don Juan González Heredia, natural de Vizcaya, casó con doña Faustina Ochoa de Alecho, y tuvieron por hijo: a

Don Antonio González de Heredia y Ochoa de Alecho, natural de Cerio, Álava, que casó con doña Josefa Ampuero y Barredo, natural de Haro, Castilla la Vieja, hija de José y de María. Tuvieron por hijo: a

Don Clemente González Heredia y Ampuero, natural de Vizcaya, que testó en Bilbao 25 marzo 1798 ante Miguel Echevarría, y casó con doña Mariana de Larrinaga y Azcaray, natural de la anteiglesia de Berriatia, hija de don Juan Ignacio de Larrinaga y Larragosti, natural de Bilbao, donde testó el 22 de marzo de 1756, ante Juan de la Carrera, y de doña Catalina de Azcaray e Icarán. Tuvieron por hijos: a Antonio, y a Bonifacio González Larrinaga. Los cuales:

1. — Don Antonio González-Larrinaga, natural de Bilbao, casó con doña Micaela Llópis y Sandoval, natural de La Habana, hija de Fran-

cisco y de Isidora. Tuvieron por hijos: a Serafina; a Micaela; a María Dionisia del Rosario; a Manuel; a Antonio, y a José Benito González-Larrinaga y Llópis. Los cuales:

A. — Doña Serafina González-Larrinaga y Llópis, testó el 17 de febrero de 1873 ante Agustín Valerio, y su defunción se encuentra en La Habana, parroquia del Espíritu Santo, a 31 de octubre de dicho año.

B. — Doña Micaela González-Larrinaga y Llópis, tiene su defunción en La Habana, parroquia del Espíritu Santo, a 21 de noviembre de 1862.

C. — Doña María Dionisia del Rosario González-Larrinaga y Llópis tiene su defunción en La Habana, parroquia del Espíritu Santo, a 29 de marzo de 1872, donde casó el 20 de diciembre de 1829, con don Manuel Martín de Rosas y Martínez de Soto, hijo de don Manuel María de Rosas y de la Sierra, y de doña María Bernardina Martínez de Soto y Font.

D. — Don Manuel González-Larrinaga y Llópis, testó ante Nicolás Villageliú, y su defunción se encuentra en La Habana, parroquia del Espíritu Santo, a 4 de febrero de 1877.

E. — Don Antonio González-Larrinaga y Llópis, fue bautizado en La Habana, parroquia del Espíritu Santo, el 24 de junio de 1820.

F. — Don José Benito González-Larrinaga y Llópis, casó con doña Josefa Escolástica Fernández y Shanter, hija de don José Fernández, y de doña Marcelina Shanter y Prevost. Tuvieron por hijos: a Fernando; a Luis, y a José Joaquín González-Larrinaga y Fernández.

2. — Don Bonifacio González-Larrinaga, natural de la ciudad de Bilbao, testó el primero de mayo de 1823 ante Cayetano Pontón, y su defunción se encuentra en la Catedral de La Habana a 12 de marzo de 1828. Casó con doña Gertrudis Benítez y Valiente, natural de esta ciudad, que tiene su defunción en la parroquia de San Agustín (Catedral de La Habana) a 20 de abril de 1824, hija de don Cristóbal Benítez y Fuentes, y de doña Victoria Valiente y Díaz. Tuvieron por hijos: a María de la Concepción; a Rafael; a Jacinto; a Ignacio; a José; a Antonio, y a Juan de Dios González-Larrinaga y Benítez. Los cuales:

a. — Doña María de la Concepción González-Larrinaga y Benítez-Valiente, tiene su defunción en La Habana, parroquia del Espíritu Santo, a 19 de noviembre de 1855. Casó en la Catedral de esta ciudad el 5 de agosto de 1806, con don Santiago de la Cuesta y Manzanal, natural de Val de San Lorenzo, en Astorga, primer Conde de la Reunión de Cuba. Alcalde ordinario de La Habana en 1822, Mayordomo de Semana de su Majestad, Comendador de la orden de Isabel la Católica, hijo de Antonio y de Juana.

b. — Don Rafael González-Larrinaga y Benítez-Valiente, fue bautizado en La Habana, parroquia del Espíritu Santo, el 6 de enero de 1800.

c. — Don Jacinto González-Larrinaga y Benítez-Valiente, fue Coronel Primer Jefe de la Plana Mayor general de Milicias de la isla de Cuba, Consejero de Administración, Síndico, Presidente de la Junta Directiva del Ferrocarril de La Habana a Matanzas, Gran Cruz de la orden de Carlos III y Miembro de la Real Sociedad Económica de Amigos del País. Casó en la Catedral de esta ciudad el 22 de junio de 1823, con doña Josefa de la Cruz y Goicoechea, hija de don Adriano de la Cruz, Alcalde Mayor Provincial, y de doña Micaela Goicoechea. Tuvieron por hijas: a María de las Mercedes, y a Micaela González-Larrinaga y de la Cruz. De las cuales:

Doña Micaela González-Larrinaga y de la Cruz, tiene su defunción en La Habana, parroquia del Espíritu Santo, a 23 de junio de 1844, donde casó el 26 de febrero de 1843, con don Sebastián Ignacio de Lasa y Tejada, hijo de don Sebastián de Lasa y Rivas, y de doña María de los Dolores Tejada y Rivas. Tuvieron por hija a Micaela de Lasa y González-Larrinaga, que casó en La Habana, parroquia del Espíritu Santo, el 7 de febrero de 1862 con don Ignacio Sebastián Sandoval y Lasa, natural de Málaga, primer Marqués de Casa Sandoval, Regidor del Ayuntamiento de La Habana, Caballero de las órdenes de Santiago y de Isabel La Católica.

d. — Don Ignacio González-Larrinaga y Benítez-Valiente, fue Intendente Honorario de Marina y Gran Cruz de la orden de Isabel La Católica. Testó ante Antonio Regueira, y su defunción se encuentra en la Catedral de La Habana a 13 de abril de 1840. Casó con doña Tomasa Benítez y Turbiano, hija de don Antonio Benítez y Valiente, y de doña María Liberata Turbiano y Suárez. Tuvieron por hijos: a Genoveva; a Inés; a María Belén; a María de la Cruz; a Carmen; a Tomasa; a Andrea, y a Vicente González-Larrinaga y Benítez-Turbiano. De los cuales:

1. — Doña María de la Cruz González-Larrinaga y Benítez-Turbiano, tiene su defunción en la Catedral de La Habana a 25 de febrero de 1851. Casó con don Andrés Benítez y Turbiano, hijo de don Antonio Benítez y Valiente, y de doña María Liberata Turbiano y Suárez.

2. — María de Belén González de Larrinaga y Benítez Turbiano, natural de La Habana casó con don Francisco de Asís Antonio Narváez y Borghese Macías y Arredondo, natural de Sofa, General de los Ejércitos Nacionales, Ministro de la Guerra, I Conde de Yumurí (hijo de don Francisco Narváez y Macías y de doña Catalina Borghese y Arredondo).

3. — Doña Carmen González-Larrinaga y Benítez-Turbiano, tiene su defunción en la Catedral de La Habana a 30 de junio de 1851. Casó con el Coronel José Vázquez Varela.

4. — Doña Tomasa González-Larrinaga y Benítez-Turbiano, testó el 20 de julio de 1848 ante Juan Entralgo, y su defunción se encuentra en La Habana, parroquia del Espíritu Santo, a 21 de julio de dicho año. Casó con el Licenciado Francisco Vildósola y Jaúregui, natural de México, Abogado, Auditor de Marina, hijo de don José Vildósola y Gardo-

qui, Ministro Tesorero del Ejércicto en México e Intendente de la villa de Puerto Príncipe, en la isla de Cuba, Caballero de la orden de Santiago, y de doña María Josefa Jaúregui y Aróstegui.

5. — Doña Andrea González-Larrinaga y Benítez-Turbiano, falleció en Cádiz el 19 de octubre de 1882, y su defunción se encuentra trasladada a la Catedral de La Habana a 13 de diciembre de dicho año. Casó con don Pedro Esteban y Aranz de Santillán, natural de Lerma, Burgos, Brigadier de los Reales Ejércitos, Secretario de la Capitanía General de la isla de Cuba, Gobernador de la provincia de Matanzas, muerto el 10 de julio de 1868, hijo de don José Esteban y Ballesteros, y de doña Casimira Aranz de Santillán.

6. — Don Vicente González-Larrinaga y Benítez-Turbiano, fue Coronel de Milicias de Caballería de la plaza de La Habana, Regidor interino en 1852, y Gran Cruz de la orden de Isabel la Católica. Falleció soltero, y su defunción se encuentra en la Catedral de La Habana a 13 de diciembre de 1853.

e. — Don José González-Larrinaga y Benítez-Valiente, tiene su defunción en La Habana, parroquia del Santo Cristo, a 13 de noviembre de 1836. Casó con doña María de las Mercedes Biempica y Piar, hija de Antonio María y de Tomasa. Tuvieron por hijos: a María de la Encarnación; a María de los Dolores; a María Tomasa; a Micaela; a Francisco, y a Antonio González-Larrinaga y Biempica. Los cuales:

A. — Doña María de la Encarnación González-Larrinaga y Biempica, tiene su defunción en La Habana, parroquia del Espíritu Santo, a 9 de noviembre de 1856. Casó con don José de la Peña.

B. — Doña María de los Dolores González-Larrinaga y Biempica, testó el 20 de octubre de 1845 ante Eugenio Pontón, y su defunción se encuentra en La Habana, parroquia del Santo Cristo, a 3 de diciembre de dicho año. Casó con don Carlos Caballero, natural de Cádiz.

C. — Doña María Tomasa González-Larrinaga y Biempica, tiene su defunción en La Habana, parroquia del Espíritu Santo, a 12 de septiembre de 1842. Casó con don Pedro Serrano.

D. — Doña Micaela González-Larrinaga y Biempica, casó en La Habana, parroquia del Espíritu Santo, el 9 de octubre de 1840, con el Licenciado Francisco Luis Vallejo y Díez-Lajarto, natural de Soto de Carneros, en Castilla, Abogado, Relator de la Real Audiencia de La Habana, hijo de don Mariano Bonifacio Vallejo y Carrassa, Intendente de Provincia, Superintendente y Director general, y de doña María de las Nievas Díez-Lajarto.

E. — Don Francisco González-Larrinaga y Biempica, testó el 29 de mayo de 1852 ante Martín Ferrety, falleciendo soltero, y su defunción se encuentra en La Habana, parroquia del Santo Cristo, a 31 de mayo de dicho año.

F. — Don Antonio González-Larrinaga y Biempica, tiene su defunción en La Habana, parroquia del Espíritu Santo, a 10 de octubre de 1830. Casó en la parroquia de la villa de Guanabacoa el 13 de agosto de 1857, con doña Amalia Valdés Ramos, y tuvieron por hija: a

Doña María de la Caridad González-Larrinaga y Ramos, que casó con el Capitán Manuel de León y Tamayo, natural de la villa de San Salvador del Bayamo, hijo de don Manuel de León y Ximénez, Coronel de Caballería y de doña Úrsula Tamayo y Febles.

f. — Don Antonio González-Larrinaga y Benítez-Valiente, bautizado en La Habana, parroquia del Espíritu Santo, el 2 de enero de 1798, fue Coronel de Milicias de Caballería de esta plaza. Su defunción se encuentra en la Catedral de La Habana a 13 de octubre de 1840. Casó el 24 de julio de 1838, con doña Susana Benítez y Pérez de Abreu, Dama Noble de la Banda de María Luisa, gran benefactora cubana, hija de don José María Benítez y Turbiano, y de doña María del Rosario Pérez de Abreu y Fiallo.

Don Antonio González-Larrinaga y Benítez, y doña María de los Dolores Zabala, tuvieron por hijos: a Francisco; a Antonia, y a Román González-Larrinaga y Zabala. Los cuales:

a. — Doña Francisca González-Larrinaga y Zabala, casó en la Catedral de La Habana el 4 de junio de 1846, con don José Román de la Luz y Valdés, hihjo de Román y de Javiera.

b. — Doña Antonia González-Larrinaga y Zabala, bautizada en la parroquia de Güira de Melena el 17 de agosto de 1836, tiene su defunción en La Habana, parroquia de Guadalupe, a 16 de febrero de 1867. Casó con don Justo José Germán Valdés.

c. — Don Román González-Larrinaga y Zabala, casó con doña María de los Ángeles García y Padrón, hija de Jacobo y de María de la Luz, tuvieron por hijo: a

Don Juan González-Larrinaga y García, que fue bautizado en la parroquia de la villa de Guanabacoa el primero de julio de 1859.

g. — Don Juan de Dios González-Larrinaga y Benítez-Valiente, testó el 15 de marzo de 1854 ante Eugenio Pontón, y su defunción se encuentra en La Habana, parroquia del Santo Cristo, a 12 de agosto de 1858. Casó dos veces: la primera, con doña Pascuala del Diestro; y la segunda en La Habana, parroquia del Espíritu Santo, el 31 de marzo de 1855, con doña Josefa Nicolasa Marino y Firpo de Magallanes, hija de Manuel y de Tomasa.

Don Juan de Dios González-Larrinaga y Benítez-Valiente, y su segunda mujer doña Josefa Nicolasa Marino y Firpo de Magallanes, tuvieron por hijos: a María de las Mercedes; a Bonifacio; a Ignacio; a Juan Luis, y a Pedro González-Larrinaga y Marino. De los cuales:

1. — Don Lgnacio González-Larrinaga y Marino, tiene su defunción en La Habana, parroquia del Espíritu Santo, a 10 de abril de 1872, donde casó con doña María Mallet y Verny, natural de Francia, hija de Juan y de María.

2. — Don Juan Luis González-Larrinaga y Marino, casó en La Habana, parroquia del Espíritu Santo, con doña Isidra Sanz y Rovira, natural de Barcelona, hija de Isidro y de María. Tuvieron por hijos: a Gabriela, y a Luis González-Larrinaga y Sanz.

3. — Don Pedro González-Larrinaga y Marino, casó dos veces: la primera, en La Habana, parroquia del Espíritu Santo, con doña Isabel Valladares y Horrich, natural de Cayajabos, hija de Jerónimo y de Saturnina. Casó por segunda vez, con doña Fátima de Zubizarreta y Olavarría.

Don Pedro González-Larrinaga y Marino, y su primera mujer doña Isabel Valladares y Horrich, tuvieron por hijos: a María de las Mercedes; a María Catalina; a María Josefa; a Justo; a Pedro; a José, y a Pablo González-Larrinaga y Valladares. De los cuales:

A. — Doña María Catalina González-Larrinaga y Valladares, casó con don Antonio Ruiz y Guerrero.

B. — Doña María Josefa González-Larrinaga y Valladares, casó con don Gerardo Valladares y Tabío.

C. — Don Pablo González-Larrinaga y Valladares, fue Capitán del Ejército Libertador de Cuba. Casó con doña Antonia Pérez de Alderete y Reynaldos, hija de don Federico Pérez de Alderete y Morales, y de doña Nieves Reynaldos y Caraballo.

Don Pedro González-Larrinaga y Marino, y su segunda mujer doña Fátima de Zubizarreta y Olavarría, tuvieron por hijas: a María, y a Isabel González-Larrinaga y Zubizarreta.

GOYTISOLO

La casa solar de Goytisolo se encuentra en Gauteguiz de Arteaga, País Vasco. A finales del siglo XVIII aparece radicada una rama de esta familia, en la villa de Lequeitio, provincia de Vizcaya, de donde pasaron a La Habana a principios del siglo XIX.

Son sus armas: Flor de lis en campo azur, rodeada de dos ramas de haya. Otros traen: De gules, con una banda de oro engolada en cabezas de dragones de sinople.

Probó su nobleza en Bilbao en el año de 1794, encontrándose dicho expediente en el Archivo de la Casa de Juntas de Guernica, libro 137, orden 1636.

Don Juan de Goytisolo, natural de la casa solar de Gauteguiz de Arteaga, pasó a la villa de Lequeitio, Vizcaya, donde casó con doña Catalina de Iturraspe, y tuvieron por hijo: a

Don Pedro de Goytisolo e Iturraspe que casó con doña María de Zuloaga y Yartitegui, y tuvieron por hijo: a

Don Martín de Goytisolo y Zuloaga, que casó el 25 de noviembre de 1782 con doña María de San Juan de Rementería. Tuvieron por hijo: a

Don Agustín de Goytisolo y Rementería, que casó con doña Magdalena de Lezarzaburu y tuvieron por hijo: a

Don Agustín de Goytisolo y Lezarzaburu que substituyó en su apellido la «i» latina por la griega, costumbre que siguieron sus descendientes. Pasó a la isla de Cuba y fue fundador de los ingenios «San Agustín» y «Lequeitio», en las inmediaciones de Cienfuegos, donde casó con doña Estanisla Digat e Irarramendi, teniendo por hijos: a Agustín; a Antonio; a Fermina, y a María Goytisolo y Digat. De los cuales:

1. — Don Agustín de Goytisolo y Digat, natural de Cienfuegos, y Diputado a las Cortes Españolas, casó en esa ciudad con doña Dolores Fowler y Jiménez, natural del mismo lugar, hija de don Jorge Fowler y Mathew. Hacendado, natural de Canadá, y de doña Dolores Jiménez y Quesada. Tuvieron por hijos: a Agustín; a Félix; a Antonio; a Jorge, y a Dolores Goytisolo y Fowler.

2. — Doña Fermina de Goytisolo y Digat, natural de Cienfuegos, casó con don José Oriol de Sentmenat y Despujols, natural de Barcelona.

3. — Doña María Luisa de Goytisolo y Digat, natural de Cienfuegos, casó con don Juan Ferré-Vidal y Soler.

A. — Don Agustín de Goytisolo y Fowler, (anteriormente mencionado, al igual que sus hermanos que siguen, hijo de don Agustín de Goytisolo y Digat y de doña Dolores Fowler y Jiménez), nació el 10 de noviembre de 1884 en Cienfuegos, Las Villas, y fue Ingeniero y Hacendado, dueño de los ingenios «San Agustín» y «Lequeitio». Casó con doña María Dolores Recio y Heymann, natural de Calabazar, hija de don Tomás Recio y Loynaz, natural de Puerto Príncipe (Camagüey). Senador de la República, y de doña Cecilia Heymann y Temes. Tuvieron por hijos: a Dolores; a Agustín; a Jorge, y a Cecilia de Goytisolo y Recio.

B. — Don Félix de Goytisolo y Fowler fue Ingeniero.

C. — Don Antonio de Goytisolo y Fowler casó con doña María Antonia Pomares.

D. — Don Jorge de Goytisolo y Fowler murió soltero.

E. — Doña Dolores de Goytisolo y Fowler murió soltera.

a. — Doña Dolores de Goytisolo y Recio nació en La Habana, el 21 de agosto de 1918, casó en dicha capital con don José Trías y Lleonart. Tuvieron por hijo a don José Trías y Goytisolo, Ingeniero Químico, que casó con doña Ana María Gorrita y Silva. Tienen por hija a Cristina Trías y Gorrita..

b. — Don Jorge Alberto de Goytisolo y Recio, nació en La Habana el 24 de junio de 1924, es Ingeniero y casó con doña Mariana Galindo y Lazo de Vega, natural de La Habana. Tienen por hijos: a Jorge Alberto, y a Marianne de Goytisolo y Galindo.

c. — Doña Cecilia de Goytisolo y Recio, casó en Falls Church, Virginia, EE.AA., con don Huge O'Reilly.

d. — Don Agustín de Goytisolo y Recio, nació en La Habana, el 28 de noviembre de 1824; es Abogado y Contador Público y casó en la iglesia del Sagrado Corazón de Jesús de La Habana, el 14 de septiembre de 1957, con doña Josefina Gelats y de León, de la Casa de los Marqueses del Muni. Tuvieron por hijos: a Agustín; a Josefina; a María, y a Dolores de Goytisolo y Gelats. De los cuales:

Don Agustín de Goytisolo y Gelats nació en La Habana el 28 de agosto de 1958, y fue bautizado en la iglesia de Santa Rita, Miramar, Marianao, Habana, el 14 de septiembre del mismo año. Casó en la iglesia parroquial Epiphany, Miami, Florida, con doña Silvia Jorge y de Sosa, hija de don Alberto Jorge y de la Cerra, Caballero de la S.O.M. Constantiniana de San Jorge, y de doña Silvia de Sosa y Rivero.

GUTIÉRREZ

Apellido patronímico, derivado del nombre propio de Gutiérrez. Su solar más antiguo radicó en las montañas de Santander, desde donde se extendió por toda la Península.

En la primera mitad del siglo XVIII, procedente de la ciudad de San Lúcar de Barrameda, se estableció esta familia en la villa de Santa María de Puerto Príncipe, y después en la de Sancti-Spiritus.

Don Francisco Gutiérrez, casó con doña Petrona Rivera, y tuvieron por hijo: a

Don Francisco José Gutiérrez Puebla y Rivera, natural de San Lúcar de Barrameda, que pasó a la isla de Cuba y fue Sargento Mayor de las

Milicias y Alcalde ordinario de la villa de Puerto Príncipe, Coronel del Batallón de Milicias de las Cuatro Villas y Teniente Gobernador de Trinidad, Sancti-Spiritus, Remedios y Villaclara, el año 1750. Testó en Puerto Príncipe el 29 de noviembre de 1762, y falleció en Sancti-Spiritus el 12 de diciembre de 1763, donde era el primer Coronel de Milicias. Casó en el Catedral de Puerto Príncipe el 27 de mayo de 1733, con doña Graciana Agüero y Ortega, hija del Capitán Fernando Agüero y Zayas-Bazán, y de doña Aldonza Ortega y Agramonte. Tuvieron por hijos: a Inés; a Isabel; a Brianda, y a Fernando José Gutiérrez y Agüero. Los cuales:

1. — Doña Inés Gutiérrez y Agüero, casó en la parroquia de Sancti-Spiritus en 1769, con don Arcadio de la Pera y Rueda, natural de Osuna, en Sevilla, Coronel de Ejército, Sargento Mayor de las Milicias de Sancti-Spiritus y Teniente Gobernador de las Cuatro Villas, hijo de Manuel y de Manuela.

2. — Doña Isabel Gutiérrez y Agüero, casó en Sancti-Spiritus con don Gaspar Francisco Gelabert y Gaitán, natural de La Habana, hijo de don José Antonio Gelabert y Garcés, Contador Mayor del Real Tribunal de Cuentas de la isla de Cuba, y de doña Catalina Hipólita Martínez de Acosta y Gaitán de Vargas.

3. — Doña Brianda Gutiérrez y Agüero, natural de Trinidad, testó en la villa de Puerto Príncipe el 24 de mayo de 1802. Casó dos veces: la primera, con don Alonso Manuel Betancourt y Agüero, hijo de don Pablo Antonio Betancourt e Hidalgo, Regidor Alférez Real de Puerto Príncipe, y de doña Josefa Agüero y Bringas. Casó por segunda vez, en la Catedral de dicha villa el 29 de octubre de 1781, con don Tomás Cisneros y Gerardo, Alcalde ordinario en 1767, 1794 y 1806, hijo de don Jerónimo Cisneros y Boza, Alcalde ordinario en 1754, 1757 y 1766, y de doña Micaela Gerardo y Miranda.

4. — Coronel Fernando José Gutiérrez y Agüero, Alcalde ordinario de Puerto Príncipe en 1765 y Coronel de Milicias en 1794, casó en la Catedral de dicha villa el 20 de agosto de 1759, con doña Juana Agüero y Bringas, hija de don Manuel Agüero y Ortega, Sargento Mayor de la referida villa, y de doña Catalina Bringas y Varona. Tuvieron por hijas: a Juana Francisca, y a Graciana Gutiérrez y Agüero. Las cuales:

A. — Doña Juana Francisca Gutiérrez y Agüero, casó en la Catedral de Puerto Príncipe el 15 de noviembre de 1795, con don Miguel Betancourt y Miranda, Subdelegado de la Real Hacienda y Alcalde ordinario de dicha villa, hijo de don Diego Alonso Betancourt e Hidalgo, Alcalde ordinario, y de doña Catalina Miranda y Varona.

B. — Doña Graciana Gutiérrez y Agüero, casó en la Catedral de Puerto Príncipe el 18 de diciembre de 1795, con don Pablo Antonio Betancourt y Agüero, Alférez Real y Alcalde ordinario de dicha villa, hijo de don Pablo Antonio Betancourt e Hidalgo, Regidor Alférez Real, y de doña Josefa de Agüero y Bringas.

HERRERA

Apellido castellano, de las montañas de Santander, que según algunos genealogistas se deriva de la casa de Lara. Con la Reconquista se extendió por la Península y pasó a Canarias y posteriormente a Cuba, donde se estableció.

Sus armas: En campo de gules, dos calderas de oro con cabezas de sierpe de sinople, por asas; bordura del mismo color, con ocho calderas de oro. Los de Santander, traen escudo partido. 1ro., en campo de gules, una torre de plata, sobre peñas, con una flor de lis de plata, a cada lado, y 2do., en campo de azur, dos calderas de oro con las asas de cabezas de sierpes, de sinople, dos a cada lado. Los de Andalucía traen: en campo de gules, dos calderas jaqueladas de oro y sable y un pendón entre las dos; bordura de oro, con ocho herraduras de azur.

Sin que hayamos podido establecer relación alguna con la ilustre familia de Herrera que reseñamos en el tomo segundo de esta obra, a continuación relacionamos tres familias que con ese mismo apellido tuvieron una numerosa y distinguida descendencia en la isla de Cuba, sin que tampoco hayamos podido establecer conexión alguna entre ellas, aunque es posible que todas, muy atrás, tengan un tronco común.

Don José Gabriel de Herrera, Comandante de Escuadrón, casó con doña Vicenta de la Sierra, y tuvieron por hijo: al

Teniente Coronel José Gabriel de Herrera y de la Sierra, nacido en San Carlos de Austria, Caracas, Venezuela, el 11 de abril de 1801. Pasó a Puerto Príncipe, Cuba, donde casó en 1835, con doña Josefa Antonia Bernarda Cisneros y Méndez, nacida en Puerto Príncipe en 1813, hija del Teniente Jerónimo Cisneros e Hidalgo, y de doña Josefa Méndez y Acosta, también naturales de Puerto Príncipe. Tuvieron por hijo: a

Don José Aníbal de Herrera y Cisneros, Ingeniero Civil que tuvo a su cargo mejorar los servicios de Telégrafos y Teléfonos entre las provincias de Camagüey y de La Habana, el cual casó dos veces la primera, en La Habana, con doña María Micaela Cepero y Velzunza, hija de don Juan Cepero Zagarzazu y de doña María de la Trinidad Velzunza y García Chicano. Casó en segundas nupcias con doña María Fritot y Malberti, y tuvieron por hijo: a

Don Rene Herrera y Fritot, nacido en La Habana, que fue Ingeniero, Arquitecto, Arqueólogo, doctor en Ciencias, Profesor de la Escuela de Ciencias de la Universidad de La Habana, y miembro de la Academia de Ciencias de Cuba. Casó con doña Sara García, y tuvieron por hijos: a René; a Gema, y a María de los Ángeles Herrera y García. De los cuales:

Don René J. Herrera y García, Contador Público, Assistant Comptroller de Washington State Liquor y ex alto funcionario de la Dirección General de Rentas e Impuestos del Ministerio de Hacienda de la República de Cuba, casó con doña Marita Capestany. Tuvieron por hijos: a René, que casó con doña Judy Vinson; a Eliana, que casó con don Gene Vosberg; a José, que casó con doña Jean Schmidt; a Lourdes, que casó con don Steve Collins; a Carlos, que casó con doña Felice Esten; a Esther, y a Eduardo Herrera y Capestany.

Del primer matrimonio de don José Aníbal de Herrera y Cisneros con doña María Micaela Cepero y Velzunza, tuvieron por hijos: a Alberto; a Octaviano; a Amelia, y a Aníbal Herrera y Cepero. Los cuales:

A. — Don Alberto Herrera y Cepero, casó con doña Hortensia Andreu y tuvieron por hijos: a Alberto; a Avelia, y a Mercedes. Herrera y Andreu. Los cuales:

a. — Don Alberto Herrera y Andreu, Médico, casó con doña X. Malberti.

b. — Doña Mercedes Herrera y Andreu, casó con don Augusto Arango y Mestre, Optometrista. Tuvieron por hijas: a Esther, y a Berta Arango y Herrera.

c. — Doña Evelia Herrera y Andreu, casó con don Ernesto Arango y Mestre, Optometrista.

B. — Don Octaviano Herrera y Cepero, fue Médico y Presidente del Consejo Provincial y Gobernador interino, por sustitución, de la Provincia de Pinar del Río. Falleció el 8 de noviembre de 1926. Casó con doña Belén Crespo Díaz, y tuvieron por hijos: a Edelmira; a Octaviano; a Aníbal; a Evarista, y a Micaela Herrera y Crespo. De los cuales:

Doña Evarista (Bebella) Herrera y Crespo, casó con don Pedro Pablo Rogés y Medina. Tuvieron diez hijos: a Octaviano; a Aníbal; a Belén; a Pedro Pablo; a Adriano; a Ramón; a Luis; a Carlos; a Tomás, y a María Matilde Rogés y Herrera.

C. — Doña Amelia Herrera y Cepero, casó con don Antonio Montenegro. Tuvieron por hijos: a Esther; a Sara; a Luis, y a Antonio Montenegro y Herrera.

D. — Don Aníbal Herrera y Cepero, primogénito, doctor en Farmacia, casó dos veces. La segunda vez con doña Rosario Cuesta, con la que tuvo dos hijos: a Fernando, y a Orlando Herrera y Cuesta. Los cuales:

a. — Don Fernando Herrera y Cuesta, fue Médico.

b. — Don Orlando Herrera y Cuesta, fue Odontólogo.

Del primer matrimonio de don Aníbal Herrera y Cepero con doña Josefina Luis y Crespo, tuvieron cuatro hijos: a Emelina (que falleció niña); a Tulio; a José Daniel, y a Aníbal Herrera y Luis. Los cuales:

1. — Don Tulio Herrera y Luis, nació en La Habana, en 1883, y casó con doña Caridad Vilarrubia y Ramírez. Tuvieron por hijos: a Josefina, y a Tulio (fallecido niño) Herrera y Vilarrubia.

2. — Don José Daniel Herrera y Luis, nació en La Habana, en 1898; fue Médico y Profesor de la Escuela de Medicina de la Universidad de La Habana; casó en La Habana con doña Victoria Santibáñez.

3. — Don Aníbal Herrera y Luis, primogénito, nació en La Habana, el 21 de enero de 1881. Como Médico Forense en La Habana, durante muchos años, el Gobierno de Cuba le otorgó la Orden de Honor y Mérito «José Antonio González Lanuza», y la Orden Nacional de Mérito «Carlos J. Finlay». Casó en La Habana en la Iglesia Nuestra Señora de Guadalupe, el 3 de septiembree de 1904, con doña María Manuela de Franchi-Alfaro y Puig, hija de don Antonio de Franchi-Alfaro y Soriano y de doña Rosa María Puig y Franchi-Alfaro, hija ésta a su vez del doctor Manuel Puig y Amigó, Auditor Honorario de Guerra, y de doña Rosa de Franchi-Alfaro y Vargas Machuca.

Don Aníbal Herrera y Luis y doña María Manuela de Franchi-Alfaro y Puig, tuvieron por hijos: a Antonia María; a Rosa María; a Aníbal Walfredo; a Manuel Bernardino; a Guillermo Silvestre, y a Francisco Antonio Herrera y Franchi-Alfaro. Los cuales:

A. — Doña Antonia María Herrera y Franchi-Alfaro, nació en La Habana el 5 de julio de 1905, y fue bautizada en la Iglesia Nuestra Señora de la Caridad en La Habana, el 30 de julio de 1905. Casó en la Iglesia del Santo Ángel, en La Habana, en el mes de octubre de 1921, con su primo don José Antonio de Franchi-Alfaro y Regueira, hijo de don Rogelio de Franchi-Alfaro y Puig, y de doña Isabel Regueira y Custadoy. Tuvieron por hijos: a Isabel; a Graciella; a Elena; a José Antonio; a Ignacio, y a Fernando de Franchi-Alfaro y Herrera.

B. — Doña Rosa María Herrera y Franchi-Alfaro nació en La Habana el 13 de septiembre de 1907. Bautizada en la Iglesia de la Caridad el 3 de octubre de 1907, falleció en La Habana, el 18 de julio de 1948 (soltera).

C. — Don Aníbal Walfredo Herrera y Franchi-Alfaro nació en La Habana el 12 de octubre de 1908. Bautizado en la Iglesia de Nuestra Señora de la Caridad, el 30 de diciembre de 1908, fue Médico. El presidente de la República de Cuba, le otorgó la Orden Nacional de Mérito «Carlos J. Finlay» con el Grado de Comendador por sus servicios y trabajos en materia de salud pública. Casó el 20 de junio de 1934, en la Iglesia del Santo Ángel en La Habana, con doña Blanca Amada Álvarez y Cadenas. Se trasladaron a los EE.UU. y se establecieron en Pittsburgh, Pensilvania. Doña Blanca Amada Álvarez y Cadenas, falleció el 21 de octubre de 1974 en Pittsburgh. Tuvieron por hijos: a Aníbal Félix, y a Orlando Andrés Herrera y Álvarez. Los cuales:

1. — Don Aníbal Félix Herrera y Álvarez, nació en La Habana el 23 de junio de 1935. Bautizado el 3 de septiembre de 1935, fue Médico, y se trasladó a los EE.UU. estableciéndose en Pittsburgh, Pensilvania. En 1965, se mudó a Filadelfia, Pensilvania. Especialista en enfermedades del aparato digestivo y profesor de la Escuela de Medicina de la Universidad de Pensilvania, casó en la Iglesia «St. Paul», Catedral de Pittsburgh, el 11 de mayo de 1963, con doña Gail B. Bennett y Kimberly. Tienen por hijos: a Aníbal William; a Andrew; a Elizabeth, y a Jeffrey Herrera y Bennet. Los cuales:

A. — Don Aníbal William Herrera y Bennett, nació en Pittsburgh, Pensilvania, el 3 de julio de 1965 y fue bautizado el día 8 de agosto de 1965 en la Iglesia «St. Paul», Catedral de Pittsburgh.

B. — Don Andrew Herrera y Bennett, nació en Filadelfia, el 19 de agosto de 1970, y fue bautizado en la iglesia de «St. Kevin», en Springfield, Pensilvania, el 11 de octubre de 1970.

C. — Doña Elizabeth Herrera Bennett, nació en Filadelfia, Pensilvania el primero de mayo de 1972. Fue bautizada en la Iglesia «St. Kevin», en Springfield, Pensilvania, el 2 de julio de 1972.

D. — Don Jeffrey Herrera Bennett, nació en Filadelfia, Pensilvania, el 17 de noviembre de 1973. Fue bautizado en la Iglesia «St. Kevin» en Springfield, Pensilvania, el 6 de enero de 1974.

2. — Don Orlando Andrés Herrera y Álvarez, nació en La Habana el 17 de octubre de 1938. Fue bautizado en la Iglesia de los P.P. Agustinos en el Reparto La Sierra, Marianao, Habana, en noviembre de 1938. Se trasladó a los EE.UU., estableciéndose en San Juan, Puerto Rico, en febrero de 1963. Graduado de Ingeniero en la Universidad de Mayagüez, Puerto Rico en el curso Académico 1966-1967. Le otorgaron Placa de Honor y Mérito, como Graduado con la más alta calificación otorgada en los tres últimos cursos por esa Universidad. Casó el 16 de febrero de 1963 en la Iglesia de la Virgen de Fátima, en Río Piedras, Puerto Rico, con doña Rosy Comesañas Sellera. Tienen por hijas: a Martha Beatriz; a Rosemary, y a Josette Herrera y Comesañas. Las cuales:

a. — Doña Martha Beatriz Herrera y Comesañas, nació en San Juan, Puerto Rico el 4 de enero de 1964. Fue bautizada en la Iglesia de la Virgen de Fátima, en Río Piedras, Puerto Rico el 10 de enero de 1964.

b. — Doña Rose Mary Herrera y Comesañas, nació en San Juan, Puerto Rico el 8 de febrero de 1966. Fue bautizada en la Iglesia de la Virgen de Fátima, en Río Piedras, Puerto Rico, el 19 de febrero de 1966.

c. — Doña Josette Herrera y Comesañas, nació en San Juan, Puerto Rico, el 30 de diciembre de 1969. Fue bautizada en la Iglesia de la Virgen de Fátima en Río Piedras, Puerto Rico, el 19 de mayo de 1970.

D. — Don Manuel Bernardino Herrera y Franchi-Alfaro nació en La Habana el 20 de mayo de 1916. Abogado, casó el 18 de diciembre de 1943 con doña Berta González y García, y tuvieron por híjo a don Luis Alberto Herrera y González, el cual casó tres veces. La primera, en Miami, Florida, con doña Susan Blair. La segunda vez, casó con doña Myriam Rodríguez López, en San Juan, Puerto Rico. La tercera vez, casó en Santo Domingo, República Dominicana, con doña Lizann Plá.

Del primer matrimonio tiene por hijos: a Roberto Luis, y a Michelle Susan Herrera y Blair. Los cuales:

1. — Don Roberto Luis Herrera Blair, nació en San Juan de Puerto Rico, el 18 de abril de 1965 y casó con doña Erica Nicole Uniowski.

2. — Doña Michele Susan Herrera Blair, nació en San Juan, Puerto Rico el 4 de septiembre de 1967.

Del segundo matrimonio, don Luis Alberto Herrera y González, tuvo por hijos: a Luis Javier, y a Alejandro Herrera y Rodríguez. Los cuales:

A. — Don Luis Javier Herrera Rodríguez, nació el 13 de diciembre de 1972 en San Juan, Puerto Rico. Y fue bautizado en la parroquia del Sagrado Corazón de Jesús, en University Garden, San Juan, Puerto Rico, el 31 de diciembre de 1972.

B. — Don Alejandro Herrera y Rodríguez, nació en San Juan, Puerto Rico, el 9 de enero de 1975. Y fue bautizado en la parroquia del Sagrado Corazón de Jesús, en University Garden, San Juan, Puerto Rico, el 20 de mayo de 1975.

Del tercer matrimonio, tuvo por hijos: a Taylan Marie, y a Lizann Marie Herrera y Pla. Los cuales:

a. — Doña Taylan Marie Herrera y Plá, nació el 16 de enero de 1982 en San Juan, Puerto Rico y fue bautizada el 21 de agosto de 1982, en la Iglesia de San Ignacio de Loyola, en San Juan, Puerto Rico.

b. — Doña Lizann Marie Herrera y Plá, nació el 16 de mayo de 1983 en San Juan, Puerto Rico y fue bautizada en la parroquia Nuestra Señora de Fátima en San Juan, Puerto Rico, el 16 de octubre de 1983.

E. — Don Guillermo Silvestre Herrera y Franchi-Alfaro nació en La Habana, Cuba, el 31 de diciembre de 1917. Fue médico y se trasladó a Miami, Florida, USA, estableciéndose en Guayama, Puerto Rico, y más tarde en San Juan, Puerto Rico. Casó el 26 de junio de 1949 en la parroquia del Vedado, Habana, con doña Olga del Castillo y Montenegro. Tuvo por hijos: a Guillermo Antonio, y a Jorge Luis Herrera y del Castillo. Los cuales:

1. — Don Guillermo Antonio Herrera y del Castillo nació en La Habana, Cuba el 16 de marzo de 1952. Es médico-patólogo, y ejerce su

profesión en Alabama, USA. Casó con doña Elba Turbat y Goldarás, el 23 de diciembre de 1972 en la Iglesia Catedral San Juan Bautista, en San Juan, Puerto Rico. Tiene por hija a Marlene Herrera y Turbat. La cual:

Doña Marlene de Fátima Herrera y Turbat, nació en San Antonio, Texas, USA, el 9 de mayo de 1978. Fue bautizada en la Iglesia de San Antonio, Texas, USA en junio de 1978.

2.— Don Jorge Luis Herrera y del Castillo, nació en La Habana, Cuba, el 18 de agosto de 1956. Bautizado en la Iglesia de la Santísima Trinidad. Reparto Lawton, Habana, en septiembre de 1956. Es Médico Gastro-enterólogo, y ejerce su profesión en Washington, D.C., USA. Casó con doña Alma Glidewell y Rodríguez, en la Iglesia Nuestra Señora de la Providencia en Cupey, Puerto Rico, el 12 de junio de 1977. Tienen por hijos: a Christopher, y a Jennifer, Herrera y Glidewell. Los cuales:

A.— Christopher Michael Herrera y Glidewell, nació en Denver, Colorado, USA, el 6 de febrero de 1982, y

B.— Doña Jennifer Herrera Glidewell, nació el 13 de junio de 1983 en Heidelberg (Alemania).

F.— Don Francisco Antonio Herrera y Franchi-Alfaro, nació en La Habana, Cuba el 2 de abril de 1919, y casó el 2 de octubre de 1945 en la Iglesia Parroquial Nuestra Señora del Carmen en La Habana, con doña Amelia Novoa Eirich, la cual falleció, en La Habana el 21 de diciembre de 1985 (sin sucesión).

En la segunda mitad del siglo XVIII, encontramos establecida en la villa de El Cano, provincia de La Habana, otra familia Herrera cuya genealogía es como sigue:

Don José Herrera y su esposa, doña Paula Bonilla, tuvieron por hijo: a

Don Francisco de Herrera y Bonilla, natural de El Cano, provincia de La Habana, el cual casó dos veces: primero, con doña Courina Zamora y Otero, natural de Güines, hija de don Rafael Zamora y de doña Micaela Otero. En segundas nupcias casó con la hermana de su primera esposa, doña Eduviges Zamora y Otero, natural de Pipián.

Don Francisco de Herrera y Bonilla, y su segunda mujer doña Eduviges Zamora y Otero, tuvieron por hijo: a

Don Jorge Mateo Antonio de Jesús de Herrera y Zamora, el cual nació el 23 de abril de 1808, siendo bautizado en la parroquia de Madruga según consta en los Libros de Bautismo de Pipián. (Libro 1, folio 172, núm. 894).

Don Francisco de Herrera y Bonilla, y su primera mujer doña Courina Zamora y Otero, tuvieron por hijo: a

Don Ramón José Romualdo de Herrera y Zamora que nació el 6 de febrero de 1806, y fue bautizado el 24 de febrero del mismo año, según consta en la parroquia de Madruga, libros de Pipián. (Libro 1, folio 112, núm. 464). Casó con doña Bárbara Serafina Hernández del Castillo, natural de Jaruco, nacida el 27 de agosto de 1809, y bautizada el 31 de agosto siguiente en la parroquia de Jaruco. (Libro 3, folio 131, núm. 385), hija de don José Hernández y Fiallo, natural de Pueblo de Río Blanco, y de doña Margarita Paulina López del Castillo, natural de Jaruco y allí bautizada. (Libro 1, f. 166, núm. 1028).

Dicho matrimonio tuvo dos hijos: Dolores, y José Ignacio Herrera y Hernández. De los cuales:

Don José Ignacio Herrera y Hernández, nació el 13 de diciembre de 1840, siendo bautizado el día 28 de febrero de 1841, en la parroquia Nuestra Señora del Pilar, en Carlos Rojas, provincia de Matanzas. (Libro de Bautismos de Blancos Quinto, folio 121, núm. 21). Entró de Voluntario en 1869 en el Regimiento de Caballería de Camajuaní, en el 5.º Escuadrón, retirándose como Primer Teniente en 1891. En 1870, recibió la condecoración de Benemérito de la Patria; en 1878 le fue concedida la Cruz del Mérito Militar; en 1884 recibió la Medalla de Constancia con dos pasadores; y en 1893 le fue concedida la Cruz del Mérito Militar de Primera Clase. Su defunción se encuentra en la parroquia de Nuestra Señora de los Ángeles de Vueltas, Las Villas, el día 11 de marzo de 1901. (Libro de Defunciones Noveno, folio 261, núm. 945). Contrajo matrimonio con doña Esperanza Consuelo Franch y Romero, natural de Puerto Príncipe, Camagüey, hija de Francisco Xavier y de Gertrudis, encontrándose su defunción a 25 de febrero de 1927, en la parroquia del Sagrado Corazón de Jesús del Vedado. (Libro de defunciones 32, folio 1084, núm. 2039).

Tuvieron por hijos: a Purificación; a Obdulia; a Saúl; a Ignacio; a Alberto, y a Ramón Herrera y Franch. De los cuales:

A. — Doña Purificación Herrera y Franch casó con don José Palacio. Tuvieron por hijos: a Margot; a Esperanza; a Pura, y a José Palacio y Herrera.

B. — Doña Obdulia Herrera y Franch casó con don Ángel Azumendi. Sin sucesión.

C. — Don Saúl Herrera y Franch, contrajo matrimonio con doña Ada Martínez. Tuvieron por hija: a

Doña Ada Herrera y Martínez, la cual casó con don Jorge Foyo y Álvarez Tabío, hijo del doctor don Ortelio Foyo y Caravia, Abogado, y de doña Lucrecia Álvarez y Tabío.

D. — Don Ignacio Herrera y Franch casó con X, y tuvo por hijas a doña Juana y doña María Herrera.

E. — Don Alberto Herrera y Franch, nació el 1 de septiembre de 1872, siendo bautizado el día 30 de octubre del mismo año, en la parroquia de Nuestra Señora de los Ángeles de Vueltas, Las Villas. (Libro 4, folio 26, núm. 67). Peleó en el Ejército Libertador de Cuba, ascendiendo a General y a Jefe del Ejército de la República de Cuba, ejerciendo sus funciones desde la presidencia del doctor Alfredo Zayas Alfonso, hasta el mes de agosto de 1933, en que al renunciar el General Gerardo Machado Morales a la presidencia del país, ocupó brevemente la presidencia del mismo y más tarde renunció, para marchar al exilio en 1933. Falleció el 18 de marzo de 1954, encontrándose su defunción en la parroquia del Sagrado Corazón de Jesús del Vedado y Carmelo. (Libro 56 de defunciones, núm. 670). Contrajo matrimonio con doña Ofelia Rodríguez y Arango, natural de Santa Clara, Las Villas, hija del Capitán don Domingo Rodríguez Almeida, natural de la villa de Guía, Islas Canarias, el cual sirvió en el Ejército español de 1860 a 1884, en el Regimiento de Infantería de Isabel la Católica núm. 75, Segundo Batallón, y de doña Joaquina Arango y Céspedes, natural de Puerto Príncipe.

Tuvieron por hijos: a María Ofelia; a Rodolfo Alberto, y a Alberto Ignacio Herrera y Rodríguez. Los cuales:

a. — Doña María Ofelia Herrera y Rodríguez casó primero con don Francisco Fernández Espinosa, de quien no tuvo descendencia. Casó en segundas nupcias con don Lázaro Gallegos. Tuvieron por hijos: a Ofelia, y a Alberto Oscar Gallegos y Herrera.

b. — Don Rodolfo Alberto Herrera y Rodríguez nació el 27 de septiembre de 1909, y fue bautizado en la parroquia de Nuestra Señora de los Ángeles de Vueltas, Las Villas. (Tomo 5, núm. 311).

Sirvió como Asistente del presidente de la República de Cuba, don Gerardo Machado y Morales; siendo al mismo tiempo Teniente de la Aviación Militar del Ejército de Cuba. Fue condecorado con el Águila Azteca de México. Más tarde se dedicó a la ganadería. Contrajo matrimonio el 9 de enero de 1930, en la Iglesia de Nuestra Señora de la Merced de La Habana. (Libro 4, folio y número 5), con doña María Felicia Nogueira y Sanguily, nacida el 18 de diciembre de 1910 y bautizada en la Iglesia Parroquial del Vedado. (Libro 8, folio 229, núm. 627), hija del doctor Rafael Nogueira y Udaeta, y de doña Teresa Fernanda Sanguily y Aristi, y nieta por lo tanto, del Mayor General del Ejército Libertador de Cuba, don Manuel Sanguily y Garrett. Fueron testigos de la boda el presidente de la República, don Gerardo Machado y Morales, y el ex-presidente de la República de Cuba, don Mario García-Menocal y Deop.

Tuvieron por hijos: a Rodolfo Gregorio, y a Alberto Rafael Herrera y Nogueira. Los cuales:

1. — Don Rodolfo Gregorio Herrera y Nogueira nació en La Habana el 17 de noviembre de 1931 y contrajo matrimonio el 6 de enero de 1957, en la parroquia del Corpus Christi, en Marianao. (Libro 5, folio y núm. 343), con doña Patricia Bolívar y Taquechel, hija de don Cándido Bolívar y doña Rebeca Taquechel, la cual fue bautizada en la parroquia de la Purísima Concepción de El Cano. (Libro 5, folio y número 15).

Tuvieron por hijos: a Patricia; a María Cristina; a Rodolfo Juan a Rafael, y a Roberto Herrera y Bolívar. De los cuales:

Doña Patricia Herrera y Bolívar contrajo matrimonio el 10 de agosto de 1984, con don Gian Murati y Portalatin.

2. — Don Alberto Rafael Herrera y Nogueira nació el 19 de octubre de 1930, y fue bautizado en la parroquia del Vedado el 11 de abril del año siguiente. (Libro 6, folio y número 265). Contrajo matrimonio el 9 de enero de 1958, en la parroquia del Corpus Christi, Marianao, con doña Elsa Arias y García de Castro, bautizada el 12 de julio de 1941 en la parroquia del Vedado, e hija de don Antonio Arias y Ruiz de Cárdenas, y de doña Elsa García de Castro y Blanco.

Tuvieron por hijos: a María Felicia; a Anthony, y a Alberto Herrera y Arias. Los cuales:

A. — Doña María Felicia Herrera y Arias nació el 26 de noviembre de 1959, y fue bautizada en la parroquia del Corpus Christi, Marianao. (Libro 14, folio 319, núm. 637). Casó en primeras nupcias con don Juan Abel Barroso y Pino, natural de Camagüey, hijo de Maximiliano y de Georgina. Contrajo segundas nupcias con don Kenneth Vincent Knight, hijo de Julián y de Helen.

Doña María Felicia Herrera y Arias tuvo de su primer matrimonio a: María Beatriz y a Christine Barroso y Herrera.

B. — Don Anthony Carlos Herrera y Arias nació el 21 de febrero de 1962, y fue bautizado en la Iglesia Holy Family. Casó con doña Holly Dunn, hija del doctor Charles y de doña Kate Dunn. Tuvieron por hijo: a Tony Herrera y Dunn.

C. — Don Alberto Herrera y Arias nació el 16 de octubre de 1958 y fue bautizado en la parroquia de Corpus Christi, Marianao. (Libro 12, folio 185, núm. 379). Es doctor en Medicina y contrajo matrimonio en la parroquia del Sagrado Corazón, de Santiago de los Caballeros, República Dominicana, el 16 de diciembre de 1983. (Libro de Matrimonios 119, folio 71, núm. 171), con la doctora Katherine Berezowski y Casanova, la cual nació el 3 de febrero de 1960, y fue bautizada en la parroquia de San Antonio, Santo Domingo. (Libro 149, folio 27), hija de don Benjamín Berezowski y Vahrusheff, y de doña Lily Casanova y Acevedo. Tuvieron por hija: a doña Karla María Herrera y Berezowski.

c. — Don Alberto Ignacio Herrera y Rodríguez, anteriormente mencionado como hijo de don Alberto Herrera y Franch, y de doña Ofelia

Rodríguez y Arango, nació en La Habana, el 20 de febrero de 1908, y fue bautizado en la Catedral de dicha ciudad. Fue Abogado y Representante a la Cámara. Contrajo matrimonio el 27 de marzo de 1937, en la parroquia del Sagrado Corazón de Jesús del Vedado, (Libro General de Matrimonios 11, folio 1000, núm. 1000), con doña María Josefa Dardet y Martínez, la cual nació el 29 de agosto de 1910, y fue bautizada el 6 de enero de 1911, en la parroquia del Vedado, (Libro 8, folio 166 vto., núm. 437), natural de La Habana, e hija de don Eusebio Dardet y Bartroli, natural de La Habana, y de doña Josefa de los Desamparados Martínez y Hernández, natural de Caibarién, Las Villas.

Tuvieron por hijas: a Albertina Guadalupe y a María Josefa Herrera y Dardet. Las cuales:

a. — Doña Albertina Guadalupe Herrera y Dardet nació el 12 de diciembre de 1942, y fue bautizada en la Capilla del Arzobispado de La Habana, siendo su bautismo asentado en la Iglesia del Santo Ángel Custodio. (Libro 24, folio 310, núm. 619). Contrajo matrimonio en la parroquia de San Pablo, Caparra, Puerto Rico, el 7 de diciembre de 1979, con don Fernando Nieto y de la Campa, bautizado en la Catedral de Sevilla, España, hijo del gran genealogista cubano don Rafael Nieto y Cortadellas, y de doña Estela de la Campa y Caraveda. Tuvieron por hijo a: Fernando Alberto Nieto y Herrera, nacido el 10 de junio de 1982, y bautizado en la parroquia de San Pablo, Caparra, Puerto Rico.

b. — Doña María Josefa Herrera y Dardet, nacida el 17 de noviembre de 1939, y bautizada en la parroquia del Vedado. (Libro 45, folio 441, núm. 441). Casó dos veces: la primera, en la parroquia de Nuestra Señora de Lourdes, Hato Rey, Puerto Rico, con don Juan Miguel Campos y Gómez, natural de Santiago de Cuba, Oriente. Casó por segunda vez con don José Ricci y Dávila.

Doña María Josefa Herrera y Dardet tuvo por hija de su primer matrimonio a: Michelle Campos y Herrera, que fue bautizada en la Iglesia de Nuestra Señora la Milagrosa.

Hacia mediados del siglo XVIII, aparece establecida en la ciudad de Santo Domingo otra familia Herrera, que luego se establece en la ciudad de Puerto Príncipe (actual Camagüey), en Cuba.

Don José Julián de Herrera, nacido hacia 1717, tiene su defunción en la Catedral de Santo Domingo el primero de marzo de 1796, habiendo otorgado testamento y viudo de dos matrimonios.

Por primera vez casó, antes de 1740, con doña Petrona Adamés.

Casó de nuevo en 1774, con doña Estefania Hernández González, natural de San Carlos, fallecida en 1794, hija de don Pedro Hernández Guirola y de doña Rosa González. De este segundo enlace nacieron: María Josefa, en 1776, fallecida párvula; y Josefa (1778-1793).

Del primer enlace nacieron:

1. — Doña Francisca de Herrera y Adamés, bautizada en la Catedral de Santo Domingo el 25 de abril de 1740.

2. — Don Manuel de Herrera y Adamés, fallecido párvulo en 1743.

3. — Don José de Herrera Adames, que sigue —Rama I.

4. — Don Juan Bautista de Herrera Adames, que sigue luego —Rama II.

5. — Don Vicente de Herrera y Adamés, bautizado en 1757.

6. — Fray Miguel de Herrera y Adamés, bautizado en 1759.

7. — Doña Josefa Faustina de Herrera y Adamés, bautizada en 1762.

8. — Doña María de la Concepción de Herrera y Adamés, que casó dos veces: la primera con don Francisco Ladón, natural de Aragón, el cual falleció en Santo Domingo, en 1763. Casó de nuevo con don Manuel de la Torre, 2.º Cirujano del Hospital Real de Santo Domingo, natural de Galicia, fallecido en la capital dominicana el 8 de junio de 1788. De este segundo matrimonio nacieron:

A. — Doña María de la Concepción de la Torre y Herrera, bautizada en la Catedral de Santo Domingo el 6 de diciembre de 1764.

B. — El Licenciado don José Antonio de la Torre y Herrera, bautizado en la Catedral de Santo Domingo el 11 de mayo de 1767.

C. — Doña Manuela Josefa de la Torre y Herrera, bautizada en la Catedral de Santo Domingo el 19 de julio de 1777.

9. — Doña Antonia de Padua de Herrera y Adamés, fallecida en Santo Domingo en 1784, casada con don Joaquín de los Santos, natural de Lisboa, Portugal.

RAMA I

El Licenciado don José de Herrera y Adamés, fue bautizado en la Catedral de Santo Domingo el 28 de diciembre de 1748. Otorgó su testamento en esa ciudad en 1824 y pasó a Venezuela, donde murió y tiene defunción en la Catedral de Caracas el 21 de agosto de 1834. Había casado en Santo Domingo hacia 1771 con doña Agueda Gordo y Jover Camarena, bautizada allí en 1753, hija de don Jácome Gordo, natural de Génova, y de doña Rosa Agueda Jover Camarena.

De ellos fue hija:

Doña María Josefa de Herrera y Gordo, bautizada en Santo Domingo el 18 de mayo de 1772, casada con don Juan José de la Cova, natural de la isla de Margarita, en Venezuela. Fueron los padres de: Lucas; de José María, y de Úrsula de la Cova y Herrera. Los cuales:

A. — Don Lucas de la Cova y Herrera, bautizado en Santo Domingo en 1791 y fallecido allí en 1854. Contrajo matrimonio en esa ciudad con doña Filomena Gómez Graterol, viuda del Licenciado don Francisco Marcano, e hija de don Joaquín y de doña Juana.

B. — Don José María de la Cova y Herrera, bautizado en Santo Domingo, en 1793. Casó en la Catedral de La Habana el 11 de mayo de 1822 con doña María de la Luz Sotolongo y Aguilar (que otorgó su testamento allí el 24 de diciembre de 1862 ante el escribano Villate), hija del Licenciado don Pedro Sotolongo y Fernández de Velasco, y de doña María Rafaela de Aguilar y Jústiz.

C. — Doña Úrsula de la Cova y Herrera, bautizada en Santo Domingo en 1794 y casada allí con don Arnoldo Enrique Vignier y Marliani, natural de París y vecino de Filadelfia, hijo de don José Arnoldo y de Clarisa Teresa. Tuvieron por hijos: a Josefa Teresa Gregoria Arnolda; a María de las Mercedes Cupertina; a Enrique José Tomás; a Agueda María del Pilar; a Matilde Teresa; y a Francisca Vignier y de la Cova.

RAMA II

El Licenciado don Juan Bautista de Herrera y Adames, bautizado en Santo Domingo el 20 de noviembre de 1754, casó allí con doña Rosa Gordo y Jover Camarena (1754-1830), nacida y fallecida en la propia ciudad, hija de don Jácome Gordo, natural de Génova, y de doña Rosa Agueda Jover Camarena.

Fueron padres: de Juana Josefa, fallecida en 1776; de Antonio José, bautizado en 1777, y de María Candelaria (1780-83), todos difuntos párvulos, y de los dos siguientes:

a. — Doña María de los Dolores de Herrera y Gordo, nacida en Santo Domingo el 15 de mayo de 1775 y fallecida allí en 1843. Casó en esa ciudad el 29 de agosto de 1815, con el Regidor don Francisco Madrigal y Cordero (1757-1818), hijo de don Pedro Madrigal y Cordero, natural de Umbrete cerca de Sevilla, y de doña María Cordero y Herrera, casados estos últimos en Santo Domingo el 02.04.1752, hija la mujer de Isidoro y de Francisca. Fueron padres de doña María Teresa Madrigal y Herrera (1817-1897), que fue soltera.

b. — El Licenciado don Antonio María de Herrera y Gordo, bautizado en Santo Domingo en 1782. Fue uno de los redactores de la primera

Constitución de la República Dominicana y, fracasada ésta, se estableció en Puerto Príncipe, Cuba, al pasar para allí la Real Audiencia. En esta última ciudad fundó el primer periódico «El Espejo», y también el «Semanario Curioso». Tuvo una extensa biblioteca que donó a la ciudad al morir, el 29 de agosto de 1845, presentada su defunción en la parroquia de la Caridad. Había otorgado su testamento el 14 de mayo de 1844 ante el escribano Ronquillo (f. 127).

Contrajo matrimonio en la parroquia de la Soledad de Puerto Príncipe el 30 de noviembre de 1805 (L. 5, f. 18) con doña Plácida María Guerra y Quesada, hija de don Cayetano Guerra y Quesada y de doña Ana de Quesada y Socarrás. Fueron padres: de doña Rosa Plácida, nacida hacia 1810 y fallecida soltera en 1879; de doña María de la Concepción Leocadia, bautizada en la parroquia Mayor el 8 de diciembre de 1815 (L. 12, f. 113v) y fallecida soltera el 29 de noviembre de 1897; de doña Francisca Sofía, mencionada en el testamento paterno; de doña María Virginia, nacida hacia 1824 y fallecida soltera en Puerto Príncipe el 21 de mayo de 1898 (L. 5, f. 71); de Antonio María; de Juan José; de Manuel Valentín; y de Juan Bautista de Herrera y Guerra. Los cuales:

1. — Don Antonio María de Herrera y Guerra, que sigue la línea más adelante.

2. — Don Juan José de Herrera y Guerra, nacido hacia 1811, que fue Procurador de la Real Audiencia de Puerto Príncipe y contrajo matrimonio con doña Ana Bernarda Olivera y Montalbán, hija de don Pedro Celestino Olivera y Rodríguez, y de doña Ana Bernarda Montalbán y Díaz. Tuvieron por hijos: a

A. — Don Fernando de Herrera y Montalbán, padre de Clara y de Dolores, solteras, y de Fernando de Herrera.

B. — Don José de Herrera y Montalbán, padre de Julio y de Guillermo de Herrera, que por muchos años trabajó en la redacción del diario «El Mundo» de La Habana.

C. — Don Miguel de Herrera y Montalbán, natural de Puerto Príncipe, casado con doña María del Carmen Bellido de Luna y Sánchez de Casahonda, natural de Cienfuegos. Fueron padres de:

Don Francisco de Herrera y Bellido de Luna, Ministro Episcopal, casado con doña Josefa Meras y Bofill, natural de Cienfuegos, hija de Manuel y de Celestina. Fueron padres de: María Antonia; de Miguel; de Francisco, y de Josefina de Herrera y Meras. Los cuales:

a. — Doña María Antonia de Herrera y Meras, nació en La Habana en 1910, esposa de don Ramiro Rouco y García, hijo de Manuel y de Hortensia.

b. — Don Miguel de Herrera y Meras, nació en La Habana en agosto de 1911.

c. — Don Francisco de Herrera y Meras, nació en Cárdenas el 22 de octubre de 1913.

d. — Doña Josefina de Herrera y Meras nació en Cárdenas el 11 de noviembre de 1914.

3. — Don Manuel Valentín de Herrera y Guerra, Escribiente, nacido en Puerto Príncipe hacia 1829. Casó en la parroquia de la Soledad de esa ciudad el 16 de julio de 1845 (L. 8, f. 57) con doña Emilia Josefa Roura y Molina. Fueron padres de: Emilia, nacida hacia 1859 y de Adela Plácida de Herrera y Roura. De las cuales:

Doña Adela Plácida de Herrera y Roura, casó en la parroquia de Santa Ana de Puerto Príncipe el 26 de diciembre de 1868 (L. 5, f. 33) con don Carlos Federico Porro y Medrano, hijo de don Andrés Porro y Varona, y de doña Catalina Medrano y Varela.

4. — El Licenciado don Juan Bautista de Herrera y Guerra, Abogado y Escribano público nació en Puerto Príncipe hacia 1830, y casó dos veces en esa ciudad: la primera, el 2 de julio de 1854 (L. 9, f. 30), parroquia de la Soledad, con doña Agueda de la Trinidad García y Agramonte, hija de don Rafael García González y de doña Trinidad Agramonte y Rivera. Casó de nuevo en la citada parroquia el 25 de octubre de 1873, con doña María de la Concepción Valdés y Velasco, hija de don José María Valdés y Graterán, y de doña Soledad de Velasco y Zaldívar. Tuvo tres hijos del primer enlace, y tres del segundo, que fueron los seis siguientes:

1. — Doña Etelvina de Herrera y García, casada en la parroquia de la Soledad de Puerto Príncipe el 28 de enero de 1874 (L. 10, f. 47), con don Pedro Nolasco Marín y Loynaz, hijo del Licenciado don Pedro Nolasco Marín y Garay, y de doña María de la Concepción Loynaz y Caballero.

2. — Doña Josefa Trinidad de Herrera y García, nacida hacia 1867 y casada en la parroquia Mayor de Puerto Príncipe el 24 de septiembre de 1894 (L. 10, f. 327) con don Vicente de Varona y Agüero, hijo de don Fernando de Varona y Batista y de doña Juana de Dios Agüero y Batista.

3. — El doctor Enrique de Herrera y García, Farmacéutico, que fue casado con doña Amparo Estrada y Marín, y padres de:

A. — Don Ernesto de Herrera y Estrada.

B. — El coronel don Abelardo de Herrera y Estrada, casado en Matanzas.

C. — Doña Amparo de Herrera y Estrada, esposa de su tío don Antonio Enrique de Herrera y Valdés.

D. — El doctor don Alfredo de Herrera y Estrada, Abogado y Magistrado de la Audiencia de La Habana (1959), casado con doña Fanny Siberio. Sus hijos son:

a. — Doña Adriana de Herrera y Siberio, casada con el doctor don Raimundo Betancourt y Arteaga, hijo de don Aquiles Betancourt y del Castillo y de doña María de la Caridad Arteaga y Socarrás. Fueron padres de: doña Madeleine Betancourt Herrera.

b. — Don Alfredo Enrique de Herrera y Siberio, casado con doña Graciella Ruiz. Padres de Francisco y Enrique Herrera Ruiz.

c. — Don Francisco de Herrera y Siberio, casado con doña Teresa Hart. Padres de Carola, Diana y Brand de Herrera y Hart.

1. — Don Eduardo de Herrera y Valdés, fallecido en Puerto Príncipe el 9 de noviembre de 1985.

2. — Don Antonio Enrique Herrea Valdés, casado con su sobrina, doña Amparo Herrera Estrada, tuvieron por hijas: a Alicia; a María de los Ángeles, y a Amparo de Herrera y Herrera.

3. — Don Juan Bautista de Herrera y Valdés, nació en Puerto Príncipe en 1877. Contrajo matrimonio con doña Catalina Otero-Cossio y Betancourt, hija de don Serafín Otero-Cossío y Dominicis y de doña Luisa Rufina Betancourt y Guerra. Tuvieron cuatro hijos:

A. — Doña Luisa Herrera y Otero-Cossío, nacida en Filadelfia en 1908 y fallecida en Miami, 1979. Contrajo matrimonio en la Catedral de Camagüey el 3 de mayo de 1927 (L. 11, f. 430) con don Felipe Luaces y Sebrango, Abogado, hijo de don Emilio Luaces e Iraola, y de doña Josefa Sebrango e Iraola.

B. — Doña Catalina Herrera y Otero-Cossío, casada con don Mario Curbelo, natural de Cienfuegos.

C. — Doña Mercedes Herrera y Otero-Cossío, casada con don Federico Luaces y Perdomo, hijo de don Antonio Luaces y Molina y de doña Caridad Perdomo Díaz.

D. — Don Juan Bautista Julián Herrera y Otero-Cossío, ganadero, nacido en Camagüey el 9 de enero de 1911 y fallecido en Miami, Florida, el 28 de abril de 1980. Contrajo matrimonio en el Central «Florida», Camagüey, el 25 de diciembre de 1933 con doña Dulce Tormes y Stiessel, hija de don Francisco Tormes y Pentón y de doña Sofía Stiessel y Ramírez, natural de Sancti Spiritus. Tuvieron un solo hijo:

Don Roberto de Herrera y Tormes, que nació en Camagüey el 11 de marzo de 1935 y casó en la parroquia de la Caridad de esa ciudad el 16 de noviembre de 1957 con doña Mariana de la Herrán y Herrera, nacida allí el 6 de diciembre de 1938, bautizada en la parroquia de San José, hija del doctor don Arturo de la Herrán y Varona, y de doña Cas-Mariana de Herrera y Michel. Son padres de:

a. — Doña Mariana de Herrera y de la Herrán, nacida en Camagüey el 5 de octubre de 1958.

b. — Doña María Teresa de Herrera y de la Herrán, nacida en Camagüey el 12 de marzo de 1961.

Don Antonio María de Herrera y Guerra, mencionado anteriormente como hijo mayor del Licenciado don Antonio de Herrera y Gordo y de doña Plácida María Guerra, nació en Puerto Príncipe en 1806, y contrajo matrimonio con doña Isabel Antonia Betancourt, fallecida a los 30 años de eded el 19 de octubre de 1849, con defunción en la parroquia de Santa Ana de esa ciudad (L. 5, f. 63), habiendo otorgado su testamento el día anterior. En segundas nupcias casó con doña Rosa Agosto.

Del primer enlace tuvo por hijos: a Manuel; a Francisco Xavier; a Isabel de las Mercedes; a Josefa Teófila y a Antonio Enrique de Herrera y Betancourt, de quienes no hay otro dato que la mención que de ellos se hace en el testamento materno, y además a Ana Elodia y a Salvador Manuel. Del segundo enlace nacieron Clodomiro, Ismenia, y Plácida de Herrera y Agosto. Los cuales:

1. — Doña Ana Elodia de Herrera y Betancourt, casó en la parroquia de Santa Ana de Puerto Príncipe el 29 de febrero de 1873 (L. 5, f. 82) con don Andrés Corsino Estrada y Compañón, natural de Sancti Spiritus, hijo de don Ignacio Estrada y de doña María Caridad Compañón.

2. — Don Salvador Manuel de Herrera y Betancourt, que sigue la línea.

3. — Don Clodomiro de Herrera y Agosto, casó en la parroquia de Santa Ana de Puerto Príncipe el 11 de agosto de 1900 con doña Eusebia Díaz Rodríguez, hija de José y de Ana Santiaga.

4. — Doña Ismenia de Herrera y Agosto, contrajo matrimonio en la citada parroquia el 24 de abril de 1889 (L. 10, f. 303) con don Eliecer de Varona y Agramonte, hijo de don José de Varona y Batista, y de doña Ángela Josefa Agramonte y Betancourt.

5. — Doña Plácida de Herrera y Agosto, casó en la parroquia de Santa Ana de Puerto Príncipe el 3 de octubre de 1887 (L. 5, f. 132) con don Serapio Usatorres y Ramírez, hijo de don Blas Usatorres y Ballagas y de doña Sacramento Ramírez y Rendón.

Don Salvador Manuel de Jesús de Herrera y Betancourt, mencionado anteriormente, hijo de don Antonio María de Herrera y Guerra, y de doña Isabel Antonia Betancourt nació hacia 1848. Fue conocido oficial del Ejército de Cuba en Armas durante la Guerra de los Diez Años (1868-78), con el sobrenombre de «El Cubanito».

Contrajo primeras nupcias en la parroquia de Santa Ana de Puerto Príncipe el 28 de octubre de 1872 (L. 5, f. 64v) con doña Herminia Feliciana Sifontes y González, hija de José Ramón y de María Isidora. Por segunda vez casó en la referida parroquia, el 2 de mayo de 1887 (L. 6, f. 107v) con doña María Ramona de la Cruz Fernández y Borrero, hija de Justo y de María de los Ángeles. Del primer enlace tuvo a Juan Pablo y a Honorio, que siguen; y del segundo a Eva Nicida y a Georgina Esther, solteras, y a Mario, que veremos más adelante. Los tres hijos que continuaron la sucesión fueron:

A. — Don Juan Pablo Abel de Herrera y Sifontes, que seguirá la línea más adelante.

B. — Don Honorio de Herrera y Sifontes, que nació en Puerto Príncipe el 26 de diciembre de 1875 y fue Teniente del Ejército Libertador de Cuba, así como redactor del periódico «El Guajiro». Casó con doña Angelina Puga y Estrada, y fueron padres de:

a. — Doña Herminia Graciela Herrera y Puga, casada con don Salvador Rodríguez García, hijo de don Aurelio Rodríguez Guerra, y de doña Lucila García Sifontes.

b. — Don Honorio Herrera Puga, que casó en primeras nupcias con doña Clara Aurora Rosabal, y luego con...

c. — Doña Angelina Aurora Herrera y Puga, soltera.

d. — Doña Margarita Ofelia Herrera y Puga, casada con...

e. — Don Humberto Herrera y Puga, casado con...

f. — Don Abel Herrera y Puga, casado con...

g. — Doña Hilda Herrera y Puga, casado con...

h. — Don Mario de Herrera y Fernández, casado en primeras nupcias con doña Rosa Arellano, y en segundas con doña Margarita del Risco. Del primer enlace tuvo por hijos: a Lucrecia; a Elia Berta, y a Mario Enrique Herrera y Arellano. De los cuales:

Don Mario Enrique Herrera y Arellano, casó con doña Rosa Blanco. Tuvieron por hijo: a don Ángel de Herrera y Blanco, Ingeniero, que casó con doña Daisy Leiva, y tienen por hijos: a Ángel Alberto; a Jorge Carlos, y a Elena María Herrera y Leiva.

Don Juan Pablo Abel de Herrera y Sifontes, hacendado y propietario, nacido en Puerto Príncipe el 16 de diciembre de 1871. Fue oficial del Ejército Libertador de Cuba, y murió en Camagüey el 13 de marzo de 1957.

Contrajo matrimonio con doña Julia María Eloisa Michel y Guerra, nacida en Puerto Plata, República Dominicana, hija de don Rafael Michel y Vilmayne, natural de Sibanicú, en Cuba; y de doña Juana Eloisa Guerra y Nápoles, natural de Puerto Príncipe. Tuvieron trece hijos:

1.—Doña María Eloísa de los Ángeles de Herrera y Michel, nacida en Camagüey y fallecida allí, casada con don Arturo García, natural de Asturias.

2. — Don Manuel de Jesús de Herrera y Michel, nacido en Camagüey, hacendado y ganadero, que falleció en dicha ciudad el año 1956. Casó con doña Eleuteria María de las Mercedes Pérez y Hernández, hija de Antonio y de Rita. Sus hijos son: Julia Cándida; Manuel de Jesús; Rafael Agustín, y Ana Rita Herrera y Pérez. Los cuales:

A. — Doña Julia Cándida Herrera y Pérez, nacida en Camagüey, casó con su primo hermano don Julio Crespo y Herrera.

B. — Don Manuel de Jesús Herrera y Pérez, que nació en Camagüey, casó con doña Odelta Darriba y Arias, hija de Fortunato y de Flora. Son padres de: Odelta Esther y de María Isabel Herrera y Darriba. Las cuales:

a. — Doña Odelta Esther Herrera y Darriba, casó en Miami con don José Francisco Rodríguez.

b. — Doña María Isabel Herrera y Darriba, casó con don José Miguel Fariñas.

C. — Don Rafael Agustín Herrera Pérez, nació en Camagüey y contrajo matrimonio en esa ciudad con doña Daisy Montiel y Miralles, hija de don Carlos Montiel y Radillo, y de doña Armantina Miralles y Rivero. Son padres de: María Cristina, y de Manuel Antonio Herrera y Montiel, ambos nacidos en Camagüey.

D. — Doña Ana Rita Herrera y Pérez, casó con don Jorge Luis Barrera y Díaz de Rada.

3. — Doña Herminia Valeriana de Herrera y Michel, nacida el 14 de abril de 1895 y fallecida en Camagüey, casada con don Félix Crespo y Mateo.

4. — Doña Rosa Virginia de Herrera y Michel, nació en Camagüey el 14 de abril de 1896, y falleció en Miami, Florida, el 16 de diciembre de 1967. Casó con don Luis Fornagueras y Cruz.

5. — Don Abel Próstomo de Herrera y Michel, fallecido párvulo.

6. — Doña Julia Carlota de Herrera y Michel (1901-1942), soltera.

7. — Doña Esther Lorenza de Herrera y Michel, nacida en Camagüey el 5 de septiembre de 1905, que falleció soltera.

8. — Doña Ángela Isabel de Herrera y Michel, nacida en Camagüey el 2 de octubre de 1905. Casó con el doctor don Ramón Víctor Tormo y Lagullón, Médico, hijo de don Ramón Tormo y Amador, habanero, y de doña Piedad Lagullón y Salinero, natural de Matanzas. Reside en San Felipe, Venezuela. Su hija es:

Doña Julia Piedad Tormo y Herrera, casada con don Ricardo Gutiérrez y González, de cuyo matrimonio han nacido: Lourdes de los Ángeles; Elizabeth; Ricardo Ramón, y Antonio Gutiérrez y Tormo.

9. — Doña Ángela Matilde de Herrera y Michel, nació en Camagüey el 2 de agosto de 1907 y falleció en esa ciudad el 3 de mayo de 1953. Casó con don Romualdo Rodríguez.

10. — Doña Delfina Serafina de Herrera y Michel, nacida en Camagüey, y casada con don Eugenio Fernández Mederos.

11. — Doña Ana Gloria de Herrera y Michel, nacida en Camagüey y fallecida allí, casada con don Rafael Rodríguez Casas.

12. — Doña Casta Mariana de Herrera y Michel, nació en Camagüey y reside en Miami, casada con el doctor Arturo de la Herrán y Varona, Médico y Catedrático del Instituto de Camagüey, hijo de don Isidro de la Herrán y Urioste, y de doña Clemencia de Varona y Estrada. Tienen por hijos: a Arturo; a Mariana, y a María Teresa de la Herrán y Herrera. Los cuales:

1. — Don Arturo de la Herrán y Herrera, casado con doña Nelly Martínez.

2. — Doña Mariana de la Herrán y Herrera, casada con su primo don Roberto Herrera Tormes, mencionado anteriormente.

3. — Doña María Teresa de la Herrán y Herrera, casada con el doctor don Carlos García Rivera.

13. — Don Juan Pablo Abel de Herrera y Michel, ganadero, que nació en Camagüey el 14 de agosto de 1917 y falleció en Miami, Florida, el 23 de marzo de 1970. Contrajo matrimonio en la parroquia de la Caridad de Camagüey el 5 de mayo de 1941 con doña Georgina Julia Vilató y de la Torre, nacida en esa ciudad el 20 de diciembre de 1919, hija de don José Abelardo Vilató y Cardoso, y de doña Elvira Gabriela de la Torre y de la Torre. Tuvieron cuatro hijos:

A. — Don Abel Félix Herrera y Vilató, nacido en Camagüey el 29 de julio de 1942 y bautizado en la parroquia de Santa Ana. Casó en la parroquia de St. Hugh de Miami, Florida, el 14 de junio de 1969 con doña Georgina del Carmen Lartitegui y Hernández, nacida en Cárdenas, Matanzas, hija de don Cornelio Lartitegui y Achirica, y de doña Georgina Juana Hernández Iribarren. Son padres de Michelle María y de Abel Alberto Herrera y Latitegui. Los cuales:

a. — Doña Michelle María Herrera y Lartitegui, nació en Miami, el 22 de febrero de 1972, y bautizada en la parroquia de St. Kieran.

b. — Don Abel Alberto Herrera y Lartitegui, nació en Miami, el 30 de marzo de 1974 y fue bautizado en la parroquia de St. Kieran.

B. — Don Rafael Danilo Herrera y Vilató, que nació en Camagüey el 6 de septiembre de 1944 y fue bautizado en la Catedral de esa ciudad. Casó en primeras nupcias en Miami, en la parroquia de St. Michael, el 24 de febrero de 1967 con doña Myrna López Bosch, nacida en Camagüey el 3 de febrero de 1947, hija del doctor Daniel López Gómez y de doña Adela Bosch Cardona; en segundas nupcias casó en esa misma ciudad, el 5 de diciembre de 1974 con doña Sarah Herrera Rice, hija de don José Luis Herrera y Ruiz, de la casa de los marqueses de Villalta, y de doña Sarah Rice Llanes. Sus hijos son:

1. — Don Rafael Danilo Herrera y López, nacido en Miami, el 4 de enero de 1968.

2. — Doña Myrna Adela Herrera y López, nacida en esa ciudad el 23 de julio de 1969, bautizados éstos en la parroquia de St. Michael.

3. — Don José Luis Herrera y Herrera, nacido en Miami, el 26 de mayo de 1977 y bautizado en la parroquia de St. Dominick.

C. — Don José Julio Herrera y Vilató, que nació en Camagüey el 2 de noviembre de 1956 y fue bautizado en la parroquia de la Caridad de esa ciudad el 18 de diciembre de 1956.

D. — Doña Georgina del Carmen Herrera y Vilató, que nació en Camagüey el 2 de noviembre de 1956 y fue bautizada en la parroquia de la Caridad el 18 de diciembre del mismo año.

IBARGÜEN

Apellido vasco. Sus armas: Los de Durango traen: en campo de oro una cruz de gules, floreteada. Los de Elorrio traen: en campo de azur, un aspa de plata que llena todo el escudo. Los de Ceánuri traen: en campo de gules, una cruz flordelisada de oro cargada de una panela de gules y cantonada de cuatro panelas de plata. Los de Gordejuéla traen: en campo de gules, una cruz flordelisada, de plata, cantonada de cuatro panelas de sinople.

Originarios del lugar de su apellido, Concejo de Güeñes, Encartaciones de Vizcaya, donde tuvieron su casa solar.

Güeñes es uno de los valles y concejos de la Tierra Encartada que más juego dio en las refriegas y luchas de banderías. Lope García de Salazar escribió la participación que en ellas tuvieron los escuderos de Ibargüen.

El lugar o barrio de Ibargüen, que en vascuence significa «valle en sitio alto», está muy cerca de la parroquia Santa María de Güeñas, cuya erección data del siglo XII.

Consta en las «Bienandanzas e Fortunas» del referido Salazar (año 1471), que allí pobló Iñigo Sánchez, hijo de Ochoa López de Gordejuela, de la Casa de los Señores de este valle; le heredó su hijo segundo Martín Sánchez que tomó el apellido de Ibargüen y casó con una hija de Iñigo Sánchez de Anuncibay, y éstos tuvieron a Martín de Ibargüen, a Juan Martínez, a Lope de Ibargüen y a otros. Martín de Ibargüen, el primogénito, heredó el solar, y casó con una hija de Juan Martínez de la Cuadra, de quien tuvo a Juan Martínez, que casó con una hija de Ortiz. El Iñigo Sánchez de Gordejuela, padre de esta generación, es el que, en poderío, sobrepujó a todos en el valle.

Don Martín de Ibargüen, el primogénito de Martín Sánchez de Ibargüen, murió en 1448, en la pelea que hubo en Zalla con el autor de las «Bienandanzas y Fortunas». Si sus sucesiones y las de sus hermanos no se extinguieron en Ibargüen, o no pasaron todas a otros lugares, entonces de esa ilustre familia pudo ser rama la que motiva este trabajo, cuyo primer antecesor conocido por nosotros, debió de nacer por los años de 1615. De no ser así, se trata de otro linaje que convivió con aquel tan poderoso, o que allí se estableció más tarde.

No ha llegado a nuestro conocimiento los cargos y oficios honoríficos que como nobles vizcaínos originarios pudieron haber obtenido los individuos de la familia que nos ocupa, cuya genealogía es como sigue:

Don Domingo Ramos de Ibargüen de Taramona, y su mujer doña María Martínez de Lejarza, tuvieron por hijo: a

Don Aparicio Ramos de Ibargüen y Martínez de Lejarza, bautizado en la parroquia de Santa María de Güeñes el 6 de enero de 1641 siendo sus padrinos Pedro Bueno de Basorí y doña Clara de Lejarza, y testigos del acto, el Bachiller Castaños, Francisco Allansó de la Sier, y Juan de Palacio. Casó en la misma parroquia el 27 de enero de 1670, con su pariente en cuarto grado iguales de consanguinidad, doña Magdalena de Lejarza y Ortiz de Amézaga, hija de Bartolomé y de doña María, siendo testigos don Martín de Ocaranza, don Santiago de Taramena, y otros. Tuvieron por hijo: a

Don José Ramos de Ibargüen y Lejarza, bautizado en la parroquia de Santa María de Güeñes (en la iglesia de Nuestra Señora de Güeñes, que es en el valle de Salcedo, Leal Señorío de Vizcaya, dice esta acta baustismal) el 19 de mayo de 1676, siendo sus padrinos don Pedro de Urtusautegui y doña Fernanda de Villanueva, y testigos, don Diego de Yarte y don Gaspar de Palacio. Apadrinados por don Marcos Martínez de Lejarsa y doña Bernarda de Llano, y ante los testigos don Martín del Casal y el Sacristán Antonio de Castaños, contraJo matrimonio, en el colindante valle y Concejo de Galdanes, Encartación de Vizcaya, parroquia San Pedro, feligresía Galdames de Yuso, con doña María de Lazcano y Umarán, hija de Antonio y de Magdalena, bautizada en la misma parroquia San Pedro el 3 de enero de 1674, siendo sus padrinos el Bachiller don Francisco de Llano y doña María del Casal. José Ramos de Ibargüen murió en 1750, y su esposa doña María de Lazcano en 1770, a la avanzada edad de noventa y seis años. Tuvieron por hijos, entre otros, a Magdalena, y a Bartolomé de Ibargüen y Lazcano. Los cuales:

1. — Doña Magdalena de Ibargüen y Lazcano, fue bautizada en la parroquia de San Pedro Concejo de Galdamés, el 4 de junio de 1704, siendo sus padrinos don Martín de Castaños y doña Ana del Casal, y testigos de acto don Antonio de Castaños y don Tomás Ortiz, vecinos de Galdamés.

2. — Don Bartolomé de Ibargüen y Lazcano, siendo vecino de Concejo de Güeñes, a 8 de septiembre de 1725, en su parroquia Santa María y en presencia de los testigos el Bachiller don Juan Francisco de Iriondo, Cura y Beneficiado de dicho Concejo, y don Juan Miguel de Aréchaga, contrajo matrimonio con doña María de Chavarri y Estrada, hija de don Domingo de Chavarri y Arzabe, y de doña María de Estrada y Ocaranza, bautizada en la misma parroquia el 29 de marzo de 1703, siendo sus padrinos el Bachiller don José de Castaños, Beneficiado en dicha iglesia, y doña María Dolores Galíndez de San Pedro, y testigos del acto, don José y don Diego de Yarte y otros. Tuvieron por hijo: a

Don José de Ibargüen y Chavarri, bautizado en Güeñes, parroquia Santa María, el 25 de diciembre de 1727, siendo sus padrinos don Simón de Marcotena y doña Isabel de Ibargüen, y testigos del bautismo los Bachilleres don Francisco de Santibáñez y don José de Castaños, Curas y Beneficiados de las parroquiales iglesias unidas del Concejo de Güeñes, que es en las Encartaciones del Señorío de Vizcaya. Ante el testigo don José de Uriarte y otros muchos vecinos del Concejo de Galdamés, contrajo matrimonio en su parroquial San Pedro, el 7 de enero de 1753, con doña Felipa Ventura de Castaños y Yarte, bautizada en la misma parroquia el 2 de mayo de 1731, hija de don Pedro de Castaños y de doña Francisca de Yarta (fallecida en Güeñes antes de 1753), nieta paterna de don Pedro de Castaños y de doña Bernarda de Llano, y nieta materna de don José de Yarta y de doña Antonia de Ameso, siendo sus padrinos don Antonio de Castaños y doña Antonia de la Quintana, y testigos del acto don Mateso Sonneine y don Juan de Salazar. Tuvieron por hijos, entre otros, a José y a Manuel José de Ibargüen y Castaños. Los cuales:

A. — Don José de Ibargüen y Castaños, pasó a la villa de Balmaseda donde otorgó testamento ante don Andrés de la Presa, y falleció, parroquia de San Severino, a 15 de agosto de 1828. Casó dos veces: primero, con doña Epifania de Castillo, de quien tuvo por hijo a Fernando de Ibargüen y Castillo; casó por segunda vez, con doña Ignacia de Arenaza, con la que tuvo por hijos: a Atanasio Severino; a Bonificio, y a María de Ibargüen y Arenaza.

B. — Don Manuel José de Ibargüen y Castaños, nació y recibió las aguas bautismales el 23 de diciembre de 1753, en la parroquia de Santa María de Güeñes; padrinos fueron don Marcos de Chavarri y doña Josefa de Lejarza, y testigos don Juan Santos de Albisuri y don Domingo de Montehermoso. Ante los testigos don José de Uriarte, don Baltasar Galíndez y de otros, casó en Galdamés, parroquia San Pedro, el 28 de noviembre de 1779, con doña María Andrea de Galíndez y del Casal, hija de don Domingo Galíndez y Chavarri y de doña María del Casal y de la Bea, nieta paterna de don Domingo Galíndez y de doña María de Chavarri, y nieta materna de don Francisco del Casal y de doña María de la Bea, bautizada en la misma parroquia San Pedro el 6 de febrero de 1745, siendo su padrino don Bernabé de San Ginés y testigos del bautismo don Fernando López, Cura Capellán en dicha iglesia, y don José de Llano, natural del Concejo de Tovalina, provincia de Burgos. De Güeñes, pasaron a la villa de Balmaseda, donde se avecindaron y debieron probar hidalguía con arreglo al Fuero. Don Manuel José murió sin testar y de estado viudo, en la villa de Portugalete, el 23 de enero de 1816, siendo enterrado al siguiente día, con cumplimiento de medio año, en su iglesia parroquial de Santa María. Tuvieron por hijo: a

Don Juan Manel de Ibargüen y Galíndez, bautizado en Güeñes, parroquia Santa María, el 12 de septiembre de 1780, apadrinado por don Juan Antonio de Naverán y doña María de Santa Marina. Ejerció la profesión de Organista y se avencindó con sus padres en la villa de Balmaseda. Ante los testigos don Venancio de Maruri, doña María Antonia de Chavarri y Tueros, y otros muchos, contrajo matrimonio en la villa de Portugalete, parroquia Santa María, el primero de enero de 1807, con doña Cirila de Escarza y Arauco, hija de don Juan Bautista de Escarza y de doña Ana Juana de Arauco, nieta paterna de don Juan Bautista de Escarza y de doña María Manuela de Álvarez, y nieta materna de don Juan Bautista de Arauco y de doña Manuela de Aranguren, bautizada en la misma parroquia con los nombres de Ana Josefa Cirila, el 9 de julio de 1781, siendo sus padrinos don José de Aróspide y doña María de Arauco, y testigos don Manuel Valanda y otros. En la tarde del 17 de julio de 1842, se dio sepultura de tres capas en el Campo Santo de la iglesia parroquial Santa María, de la villa de Portugalete, al cadáver de doña Cirila de Escarza y Arauco, fallecida ab intestato a las nueve de la noche del día anterior, a consecuencia de una apoplegía nerviosa, según nota del facultativo de la villa. En 25 de diciembre de 1846, previo el oficio de sepultura solamente y en la forma requerida por razón de la solemnidad del día, se dio sepultura en el mismo Campo Santo, el cadáver de don Juan Manuel de Ibargüen y Galíndez, vecino de dicha villa, fallecido de repente y sin testar a las cuatro y media de la tarde del día anterior. Tuvieron por hijos: a Dominga; a José Benito, y a Ramón de Ibargüen y Escarza. Los cuales:

a. — Doña Dominga de Ibargüen y Escarza, nació en la villa de Portugalete, donde casó después de 1846, y enviudó antes de 1861, dejando sucesión en aquella villa.

b. — Don José Benito de Ibargüen y Escarza, nació en la villa de Portugalete, donde contrajo matrimonio antes de 1846, teniendo por hijas, tal vez entre otros, a Lucrecia, que casó con uno de los Gobernadores del Banco de Bilbao, y a Darío de Ibargüen que pasó a La Habana e ingresó en el Ejército español, muriendo soltero en campaña durante la guerra de los diez años.

Con la autoridad del Juez de Paz de Portugalete y su auto aprobatorio de 31 de mayo de 1861, con intervención del Síndico Procurador de aquel Ayuntamiento en funciones de Promotor Fiscal y ante don

Juan Braulio de Butrón, escribano real y del número de la villa, en 27 de dicho mes y año, don José Benito y su hermana doña Dominga, por la urgencia del caso y para conseguir ciertos derechos, promovieron un informativo de testigos para acreditar la calidad noble de sus padres y antepasados. Fueron presentados cuatro testigos adornados de las cualidades que la ley exigía para que sus declaraciones en juicios fuesen tenidas por veraces y ciertas y todos contestes dijeron que quienes los presentaron y sus padres y abuelos fueron reputados en aquella población por limpios de sangre y nobles en su origen.

c. — Don Ramón Fausto de Ibargüen y Escarza, fue bautizado en Portugalete, parroquia Santa María, el 31 de agosto de 1824, siendo sus padrinos don Félix de Escarza y doña Fausta de Cabiedes. El 13 de enero de 1841, procedente de Santander, llegó a La Habana, a bordo del bergantín «Joven Felicia», vino en compañía de otro muchacho, su pariente, llamado don Modesto del Valle. Ambos venían recomendados a don Francisco de Goicuría, quien también les sirvió de fiador para su desembarques. Coicuría colocó enseguida a don Ramón, como dependiente, en la ferretería situada en la calle del Obispo esquina a Mercaderes, propiedad entonces del que años después había de ser su suegro. Fue más tarde administrador de los bienes de don Melchor Moreno y de la empresa de los carritos urbanos, almacenista de víveres al por mayor y propietario de un tren de carruajes de alquiler en la calzada de Carlos III en el cual se fabricaba todo, desde los arreos hasta los coches. Fue Capitán de Milicias Disciplinadas de Infantería en su Regimiento de La Habana núm. 1; Capitán de la 5ta. Compañía del 6.º Batallón de Voluntarios y uno de los Brigadas fundadores del cuerpo de Bomberos del Comercio. Exibiendo el promovido por sus hermanos en Portugalete al que se unieron actas sacramentales, árbol genealógico y un cuartelado escudo de armas que en realidad no se sabe si le correspondía. En 5 de enero de 1863, promovió en La Habana otro informativo de identidad con aquellos por ante el escribano don Luis de Ayala, intervención del Promotor Fiscal del Juzgado y autoridad del Alcalde Mayor del Distrito de Belén quien le aprobó por su auto de 2 de marzo del mismo año. A este objeto presentó tres testigos los cuales declararon que los documentos que se le ponían de manifiesto y corrían agregados a las diligencias, correspondían a su producente y antepasados, considerados como nobles y reputados por personas de calidad en la villa de Portugalete. Previo expediente de soltería y cristiandad, y consentimiento del padre de la novia, archivado en el Proviserato de este Arzobispado, y siendo padrinos la madre y un hermano de la contrayente, casó en la parroquia de Monserrate, el 16 de septiembre de 1851, con doña Antonia Manuela Mazón y Rivero, la que, apadrinada por don Antonio Fernández, fue bautizada en la del Cristo, el 11 de enero de 1832, como hija de don Andrés Mazón y Causo, natural de Portugalete, Caballero de la Orden de San Juan de Jerusalén, de los llamados de gracia, ferretero, agente de negocios y contador judicial, y de doña María de las Mercedes Josefa Cirila Rivero y Bosque, natural de esta ciudad; nieta paterna de don Juan Simón Mazón y Leceguti y de doña María Ventura de Causo y Oyancas, el primero natural del concejo de Muzquiz, y la segunda del de Santurce, ambos en el valle de Somorrostro; y nieta materna de don Antonio José Maximiano Rivero y González, natural del partido de Jesús del Monte, y de doña Antonia María Regina Bosque y Castro Palomino, natural de esta ciudad. Don Ramón de Ibargüen y Escarza, falleció el 17 de diciembre de 1879, y su mujer doña Antonia Manuela en 18 de octubre de 1873, dándosele sepultura al primero en el tramo tercero del Cementerio de Colón y a la segunda en el de Espada, nicho núm. 485, segundo patio, departamento Sur. No otorgaron testamento y sus actas de defunción se encuentran en las parroquias de Monserrate y Guadalupe respectivamente. Tuvieron por hijos: a Ramón Modesto Agustín de las Mercedes; a María de la Merced Modesta; a María del Carmen Marina; a Cirila Homobona; a Eduardo Sotero; a Leandro Policarpo; a Andrés Anastasio; a María Antonia Basilia; a José Agapito, y a Melchor Rafael de Ibargüen y Mazón. Los cuales:

1. — Don Ramón de Ibargüen y Mazón, fue bautizado en la parroquia de Monserrate el 27 de septiembre de 1853, siendo padrinos su abuela materna y don Modesto del Valle, falleció soltero el 31 de marzo de 1888.

2. — Doña Mercedes de Ibargüen y Mazón, fue bautizada en la parroquia de Monserrate el 30 de noviembre de 1854, siendo padrinos su abuela materna y don Modesto del Valle. Casó en la parroquia del Espíritu Santo el 21 de mayo de 1886, con don Miguel Ferrer, natural de la villa de Sancti Spiritus, hijo de don José de Jesús Ferrer y de doña María de la Caridad Pentón y Fornet. Falleció el 15 de septiembre de 1900, dejando sucesión.

3. — Doña Carmen Ibargüen y Mazón, fue bautizada en la parroquia de Monserrate el 31 de agosto de 1856, siendo sus padrinos don Juan Mas y su tía materna doña Mercedes Mazón y Rivero. Casó en la parroquia del Espíritu Santo el 31 de mayo de 1881, con don Arturo García de Lavín, natural de esta ciudad, hijo de don Eduardo García de Lavín e Iglesias y de doña Juana de Hano y Vega Díaz. Falleció el 5 de julio de 1945, dejando sucesión.

4. — Doña Cirila Ibargüen y Mazón, fue bautizada en la parroquia del Sagrario de la Santa Iglesia Catedral el 20 de enero de 1860, siendo sus padrinos don Pedro de Elózegui y su tía materna doña Francisca Mazón y Rivero. Casó en la parroquia de Monserrate el 9 de febrero de 1880, con don Pedro Calves, natural de esta ciudad, hijo del licenciado don Fernando Calves y Rodríguez y de doña Dolores Márquez y Fontcuberta. Falleció el 16 de agosto de 1899, dejando sucesión.

5. — Don Eduardo de Ibargüen y Mazón, fue bautizado en la parroquia de Monserrate el 18 de diciembre de 1861, siendo sus padrinos su abuela materna y don Modesto del Valle. Casó por lo civil ante el Juez Herminio del Barrio, el primero de octubre de 1904, con doña Carolina Méndez Sierra, natural de La Habana, hija de don Joaquín Méndez Sierra y Martínez, y de doña Antonia Ponce de León y Orbe. Murió sin sucesión el primero de julio de 1931, habiendo contraído matrimonio religioso con doña Carolina el día antes de fallecer.

6. — Don Leandro de Ibargüen y Mazón, fue bautizado en la parroquia de Monserrate el 14 de mayo de 1863, siendo sus padrinos su tía materna doña Francisca Mazón y Rivero, y don Policarpio del Hoyo. Casó en el Sagrario de la Santa Iglesia Catedral, el 16 de febrero de 1896, con doña María Ortiz, natural de esta ciudad, hija de don Cayo Ortiz y Arza y de doña María Isabel Randles y Lindsay. Falleció el 3 de diciembre de 1934, no dejando sucesión.

7. — Don Andrés de Ibargüen y Mazón, fue bautizado en la parroquia de Monserrate el 13 de junio de 1865, siendo sus padrinos su tía materna doña Isabel Mazón y Rivero y su primo hermano paterno don Darío de Ibargüen. Con grado de Teniente se incorporó a las fuerzas del General Adolfo Castillo en la última guerra separatista, muriendo a poco de fiebres palúdicas y soltero en una Prefectura de los montes de Guanamón.

8. — Doña Antonia de Ibargüen y Mazón, fue bautizada en la parroquia de Guadalupe el 22 de junio de 1867, siendo sus padrinos doña Ramona de Elózegui y su pariente don Tomás de Escarza. Falleció soltera el 17 de septiembre de 1927.

9. — Don José de Ibargüen y Mazón, fue bautizado en la parroquia de Monserrate el 30 de mayo de 1869, siendo sus padrinos su hermana doña Merced y don José de Mesperuza. Falleció soltero el 2 de enero de 1925.

10. — Don Melchor de Ibargüen y Mazón, fue bautizado en la parroquia de Monserrate el 29 de noviembre de 1857, siendo sus padrinos don Melchor Moreno y doña Catalina González. De su matrimonio con su primera esposa doña Joaquina Rosell, tuvo por hijo: a

Don Melchor de Ibargüen y Rosell, que casó con doña Angelina Valdés de quien tuvo por único hijo a Melchor de Ibargüen y Valdés.

Don Melchor de Ibargüen y Mazón, y su segunda esposa doña Eusebia Rodríguez Fojón, tuvieron por hijos: a María Luisa; a Raúl, y a Vicente Ibargüen y Rodríguez. De los cuales:

A. — Doña María Luisa de Ibargüen y Rodríguez, casó con don Arturo Govantes y Govantes, de quien tuvo sucesión.

B. — Don Vicente de Ibargüen y Rodríguez, casó con doña Rosa María Iglesias Toledano, de quien tuvo por hijos: a Esther; a Berta; a Carmen; a Pedro, y a Vicente de Ibargüen e Iglesias.

A fines del siglo xix, se estableció en esta isla de Cuba, otra familia de apellido Ibargüen, también originarios del Concejo de Güeñes, Encartaciones del Señorío de Vizcaya, a la cual perteneció:

Don Bonifacio de Ibargüen, natural de la villa de Balmaseda, que casó con doña Manuela Nicolta, natural del Concejo de Zayas en la referida Encartaciones. Tuvieron por hijo: a

Don Feliciano de Ibargüen y Nicolta, natural de Güeñes, que falleció en la ciudad de Matanzas (Cuba), el 18 de octubre de 1889, y en la misma ciudad casó, parroquia San Carlos, el año 1868, con doña Brígida Pí y Torres, natural de dicha ciudad, hija de don Jaime Pí y Puig, natural de la villa de Bagur, provincia de Gerona, y de doña Dolores Torres, natural de Jovellanos. Tuvieron por hijos: a Dolores; a Adela; a Amelia; a María; a Antonia; a Ramón; a Alberto, y a Feliciano de Ibargüen y Pí. Los cuales:

1. — Doña Dolores de Ibargüen y Pí, nació en la ciudad de Matanzas, donde falleció en septiembre de 1937, y casó con don Victoriano Cabreras, natural de la misma ciudad.

2. — Doña Adela de Ibargüen y Pí, nació en la ciudad de Matanzas. Falleció soltera.

3. — Doña Amelia de Ibargüen y Pí, nació en la ciudad de Matanzas, donde falleció en 1899 y casó en 1898 con don Bruno de Balanzategui y Beascochea, natural del concejo de Güeñes.

4. — Doña María de Ibargüen y Pí, nació en la ciudad de Matanzas, donde casó en 1900, con don Adolfo Marzol y de la Rosa.

5. — Doña Antonia de Ibargüen y Pí, nació en la ciudad de Matanzas y casó en la parroquial de Limonar, provincia de Matanzas, el año 1908, con el doctor Luis de Luis y Gutiérrez, Médico, natural de dicha ciudad, hijo de don Domingo de Luis y Rodríguez y de doña Dolores Gutiérrez y de la Rosa.

6. — Doctor Ramón de Ibargüren y Pí, Médico, fue bautizado en la ciudad de Matanzas, parroquia San Carlos, el 2 de octubre de 1882. Falleció en 1914, y casó en la parroquia de Limonar, el año 1912, con doña María Elena Menéndez y Llana, de quien tuvo por única hija a Ramona de Ibargüen y Menéndez, casada desde agosto de 1940, con don Julio Moreno y Montalvo, natural de Matanzas.

7. — Don Alberto de Ibargüen y Pí, Ingeniero, nacido en la ciudad de Matanzas el año 1885, que falleció en La Habana en 1924, y casó en la ciudad de Pinar del Río, en 1911, con doña Esther Pintado y Barreto, de quien tuvo por hijos: a Alberto Eduardo; a Raúl; a Ramón, y a Gustavo de Ibargüen y Pintado, que eran solteros en 1931.

8. — Doctor Feliciano de Ibargüen y Pí, farmacéutico, nacido en la ciudad de Matanzas en 1879, donde falleció en 1932, y casó en 1903, con doña Sofía Hegton y Fritot, hija de Jorge y de Caridad. Casó por segunda vez, en Coliseo, provincia de Matanzas, con doña Celina García y Sánchez, de la cual no tuvo sucesión.

Don Feliciano de Ibargüen y Pí, y su primera mujer doña Sofía Hegton y Fritot, tuvieron por hijos: a Feliciano, y a Alberto de Ibargüen y Hegton. Los cuales:

A. — Don Feliciano de Ibargüen y Hegton, casó en el Mariel, provincia de Pinar del Río, el año 1939, con doña Agueda Rencurrell.

B. — Don Alberto de Ibargüen y Hegton, casó en Coliseo, Matanzas, con doña Regla Usín. Tuvieron por hijos, tal vez entre otros, a Alberto, y a Berta de Ibargüen y Usín.

IZQUIERDO

Apellido aragonés que se extendió por toda la Península. Una rama pasó a Indias.

A mediados del siglo XVII, aparece ya radicada esta familia en la provincia de Oriente de la isla de Cuba.

Las armas de esta familia son: en campo de gules, una banda de oro, engolada en dragantes de sinople, y acompañada de dos estrellas del mismo metal, una a cada lado. Otros traen: en campo de oro, un árbol de sinople y un león al natural empinado al tronco.

El Capitán Francisco Izquierdo, casó con doña Ana de Cisneros y Duque de Estrada, hija de don Juan Ximénez de Cisneros, natural de Castilla, Contador, Juez Oficial de las Reales Cajas de la villa de Santa María de Puerto Príncipe, en la isla de Cuba, y de doña María Duque de Estrada y Guzmán Arias Luyando. Tuvieron por hijos: a Gabriela Antonia; a María; a Ángela; a Francisco, y a Juan Izquierdo y Cisneros. Los cuales:

1. — Doña Gabriela Antonia Izquierdo y Cisneros, falleció en Santiago de Cuba a los 94 años de edad, y su defunción se encuentra en la Catedral de dicha ciudad a 19 de agosto de 1761, donde casó el 24 de julio e 1690 con el Capitán José López del Castillo y Camacho, natural de Cádiz, hijo de Juan López del Castillo, natural del Puerto de Santa María, Capitán de Galeones de Su Majestad, y de doña Isabel Camacho y Ruiz.

2. — Doña María Izquierdo y Cisneros, casó en la Catedral de Santiago de Cuba el 27 de julio de 1704, con don Diego Félix de Castro y Fonseca, hijo del Capitán Lázaro de Castro, y de doña Polonia de Fonseca y Arce.

3. — Doña Ángela Izquierdo y Cisneros, casó en la Catedral de Santiago de Cuba el 20 de febrero de 1812, con el Capitán Pedro Villarreal y Piña, natural de Cádiz, hijo del Capitán Pedro Ximénez de Villarreal, y de doña Constanza Piña y Rosas.

4. — Don Francisco Izquierdo y Cisneros, casó en la Catedral de la villa de Puerto Príncipe el 9 de noviembre de 1704, con doña Ana de Zayas-Bazán y Sánchez y Monrroi Amesquita, hija del Contador Barto-

lomé de Zayas-Bazán y Barreda, y de doña Ana Sánchez de Monrroi Amesquita y Moreno.

5. — Alférez Juan Izquierdo y Cisneros, casó en la Catedral de Santiago de Cuba el 2 de enero de 1689, con doña María Vázquez Valdés de Coronado y Duque de Estrada, natural de la villa de San Salvador del Bayamo, hija de don Francisco Vázquez Valdés de Coronado y Miranda, Regidor Alguacil Mayor de dicha villa, y de doña María Duque de Estrada y Guzmán Arias Luyando. Tuvieron por hijas: a Manuela, y a Graciana Izquierdo y Vázquez Valdés de Coronado. Las cuales:

A. — Doña Manuela Izquierdo y Vázquez Valdés de Coronado, tiene su defunción en la Catedral de Santiago de Cuba a 16 de febrero de 1768, donde casó el 4 de septiembre de 1712, con el Alférez Francisco Blanco de Anaya natural de la ciudad de Santiago de Galicia, hijo de don Francisco Blanco, y de doña Lucía de Anaya.

B. — Doña Graciana Izquierdo y Vázquez Valdés de Coronado, casó en la Catedral de Santiago de Cuba el 11 de enero de 1722, con el Alférez Atanasio Ferrer y Roxas, hijo del Capitán Pedro Ferrer y Bolúfer, Sargento Mayor, Gobernador Político y Militar de la plaza de Santiago de Cuba, y de doña Juana de Toro y Roxas.

JAÉN

Apellido andaluz, descendiente de un reyezuelo moro. Sus armas: Escudo cuartelado; 1ro. y 4to. de gules, y 2do. y 3ro. de oro. Bordura componada de ocho piezas, cuatro de oro con un castillo de azur, y cuatro de azur con un león de oro, alternando.

Don Antonio María Jaén y doña María de la Asunción Bestard, naturales de Santiago de Cuba, fueron padres de:

Don Antonio Jaén y Bestard, natural de Santiago de Cuba, que casó con doña Rosa Planas y Ulloa, de igual naturaleza, hija de Joaquín, natural de Barcelona, y de Rafaela, natural de Santiago de Cuba. Procrearon a:

Doña María de la Asunción Jaén y Planas, bautizada en Santiago de Cuba, parroquia de Santo Tomás, el 29 de julio de 1873, nacida el 7 de junio de dicho año, que casó dos veces: la primera en dicha ciudad, parroquia de Dolores, ante el Capellán Castrense de la plaza de Santiago de Cuba, el 28 de enero de 1889 (libro 3ro., folio 244, partida 367) con don Guillermo José Gómez-Colón y Salazar, nacido el 15 de mayo de 1869 y bautizado en La Habana, parroquia de Jesús María y José, el 17 de dicho mes y año (folio 210, libro13), fallecido en Barcelona el 8 de marzo de 1905, Teniente de Infantería, hijo de don Guillermo Gómez-

Colón y Chacón, de los Senderos y Maldonado, natural del Ferrol, Teniente Coronel de Infantería, y de doña Rita María de Salazar y del Pozo, Porres y Mesa, natural del Cerro, en La Habana. Doña María de la Asunción Jaén y Planas, casó por segunda vez, con el doctor Alfredo Zayas y Alfonso, Presidente de la República de Cuba, del que no tuvo sucesión. De su primer enlace, tuvo por hijos: a Guillermo; a Herminia, y a Rita María Gómez Colón y Jaén. Los cuales:

1. — Don Guillermo Gómez-Colón y Jaén, casó con doña Alicia Lliteras y López Muñoz, hija del doctor Juan Andrés Lliteras, Abogado, y de doña Hemelina López Muñoz.

2. — Doña Herminia Gómez-Colón y Jaén, de su enlace con don Andrés Pereira y Torres, Interventor General de la República de Cuba, tuvo por hijos: a Andrés, y a Herminia Pereira y Gómez-Colón, esta última casada con el doctor Sergio Leiseca.

3. — Doña Rita María Gómez-Colón y Jaén, casó con el doctor Guido Colli y Gaschi, Abogado, padres de Guido, Alfredo, y Guillermo Colli y Gómez-Colón.

JIMÉNEZ

Apellido patronímico derivado del nombre propio de Jimeno. Sus solares más antiguos están en Navarra y Aragón. Sus armas: Los de Navarra traen: escudo partido: 1ro. en campo de azur, tres veneras de plata, y 2do. en campo de oro, dos fajas de gules. Los de Aragón traen: en campo de oro, una banda de gules.

A principios del siglo XVII aparece radicada esta familia en la puebla de Guzmán, condado de Niebla, en Sevilla, Andalucía, de donde pasaron a fines del mismo siglo a La Habana.

Don Sebastián Ximénez casó con doña Catalina García y tuvieron por hijo: a

Don Diego Ximénez y García, natural de la Puebla de Guzmán, donde casó en la parroquia de la Santa Cruz, el 11 de noviembre de 1647, con doña María de las Nieves González, hija de don Juan Macías de Barranco, y de doña Juana Martín. Tuvieron por hijos: a Domingo, y a Sebastián Ximénez y González. Los cuales:

1. — Don Domingo Ximénez y González, bautizado en la Puebla de Guzmán parroquia de la Santa Cruz, el 20 de enero de 1656, pasó a La Habana donde testó el 16 de julio de 1751 ante Francisco Xavier Rodríguez, y su defunción se encuentra en la Catedral de esta ciudad, a 2 de noviembre de dicho año. Casó con doña Ana de Zaldívar y Trimi-

ño, hija de don Diego Fernández de Zaldívar y Campos, y de doña María Trimiño y Osorio. Tuvieron por hijos: a María Teresa, y a Juan Andrés Ximénez y Zaldívar. Los cuales:

A. — Doña María Teresa Ximénez y Zaldívar, casó en La Habana, parroquia del Santo Ángel, el 19 de mayo de 1738, con don Domingo Antonio Godoy y Fernández, natural de la villa de Cangas, Galicia, hijo de Bartolomé y de Felipa.

B. — Don Juan Andrés Ximénez y Zaldívar, bautizado en La Habana, parroquia del Santo Cristo, el 7 de diciembre de 1717, fue Ayudante Mayor del Cuerpo de Pardos y Morenos esclavos de la plaza de La Habana. Hizo información de nobleza en el Ayuntamiento de esta ciudad, la cual consta en el libro 37 de Actas de Cabildo, al folio 146 vuelto. Casó en La Habana, parroquia del Santo Ángel, el 2 de noviembre de 1740, con doña Ana Gertrudis Díaz Álvarez y Escobedo, hija de don Diego Díaz Álvarez y Hernández,[1] y de doña Sebastiana de Escobedo y Rodríguez. Tuvieron por hijos: a José María; a Rafael, y a Juan Ximénez y Díaz Álvarez, bautizados en la parroquia del Santo Ángel de La Habana.

2. — Alférez Sebastián Ximénez y González, natural de la Puebla de Guzmán, casó en la Catedral de La Habana el 20 de mayo de 1674, con doña María Pérez-Borroto y Trimiño, hija de don Luis Pérez-Borroto y Herrera, Alcalde de la Santa Hermandad, y de doña Ana Trimiño Caraballo y Rodríguez de Caraveo. Tuvieron por hijas: a María Francisca; a Ana Polonia; a Manuela; a Rosa, y a Sebastián Ximénez y Borroto. De los cuales:

A. — Doña María Francisca Ximénez y Borroto, casó con don José Calvo de la Puerta y Justiniani, hijo del Alférez Blas Calvo de la Puerta y de la Gama, y de doña María Justiniani y Rivera.

B. — Doña Ana Polonia Ximénez y Borroto, casó en La Habana, parroquia del Santo Ángel, el 14 de agosto de 1704, con don Francisco Fernández de Zaldívar y Trimiño, hijo de don Diego Fernández de Zaldívar y Campos, y de doña María Trimiño y Osorio.

C. — Doña Manuela Ximénez y Borroto, casó en La Habana, parroquia del Santo Ángel el 28 de junio de 1784, con don Simón de Lugo y Trimiño, hijo de don Pedro de Lugo y Medina, y de doña Úrsula Trimiño y Osorio.

D. — Doña Rosa Ximénez y Borroto, dio poder para testar a su marido el 25 de noviembre de 1733 ante Tomás Núñez de Cabrera, y su defunción se encuentra en la Catedral de La Habana a 29 de abril de 1734. Casó en esta ciudad, parroquia del Santo Cristo, el 29 de junio de 1709, con don Tomás Fernández de Zaldívar y Trimiño, hijo de don Diego Fernández de Zaldívar y Campos, y de doña María Trimiño y Osorio.

JORGE

Varias líneas de este apellido, procedente de la isla de Tenerife, en las Canarias, se establecen en La Habana y sus alrededores a partir de finales del siglo XVII. Entroncaron con las familias más antiguas de la provincia de La Habana.

Son sus armas: En campo de oro un brazo desnudo moviente del flanco siniestro del escudo, sosteniendo una espada de plata. Otros traen: En campo de gules seis veneras de oro puestas en dos palos. Otros traen: En campo de oro una espada, rota, de plata.

El Alférez don Domingo Jorge y Rivero, hijo de don Juan Jorge y de doña María Rivero (perteneciendo ésta a la familia fundadora de la Iglesia de San Pedro, en Tenerife), natural de Tacoronte, Tenerife, casó el 24 de octubre de 1701, en la Iglesia de Nuestra Señora de los Remedios, La Laguna, Tenerife, con doña Isabel Tejera, hija de don Gaspar González Tejera y de doña María Rodríguez. Tuvieron, entre otros hijos, a Domingo Jorge y Tejera.

Don Domingo Jorge y Tejera y su deudo, el Alférez don Jerónimo Jorge y Núñez de Villavicencio se establecieron en La Habana a principios del siglo XVIII.

El Alférez don Jerónimo Jorge y Núñez de Villavicencio hijo de Jerónimo y de Teodora, fue bautizado en la iglesia de Nuestra Señora de los Remedios, en La Laguna, Tenerife, y casó en la parroquia de la villa de Guanabacoa, el primero de enero de 1735, con doña María Calvo de la Puerta y Balmaseda, hija de don Cipriano Calvo de la Puerta y de la Torre y de doña Leonor de Balmaseda y Carvajal.

Don Domingo Jorge y Tejera, anteriormente mencionado como hijo del Alférez don Domingo Jorge y de doña Isabel Tejera, fue bautizado en la iglesia de Nuestra Señora de los Remedios, La Laguna, Tenerife, el 17 de julio de 1704. Casó el 11 de enero de 1729, en la parroquia del Buen Pastor de Jesús del Monte, provincia de La Habana, con doña María Candelaria de las Nieves-Ravelo, hija de don Juan Lorenzo de la Nieves-Ravelo y de doña María Rodríguez y Marrero, de familia canaria. Tuvieron por hijos: a Antonia; a Benito; a Manuela; a Felipa de Jesús; a Isidro; a Manuel José; a Pedro Nolasco; a Isidro José; a Diego, y a José Manuel Jorge y de las Nieves. Los cuales:

1.— Doña Antonia Jorge y de las Nieves, casó en la parroquia del Señor del Santo Calvario, el 19 de noviembre de 1753, con don José Manuel Hernández, hijo de José y de Catalina.

2. — Don Benito Jorge y de las Nieves, casó en la parroquia del Señor del Santo Calvario el 19 de marzo de 1761 con doña Juana hija de Nicolás y de doña Francisca Hernández.

3. — Doña Manuela Jorge y de las Nieves, fue bautizada en la parroquia del Señor del Santo Calvario, el 5 de enero de 1738.

4. — Doña Felipa de Jesús Jorge y de las Nieves fue bautizada en la parroquia del Señor del Santo Calvario el 11 de febrero de 1739 donde casó el primero de diciembre de 1755, con don Rafael Hernández y Suárez hijo de don Domingo Hernández y Méndez y de doña María Suárez.

5. — Don Isidro Jorge y de las Nieves, fue bautizado en la parroquia del Señor del Santo Calvario, el 21 de mayo de 1741.

6. — Don Manuel José Jorge y de las Nieves fue bautizado en la parroquia del Señor del Santo Calvario en 1742, y casó con doña María Florencia y Rivero, hija de don Francisco Florencia y de doña Simona Hernández; su defunción se encuentra en la misma iglesia, el 21 de diciembre de 1796.

7. — Don Pedro Nolasco Jorge y de las Nieves fue bautizado en la parroquia del Señor del Santo Calvario el 9 de febrero de 1744.

8. — Doña Juana Manuela Jorge y de las Nieves fue bautizada en la parroquia del Señor del Santo Calvario el 26 de diciembre de 1745.

9. — Don Isidro José Jorge y de las Nieves fue bautizado en la parroquia del Señor del Santo Calvario el 11 de febrero de 1747.

10. — Don Diego Jorge y de las Nieves casó en la parroquia del Señor del Santo Calvario el 17 de marzo de 1777, con doña Rita Florencia y Hernández hija de don Francisco Florencia y de doña Simona Hernández.

11. — Don José Manuel Jorge y de las Nieves, fue agricultor y ganadero, poseyendo tierras en las inmediaciones del Calvario. Casó en la parroquia del Señor del Santo Calvario el 22 de diciembre de 1777, con doña Felipa Antonia Rafaela Delgado y Hernández, hija de don José Delgado y de doña Felipa Hernández. Tuvieron por hijos: a Luisa Antonia de Jesús, y a José Francisco Valentín Jorge y Delgado. Los cuales:

A. — Doña Luisa Antonia de Jesús Jorge y Delgado, casó en la parroquia del Señor del Santo Calvario el 27 de septiembre de 1816, con don José Ramón Antonio Abad de Jesús Nazareno Montero y Linares, hijo de don José Montero y doña Francisca Linares.

B. — Don José Francisco Valentín Jorge y Delgado fue bautizado en la parroquia del Señor del Santo Calvario, el 21 de febrero de 1797 y casó dos veces: la primera, con doña María Cecilia Pérez de Guzmán y Doria, natural de Santa María del Rosario, hija de don Juan Pérez de Guzmán, y de doña Isidra Doria. Tuvieron por hijo: a Dionisio Francisco Jorge y Pérez de Guzmán, que fue bautizado en la iglesia parroquial de Santa María del Rosario el 15 de abril de 1835.

Casó por segunda vez en la iglesia parroquial de Santa María del Rosario, el 15 de abril de 1837, con doña Ana María Vidal Pineda y Romero, hija de don Antonio Pineda y López y de doña María de los Dolores Romero y de Mesa. Tuvieron por hijos: a José Vidal de la Asunción; a José Eligio de Sta. Rosalía; a María Josefa de los Dolores; a José Antonio Teófilo; a Juan Bautista; a José María Félix, y a Brígida María Josefa-Jorge y Pineda. De los cuales:

a. — Don José Antonio Teófilo Jorge y Pineda fue bautizado el 13 de noviembre de 1845, en la iglesia parroquial de Santa María del Rosario, y casó en la misma iglesia con doña Agueda Barrios. Tuvieron dos hijas: a Carmen, y a Blanca Jorge y Barrios.

b. — Don José María Félix Jorge y Pineda, bautizado el 18 de mayo de 1849 en la iglesia parroquial de Santa María del Rosario, fue colono y ganadero, poseyendo fincas en las zonas de Jiaraco y Managua. Murió durante la guerra de independencia, habiendo pasado las vicisitudes de la mayoría de los terratenientes cubanos de la época. Casó en la parroquia de San Juan de los Remedios de Managua con doña Trinidad Arcadia Rivero y Bacallao, hija de don José Rivero y doña Trinidad Bacallao. Tuvieron por hijos: a José Rosario Plácido Crispín del Pilar; a José Justo Isidro del Pilar; a José Rafael del Pilar; a José Félix del Pilar, y a María Benigna Amada Fe del Pilar Jorge y Rivero. Los cuales:

1. — Don José Rosario Plácido Crispín del Pilar Jorge y Rivero, del que se tratará en la «LINEA PRIMERA».

2. — Don José Justo Isidro del Pilar Jorge y Rivero, del que se tratará en al «LINEA SEGUNDA».

3. — Don José Rafael del Pilar Jorge y Rivero fue bautizado el 13 de julio de 1890 en la parroquia de San Juan de los Remedios de Managua.

4. — Don José Félix del Pilar Jorge y Rivero, fue bautizado el 14 de enero de 1892 en la parroquia de San Juan de los Remedios de Managua.

5. — Doña María Benigna Amada Fe del Pilar, fue bautizada el 13 de febrero de 1894, en la parroquia de San Juan de los Remedios de Managua.

LÍNEA PRIMERA

Don José Rosario Plácido Crispín del Pilar Jorge y Rivero (mencionado anteriormente como hijo de don José María Félix Jorge y Pineda y de doña Trinidad Arcadia Rivero y Bacallao), bautizado en la parroquia de San Juan de los Remedios de Managua el 29 de octubre de 1884, fue capitán del Ejército Nacional de la República, colono y ganadero. Casó el 28 de julio de 1928, en la iglesia parroquial del Vedado, con doña María de los Dolores Josefa de la Cerra y Montenegro, hija de don Teodoro de la Cerra y Dleppa, Médico, perteneciente al curso de medicina de 1871, de trágico recuerdo, y de doña Lucrecia Montenegro y Fernández. Tuvieron por hijo: a

Don Alberto José del Pilar Jorge y de la Cerra, que fue bautizado en la iglesia parroquial de Nuestra Señora de Monserrate el 20 de julio de 1929. Es Abogado, ganadero, agricultor y Caballero de la S.O.M. Constantiniana de San Jorge. Casó el 19 de abril de 1959 en la ermita de Monserrat, parroquia de Nuestra Señora de la Candelaria, El Wajay, La Habana, Cuba, con doña Silvia Teresa del Niño Jesús de Sosa y Rivero, hija de don Eugenio de Sosa y Chabau y de doña Silvia Rivero y Hernández, de la casa de los condes del Rivero. Tuvieron por hijas: a Silvia Teresa Sofía del Pilar; a Mariana Luciana Lucrecia del Pilar; a María Dolores Josefa del Pilar; a María Cristina del Pilar y a María Teresa Sofía del Pilar, Jorge y de Sosa. De las cuales:

1. — Doña Silvia Teresa Sofía del Pilar Jorge y de Sosa, fue bautizada en la iglesia parroquial de San Juan de los Remedios de Managua, el 19 de abril de 1960. Casó el 20 de diciembre de 1985, en la iglesia parroquial de The Epiphany, Miami, Florida, con don Agustín de Goytisolo y Gelats, natural de La Habana, Cuba, hijo del Dr. Agustín de Goytisolo y Recio y de doña Josefina Gelats y de León.

2. — Doña Mariana Luciana Lucrecia del Pilar Jorge y de Sosa, fue bautizada en la iglesia de St. Edward, Palm Beach, Florida, el 19 de marzo de 1961. Casó en la iglesia parroquial de The Epiphany, Miami, Florida, el 29 de diciembre de 1983, con don Juan Tomás O'Naghten y Chacón, natural de La Habana, Cuba, Caballero de la Soberana Orden Militar de Malta y de la S.O.M. Constantiniana de San Jorge, Conde de Cagliano (título de las Dos Sicilias), hijo del Dr. Juan Tomás O'Naghten y de Arango y de doña Marta Chacón y Jorge, Condes de Casa Bayona y de Gibacoa.

3. — Doña María Dolores Josefa del Pilar Jorge y de Sosa, fue bautizada en la iglesia parroquial de The Epiphany, Miami, Florida, y casó en dicha iglesia el 17 de mayo de 1985, con don Javier-Críspuro Goizueta y Casteleiro, natural de La Habana, hijo de don Roberto Goizueta y de la Cantera, Charman de «The Coca Cola Coorp.» y de doña Olga Casteleiro y González Hierro.

LÍNEA SEGUNDA

Don José Justo Isidro del Pilar Jorge y Rivero (mencionado anteriormente como hijo de don José María Félix Jorge y Pineda y de doña Trinidad Arcadia Rivero y Bacallao), bautizado en la parroquia de San Juan de los Remedios de Managua, el 28 de mayo de 1889, casó en la iglesia parroquial de Santa María del Rosario, con su prima doña Guillermina González y Rivero, hija de don Luis González Núñez, y de doña María Isabel Rivero y Rivero. Tuvieron por hijos: a Anais Nicolasa; a Jorgelina Isabel; a Consuelo Vicenta de la Caridad, y a Justo Jorge y González. Los cuales:

1. — Doña Anais Nicolasa Jorge y González fue bautizada en la iglesia parroquial de Santa María del Rosario el 10 de septiembre de 1913. Casó con don Miguel Puigcerver, hijo de don Miguel Puigcerver y doña Francisca Llanes.

2. — Doña Jorgelina Isabel Jorge y González murió joven.

3. — Doña Consuelo Vicenta de la Caridad Jorge y González, fue bautizada en la iglesia parroquial de Santa María de Rosario el 19 de julio de 1916. Casó en la iglesia parroquial de Santa María del Rosario, el 22 de octubre de 1938, con don Juan Mestre y Montalvo, hijo de don Antonio María Mestre y Sardiña y doña Amparo Montalvo y Díaz.

4. — Don Justo Jorge y González, fue bautizado en la iglesia parroquial de Santa María del Rosario y casó con doña María Antonia Rodríguez. Tuvieron por hijos: a Amalia Jorgeína; a María Antonia; a Justo y a Gerardo Jorge y Rodríguez. De los cuales:

El doctor Gerardo Jorge y Rodríguez, Médico Psiquiatra, casó con doña Miriam Abel y Vergara, y tuvieron por hijo a Gerald Jorge y Abel.

Otra rama de esta familia se estableció en La Habana a mediados del siglo XVIII.

Don Domingo Jorge, natural de Tenerife, casó con doña Juana Rodríguez, y tuvieron por hijo: a

Don Lázaro Jorge y Rodríguez, natural de Tenerife, que casó en la ciudad de La Habana con doña Josefa Álvarez de Salazar, natural de dicha ciudad, hija de don Lucas Álvarez, natural del Presidio de San Agustín de la Florida, y de doña Manuela de Salazar, también natural de dicho lugar. Tuvieron por hija: a

Doña Catalina de Sena Felipa Jorge y Álvarez de Salazar, natural de La Habana que casó en la parroquia de Nuestra Señora de la Candelaria, Wajay, provincia de La Habana, el 4 de diciembre de 1780, con don Félix de Alcántara y Guzmán, natural de La Habana.

Tuvieron por hijos a Juan José; a José Dionisio; a María de Belén; a María del Socorro; a Ana María de la Luz, y a Josefa María Dolores de Alcántara y Jorge. De los cuales:

Doña Josefa María Dolores de Alcántara y Jorge fue bautizada en la parroquia del Santo Cristo del Buen Viaje, La Habana, el 3 de abril de 1790. Casó en La Habana con don Francisco José Montaño, subteniente de la 5.ª Compañía del Batallón Ligero de Tarragona.

JOVA

Procedente de la villa de Sitges, Cataluña, España, se estableció esta familia en Cuba a principios del siglo XIX.

Don Juan Jova y Sans, casó en la iglesia parroquial de Sitges el 24 de junio de 1775 (Libro 3, folio 91), con doña Teresa Batlle y Ballester, y tuvieron por hijo: a

Don Juan Jova y Batlle, nacido en Sitges, Cataluña, que fue Comandante de la Marina Española, y pasó a la isla de Cuba, estableciéndose en la ciudad de Santa Clara, Las Villas, donde fue Coronel de Milicias y Alcalde Ordinario en 1838. Tiene su defunción en la mencionada ciudad de Santa Clara a 18 de octubre de 1867. (Libro 17, folio 304, núm. 325). Casó en dicha ciudad el 1 de diciembre de 1824, (Libro 4, folio 56), con doña María Jacinta González-Abreu y Jiménez, natural de Santa Clara, hija de don Manuel González-Abreu, natural del Realejo de Arriba, en la isla de Tenerife, Subteniente de Milicias y Alcalde Ordinario de Santa Clara, y de doña María Jiménez y de la Peña, natural de Santa Clara. Tuvieron por hijos: a Jacinta; a Rosa Teresa; a Ricardo; a Federico, y a Juan Jacinto Jova y González-Abreu. Los cuales:

I. — Doña Jacinta Jova y González-Abreu, natural de Santa Clara, casó en la Catedral de Cienfuegos el 11 de marzo de 1865, con el Licenciado don Leopoldo Díaz de Villegas y Santa Cruz, natural de Cienfuegos, Médico, hijo de don José Gregorio Díaz de Villegas y González de Ara, natural de La Habana, Asesor titular de la Real Hacienda, Licenciado en Derecho Civil. Regidor Alférez Real de Cienfuegos, y de doña

Josefa de Santa Cruz y Guerrero, natural de Cienfuegos, perteneciente a la Casa de los Condes de San Juan de Jaruco y de Santa Cruz de Mopox.

II. — Doña Rosa Teresa Jova y González-Abreu, natural de Santa Clara, casó en la Catedral de Cienfuegos el 29 de junio de 1867, con don Fernando Escobar y de Castro, natural de Trinidad, Abogado, hijo de don Buenaventura Román Escobar y Ceino, Coronel de los Ejércitos Españoles, y de doña Josefa de Castro y Bermúdez.

III. — Don Ricardo Jova y González-Abreu, natural de Santa Clara, fue Hacendado, dueño de los ingenios «Jacinto», «Mercedes» y «Rubí». Casó en la Catedral de Cienfuegos el 21 de marzo de 1857, con doña Josefa Díaz de Villegas y Santa Cruz, natural de Cienfuegos, hija de don José Gregorio Díaz de Villegas y González de Ara, natural de La Habana, Abogado, Asesor titular de la Real Hacienda, Regidor Alférez Real de Cienfuegos, y de doña Josefa de Santa Cruz y Guerrero, de la Casa de los Condes de San Juan de Jaruco, y de Santa Cruz de Mopox. Tuvieron por hijos: a Jacinta; a María Teresa; a Rosa; a María Josefa; a Adelaida; a Julia Rosalía; a Enrique; a José Ricardo; a José Gregorio, y a Leopoldo Jova y Díaz de Villegas. De los cuales:

1. — Doña Jacinta Jova y Díaz de Villegas, natural de Cienfuegos, casó en su Catedral el 16 de octubre de 1886, con don Pedro Entenza y Méndez, hijo de don Andrés José Entenza y Fernández Rebustillo, natural de Trinidad, Abogado, y de doña Emilia Méndez y Gutiérrez, natural de Ceuta. Tuvieron por hijo: a

Don Pedro Entenza y Jova, el cual casó con su prima doña Teresa Escobar y Jova, hija de don Fernando Escobar y de Castro, y de doña Rosa Teresa Jova y González-Abreu.

2. — Doña María Teresa Jova y Díaz de Villegas, casó en la Catedral de Cienfuegos el 1 de octubre de 1883, con don Manuel Aguiar y Casanova, natural de Río Blanco del Norte, Médico, hijo de don Tomás de Aguiar y Martínez, y de doña Faustina Casanova y Díaz-Llanos, naturales de Jaruco.

3. — Doña Rosa Jova y Díaz de Villegas, casó en la Catedral de Cienfuegos, el 5 de mayo de 1883, con don Hermenegildo Montalvo y Rodríguez-Prieto, natural de Cienfuegos, Gran Cruz de la Orden de Isabel la Católica, hijo de don Lino Montalvo y Vinader, natural de Medina del Campo, Valladolid, Coronel de Infantería, Capitán de Milicias, Alcalde Mayor y Regidor de Cienfuegos, y de doña María de los Dolores Rodríguez-Prieto y Jiménez, natural de Cienfuegos.

4. — Doña María Josefa Jova y Díaz de Villegas, casó en la Catedral de Cienfuegos el 16 de octubre de 1886 con don Hermenegildo Montalvo y Rodríguez Prieto, natural de Cienfuegos, Gran Cruz de la Real y Americana Orden de Isabel la Católica, viudo de su hermana Rosa, hijo de don Lino Montalvo y Vinader, natural de Medina del Campo, Valladolid, Coronel de Infantería, Capitán de Milicias, Alcalde Mayor y Regidor de Cienfuegos y de doña María de los Dolores Rodríguez Prieto y Jiménez, natural de Cienfuegos.

5. — Doña Adelaida Jova y Díaz de Villegas, casó con don Juan Francisco Vila y Díaz de Villegas, natural de Cienfuegos, hijo de don Lutgardo Vila y Planas, natural de Santa Clara y de doña Antonia Díaz de Villegas y Díaz de Villegas, natural de Cienfuegos.

6. — Doña Julia Rosalía Jova y Díaz de Villegas, natural de Cienfuegos, casó en su Catedral el 18 de marzo de 1899 con don Fernando Escobar y Jova, natural de Nueva York, Médico, hijo de don Fernando Escobar y de Castro, natural de Trinidad, Abogado y de doña Rosa Teresa Jova y González Abreu, natural de Santa Clara.

7. — Don José Ricardo Jova y Díaz de Villegas, casó en la Catedral de Cienfuegos el 3 de abril de 1886 con doña América Pichardo y Leiva, hija de don Francisco Pichardo y Armenteros y de doña Marta Leiva. Tuvieron por hijos: a María; a Marta; a Francisco; a Alberto; a Rodolfo, y a José Ricardo Jova y Pichardo. De los cuales:

A. — Doña María Jova y Pichardo, casó con don Pedro Martínez Moles y Arias, Capitán de la Marina Mercante de Cuba.

B. — Doña Marta Jova y Pichardo, casó con don Manuel Gracia.

C. — Don Alberto Jova y Pichardo, casó con doña Josefa Sotolongo y Sacerio, natural de Cienfuegos, hija de don José Sotolongo y Pérez de los Reyes y de doña Tomasa Sacerio y Acebo.

D. — Don Rodolfo Jova y Pichardo, casó con doña Nena Morales y Sanz.

E. — Don José Ricardo Jova y Pichardo, casó dos veces; la primera con doña Victoria Altuna y Avilés, natural de Cienfuegos, hija de don Antonio Altuna y Frías, Médico y de doña Victoria Avilés y Leblanc. Casó por segunda vez con doña Graciella Jova y López Silvero, hija de don Juan Federico Jova y Díaz de Villegas y de doña Lutgarda López Silvero y Veitia. Tuvieron por hijo a José Ricardo Jova y Jova.

8. — Don José Gregorio Jova y Díaz de Villegas, casó dos veces; la primera con doña Elena Catalá, natural de Madrid y la segunda con doña Emilia Fernández y Fernández, natural de Santa Clara, hija de don Juan Fernández y Ledón, natural de Santa Clara y de doña Ana Fernández y Armenteros-Guzmán, natural de Trinidad. Con su segunda mujer tuvo por hijo: a

Don Enrique Jova y Fernández, natural de Cienfuegos, Abogado, que casó con doña Josefa Lago y Martínez, hija de don Evelio Lago y Ferrer, natural de Guanabacoa y de doña Josefa Martínez y Dotres. Tuvieron por hijas: a Lourdes y a Vanessa Jova y Lago. De las cuales:

Doña Vanessa Jova y Lago, casó en Miami, Florida, EE. UU. con don Glen Anderson, Abogado, y tuvieron por hijo a Edward C. Anderson, Cadete de la Academia Naval de Annapolis.

9. — Don Leopoldo Jova y Díaz de Villegas, casó con doña María de los Ángeles García y Reyna, natural de Trinidad. Tuvieron por hijos: a Betty; a Josefa; a María Isabel, y a Leopoldo Jova y García.

IV. — Don Federico Jova y González-Abreu, natural de Santa Clara, fue Hacendado, dueño de los ingenios «Santa Cruz», «Dos Amigos», «El Natalia», «Jacinto» y «Chubasco». Falleció en Sagua La Grande el 23 de diciembre de 1894. Casó en la parroquia de Santa Clara el 13 de junio de 1851 (Libro 6, f. 193, núm. 193), con doña Natalia Díaz de Villegas y Luján, natural de Santa Clara, hija de don Andrés Díaz de Villegas y González de Ara, natural de La Habana y de doña Úrsula Luján y González, natural de Santa Clara. Tuvieron por hijos: a Mercedes; a Rosa; a Natalia de la Paz; a Juan; a Juan Federico; a Federico; a Andrés Victoriano; a Manuel Eleuterio, y a Hermenegildo Jova y Díaz de Villegas. Los cuales:

a. — Doña Mercedes Jova y Díaz de Villegas, nacida en Santa Clara el 29 de noviembre de 1851 casó con don Rafael López Silvero y Gutiérrez, natural de Santa Clara, hijo de don José Rafael López Silvero y Chávez y de doña María Francisca Gutiérrez y Gutiérrez, naturales de Santa Clara.

b. — Doña Rosa Jova y Díaz de Villegas, nacida el 3 de junio de 1853 y fallecida en 1854.

c. — Doña Natalia de la Paz Jova y Díaz de Villegas, nacida el 24 de enero de 1861 y fallecida en 1864.

d. — Don Juan Jova y Díaz de Villegas, nacido el 6 de agosto de 1854 y fallecido en 1855.

e. — Don Juan Federico Jova y Díaz de Villegas, nacido en Santa Clara el 4 de octubre de 1866 y fallecido en 1925, fue un distinguido patriota cubano. Casó en el Central Santa Lutgarda el 9 de marzo de 1889 con doña Manuela Lutgarda López Silvero y Veitia, hija de don José Elías López Silvero y Baeza, Capitán de las Milicias de los Cuatro Lugares y Hacendado, y de doña María Lutgarda Veitia y Gutiérrez. Tuvieron por hijos: a Eugenio; a Graciella, y a Juan Jova y López Silvero. De los cuales:

1. — Doña Graciella Jova y López Silvero, casó con don José Ricardo Jova y Pichardo, hijo de don José Ricardo Jova y Díaz de Villegas y de doña América Pichardo y Leiva.

2. — Don Eugenio Jova y López Silvero fue Cónsul Americano en Sagua La Grande.

f. — Don Federico Jova y Díaz de Villegas, nacido el 19 de octubre de 1857 y fallecido soltero el 10 de octubre de 1927 fue Comandante de la guerra de Independencia de Cuba.

g. — Don Andrés Victoriano Jova y Díaz de Villegas, nacido el 23 de marzo de 1859, falleció en 1920. Fue Médico, habiendo estudiado en las universidades de Columbia (N.Y.), París y Viena. Se estableció en Newburgh, N.Y. donde casó con doña Ethel Odell, y tuvieron por hija a Natalia Jova y Odell que casó con su primo don Hiram Odell.

h. — Don Manuel Eleuterio Jova y Díaz de Villegas, nacido el 18 de abril de 1862, falleció en 1871.

i. — Don Hermenegildo Jova y Díaz de Villegas, nacido el 13 de diciembre de 1863 falleció en 1864.

V. — Don Juan Jacinto Jova y González-Abreu,, natural de Santa Clara, fue Hacendado e Ingeniero Civil, graduado de la Universidad de Columbia en Nueva York. En unión de su mujer fundó, costeó y dotó la iglesia de Nuestra Señora de las Mercedes en Roseton, Nueva York. Casó en la ciudad de Nueva York con doña María Gabriela Vatable y Le Sueur, natural de Basseterre, en la isla de Guadalupe, Antillas Menores, hija de don Enrique Augusto Vatable, Caballero de la Legión de Honor de Francia, heredero del título francés de Barón de Vatable, concedido por el rey Luis XVIII de Francia en 1816 a su tío Luis Francisco Vatable, Mariscal de Campo de los Reales Ejércitos de Francia, Gobernador y Jefe Militar de la isla de Guadalupe y esforzado paladín de la Iglesia y la Monarquía Borbónica, y de doña María Hortensia Le Sueur. Tuvieron por hijos: a Hortensia; a María de las Mercedes; a María de los Ángeles; a Enrique Juan; a Eduardo Augusto; a Julio; a Juan Augusto y a José Luis Jova y Vatable. De los cuales: Julio y Hortensia murieron solteros y además:

1. — Doña María de las Mercedes Jova y Vatable, nacida en Nueva York, casó en la iglesia de Nuestra Señora de las Mercedes de Roseton, Nueva York con don Diego Wenceslao González-Abreu y Álvarez, natural de Santa Clara, hijo de don Agustín González-Abreu y Jiménez, natural de Santa Clara, de la Casa de los progenitores del primer Vizconde de los Remedios, y de doña Isabel Álvarez y Cabrera. Tuvieron por hijos: a René; a Francois; a Henri; a Alicia, y a Consuelo González-Abreu y Jova.

2. — Don Eduardo Augusto Jova y Vatable, natural de Nueva York, casó con doña Florence Brown, natural de Newburgh, New York, hija de John Brown, Abogado, Juez de la Corte Suprema del Estado de Nueva York; tuvieron por hijas: a Madelyn y a Anabel Jova y Brown.

3. — María de los Ángeles (Tita) Jova y Vatable, casó con don Henry Pixley, y tuvieron por hijos: a George; a Francis; a David, y a Marie Pixley y Jova.

4. — Don Enrique Juan Jova y Vatable, casó con doña Ida Kessler, natural de Nueva York. Tuvieron por hija: a Ida Jova y Kessler.

5. — Don Juan Augusto Jova y Vatable casó con doña Eleanore Indzonka y tuvieron por hijos: a Juan; a Mercedes, y a Marie Gabrielle Jova e Indzonka.

6. — Don José Luis Jova y Vatable, natural de Nueva York, Ingeniero Civil regresado del Rensselaer Polytechnic Institute en 1907 como especialista en Cerámica, casó en la Catedral de Cienfuegos el 2 de febrero de 1916, con doña María Josefa González y Fernández-Cavada, natural de San Juan de Puerto Rico, hija de don José María González y Contreras, natural de Palma de Mallorca, España, Licenciado en Derecho Administrativo, Civil y Canónico, Abogalo Fiscal de la Audiencia de Cartagena y La Habana, Promotor Fiscal de Santa Clara, Registrador de la Propiedad de San Antonio de los Baños, Sancti Spiritus y Remedios, Juez de Primera Instancia de Bejucal, Vice-Cónsul de España en Cienfuegos, Caballero de la Orden de Carlos III y Comendador de la de Isabel la Católica de España, y de doña Inés Fernández-Cavada y Suárez del Villar, natural de Cienfuegos, de la Casa de los Condes de las Bárcenas. Tuvieron por hijos: a Juan José; a Henri Vatable, y a Inés María Jova y González. Los cuales:

A. — Don Juan José Jova y González, nacido en Roseton, Nueva York el 7 de noviembre de 1916 y bautizado en la iglesia de la Inmaculada Concepción de Roseton el 19 de noviembre de 1916. Licenciado por la Universidad de Dartmouth en 1938; Teniente Comandante de la Marina Americana durante la Segunda Guerra Mundial. Diplomático de carrera de los EE.UU. destacado en Basra, Iraq, Tánger, Lisboa, Santiago de Chile, Embajador en Honduras, ante la O.E.A., y en México; presidente de Meridian House International; Gran Cruz de la Orden de Isabel la Católica; de la Orden de Morazán; de la Orden del Águila Azteca; de la Orden Constantiniana de San Jorge; Comandante de la Orden de Orange-Nassau (Países Bajos); Miembro de Honor del Instituto de Cultura Hispánica; varios doctorados Honoris Causa; Caballero del Corpus Christi de Toledo y Laureado de la Asociación de Hidalgos a Fueros de España, casó en la iglesia de Santa Teresita en Basra, Iraq el 9 de febrero de 1949, con doña Pamela Johnson y Flower. Tuvieron por hijos: a Enrique C.; a Tomás, y a Margarita Inés Jova y Johnson. Los cuales:

1. — Don Enrique C. Jova y Johnson, nacido en Tánger el 10 de enero de 1950, es Funcionario del Instituto Interamericano de Cooperación en Agricultura, Caballero de la Orden del Corpus Christi de Toledo, y de la Asociación de Hidalgos a Fuero de España. Casó en San José de Costa Rica el 19 de noviembre de 1983 con doña Tirsa Emilia Rivera Bustamante, Licenciada en Derecho por la Universidad Nacional de Costa Rica; y Licenciada en Derecho Internacional de Kings College, por la Universidad de Londres, hija de don José Rivera Molina, Ingeniero Civil, y de la Licenciada Tirsa Bustamante, Diputada al Congreso Nacional de su país. Tuvieron por hija a Tirsa Pamela Jova y Rivera nacida en San José el 17 de mayo de 1985.

2. — Don Tomás Jova y Johnson, nació en Tánger el 25 de septiem-

bre de 1951. Es Licenciado en Sociología por la Universidad de Arizona; y Caballero de la Asociación de Hidalgos a Fueros de España.

3. — Doña Margarita Inés Jova y Johnson, nació en Lisboa el 26 de julio de 1955 (bautizada en Estoril); es Licenciada en Psicología por la Universidad de Arizona; Dama de la Asociación de Hidalgos a Fuero de España, casó en Washington el 22 de mayo de 1982 con don Jorge Grunberg y Merlin, natural de Buenos Aires, hijo de don Manuel Grunberg y de doña Pola Merlin. Tuvieron por hija a: Jennifer María Grunberg y Jova, nacida en Washington el 3 de abril de 1985, bautizada en la iglesia Our Lady of Mercy, Roseton, Nueva York, el 18 de mayo de 1985.

B. — Don Henri Vatable Jova y González, nació en Newburgh, Nueva York el 11 de mayo de 1919. Es Arquitecto por la Universidad de Cornell; de la Academia Americana de Roma, y Caballero de la Orden de Corpus Christi de Toledo.

C. — Doña Inés María Jova y González, nacida el 15 de enero de 1916 en New York, fue bautizada el 14 de marzo de 1926 en la iglesia Our Lady of Mercy en Roseton, Nueva York. Casó en esa misma iglesia con don Robert Cline, quien se graduó como cadete de la Academia Naval de los EE.UU. en Annapolis. Es Ingeniero, y fue Teniente Comandante de la Marina americana, y después, destacado hombre de negocios en el estado de Nueva York. Tuvieron por hijos: a John Robert Cline y Jova; a Lisa María Cline y Jova, y a Peter Cline y Jova.

LADRÓN DE GUEVARA

Apellido navarro, descendiente del caballero Ladrón Vélez de Guevara, Señor de la Casa de Guevara, a quien el Rey de Navarra García Ramírez, «El Restaurador», dio el título de Conde. Sus armas: Escudo cuartelado: 1ro. y 4to., en campo de oro, tres bandas de gules, cargadas de cotizas de plata, cargadas éstas a su vez, de armiños de sable, y 2do. y 3ro., en campo de gules, cinco paneles de plata, puestos en sotuer.

Don Juan Bernal Ladrón de Guevara, y su mujer doña Juana Manuela de la Rosa, tuvieron por hijo: al

Cabo de Escuadra Juan Manuel Ladrón de Guevara y de la Rosa, natural de la Puebla de los Ángeles, en Nueva España, que casó en la parroquia de San Agustín de la Florida el 10 de diciembre de 1693, con doña Josefa Domínguez de Viana y Arias de Hechavarría. Tuvieron por hijas: a Juana; a Victoria; a Francisca; a Josefa, y a María de Guevara y Domínguez de Viana. Las cuales:

1. — Doña Juana de Guevara y Domínguez de Viana, bautizada en la parroquia de San Agustín de la Florida el 18 de diciembre de 1696, casó con don Luis González de Osorio y López de Cabrera.

2. — Doña Victoria de Guevara y Domínguez de Viana, fue bautizada en la parroquia de San Agustín de la Florida el 21 de marzo de 1699, donde tiene su defunción a 23 de septiembre de 1750. Casó en la mencionada parroquia el 23 de diciembre de 1718, con don Antonio del Pino y Reina, hijo de Antonio y de Bonita.

3. — Doña Francisca de Guevara y Domínguez de Viana, fue bautizado en la parroquia de San Agustín de la Florida el 29 de noviembre de 1704, donde casó el primero de marzo de 1723, con don Tomás González y Hernández, natural de las Canarias, hijo de Tomás y de Catalina.

4. — Doña Josefa de Guevara y Domínguez de Viana, casó en la parroquia de San Agustín de la Florida el 10 de enero de 1724, con don José Mateo de las Hijuelas y González, natural de Jerez de la Frontera, hijo de Andrés y de María.

5. — Doña María de Guevara y Domínguez de Viana, fue bautizada en la parroquia de San Agustín de la Florida el 5 de septiembre de 1702, donde casó en junio de 1725, con don Bonifacio Molina y Nereira, natural de Santa María, en el Arzobispado de Compostela, hija de Pedro y de Clara.

LASTRES

Apellido asturiano, del puerto de su nombre, concejo de Colunga.

A mediados del siglo XVIII, aparece radicada esta familia en la villa de San Salvador del Bayamo, en la isla de Cuba.

Sus armas: en campo de gules, un compás abierto, de plata, y debajo de él, tres panelas del mismo metal, mal ordenados; bordura de azur, con cuatro torres de oro surmontadas de una estrella de plata de ocho puntas, alternando con cuatro veneras de Santiago. (Concha de oro con una cruz de Santiago, de gules).

Don Manuel Lastres natural de la villa de Puerto Príncipe, pasó a la de Bayamo, donde casó con doña Isabel Antonia Capote. Tuvieron por hijos: a Vicente; a Rafael, y a José de Jesús Lastre y Capote. Los cuales:

1. — Don Vicente Lastres y Capote, ejerció la Magistratura en la villa de Bayamo.

2. — Don Rafael Lastres y Capote, fue Alcalde de la Santa Hermandad en la villa de Bayamo.

3. — Don José de Jesús Lastres y Capote, fue bautizado en la villa de Bayamo, en la parroquia de San Juan Bautista, el 4 de mayo de 1769. Casó en la referida villa el 29 de agosto de 1789, con doña Inés Josefa Ginarte, y tuvieron por hijos: a Antonio María, y a Joaquín Celestino Lastre y Ginarte. Los cuales:

A. — Don Antonio María Lastres y Ginarte, bautizado en la villa de Bayamo el 4 de junio de 1798, fue Procurador General de Menores, y Alcalde de la Santa Hermandad de dicha villa. Cirujano Romancista del Real Protomedicato de La Habana, y Vocal Vacunador de la Junta de Sanidad de Manzanillo. Hizo información de legitimidad y limpieza de sangre ante el Tribunal de dicho Protomedicato.

B. — Licenciado Joaquín Celestino Lastres y Ginarte, bautizado en la villa de Bayamo el 9 de abril de 1809, fue Abogado. Hizo información de legitimidad, limpieza de sangre y distinguido origen, en la ciudad de Bayamo el 25 de septiembre de 1837, ante Francisco Agüero, Alcalde ordinario, Pedro Yero, Síndico Procurador General, y por ante el Escribano Miguel González. Falleció en la villa de Guanabacoa el 19 de junio de 1899. Casó en La Habana, parroquia del Santo Cristo, el primero de octubre de 1834, con doña Brígida Juiz y Maldonado, natural de La Habana, hija de don Francisco Juiz y Lozada, natural del lugar de Toimir, Ayuntamiento de Valdoviño, en El Ferrol, Coruña, y de doña Encarnación Maldonado y Frisa, natural del Guayabal, Guanajay. Tuvieron por hijos: a Isabel; a Asunción; a Eduardo; a Francisco, y a Joaquín Lastres y Juiz. Los cuales:

a. — Doña Isabel Lastres y Juiz, bautizada en La Habana, parroquia del Espíritu Santo, el 9 de marzo de 1837, casó en La Habana, parroquia del Santo Ángel, el 17 de julio de 1854, con el doctor José María de Céspedes y Orellana, natural de Bayamo, Abogado, Catedrático de la Universidad de La Habana, publicista y excelente prosista, Asesor de Jiguaní, Síndico del Ayuntamiento de Villaclara, Alcalde de Colón, Vocal de la Junta de Instrucción Pública de La Habana, Académico de la de Ciencias, Socio de Número de la Sociedad Económica de Amigos del País, y director del periódico separatista «La República», que se editaba en Nueva York cuando la guerra de 1868, hijo de don Manuel de Céspedes y de doña Bárbara de Orellana.

b. — Doña Asunción Lastres y Juiz, bautizada en La Habana, parroquia del Santo Ángel, el 27 de septiembre de 1851, falleció en La Habana el 5 de abril de 1917. Casó en La Habana, parroquia del Santo Ángel, el primero de octubre de 1871, con don Nicomedes Adán y Gutiérrez, natural de San Juan de los Remedios, Ingeniero Agrónomo de la Universidad Chembluo, en Bélgica, fundador y profesor de la Escuela de Agricultura, en la Ciénaga, Director del Campo de Experimentación Agrícola de La Habana, Secretario de la Junta Provincial de Agricultura, Comercio y Trabajo, hijo del Licenciado Luis Francisco Adán, Abogado, natural de Puerto Príncipe, y de doña Antonia Gutiérrez, natural de los Remedios.

c. — Doctor Eduardo Lastres y Juiz, bautizado en La Habana, parroquia del Espíritu Santo, el 5 de diciembre de 1838, fue Médico de la Universidad Central de Madrid. Casó en Madrid con doña Dionisia Ramírez y Lasala, y tuvieron por hijos: a María; a Enriqueta, y a Eduardo Lastres y Ramírez. De los cuales:

Don Eduardo Lastres y Ramírez, fue Secretario del Gobierno Civil de Navarra, y del de Alicante.

d. — Doctor Francisco Lastres y Juiz, bautizado en La Habana, parroquia del Espíritu Santo, el 22 de abril de 1848, fue Abogado, publicista, político, escritor y orador español. En 1884, fue elegido Diputado a Cortes por Mayagüez, Puerto Rico, desde cuya fecha tuvo asiento en el Congreso, hasta el año 1896 en que fue nombrado Vicepresidente de dicho cuerpo. Electo Senador por Puerto Rico, representó a dicha isla hasta que ésta pasó a formar parte de los Estados Unidos de Norteamérica. Después durante varios años representó a Cáceres, y el 23 de mayo de 1903, fue nombrado Senador Vitalicio del Reino. Una de las calles de Madrid lleva su nombre. Fue Gran Cruz de la Orden de Isabel la Católica, y de la de Alfonso XII, condecorado con la Gran Cruz de la Corona de Italia, con la Gran Encomienda de la Orden sueca de Wasa, con la Legión de Honor de Francia, y las de Mauricio, San Lázaro y Leopoldo de Bélgica. Falleció en Madrid el 14 de noviembre de 1918, donde casó con doña Emilia Prieto, y tuvieron por hijos: a Emilia; a Isabel; a Asunción, y a Francisco Lastres y Prieto.

e. — Doctor Joaquín Lastres y Juiz, bautizado en La Habana, parroquia del Espíritu Santo, el 30 de marzo de 1835, fue Doctor en Farmacia, Licenciado en Derecho Civil y Canónico, y en Ciencias y Filosofía; Rector y Catedrático de la Universidad de La Habana, Juez Real Delegado para los exámenes y grados de dicho centro docente, Vocal de la Junta Superior de Instrucción Pública, Vicepresidente de la Comisión Central de Pesas y Medidas Decimales de la isla de Cuba, Profesor Mercantil de la Escuela Profesional de La Habana, y Vista Farmacéutico de la Aduana de La Habana, Académico Fundador de la Real Academia de Ciencias Médicas, Físicas y Naturales de La Habana, Socio de Número de la Económica de Amigos del País, Presidente del Colegio Farmacéutico de La Habana, y Corresponsal de los de Madrid y Granada, y de varias corporaciones científicas extranjeras, Honores de Jefe de Administración concedido por la Corona, Gran Cruz de la Orden de Isabel la Católica. Falleció en Guanabacoa el 25 de abril de 1912. Casó tres veces en La Habana: la primera en la Catedral el 5 de mayo de 1862, con doña María de la Trinidad Coppinger y Entralgo, hija de don José María Coppinger y Saravia, y de doña Felicitas Entralgo y Almanza. Casó por segunda vez, en la parroquia del Espíritu Santo el 24 de noviembre de 1890, con doña María Juliá y Jócano, hija de don Juan José Juliá, natural de Barcelona, y de doña Manuela Jócano, natural de México. Casó por tercera vez, el 7 de diciembre de 1891, en la Catedral, con doña

María Steegere y Perera, natural de Guanabacoa, hija de don Juan Miguel Steegere y Baquero, y de doña Adelaida Perera y Santa María.

Don Joaquín Lastres y Juiz, y su primera mujer doña María de la Trinidad Coppinger y Entralgo, tuvieron por hijos: a Brígida; a Josefa; a Néstor, y a Joaquín Lastres y Coppinger. Los cuales:

1. — Doña Brígida Lastres y Coppinger, fue bautizada en La Habana, parroquia del Espíritu Santo, el 5 de diciembre de 1863, donde casó el 5 de mayo de 1890, con don José Práxedes Alacán y Berriel, doctor en Farmacia y Catedrático de la Universidad de La Habana, hijo de don Práxedes Alacán y Morales, doctor en Farmacia, y de doña Clotilde Berriel y Fernández.

2. — Doña Josefa Lastres y Coppinger, fue bautizada en La Habana, parroquia del Espíritu Santo, el 19 de febrero de 1865, donde casó el 25 de junio de 1890, con el doctor Gustavo Moreno y González de la Torre, natural de Matanzas, Médico, Comandante Médico del Ejército Expedicionario de los Estados Unidos de Norteamérica, Catedrático de la Universidad de La Habana, hijo de don Manuel Moreno y Fromesta, natural de Bayamo, Teniente del Ejército español, y de doña Juana González de la Torre y Perovani.

3. — Don Néstor Lastres y Coppinger, bautizado en La Habana, parroquia del Espíritu Santo, el 12 de marzo de 1868, fue doctor en Ciencias y en Farmacia, Teniente Coronel del Ejército Libertador de Cuba y Alcalde de la villa de Santa María del Rosario. Fue uno de los náufragos del vapor «Hawkins», de los revolucionarios cubanos durante la guerra de Independencia de la República de Cuba. Falleció en Santa María del Rosario el 3 de noviembre de 1927. Casó en La Habana, parroquia de Monserrate, el 5 de diciembre de 1919, con doña Victoria Oyarzún y Sánchez, natural de San Cristóbal, provincia de Pinar del Río, hija de don Pedro Oyarzun, natural de España, y de doña María de los Ángeles Sánchez, natural de San Cristóbal.

4. — Doctor Joaquín Lastres y Coppinger, bautizado en La Habana, parroquia del Espíritu Santo, el 17 de noviembre de 1886, fue Abogado, y Teniente Coronel del Ejército Libertador de Cuba. Murió en la guerra, de fiebre, en la prefectura de Potrerillo, en Camagüey, el 17 de septiembre de 1897. Casó en La Habana, parroquia del Santo Cristo, el 12 de enero de 1894, con doña Juana Poo y Pierra, distinguida poetisa y escritora, hija del Licenciado José Desiderio Poo y Álvarez, Abogado, poeta, periodista, profesor y literato, y de doña Martina Pierra y Agüero, natural de Puerto Príncipe, poetisa y escritora. Tuvieron por hija: a

Doña Trinidad Lastres y Poo, que casó en La Habana, parroquia de Monserrate, en mayo de 1912, con don Agustín de los Reyes Gavilán y de la Guardia, hijo de don Agustín de los Reyes Gavilán y Madan, y de doña María Josefa de la Guardia y Madan.

LEBLANC

Don Agustín Leblanc casó con doña Escolástica Boesoles y tuvieron por hijo: a

Don Julio Antonio Leblanc y Boesoles, natural de Burdeos, Francia, que pasó a Cuba y fue uno de los primeros pobladores de la Colonia Fernandina de Jagua, luego nombrada Cienfuegos, donde fue Hacendado, Regidor del Ayuntamiento en 1 de enero de 1860 y Alguacil Mayor y en donde falleció. Casó en la parroquia de la Purísima Concepción, luego Catedral de Cienfuegos, el 7 de julio de 1837 con doña Andrea Jacoba Hernández de Rivera y Castiñeyra, natural de Trinidad hija de don Joaquín Mariano Hernández de Rivera y Pablo Vélez y de doña Andrea Remigia Castiñeyra y Yanes, naturales de Trinidad. Tuvieron por hijos: a Andrea; a Rosa; a Ana; a Luisa; a María del Carmen; a Julia; a Julio, y a Guillerom Leblanc y Hernández de Rivera. Los cuales:

1. — Doña Andrea Leblanc y Hernández de Rivera, natural de Cienfuegos falleció en Madrid el 8 de noviembre de 1882. Casó en la parroquia de la Purísima Concepción de Cienfuegos con don Lino Montalvo y Rodríguez Prieto, natural de Villa Clara, hijo de don Lino Montalvo y Vinader, natural de Medina del Campo, Valladolid, Coronel de Infantería, Teniente de la VI Compañía del Batallón de Tarragona, Capitán de Milicias, Hacendado, Regidor y Alcalde Mayor del Ayuntamiento de Cienfuegos (de la familia de los Marqueses de Torre-Blanca y de Falces), y de doña María de los Dolores Rodríguez Prieto y Ximénez.

2. — Doña Rosa Leblanc y Hernández de Rivera, natural de Cienfuegos, casó dos veces; la primera en la parroquia de la Purísima Concepción de Cienfuegos el 9 de marzo de 1861 con don José María Avilés y Dorticós, natural de Cienfuegos, hijo de don Juan Nepomuceno Avilés y Passage de Rusie, Hacendado y natural de Santa Marta en el Virreinato de Nueva Granada y de doña Margarita Dorticós y Gómez de Leys. Casó por segunda vez en la misma parroquia el 21 de diciembre de 1895 con don Trinidad Martínez y González, natural de Cádiz, hijo de don Román Martínez y de doña Juana Bautista González.

3. — Doña Ana Leblanc y Hernández de Rivera, natural de Cienfuegos, casó en la parroquia de la Purísima Concepción, con don José Ramón Montalvo y Rodríguez Prieto, hermano de su cuñado don Lino Montalvo y Rodríguez Prieto.

4. — Doña Luisa Leblanc y Hernández de Rivera, natural de Cienfuegos casó en la parroquia de la Purísima Concepción, el 23 de diciembre de 1872, con don Evaristo Montalvo y Rodríguez Prieto, hermano entero de los anteriores.

5. — Doña María del Carmen Leblanc y Hernández de Rivera, natural de Cienfuegos donde casó con don Juan Nepomuceno Avilés y Dorticós, hermano de su cuñado don José María de los mismos apellidos.

6. — Doña Julia Leblanc y Hernández de Rivera, natural de Cienfuegos casó en la parroquia de la Purísima Concepción, luego Catedral de Cienfuegos, el 5 de marzo de 1868, con el Licenciado Francisco Díaz de Villegas y Santa Cruz, Abogado y Hacendado, hijo del Licenciado José Gregorio Díaz de Villegas y González, natural de La Habana, Asesor titular de la Real Hacienda, Regidor y Alférez Real de Cienfuegos, y de doña Josefa de Santa Cruz y Guerrero, hija ésta de don Agustín de Santa Cruz y Castilla Cabeza de Vaca, donador de las tierras donde está fundada dicha ciudad (de la Casa de los Condes de San Juan de Jaruco y de Santa Cruz de Mopox).

7. — Don Julio Leblanc y Hernández de Rivera, natural de Cienfuegos en cuya parroquia casó el 6 de julio de 1866 con doña Rosalía Díaz de Villegas y Díaz de Villegas, hija de don Juan Díaz de Villegas y Rodríguez, natural de La Habana, Mayor General y Jefe de operaciones en la provincia de las Villas durante la guerra de los Diez Años y de doña Adelaida Díaz de Villegas y Santa Cruz, natural de Cienfuegos. Tuvieron por hijo: a

Don Julio Leblanc y Díaz de Villegas, bautizado en la parroquia de la Purísima Concepción de Cienfuegos el 9 de junio de 1869, que casó con doña Marta de las Nieves Díaz de Villegas y Martínez, hija de don Antonio Díaz de Villegas y Santa Cruz, Hacendado y de doña María Cleofa Martínez y Prieto. Tuvieron por hijo: a

Don Julio Leblanc y Díaz de Villegas, que falleció en La Habana soltero.

8. — Don Guillermo Leblanc y Hernández de Rivera, natural de Cienfuegos, donde casó en la parroquia de la Purísima Concepción el 13 de marzo de 1885 con doña Mercedes Díaz de Villegas y Jova, natural de Cienfuegos, hija del Licenciado don Leopoldo Díaz de Villegas y Santa Cruz, Médico y Hacendado y de doña Jacinta Jova y González Abreu. Tuvieron por único hijo: a

Don Julio Leblanc y Díaz de Villegas, quien casó en la Catedral de Cienfuegos con doña N. Castillo y Larcada.

LÓPEZ DE QUERALTA

A fines del siglo XVII, aparece ya radicada esta familia en la provincia de Oriente de la isla de Cuba.

El secretario Andrés López de Queralta, tiene su defunción en la Catedral de Santiago de Cuba a 28 de agosto de 1727, donde se hace constar que falleció a los setenta y tres años de edad. Casó con doña

Isabel Valdivia, y tuvieron por hijos: a Francisca; a María Martina, y a Andrés López de Queralta y Valdivia. Los cuales:

1. — Doña Francisca López de Queralta y Valdivia, casó en la Catedral de Santiago de Cuba el 6 de julio de 1712, con el Alférez José García de Aguilar y Guevara, natural de Canarias, hijo de don Pedro García de Aguilar, y de doña Francisca Guevara y Betancourt..

2. — Doña María Martina López de Queralta y Valdivia, tiene su defunción en la Catedral de Santiago de Cuba a 20 de noviembre de 1753, donde casó dos veces: la primera, el 6 de enero de 1729, con el Alférez Andrés González y Estrada, hijo del Alférez Juan y de Juana. Casó por segunda vez, el 10 de abril de 1735, con don Francisco Mustelier y Angulo, Alcalde de la Santa Hermandad, hijo del Capitán Diego Antonio Mustelier y Cisneros, Alcalde ordinario, y de doña María Francisca Angulo y Arias.

3. — Don Andrés López de Queralta y Valdivia, tiene su defunción en la Catedral de Santiago de Cuba a 5 de octubre de 1754, donde casó dos veces: la primera, el 26 de diciembre de 1725, con doña María Josefa de los Santos y Cisneros, hija del Capitán Roque Alonso de los Santos, Regidor Alcalde Mayor Provincial de la Santa Hermandad, y de doña Juana Cisneros y Álvarez de Castro. Casó por segunda vez, el 20 de abril de 1738, con doña María de las Cuevas y Paz, hija de don Miguel de las Cuevas y Velarde. Regidor, Alférez Mayor, Alcalde Mayor Provincial de la Santa Hermandad, y de doña Úrsula de Paz y Duque de Estrada. Con su primera mujer, dejó por hijo: a

Don Andrés López de Queralta y de los Santos, que fue Sub-teniente de Infantería del Regimiento de la plaza de La Habana. Su defunción se encuentra en la Catedral de Santiago de Cuba a 3 de junio de 1761, donde casó el 24 de abril de 1749, con doña Juana Hierrezuelo y Moreno Xirón, hija de don Miguel Sebastián Hierrezuelo y Silva, Teniente de Alguacil Mayor, y de doña Andrea Moreno y Xirón y Fromesta. Tuvieron por hijos: a Margarita, y a Andrés López de Queralta y Hierrezuelo. Los cuales:

A. — Doña Margarita López de Queralta y Hierrezuelo, casó en la Catedral de Santiago de Cuba el 2 de diciembre de 1783, con don Pedro Manuel Hierrezuelo y Silva.

B. — Don Andrés López de Queralta y Hierrezuelo, fue Interventor de las fortificaciones de la plaza de Santiago de Cuba, y Guarda Almacén, por Su Majestad. Casó en la Catedral de dicha ciudad el 8 de mayo de 1780, con doña Margarita Gertrudis Casamor y Castellanos, hija de Pedro Pablo y de Petronila. Tuvieron por hijo: a

Don Carlos López de Queralta y Casamor, que casó en la Catedral de Santiago de Cuba el 15 de octubre de 1814, con doña Margarita Casamor y Pardo, hija de Marcos y de Teresa. Tuvieron por hijas: a María

Caridad; a María del Carmen, y a María Teresa López de Queralta y Casamor. Las cuales:

a. — Doña María Caridad López de Queralta y Casamor, casó en la Catedral de Santiago de Cuba el 12 de junio de 1851, con don Francisco Vives y Rodríguez Aballo, natural de Santa Marta, hijo del Capitán Salvador y de Manuela.

b. — Doña María del Carmen López de Queralta y Casamor, casó en la Catedral de Santiago de Cuba el 18 de junio de 1862, con don Bartolomé Jaime, natural de Valencia.

c. — Doña María Teresa López de Queralta y Casamor, casó en la Catedral de Santiago de Cuba el 4 de noviembre de 1840, con su primo don Andrés López de Queralta y Landa, hijo de don Manuel López de Queralta y de doña Francisca Xaviera Landa. Tuvieron por hijos: a María del Carmen, y a Andrés López de Queralta y López de Queralta. Los cuales:

1. — Doña María del Carmen López de Queralta y López de Queralta, casó en la Catedral de Santiago de Cuba el 31 de octubre de 1873, con don Andrés Justiz y Caballero, hijo de Máximo y de Mariana.

2. — Don Andrés López de Queralta y López de Queralta, casó en la Catedral de Santiago de Cuba el 11 de enero de 1872, con doña Juana Manuela Boudet y Landa, hija del Licenciado Pedro Jacinto y de Trinidad. Tuvieron por hija: a

Doña Ana María López de Queralta y Boudet, que casó en la Catedral de Santiago de Cuba el 19 de febrero de 1887, con don Adolfo Pahisa y Canales, natural de Barcelona, Capitán del Regimiento de Infantería de Nápoles, hijo de Francisco y de Isabel.

LOSADA

Apellido gallego, del valle de Quiroga, Lugo. Sus armas: En campo de oro, seis lagartos de sinople, puestos en dos palos; bordura de gules, cargada de ocho aspas de oro.

A principios del siglo XVIII, procedente de Villafranca, en León, se estableció esta familia en Santiago de Cuba.

Don Pedro Carreño Ordóñez Losada, y su mujer doña Agueda Leal, tuvieron por hijo: al

Capitán José Carreño Ordóñez Losada, natural de Villafranca, que fue Regidor del Ayuntamiento de Santiago de Cuba.[1] Su defunción se encuentra en la Catedral de dicha ciudad a 8 de febrero de 1757, donde casó dos veces: la primera, el 24 de agosto de 1711, con doña Luisa Petronila Pérez Vasto y Raspura, hija del Capitán Diego y de Magdalena. Casó por segunda vez, el 12 de agosto de 1742, con doña María Catalina Hechavarría y Ramos, hija del Alférez Ignacio Hechavarría Elguesúa y Moreno Xirón, Alcalde Mayor Provincial, y de doña Francisca Ramos y Ferrer. Con su primera mujer dejó por hija: a

Doña Antonia Ordóñez Losada y Pérez Vasto, que tiene su defunción en la Catedral de Santiago de Cuba a 18 de julio de 1771, donde casó el 16 de octubre de 1740, con el Teniente Tomás Serrano de Padilla y Ramos, Regidor Alférez Real del Ayuntamiento, hijo del Tesorero Miguel Serrano de Padilla y de la Torre, y de doña Dorotea Ramos y Vázquez Valdés de Coronado.

Don José Carreño Ordóñez Losada, y su segunda mujer doña María Catalina Hechavarría y Ramos, tuvieron por hijos: a Agustina, y a Felipe Losada y Hechavarría. Los cuales:

1.— Doña Agustina Losada y Hechavarría, casó en la Catedral de Santiago de Cuba el 5 de marzo de 1771, con don Luis Ignacio González-Carvajal y Arredondo, Capitán de Milicias, Regidor y Alcalde Mayor Provincial, hijo de don Luis González-Carvajal y Trimiño, y de doña Adriana Arredondo y Orellana.

2.— Capitán Felipe Losada y Hechavarría, fue Alcalde Mayor Provincial de Santiago de Cuba.

LUIZ Y RODRÍGUEZ DE ALDANA

Don Domingo Luiz y doña Aldana Rodríguez tuvieron por hijo: a

Don Domingo Luiz y Rodríguez, natural de la ciudad de Santo Domingo, quien pasó a Bayamo provincia de Oriente, Cuba, y casó con doña María Rodríguez de Aldana, hija de don Tomás Rodríguez de Aldana y Vázquez, natural de Bayamo, y de doña Isabel Moreno, de igual procedencia.

Don Domingo Luiz y Rodríguez, y su mujer doña María Rodríguez de Aldana, tuvieron por hija: a

Doña María de las Nieves Rodríguez de Leitía Aldana, dueña del Hato «Holguín», o Costa Norte, donde se levantó la ciudad de San Isidoro de Holguín; fue la fundadora de ese curato, y casó con don Juan Francisco de la Torre y Fuentes, natural de Jamaica, fundador de la ciudad de San Isidoro de Holguín.

LLANOS

Apellido asturiano, de donde pasó a Castilla.

A fines del siglo XVIII, procedente de Málaga, se estableció esta familia en la provincia de Matanzas, de la isla de Cuba.

Sus armas: En campo de sinople, un castillo de oro, aclarado de gules, y dos tigres, manchados de plata y sable, empinados a él; en punta, ondas de mar de azur y plata.

Don José Francisco Llanos y Regel, fue Regidor perpetuo de la ciudad de Málaga. Casó con doña Josefa Alcalde y Fernández de Rivero, y tuvieron por hijo: a

Don Félix de Llanos y Alcalde, que nació en la ciudad de Málaga el 3 de enero de 1761. Ingresó en las Reales Compañías de Guardias Marinas el año 1778, llegando a obtener el grado de Teniente de Navío de la Real Armada. Casó en La Habana el 30 de julio de 1797 (asentado este martimonio en la parroquia del Santo Ángel el 15 de abril de 1799), con doña María Dominga de Céspedes y Aróstegui, hija de don Vicente de Céspedes y Párraga de Velasco, Mariscal de Campo de los Reales Ejércitos, Virrey del Río de la Plata, y de doña María Concepción Aróstegui y Bassave. Tuvieron por hijos: a Rosa María; a María Concepción; a José María; a Félix, y a Ramón Francisco de Llanos y Céspedes. De los cuales:

1. — Don José María de Llanos y Céspedes, fue bautizado en la Catedral de Matanzas el año 1801.

2. — Don Félix de Llanos y Céspedes, nació en Matanzas el 7 de septiembre de 1805, y fue bautizado en su Catedral.

3. — Don Ramón Francisco de Llanos y Céspedes, nació en Matanzas el 18 de marzo de 1807. Casó en la Catedral de dicha provincia el 17 de marzo de 1837, con doña María Gertrudis Lamar y Torres, hija de don Luis Lamar y Govín, Alcalde ordinario de Matanzas, y de doña Antonia María de las Mercedes de Torres y Lima. Tuvieron por hijos: a Rosa; a César; a Aurelio, y a Ramón de Llanos y Lamar. Los cuales:

A. — Doña Rosa de Llanos y Lamar, fue bautizada en la Catedral de Matanzas el 8 de abril de 1845.

B. — Don César de Llanos y Lamar, nacido en Matanzas el 9 de diciembre de 1838, casó con doña María Concepción Silveira, y tuvieron por hijas: a María Gertrudis, y a María Concepción de Llanos y Silveira.

C. — Don Aurelio de Llanos y Lamar, nacido en Matanzas el 26 de marzo de 1841, casó con doña Josefa Martín Vegue y de la Luz, y tuvieron por hijos: a Julia María; a María Josefa; a Estela; a América; a Juana; a Graciella; a Eduardo; a Raúl; a Oscar, y a Arturo de Llanos y Vegue.

D. — Don Ramón de Llanos y Lamar, nacido en Matanzas el 14 de julio de 1849, casó con doña Sofía Domínguez y Pérez, y tuvieron por hijos: a Matilde; a Piedad; a Pío Ramón; a Octavio; a Ricardo; a Enrique; a Rogelio, y a Juan de Llanos y Domínguez. De los cuales:

a. — Don Enrique de Llanos y Domínguez, casó en Matanzas el 5 de agosto de 1911, con doña Petra Gertrudis Solís y Martínez.

b. — Don Rogelio de Llanos y Domínguez, casó con doña Esperanza Ramos, y tuvieron por hijos: a Sofía; a María Magdalena; a Juan; a Rogelio, y a Arístides de Llanos y Ramos.

c. — Don Juan de Llanos y Domínguez, casó con doña Luisa Hernández, y tuvieron por hijos: a Esther; a Lía; a Sabina; a Ofelia; a Silvia; a Mario; a Rogelio; a Ramón; a Carlos, y a Orlando de Llanos y Hernández.

MALDONADO

A fines del siglo XVI, procedente de Salamanca, se estableció esta familia en La Habana, siendo su progenitor uno de los Gobernadores de la isla de Cuba.

Son sus armas: En campo de gules, cinco flores de lis de plata, puestas en sotuer.

Don Juan Maldonado Barnuevo, natural de Salamanca, Contador de la Armada Invencible en 1574, Caballerizo de la Reina y Caballero de la Orden de Santiago, fue Gobernador de la isla de Cuba desde julio de 1594 hasta el 19 de junio de 1602. Durante su mando en esta isla, se continuaron las obras de los Castillos del Morro y de la Punta y se fomentó el ingenio «Guaicanamar» en Regla, y otro de su propiedad en Marianao, legando veinte y cinco mil pesos para una iglesia en este último lugar. Terminado su gobierno, desempeñó en España el cargo de Acemilero Mayor del Rey, cuyo título conservó aunque ejerció después mando de plazas y galeones. Estuvo encargado del puerto de Larache y siendo Veedor general de las galeras, falleció en el Puerto de Santa María, en el mes de noviembre de 1613. Casó con doña Jerónima Mexía de Tovar, y tuvieron por hijos a: Catalina, Elvira, María, Juana, Inés, Isabel, y Francisco Maldonado Barnuevo y Mexía de Tovar. Los cuales:

1. — Doña Catalina Maldonado Barnuevo y Mexía de Tovar, fue bautizada en la Catedral de La Habana el 18 de diciembre de 1595.

2. — Doña Elvira Maldonado Barnuevo y Mexía de Tovar, tiene su defunción, viuda, en la Catedral de La Habana, a primero de septiembre de 1636.

3. — Doña María Maldonado Barnuevo y Mexía de Tovar, casó en la Catedral de La Habana, el 29 de octubre de 1608, con don Juan de la Inseción.

4. — Doña Juana Maldonado Barnuevo y Mexía de Tovar, casó dos veces, la segunda en la Catedral de La Habana el 19 de agosto de 1596, con don Cristóbal de Ribera y Rodríguez, natural de Palos de Moguer, hijo de Pedro y de María.

5. — Doña Inés Maldonado Barnuevo y Mexía de Tovar, tiene su defunción en la Catedral de La Habana a 3 de noviembre de 1613. Casó con don Juan Morales.

6. — Doña Isabel Maldonado Barnuevo y Mexía de Tovar, fue bautizada en la Catedral de La Habana el 31 de julio de 1597. Testó ante Francisco García, y su defunción se encuentra en la referida Catedral a 28 de marzo de 1633, donde casó el 25 de junio de 1613, con don Fabián Correa de Ledesma. Tuvieron por hija: a doña Agueda de Ledesma y Maldonado.

7. — Don Francisco Maldonado Barnuevo y Mexía de Tovar, casó con doña Leonor Millán de Bohorques, y tuvieron por hija: a
Doña María Maldonado Barnuevo y Millán de Bohorques, que testó el 27 de abril de 1647 ante Francisco Hidalgo. Su defunción se encuentra en la Catedral de La Habana a 24 de septiembre de 1648.

El Capitán Juan Maldonado Barnuevo, natural de Madrid, pasó a Cuba en compañía de su tío el Gobernador de la isla de Cuba don Juan Maldonado Barnuevo. Fue Alcalde Ordinario de La Habana en 1608 y dio poder para testar a don Gonzalo Chacón ante Juan Bautista Guilizasti. Su defunción se encuentra en la Catedral de La Habana a 6 de enero de 1621. Casó dos veces: la primera, el 22 de noviembre de 1604, con doña María Bohorques, con la que no tuvo sucesión; y la segunda, el 18 de abril de 1611 con doña María Mercadillo Trimiño, natural de La Habana, hija de don Juan Trimiño y Guillamas, Gobernador de San Agustín de la Florida, y de doña Ana Zaballa Pacheco. Tuvieron por hijos: a Ana Zabala; a Ana; a Juana; a María; al Alférez Diego, y al Alférez Juan Maldonado Barnuevo y Mercadillo. Los cuales:

1. — Doña Ana Zabala Maldonado Barnuevo y Mercadillo, fue bautizada en la Catedral de La Habana el 20 de octubre de 1617, testó ante Hernando Pérez Borroto y su defunción se encuentra en la referida Catedral a 7 de febrero de 1634.

2. — Doña Ana Maldonado Barnuevo y Mercadilla, fue bautizada en la Catedral de La Habana, el 13 de octubre de 1614.

3. — Doña Juana Maldonado Barnuevo y Mercadillo, fue bautizada en la Catedral de La Habana, el 18 de febrero de 1613, diò poder para testar a su sobrino el Capitán Diego Arias Martínez de la Marcha y Maldonado, Caballero de la Orden de Calatrava. Su defunción se encuentra en la Catedral de esta ciudad a 13 de diciembre de 1672, donde casó el 20 de mayo de 1630, con don Cristóbal Gómez de Cervantes, Teniente del Castillo del Morro.

4. — Doña María Maldonado Barnuevo y Mercadillo, fue bautizada en la Catedral de La Habana el 10 de marzo de 1616, donde se encuentra su defunción a 13 de marzo de 1646. Casó con el Capitán Melchor Arias Martínez de la Marcha y Lizino, natural de Ragana, jurisdicción de Arévalo, provincia de Salamanca, Alcalde Ordinario de La Habana, cuya defunción se encuentra en la Catedral de La Habana a 30 de septiembre de 1672, hijo de don Diego Arias Martínez de la Marcha, y de doña Antonia de Lizino. Este matrimonio tuvo por hijos: a Luisa; a Antonia; al Capitán Diego Arias Martínez de la Marcha y Maldonado; y a Domingo Francisco López Arias y Maldonado.

5. — Alférez Diego Maldonado Barnuevo y Mercadillo, fue bautizado en la Catedral de La Habana el 4 de abril de 1612, casó con doña Ana de Lemos. Tuvieron por hija: a Petronila de Lemos y Maldonado, que testó el 3 de enero de 1675 ante don Cristóbal Valero. Su defunción se encuentra en la Catedral de La Habana a 15 de mayo de 1679.

6. — Alférez Juan Maldonado Barnuevo y Mercadillo, fue bautizado en la Catedral de La Habana, el 14 de octubre de 1619. Testó ante Cristóbal Núñez de Cabrera y su defunción se encuentra en la referida Catedral a 14 de septiembre de 1670, donde casó el 13 de noviembre de 1642, con doña Isabel Chirinos y Roxas Inestrosa, hija de don Juan Chirinos y Sandoval, Procurador General, Alcalde Ordinario, y Teniente de Alguacil Mayor de La Habana, y de doña Magdalena de Roxas Inestrosa. Tuvieron por hijos: a María de la Soledad; a Juan, y a Baltasar Maldonado Barnuevo y Chirinos. Los cuales:

A. — Don Juan Maldonado Barnuevo y Chirinos fue bautizado en la Catedral de La Habana el 22 de marzo de 1644.

B. — Don Baltasar Maldonado Barnuevo y Chirinos fue bautizado en la Catedral de La Habana el 22 de febrero de 1645.

C. — Doña María de la Soledad Maldonado Barnuevo y Chirinos fue monja profesa en le convento de Santa Clara de La Habana.

MANDULEY

A principios del siglo XIX, procedente de la ciudad de Génova, en Italia, se estableció esta familia en la ciudad de San Isidoro de Holguín, en la región oriental de la isla de Cuba.

Gerolano Amandolesi, y su mujer María Coletta Pittaluga, naturales de Génova, tuvieron por hijo, entre otros, a:

Don Bernardo Amandolesi y Pittaluga, nacido en Santa María Magdalena, Génova, en 1767, vino a Cuba en 1805, en uno de los barcos de la familia, cuyos miembros se dedicaron de antiguo al comercio marítimo, el cual fue destruido por una tempestad cerca de Gibara, salvándose él, un primo llamado Federico Pittaluga, y otro pariente de apellido Calvi. Pasó a Holguín y allí adquirió la finca nombrada «Desmajagual», donde tuvo importante crianza de ganado. Fallecido en dicha ciudad el 30 de septiembre de 1849, tiene asentada su defunción en la parroquia Mayor de San Isidoro en el libro 5, folio 86, número 714. La modificación del apellido hasta llegar a la forma actual, se originó por los frecuentes errores de los curas párrocos al redactar las partidas de nacimiento de los hijos de don Bernardo, motivados por la dificultad de éste en darse a entender en idioma español, dado el escaso conocimiento que del mismo tenía en sus primeros años de residencia en Cuba, por lo que aquellos cambiaron, en los citados documentos, algunas letras de dicho apellido, escribiéndolo unas veces como Amandolese y otros como Mandolesi y Amanduley; esta última forma aparece en la citada parroquia de San Isidoro, en la partida de bautismo de 25 de noviembre de 1815, de uno de los hijos nombrado Carlos Bernardo de Jesús; pero otro de los hijos, Juan Antonio de Jesús, años después suprimió al apellido la A inicial, quedando así, como ha continuado, Manduley. Casó en Holguín, en la parroquia mayor de San Isidoro, el 30 de octubre de 1809, con doña María Caridad Pupo y de los Reyes, hija de don Miguel Pupo y González de Rivera, que fue Alcalde de la Santa Hermandad en 1778, y Síndico Procurador General en 1792, y de doña María Feliciana de los Reyes y de la Peña. Tuvieron por hijos: a Juan Antonio de Jesús; a Carlos Bernardo de Jesús; a María Ildefonsa, y a Úrsula Manduley y Pupo. Los cuales:

1. — Don Juan Antonio de Jesús Manduley y Pupo, del que se tratará en la LINEA PRIMERA.

2. — Don Carlos Bernardo de Jesús Manduley y Pupo, natural de Holguín, fue bautizado en la Parroquia Mayor de San Isidoro, el 25 de noviembre de 1815, donde casó con doña Dolores de Silva y Monteagudo, natural de Santa Clara, hija de don Mariano de Silva y Luján, natural de La Palma, islas Canarias, y de doña Bernarda Monteagudo y Águi-

la, natural de Santa Clara. Tuvieron por hijos: a Rosa; a María de la Encarnación; a Emiliano, y a María de los Ángulos Manduley y Silva. Los cuales:

A. — Doña Rosa Manduley y Silva, nació en Holguín el 8 de enero de 1844. Casó en dicha ciudad con don Miguel Ángel de Zayas y Cardet, natural de Holguín, hijo de don José María de Zayas y Cardet, natural de Holguín, y de doña Ana Cardet y Zayas, natural de Holguín.

B. — Doña María de la Encarnación Manduley y Silva, natural de Holguín, casó en la expresada ciudad, con don Aureliano Serrano y Rodríguez, natural de Holguín, hijo de don Fernando Serrano y Almaguer, natural de Holguín, y de doña Rita de Jesús Rodríguez y Batista, natural de Holguín.

C. — Don Emiliano Manduley y Silva, natural de Holguín, casó con doña Rafaela Guerrero y Almaguer, natural de la expresada ciudad, hija de don Luis Guerrero, natural de Holguín, y de doña Serafina Almaguer y Pérez, natural de Holguín. Tuvieron por hija: a doña Blanca Rosa Manduley y Guerrero, natural de Holguín.

D. — Doña María de los Ángeles Manduley y Silva, nació en Holguín el 24 de julio de 1848, y falleció en dicha ciudad en mayo de 1945. Casó en Holguín, parroquia de San Isidoro, el 16 de enero de 1864, con don José María Aguilera y Pupo, natural de Holguín, hijo de don Antonio Aguilera y Ricardo, natural de Holguín, y de doña Manuela Pupo y Reyes, natural de Holguín.

3. — Doña María Ildefonsa Manduley y Pupo, nació en Holguín. Casó en dicha ciudad, en 1832, con don José Ramón de Leyva y González, natural de Holguín.

4. — Doña Úrsula Manduley y Pupo, nació en Holguín. Casó en la expresada ciudad, con don José Antonio Artigas y Ávila, Agrimensor Público.

LÍNEA PRIMERA

Don Juan Antonio de Jesús Manduley y Pupo (anteriormente mencionado como hijo de don Bernardo Amandolesi y Pittaluga, y de doña María Caridad Pupo y de los Reyes) nacido en la ciudad de Holguín en el año 1814, falleció en dicha ciudad el 19 de julio de 1876. Casó en la parroquia mayor de San Isidoro de Holguín, el 23 de julio de 1851, con doña María de los Ángeles del Río y Cabrera, natural de Santiago de Cuba, hija de don José Dolores del Río y Vargas Machuca, natural de Santiago de Cuba, y de doña Leonor María Cabrera y del Río, natural de Santiago de Cuba. Tuvieron por hijos: a José Ramón; a José Dolores; a Bernardo del Rosario; a María de la Caridad Olalla; a Juan Antonio de Jesús, y a Rafael María Manduley y del Río. Los cuales:

a. — Don José Ramón Manduley y del Río, nació en Holguín el 15 de marzo de 1834. Fue Mayordomo de Propios del Ayuntamiento de Holguín, Vicepresidente del Partido Autonomista de dicha ciudad, y emigró a México cuando la Guerra de Independencia. Falleció en Veracruz, México, el 20 de mayo de 1898. Casó en Holguín, parroquia de San Isidoro, el 30 de septiembre de 1853, con doña Ana María Salazar y Ávila, natural de la expresada ciudad, hija de don Tomás Salazar y Martínez y de doña Beatriz Ávila y Batista. Tuvieron por hijos: a Digna; a José Ramón; a Ana María; a Cristina del Rosario; a Adolfina María de la Caridad; a Josefa María de los Ángeles; a Humberto; a Juan Antonio de Jesús; a Caridad, y a María Cándida Manduley y Salazar. Los cuales:

1. — Doña Digna Manduley y Salazar, nació en Holguín el 23 de junio de 1854, y falleció en dicha ciudad el 2 de agosto de 1935. Casó en Holguín, parroquia de San Isidoro, el 14 de septiembre de 1874, con don José Carneado y Moreira, natural de Galicia, España, Comandante Médico del Ejército Español.

2. — Don José Ramón Manduley y Salazar, nacido en Holguín el 3 de marzo de 1856, falleció en dicha ciudad el 21 de febrero de 1938. Fue Perito Agrícola de la Escuela General de Agricultura de Madrid; Concejal del Ilustre Ayuntamiento de Holguín; Tesorero del Partido Liberal Autonomista de dicha ciudad; Secretario de la Junta Provincial de Agricultura, Industria y Comercio de Oriente; Auxiliar Facultativo de la Jefatura de Montes y Minas de la Región oriental, y emigró a la República Dominicana durante la Guerra de 1895. Casó en el pueblo de Santa Lucía, Gibara, el 2 de diciembre de 1893, con doña Luz Sofía Sánchez y Campos, hija de don Rafael Lucas Sánchez y Hill, natural de San Agustín de la Florida, Hacendado, y de doña Juana Campos y Junco, natural de Matanzas. Tuvieron por hijos: a José Ramón; a Esther; a Octavio, y a Carlos Manduley y Sánchez. Los cuales:

A. — Don José Ramón Manduley y Sánchez, nació en el pueblo de Santa Lucía, Gibara, Oriente, el primero de septiembre de 1894. Casó en Holguín, parroquia de San Isidoro, el 4 de noviembre de 1921, con doña Josefa Expósito y Rodríguez, natural de Gibara, hija de don José Expósito y de doña Caridad Rodríguez y Leyva, natural de Gibara. Tuvieron por hijos: a Luz Sofía; a Teresa, y a José Ramón Manduley y Expósito.

B. — Doña Esther Manduley y Sánchez, nació en la ciudad de Matanzas.

C. — Don Octavio Manduley y Sánchez, nació en Holguín el 1 de octubre 1903.

D. — Don Carlos Manduley y Sánchez, nació en Holguín el 24 de mayo de 1908.

Don José Ramón Manduley y Salazar, anteriormente mencionado, y doña Luisa Almarales e Hidalgo, natural de Holguín, hija de don Juan Agustín Almaraz y Ávila, natural de dicha ciudad, y de doña María del Carmen Hidalgo y Pupo, natural de Holguín, tuvieron por hijo: a

Don Agatángelo Manduley y Almarales, que nació en Holguín el 23 de enero de 1882. Casó en dicha ciudad, parroquia de San Isidoro, el 10 de abril de 1910, con doña Josefa Batista y Salazar, natural de Holguín, hija de don José Ángel Batista y Cuba, natural de la referida ciudad, y de doña Rafaela Salazar y Ávila, natural de Holguín. Tuvieron por hijos: a José Alipio; a Alberto; a Agatángelo, y a Abelardo Manduley y Batista. Los cuales:

a. — Don José Alipio Manduley y Batista, nació en Holguín.

b. — Don Alberto Manduley y Batista, nació en Holguín. Casó con doña Emiliana Herrera y González, natural de Gibara, hija de don Rafael Herrera y Ramírez, natural de dicha villa, y de doña Juana González Aballe, natural de Gibara. Tuvieron por hijo: a

Don Ariel Manduley y Herrera, que nació en Holguín el 25 de abril de 1938.

c. — Don Agatángelo Manduley y Batista, nació en Holguín, donde casó el 19 de septiembre de 1936, con doña Aurora Guerra y Morales, hija de Armando y María, ambos naturales de Holguín. Tuvieron por hijo: a Aldo Manduley y Guerra.

d. — Don Abelardo Manduley y Batista, natural de Holguín.

3. — Doña Ana María Manduley y Salazar, nacida en Holguín el 8 de abril de 1857, falleció en dicha ciudad el 17 de febrero de 1925. Casó en Holguín el 8 de diciembre de 1887, con don Carlos Bähr y Giraud, natural de la isla de Puerto Rico, hijo de Fernando y de Nieves.

4. — Doña Cristina del Rosario Manduley y Salazar, nació en Holguín el 24 de julio de 1858. Casó en la referida ciudad, parroquia de San Isidoro, el 12 de mayo de 1877, con don Juan López y Palomo, General de Brigada del Ejército Español, natural de Granada, España, que falleció en Gerona, Cataluña, el 5 de enero de 1919.

5. — Doña Adolfina María de la Caridad Manduley y Salazar, nació en Holguín el 9 de mayo de 1880, y falleció soltera en dicha ciudad el 18 de septiembre de 1945.

6. — Doña Josefa María de los Ángeles Manduley y Salazar, nacida en Holguín el 19 de marzo de 1863, falleció en La Habana el 11 de mayo de 1929. Casó en Holguín, parroquia de San Isidoro, el 19 de mayo de 1879, con don José Fernández de Parga y Mirelis, Comandante Capitán graduado del arma de Caballería del Ejército Español, natural de Málaga, España, hijo de don Enrique Fernández de Parga y Senras, Gene-

ral del Ejército Español, natural de Mondoñedo, España, y de doña Petra Mirelis y González, natural de La Habana.

7. — Doctor Humberto Manduley y Salazar, Médico graduado de la Universidad Central de Madrid, fue Jefe Local de Sanidad de Holguín y durante la Guerra de Independencia emigró a México. Nacido en Holguín el 31 de octubre de 1884, falleció en dicha ciudad el 23 de febrero de 1912. Casó en dicha ciudad, parroquia mayor de San IIsidoro, el 12 de marzo de 1891, con doña Eloisa Ráez y Ortega, natural de Úbeda, Jaén, España, hija de don Alejo Ráez y Almagro, natural de Úbeda, Jaén, España, y de doña Josefa Ortega y Montoro, natural de Cazorla, Jaén, España. Tuvieron por hijos: a Abelardo; a Alfredo; a Aurora; a Ana María; a Aida Adriana, y a Adolfina Manduley y Ráez. Los cuales:

1. — Doctor Abelardo Manduley y Ráez, fue Abogado y Notario Público de Holguín. Nacido en dicha ciudad el 25 de enero de 1893, murió en los campos de San Juan, Jurisdicción de Holguín, el 19 de febrero de 1917, durante la revolución de febrero del mismo año.

2. — Don Alfredo Manduley y Ráez, nació en Holguín el 15 de enero de 1896. Casó en Santiago de Cuba, parroquia de la Santísima Trinidad, el 11 de julio de 1925, con doña Griselda de Feria y Mora, natural de Holguín, hija de don Arturo de Feria y Salazar, Teniente del Ejército Libertador, Representante a la Cámara, natural de Holguín, y de doña Concepción Mora y Leyva, natural de la citada ciudad. Tuvieron por hijos: a Alfredo; a Griselda; a Humberto, y a Roberto Manduley y Feria. Los cuales:

A. — Don Alfredo Manduley y Feria, nació en Santiago de Cuba el 31 de marzo de 1927.

B. — Doña Griselda Manduley y Feria, nació en Santiago de Cuba el 7 de febrero de 1930.

C. — Don Humberto Manduley y Feria, nació en Santiago de Cuba el 24 de junio de junio de 1938.

D. — Don Roberto Manduley y Feria, nació en Santiago de Cuba el 24 de junio de 1938.

3. — Doña Aurora Manduley y Ráez, nacida en México, el 30 de diciembre de 1897, falleció en Holguín el 7 de abril de 1900.

4. — Doña Ana María Manduley y Ráez, nació en Holguín, y falleció en el Central «Boston», Banes, el 27 de marzo de 1945.

5. — Doña Aida Adriana Manduley y Ráez, natural de Holguín, casó en la referida ciudad, parroquia de San Isidoro, el 18 de diciembre de 1919, con don José Bähr y Manduley, natural de Holguín, hijo de don Carlos Bähr y Giraud, natural de la isla de Puerto Rico, y de doña Ana María Manduley y Salazar, natural de Holguín.

6. — Doña Adolfina Manduley y Ráez, natural de Holguín, casó en dicha ciudad, parroquia de San Isidoro, el 22 de junio de 1929, con don Manuel Sánchez y Dotres, natural de Banes, hijo de don Ramón Sánchez y Cifra, natural de Barcelona, y de doña Eloina Dotres y Dubrocá, natural de La Habana.

8. — Don Juan Antonio de Jesús Manduley y Salazar, nacido en Holguín el 26 de noviembre de 1866. Falleció en la referida ciudad el 10 de agosto de 1923. Durante la Guerra de Independencia sufrió prisión por sus actividades separatistas, y posteriormente emigró a México. Fue Representante a la Cámara, Concejal del Ayuntamiento de Gibara, y Administrador de la Aduana de Banes. Casó en Holguín, parroquia de San Isidoro, el 15 de junio de 1892, con doña María Ezpeleta y Pérez, natural de dicha ciudad, hija de don José Ezpeleta y Vázquez, natural de Santander, España, y de doña Victoriana Pérez y Rojas, natural de Holguín. Tuvieron por hijos: a José Camerino; a María Cristina; a Rosaura; a Mario; a Ana Luisa; a Digna de las Mercedes; a Ernesto, y a Humberto Manduley y Ezpeleta. Los cuales:

a. — Don José Camerino Manduley y Ezpeleta, nació en Holguín el 21 de agosto de 1893. Fue Tesorero de la Renta de la Lotería Nacional. Casó en Santiago de Cuba, parroquial de la Santísima Trinidad, el 30 de junio de 1928, con doña Rosa María Masforrol y Galiana, natural de Santiago de Cuba, hija de don Alfredo Masforrol y García, natural de dicha ciudad, y de doña Rosa Galiana, natural de Matanzas. Tuvieron por hijos: a Hilda María; a María Luisa, y a Jorge Juan Manduley y Mosforrol. Los cuales:

1. — Doña Hilda María Manduley y Masforrol, nació en Holguín, el 18 de junio de 1929.

2. — Doña María Luisa Manduley y Masforrol, nació en Santiago de Cuba, el 10 de octubre de 1930.

3. — Don Jorge Juan Manduley y Masforrol, nació en Santiago de Cuba, el 24 de noviembre de 1931.

b. — Doña María Cristina Manduley y Ezpeleta, nació en Holguín. Casó en la referida ciudad, el 29 de marzo de 1941, con don Antonio Viamontes.

c. — Doña Mosaura Manduley y Ezpeleta, nació en Coxcomatepec, México.

d. — Doctor Mario Manduley y Ezpeleta, fue Médico Cirujano. Nació en Puerto Padre el 17 de julio de 1899. Fue Director del Hospital Civil de Holguín, Jefe de Despacho de la Secretaría de Sanidad y Beneficencia, y Médico Antropólogo de la Cárcel de Holguín. Casó en Nueva York, parroquia Latina de Nuestra Señora de la Esperanza, el 29 de octubre de 1932, con doña Rosa María Alfonso y Guerra, natural de Ciudad México, hija de don José Alfonso y Trapiello, natural de Mieres, Asturias, y de doña Dolores Guerra y Ascensio, natural de Cádiz, España. Tuvieron por hijo: a Ricardo Manduley y Alfonso, natural de La Habana.

 e. — Doña Ana Luisa Manduley y Ezpeleta, natural de Banes, casó en Holguín, parroquia de San Isidoro, el 27 de abril de 1936, con don Oscar Hernández y Feria, natural del pueblo de Santa Lucía, Gibara, hijo de don José Hernández Borges, natural de Matanzas, y de doña María de Feria y Ávila, natural de Holguín.

 f. — Doña Digna de las Mercedes Manduley y Ezpeleta, natural de Banes, casó en la parroquia mayor de San Isidoro de Holguín el 26 de julio de 1929, con don Enrique Insúa y Fernández, natural de Santiago de Cuba, hijo de don Constantino Insúa y Ecay, natural de dicha ciudad, y de doña Rosa Fernández y Hernández, natural de Santiago de Cuba.

 g. — Don Ernesto Manduley y Ezpeleta, nació en Banes el 20 de diciembre de 1908.

 h. — Don Humberto Manduley y Ezpeleta, nació en Holguín el 21 de septiembre de 1912. Casó en la villa de Guanabacoa, el 5 de noviembre de 1937, con doña Georgia Curbelo y Pedrá. Natural de Holguín, hija de don Uladislao Curbelo y Santí, natural de la referida ciudad, y de doña Doris Pedrá y Fornaris, natural del pueblo de Santa Lucia, Gibara. Tuvieron por hijo: a Julián Manduley y Curbelo.

 9. — Doña Caridad Manduley y Salazar. Nació en Holguín el 3 de abril de 1871. Casó dos veces en la referida ciudad: la primera, el 16 de marzo de 1895, con don Carlos Octavio Sánchez y Campos, hijo de don Rafael Lucas Sánchez y Hill, natural de San Agustín de la Florida, Hacendado, y de doña Juana Campos y Junco, natural de Matanzas; y la segunda, el 26 de julio de 1912, con don Bartolomé Llovet, Ingeniero, natural de Puerto Rico.

 10. — Doña María Cándida Manduley y Salazar, nació en Holguín el 10 de marzo de 1874.

 b. — Don José Dolores Manduley y del Río, nació en Holguín el 28 de abril de 1837. Casó en Manzanillo con doña Irene Alsina y Zubieta, natural de Bayamo, hija de don Ramón Pastor Alsina, natural de Valencia, España, y de doña Paula Zubieta, natural de Bayamo. Tuvieron por hijos: a María de los Ángeles Amanda; a Digna Acacia; a José Pascasio; a Enrique de Jesús; a Alfredo Isidro; a Gloria, y a Arturo de Jesús Manduley y Alsina. Los cuales:

 A. — Doña María de los Ángeles Amanda Manduley y Alsina, nació en Manzanillo el 4 de marzo de 1881. Casó en dicha ciudad con don Miguel Pérez y Aquina.

 B. — Doña Digna Acacia Manduley y Alsina, nacida en Manzanillo, provincia de Oriente, falleció en dicha ciudad el 19 de diciembre de

1926. Casó en Manzanillo con el doctor Manuel Sánchez y Silveira, Médico Cirujano.

C. — Don José Pascasio Manduley y Alsina, natural de Manzanillo, casó en dicha ciudad con doña María Llópiz. Tuvieron por hija: a Miriam Manduley y Llópiz.

D. — Don Enrique de Jesús Manduley y Alsina, nacido en Manzanillo, falleció en Holguín el 26 de diciembre de 1912.

E. — Don Alfredo Isidro Manduley y Alsina, nació en Manzanillo el 15 de mayo de 1891. Casó tres veces: la primera, con doña Ana Sánchez y Peláez, natural de Zaragoza, España. La segunda vez, casó en Victoria de las Tunas, con doña Sara Esther Fonseca y Oliver, hija de Narciso y Ana. La tercera vez, casó en la referida ciudad, el 18 de noviembre de 1935, con doña Mariana González y Ramón, natural de Victoria de las Tunas, hija de don Juan González y Jiménez, y de doña Soledad Ramón y Martí.

Con doña Ana Sánchez y Peláez, tuvo por hija, a Yolanda Manduley y Sánchez.

Con doña Sara Esther Fonseca y Oliver, tuvo por hija, a Sara Acacia Manduley y Fonseca.

Con doña Mariana González y Ramón, tuvo por hijo a Alfredo Manduley y González.

F. — Doña Gloria Manduley y Alsina, nació en Manzanillo.

G. — Doctor Arturo de Jesús Manduley y Alsina, fue Abogado, Juez Municipal Primer Suplente del Juzgado Municipal del Norte de Santiago de Cuba, Fiscal del Partido de Banes y Abogado Consultor del Consejo Provincial de Oriente. Nació en Manzanillo el 22 de diciembre de 1894, y casó en la capilla del Arzobispado de Santiago de Cuba, el 26 de diciembre de 1920, con doña Carmen Portuondo y Ramos-Izquierdo, natural de La Habana, hija del Licenciado Antonio E. Portuondo y Portuondo, Abogado, Promotor Fiscal en Filipinas, Juez Municipal de La Habana, Teniente Fiscal y Magistrado de la Audiencia de Camagüey y Presidente de la Audiencia de Oriente, natural de Santiago de Cuba, y de doña María del Rosario Ramos-Izquierdo y Sobrado, natural de La Habana.

Don José Dolores Manduley y del Río, anteriormente mencionado, y doña Julia de la Palma y Perodín, tuvieron por hijos: a José Ramón, y a Teresa Manduley y Palma. Los cuales:

a. — Don José Ramón Manduley y Palma, nacido en Holguín, fue Concejal del Ayuntamiento de dicha ciudad. Falleció en la misma, el 14 de julio de 1940. Casó en Holguín, parroquia de San José, el 4 de mayo de 1877, con doña Caridad Gómez y Gálvez, natural de la citada ciudad, hija de don José Gómez Villa, natural de Andalucía, España, y de doña Emerenciana Gálvez, natural de Holguín. Tuvieron por hijos: a Julia Magdalena; a José Ramón; a María Teresa, y a Caridad Luisa Manduley y Gómez. Los cuales:

1. — Doña Julia Magdalena Manduley y Gómez, nacida en Holguín, el 27 de mayo de 1884, falleció en dicha ciudad, el 17 de mayo de 1941.

2. — Don José Ramón Manduley y Gómez, nació en Holguín el 14 de agosto de 1886. Casó en dicha ciudad el 13 de mayo de 1913, con doña Blanca Regojo y Margarit, hija de don Antonio Regojo y González, natural de España, y de doña Rosa Margarit y Martínez, natural de La Habana. Tuvieron por hija:

Doña María Antonieta Manduley y Regojo, que nació en La Habana el 1 de noviembre de 1915. Casó en Holguín con don Manuel Artigas y Aguilera, hijo del doctor Eudaldo Artigas y Toranzo, Abogado, natural de Holguín, y de doña Domitila Aguilera y Sarmiento.

3. — Doña María Teresa Manduley y Gómez, natural de Holguín, casó en dicha ciudad con el doctor Antonio Schop y Zaldívar, Farmacéutico, hijo de don Eduardo Schop y Echemendía, natural de Madrid, España, y de doña Salustiana Zaldívar y Arada, natural de San Andrés, Holguín.

4. — Doña Caridad Luisa Manduley y Gómez, doctora en Farmacia, nació en Holguín, donde casó con don Ramón Fernández y Benítez, hijo de don Ramón Fernández y Blanco, natural de La Coruña, España, y de doña Atonia Benítez y Aguirre, natural de Santiago de Cuba.

b. — Doña Teresa Manduley y Palma, nacida en Holguín, casó con don Vidal Lastre y Arteaga, natural de Camagüey.

Don José Dolores Manduley y del Río, anteriormente referido, dejó también por hijos: a José Dolores, y a Manuel Manduley y García, naturales de Holguín.

c. — Don Bernardo del Rosario Manduley y del Río, nació en Holguín el 21 de octubre de 1838. Fue Regidor del Ayuntamiento de Holguín en 1876 y 1881, Vocal de la Junta Municipal de Beneficencia y de la Junta Local de Instrucción Pública de la referida ciudad. Falleció en la misma, el 28 de enero de 1893. Casó en la parroquia mayor de San Isidoro de Holguín, con doña Clemencia de Tapia y Valverde, natural de Gibara, hija de don Faustino de Tapia y Salado, Administrador de Rentas Reales en ambas ciudades, natural de la ciudad de Santo Domingo, isla de Santo Domingo, y de doña Loreto de la Concepción Valverde y Moreno, natural de Santiago de Cuba.[2] Tuvieron por hijos: a Dolores; a Bernardo; a Manuel de Jesús; a Clemencia; a Mercedes, y a Faustino Manduley y Tapia. Los cuales:

A. — Doña Dolores Marduley y Tapia, era soltera.

B. — Doctor Bernardo Manduley y Tapia, fue Médico Cirujano, nacido en Holguín, Capitán del Ejército Liberador, y Representante a la Cámara. Falleció en La Habana el 24 de septiembre de 1912. Casó en Holguín, con doña Josefa María del Mar Arias y Sotolongo, natural de San Diego de Núñez, Pinar del Río, hija de don Luis Arias y Porben, Periodista, Celador de Policía de Holguín, Secretario de la Administración Municipal de Guantánamo, natural de Galicia, España, y de doña Lucrecia Sotolongo y Palomino, natural de La Habana. Tuvieron por hijos: a Bernardo; a Edilberto, y a Romilio Manduley y Arias. Los cuales:

a. — Doctor Bernardo Manduley y Arias, Médico Cirujano, nació en Holguín. Fue Canciller del Consulado de Cuba en Chicago, Estados Unidos, y en Toronto, Canadá, y Médico Municipal de Bayamo. Falleció en Holguín el 12 de julio de 1944. Casó dos veces: la primera, en Chicago, con doña Ida Freeland, natural de los Estados Unidos; y la segunda, en Holguín, el 10 de agosto de 1928, con doña Mercedes Torres y Quevedo, natural de dicha ciudad, hija de don Mariano Torres y Gómez, y de doña Elisa Quevedo y Álvarez.

Con doña Ida Freeland, tuvo por hijos: a Estela; a Edilberto; a Ondina, y a Ángel Alberto Manduley y Freeland. Los cuales:

1. — Doña Estela Manduley y Freeland, natural de Chicago, Estados Unidos, casó con don Rafael Curbelo y Arenas, natural de Holguín.

2. — Don Edilberto Manduley y Freeland, nació en la ciudad de Toronto, Canadá. Casó dos veces: la primera, con doña Blanca Batista y Mulet, natural de Holguín, hija de Eloy y de Elpidia; y la segunda, en dicha ciudad, el 10 de junio de 1942, con doña Graciela Benavides y Sánchez, natural de Matanzas.

Con doña Blanca Batista y Mulet, tuvo por hijo: a Edilberto Manduley y Batista.

3. — Doña Ondina Manduley y Freeland, nació en Bayamo. Casó en los Estados Unidos, con Floyd Danzel de Vasher, ciudadano americano.

4. — Don Ángel Alberto Manduley y Freeland, nació en Mir, Holguín. Fue primer Teniente del Ejército de los Estados Unidos; peleó en la segunda Guerra Mundial, siendo herido en Bélgica durante la contraofensiva alemana dirigida por el Mariscal von Rundstedt en Las Ardenas, en 1944.

Con doña Mercedes Torres y Quevedo, tuvo por hijos: a Marcial; a Nora Mercedes; a Anselmo, y a Tahia Manduley y Torres.

b. — Don Edilberto Manduley y Arias, fue Ingeniero, Segundo Jefe del Departamento de Obras Públicas del Gobierno Provincial de Oriente. Nacido en Holguín el 21 de febrero de 1888, casó en la Catedral de Santiago de Cuba el 2 de abril de 1930, con doña Leonor Tamayo y García de Paredes, natural de Santiago de Cuba, hija de don Joaquín Tamayo e Izaguirre, Escribano de Actuaciones Judiciales, natural de Holguín, y de doña Aurora García de Paredes y Muñoz, natural de La Habana. Tuvieron por hijos: a Edilberto Fernando, y a Felipe Jorge Manduley y Tamayo. Los cuales:

1. — Don Edilberto Fernando Manduley y Tamayo, nació en Santiago de Cuba el 26 de abril de 1934.

2. — Don Felipe Jorge Manduley y Tamayo, nació en Santiago de Cuba el 1 de mayo de 1936.

c. — Doctor Romilio Manduley y Arias, fue Farmacéutico, nacido en Puerto Padre, Oriente, el 1 de junio de 1889, y fallecido en Holguín, el 5 de enero de 1941. Casó dos veces: la primera, en Manzanillo, el 24 de diciembre de 1909, con doña Margarita del Río y Huidobro, natural de Bayamo, hija de don José Antonio del Río y Díaz, natural de Oviedo, España, y de doña Eusebia Huidobro y Escalada natural de Burgos, España. La segunda vez casó con doña María Escudero y Torrens, natural de Barcelona, España, hija de don Juan Escudero y Lozano, natural de Aragón, España, y de doña Ana Torrens y Llovet, natural de Cataluña.

Con doña Margarita del Río y Huidobro, tuvo por hijos: a Marina; a Bernardo del Rosario; a Margarita; a Victoria Luisa, y a José Antonio Manduley y del Río. Los cuales:

A. — Doña Marina Manduley y del Río, nació en la ciudad de La Habana.

B. — Don Bernardo del Rosario Manduley y del Río, nació en la ciudad de La Habana el 28 de febrero de 1912. Casó en Holguín con doña Francisca Medina y Ramírez, hija de Sebastián y Angelina. Tuvieron por hija: a Lourdes Manduley y Medina.

C. — Doña Margarita Manduley y del Río, nació en Manzanillo. Casó en la ciudad de La Habana el 31 de agosto de 1939, con el doctor Rafael de la Torre y Silva, Abogado, Decano del Colegio de Abogados de Santiago de Cuba, Notario Público de Alto Songo, natural de Santiago de Cuba. Tuvieron por hija: a Margarita de la Torre y Manduley.

D. — Doña Victoria Luisa Manduley y del Río, nació en la ciudad de Manzanillo.

E. — Don José Antonio Manduley y del Río, nacido en la ciudad de Manzanillo el 28 de enero de 1919, ffue Jefe de Administración de Tercera Clase del Centro de Orientación Infantil.

Con doña María Escudero y Torrens, tuvo por hijo: a

Don Octavio Manduley y Escudero, que nació en La Habana el 8 de abril de 1934.

C. — Licenciado Manuel de Jesús Manduley y Tapia, es Abogado, y nació en la ciudad de Holguín. Fue Promotor Fiscal en Filipinas, Juez de Primera Instancia e Instrucción de Baracoa y Güines, Secretario de Sala de la Audiencia Territorial de Santiago de Cuba, Capitán del Ejército Libertador, Magistrado de la primera Audiencia que se constituyó en Santiago de Cuba después del cese de la soberanía española, Delegado Suplente por la provincia de Pinar del Río a la Convención Constituyente de 1901, Abogado Consultor Jefe del Departamento Legal del Banco Territorial de Cuba. Casó tres veces: la primera, en la Catedral de Santiago de Cuba, el 8 de septiembre de 1889, con doña Aurelia Grimany y Durruthy, natural de la mencionada ciudad, hija de don Federico Grimany y Gich, Coronel de Voluntarios, Diputado Provincial, Concejal del Ayuntamiento de Santiago de Cuba, natural de Cataluña, España, y de doña Adelaida Durruthy y Perou, natural de Santiago de Cuba. La segunda vez, casó en los Estados Unidos de Norteamérica, con doña Graciela Yánez; y la tercera vez, casó en la ciudad de Nueva York, Estados Unidos, con doña Juanita Jack, natural de ese país.

Con doña Aurelia Grimany y Durruthy, tuvo por hijas: a Adela; a Dolores; a Mercedes, y a María del Carmen Manduley y Grimany. Las cuales:

a. — Doña Adela Manduley y Grimany, nació en la ciudad de Santiago de Cuba, donde casó el 2 de diciembre de 1914, con don Rafael Llanos y Arroyo, Teniente de Navío de la Marina de Guerra Nacional, natural de La Habana, hijo de don Rafael Llanos y Baeza, natural de Málaga, España, y de doña Ana Arroyo y Uzuriaga, natural de Cádiz, España. Tuvieron por hijo a Rafael Llanos y Manduley, Ingeniero Electricista, que casó con doña Carmen Otheguy Freyre, los cuales tuvieron por hija a María del Carmen Llanos Otheguy, que casó con don Francisco J. García Castillo.

b. — Doña Dolores Manduley y Grimany, nacida en la ciudad de Baracoa, casó en la Catedral de Santiago de Cuba el 30 de enero de 1915, con don Manuel Lusilla y Deschapelles, Capitán Maquinista de la Marina de Guerra Nacional, natural de La Habana, hijo de don Manuel Odón Lusilla, natural de Zaragoza, España, y de doña Máxima Andrea Deschapelles, natural de Corral Falso de Macuriges.

c. — Doña Mercedes Manduley y Grimany, nació en Santiago de Cuba donde casó, parroquia de Santa Lucía, el 14 de enero de 1916, con el doctor Francisco Fernández Rubio y Cantillo, Farmacéutico, natural de Baracoa, hijo del Licenciado Juan Fernández Rubio y Cantillo, Abogado, Asesor de Marina y Matrículas del Distrito de esa ciudad, Registrador de la Propiedad de Baracoa, natural de la misma, y de doña Fidelina Cantillo y Carcasés, natural de Baracoa.

d. — Doña María del Carmen Manduley y Grimany, nacida en La Habana, casó en Santiago de Cuba, parroquia de la Santísima Trinidad, el 29 de marzo de 1922, con don Miguel Puig y Santa Cruz Pacheco, natural de esta última ciudad, hijo de don Pedro Puig y Lapinell, natural de Manzanillo, y de doña Caridad Santa Cruz Pacheco y García, natural de Santiago de Cuba.

Don Manuel de Jesús Manduley y Tapia, y su segunda mujer doña Graciela Yánez, tuvieron por hijo: a Manuel Manduley y Yánez.

D. — Doña Clemencia Manduley y Tapia, nació en Holguín.

E. — Doña Mercedes Manduley y Tapia, nacida en Holguín, falleció en Santiago de Cuba el 8 de mayo de 1917.

F. — Licenciado Faustino Manduley y Tapia, Farmacéutico, nació en Holguín el 12 de diciembre de 1870. Fue Catedrático de Matemáticas del Instituto de Segunda Enseñanza de Oriente, Presidente del Consejo Provincial de Oriente, Concejal del Ayuntamiento de Santiago de Cuba, Presidente del Colegio Farmacéutico de dicha ciudad, Presidente de la Sección de Ciencias Físico-Matemáticas del Ateneo de Santiago de Cuba, y Vocal de la Junta de Patronos de la Casa de Beneficencia de la referida ciudad. Falleció en Santiago de Cuba el 22 de mayo de 1930, donde casó, parroquia de Santo Tomás, el 21 de diciembre de 1901, con doña Ana Murillo y López del Castillo, fallecida en La Habana el 5 de noviembre de 1941, natural de Veracruz, México, hija de don Desiderio Murillo y Montes, natural de Santiago de Cuba, y de doña Eloisa López del Castillo y Estrada, natural de La Habana. Tuvieron por hijos: a Clementina; a Ana América; a Víctor Manuel; a Faustino; a Coralina; a Victoria; a Flora Engracia; a Flavio a Aurora, y a Marcio Manduley y Murillo. Los cuales:

1. — Doña Clementina Manduley y Murillo, doctora en Farmacia, nació en Holguín. Casó en Santiago de Cuba, parroquia de Santo Tomás el 24 de enero de 1925, con el doctor Carlos Domicis y Santiesteban, Dentista, Alcalde Municipal de Holguín, Catedrático del Instituto de Segunda Enseñanza de la referida ciudad, natural de la misma, hijo de don Carlos Domicis y Vázquez natural de Santiago de Cuba, y de doña Leopoldina Santiesteban y Aguilera, natural de Holguín.

2. — Doña Ana América Manduley y Murillo, doctora en Farmacia, nació en Santiago de Cuba.

3. — Don Víctor Manuel Manduley y Murillo, nació en Santiago de Cuba, donde falleció niño, el 5 de agosto de 1907.

4. — Doctor Faustino Manduley y Murillo, Abogado, fue Juez de Primera Instancia de Guantánamo, Secretario de la Audiencia de Santa Clara, Juez Municipal de San Antonio de las Vegas, Juez de Primera Instancia e Instrucción de Artemisa y de Gibara. Nació en Santiago de Cuba el 4 de febrero de 1906. Casó en Holguín el 16 de julio de 1942, con doña Delia Urquiola y Vives, natural de Gibara, hija de don Gumersindo Urquiola y Roudán, y de doña Venturosa Vives y Feria. Tuvieron por hijo: a

Don Faustino Manduley y Urquiola, nacido el 9 de agosto de 1944.

5. — Doña Carolina Manduley y Murillo, nació en Santiago de Cuba.

Casó en la ciudad de La Habana el 21 de marzo de 1933, con el doctor José Chalais y Aguilera, Médico Cirujano, Profesor de la Escuela de Odontología de la Universidad de La Habana, natural de Gibara, hijo de don Felipe Chalais y Yune, natural de Siria, y de doña Isolina Aguilera e Iñíguez, natural de Gibara.

6. — Doña Victoria Manduley y Murillo, natural de Santiago de Cuba, casó en Holguín, el 3 de abril de 1935, con el doctor Antonio Díaz y Fernández, Abogado, Alcalde Municipal y Notario Público de esta última ciudad, natural de la misma, hijo de don Antonio Díaz y Fernández, y de doña Elisa Fernández y Parra, ambos naturales de Holguín.

7. — Doña Flora Engracia Manduley y Murillo, nació en Santiago de Cuba, donde falleció niña, el 28 de enero de 1912.

8. — Don Flavio Manduley y Murillo, nacido en Santiago de Cuba, casó en La Habana el 15 de octubre de 1938, con doña María Teresa Martely y López de Quintana, natural de la villa de Guanabacoa, hija de don José Antonio Martely y Puig, natural de la referida Villa, y de doña María Teresa López de Quintana y de la Guardia, natural de La Habana. Tuvieron por hijo: a Flavio Marcio Manduley y Martely.

9. — Doña Aurora Manduley y Murillo, nació en Santiago de Cuba. Casó en La Habana el 24 de agosto de 1934, con don Raúl García y Hernández, natural de dicha ciudad, hijo de don Francisco García y Carratalá, natural de La Habana, y de doña María Teresa Hernández e Ibáñez, natural de Caibarién.

10. — Don Marcio Manduley y Murillo, nacido en la ciudad de Santiago de Cuba el 14 de noviembre de 1911, falleció en La Habana, el primero de mayo de 1934.

d. — Doña María de la Caridad Olaya Manduley y del Río, nació en Holguín el 13 de febrero de 1845, donde falleció el 2 de septiembre de 1920. Casó en la referida ciudad, parroquia mayor de San Isidoro, con don Augusto Betancourt y Ochoa, fallecido en La Habana el 10 de marzo de 1912, Regidor del Ayuntamiento de Holguín, Primer Teniente de Alcalde de dicha Ayuntamiento, Consejero Provincial de Oriente, natural de la citada ciudad, hijo del Licenciado José Manuel Betancourt y de la Torre, Abogado, Teniente de Alcalde Mayor de Holguín, Asesor de la Tenencia de Gobierno de esa ciudad, Delegado en la misma del Juzgado de Bienes de Difuntos de la Real Audiencia de Puerto Príncipe, Asesor de la Ayudantía Naval de Gibara, natural de Camagüey, y de doña Rosalía Ochoa y Torres, natural de Holguín. Testó en esta última ciudad, el 21 de julio de 1920, ante el Notario Francisco Frexes Bruzón.[3]

e. — Don Juan Antonio de Jesús Manduley y del Río, nacido en Holguín el 5 de julio de 1850, tomó parte en la Guerra de Independencia, y fue Escribano de Actuaciones y Administrador de la Zona Fiscal de la referida ciudad. Falleció en la misma el 10 de marzo de 1919. Casó en Holguín con doña Isabel Ochoa y Pupo, fallecida en dicha ciudad el

30 de mayo de 1913, natural de la misma, hija de don Nicanor Ochoa y Rodríguez, y de doña Carmen Pupo y Peña. Tuvieron por hijos: a Carmen María de los Ángeles; a Elvira; a Nélida; a Sergio; a María Adela; a Carlos Manuel; a Nicolás; a José de la Luz , y a Nicanor Manduley y Ochoa. Los cuales:

A. — Doña Carmen María de los Ángeles Manduley y Ochoa, nacida en Holguín, falleció en la referida ciudad, el 2 de diciembre de 1943, donde casó, parroquia de San Isidoro, el 28 de agosto de 1905, con don Julio Albanés y Peña, Teniente del Ejército Libertador, Periodista, Tesorero de la Zona Fiscal de Holguín, natural de dicha ciudad, hijo de don Juan Rafael Albanés y Sánchez, natural de Gibara, y de doña Dolores Peña y Torres, natural de Holguín.

B. — Doña Elvira Manduley y Ochoa, nació en Holguín, donde casó, parroquia San Isidoro, el 9 de octubre de 1922, con su cuñado don Pelayo Pérez y Fuentes, hijo de don Francisco Pérez y Fernández, natural de Luarcas, Asturias, y de doña Estela Fuentes y Fuentes, natural de Holguín.

C. — Doña Nélida Manduley y Ochoa, nació en Holguín, donde falleció el 19 de agosto de 1917. Casó en la referida ciudad, parroquia de San Isidoro, el 12 de septiembre de 1907, con don Pelayo Pérez y Fuentes, hijo de don Francisco Pérez y Fernández, natural de Luarcas, Asturias, España, y de doña Estela Fuentes y Fuentes, natural de Holguín.

D. — Don Sergio Manduley y Ochoa, nació en Holguín, el 24 de febrero de 1886, donde falleció el 15 de marzo de 1910. Fue Primer Teniente de Infantería del Ejército Nacional.

E. — Doña María Adela Manduley y Ochoa, nació en Holguín, donde falleció el 25 de marzo de 1943. Casó en dicha ciudad, el 8 de mayo de 1920, con don Rodolfo Rodríguez y Malet, natural de Holguín, hijo de don Nicolás Rodríguez y Paz, natural de la citada ciudad, y de doña María Eladia Mulet y Parra, natural de Holguín.

F. — Don Carlos Manuel Manduley y Ochoa, nacido en Holguín, falleció en Banes, el 23 de diciembre de 1918. Casó en la referida villa el 9 de marzo de 1918, con doña Dolores Expósito y de la Concepción, natural de Gibara, hija de don Segundo Expósito y Machín, natural de la Palma, Islas Canarias, y de doña Faustina de la Concepción y Abreu natural de dicho lugar. Tuvieron por hijo: a

Don Carlos Manuel Julián Manduley y Expósito, nacido en Banes el 9 de julio de 1919.

G. — Doña Nicolina Manduley y Ochoa, nació en Holguín, donde casó el 8 de diciembre de 1816, con don Juan Salazar e Iralde, Presidente del Ayuntamiento de la referida ciudad, natural de la misma, hijo de don José Ángel Salazar y del Río, y de doña Etanislaa Iralde y Denis, ambos naturales de Holguín.

H. — Don José de la Luz Manduley y Ochoa, nació en Holguín, donde casó el 19 de marzo de 1924, con doña Carlota Pérez y Borrego, doctora en Pedagogía, natural de la referida ciudad, hija de don Antonio Pérez y Nápoles, y de doña Elvira Borrego y Leyva, ambos naturales del citado lugar.

I. — Don Nicanor Manduley y Ochoa, nació en Holguín el 21 de diciembre de 1892. Casó en dicha ciudad, parroquia de San Isidoro, el 2 de mayo de 1916, con doña Mercedes Castellanos y Vega, natural de Holguín. Tuvieron por hijos: a Isabel; a Rosina, y a Nicanor Manduley y Castellanos. Los cuales:

a. — Doña Isabel Manduley y Castellanos, nació en Holguín el 18 de marzo de 1917. Casó dos veces: la primera, en La Habana, parroquia de Jesús del Monte, el 15 de agosto de 1932, con don Humberto Cabreiro y Joglar, natural de dicha ciudad, hijo de don José María Cabreiro y Valdés, Primer Teniente de la Marina de Guerra Nacional, y de doña Enriqueta Juglar y Entralgo, ambos naturales de La Habana. La segunda vez, casó en la referida ciudad, el 27 de junio de 1942, con don Oscar Hugo López y Cruz, natural de Güines.

b. — Doña Rosina Manduley y Castellanos, nació en Holguín, el 7 de marzo de 1921. Casó en La Habana, parroquia de Nuestra Señora de Monserrate, el 21 de febrero de 1941, con don Rodolfo González y Bibiloni, natural de la referida ciudad, hijo de don Rodolfo González y Gallardo, natural de La Habana, y de doña Antonia Bibiloni y Bibiloni, natural de Mallorca, Islas Baleares.

c. — Don Nicanor Manduley y Castellanos, nació en Holguín el 11 de febrero de 1923.

f. — Don Rafael María Manduley y del Río, nació en Holguín el 22 de octubre de 1856. Fue Coronel del Ejército Libertador, Jefe de Estado Mayor del Segundo Cuerpo de Ejército, Delegado y Vicepresidente de la Asamblea Constituyente de Jimaguayú, Subsecretario y Secretario de la Guerra de la República en Armas, Jefe de Estado Mayor de la División oriental de Holguín, Presidente del primer «Club de Veteranos de la Independencia» de esa ciudad en 1899, Juez Municipal por elección popular de Holguín en 1900. Delegado a la Convención Constituyente de 1901 por la provincia de Oriente, Representante a la Cámara, Gobernador de la referida provincia y Miembro de la Directiva del Ateneo de Santiago de Cuba. Falleció en esta última ciudad el 15 de julio de 1924. Casó en la parroquial mayor de San Isidoro de Holguín el 28 de mayo de 1890, con doña Teresa Guadalupe Castellanos y Feria, nacida en la referida ciudad, el 12 de diciembre de 1866, hija de don César Castellanos y Fuentes, Coronel del Ejército Cubano de la Guerra de 1868 (hijo de don Esteban Castellanos y Guillén, natural de Camagüey, y de doña Cándida de Fuentes y Reynaldo, natural de Holguín), y de doña Leonor de Feria y Garayalde, natural de dicha ciudad, callecida en Santiago de Cuba, el 12 de abril de 1919 (hija de don Francisco Salvador de Feria y Pupo, y de doña María Vicenta Garayalde y Fernández, ambos naturales de Holguín). Tuvieron por hijos: a Isaura; a María Teresa; a Rafael; a Calixto; a César; a Jesús; a María de los Ángeles, y a Leonor Manduley y Castellanos. Los cuales:

1. — Dona Isaura Manduley y Castellanos, nació en la ciudad de Holguín.

2. — Doña María Teresa Manduley y Castellanos, nació en Holguín. Casó en Santiago de Cuba, el 8 de agosto de 1918, con don José Ángel Taquechel y García, natural de la referida ciudad donde falleció, el 8 de diciembre de 1928, hijo de don José Vicente Taquechel y Miyares, natural de la villa del Cobre, y de doña María Concepción García y Martínez, natural de Santiago de Cuba.

3. — Don Rafael Manduley y Castellanos, nacido en la ciudad de Holguín el 18 de septiembre de 1894, falleció en Mejía, Holguín, el 12 de octubre de 1897.

4. — Don Calixto Manduley y Castellanos, nació en los Campos de Cuba Libre, finca Mejía, Holguín, el 10 de noviembre de 1897. Fue Presidente del Consejo Provincial de Oriente, Jefe de Despacho del propio Organismo y Representante a la Cámara. Casó en la Catedral de Santiago de Cuba el 30 de diciembre de 1928, con doña Nora Pitt y Ferrer, natural de la referida ciudad, hija de don William Pitt East, natural de Gales, Inglaterra (hijo de William Robert Pitt, natural de Escocia, Inglaterra, y de Hannah Ellen East natural de Londres, Inglaterra) y de doña Isabel Ferrer y Correoso-Catalán, natural de Santiago de Cuba, fallecida el 12 de octubre de 1934.

5. — Don César Manduley y Castellanos, nació en Holguín. Fue Jefe de la Sección de Archivo de la Cámara de Representantes y Director de la Revista «Metropolis». Casó en Santiago de Cuba, parroquia de la Santísima Trinidad el 30 de octubre de 1925, con doña Zenaida Rosell y Franco, natural de la referida ciudad, hija de don Florentino Rosell y Durette, natural de Baracoa, Oriente, y de doña Concepción Franco y Caballero, natural de Santiago de Cuba. Tuvieron por hijo: a

Don Rafael Manduley y Rosell, que nació en Santiago de Cuba el 21 de septiembre de 1926, que casó dos veces: primero, con doña Sara Valiente y Sánchez, con la que tuvo por hijos: a Rafael; a Sara; a Diana (que casó con don Jorge Márquez); y a Julián (que casó con doña Maribel Morales) Manduley y Valiente. Casó en segundas nupcias, con doña Altagracia González Vega, y tuvo por hijo: a Calixto Manduley y González Vega.

6. — Doctor Jesús Manduley y Castellanos, fue Abogado, Registrador Mercantil de Isla de Pinos, nacido en la ciudad de Holguín el 15 de junio de 1901. Fue Notario Público de Santiago de Cuba y Letrado Auxiliar de la Junta Central de Salud y Maternidad.

7. — Doña María de los Ángeles Manduley y Castellanos, nació en la ciudad de Holguín. Casó en Santiago de Cuba, parroquia de la Santísi-

ma Trinidad, el 20 de octubre de 1929, con don Antonio Martín-Rivero y Martínez, Catedrático de la Escuela Profesional de Comercio de Oriente, natural de La Habana, hijo del Licenciado Antonio Martín-Rivero y Aguiar, Abogado, Director del diario «La Discusión», Censor de la Junta de Patronos de la Casa de Beneficencia, Enviado Extraordinario y Ministro Plenipotenciario de Cuba en los Estados Unidos, en el Reino de Italia, en los Países Bajos y en la República Mexicana, y de doña María del Pilar Martínez y del Pozo, ambos naturales de La Habana.

8. — Doña Leonor Manduley y Castellanos, nació en la ciudad de Holguín.

El Capitán don Francisco García de Holguín, nació en Cabeza de Buey, provincia de Extremadura. Tomó parte en la primera expedición contra los indios de México, mandada por el Capitán Grijalba. Entre un grupo de más de cien españoles que habían acompañado a Grijalba y que, disgustados con éste, volvieron a la isla en 1516, figuró el Capitán García de Holguín, quien después de haberle ofrecido sus servicios al Gobernador y Adelantado Diego Velázquez, salió de Cuba el 18 de noviembre de 1518, en la segunda expedición contra México capitaneada por el arrojado Hernán Cortés. Habiendo regresado a la isla en 1523, el expresado Velázquez le colmó de beneficios, asignándole gran porción de terrenos y muchos brazos para labrarlos. Cupo en suerte al referido Capitán García de Holguín la apreciada comarca de la parte Oriental que se componía de las provincias indias de Bayatiquirí, Maiyé, Maniabón, Aguará, Cusibé y otras a que se refieren los cronistas de aquellos tiempos. Dicho Capitán contrajo matrimonio en 1537, con doña Isabel Fernández Valero de Sandoval; y en unión de varios compañeros de armas pasó a poblar los terrenos de su propiedad, en los que fundó y mercedó varios sitios, estableciendo al Norte de la jurisdicción de la villa de Bayamo el de su residencia, para que fuera la cabecera de todos los fundos, al que llamó Holguín, bajo la advocación de San Isidoro, en 1545; cuyo patronímico ha conservado sin variación la ciudad del mismo nombre, en memoria de su fundador. Dicho matrimonio tuvo por hija a:

Doña Juana García de Holguín Fernández Valero de Sandoval, que casó en 1573 con el Alférez don Rodrigo López de Mejía, natural de Cangas de Onís, Asturias, sobrino carnal de don Diego López Sarmiento, Provisor y Dean del Cabildo de la Catedral de Santiago de Cuba. Tuvieron por hijos, entre otros, a:

A. — Doña Juana Antonia López de Mejía y García de Molguín, que casó con don Miguel Batista Bello de Castro Almira, natural de Soria, en Castilla la Vieja.

B. — Doña Ana María López de Mejía y García de Holguín, que casó con don Juan del Corral y Villalar, natural de Córdoba, en Andalucía.

C. — Doña Elvira del Rosario López de Mejía y García de Holguín, que casó con don Diego de Ávila Albadiana, natural de la villa de Pravia, en Asturias, hermano de don Alonso de los mismos apellidos, que fue nombrado en 1612 historiador cronista de Su Majestad Católica don Felipe III; siendo los mencionados Ávila Albadiana sobrinos del Licenciado don Juan, Gobernador y Capitán General de esta Isla por la Real Audiencia de Santo Domingo en el año 1595. Tuvieron por hijo, entre otros, a:

Don Rodrigo de Ávila y López de Mejía, Contador de Rentas Reales, que casó con doña María del Rosario Batista Bello Bernal de Bobadilla. Tuvieron por hija, entre otros, a:

Doña María del Rosario de Ávila Batista Bello, que nació en la villa de San Salvador del Bayamo en 1649, donde casó el jueves 7 de junio de 1674 ante el Presbítero don Diego Felipe del Milanés, teniente cura de la Parroquial Mayor de esa villa, con don Juan Francisco González de Rivera y Obeda, Mancera y Corzo, que nació en la ciudad y puerto de Cumaná, en Costa Firme, en el año 1637, que pasó a esta isla y puerto de Santiago de Cuba en 1671, fijando después su domicilio en la mencionada villa de Bayamo: fue Alférez de Fragata, graduado Capitán de Navío de la Real Armada de Su Majestad fidelísima; Comandante del puerto de la ciudad de Cumaná y mayordomo de fábrica de la iglesia parroquial del pueblo de Holguín, creado dicho oficio en el año 1712 por S.E.I. don fray Gerónimo Valdés, Arzobispo de la Diócesis, primer fundador de la iglesia que se estableció en esa parte norte, Jurisdicción de la villa de Bayamo, la cual fue nacimiento de la que hoy es Parroquial Mayor del término de San Isidro de Holguín. Era hijo de don Juan Bautista González de Rivera y Mancera de la Portera, Capitán de Navío de la Armada Real de Su Majestad fidelísima del Reino de Portugal, Licenciado de la Facultad de Ciencias Médicas de la Universidad de Coimbra, provincia de Beira, Cirujano Mayor del Cuerpo de Sanidad Militar de la misma; nacido en la ciudad de Oporto de dicho reino en el año 1585, que pasó a la América Meridional en el año 1630, estableciendo su vecindario en la ciudad y puerto Real de Cumaná, capital de la provincia de su nombre, en Costa Firme, donde contrajo matrimonio en 1634, con doña María de los Santos de Obeda y Corzo, que nació en 1603, natural y vecina de la misma. Falleció aquél en el año 1672, en la isla de Martinica, primera de las antillas francesas. Tuvieron por hijos: a Rodrigo José; a Juan Francisco; a Juan Miguel, y a Francisco Xavier González de Rivera y Ávila. Los cuales:

a. — Don Juan Francisco González de Rivera y Ávila, nació en la villa de Bayamo en 1686 y fue Capitán de Infantería del Batallón de Milicias blancas disciplinadas de Cuba y Bayamo; Mayordomo de la Cofradía del Rosario en 1743; Regidor llano de los de N. del Ilustre Ayuntamiento de Holguín, cuando la creación de este pueblo en ciudad y ayuntamiento en 1752; fundó en el año 1738 la hacienda Cayaguaní, en la jurisdicción de esa ciudad, y falleció en 1772. Casó en 1721, con doña Catalina Garced y Leyva, que nació en Bayamo en 1702 y falleció en 1729; casó en segundas nupcias en 1731, con doña Catalina Josefa de la Cruz y Moreno, nacida en dicha villa en 1710 y fallecida en 1752, hija de don Lorenzo de la Cruz y Leyte Rodríguez, fallecido el 16 de septiembre de 1731, y de doña Ignacia Moreno y Velázquez.

Con doña Catalina Garced y Leyva, tuvo por hijos: a María; a Luis Francisco; a Mariana Juliana, y a María de la Concepción González Rivera y Garced.

Con doña Catalina Josefa de la Cruz y Moreno, tuvo por hijos: a María P.; a María de Jesús; a Manuela María; a María del Rosario; a María Teresa; a Juana María; a Juan Francisco, y a Catalina Josefa González de Rivera y de la Cruz.

b. — Don Juan Miguel González de Rivera y Ávila, nació en la villa de Bayamo en 1688; fue Teniente de Caballería Ligera del Escuadrón de Fernandinos, y falleció en 1770. Casó en 1737, con doña Francisca Javiera de la Torre y del Castillo, que nació en Santiago de Cuba en 1714 y falleció en 1799.

c. — Don Francisco Javier González de Rivera y Ávila, nació en la villa de Bayamo en 1690, y falleció soltero en 1765. Otorgó su disposición testamental en dicho año por ante el Escribano público y de cabildo de Holguín, don Lorenzo Castellanos de Cisneros, nombrando albacea a su hermano don Rodrigo y al presbítero sacristán mayor don Manuel José Hechavarría y Batista, e instituyó de herederos a sus hermanos.

d. — Don Rodrigo José González de Rivera y Ávila, nació en la villa de Bayamo en 1675, y falleció en 1778, a la edad de ciento tres años. Fue Capitán de Infantería del batallón de Milicias blancas disciplinadas de Cuba y Bayamo; Mayordomo de la cofradía del S.C. de la Parroquial Mayor de Holguín en el año 1720, creado el dicho cargo por su Excelencia Ilustrísima don Fray Gerónimo Valdés, Arzobispo de la Diócesis; Comandante de Armas, Juez de comisos y Teniente a Justicia y Guerra del pueblo de San Isidoro de Holguín en el año 1716, por el Gobernador y Capitán de Guerra del Partido Coronel don Juan del Hoyo y Solórzano, cuyos destinos obtuvo en propiedad en 1728, por el mismo Gobierno de Cuba del Coronel don Francisco Cagigal y de la Vega y desempeñó a satisfacción de dicho gobierno superior hasta el año 1752, en cuya época, 19 de enero, resultó la creación de la ciudad y Ayuntamiento de dicho pueblo; mereciendo del señor Comisionado Regio, Mariscal de Campo don Alonso de Arena y Moreno, Gobernador y Capitán General del Partido, en premio de sus servicios, el oficio de Regidor Alguacil Mayor del Ayuntamiento, que también desempeñó hasta el año 1769, en que no permitiéndole su avanzada edad, renunció en su legítimo hijo del mismo nombre. Por Real Cédula fechada en San Ildefonso a 6 de septiembre de 1768. Su Majestad el Rey concedió a sus decendientes y a los de su hermano el Capitán don Juan Francisco, la gracia de ser preferidos para los empleos de la ciudad de Holguín cuando no resulte perjuicio a otro de mejor derecho. Casó en 1721 con doña Juana de la Cruz González Llanes de Castro Montiel, que nació en 1703. Tuvieron por hijos: a Pedro Regalado; a María J.; a Juana de la Cruz; a María de los Santos; a Luis Venancio, y a Rodrigo José González de Rivera y González Llanes.

Don Rodrigo José González de Rivera y Ávila, anteriormente mencionado, y doña Ana María de Leyva y Castro Ruiz de la Rueda, viuda de don Benito Garced Gallardo, tuvieron por hijos: a María del Rosario, y a Ana María González de Riveira y Leyva. Las cuales:

1. — Doña Ana María González de Rivera y Leyva, nació en 1718. Casó en 1739 con don José A. Serrano y Hechavarría, Teniente de Infantería del Batallón de Milicias blancas disciplinadas de Cuba y Bayamo, que nació en 1708.

2. — Doña María del Rosario González de Rivera y Leyva, nació en 1714; casó en primeras nupcias, en 1731, con don Miguel Gerónimo Ponce de León y Góngora (a quien llamaban Pupo, y cuyo apellido de Ponce de León con el trascurso del tiempo se convirtió en Pupo, constando así en los libros Parroquiales), que nació en 1710; casó en segundas nupcias, en 1757, con don Manuel de Jesús Gómez de Figueroa y Vázquez, que nació en 1720; todos naturales de la villa de Bayamo.

Con don Manuel de Jesús Gómez de Figueroa y Vázquez, tuvo por hijo: a

Don José Ignacio Gómez de Figueroa y González de Rivera, nacido en 1780, que casó en 1787, con doña María Magdalena Escalona y Serrano, que nació en 1752.

Con don Miguel Gerónimo Ponce de León y Góngora, tuvo por hijos: a María Gertrudis; a Juan Esteban; a Miguel; a Ana Isabel Josefa; a Rodrigo José, y a María de los Ángeles Pupo y González de Rivera. Los cuales:

A. — Doña María Gertrudis Pupo y González de Rivera, nació en 1732. Casó en 1749, con don Salvador Aguilera y de la Cruz, que nació en 1719, y fue Alcalde de la Santa Hermandad en 1766.

B. — Don Juan Esteban Pupo y González de Rivera, nació en 1734. Casó dos veces: la primera, en 1756, con doña María de la Rosa de la Cruz Pérez, que nació en 1740. La segunda vez, casó en 1765, con doña María de la Soledad de los Reyes y de la Peña, que nació en 1746.

Con doña María de la Rosa de la Cruz Pérez, tuvo por hijos: a Manuel Rodrigo; a Mariana de Jesús; a José Joaquín, y a María Gertrudis Antonia Pupo y de la Cruz.

Con doña María de la Soledad de los Reyes y de la Peña, tuvo por hijos: a Ignacio de Jesús; a Manuel de Jesús; a Juan Antonio; a Juan Esteban; a Juan Miguel Silvestre; a José Nazario; a María de la Luz; a María de la Ascensión; a María de la Concepción; a doña Bárbara de Jesús, y a doña Isabel María Pupo y de los Reyes.

C. — Doña Ana Isabel Josefa Pupo y González de Rivera, nació en 1742. Casó en 1761, con don José Antonio de Rojas y Batista, que nació en 1739.

D. — Don Rodrigo José Pupo y González de Rivera, nació en 1746. Fue Alcalde de la Santa Hermandad en 1770, y Regidor del Ayuntamiento Constitucional en 1812. Casó en 1771 con doña Isabel María de los Reyes y de la Peña, que nació en 1750. Tuvieron por hijos: a Felipe; a Luis de Gracia; a José Antonio; a Juan Ángel, y a María de Jesús Pupo y de los Reyes.

E. — Doña María de los Ángeles Pupo y González de Rivera, nació en 1748. Casó en 1765, con don Miguel Leonardo de los Reyes y de la Peña, que nació en 1740.

F. — Don Miguel Pupo y González de Rivera, anteriormente mencionado, nació en 1738, y fue Alcalde de la Santa Hermandad en 1778, y Síndico Procurador General en 1792. Casó en 1767 con doña María Feliciana de los Reyes y de la Peña, que nació en 1748. Tuvieron por hijos: a Felipe; a Ana María; a María Feliciana; a Miguel Ramón; a Agustín; a Hilario Raimundo; a María de la Caridad; a Inés María, y a María Ildefonsa Pupo y de los Reyes. Los cuales:

a. — Don Felipe Pupo y de los Reyes, nació en 1768, y fue Alcalde de la Santa Hermandad en 1795. Casó en 1790 con doña María Isabel de la Cruz y de los Reyes.

b. — Doña Ana María Pupo y de los Reyes, nació en 1770.

c. — Doña María Feliciana Pupo y de los Reyes, nació en 1772.

d. — Don Miguel Ramón Pupo y de los Reyes, nació en 1774. Casó en 1801 con doña María de Jesús de la Cruz y de los Reyes, que nació en 1784. Tuvieron por hijos: a Miguel, y a José Casimiro Pupo y de la Cruz.

e. — Don Agustín Pupo y de los Reyes, nació en 1776. Casó en 1802 con doña María Francisca del Río y Vargas, que nació en 1781. Tuvieron por hijos: a Mariano; a Felipe; a Juan Agustín; a María Feliciana; a María Belén; a María Josefa; a María Casimira; a María de los Dolores, y a María de la Candelaria.

f. — Don Hilario Raimundo Pupo y de los Reyes, nació en 1778. Casó en 1806 con doña Francisca de la Cruz y de los Reyes, que nació en 1788.

g. — Doña Inés María Pupo y de los Reyes, nació en 1788, y casó en 1818 con don José Rafael Suárez, que nació en la ciudad de Santiago de Cuba en 1772.

h. — Doña María Ildefonsa Pupo y de los Reyes, nació en 1790. Casó en 1815 con don Julián José Ruiz Toranzo y Castellanos, que nació en 1787.

i. — Doña María de la Caridad Pupo y de los Reyes, nació en 1784, y casó con don Bernardo Amandolesi y Pittaluga. Fueron los progenitores de la familia «Manduley».

Don Augusto Betancourt y Ochoa, y su mujer doña María de la Caridad Olaya Manduley y del Río, tuvieron por hijos: a Alfredo; a Arturo; a Ana Josefa, y a Rafael Betancourt y Manduley. Los cuales:

1. — Licenciado Alfredo Betancourt y Manduley, Abogado, graduado de la Universidad de Barcelona, nació en la ciudad de Holguín el 15 de enero de 1864, y falleció en Palma Soriano, el 25 de marzo de 1927. Orador y parlamentario distinguido, fue Diputado Provincial dos veces; Vocal del Comité Provincial del Partido Autonomista de Oriente; Abogado Fiscal de la Audiencia Territorial de Santiago de Cuba; director del periódico antonomista de esa ciudad «La Patria», sufrió prisión en Ceuta cuando la Guerra de Independencia; Capitán del Ejército Libertador; Teniente Fiscal de las Audiencias de Oriente, Camagüey y Pinar del Río; Representante a la Cámara por esta última provincia y por la de La Habana, Registrador de la Propiedad de Palma Soriano. Casó en La Habana, parroquia del Vedado, el 20 de agosto de 1906, con doña Esperanza Hevia y Díaz, natural de la referida ciudad, hija de don Simón Francisco de Hevia y Romay, natural de La Habana, y de doña María Ignacia Díaz y Piedra, natural de Güira de Melena. Tuvieron por hijos: a Alfredo, y a Alberto Betancourt y Hevia. Los cuales:

A. — Don Alfredo Betancourt y Hevia, nació en La Habana, el 9 de mayo de 1907, donde casó, parroquia del Vedado, el 15 de octubre de 1930, con doña Victoria López y Parente, natural de la referida ciudad, hija de don Ramiro López y González, natural de España, y de doña Juana María Parente y Cabrera, natural de La Habana. Tuvieron por hija: a Aleida Betancourt y López.

B. — Doctor Alberto Betancourt y Hevia, Abogado, nació en La Habana el 8 de abril de 1908, donde casó dos veces: la primera con doña Ana López y Parente, natural de la referida ciudad, hija de don Ramiro López y González, natural de España, y de doña Juana María Parente y Cabrera, natural de La Habana. La segunda vez casó el primero de diciembre de 1938, con doña Gilda Roa y García, natural de La Habana, hija de don Raúl Roa y Reyes, y de doña María Luisa García y Espinosa, ambos naturales de la citada ciudad. Tuvieron por hija: a Gilda Betancourt y Roa.

2. — Doctor Arturo Betancourt y Manduley, Abogado, nacido en la ciudad de Holguín el 3 de agosto de 1870, fue Teniente del Ejército Libertador, Representante a la Cámara, Notario Público, Letrado Consultor de la Secretaría de Comunicaciones, Juez Municipal de Quemado de Güines. Falleció en dicha ciudad de Quemado de Güines, provincia de Santa Clara, el 2 de diciembre de 1936. Casó dos veces: la primera, en Baracoa, el 1 de mayo de 1893, con doña Carlota García y Perozo, natural de esta última ciudad, hija de Diego y de Eleusipa. La segunda vez casó en Mayarí, el 3 de julio de 1923, con doña Ana Morales y Naranjo, natural de dicha ciudad, hija de don Jesús Morales y García, y de doña Eudosia Naranjo y García, ambos naturales de Mayarí.

Con doña Ana Morales y Naranjo, tuvo por hijos: a Ana Luisa; a Arturo, y a Ana Betancourt y Morales.

3. — Doña Ana Josefa Betancourt y Manduley, nacida en Holguín, el 11 de julio de 1872, falleció en La Habana el 5 de junio de 1914.

4. — Don Rafael Betancourt y Manduley, nacido en la ciudad de Holguín el 19 de enero de 1877, fue Capitán del Ejército Libertador, Canciller de primera clase del Consulado General de Cuba en París. Falleció en esta última ciudad el 4 de enero de 1923. Casó en La Habana el 7 de octubre de 1908. con doña Lucrecia María Borja y Vicens, natural de los Quemados de Marianao, hija de don Lorenzo Borja y Bonet, natural de Burriana, Valencia, España, y de doña Rosa Vicens y Bosmeniel, natural de La Habana. No tuvieron sucesión.

Don José Ángel Taquechel y García, y su mujer doña María Teresa Manduley y Castellanos, tuvieron por hijos: a José Rafael; a Enrique José Gregorio; a María Teresa; a Gloria de los Ángeles, y a José Ángel Taquechel y Manduley. Los cuales:

a. — Don José Rafael Taquechel y Manduley, nacido en Santiago de Cuba el 4 de diciembre de 1920, falleció en dicha ciudad, el 21 de julio de 1922.

b. — Don Enrique José Gregorio Taquechel y Manduley, nació en Santiago de Cuba el 12 de marzo de 1922. Casó con doña Eva Zais Meléndez, y tienen por hijos: a Enrique; a Ivette, y a María Teresa Taquechel y Meléndez.

c. — Doña María Teresa Taquechel y Manduley, nació en la ciudad de Santiago de Cuba.

d. — Doña Gloria de los Ángeles Taquechel y Manduley, nació en la ciudad de Santiago de Cuba.

e. — Don José Ángel Taquechel y Manduley, nació en La Habana el 24 de julio de 1928 y casó con doña Hilda María Manduley y Masforroll. Tienen por hijos: a José Ángel; a Rafael Jorge, y a Ana Victoria Taquechel y Manduley.

MANES

A fines del siglo XVII, procedente de la ciudad de Zephalonia, en Venecia, Italia, se estableció esta familia en La Habana.

Don Nicolás Manes, casó con Catalina Marquesina, y tuvieron por hijo: a

Don Juan Bautista Manes, natural de la ciudad de Zephalonia, que casó en la Catedral de La Habana el 12 de septiembre del año 1700, con doña María de Espellosa y Aguado, hija de don Francisco Espellosa Maldonado Bohorques, y de doña Teresa Aguado y Zurbano. Tuvieron por hijos: a María; a Juan; a Antonio, y a Francisco Manes y Espellosa. De los cuales:

1. — Don Antonio Manes y Espellosa, fue religioso, de la Orden de Predicadores.

2. — Teniente Francisco Manes y Espellosa, bautizado en la Catedral de La Habana el 14 de abril de 1707, testó el 22 de septiembre de 1779, ante José Fernández, Escribano de Guerra, y su defunción se encuentra en La Habana, parroquia del Santo Cristo, a 13 de noviembre de dicho año. Casó en la provincia de Pinar del Río, parroquia San Rosendo, el 15 de agosto de 1736, con doña Nicolasa de la Torre y Duque de Estrada, hija de don Tomás de la Torre y Vinces, y de doña Elena Duque de Estrada y Pérez-Borroto. Tuvieron por hijas: a Leonor; a María Ángela; a Josefa, y a Teresa de la Luz María Manes y de la Torre. De las cuales:

A. — Doña María Ángela Josefa Manes y de la Torre, bautizada en la Catedral de La Habana el 21 de agosto de 1743, casó en esta ciudad, parroquia del Santo Ángel, el 31 de mayo de 1764, con don Nicolás Navarro de Ayllón y Páez, y de doña Gregoria María Rodríguez y de la Torre.

B. — Doña Teresa de la Luz María Manes y de la Torre, bautizada en la Catedral de La Habana el 14 de diciembre de 1753, testó ante Jorge Díaz Velázquez, y su defunción se encuentra en esta ciudad, parroquia de Guadalupe, a 9 de febrero de 1805. Casó con don José Anselmo de Miranda y Alayón.

MÁRMOL

Procedente de Inglaterra, en el séquito que acompañaba a la reina doña Catalina de Láncaster cuando ésta pasó a Castilla para casarse con el rey don Enrique III (1379-1406), vino Sir Alphonse Marmor, quien castellanizó su apellido en «del Mármol», radicándose primeramente en Madrid desde donde se extendió por Córdoba, Granada, Jaén y Málaga. Los de Málaga establecieron una brillante línea en Buenos Aires.

Son sus armas: en campos de plata, tres fajas de gules y entre ellas armiños de sable. Divisa: Marmora Durant.

Procedentes de Torredonjimeno, provincia de Jaén, se estableció esta familia en la Capitanía General de Venezuela a fines del siglo XVIII de donde pasaron a Cuba a principios del siglo siguiente, radicándose en las ciudades de Santiago de Cuba y Bayamo.

Don Fernando del Mármol y su mujer doña Juana Delgado, vecinos de Torredonjimeno tuvieron por hijo: a

Don Francisco del Mármol y Delgado que nació en Torredonjimeno, Jaén, en 1766 según se desprende de su Hoja Militar de Servicio que consta en el Archivo Militar de Segovia. Ingresó en el ejército español y en 1799 era Teniente de la Compañía Veterana de Infantería en la Isla Margarita, Venezuela, y Ayudante Auxiliar para la instrucción de las milicias. En 1807 tiene grado de Capitán y en 1812 es nombrado Gobernador de la plaza de La Guaira con el grado de Teniente Coronel. A la pérdida de esta plaza en septiembre de 1813 es hecho prisionero yen febrero de 1814 «fue sacrificado en una hoguera por los insurrectos». Casó en la parroquia de la Asunción, en Pueblo de la Mar, Isla Margarita, el 27 de mayo de 1799 con doña Josefa Valdés de Yarza y del Carpio, hija del Teniente Coronel de Infantería don Juan Valdés de Yarza y de doña Juana Rafaela del Carpio. Tuvieron seis hijas y dos varones, de los cuales:

1. — Doña Juana del Mármol y Valdés de Yarza casó con don Lino Sánchez de Carmona y Cisneros, natural de Santiago de Cuba, hijo de don Francisco Javier Sánchez de Carmona y Cisneros y de doña María Dolores Cisneros y Betancourt, naturales ambos de Santiago de Cuba. Con sucesión.

2. — Don Francisco del Mármol y Valdés de Yarza, nacido en Pueblo de la Mar, Iisla Margarita, el 13 de noviembre de 1807, bautizado el 21 del mismo mes y año en la parroquia de San Nicolás de Bari de dicho lugar. Al capitular el ejército español en Venezuela, junto con su hermano fue trasladado a Cuba en 1823. En 1826 está destacado en Puerto Príncipe (Camagüey) con el grado de Subteniente, casando el 20 de marzo de ese año, en esa ciudad, con doña Ana María Ballagas y Guerra, de allí natural, hija de don Pedro Nolasco Ballagas y Nápoles, Médico y de doña María Asunción Guerra y de Varona, ambos de Puerto Príncipe. Tuvieron por hijos a Julia y a Eduardo del Mármol y Ballagas, los cuales:

A. — Doña Julia del Mármol y Ballagas casó con don Carlos de Castilla y Paulín, Capitán de Infantería, hijo de don José Gregorio de Castilla y Moinelo y de doña Teresa Paulín y Quijano. Con sucesión.

B. — Don Eduardo del Mármol y Ballagas, natural de Santiago de Cuba, casó con doña María Rafaela Colás y Fernández de Granda, hija de don Francisco Javier Colás y de las Cuevas y de doña Ana María Fernández de Granda y Limonta, los tres de Santiago de Cuba. Tuvieron por hijo: a

Don Francisco del Mármol y Colás, natural de Santiago de Cuba, que casó con doña Luisa Betancourt y Zayas-Bazán, natural de Puerto Príncipe, hija de don Diego Félix Betancourt y Guillén del Castillo y de doña María Concepción de Zayas-Bazán y Agüero. ambos naturales de Puerto Príncipe. Tuvieron por hija: a

Doña María Elisa del Mármol y Betancourt, que casó con don Enrique Mahy y del Castillo, Teniente Coronel de Infantería, Caballero de la Orden de San Hermenegildo, hijo de don José Antonio Mahy y de León, Comandante de Caballería de Lanceros de la Reina, Caballero de la Orden de San Hermenegildo, y de doña Adelaida del Castillo y Fanielo Monzón, natural de Güira de Melena.

3. — Don José Raimundo de Jesús del Mármol y Valdés de Yarza, nacido en Puebla de la Mar, Isla Margarita, el 14 de marzo de 1803 y bautizado el 23 del mismo mes y año. Ingresó de cadete en el ejército español el 3 de marzo de 1815 en el Regimiento de Infantería de Burgos. A los 18 años era Subteniente. Según su hoja militar de servicios figuró en distintas acciones de guerra contra los insurrectos y el 11 de marzo de 1822 fue nombrado Teniente. Cuando el ejército español capituló en Venezuela en agosto de 1823 fue trasladado a la Isla de Cuba desembarcando en Santiago de Cuba el 29 de agosto del citado año. El 22 de octubre de 1833 era Capitán y fue nombrado Teniente Gobernador Político y Militar de Jiguaní, cargo que desempeñó hasta su retiro en 1835. Falleció en Santiago de Cuba el 28 de junio de 1862. Casó en Bayamo en noviembre de 1824, después de obtener la correspondiente licencia matrimonial con doña Clotilde de la Caridad Tamayo y Cisneros, natural de Bayamo, hija del Licenciado don Ignacio Tamayo y Sánchez, Abogado de número de la Real Audiencia de ese distrito, Juez Delegado de Bienes de Difuntos, natural de esa ciudad, y de doña María Josefa Cisneros y Carrión. natural de Santiago de Cuba. Tuvieron por hijos a: María Teófila; a Raimundo; a Leonardo; a Francisco Javier, a Justo y a Donato Benjamín del Mármol y Tamayo, de los cuales:

A. — Doña María Teófila del Mármol y Tamayo, casó con don Francisco de Agüero y Aguilera, hijo de don Francisco José de Agüero, Caballero de la Orden de Isabel la Católica y de doña Ana María Aguilera.

B. — Don Leonardo del Mármol y Tamayo alcanzó el grado de Brigadier en la Guerra de 1868. Fue importante figura de la Protesta de Baraguá con el General Maceo y según las Crónicas de Santiago de Cuba de Emilio Bacardí falleció en esa ciudad el 3 de junio de 1886.

C. — Don Francisco Javier del Mármol y Tamayo murió el año 1869 durante la Guerra de los Diez Años (1868-1878).

D. — Don Justo del Mármol y Tamayo también murió en la Guerra de 1868.

E. — Don Donato Benjamín del Mármol y Tamayo, aunque diversos historiadores lo hacen nacido en Santiago de Cuba el 14 de febrero de 1843, según nota autógrafa de su nieta Dolores González del Mármol, nació en Bayamo el 11 de agosto de 1838, siendo bautizado en la Parroquia Mayor de esa ciudad el 17 de octubre de dicho año por el padre Juan Manuel Fornaris, rector de dicha parroquia, según constaba en el libro 6 de bautismo de personas blancas, al folio 340, número 1001. Fue Mayor General de la Guerra de 1868. Jefe y organizador de la División de Cuba que fue el más notable cuerpo de ejército de la Guerra de los Diez Años. Tomás Estrada Palma fue su secretario civil y Máximo Gómez su Jefe de Estado Mayor. Falleció el 26 de junio de 1870 a orillas del río Barigua, en la hacienda «San Felipe» en la provincia de Oriente. Había casado en Bayamo el 8 de abril de 1863 con doña María Guadalupe Milanés y Bazán (1847-1934), hija de don José Antonio Milanés y Céspedes y de doña Teresa Bazán y Aguilera, todos naturales de Bayamo. Tuvieron cuatro hijos de los cuales tres murieron en la Guerra de 1868 y solo sobrevivió una hija. De los cuales:

a. — Don Donato del Mármol y Milanés falleció en la Guerra de 1868.

b. — Doña Teresa del Mármol y Milanés, natural de Bayamo y fallecida en Santiago de Cuba el 1 de diciembre de 1940 de 74 años. Casó en 1881 con el Médico militar español don José González y López (1851-1930), hijo de don José González y Martín y de doña María del Carmen López y Cordero, naturales los tres de Ayamonte en la provincia de Huelva. Tuvieron por hijos a María, a Dolores y a Donato González del Mármol, los cuales:

1. — Doña María González del Mármol nació en las Islas Chafarinas en 1888 y falleció en Santiago de Cuba el 28 de octubre de 1952. Casó en Santiago de Cuba en 1924 con don Enrique Covani y Puccinelli, hijo de don César Covani y de doña Emilia Puccinelli, naturales de Lucca, en Italia. Tuvieron dos hijos: Carlos y Enrique Covani y González.

2. — Doña Dolores González del Mármol nació en Jerez de la Frontera el 28 de marzo de 1890 y falleció en La Habana el 26 de septiembre de 1969. Casó en Bayamo el 4 de febrero de 1912 con don Alfredo Freire y Lluriá. Sin sucesión.

3. — Doctor Donato González del Mármol, nació en Santa Cruz del Sur (Camagüey) el 2 de julio de 1882; fue Médico graduado de la Universidad de Barcelona y falleció en La Habana el 19 de diciembre de 1957. Fue Jefe del Servicio de Ginecología del Hospital Provincial de Oriente en Santiago de Cuba(1910-1950); Director Cirujano de la Casa de Salud del Centro Gallego de Santiago de Cuba de 1912 a 1935; Académico Correspondiente Nacional de la Academia de Ciencias Físicas y Naturales de Cuba; Miembro de Honor dee la Sociedad Cubana de Obstetricia y Ginecología y de la Sociedad Nacional de Cirugía; Fellow of the American College of Surgeons; Socio Titular de la Sociedad de Estudios Clínicos de La Habana; Socio Honorario de la Sociedad de Obstetricia e Ginecología do Brasil, etc. Ostentó además la Orden Nacional del Mérito Carlos J. Finlay. Casó en Santiago de Cuba el 11 de agosto de 1917 con doña Carlota Ferrer y Salazar (1895-1985), hija de don Joaquín Ferrer y Ferrer y de doña Dolores Salazar y Álvarez-Lebrún, los tres naturales de Santiago de Cuba. Tuvieron por hijos: a José Raúl; a Donato; a Guillermo, y a Eduardo González del Mármol y Ferrer, (por decreto del Presidente de la República de Cuba, doctor Alfredo Zayas y Alfonso,

número 623 de 20 de abril de 1925 se autorizó a los hijos del matrimonio del doctor González del Mármol a añadir el apellido «del Mármol» al de González, para honrar la memoria del ilustre prócer de nuestras luchas emancipadoras General don Donato del Mármol y Tamayo del cual son los únicos descendientes directos que hoy existen), los cuales:

A. — Doctor don José Raúl González del Mármol y Ferrer, nació en Santiago de Cuba el 5 de mayo de 1918, es Médico graduado de la Universidad de La Habana.

B. — Don Donato González del Mármol y Ferrer, nacido en Santiago de Cuba el 8 de febrero de 1920, donde falleció soltero el 31 de mayo de 1940.

C. — Doctor don Guillermo González del Mármol y Ferrer que es Abogado graduado de la Universidad de La Habana, nació en Santiago de Cuba el 1 de agosto de 1921. Casó en La Habana el 15 de septiembre de 1951 con doña Gisela Álvarez e Hidalgo-Gato, natural de La Habana, hija de don Marcelino Álvarez y Fernández, natural de Asturias y de doña Marcelina Hidalgo-Gato y Gayoso, natural de Madruga en la provincia de Matanzas. Tuvieron por hijos a Guillermo y a Raúl González del Mármol y Álvarez, los cuales:

a. — Don Guillermo González del Mármol y Álvarez, que es economista, graduado de la Universidad de Harvard, nació en La Habana el 9 de abril de 1935. Casó en Worcester, Massachussetts el 3 de mayo de 1981 con doña Gail Ann Marcoux, hija de François y de Norma, naturales de Connecticut. Tuvieron por hija a: Emily Elizabeth González del Mármol y Marcoux, nacida en Dallas, Texas, el 5 de abril de 1986.

b. — Don Raúl González del Mármol y Álvarez, B. A. in Marketing de la Universidad de Miami en la Florida, nació en La Habana el 21 de agosto de 1954. Casó en Miami, Florida, el 22 de noviembre de 1980 con doña Ana Gisela Andino y Hernández de Alba, hija de don Rogelio Andino y Méndez y de doña Ana Teresa Hernández de Alba y Rivera, los tres naturales de La Habana.

D. — Doctor don Eduardo González del Mármol y Ferrer, Médico graduado de la Universidad de La Habana, nació en Santiago de Cuba el 23 de enero de 1926, casó dos veces, primero en dicha ciudad el 6 de diciembre de 1959 con doña Elvira Infante y Segrera, hija de don Emiliano Infante y Antúnez y de doña Elvira Segrera y Pujol, naturales los tres de Santiago de Cuba. Tuvieron por hijos a Eduardo, y a Elena González del Mármol e Infante, los cuales:

a) Don Eduardo González e Infante, nacido en Santiago de Cuba el 13 de octubre de 1960 es Ingeniero graduado de la Universidad de Illinois.

b) Doña Elena González del Mármol e Infante, nacida en Santiago de Cuba el 29 de marzo de 1963 es B.A. in Marketing de la Universidad de Central Florida, en Orlando, Florida.

Don Eduardo González del Mármol y Ferrer casó por segunda vez en 1969 en Orlando, Florida con doña Wanda Lee Howland, natural de Pasadena, Texas, hija de don Charles S. Howland, natural de Beaumont, Texas, y de doña Glenn B. Howland, natural de Jacksonville, Florida. Tuvieron por hijo: a Robert González del Mármol y Howland que nació en Orlando, Florida el 29 de junio de 1970.

MASNATA

Familia originaria de Bérgamo, Lombardía, Italia, en cuyo Consejo Mayor fue incluida a fines de 1609. Una de sus ramas se estableció en Génova desde donde pasaron a mediados del siglo XIX a la isla de Cuba, estableciéndose en La Habana.

Armas: escudo partido; el primero en campo de oro, una mujer vestida de azur; segundo, en campo de oro, un hombre vestido de gules; el jefe, en campo de plata, un león rampante de oro, cortado por la cintura; y en punta, una campana de sinople, disminuida en su mitad.

Don Francisco Masnata, fue padre de:

Don Ángel Masnata, que casó con doña María Rosa Parodi, hija de don Francisco Parodi. Tuvieron por hijos: a Moracio; a José; a Cándido; a Juan Marcelo, y a David Masnata y Parodi. De los cuales:

I. Don José Masnata y Parodi, natural de Génova, pasó a la isla de Cuba y tiene su defunción en La Habana, parroquia del Santo Cristo el 16 de julio de 1859. Casó en Génova con doña Luisa Barabino. Tuvieron por hijos: a Elena; a Andrea; a Emilia; a Teresa; a Juan; a Inocencio; a Jacobo, y a Ángel Masnata y Barabino.

II. Don Cándido Masnata y Parodi, fue Sacerdote.

III. Don Juan Marcelo Masnata y Paradi, natural de Génova, pasó a la isla de Cuba y tiene su defunción en La Habana, parroquia del Espíritu Santo el 27 de agosto de 1864.

IV. Don David Masnata y Parodi, bautizado en la parroquia de Nuestra Señora de la Nieve, Bolzanetto-Génova, el 27 de marzo de 1825, pasó primeramente a la ciudad de Nueva York, donde se graduó de Doctor en Medicina, estableciéndose luego en La Habana. Tiene su defunción en la parroquia del Calabazar, Habana, el 7 de mayo de 1879. Casó en la parroquia del Pilar en La Habana el 23 de octubre de 1854 con doña Emilia Mendoza y de la Vallina, natural de La Habana, hija de don Pascual de Mendoza y Cedrola, natural de Pola, Nápoles, Coronel graduado de Voluntarios de Caballería, Coronel de un Regimiento de Milicias Disciplinadas, Comendador de la orden de Carlos III y de doña María Inés de la Vallina y Rubio, natural de Jibacoa. Tuvieron por hijos: a Rosa Emilia; a Ángeles Luisa; a María Isabel; a David, y a Emilio Masnata y Mendoza. De los cuales:

1. — Doña María Isabel Masnata y Mendoza, bautizada en la Catedral de La Habana el 21 de enero de 1860, falleció en Marianao el 6 de diciembre de 1924. Casó en la parroquia de la ciudad de Cárdenas el 16 de julio de 1882 con don Gregorio Antonio Fernández y Piedra, natural de Limpias, Santander, hijo de don Manuel Fernández y Albo y de doña María del Carmen Piedra y González, naturales de Limpias.

2. — Don David Masnata y Mendoza, bautizado en la parroquia de Guanabacoa el 13 de agosto de 1858, tiene su defunción en la parroquia del Espíritu Santo el 2 de mayo de 1863.

3. — Don Emilio Masnata y Mendoza, bautizado en la parroquia de San Julián de Güines el 16 de febrero de 1866, fue Contador Público y fundador del primer y único Aquarium Público que ha tenido la República de Cuba. Tiene su defunción en la parroquia del Vedado, Habana, el 20 de febrero de 1940. Casó en la parroquia de la ciudad de Cárdenas el 17 de junio de 1897 con doña Dolores Azcue y Pereira, natural de Guamutas, hija de don Antonio Azcue y Díaz, natural de Canasí en Matanzas y de doña Tomasa Pereira y Gayoso, natural de Palmillas, en Matanzas. Tuvieron por hijos: a Eloisa; a Alicia; a Isabel; a Graciela, y a David Masnata y Azcue. De los cuales:

A. — Doña Eloisa Masnata y Azcue, natural de Cárdenas, tiene su defunción en la parroquia del Vedado el 27 de septiembre de 1937. Casó con don Guillermo Díaz y Rivero, natural de Matanzas, doctor en Medicina, hijo de don Pedro Luis Díaz y Gálvez, natural de La Habana y de doña María Regla Rivero y Aguirre, natural de Corral Falso, Matanzas.

B. — Doña Alicia Masnata y Azcue, natural de Cárdenas, casó dos veces; la primera en la iglesia del Santísimo Sacramento de Nueva York el 28 de septiembre de 1928 con don Manuel Melero y Fernández, natural de Maracaibo, Venezuela; casó por segunda vez en La Habana el 25 de octubre de 1937, con don Eustaquio Ruiz y Cárdenas, natural de Camajuaní, hijo de Virgilio y de Lutgarda.

C. — Doña Isabel Masnata y Azcue, natural de Cárdenas, casó en la parroquia del Vedado con don Carlos Reynaldos y Martín, natural de Cárdenas, Abogado, hijo de don Carlos Reynaldos y Caraballo y de doña Sofía Martín y Rodríguez-Lanza, naturales de Matanzas.

D. — Don David Masnata y Azcue, bautizado en la parroquia de Cárdenas el 17 de agosto de 1892, es Contador Público y Jefe de Administración de primera clase del Ministerio de Estado, habiendo sido con anterioridad Cónsul de la República de Cuba; es Caballero de Carlos Manuel de Céspedes y del Mérito de Chile y Socio de Mérito de la Agrupación Pro-Enseñanza de Hechos Históricos. Casó con doña Aurora de

Quesada y Miranda, y tuvieron por hijos: a Aurora y a David Masnata y de Quesada. De los cuales:

El doctor David Masnata y de Quesada, fue bautizado en la parroquia del Carmen, en La Habana, el 19 de octubre de 1926; es Individuo Fundador y de Número del Instituto Cubano de Genealogía y Heráldica y su primer secretario general y Abogado graduado de la Universidad de La Habana, de la Nueva York University y de la Universidad de Murcia. Es autor del libro «S.M. doña Sofía de Grecia, Reina de España (Costados y ascendencia española)» 1978, y del trabajo «Casa Real de la Cerda. Precisiones, Rectificaciones y Ampliaciones» (1985), y galardonado por S.A.S. Franz Josef II, príncipe reinante de Liechtenstein con el «Prix de Liechtenstein 1985». Es el VI Marqués de Santa Ana y Santa María, por Real Carta de Sucesión de 28 de octubre de 1983, y casó en Miami el primero de julio de 1961, con doña Haydee de Artekona-Salazar y Tomás, hija de don Manuel de Artekona-Salazar y Merel, y de doña Isabel Tomás y Byrne.

MEANA

Apellido asturiano.

En la primera mitad del siglo XIX, procedente de la ciudad de Cádiz se estableció esta familia en Santiago de Cuba.

Son sus armas: en campo de sinople, un castillo de piedra.

Don Anselmo Meana Suárez del Villar, natural de San Julián de Lavandera, en Asturias, casó con doña María Dolores Rincón y Montero de Espinosa, natural de la isla de San Fernando, Cádiz. Tuvieron por hijo: a

Don Anselmo Meana Suárez del Villar y Rincón, natural de la ciudad de Cádiz que fue Contador de Real Hacienda, Asesor del Gobierno y de la Comandancia General, y Auditor de Guerra en Santiago de Cuba. Casó en la parroquia de Dolores de Santiago de Cuba, el 15 de enero de 1840, con doña María Guadalupe Téllez-Girón y de las Cuevas, hija de don Andrés Girón-Téllez y Loizaga, natural de Ceuta, Coronel del Regimiento Fijo de Cuba, y de doña Beatriz de las Cuevas y Hernández, natural de Santiago de Cuba. La anteriormente mencionada María Guadalupe Téllez-Girón y de las Cuevas tiene su defunción en la Catedral de Santiago de Cuba a 18 de marzo de 1858.[1]

Don Anselmo Meana Suárez del Villar y Rincón y su mujer doña María Guadalupe Téllez-Girón y de las Cuevas tuvieron por hijos a: María Caridad; a María Dolores, y a Andrés Meana y Girón. Los cuales:

1.— Doña María Caridad Meana y Girón casó con don José Amores y Rubio. Sin sucesión.

2. — Doña María Dolores Meana y Girón casó con don Rafel Guerra. Con sucesión.

3. — Don Andrés Meana y Girón nació en Santiago de Cuba en 1846 y tiene su defunción en esa ciudad el 13 de octubre de 1904. Fue partidario de la independencia de Cuba. Casó en la parroquia de Dolores de Santiago de Cuba, el 21 de junio de 1874 con doña Úrsula Viviana Betancourt y Miyares, hija de don Santiago Betancourt y Cisneros, y de doña María Belén Inés Miyares y Ferrer. Tuvieron por hijos: a María Concepción; a María Luisa, y a Andrés Meana y Betancourt. Los cuales:

A. — Doña María Concepción Meana y Betancourt, nacida en Santiago de Cuba en 1883, casó en 1906, con don Ernesto Sampera y Carnago. Tuvieron por hijos: a Ernesto, y a Margarita Sampera y Meana. Los cuales·

a. — Don Ernesto Sampera y Meana casó con doña Hortensia Tomeu y Vasallo. Después casó con doña Gloria Cartaya.

b. — Doña Margarita Sampera y Meana casó con don Gustavo Villoldo y Argilagos.

B. — Doña María Luisa Meana y Betancourt casó con don Pedro Pablo Valiente y del Monte, hijo del Licenciado Ambrosio Valiente y Duany, y de doña María del Rosario del Monte y del Portillo. Fueron sus hijos.

a. — Doña María Teresa Valiente y Meana casada con don Emilio de Weiss y de Sena.

b. — Don Porfirio Valiente y Meana casado con doña Manuela Rodríguez Gutiérrez.

C. — Don Andrés Meana y Betancourt, natural de Santiago de Cuba, casó con doña María Josefa Rosa Repilado y Gutiérrez, natural de Puerto Plata, Santo Domingo, hija de don Ricardo Repilado y Amábile, y de doña Mariana Gutiérrez Amábile, naturales de Santiago de Cuba. Tuvieron por hijos a: Eduardo José, María de la Caridad y Andrés Meana y Repilado. Los cuales:

a. — Don Eduardo José Meana y Repilado, natural de Santiago de Cuba, falleció soltero.

b. — Doña María de la Caridad Meana y Repilado, natural de Santiago de Cuba, casó con don Jenaro Virgilio Manuel Suárez y Carreño, natural de La Habana, hijo de don Jenaro Virgilio Suárez y López, natural de La Habana, y de doña María Josefa Carreño y Awray, natural de La Habana.

c. — Don Andrés Antonio Meana y Repilado, natural de Santiago de Cuba, casó con doña Mercedes Rodríguez e Iglesias. Tuvieron por hijo: a

Don José Antonio Meana y Rodríguez, que casó en Queens, Nueva York, el 28 de octubre de 1973 con doña Ana González. Tuvieron por hija: a

Doña Mercedes Lucrecia Meana y González nacida el 28 de octubre de 1978 en Queens, Nueva York.

MESA

Apellido castellano extendido por toda la Península. Una rama pasó a Canarias.

Procedente de San Juan de la Rambla, en la isla de Tenerife, islas Canarias, se estableció esta familia en la ciudad de Santa Clara a mediados del siglo XVII.

Sus armas: Escudo partido; 1ro. en campo de plata, dos mesas, cargada cada una con una cabeza de moro y dos panes; medio cortado de oro con tres fajas de gules, y 2do. en campo de plata un guerrero armado de cota y malla con espada y rodela soldadesca y piezas de artillería. Bordura de gules con ocho aspas de oro.

Don Pedro Francisco de Mesa y Ávila, y su mujer doña Francisca de Mesa, naturales y vecinos de San Juan de la Rambla, fueron padres de:

Don Pedro de Mesa y Ávila y Mesa, natural de San Juan de la Rambla, que pasó a la isla de Cuba estableciéndose en la villa de Santa Clara, donde tiene su defunción a 6 de octubre de 1806. Casó en la Parroquial Mayor de Santa Clara, el 20 de agosto de 1770, con doña María Rafaela de Santa María y Blanco, natural de Santa Clara, hija de don Domingo Antonio de Santa María y Pérez, natural de Galicia, y de doña Rosa María Blanco y de la Graña, natural de Santa Clara. Tuvieron por hijos: a María Francisca; a Luis; a Manuel de Jesús, y a Pedro Antonio Mesa y Santa María. Los cuales:

1. — Doña María Francisca de Mesa y Santa María, natural de Santa Clara, casó en la Parroquial Mayor de Santa Clara, el 19 de marzo de 1795, con don Salvador González de Ávila y González de Ávila, natural de Icod de los Vinos, Tenerife, hijo de don Agustín González de Ávila y Delgado, y de doña María de la Concepción González de Ávila y Rodríguez Madero. Tiene su defunción en la Parroquial Mayor de Santa Clara a 15 de septiembre de 1800.

2. — Don Luis de Mesa y Santa María, fue Síndico Procurador General del Ayuntamiento de Santa Clara. Tiene su defunción en la Parroquial Mayor de Santa Clara a primero de septiembre de 1829. Casó en la referida Parroquial Mayor, el 13 de febrero de 1804, con doña Ma-

ría del Sacramento Martín de Pulido y Yera, natural de Santa Clara, hijo de don Tomás José Martín de Pulido y Baeza, y de doña Isabel de Yera y de los Santos. Tuvieron por hijos: a María Luisa; a Isabel; a Rafael; a Mariano, y a Tomás de Mesa y Martín de Pulido.

3. — Don Manuel de Jesús de Mesa y Santa María, bautizado en la Parroquial Mayor de Santa Clara el 29 de diciembre de 1782, fue Alcalde ordinario y de la Santa Hermandad en 1809 y 1810. Casó en la Parroquial Mayor de Santa Clara el 27 de mayo de 1809, con doña Ana Micaela Díaz de la Cruz y Siverio, hija de don Domingo José Díaz de la Cruz y Ocamas, natural de Santa Clara, Regidor, Alcalde ordinario y de la Santa Hermandad, y Diputado del Real Consulado, y de doña María de los Ángeles Siverio y Pérez de Corcho. Tuvieron por hijos: a María; a María de las Mercedes; a Clara; a María del Carmen; a Domingo, y a Andrés de Mesa y Díaz de la Cruz. De los cuales:

Doña María de Mesa y Díaz de la Cruz, casó con don Domingo Galdós y Hernández, natural de Canarias.

4. — Don Pedro Antonio de Mesa y Santa María, bautizado en la Parroquial Mayor de Santa Clara el 20 de noviembre de 1784, falleció en la ciudad de Santa Clara el 30 de noviembre de 1862. Fue Hacendado y Ganadero, contándose entre sus propiedades la finca «Santa Bárbara» en la que hoy se levanta la Universidad Central «Marta Abreu», de las Villas. Casó en la iglesia Parroquial Mayor de San Juan de los Remedios, el 9 de marzo de 1814, con doña Bárbara Pérez y Ruiz, natural de San Juan de los Remedios, hija de don Rafael Pérez y Jiménez, Alcalde ordinario de Remedios, y de doña Rosalía Ruiz y Hernández de Medina. Tuvieron por hijos: a María Rafaela; a Ana Francisca; a Bárbara Antonia; a Magdalena; a Pedro, y a Francisco de Mesa y Pérez. Los cuales:

A. — Doña María Rafaela de Mesa y Pérez, casó con don Diego Pérez y del Río, natural de Remedios, hijo de don Miguel Pérez y Ruiz, Regidor y Alcalde ordinario de Remedios, y de doña María de la Trinidad del Río y González.

B. — Doña Ana Francisca de Mesa y Pérez, casó con don Mariano Soler y Mateu, natural de Cataluña.

C. — Doña Bárbara Antonia de Mesa y Pérez, casó con don Miguel Torrens y Pretos, natural de Cataluña, hijo de Jaime y de Mariana. Tiene su defunción en la Parroquial Mayor de Santa Clara, a 7 de marzo de 1861.

D. — Doña Magdalena de Mesa y Pérez, casó con don Manuel Jiménez y Vila, natural de Santa Clara.

E. — Don Pedro de Mesa y Pérez, casó con doña Guadalupe Valdés y Consuegra, natural de Santa Clara, hija de José Marcos y de Rafaela. Tuvieron por hija: a

Doña Antonia de la Soledad de Mesa y Valdés, que casó con el Licenciado José Manuel García y Garófalo, Escribano, natural de Santa Clara.

F. — Don Francisco de Mesa y Pérez, natural de Santa Clara, casó en la Parroquial Mayor de la propia villa, el 24 de marzo de 1851, con doña Carolina Ledón y López Silvero, natural de Santa Clara, hija de don Miguel Antonio Ledón y Noriega, Administrador de la Real Renta de Correos, y de doña María de la Merced Josefa López Silvero y Pérez de Alejo. Tuvieron por hijos: a Elvira; a Ana; a Josefa; a Antonia; a Clara; a María de los Dolores; a María de la Caridad, y a Francisco Mesa y Ledón. De los cuales:

1. — Doña Clara de Mesa y Ledón, casó con don Lucas de Ayala y Rodríguez.

2. — Doña María de los Dolores de Mesa y Ledón, casó con don Matías Sánchez, natural de Canarias.

3. — Doña María de la Caridad de Mesa y Ledón, casó con don Juan Bautista Ruiz y Díaz del Rey.

4. — Don Francisco de Mesa y Ledón, casó con doña Amelia Carrazana y Quesada. Tuvieron por hijos: a Elvira; a Dolores; a Carolina; a Francisco; a Mario, y a Roberto de Mesa y Carranza.

MIMÓ

En la segunda mitad del siglo XIX, pasaron a Cuba dos familias del linaje catalán de los Mimó: una familia de Villanueva y Geltrú y otra de Sabadell.

Son sus armas: escudo de azur, con tres estrellas de oro de ocho puntas, puestas en triángulo.

Don Pablo Mimó y Raventós nacido en Villanueva y Geltrú en 1813, fue un destacado pedagogo. De su matrimonio con doña Gertrudis Caba, de la misma naturaleza, fueron hijos: Claudio, Casimiro, Carolina, y Cecilia Mimó y Caba. De los cuales:

1. y 2. — Doña Carolina y doña Cecilia Mimó y Caba, fundaron y dirigieron, en Barcelona, el Colegio de Santa Cecilia.

3. — Don Claudo Mimó y Caba, nació en Villanueva y Geltrú en el año 1843. Fue doctor en Ciencias, Catedrático y Publicista. Pasó a Cuba y en 1882, adquirió el Colegio de San Francisco de Paula, de La Habana, cuya dirección desempeñó hasta el año 1895. Fueron tales sus mé-

ritos como pedagogo y Catedrático de la Universidad de La Habana, que ésta acordó honrar su memoria denominando «Doctor Claudio Mimó», el aula de Matemáticas de dicho Centro. Casó el doctor Mimó con doña Buenaventura Jacas, natural de Sitges, en Cataluña, y fueron sus hijos: Pablo, Manuel y Claudina Mimó y Jacas. Los cuales:

A. — Don Pablo Mimó y Jacas, nació en Barcelona el 27 de noviembre de 1872, y fue bautizado en la parroquia de Santa María del Mar. Doctor en Filosofía y Letras, en 1895 sucedió a su padre en la dirección del Colegio de San Francisco de Paula, ya nombrado Colegio Mimó. Ha desempeñado en dos ocasiones la Presidencia de la Sociedad de Beneficencia de Naturales de Cataluña, y desde 1946, fue Caballero de la Orden Nacional (Cubana) de Mérito «Carlos Manuel de Céspedes». Casó dos veces: la primera, con doña Trinidad Gutiérrez y Fernández; y la segunda, con doña Pilar Gutiérrez y Fernández.

Don Pablo Mimó y Jacas, en su matrimonio con doña Trinidad Gutiérrez y Fernández, tuvo por hijos a: Trinidad, Manuel, y a Víctor Mimó y Gutiérrez. Los cuales:

1. — Doña Trinidad Mimó y Gutiérrez, casó con don Juan A. Gómez.

2. — Don Manuel J. Mimó y Gutiérrez, es doctor en Derecho.

3. — Don Víctor Mimó y Gutiérrez, es doctor en Medicina. Casó con doña Luisa Recarey.

B. — Don Manuel Mimó y Jacas, fue doctor en Farmacia, y casó con doña Teresa Sueiras y Robert.

C. — Doña Claudina Mimó y Jacas, casó con el Cónsul don Fernando Pena y tuvieron por hijos: a Alfonso; a Margarita, y a Fernando Pena y Mimó.

De la otra familia Mimó, pero ésta procedente de Sabadell, comenzamos su genealogía con:

Don Cayetano Mimó, natural de Sabadell, en Barcelona, que casó con doña María Miralpeix, natural de Manlleu, y fueron padres de:

Don Dionisio Mimó y Miralpeix, nacido en Manlleu, Barcelona, que fue Farmacéutico. Casó en San Feliú de Guíxols, Gerona, con doña Carmen Bas y Roig, hija de don José Bas y Casas, y de doña Josefa Roig y Prats, naturales de San Feliu de Guíxols. Fueron padres de:

Don Manuel José Juan Mimó y Bas, que nació el 27 de mayo de 1880 en Barcelona, y fue bautizado en la Catedral de dicha ciudad Condal el 31 del mismo mes y año. Pasó a Cuba en 1894, estableciéndose en la ciudad de Camagüey, donde fundó la «Casa Mimó». Fue, asimismo, fundador de la Colonia Española de Camagüey, donde residió hasta 1923, en que trasladó su residencia para La Habana. Casó con doña Dolores

Ábalo y Betancourt. Tuvieron por hijos: a Manuel; a Josefina, y a Dolores Mimó y Ábalo. De los cuales:

1. — El doctor Manuel Miguel Agustín Mimó y Ábalo, nació el 28 de agosto de 1910 en Camagüey, y fue bautizado en la Catedral de dicha ciudad el 24 de octubre del mismo año. Cursó estudios en el Colegio de Belén, de La Habana, y fue Brigadier y Prefecto de la Congregación de dicho Colegio. En 1938, obtuvo el doctorado en Derecho Civil por la Universidad de La Habana, y fue designado por la comisión de Reformas Penitenciarias, adscrita a la Cátedra de Derecho Penal, para visitar distintos países de Europa y América, a fin de estudiar e informar sobre aquellas legislaciones penales y penitenciarias. En 1944, fue Delegado a la III Conferencia Internacional de Abogados, celebrada en Ciudad México. En 1947, fue elegido Tesorero, por unanimidad, en la primera Junta Directiva del Patronato Pro-Museo Nacional, del que fue miembro fundador, y desempeñó dicho cargo durante varios años; tomando parte muy activa en las campañas que desarrolló este Patronato para lograr la construcción del Palacio de Bellas Artes y Museo Nacional.

2. — Doña Josefina Micaela Elvira Mimó y Ábalo, casó con don Félix Mateo Goizueta y Díaz, doctor en Ciencias Comerciales. Son padres de: Félix Manuel Goizueta y Mimó.

MOLINA

Según los antiguos nobiliarios españoles, es conocida la historia de esta familia desde el siglo XIII. A fines del XVI, aparece radicada en las islas Canarias, de donde pasaron a La Habana a fines del siglo XVII. Obtuvieron el título de Marqués de Villafuerte.

Son sus armas: en campo de azur, una torre de plata, y, a su pie, media rueda de molino del mismo metal; acompañado de tres flores de lis de oro, una en jefe y otra a cada lado de la torre. Bordura de gules, con ocho aspas de oro. El Señorío de Molina traía: en campo de azur, un brazo armado, de oro, con la mano de plata, y en ella, un anillo de oro.

Día Sánchez Carrillo, Rico-home de Castilla, famoso General en las Navas de Tolosa, fue padre: de

Don Diego Carrillo de Toledo, que casó con doña Leonor Palomeque, hija de los señores de Biedma. Tuvieron por hijo: a

Día Sánchez Palomeque, que casó con doña Teresa Gudiel, hermana de don Gonzalo, Arzobispo de Toledo y Cardenal de la Santa Iglesia Romana. Tuvieron por hijo: a

Don Pedro Díaz Carrillo de Toledo, que fue Adelantado de Cazorla, Señor de la Torre de Santo Tomé y Alcalde de Quesada, de donde sus descendientes tomaron por apellido Quesada. Sus armas se encuentran gravadas en mármol en el interior de la iglesia de Santa Lucía de Toledo. Casó con doña Teresa Rodríguez de Biedma, y tuvieron por hijos: a Ponce Díaz de Quesada, y a Día Sánchez de Quesada. Los cuales:

1. — Ponce Díaz de Quesada, fue Maestredesala del Rey don Pedro el Cruel, y Caballero de la Orden de Calatrava.

2. — Día González de Quesada, fue primer Señor de Garcíes, y segundo de la Torre de Santo Tomé. Casó con doña Mayor de Biedma, hija de los Duques de Santisteban, y tuvieron por hijos: a Pedro Díaz de Quesada, y a Alonso de Quesada. Los cuales:

A. — Don Pedro Díaz de Quesada, fue segundo Señor de Garcíes, y tercero de Santo Tomé, y Embajador del Rey de Castilla en Aragón.

B. — Don Alonso de Quesada, fue Alcalde del Castillo de Arenas. Casó con doña Teresa Díaz, y tuvieron por hijo: a

Don Sancho de Quesada, que fue Veinticuatro de Jaén. Casó con doña Juana de Biedma, y tuvieron por hijo: a

Don Alonso de Quesada, que fue Alcalde y Veinticuatro de Sevilla y de Jaén. Casó con doña Teresa Díaz de Quesada, y tuvieron por hijo: a

Don Francisco Cazorla de Quesada, que casó con doña Guiomar Mayor de Molina y Vera, hija de don Alonso González de Molina, natural de Baeza, descendientes de los Señores de Molina, Mesa y de Postigo, y de doña Elena de Vera. Tuvieron por hijos: a Teresa; a Bernardo; a Cristóbal; a Diego; a Alonso; a Rodrigo; a Luis; a Constanza, y a Juan de Molina de Quesada. De los cuales:

a. — Doña Teresa Molina de Quesada, natural de Úbeda, casó con don Beltrán de la Cueva, primer Duque de Alburquerque, y Conde de Ledesma.

b. — Don Cristóbal Molina de Quesada, murió en Flandes.

c. — Don Diego Molina de Quesada, casó en Baeza con doña Inés de Godoy.

d. — Don Alonso Molina de Quesada, casó en Úbeda con doña Francisca Gutiérrez.

e. — Don Rodrigo Molina de Quesada, casó con doña Bernardina de la Cueva y Mendoza, de la Casa de los Duques de Alburquerque.

f. — Don Luis Molina de Quesada, fue Veinticuatro de Jaén, y sirvió al Rey Felipe II en Flandes, Inglaterra e Italia. Casó con doña Clara de Ayala.

g. — Doña Constanza Molina de Quesada, de la que se tratará en la LÍNEA PRIMERA.

h. — Don Juan Molina de Quesada, del que se tratará en la LÍNEA SEGUNDA.

LÍNEA PRIMERA

Doña Constanza Molina de Quesada, (anteriormente mencionada como hija de don Francisco Cazorla de Quesada, y de doña Guiomar Mayor de Molina y Vera), natural de Úbeda, casó en Baeza, con don Alonso López de las Doblas, Hijodalgo notorio de Linares, Regidor perpetuo y Procurador General de Úbeda. Tuvieron por hijos: a María; a Isabel; a Alonso, y a Francisco de Molina y López de las Doblas. De los cuales:

1. — Doña Isabel de Molina y López de las Doblas, casó con el doctor Francisco Ordóñez.

2. — Don Francisco de Molina y López de las Doblas, pasó a Flandes al lado de sus tíos Luis y Juan de Molina Quesada, estableciéndose más tarde en las islas Canarias. Casó en la Orotava, parroquia de la Concepción, el 31 de agosto de 1593, con doña Isabel Benítez de Lugo y Valcárcel, hija de don Francisco Benítez de Lugo, Maestre de Campo y Regidor perpetuo de la isla de Tenerife, y de doña Magdalena Valcárcel y Benítez de Lugo. Tuvieron por hijos: a Constanza; a Francisco; a Bartolomé; a Juan; a Alonso, y a Baltasar de Molina y Benítez de Lugo. De los cuales:

A. — Doña Constanza de Molina y Benítez de Lugo, bautizada en la Orotava el 15 de junio de 1597, casó con el Capitán Juan Francisco de Ponte y Calderón, Alcaide perpetuo de su castillo de Casafuerte, segundogénito de los Señores de la villa de Adeje. Fueron progenitores de los Señores de la isla de Alegransa, de la Casa de Monteverde, en la Orotava, y de otras familias ilustres de Canarias.

B. — Don Juan de Molina y Benítez de Lugo, fue Licenciado en Derecho por Salamanca. Testó el 22 de julio de 1667. Casó dos veces: la primera, en La Laguna, el 27 de febrero de 1634, con doña Ana Lasso de la Guerra y Solar de Arquijo, hija del Capitán Simón Lasso de al Guerra, y de doña Juana Solar de Arquijo. Casó por segunda vez, con doña Ana María Escobar.

Don Juan de Molina y Benítez de Lugo, y su primera mujer doña Ana Lasso de la Guerra, tuvieron por hijos: a María Magdalena; a Ángel, y a Juan de Molina y Lasso de la Guerra.[1] Los cuales:

a. — Doña María Magdalena de Molina y Lasso de la Guerra, bautizada en la Orotava, parroquia de la Concepción, el 13 de febrero de 1636, casó con don Cristóbal Lordelo Ponte, Maestre de Campo, Regidor perpetuo de Tenerife, y Alcalde Mayor de la Inquisición.

b. — Don Ángel Molina y Lasso de la Guerra, fue religioso Franciscano.

c. — Don Juan de Molina y Lasso de la Guerra, bautizado en la Orotava el 8 de junio de 1637, fue Abogado de los Reales Consejos y de la Real Audiencia de Sevilla, donde casó con doña Felipa Antonia de Gallegos. Tuvieron por hijo: a ,

Don Manuel de Molina y Gallegos, bautizado en la parroquia de la Magdalena el 23 de enero de 1686, que hizo información de hidalguía el 5 de mayo de 1740.

C. — Don Alonso de Molina y Benítez de Lugo, bautizado el 22 de noviembre de 1598, fue Licenciado en Jurisprudencia en Salamanca. Testó el 24 de junio de 1650. Casó dos veces: la primera, con doña Juana del Hoyo Solórzano y Ayala, hija de don Esteban del Hoyo Solórzano, y de doña Jerónima de Ayala Jovel. Casó por segunda vez, con doña Marina Colombo.

Don Alonso de Molina y Benítez de Lugo, y su primera mujer doña Juana del Hoyo Solórzano, tuvieron por hija: a

Doña Luisa Catalina de Molina y del Hoyo, que casó con don Francisco de Molina y Llarena, primer Marqués de Villafuerte, Capitán del Tercio de Infantería española de la Orotava, y Caballero de la Orden de Calatrava, hijo de don Baltasar de Molina y Benítez de Lugo, Licenciado en Derecho, y de doña Catalina de Llarena y Azoca.

D. — Don Baltasar de Molina y Benítez de Lugo, bautizado en la villa de la Orotava, parroquia de la Concepción, el 3 de enero de 1596, fue Licenciado en Derecho de la Universidad de Salamanca. Testó el 16 de julio de 1640, y casó en la Laguna con doña Catalina Llarena y Azoca, hija de don Alonso de Llarena y Carrasco de Ayala, Capitán de Caballos Corazas, Regidor perpetuo de Tenerife, y de doña María de Azoca y Vargas, progenitores de los Condes del Palmar. Tuvieron por hijos: a Isabel; a Bartolomé; a Baltasar; a Francisco, y a Alonso de Molina y Llarena. Los cuales:

1. — Doña Isabel de Molina y Llarena, bautizada el 6 de septiembre de 1638, casó con el Capitán Pedro Grimaldi Rizo.

2. — Don Bartolimé de Molina y Llarena, bautizado el 27 de septiembre de 1639, fundó un Mayorazgo para hembras de la Casa de Villafuerte, en su testamento de 20 de agosto de 1688.

3. — Don Baltasar de Molina y Llarena, fue religioso de San Agustín, y fundador del Monasterio de su orden en la villa de la Orotava.

4. — Don Francisco de Molina y Llarena, fue Capitán del Tercio de IInfantería Española de la villa de la Orotava, por nombramiento de 27 de mayo de 1650, y el 9 de octubre de 1675, ingresó como Caballero de la Orden de Calatrava. Por Real Despacho de 25 de noviembre de 1680, se le concedió el título de Marqués de Villafuerte. Testó el 13 de marzo de 1706, falleciendo el 17 de dicho mes y año. Casó dos veces: la primera, en la Orotava, parroquia de la Concepción, con su prima doña Luisa Catalina de Molina y del Hoyo, hija de don Alonso de Molina y Benítez de Lugo, Licenciado en Jurisprudencia, y de doña Juana del Hoyo Solórzano y Ayala. Casó por segunda vez, el 30 de agosto de 1682, en la referida parroquia, con doña Luisa de Franchi y Benítez de Lugo, hija de don Juan Francisco de Franchi e Interián, Capitán de Infantería Española del Tercio de Milicias de la Orotava, Regidor perpetuo de la isla de Tenerife y su Diputado en la Corte de don Felipe IV, Alcaide de la Fortaleza de San Felipe del Puerto, Alguacil Mauor del Santo Oficio de la Inquisición, y de doña Magdalena Benítez de Lugo y Vergara, hermana esta última del primer Marqués de la Celada.

Don Francisco Molina y Llarena, y su primera mujer doña Luisa Catalina de Molina y del Hoyo, tuvieron por hijas: a Francisca, y a Isabel de Molina y Molina. Las cuales:

A. — Doña Francisca de Molina y Molina, bautizada en la villa de la Orotava el 13 de octubre de 1653, fue segunda Marquesa de Villafuerte. Falleció el 27 de mayo de 1728. Casó dos veces: la primera, el 30 de enero de 1668, en la ermita de Nuestra Señora del Rosario, del término de la Rambla, con don Martín del Hoyo Solórzano y Alzola, Maestre de Campo, hermano del primer Marqués de la Villa de San Andrés. Casó por segunda vez, el 26 de julio de 1693, en la villa de la Orotava, parroquia de la Concepción, con don Luis Prieto del Hoyo y Anchieta, Alguacil Mayor del Santo Oficio de la Inquisición. No tuvo sucesión de ninguno de sus matrimonios.

B. — Doña Isabel de Molina y Molina, bautizada el 18 de octubre de 1660, fue tercera Marquesa de Villafuerte. Falleció el primero de enero de 1729. Casó el 9 de enero de 1678, con el Capitán don Francisco de Franchi e Interián, Capitán de Infantería Española del Tercio de Milicias de la Orotava, Regidor perpetuo de la isla de Tenerife, y su Diputado a la Corte de Felipe IV, Alcaide de la Fortaleza de San Felipe del Puerto, Alguacil Mayor del Santo Oficio de la Inquisición, y de doña Magdalena Benítez de Lugo y Vergara, hermana esta última del primer Marqués de la Celada. No tuvieron sucesión.

5. — Don Alonso de Molina y Llarena, bautizado en la Laguna el 6 de mayo de 1634, fue Sargento Mayor. Casó tres veces: la primera, en Garachico, el 27 de julio de 1662, con doña María Jorva Calderón; la segunda, en la misma población, parroquia Santa Ana, el 3 de abril de 1668, con doña Ana Alzola y Gallego, hija de don Jerónimo Francisco de Alzola y Angulo, Regidor perpetuo de Tenerife, y de doña Francisca Gallegos y Alzola, hermana del Marqués de la Fuente de Las Palmas. Casó por tercera vez, el 16 de junio de 1680, en la villa de la Orotava, con doña Ana Leonarda Machado Spinola. Solo del segundo de sus

matrimonios tuvo dos hijos que fueron: Catalina, y Baltasar de Molina y Alzola. Los cuales:

a. — Doña Catalina de Molina y Alzola, bautizada en Garachico el 30 de abril de 1669, casó con don Sebastián Machado y Spínola, Capitán de Caballos, Regidor perpetuo de Tenerife, de la casa de los Condes de Siete Fuentes y Marqueses de Casa Hermosa.

b. — Don Baltasar de Molina y Alzola, bautizado en Garachico el 16 de julio de 1671, fue Capitán de Milicias de la villa de la Orotava, y Delegado de las Reales Rentas de Tabacos. Falleció en su casa de Majuelo, el 23 de junio de 1726. Casó en el Puerto de Garachico el primero de septiembre de 1679, con doña Paula de la Encarnación Ponte y Ponte, Señora en parte de la isla de la Gomera, hija de don Juan Francisco de Ponte Ximénez y Castilla, Maestre de Campo de Infantería, Gobernador de Sombrerete, y Caballero de la Orden de Santiago, y de doña Polonia de Ponte y Castilla, hija de los primeros Marqueses de Adeje. Tuvieron por hijos: a Ana Polonia; a Polonia Antonia, y a José Alonso de Molina y Ponte. Los cuales:

1. — Doña Ana Polonia de Molina y Ponte, nacida en Garachico el 30 de mayo de 1698, casó con el Coronel Francisco Jorva Calderón.

2. — Doña Polonia Antonia de Molina y Ponte, nacida en Garachico el 12 de septiembre de 1701, casó con don Pablo de Franchi-Alfaro y Monteverde, Capitán de Caballería y Alcaide del Puerto de la Orotava, hijo de don Francisco Tomás de Franchi-Alfaro y Valcárcel, Coronel de Caballería, y de doña Beatriz de Monteverde y Brier.

3. — Don José Alonso de Molina y Ponte, nacido el 9 de noviembre de 1705, fue IV Marqués de Villafuerte, por fallecimiento de doña Isabel de Molina y Molina, anteriormente mencionada. Casó el 15 de mayo de 1724, en la villa de la Orotava, parroquia de la Concepción, con doña Josefa María de Briones Maldonado y Sotelo, hija de don Cristóbal de Briones Maldonado, Brigadier de los Reales Ejércitos, Gobernador y Capitán General de la Nueva Andalucía, y de doña María Rosa Sotelo y del Hoyo. Tuvieron ilustre descendencia.

LINEA SEGUNDA

Don Juan Molina de Quesada (anteriormente mencionado como hijo de don Francisco Cazorla de Quesada, y de doña Guiomar Mayor de Molina y Vera), natural de Úbeda, casó en Flandes donde sirvió al Emperador don Carlos Quinto. En unión de su esposa, se estableció en Canarias el año 1568. Hizo dos testamentos: el primero, en Garachico, Tenerife, el 4 de marzo de 1594, ante Pedro de Belmonte; y el segundo, el 23 de diciembre de 1599, ante Salvador Pérez de Guzmán. Casó en

Amberes con doña Cornelia de Franzances y Burthins, hija de Cornelio y de María, nobles vecinos de Brujas. Tuvieron por hijos: a Guiomar; a María; a Rodrigo; a Tomás; a Pedro; a Juan, y a Francisco Molina Quesada y Franzances. Los cuales:

A. — Doña Guiomar de Molina Quesada y Franzances, bautizada en Las Palmas el 5 de noviembre de 1572, casó en Garachico, con el Capitán Juan Mateo Viña Negrón, Regidor perpetuo de Tenerife, hijo de don Fabián Viña Negrón, Coronel de Infantería Española en Italia, al servicio de Carlos V, y de doña Fabiana Viña Negrón.

B. — Doña María de Molina Quesada y Franzances, bautizada en Garachico el 14 de junio de 1587, casó con el Capitán Francisco Valcárcel Ponte y Lugo, Regidor perpetuo y Alférez Mayor de Tenerife.

C. — Don Rodrigo de Molina Quesada y Franzances, bautizado en Las Palmas el 8 de enero de 1580, fue Dean de la Catedral de Orense, donde falleció.

D. — Don Tomás de Molina Quesada y Franzances, fue Canónigo de la Catedral de Segovia.

E. — Don Pedro de Molina Quesada y Franzances, fue religioso de la Merced.

F. — Don Juan de Molina Quesada y Franzances, bautizado en la Catedral de Las Palmas el 11 de mayo de 1569, ingresó en la Compañía de Jesús.

G. — Don Francisco de Molina Quesada y Franzances, bautizado en la Catedral de Las Palmas el 15 de enero de 1578, fue Capitán de Infantería Española de Arcabuceros de Garachico, Cabo de varios navíos, Regidor y Castellano del principal de la isla de Tenerife. Hizo información de nobleza el 17 de junio de 1633, ante el Licenciado Juan de la Hoya. Casó en La Laguna con doña Francisca Ibáñez de Azoca, hija del Capitán Simón de Azoca Recalde, Regidor perpetuo de Tenerife, Escribano Mayor del Cabildo, y Alcaide del castillo principal de Santa Cruz, y de doña Ana de Vargas. Tuvieron por hijos: a Guiomar; a María; a Francisca; a Luisa; a Cornelia; a Ana; a Francisco, y a Diego de Molina Quesada y Azoca. De los cuales:

a. — Doña María de Molina Quesada y Azoca, fue monja de Santa Clara de La Laguna.

b. — Doña Francisca de Molina Quesada y Azoca, fue monja en Santa Clara de La Laguna.

c. — Doña Luisa de Molina Quesada y Azoca, fue monja en Santa Clara de La Laguna.

d. — Doña Cornelia de Molina Quesada y Azoca, casó con el Capitán García Domingo de Castilla Valdés, Regidor perpetuo de Tenerife, de los Marqueses de Casa-Hermosa.

e. — Doña Ana de Molina Quesada y Azoca, casó con don Simón de Castilla Valdés, hermano del anterior.

f. — Don Francisco de Molina Quesada y Azoca, bautizado en los Remedios de La Laguna el 17 de septiembre de 1632, fue Licenciado en Derecho por la Universidad de Salamanca, Regidor perpetuo de Tenerife, y Auditor general de la gente de guerra de las islas Canarias. Falleció siendo Maestro Escuela de la Catedral de Orense.

g. — Capitán Diego de Molina Quesada y Azoca, bautizado en la parroquia de la Concepción, Tenerife, el 18 de noviembre de 1626, fue Regidor perpetuo de Tenerife, Alcaide de las fortalezas del principal de Tenerife, y Contador Mayor de dicha isla. Hizo información de nobleza el 23 de noviembre de 1667, ante Diego Ramírez. Casó por poder el 9 de febrero de 1653, con doña Inés de Castilla Corbalán y Espino,[2] hija de don Francisco de Castilla Corbalán, Sargento Mayor y Regidor perpetuo de la isla de La Palma, y de doña Juana de Espino Brioso y Herrera. Tuvieron por hijos: a Juana Dorotea; a Francisca Dorotea, y a Francisco de Molina Quesada y Castilla. Los cuales:

1. — Doña Juana Dorotea de Molina Quesada y Castilla, fue monja de Santa Clara de la Orotava.

2. — Doña Francisca Dorotea de Molina Quesada y Castilla, casó con el Licenciado Ignacio de Sousa y Lugo.

3. — Don Francisco de Molina Quesada y Castilla, fue Coronel del Regimiento Provincial de los Realejos, Capitán de Caballos de Corazas, Maestre de Campo del Tercio de Infantería, Alcaide del Castillo principal de Santa Cruz, Regidor perpetuo de Tenerife, y Visitador de las Armas y fortificaciones de las islas de Hierro y de La Gomera. Testó el 7 de julio de 1714 ante Tomás Jerónimo de Vera. Casó por poder en la Orotava, parroquia de la Concepción, el 21 de noviembre de 1677, con doña María Eufemia Machado-Jaén y Acebedo, cuyo matrimonio se ratificó en la parroquia de San Marcos de Icod, el 31 de enero de 1678, hija de don Fernando Machado-Jaén y Lorenzo, Sargento Mayor y Regidor perpetuo de Tenerife, y de doña Leocadia Nicolasa de Acebedo y García de la Guardia. Tuvieron por hijos: a Francisca; a Inés María; a Manuel; a Nicolás; a Fernando, y a Diego ed Molina y Machado. Los cuales:

A. — Doña Francisca de Molina y Machado, bautizada en San Marcos de Icod el 19 de noviembre de 1678, casó con don Francisco Antonio de Acebedo Gallegos, Capitán de Caballos de Corazas, y fueron progenitores de los Marqceses de la Villa de San Andrés, y de los Vizcondes del Buen Paso.

B. — Doña Inés María de Molina y Machado, nacida en Icod el 31 de agosto de 1686, casó en La Laguna, parroquia de los Remedios, el 16 de mayo de 1717 con don Francisco de León y Scholl, natural de Icod de los Vinos, Mayorazgo, Coronel del Regimiento de Infantería de Milicias, Maestre de Campo, Regidor perpetuo de Tenerife, Alcalde Mayor del partido de Icod, Familiar y Alguacil Mayor de la Inquisición, Visitador de las Armas de las islas de Lanzarote y Fuerteventura, y Caballero de la Orden de Santiago, hijo de don Manuel de León y Espinosa, Mayorazgo, Capitán de Infantería Española, y de doña Ana María Scholl y Brench.

C. — Don Manuel de Molina y Machado, fue religioso Franciscano.

D. — Don Nicolás de Molina y Machado, nacido en Icod, el 13 de octubre de 1693, fue Sacerdote.

E. — Don Fernando de Molina y Machado, del que se tratará en la Rama Primera.

F. — Don Diego de Molina y Machado, del que se tratará en la Rama Segunda. (De La Habana).

Rama Primera

Don Fernando Molina y Machado (anteriormente mencionado como hijo de don Francisco de Molina Quesada y Castilla, y de doña María Eufemia Machado-Jaén y Acebedo), nacido en Icod el 7 de diciembre de 1679, fue Coronel de Infantería del Regimiento de los Realejos, Regidor perpetuo, Castellano del principal de la isla de Tenerife, y Alcalde Mayor de Icod. Falleció el 16 de junio de 1732, en su hacienda del Realejo, habiendo testado el día anterior ante Juan de Morales. Casó en La Laguna el primero de enero de 1723, con su prima doña Ana de la Santa-Ariza y Castilla, hija de don José de la Santa-Ariza y Vallejo, Gobernador del Castillo del Santo Cristo de Posoalto, y de doña Francisca de Castilla Valdés y Molina Quesada. Tuvieron por hijos: a Domingo, y a Fernando Molina y de la Santa-Ariza. Los cuales:

a. — Don Domingo Molina y de la Santa-Ariza, natural del Realejo, fue Capitán de Milicias en Tenerife, y Gobernador de las Armas de los Realejos. Falleció el 16 de octcbre de 1803.

b. — Don Fernando Molina y de la Santa-Ariza, fue Sargento Mayor de los Realejos, Regidor y Alcalde de las Fortalezas de San Juan y de Nuestra Señora de la Candelaria, en Tenerife y Miembro de la Real Sociedad de Amigos del País. Contribuyó a la formación de la «Historia de Canarias», de José de Viera y Clavijo. Casó dos veces: la primera, en el Realejo Bajo, el 5 de octubre de 1750, con doña Ana María Peraza de Ayala y Mesa, hija del Capitán Francisco Peraza de Ayala, Regidor perpetuo de Tenerife, de la ilustre casa de los Condes de la Gomera, y de doña Juana de Mesa y Castilla, de la familia de los Marqueses de Casa Hermosa, de Aya y de Mesa, Condesa que fue del Palmar. Casó por segunda vez, el 5 de diciembre de 1768, en La Laguna, con doña Isabel María Pacheco-Solís y Caraveo de Grimaldi, hija del Capitán Tomás Joaquín Pacheco-Solís y Aguilar, Mayprazgo, y de doña María de la Candelaria Caraveo de Grimaldi.

Don Fernando Molina y de la Santa-Ariza, y su primera mujer doña Ana María Peraza de Ayala y Mesa, tuvieron por hijos: a Francisca, y a Feranndo Molina y Peraza de Ayala. De los cuales:

Don Fernando Molina y Peraza de Ayala, nacido en La Laguna el 9 de septiembre de 1751, fue Teniente Coronel del Regimiento de Milicias de la Orotava y Regidor perpetuo de Tenerife. Falleció el 2 de julio de 1852. Casó en La Laguna el 16 de mayo de 1791, con doña Juana Ascanio y Franchi-Alfaro, hija del Capitán Bernardo de Ascanio y Llarena Carrasco, Alguacil Mayor de la Gomera, y de doña Juana Franchi-Alfaro y Mesa, de los Marqueses de la Real Proclamación. Tuvieron por hijos: a Juana, y a Domingo Diego Molina y Ascanio. Los cuales:

1. — Doña Juana Molina y Ascanio, casó con don Esteban de Salazar Frías y Monteverde, de los Condes del Valle de Salazar.

2. — Don Domingo de Molina y Ascanio, nacido en la Orotava el 18 de noviembre de 1793, casó en la Catedral de La Laguna el 17 de febrero de 1813, con doña María de las Nieves Pacheco-Solís y Machado, hija del Capitán Domingo Pacheco-Solís y Caraveo de Grimaldi, y de doña Isabel Machado y Miranda. Tuvieron por hijos: entre ellos, al

Comandante Fernando Molina y Pacheco-Solís, nacido en La Laguna el 19 de febrero de 1824, que fue Diputado Provincial, miembro de la primera Asamblea de la Restauración, Alcalde de La Laguna, Comendador de la Orden de Isabel la Católica, jefe, cabeza y pariente mayor de la Casa de Molina. Casó con doña Catalina de León y Molina,[3] hija de don Luis de León Huerta y González Grillo, de la Casa de los Marqueses de Santa Lucía, y de doña María Luisa Molina y Fierro, VIII Marquesa de Villafuerte, en 1850.

Don Fernando Molina y de la Santa-Ariza, y su segunda mujer doña Isabel María Pacheco-Solís y Caraveo de Grimaldi, tuvieron por hijos: a Ángela; a Isabel; a Paula; a María de la Concepción; a María Luisa; a José. y a Juan Molina y Pacheco-Solís. De los cuales:

A. — Doña Paula Molina y Pacheco-Solís, casó con el Sargento Mayor Juan Laureano de las Nieves-Rabelo.

B. — Doña María de la Concepción Molina y Pacheco-Solís, casó con don Agustín de Torres Perdomo.

C. — Doña María Luisa Molina y Pacheco-Solís, casó con el Teniente Coronel Nicolás de Torres Chirinos, nieto de los Marqueses de Fuente de Las Palmas.

D. — Don José Molina y Pacheco-Solís, fue Coronel de Infantería de los Reales Ejércitos.

E. — Don Juan Molina y Pacheco-Solís, casó con doña Ventura Anglés Sánchez de la Torre.

Rama Segunda (De La Habana)

Capitán Diego Molina y Machado (anteriormente mencionado como hijo de don Francisco de Molina Quesada y Castilla, y de doña María Eufemia Machado-Jaén y Acebedo), natural de la ciudad de La Laguna, dio poder para testar a su mujer el 8 de octubre de 1725, y tiene su defunción en la Catedral de La Habana a 9 de octubre de dicho año. Casó en esta ciudad, parroquia del Santo Ángel, el 7 de agosto de 1701 con doña Tomasa Ortiz de Matienzo y Calvo de la Puerta, hija del Licenciado Antonio Ortiz de Matienzo y Brizianos Vicintelo, Teniente y Auditor general de la plaza de La Habana, Caballero de la Orden de Santiago, y de doña Isabel Lucía Calvo de la Puerta y Chacón. Tuvieron por hijos: a Diego, y a Manuel de Molina y Ortiz de Matienzo. De los cuales:

Don Manuel de Molina y Ortiz de Matienzo, natural de La Habana, fue Regidor perpetuo del Ayuntamiento de dicha capital, por juro de heredad, según título de 5 ed octubre de 1731, y Alcalde ordinario de La Habana en 1748. Casó en la Catedral de dicha ciudad, el 11 de septiembre de 1727, con doña Ana Pita de Figueroa y Recio-Borroto, hija de don Manuel Pita de Figueroa y Franco, y de doña María Recio-Borroto y Olivares de las Alas. Tuvieron por hijos: a Isabel; a Juana María; a Alejandro; a Pablo; a Juan de Dios, y a Mauricio de Molina y Pita de Figueroa. De los cuales:

a. — Doña Isabel de Molina y Pita de Figueroa, tiene su defunción en la Catedral de La Habana a 2 de agosto de 1804. Casó con don Antonio Causí, Brigadier de los Reales Ejércitos, y Teniente Rey de la plaza de Santo Domingo.

b. — Doña Juana María de Molina y Pita de Figueroa, tiene su defunción en la Catedral de La Habana a 4 de febrero de 1780. Casó dos veces: la primera, en la referida Catedral, el 28 de junio de 1750, con el Capitán Juan Francisco Núñez del Castillo y Sucre, III Marqués de San Felipe y Santiago, Adelantado y Justicia Mayor de la ciudad de este título, hijo de don Juan José Núñez del Castillo y Pérez de los Reyes, II Marqués de San Felipe y Santiago, Adelantado y Justicia Mayor de

Bejucal, Teniente Coronel de Infantería, Gentil-hombre de Cámara de Su Majestad, y de doña Feliciana Antonia de Sucre y Trelles. Casó por segunda vez, en la Catedral de Puerto Príncipe, el primero de diciembre de 1765, con el Teniente Coronel Ventura Dobal y Migués, natural de Fuenterrabía, Teniente de Gobernador de la villa de Puerto Príncipe, hijo de Marcos y de María.

c. — Don Pablo de Molina y Pita de Figueroa, fue Capitán del Escuadrón de Caballería Ligera de la plaza de La Habana. Testó el 31 de marzo de 1802 ante José Leal, y su defunción se encuentra en la Catedral de esta ciudad a 10 de abril de dicho año. Casó en La Habana, parroquia de Guadalupe, el 21 de enero de 1760, con doña Josefa Coleta Murguía y Zaldívar, hija de don Manuel Murguía y Cárdenas, y doña Antonia Josefa Zaldívar y Ximénez. Tuvieron por hijos: a Antonia; a María de Jesús; a María Catalina; a Petronila Rafaela; a Feliciana; a María Josefa; a Ana Josefa, y a Pablo de Molina y Murguía. De los cuales:

1. — Doña María Catalina de Molina y Murguía, bautizada en la Catedral de La Habana el 12 de abril de 1768, tiene su defunción en esta ciudad, parroquia de Guadalupe, a 19 de marzo de 1839. Casó en la referida Catedral el 28 de junio de 1782, con el Teniente Coronel Miguel Antonio Ortiz de Zárate y Céspedes, natural de Cádiz, Teniente de Fragata de la Real Armada, hijo de don Andrés Ortiz de Zárate y Martínez, y de doña Jacinta Rosalía de Céspedes y Chávez.

2. — Doña Petronila Rafaela de Molina y Murguía, casó en la Catedral de La Habana el 7 de octubre de 1788, con don Luis de Zayas-Bazán y Chacón, hijo de don Manuel de Zayas-Bazán y Santa Cruz, Teniente de Alguacil Mayor Provincial de este Ayuntamiento, y de doña María de Loreto Chacón y Duarte.

3. — Doña Feliciana de Molina y Murguía, tiene su defunción en la Catedral de La Habana a 19 de agosto de 1804, donde casó el 22 de febrero de 1792, con don Francisco López de Ganuza y Pérez de Medina, Capitán de Infantería de Milicias de esta plaza, hijo de don José Manuel López de Ganuza y de la Muela, Alférez de Infantería, Síndico Procurador General, Consultor del Real Tribunal del Consulado, Regidor de este Ayuntamiento, Caballero de la Orden de Carlos III, y de doña María de Jesús Pérez de Medina y Gómez de Miranda.

4. — Doña María Josefa de Molina y Murguía casó dos veces: la primera, con don Tomás García-Barrera y Florencia, Teniente de Fusileros, hijo del Licenciado Manuel García-Barrera, Ministro Honorario del Tribunal Mayor de Cuentas de la isla de Cuba, y de doña María Tomasa Florencia y Sotolongo. Casó por segunda vez, en La Habana, parroquia de Guadalupe, el 22 de marzo de 1797, con don Casimiro de León y Porra, hijo de Rudesindo y de Luciana.

5. — Doña Ana Josefa de Molina y Murguía tiene su defunción en La Habana, parroquia de Guadalupe, a 20 de mayo de 1841. Casó con don Manuel López de Ganuza y Pérez de Medina, Caballero Maestrante de

la Real Ronda, hijo de don José Manuel López de Ganuza y de la Muela, Alférez de Infantería, Síndico Procurador General, Consultor del Real Tribunal del Consulado, Regidor de este Ayuntamiento, Caballero de la Orden de Carlos III, y de doña María de Jesús Pérez de Medina y Gómez de Miranda.

6. — Don Pablo de Molina y Murguía, fue Capitán de Caballería de la plaza de La Habana. Su defunción se encuentra en esta ciudad, parroquia de Monserrate, a 7 de enero de 1853. Casó en La Habana, parroquia del Santo Ángel, el 16 de septiembre de 1792, con doña María de la Concepción Fernández de Velasco y Figueroa, hija del Licenciado José Fernández de Velasco y Bécquer, Abogado, y de doña María Gertrudis Figueroa y Tovar. Tuvieron por hijo: a

Don Pablo de Molira y Fernández de Velasco, que fue Subteniente del Regimiento de Puebla. Casó en La Habana, parroquia de Guadalupe, el 30 de julio de 1813, con doña Lutgarda Fernández de Velasco y Zaldívar, hija de don Felipe Fernández de Velasco y Bécquer y de doña Ana Josefa Zaldívar y Sotolongo.

4. — Don Juan de Dios de Molina y Pita de Figueroa, del que se tratará en la Rama A.

5. — Don Mauricio de Molina y Pita de Figueroa, del que se tratará en la Rama B.

Rama A

Don Juan de Dios de Molina y Pita de Figueroa (anteriormetne mencionado como hijo de don Manuel de Molina y Ortiz de Matienzo, y de doña Ana Pita de Figueroa y Recio-Borroto), fue Regidor del Ayuntamiento de La Habana en 1755. Testó el 6 de marzo de 1784 ante Felipe Álvarez, otorgando codicilo el 18 de abril de 1802 ante José Salinas, y su defunción se encuentra en esta ciudad, parroquia de Guadalupe, a 26 de abril de dicho año. Casó dos veces en La Habana: la primera, en la parroquia del Espíritu Santo, el 27 de noviembre de 1750, con doña Antonia Hidalgo-Gato y Vergara, y de doña Eugenia Fernández de Zaldívar y Ximénez. Casó por segunda vez, en la parroquia del Santo Ángel, el 27 de diciembre de 1783, con doña Lutgarda Murguía y Zaldívar, hija de don Manuel Murguía y Cárdenas, y de doña Antonia Josefa Fernández de Zaldívar y Ximénez.

Don Juan de Dios de Molina y Pita de Figueroa, y su primera mujer doña Antonia Hidalgo-Gato y Zaldívar, tuvieron por hijos: a María de los Dolores; a Ana Josefa; a María Isabel; a Antonio; a Manuel; a Andrés, y a Juan de Dios de Molina e Hidalgo-Gato. De los cuales:

A. — Doña Ana Josefa de Molina e Hidalgo-Gato, testó el 6 de octubre de 1779, ante José Fernández del Campo, y su defunción se encuentra en La Habana, parroquia del Santo Ángel, a 13 de octubre de dicho año.

B. — Doña María Isabel de Molina e Hidalgo-Gato, testó el 5 de noviembre de 1806, ante José Noy, y su defunción se encuentra en La Habana, parroquia de Guadalupe, a 25 de diciembre de dicho año. Casó en esta ciudad, parroquia del Santo Ángel, el 24 de septiembre de 1780, con don Ignacio Murgía y Zaldívar, hijo de don Manuel Murguía y Cárdenas, y de doña Antonia Josefa Fernández de Zaldívar y Ximénez.

C. — Don Manuel de Molina e Hidalgo-Gato, fue Teniente de Milicias de Caballería. Tiene su defunción en la Catedral de La Habana a 27 de septiembre de 1813. Casó dos veces: la primera, en la referida Catedral, el 30 de septiembre de 1768, con doña María Rita Arango y Rangel, hija de don Manuel Enrique Arango y Meyreles, Alcalde de la Santa Hermandad, y de doña María Rangel y Rodríguez. Casó por segunda vez, con doña Josefa Riveira.

Don Manuel de Molina e Hidalgo-Gato, y su primera mujer doña María Rita Arango y Rangel, tuvieron por hija: a

Doña Antonia Molina y Arango, que tiene su defunción en La Habana, parroquia de Guadalupe, a 21 de octubre de 1815. Casó con don Cristóbal Ponte.

Don Manuel de Molina e Hidalgo-Gato, y su segunda mujer doña Josefa Riveira, tuvieron por hijas: a María Encarnación; a Josefa, y a María Dionisia de Molina y Riveira. Las cuales:

a. — Doña María Encarnación de Molina y Riveira, natural de La Habana, casó en dicha ciudad, parroquia del Espíritu Santo, el primero de abril de 1821, con don Nicolás Arango y Zaldívar, Capitán de Infantería de esta plaza, hijo de don Juan Arango y Núñez del Castillo, Capitán de los Reales Ejércitos, y de doña María de la Luz Zaldívar y Soto. Tuvieron por hija a María de la Luz Arango y Molina, que casó con el Licenciado Juan Norberto Dolz y Claro, Abogado.

b. — Doña Josefa de Molina y Riveira, casó en La Habana, parroquia del Espíritu Santo, el 7 de abril de 1832, con don Cornelio Arango y Zaldívar, hijo de don Juan Arango y Núñez del Castillo, Capitán de los Reales Ejércitos, y de doña María de la Luz Zaldívar y Soto. Tuvieron por hijo a Juan Manuel Arango y Molina.

c. — Doña María Dionisia de Molina y Riveira, casó en La Habna, parroquia del Espíritu Santo, el 21 de septiembre de 1825, con don Rafael Arango y Zaldívar, Ministro Honorario de la Real Hacienda, Contador del Real Tribunal de Cuentas, e Intendente Honorario de Provincia, hijo de don Juan Arango y Núñez del Castillo, Capitán de los Reales Ejércitos, y de doña María de la Luz Zaldívar y Soto. Tuvieron por hijos: a Rita Micaela (que casó con don Próspero Garmendía y Córdova);

a Adela (que casó con don Bernardo Garmendía y Córdova); a Rafael (que casó con doña María de los Dolores del Junco y Coimbra); y a Francisco Ciriaco Arango y Molina (que casó con doña María del Rosario Jurdán y Leret).

D. — Don Andrés Molina e Hidalgo-Gato, casó dos veces: la primera, con doña Rita Arango y la segunda, en La Habana, parroquia de Guadalupe, el 29 de noviembre de 1790, con doña Nicolasa Zaldívar y Sotolongo, hija de don Manuel Zaldívar y Cepero, y de doña María Josefa Sotolongo y Calvo de la Puerta.

E. — Don Juan de Dios de Molina e Hidalgo-Gato, fue Teniente Coronel de Milicias de Infantería de la plaza de La Habana. Testó el 20 de julio de 1849, ante Joaquín Trujillo, y su defunción se encuentra en esta ciudad, parroquia de Guadalupe, a 29 de abril de 1850. Casó dos veces en La Habana: la primera, en la citada parroquia, el 25 de noviembre de 1796, con doña Juana Zaldívar y Sotolongo, hija de don Manuel Zaldívar y Cepero, y de doña María Josefa Sotolongo y Calvo de la Puerta. Casó por segunda vez, en la parroquia del Santo Cristo, el 16 de junio de 1835, con doña María Teresa Arango y Zaldívar, hija de don Juan Arango y Núñez del Castillo, Capitán de los Reales Ejércitos, y de doña María de la Luz Zaldívar y Soto.

Don Juan de Dios de Molina e Hidalgo-Gato, y su segunda mujer doña María Teresa Arango y Zaldívar, tuvieron por hija: a doña María Altagracia de Molina y Arango.

Don Juan de Dios de Molina e Hidalgo-Gato, y su primera mujer doña Juana Zaldívar y Sotolongo, tuvieron por hijos: a María de las Mercedes; a María Irene; a María de los Dolores; a Mariana de Jesús; a José; a Máximo, y a Manuel de Molina y Zaldívar. De los cuales:

1. — Doña María de los Dolores de Molina y Zaldívar, tiene su defunción en La Habana, parroquia de Monserrate, a 19 de marzo de 1851. Casó en esta ciudad, parroquia de Guadalupe, el 28 de enero de 1830, con don Juan de Dios de Molina y García Barrera, hijo de don Juan de Dios de Molina y García Barrera, hijo de don Juan de Dios de Molina y Morales, y de doña Francisca García-Barrera y Armenteros.

2. — Doña Mariana de Jesús de Molina y Zaldívar, tiene su defunción en La Habana, parroquia de Guadalupe, a 2 de noviembre de 1846, donde casó el 3 de noviembre de 1835, con don Esteban Morejón y Santa Cruz, hijo de don Juan José Morejón y Velasco, Oficial Real Honorario y Mayor de la Contaduría General de Ejército, Ministro Honorario de la Real Hacienda, y de doña María ed la Concepción de Santa Cruz y García-Menocal.

3. — Don Máximo de Molina y Zaldívar, casó en La Habana, parroquia del Santo Ángel, el 22 de abril de 1824, con doña María Josefa Morejón y Santa Cruz, hija de don Juan José Morejón y Velasco, Oficial

Real Honorario y Mayor de la Contaduría general de Ejército, Ministro Honorario de la Real Hacienda, y de doña María de la Concepción de Santa Cruz y García-Menocal.

4. — Don Manuel de Molina y Zaldívar, fue Subteniente de Milicias de La Habana. Testó el 2 de septiembre de 1853, ante Gabriel Salinas, y su defunción se encuentra en esta ciudad, parroquia de Guadalupe, a 3 de septiembre de dicho año, donde casó el 2 de enero de 1849, con doña Isabel Carnota y Castro, hija de don Vicente Carnota y Casale, y de doña María Cipriana de Castro y Piña. Tuvieron por hijos: a María de los Dolores; a María Felicia; a María de la Ascensión; a Isabel; a Teresa, y a Manuel de Molina y Carnota. De los cuales:

Doña Teresa de Molina y Carnota, casó con don Ramón Crucet y Radillo, hijo de don Juan Crucet y Arrondo (hijo éste de Juan y de María Nieves Arrondo y García) y de doña María Dolores Radillo y Bachoni.

Tuvieron por hijo: al doctor Armando Crucet y Molina, que casó con doña Encarnación Bernal y Obregón, hija del doctor Alfredo Bernal y Tovar, Abogado, y de doña Ángela Obregón. Tuvieron por hijos: a Encarnación; a Armando; a Alfredo; a Antonio, y a José María Crucet y Bernal. De los cuales: Doña Encarnación Crucet y Bernal casó con el doctor Ignacio Morales y Herrera, Abogado, hijo de don Carlos Morales Calvo de la Puerta, de la casa de los Marqueses de la Real Proclamación, y de doña Aurelia Herrera y Esponda, de los Marqueses de Almendares. Tuvieron por hijas: a Peggy, y a Elena Morales y Crucet. El doctor Armando Crucet y Bernal, Cirujano Dental y Oral, casó primero con doña Rosa Alcalde y Ledón, y tuvo por hijas: a Rossie; a Lilian, y a Ana María Crucet y Alcalde; casó por segunda vez con doña Margaret von Lindemann, y tienen por hijo a Armando Crucet y Lindemann. El doctor Alfredo Crucet y Bernal, Médico Cirujano y Ginecólogo, Chairman de «Continuing Medical Education», y del «International Medical Center», casó con doña Delia Morales y Milanés, y tienen por hijas: a Ivone, que casó con Héctor de Lara y López; y a Viviana, que casó con don Roberto Pedroso y Pujals, Ingeniero Químico. El doctor Antonio Crucet y Bernal, Abogado, casó con la doctora Gloria López Guerrero, y tienen por hijos: a Antonio, y a Alfredo Crucet y López Guerrero.

Rama B

Don Mauricio de Molina y Pita de Figueroa (anteriormente mencionado como hijo de don Manuel de Molina y Ortiz de Matienzo, y de doña Ana Pita de Figueroa y Recio-Borroto), fue Capitán de Milicias de la plaza de La Habana. Testó el 14 de agosto de 1802, ante Cayetano Pontón, y su defunción se encuentra en esta ciudad, parroquia del Santo Cristo, a primero de octubre de dicho año. Casó en la Catedral de La Habana, el 5 de agosto de 1764, con doña Catalina Morales y González Carvajal, hija de don Lope Nicolás Morales y Oquendo, Teniente Coronel de Milicias de esta plaza, Padre General de Menores, y de doña María Isabel González-Carvajal y Poveda. Tuvieron por hijos: a María Isabel; a Domingo; a Cecilio; a Mauricio; a Manuel; a Agustín, y a Juan de Dios de Molina y Morales. De los cuales:

A. — Doña María Isabel de Molina y Morales, testó el 27 de mayo de 1829, ante Gabriel Ramírez y su defunción se encuentra en la Catedral de La Habana a 23 de junio de dicho año. Casó en esta ciudad, parroquia de Guadalupe, el 16 de julio de 1796, con don Sebastián Remírez de Estenoz y Acosta, hijo de don José Remírez de Estenoz y Sotolongo, y de doña María Melchora de Acosta y Manresa. Tuvieron por hijas: a María de las Mercedes, que casó con don José Felipe Valdés y Peñalver; y a María de los Dolores, que casó con don Agustín Molina y Armenteros.

B. — Don Mauricio de Molina y Morales, casó en La Habana, parroquia de Guadalupe, el primero de septiembre de 1804, con doña Tomasa Ponce de León y Calderín, hija de Manuel y de María de las Mercedes.

C. — Don Manuel de Molina y Morales, fue Coronel de Milicias, Alcalde ordinario de La Habana en 1818, Alcaide de la Santa Hermandad en 1816, y Sargento Mayor de la plaza de La Habana. Casó en la parroquia de San Miguel del Padrón el 12 de abril de 1798, con doña Juana Rosa Armenteros y Cendoya, hija del Capitán Miguel Armenteros y Zaldívar, y de doña Juana Rosa Cendoya y Chirinos. Tuvieron por hijos: a Eufemia Josefa; a Manuel, y a Venancio de Molina y Armenteros. Los cuales:

a. — Doña Eufemia Josefa de Molina y Armenteros, tiene su defunción en La Habana, parroquia de Guadalupe, a 23 de julio de 1859. Casó con don Juan Bautista Zaldívar y Tantete, hijo de don José Zaldívar y Murguía, primer Conde de Zaldívar, Coronel de Infantería de Milicias de La Habana, Regidor de este Ayuntamiento, Caballero de la Orden de Santiago, y de doña María del Carmen Tantete y Armenteros.

b. — Don Manuel de Molina y Armenteros, fue Teniente de Milicias de Caballería de La Habana. Casó con doña Bárbara García y Arango, hija de don Manuel García y Puebla, Capitán de Navío de la Real Armada, y de doña María Belén Arango y Cepero. Tuvieron por hijo: a

Don Fernando de Molina y García, bautizado en la parroquia del pueblo de Catalina el 7 de marzo de 1832, que casó con doña Teresa de Jesús Quijano y Morales, natural de Jaruco, hija de don Antonio Quijano y Roldán, natural de la isla de la Gomera, y de doña María de la Candelaria Morales y González.

c. — Don Venancio de Molina y Armenteros, casó con doña Isabel de Córdoba e Hidalgo-Gato. Tuvieron por hija: a

Doña María del Rosario de Molina y Córdova, que casó en la ciudad de La Habana con don Luis de Murias y Sentmanat.

D. — Don Agustín de Molina y Morales, fue Alcalde de la Santa Hermandad en 1826, Capitán de Infantería de Milicias de La Habana, y tiene su defunción en dicha ciudad, parroquia de Guadalupe, a 10 de agosto de 1854. Casó dos veces en esta ciudad: la primera, en la parroquia del Espíritu Santo, el 5 de junio de 1797, con doña Rafaela Armenteros y Cendoya, hija del Capitán Miguel Armenteros y Zaldívar, y de doña Juana Cendoya y Chirinos. Casó por segunda vez, el primero de diciembre de 1829, en la parroquia de Guadalupe, con doña Lutgarda de la Paz y Morejón, hija de Manuel y de Micaela.

Don Agustín de Molina y Morales, y su segunda mujer doña Lutgarda de la Paz y Morejón, tuvieron por hijos: a Antonia; a Micaela; a Margarita, y a Nicolás de Molina y de la Paz.

Don Agustín de Molina y Morales, y su primera mujer doña Rafaela Armenteros y Cendoya, tuvieron por hijos: a Marta Jacinta, y a Agustín de Molina y Armenteros. Los cuales:

1. — Doña Marta Jacinta de Molina y Armenteros, casó en La Habana, parroquia de Guadalupe, el 29 de agosto de 1822, con don Juan Bautista Ziburu y Bassave, hijo de don Joaquín Ziburu y Norris, y de doña María de Jesús Bassave y Cárdenas.

2. — Don Agustín de Molina y Armenteros, fue Capitán de Milicias de La Habana. Casó en la Catedral de dicha ciudad, el 28 de julio de 1829, con doña María de los Dolores Remírez de Estenoz y Molina, hija de don Sebastián Remírez de Estenoz y Acosta, y de doña María Isabel de Molina y Morales.

E. — Don Juan de Dios de Molina y Morales, testó el 26 de julio de 1810 ante Ramón Rodríguez, y su defunción se encuentra en La Habana, parroquia de Guadalupe, a 24 de septiembre de 1835. Casó en esta ciudad, parroquia del Espíritu Santo, el 10 de febrero de 1804, con doña Francisca García-Barrera y Armenteros, hija de don José García-Barrera y Florencia, y de doña Josefa Armenteros y Sendoya. Tuvieron por hijos: a Francisco; a Catalina; a Juan de Dios, y a José de Molina y García-Barrera. De los cuales:

A. — Doña Catalina de Molina y García-Barrera, testó el 24 de septiembre de 1853, ante Gaspar Villate, y su defunción se encuentra en La Habana, parroquia de Monserrate, a 13 de octubre de dicho año. Casó con don Manuel Pérez Girón.

B. — Don Juan de Dios Molina y García-Barrera, tiene su defunción en La Habana, parroquia de Guadalupe, a 2 de junio de 1850, donde casó el 28 de enero de 1830, con doña María de los Dolores Molina y Zaldívar, hija de don Juan de Dios de Molina e Hidalgo-Gato, Teniente Coronel de Milicias de Infantería de La Habana, y de doña Juana Zaldívar e Hidalgo-Gato.

C. — Don José de Molina y García-Barrera, tiene su defunción en La Habana, parroquia de Monserrate, a 28 de julio de 1846. Casó en La Habana, parroquia de Guadalupe, el 11 de abril de 1828, con doña María de Jesús Cepero y Sagarzazu, hija de don Salvador Cepero y López-Sarco, Subteniente de Milicias de La Habana, y de doña María Norberta Trinidad Sagarzazu y Figueroa. Tuvieron por hijo: a

Don José de Molina y Cepero, que falleció el 7 de septiembre de 1852. Casó con doña Isabel Valdés, y tuvieron por hija: a María de la Caridad de Molina y Valdés.

MONÉS

Durante la primera mitad del siglo XIX y procedente de Cataluña, se estableció esta familia en la villa de Baracoa, parte oriental de la isla de Cuba, obteniendo sus descendientes el condado pontificio de Casa-Maury.

Don Pedro Monés y su mujer doña Eulalia Valls de la Paisa, fueron los padres de:

Don Pedro Monés y Valls de la Paisa, natural de Cataluña, que pasó a Baracoa como Juez Veedor del Real Consulado. Casó en esa villa, parroquia de Nuestra Señora de la Asunción, el 24 de mayo de 1844, con doña María de los Dolores Maury y Parés, hija de don José Maury, natural de Cataluña y fallecido en Baracoa en 1870, y de doña Reparada Parés, a su vez nacida en Lloret de Mar, Gerona, en el año 1801, cuya defunción constó en Baracoa, parroquia de Nuestra Señora de la Asunción a 25 de julio de 1873. Tuvieron por hijos: a María de los Dolores Josefa; a Eulalia Emilia; a Pedro José; a Genobia Jacobina; a Adolfo Gabina; a José Pedro; a Reparada Julia; a Francisco de Asís, y a Andrés Monés y Maury. Los cuales:

1. — Doña María de los Dolores Josefa Monés y Maury, fue bautizada en Baracoa, parroquia de Nuestra Señora de la Asunción, el 8 de enero de 1846. Casó con don Agustín Soler y Espalter, Juez y Alcalde Mayor de dicha villa.

Tuvieron por hijos: a Augusto Berenguer; a José Agustín, y a Emilio Augustín Soler y Monés que nacieron en Baracoa los años 1867, 1869 y 1872.

2. — Doña Eulalia Emilia Monés y Maury, nació en Baracoa el 4 de agosto de 1847, casando en esa villa, parroquia de Nuestra Señora de la Asunción, el 24 de junio de 1864, con don Antonio Palau de Comasemas, natural de Palma de Mallorca, Coronel de Ingenieros, Teniente de Gobernador Político y Militar de Baracoa, que en 1879 era Jefe del segundo Batallón del Tercer Regimiento del Cuerpo de Ingenieros en España.

Tuvieron por hijo: a Berenguer Augusto Palau de Comasemas y Monés, nacido en Baracoa el año 1866, que fue Licenciado en Derecho y Juez de Primera Instancia.

3. — Doña Genobia Jacobina Monés y Maury, fue bautizada en Baracoa, parroquia de Nuestra Señora de la Asunción, el 19 de abril de 1851.

4. — Doña Adolfina Gabina Monés y Maury, fue bautizada en la referida parroquia de Baracoa, el 13 de diciembre de 1852.

5. — El doctor José Pedro Monés y Maury, fue bautizado en Baracoa parroquia de Nuestra Señora de la Asunción, el 7 de septiembre de 1854. Distinguido letrado, se licenció de Derecho en la Universidad Central de Madrid, y luego se doctoró en la Universidad de La Habana (expediente 9788 antiguo).

6. — Doña Reparada Julia Monés y Maury, fue bautizada en Baracoa, parroquia de Nuestra Señora de la Asunción, el 7 de diciembre de 1859.

7. — Don Francisco de Asís Monés y Maury, fue bautizado en la referida parroquia de Baracoa, el 30 de marzo de 1861.

8. — Don Andrés Monés y Maury, nació y falleció en Baracoa el año 1862.

9. — Don Pedro José Monés y Maury, bautizado en Baracoa, parroquia de Nuestra Señora de la Asunción el 28 de marzo de 1850, residió en Europa, principalmente en España, Gran Bretaña y Francia, estableciéndose finalmente en París, donde por muchos años fue Agregado Civil ad honorem a la Legación de la República de Cuba en Francia. Poseedor de gran fortuna, en su residencia de París recibió a las más significadas personalidades europeas y americanas, tanto en el arte como en la política. Por Breve de Su Santidad León XIII, y con carácter personal, fue creado Marqués de Casa Maury, siendo autorizado para el uso de esa Dignidad pontificia en España por Real Orden dada el año 1897. Antes de titular, casó en Barcelona en 1887, con doña María Luisa de Montalván.

MONTERO DE ESPINOSA

Apellido castellano, de Espinosa de los Monteros, partido judicial de Villarcayo, Burgos.

A mediados del siglo XVIII, procedente de la ciudad de Badajoz, en Extremadura, se estableció esta familia en La Habana.

Sus armas: en campo de oro, una encina de sinople, acompañada a la derecha de un jinete vestido de gules y armado de lanza, sobre un caballo de plata, y a la izquierda, de un venado al natural, perseguido por dos perros de plata, con manchas de sable.

Don Juan Montero de Espinosa y Oviedo, Mariscal de Campo de los Reales Ejércitos y Sargento Mayor de la plaza de Cádiz, casó con doña María Ignacia de Iszu y Segura y tuvieron por hijos: a José Ignacio, y a José Manuel Montero de Espinosa e Iszu. Los cuales:

1. — Don José Ignacio Montero de Espinosa e Iszu, natural de la ciudad de Pamplona, en Navarra, ingresó en las Reales Compañías de Guardias Marinas el año 1744.

2. — Don José Manuel Montero de Espinosa e Iszu, natural de la ciudad de Badajoz, en Extremadura, fue Mariscal de Campo de los Reales Ejércitos y Comandante de la fortaleza del Morro en La Habana. Casó en la Catedral de esta última ciudad, el 3 de mayo de 1749, con doña María de Regla Josefa García-Menocal y del Rey, hija de don Bartolomé García-Menocal y González Arango, Mayordomo de Propios y Rentas de la plaza de La Habana, y de doña Ana María del Rey y Castillo. Tuvieron por hijos: a María de Jesús; a Ana María; a María Josefa; a Bárbara Mariana; a José María, y a Juan José Montero de Espinosa y García Menocal. De los cuales:

A. — Doña Ana María Montero de Espinosa y García-Menocal, casó con don Jaime Carvajal y Castañeda.

B. — Doña María Josefa Montero de Espinosa y García-Menocal, bautizada en la Catedral de La Habana el 21 de septiembre de 1752, testó el 7 de noviembre de 1814 ante Gabriel Ramírez, y su defunción se encuentra en esta ciudad, parroquia del Espíritu Santo, a 18 de noviembre de 1814. Casó en la Catedral de La Habana, el 4 de mayo de 1775, con don Manuel García-Barrera y Florencia, Ministro de la Junta de Tabacos de La Habana, hijo del licenciado Manuel García-Barrera, Ministro Honorario del Tribunal Mayor de Cuentas de la isla de Cuba, y de doña María Tomasa Florencia y Sotolongo. Fueron los progenitores de los Condes de Baynoa.

C. — Doña Bárbara Mariana Montero de Espinosa y García-Menocal, casó en la Catedral de La Habana el 17 de junio de 1782, con don Pedro Regalado de Tineo y Ramírez, natural de Madrid, III Marqués de Casa Tremañes, Teniente Coronel del Regimiento de Infantería de Navarra, hijos de don Francisco Antonio de Tineo y Álvarez de las Asturias II Marqués de Casa Tremañes, Teniente General de los Reales Ejércitos Capitán General de Galicia, y de doña Teresa Ramírez de Miranda.

MORA

Procedente de Valle Hermoso de la Gomera, Canarias, se estableció esta familia en Cuba en la segunda mitad del siglo XVIII. Algunos de sus miembros radicaron en el extenso Partido rural de San Fernando de Camarones, otros en Santa Clara y en Cienfuegos y, posteriormente, en Santa Isabel de las Lajas, Sagua la Grande y La Habana.

El Capitán José de Mora y su mujer, doña Catalina Salazar (Fernández de Salazar), naturales y vecinos de Valle Hermoso de la Gomera tuvieron por hijos: a José; a Gaspar, y a Francisca de Mora y Salazar, también conocida esta última por Francisca Salazar. Los cuales:

1. — Don José de Mora y Salazar, del que se tratará en la LÍNEA PRIMERA.

2. — Don Gaspar de Mora y Salazar, del que se tratará en la LÍNEA SEGUNDA.

3. — Doña Francisca Salazar (Mora y Salazar), natural de Valle Hermoso de la Gomera, casó con don Mauricio de Mora su consanguíneo y tuvo por hijos: a Candelaria; a Pedro, y a Mariano de Mora y Salazar. De los cuales:

A. — Doña Candelaria de Mora y Salazar casó con el Teniente Francisco de Paula Mora, su consanguíneo.

B. — Don Mariano de Mora y Salazar, del que se tratará en la LÍNEA TERCERA.

LÍNEA PRIMERA

Don José de Mora y Salazar (anteriormente mencionado como hijo del Capitán José de Mora y de doña Catalina Fernández de Salazar), natural de Valle Hermoso de la Gomera, pasó a la isla de Cuba y se estableció primeramente en el Partido de San Fernando de Camarones y después en la ciudad de Santa Clara. Testó ante Miguel Palacios, escribano público de Santa Clara en 29 de mayo de 1813 y tiene su defunción en la Parroquial Mayor de Santa Clara a 6 de agosto del propio año. Casó en la ermita de la Candelaria de Camarones el 11 de junio de 1783 con doña María Candelaria González y Arbelo, natural de la hacienda La Vija, ubicada en el Partido de San Fernando, hija de don Cristóbal González y Querido Guanche y de los Reyes, natural de Icod de los Vinos, Tenerife, y de doña Juana de Arbelo y Rodríguez del Rey, natural de Bejucal e hija de don Andrés de Arbelo y Rodríguez Roque, Capitán de Milicias y Alcalde Ordinario y de la Santa Hermandad de San Felipe y Santiago de Bejucal en 1746 y 1747, y de doña Beatriz Rodríguez del Rey y González Enríquez. Entre las haciendas de que fue condueño don José de Mora (Ciego Montero, Santa Rosa, etc.) figuraba principalmente la nombrada Las Lajas, adquirida en parte de la Sucesión de su suegro (1788) y por herencia de su mujer. En el año de 1854 fue fundada en tierras de dicha hacienda la población de Santa Isabel de Las Lajas por los Mora, Madrazo, Rodríguez del Rey y Cruz Prieto, descendientes de González.

Don José de Mora y Salazar y doña María Candelaria González y Arbelo tuvieron por hijos: a María Manuela; a María de las Nieves; a José María, y a Joaquín de Mora y González. Los cuales:

1. — Doña Maria Manuela de Mora y González, bautizada en la Ermita de la Candelaria de Camarones, el 21 de enero de 1790 testó ante Felipe María Domínguez, escribano público de Santa Clara y tiene su defunción en la Parroquial Mayor de Santa Clara a 8 de septiembre de 1825. Casó en la Ermita de la Candelaria de Camarones (L. 4, f. 32, p. 101), el 17 de mayo de 1809 con su primo, don Mariano de Mora y Salazar, Regidor Alférez Real y Alcalde Ordinario del Ayuntamiento de Santa Clara, hijo de don Mauricio de Mora y de doña Francisca de Mora y Salazar.

2. — Doña María de las Nieves de Mora y González, natural del Partido de Camarones, testó ante Ramón Hernández de Medina, escribano público de Cienfuegos y tiene su defunción en Santa Lsabel de Las Lajas a 10 de julio de 1856. Casó dos veces: la primera con don Antonio Madrazo y González, natural de Hoz de Marrón, Santander, hijo de don Francisco Madrazo y de doña María de la Trinidad González; la segunda en la Ermita de la Candelaria de Camarones, el 17 de marzo de 1828 con don Narciso Madrazo y Trueba, sobrino de su anterior consorte, Hacendado, dueño del ingenio «Vista Hermosa» y de otras fincas azucareras y fundador de Santa Isabel de Las Lajas; Alcalde Ordinario de Cienfuegos en 1835 y de la Santa Hermandad de la propia villa en 1847, natural de Hoz de Marrón, Santander, hijo de don Mateo Madrazo y González y de doña Patricia de Trueba y Ruiz.

3. — Don José María de Mora y González tiene su defunción en la Ermita de la Candelaria de Camarones a primero de septiembre de 1852, Casó tres veces: la primera con doña Agueda Roldán y Fuentes, hija de Sebastián y de María; la segunda con doña Micaela Fragoso; la tercera con doña María Josefa Macías. Con su primera mujer tuvo por hijas: a María Candelaria; a María Venancia de la Caridad, y a Rita María Mora y Roldán. Las cuales:

A. — Doña María Candelaria Mora y Roldán casó con don Francisco Madrazo y Mora, hijo de don Antonio Madrazo y González y de doña María de las Nieves Mora y González.

B. — Doña María Venancia de la Caridad Mora y Roldán, bautizada en la Ermita de la Candelaria de Camarones el 8 de abril de 1818 casó con don Inocencio Marcial Mora y González de Ávila hijo de don Joaquín Mora y González y de doña Bárbara González de Ávila y Mesa.

C. — Doña Rita María Mora y Roldán casó con don Jerónimo Barroso.

Don José María Mora y González y su segunda mujer, doña Micaela Fragoso tuvieron por hijas: a Micaela; a María del Pilar, y a Beatriz Mora y Fragoso. De las cuales:

A. — Doña María del Pilar Mora y Fragoso casó con don Manuel de la Cruz Prieto.

B. — Doña Beatriz Mora y Fragoso casó con don Pedro Rodríguez del Rey y Barroso, Hacendado, dueño del ingenio «Dos Amigos» (a) «Carolina».

4. — Don Joaquín Mora y González, bautizado en la Ermita de la Candelaria de Camarones el 1 de noviembre de 1786, fue Síndico de la Hacienda Lajas donde murió el 16 de junio de 1852, habiendo testado de mancomún con su mujer ante Santiago Escarrá escribano público de Cienfuegos en 2 de abril de 1850. Por el año 1820 (Historia de Cienfuegos y su Jurisdicción de Enrique Edo) y en unión de su hermano José María y de su cuñado, don Antonio Madrazo erigió la Ermita que fue más tarde Iglesia Parroquial de Santa Isabel de Las Lajas. Casó en la Parroquial Mayor de Santa Clara el 28 de noviembre de 1813 con doña Bárbara González de Ávila y Mesa, natural de Santa Clara, hija de don Salvador González de Ávila y González de Ávila, natural de Icod de los Vinos, Tenerife y de doña María Francisca de Mesa y Santa María, natural de Santa Clara. Tuvieron por hijos: a María Manuela; a María Esperanza; a María de las Nieves; a María Adelaida; a Joaquín; a Inocencio Marcial; a Antonio; a Jesús María, y a José Mora y González de Ávila. De los cuales:

A. — Doña María Manuela Mora y González de Ávila, bautizada en la Parroquial Mayor de Santa Clara el 28 de diciembre de 1814, casó con don José Francisco de la Cruz Prieto y de la Cruz Prieto, hijo de don Ramón de la Cruz Prieto y González, y de doña María de la Concepción de la Cruz Prieto.

B. — Doña María Esperanza Mora y González de Ávila casó con don José de la Cruz Prieto y Ulloa, hijo de Juan y de Luciana.

C. — Doña María de las Nieves Mora y González de Ávila casó en la Ermita de la Candelaria de Camarones el 13 de octubre de 1853 con don Antonio Gil y Benítez, natural de La Laguna, Tenerife, hijo de Antonio y de Ana. Falleció en Santa Isabel de Las Lajas el 19 de abril de 1889.

D. — Doña María Adelaida Mora y González de Ávila, nacida en la hacienda Lajas el 31 de agosto de 1839 y bautizada en la Ermita de la Candelaria de Camarones el 27 de noviembre del propio año, falleció en la ciudad de Cienfuegos donde residía el 11 de mayo de 1915. Casó en la Ermita de la Candelaria el 7 de febrero de 1856 con don Cristóbal Bonet y Pí, natural de San Feliú de Guíxols, Gerona, hijo de don Domingo Bonet y Moner y de doña Antonia María Pí y Mauri.

E. — Don Joaquín Mora y González de Ávila, bautizado en la Parroquial Mayor de Santa Clara, el 7 de agosto de 1816, fue vecino de la ciudad de Cienfuegos. Casó con doña Marta Madrazo y Mora, hija de don Antonio Madrazo y González y de doña María de las Nieves Mora y González. Tuvieron por hijos: a Diego y a Domingo Mora y Madrazo. De los cuales:

Don Domingo Mora y Madrazo casó con doña María del Carmen Mora y de la Cruz Prieto, hija de don Antonio Mora y González de Ávila y de doña María de la Caridad de la Cruz Prieto y de la Cruz Prieto.

F. — Don Inocencio Marcial Mora y González de Ávila, natural de la hacienda Lajas, adquirió de su padre tierras de dicha hacienda para fomentar el ingenio «Bella Unión» en sociedad con su pariente, don Mariano de Mora y Salazar. Falleció en Santa Isabel de Las Lajas el 3 de abril de 1870. Casó con su prima, doña María Venancia de la Caridad Mora y Roldán, hija de don José María Mora y González y de doña Agueda Roldán y Fuentes. Tuvieron por hijos: a María del Pilar; a María Venancia; a María Candelaria, y a José Elías Mora y Mora. De los cuales:

a. — Doña María del Pilar Mora y Mora casó con don José Elías Monteagudo y Barroso, hijo del Licenciado José de Jesús y de María.

b. — Doña María Candelaria Mora y Mora casó con don Antonio Rodríguez del Rey y Mora, hijo de don Pedro Rodríguez del Rey y Barroso, Macendado, y de doña Beatriz Mora y Fragoso.

c. — Don José Elías Mora y Mora, casó dos veces: la primera con doña Ana Clementina Pedraza y Sarduy; la segunda en la Parroquial Mayor de Santa Clara, el 4 de diciembre de 1875 con doña Leopoldina Rodríguez y Fleites, hija de Rafael y de María. Con su primera mujer tuvo por hijo: a don José Hilario Serafín Mora y Pedraza que contrajo matrimonio en la Parroquial Mayor de Santa Clara, el 13 de agosto de 1891 con doña Elvira de la Caridad Peña y Domenech, hija de don Andrés José Peña y Chávez y de doña Teresa Domenech y Clavero.

G. — Don Antonio Mora y González de Ávila, nacido en la hacienda Lajas el 8 de agosto de 1834, fue deportado a Ceuta por sus ideas separatistas. Casó en la Ermita de la Candelaria de Camarones (L. 6, f. 58, p. 234) el 5 de junio de 1852 con doña María de la Caridad de la Cruz Prieto y de la Cruz Prieto, hija de don Francisco de la Cruz Prieto y González, fundador de Santa Isabel de Las Lajas y de doña María del Carmen de la Cruz Prieto y Rojo. Tuvieron por hijos: a María del Carmen; a Antonio, y a Joaquín Mora y de la Cruz Prieto. De los cuales:

Doña María del Carmen Mora y de la Cruz Prieto casó con don Domingo Mora y Madrazo, hijo de don Joaquín Mora y González de Ávila y de doña Marta Madrazo y Mora.

LINEA SEGUNDA

Don Gaspar de Mora y Salazar (anteriormente mencionado como hijo del Capitán José de Mora y de doña Catalina Fernández de Salazar) pasó a la isla de Cuba con su hermano José, estableciéndose asimismo en el Partido de San Fernando. Casó en la Ermita de la Candelaria, el

9 de enero de 1796 (L. 3, f. 67, p. 233) con doña Bárbara Rodríguez del Rey y González, hija de don José Rodríguez del Rey y Arbelo y de doña Juana González y Arbelo. Tuvieron por hijos a Joaquín: a Gabriel, y a José María Mora y Rodríguez del Rey. Los cuales:

1. — Don Joaquín Mora y Rodríguez del Rey casó con doña María del Sacramento Barroso y de la Cruz Prieto, hija de Pedro y de Juana Rita. Fue Hacendado, dueño del ingenio «Sacramento».

2. — Don Gabriel Mora y Rodríguez del Rey fue uno de los fundadores de Santa Isabel de Las Lajas en 1854, y Juez de Paz de la villa. Casó con doña Rosa Barroso y de la Cruz Prieto, hija de Pedro y de Juana Rita. Tuvieron por hija: a María de Loreto Mora y Barroso.

3. — Don José María Mora y Rodríguez del Rey casó con doña María Inés de los Ángeles Rodríguez del Rey y Capote, hija de José y de Ana. Tuvieron por hijas: a María Catalina, y a María Candelaria del Carmen Mora y Rodríguez del Rey. Las cuales:

A. — Doña María Catalina Mora y Rodríguez del Rey casó con don Isidoro Madrazo y Mora, hijo de don Antonio Madrazo y González y de doña María de las Nieves Mora y González.

B. — Doña María Candelaria del Carmen Mora y Rodríguez del Rey casó con don José Perfecto Madrazo y Mora, hijo de don Antonio Madrazo y González y de doña María de las Nieves Mora y González:

LÍNEA TERCERA

Don Mariano de Mora y Salazar (anteriormente mencionado como hijo de don Mauricio de Mora y de doña Francisca de Mora y Salazar), natural de Valle Hermoso de la Gomera, pasó a la isla de Cuba y fue el primero de esta familia que se estableció en la villa de Santa Clara donde fue Alcalde Ordinario en varias ocasiones, Capitán de Compañía Urbana de Infantería y Regidor Alférez Real en propiedad. Fue dueño de extensos potreros en las zonas de Santa Clara, La Esperanza y Lajas, entre otros, uno denominado «La Azotea» y de los ingenios «Casualidad» y «Victoria». Testó ante Mateo Francisco Surí en 7 de abril de 1847, declarando haber renunciado su oficio de Regidor Alférez Real en su hijo, Pedro Regalado Mora y Plana y, por minoría de edad de éste, en su hijo político, Pablo Luis Ribalta y Serra. Su defunción se encuentra en la Parroquial Mayor de Santa Clara a 20 de octubre de 1857. Casó dos veces: la primera en la Ermita de la Candelaria de Camarones, el 17 de mayo de 1809 con su prima, doña María Manuela Mora y González, hija de don José de Mora y Salazar y de doña María Candelaria González y Arbelo. Casó por segunda vez en la Parroquial Mayor de Santa Clara el 27 de abril de 1831 con doña Marta de los Ángeles Plana y Pérez Tudela, natural de Santa Clara, hija de don José Plana y Fort, natural de Canet, en Cataluña, Regidor Alcalde Mayor Provincial y Alcalde Ordinario, de Santa Clara, y de doña Juana Josefa Pérez Tudela y Ruiz de Cisneros. Con su primera mujer tuvo seis hijos: a María Jacinta; a Rosa María de la Candelaria; a María Dionisia Cleofás; a Silveria; a Cristóbal, y a Mariano Mora y Mora. Los cuales:

1. — Doña María Jacinta Mora y Mora, bautizada en la Parroquial Mayor de Santa Clara el 14 de septiembre de 1811 casó en la referida Parroquial Mayor el 11 de enero de 1828 con don Luis Carta y Hernández, natural de Santa Cruz de Tenerife, Alcalde Ordinario en 1839, Promotor de la construcción del hospital de San Lázaro de Santa Clara, y dueño del ingenio «San Jacinto», hijo de don Francisco Carta, y de doña María Hernández.

2. — Doña Rosa María de la Candelaria Mora y Mora, nacida el 30 de agosto de 1819 fue bautizada en la Parroquial Mayor de Santa Clara el 6 de septiembre del propio año. Testó en unión de su consorte en 10 de julio de 1850 ante Mateo Francisco Surí y tiene su defunción en la Parroquial Mayor de Santa Clara a 2 de marzo de 1864. Casó en la referida Parroquial Mayor el 1 de agosto de 1834, con don Pablo Luis Ribalta y Serra, natural de la villa de Sitges en Cataluña, hijo de Juan Bautista y de Eulalia, acaudalado propietario y comerciante de Santa Clara, Cienfuegos y Sagua la Grande, Regidor y Alférez Real del Ayuntamiento de Santa Clara.

3. — Doña María Dionisia Cleofás Mora y Mora, bautizada en la Parroquial Mayor de Santa Clara el 18 de abril de 1823 falleció en Rodas, Las Villas. Casó dos veces en la Iglesia Mayor de Santa Clara, la primera, el 7 de diciembre de 1842 con don Francisco Gaspar Arencibia y Plana, natural de Santa Clara, hijo de don Francisco Arencibia y González, natural de Bejucal, Regidor Alguacil Mayor, y de doña Marta Beatriz Plana y Pérez Tudela. Casó por segunda vez con don Manuel de Jesús Gutiérrez y González, natural de Remedios, doctor en Cirugía Dental.

4. — Doña Silveria Mora y Mora, bautizada en la Parroquial Mayor de Santa Clara el 27 de noviembre de 1824 testó ante Mateo Francisco Surí en 3 de diciembre de 1851 y tiene su defunción en la referida Parroquial Mayor a 29 de enero de 1863. Casó en la referida Parroquial Mayor el 18 de junio de 1850, con su primo don Manuel Mora y Mora hijo del Teniente de Milicias Francisco de Paula Mora, y de doña Candelaria de Mora y Salazar, todos naturales de Canarias.

5. — Don Cristóbal Mora y Mora, del que se tratará en la RAMA PRIMERA.

6. — Don Mariano Mora y Mora, del que se tratará en la RAMA SEGUNDA.

Don Mariano de Mora y Salazar y su segunda mujer, doña Marta de los Ángeles Plana y Pérez Tudela, tuvieron por hijos: a Justa Pastora, y a Pedro Regalado Mora y Plana. Los cuales:

A. — Doña Justa Pastora Mora y Plana, bautizada en la Parroquial Mayor de Santa Clara, el 23 de agosto de 1837 casó en la referida Parroquial Mayor el 30 de septiembre de 1851 con don Fernando Palacio y Sánchez, natural de la provincia de Málaga, Regidor del Ayuntamiento de Cienfuegos, dueño de los ingenios «Santa Rita» y «San Isidro», éste último en tierras de Lajas, hijo de don Fernando Palacio y Godínez y de doña Rosa Sánchez y Palacio.

B. — Don Pedro Regalado Mora y Plana, del que se tratará en la RAMA TERCERA.

RAMA PRIMERA

Don Cristóbal Mora y Mora (anteriormente mencionado como hijo de don Mariano de Mora y Salazar y de doña María Manuela Mora y González) bautizado en la Parroquial Mayor de Santa Clara el 21 de noviembre de 1813, testó ante Mateo Francisco Surí, escribano público de Santa Clara en 11 de agosto de 1846. Casó en la Parroquial Mayor de Santa Clara el 24 de octubre de 1836 con doña María Victoria Ramos y Lainés, natural de Santa Clara, hija de don José Manuel Ramos y Hernández, natural de Canarias, Alcalde ordinario, y de doña María de los Ángeles Lainés y Yera. Tuvieron por hijos: a María Manuela; a María de los Ángeles Avelina, y a José Mariano Mora y Ramos. De los cuales:

1. — Doña María de los Ángeles Avelina (Ángela) Mora y Ramos, bautizada en la Parroquial Mayor de Santa Clara, el 29 de noviembre de 1842, falleció en la finca «América», Jesús del Monte, La Habana, en 1910. Casó en la Parroquial Mayor de Santa Clara el primero de diciembre de 1860 con don Eduardo González-Abreu y Jiménez, natural de Santa Clara, Hacendado, dueño del ingenio «Santa Catalina», hijo de don Manuel González Abreu, Teniente de Milicias, Alcalde ordinario, natural de Realejo de Artiba, Tenerife, y de doña Rosa María Jiménez y Peña. Testó en unión de su consorte por ante Cañal (Escribanía de Surí) en 18 de octubre de 1878 disponiendo ambos de cierta cantidad para la erección de un teatro en Santa Clara, cuyos productos se destinasen a socorrer a los pobres de la ciudad. Este propósito lo llevo a efecto en vida siete años más tarde, y costeando ella íntegramente la obra con parte del caudal que heredó de sus padres, su sobrina, la gran cubana e insigne bienhechora villaclareña, doña Marta de los Ángeles González-Abreu y Arencibia, cuyo teatro «La Caridad», bello exponente de este tipo de construcciones de su época, aún cumple la misión para la que fue creado.[1]

Tuvieron por hijos: a Ángela del Carmen (Angelina) González-Abreu y Mora que casó primero con el doctor Leopoldo de Goicoechea y Peirea, Abogado, hijo de don José Pascual de Goicoechea y Balerdi y de doña Paula Peiret y Rodríguez; y en segundas nupcias, con el Conde de Beaumont, y falleció en Francia el año 1952; y a Eduardo Eusebio González-Abreu y Mora que casó con doña Marina de Oña y Ribalta, hija de don Juan de Oña y Pérez de Urría y de doña Carmen Ribalta y León.

2. — Don José Mariano Mora y Ramos, bautizado en la Parroquial Mayor de Santa Clara, el 29 de septiembre de 1841, casó en la referida Parroquial Mayor el 13 de febrero de 1865 con su prima doña Rosa Josefa Mora y López Silvero, hija de don Mariano Mora y Mora, Alcalde ordinario, y de doña Josefa María López Silvero y Ledón. Tuvieron por hijos: a Rosa Victoria; a María de las Mercedes; a Gloria Julia; a Consuelo; a José Mariano; a Cristóbal, y a Eduardo Rafael Mora y Mora. De los cuales:

A. — Doña Rosa Victoria Mora y Mora, bautizada en la Parroquial Mayor de Santa Clara el 11 de mayo de 1867 casó en la referida Parroquial Mayor el 10 de enero de 1890, con don Cándido Pons y Naranjo, hijo de don Ramón Pons y Pascual y de doña Serafina Naranjo.

B. — Doña Gloria Julia Mora y Mora, bautizada en la Parroquial Mayor de Santa Clara, el 23 de julio de 1879, casó con don Braulio Caballero y Pérez de Prado, hijo de don Francisco Caballero y Parra, natural de Madrid, y de doña María del Carmen Pérez de Prado.

RAMA SEGUNDA

Don Mariano Mora y Mora (anteriormente mencionado como hijo de don Mariano de Mora y Salazar y de doña María Manuela Mora y González) bautizado en la Parroquial Mayor de Santa Clara el 19 de octubre de 1815, fue Alcalde ordinario de Santa Clara, donde tiene su defunción a 20 de marzo de 1874 y dueño del ingenio «Pepilla» situado en el cuartón «Rodrigo». Casó en la Parroquial Mayor de Santa Clara, el 12 de septiembre de 1836 con doña Josefa María López Silvero y Ledón, hija de don José Joaquín López Silvero y Pérez de Alejo, Diputado del Real Consulado, y de doña María Rudesinda Ledón y Noriega. Tuvieron por hijos: a María Rudesinda; a María de las Nieves; a Rosa Josefa; a María Cristina de los Dolores; a Consuelo; a Joaquín Mariano; a Lutgardo Rafael; a José Rafael, y a Antonio Rafael Mora y López Silvero. De los cuales:

1. — Doña María de las Nieves Mora y López Silvero bautizada en la Parroquial Mayor de Santa Clara el 28 de julio de 1842, falleció en Santa Clara en 1895. Casó en la referida Parroquial Mayor el 11 de noviembre de 1861 con don Nicasio González y Estrada, natural de San Juan de Piñera, Oviedo, hijo de Francisco y de Isabel. Tuvieron por hijo a Nicasio González-Estrada y Mora que fue Alcalde Municipal de La Habana.

2. — Doña Rosa Josefa Mora y López Silvero, bautizada en la Parroquial Mayor de Santa Clara, el 16 de junio de 1845, tiene su defunción en la referida Parroquial Mayor a 24 de diciembre de 1888. Casó con su primo, don José Mariano Mora y Ramos, hijo de don Cristóbal Mora y Mora y de doña María Victoria Ramos y Lainés.

3. — Doña Consuelo Mora y López Silvero casó con don Pedro Rodríguez del Rey y Mora, hijo de don Pedro Rodríguez del Rey y Barroso, Hacendado, y de doña Beatriz Mora y Fragoso.

4. — Doña María Cristina de los Dolores Mora y López Silvero fue bautizada en la Parroquial de Santa Clara el 12 de abril de 1852.

5. — Don Joaquín Mariano Mora y López Silvero, bautizado en la Parroquial Mayor de Santa Clara, el 26 de junio de 1837 fue residente de los Estados Unidos de Norteamérica. Casó con doña Louise Harriet Shenck Vanderwort, con quien tuvo por hijos: a Emma; a Elena; a Joaquín; a Enrique, y a Francisco Mora y Vanderwort.

6. — Don Lutgardo Rafael Mora y López Silvero fue bautizado en la Parroquial Mayor de Santa Clara el 7 de diciembre de 1847.

7. — Don Antonio Rafael Mora y López Silvero tiene su defunción en la Parroquial Mayor de Santa Clara a 23 de enero de 1898. Fue administrador del ingenio «Pepilla», propiedad de su madre, por los años 1878 a 1880. Casó en la Parroquial Mayor de Santa Clara, el 28 de febrero de 1877 con doña Marta Avelina Arencibia y Mora, natural de Santa Clara, hija de don Francisco Gaspar Arencibia y Plana y de doña María Dionisia Cleofás Mora y Mora. Tuvieron por hijas: a Josefa María de la Cruz, y a Antonia Avelina Mora y Arencibia. Las cuales:

A. — Doña Josefa María de la Cruz Mora y Arencibia fue bautizada en la Parroquial Mayor de Santa Clara el 23 de junio de 1879.

B. — Doña Antonia Avelina Mora y Arencibia, bautizada en la Parroquial Mayor de Santa Clara, el 7 de febrero de 1884, casó con su primo don Antonio González Estrada y Mora, natural de Santa Clara hijo de don Nicasio González y Estrada, natural de Asturias, y de doña María de las Nieves Mora y López Silvero.

RAMA TERCERA

Don Pedro Regalado Mora y Plana (anteriormente mencionado como hijo de don Mariano de Mora y Salazar y de doña Marta de los Ángeles Plana y Pérez Tudela) bautizado en la Parroquial Mayor de Santa Clara, el 8 de junio de 1834 fue hacendado, dueño del ingenio «Victoria». Casó en la referida iglesia, el 22 de abril de 1853 con doña Rosa Isabel Ledón y Payrol, hija de don Jesús María Ledón y López Silvero, natural de Santa Clara, Administrador de la Real Renta de Correos, miembro de la Comisión Local de Instrucción Primaria y Alcalde Corregidor de Santa Clara por Real Orden de Isabel II, y de doña Juana Josefa Payrol y Plana, hija ésta del Regidor Fiel Ejecutor de la villa de Cienfuegos, don José Antonio Payrol y Urgellés, natural de Cataluña y de doña Rosa María Plana y Pérez Tudela. Tuvieron por hijos a: Marta Rosa de los Ángeles; a Justa; a Pedro; a Eduardo, y a Mariano Luis Mora y Ledón. Los cuales:

1. — Doña Marta Rosa de los Ángeles Mora y Ledón, bautizada en la Parroquial Mayor de Santa Clara, el 3 de julio de 1855, casó con don José Fernández de Bolaños, General del Ejército español.

2. — Doña Justa Mora y Ledón, casó con don Enrique Agramonte y Loynaz, natural de Puerto Príncipe, hijo de don Ignacio Agramonte y Sánchez-Pereira, Regidor Fiel Ejecutor del Ayuntamiento de dicha villa y de doña María Filomena Loynaz y Caballero.

3. — Don Pedro Mora y Ledón, bautizado en la Iglesia Parroquial Mayor de Santa Clara, el 11 de agosto de 1854, fue condueño y Gerente del central «Santa Teresa» y vecino de Sagua la Grande, y de La Habana, donde falleció el 2 de julio de 1924. Casó en Sagua la Grande el año 1881, con doña Eulalia de Oña y Ribalta, natural de dicha ciudad, hija de don Juan de Oña y Pérez de Urría, natural de la villa de Leiva, en Castilla la Vieja, y de doña Carmen Ribalta y León, natural de Sagua la Grande, distinguida filántropa y benefactora de su pueblo natal, cuya calle principal lleva su nombre, hija de don José Ribalta y Serra y de doña Ángela de León. Tuvieron por hijos: a Carmen; a Rosa; a Cecilia; a Mercedes; a Ángela; a José María; a Juan Pedro, y a Mariano Juan Mora-Oña. Los cuales:

A. — Doña Carmen Mora-Oña, nacida en Sagua la Grande, el 2 de junio de 1882 casó el 29 de marzo de 1905 con don Mariano Luis Mora y Ledón, hijo de don Pedro Regalado Mora y Plana y de doña Rosa Isabel Ledón y Payrol.

B. — Doña Rosa Mora-Oña falleció en La Habana en 1919.

C. — Doña Cecilia Mora-Oña, nacida en Sagua la Grande el 1 de mayo de 1890 casó el 19 de marzo de 1924 con don Juan Amézaga y de Oña, hijo de don Ricardo Amézaga y Cucullu, y de doña María Victoria Oña y Ribalta. Tuvieron por hija: a Lourdes Amézaga y Mora-Oña.

D. — Doña Mercedes Mora-Oña nació en Sagua la Grande el 14 de abril de 1893.

E. — Doña Ángela Mora-Oña nació en la Isabela de Sagua el 13 de julio de 1897.

F. — Don José María Mora-Oña murió en 1903.

G. — Don Juan Pedro Mora-Oña, nacido en Sagua la Grande el 29 de enero de 1887, es Abogado. Casó en La Habana, el 25 de octubre de 1924 con doña Silvina Echavarri y Aragón. Tuvieron por hijos: a Silvina; a Juan Pedro, y a Ignacio Mora-Oña y Echavarri. Los cuales:

a. — Doña Silvina Mora-Oña y Echavarri, nacida en La Habana el 5 de enero de 1928, casó en la propia ciudad, el 5 de diciembre de 1947, con don Francisco Sierra y Lozano. Tuvieron por hijos: al Ingeniero Francisco; y a Juan Sierra y Mora.

b. — Don Juan Pedro Mora-Oña y Echavarri nació en La Habana el 24 de julio de 1925. Casó con doña Sara Perera y Soto, y tuvieron por hijo a José Ignacio y Perera.

c. — Don Ignacio Mora-Oña y Echavarri nació en La Habana el 5 de diciembre de 1926. Casó con doña Graciela Quintero y tuvieron por hijo a José Ignacio Mora y Perera.

H. — Don Mariano Juan Mora-Oña, nacido en Sagua la Grande, el 6 de octubre de 1891, casó en La Habana, Iglesia del Santo Ángel, el 18 de junio de 1917, con doña Emilia de la Portilla y Bolívar. Tuvieron por hijos: a Pedro; a Juan Mariano, y a René Mora-Oña y de la Portilla. Los cuales:

a. — Don Pedro Mora-Oña y de la Portilla, nacido en La Habana el 29 de junio de 1919, casó en la propia ciudad, iglesia de San Juan Basco, el 2 de septiembre de 1945, con doña Sylvia Aurora Muñoz y Suárez. Tuvieron por hijos: a Pedro, y a Silvia Mora-Oña y Muñoz, nacidos respectivamente, en octubre 1 de 1946 y en junio 26 de 1948.

b. — Don Juan Mariano Mora-Oña y de la Portilla, nació en La Habana el 6 de marzo de 1924.

c. — Don René Mora-Oña y de la Portilla, nació en La Habana el 28 de enero de 1927.

4. — Don Eduardo Mora y Ledón, casó con doña Lillian Martín. Tuvieron por hijo: a Pedro Mora y Martín.

5. — Don Mariano Luis Mora y Ledón, nacido en Santa Clara el 28 de febrero de 1869, casó el 29 de marzo de 1905, con doña Carmen Mora-Oña, hija de don Pedro Mora y Ledón y de doña Eulalia de Oña y Ribalta. Tuvieron por hijas: a Eulalia; a Rosa; a Carmen, y a Marta Mora y Mora-Oña. Las cuales:

A. — Doña Eulalia Mora y Mora-Oña, nació el 20 de diciembre de 1905.

B. — Doña Rosa Mora y Mora-Oña, nacida el 24 de enero de 1907, casó con Jack D. Morgan.

C. — Doña Carmen Mora y Mora-Oña, nació el 25 de junio de 1925.

D. — Doña Marta Mora y Mora-Oña, nació el 28 de julio de 1926.

MORALES

Apellido castellano, de la marindad de Trasmiera, Santander, desde donde se extendió por toda la Península. Una rama pasó a Cuba.

En la segunda mitad del siglo XVII, procedente de Madrid, se estableció esta familia en Santiago de Cuba.

Sus armas: escudo cuartelado; 1ro. y 4to., en campo de plata, tres bandas de sable, y 2do. y 3ro. en campo de plata, un moral de sinople. Otros traen, escudo cuartelado: 1ro. y 4to., en campo de oro un moral de sinople, y 2do. y 3ro., en campo de plata, tres fajas de sable.

Don Pablo Morales y su mujer doña Petronila Bonilla, vecinos de Madrid, tuvieron por hijo: al

Capitán Juan Francisco Morales y Bonilla que fue Sargento Mayor y Gobernador interino de la plaza de Santiago de Cuba. Su defunción se encuentra en la Catedral de dicha plaza a 15 de octubre de 1719, donde consta que falleció a los 91 años de edad. Casó con doña Juana Bautista González-Regüeiferos y Fuentes, hija de Manuel y de Juana. Tuvieron por hijos: a Ana; a María Rosa; a Pedro, y a Juan Francisco Morales y González-Regüeiferos. Los cuales:

1. — Doña Ana Morales y González Regüeiferos, casó con don Esteban Ramos, cuya defunción se encuentra en la Catedral de Santiago de Cuba a 6 de abril de 1728.

2. — Doña María Rosa Morales y González-Regüeiferos, casó en la Catedral de Santiago de Cuba el 24 de mayo de 1705, con el Alférez Francisco Pérez de Ortega, natural de la isla del Hierro, viudo de doña Agustina Orellana y Mendoza.

3. — Teniente Pedro Morales y González-Regüeiferos, bautizado en la Catedral de Santiago de Cuba el 4 de marzo de 1668, fue recibido como Caballero hijodalgo en el Cabildo que celebró el Ayuntamiento de dicha ciudad el 24 de noviembre de 1713.[1] Su defunción se encuentra en la referida Catedral a 13 de septiembre de 1755, donde casó el 27 de junio de 1701, con doña Isabel Francisca Xaviera de Rosas Cazorla, y Fromesta, hija de don Tomás de Rosas Cazorla, y de doña Beatriz Fromesta.

4. — Don Juan Francisco Morales y González-Regüeiferos, tiene su defunción en la Catedral de Santiago de Cuba a 16 de marzo de 1720, donde casó el 18 de septiembre de 1710, con doña Juliana de Barrios y Fernández-Tames, cuya defunción se encuentra en la referida Catedral

a 18 de agosto de 1762, hija de Jerónimo y de Magdalena. Tuvieron por hija: a

Doña Manuela Morales y Tames, que casó dos veces en la Catedral de Santiago de Cuba: la primera, el 20 de junio de 1734, con don Miguel Antonio Villavicencio y Paz, natural de Xerez de la Frontera, hijo de Diego Antonio y de María Micaela. Casó por segunda vez, el 17 de mayo de 1747, con don Fernando José Valverde y Aguilera, natural de la Alpujarra, en Granada, cuya defunción se encuentra en la Catedral de Santiago de Cuba a 25 de febrero de 1767, hijo de Andrés y de Isabel.[2]

Otra familia Morales, procedente de Flandes, se estableció en Santiago de Cuba a principios del siglo XVIII, y a la cual pertenecieron:

Don Juan Morales, que casó con doña Ana Fremont, y tuvieron por hijo: al

Capitán don Luis Morales y Fremont, natural de Flandes (Viña Buisson), que tiene su defunción en la Catedral de Santiago de Cuba a 30 de diciembre de 1749. Casó en la referida Catedral el 5 de mayo de 1715, con doña María Manuela Santa Cruz-Pacheco y Ferrer, hija del Capitán Lucas Santa Cruz-Pacheco y de doña Mariana Ferrer y Roxas. Tuvieron por hijos: a Juana; a María Ana; a Francisca de Paula; a Juan Antonio, y a Francisco Lucas Morales y Santa Cruz-Pacheco. Los cuales:

1. — Doña Juana Morales y Santa Cruz-Pacheco, casó en la Catedral de Santiago de Cuba el 23 de septiembre de 1733, con el Capitán Mateo Montes y Pérez, natural de Baeza, Jaén, España, Ayudante Mayor de la plaza de Santiago de Cuba, hijo de Juan y de Isabel.

2. — Doña María Ana Morales y Santa Cruz-Pacheco, casó en la Catedral de Santiago de Cuba el 26 de julio de 1747, con don Diego Alonso Betancourt y Angulo, hijo de don Matías Betancourt y Cisneros, Regidor Fiel Ejecutor del Ayuntamiento, y de doña Luisa Rosa Angulo y Arias.

3. — Doña Francisca de Paula Morales y Santa Cruz-Pacheco, casó en la Catedral de Santiago de Cuba el 2 de mayo de 1750, con don Juan Miguel Portuondo y Torres Paneque, Escribano Público y de la Real Hacienda, hijo de don Francisco Portuondo y Ponce, Regidor Alcalde Mayor Provincial, y de doña Basilia de Torres Paneque y Quesada.

4. — Capitán Juan Antonio Morales y Santa Cruz-Pacheco, tiene su defunción en la Catedral de Santiago de Cuba a 31 de julio de 1768, donde casó el 26 de julio de 1766, con doña Ángela Ferrer y Palacios-Saldurtún, hija de don Esteban Ferrer y Carrión, y de doña Graciana Palacios-Saldurtún y Ramos. Tuvieron por hija:

Doña Isabel Morales y Ferrer, que casó en la Catedral de Santiago de Cuba el primero de febrero de 1786, con don Francisco José Portuondo y Morales, hijo de don Juan Miguel Portuondo y Torres-Paneque, Escribano Público y de la Real Hacienda, y de doña Francisca de Paula Morales y Santa Cruz-Pacheco.

5. — Don Francisco Lucas Morales y Santa Cruz-Pacheco, natural de Santiago de Cuba, falleció en Bayamo en 1748. Casó en la villa de Bayamo, con doña María Estefanía Calderín y Silveira, natural de Bayamo, hija del Capitán Juan Manuel Calderín, natural de Santiago de Cuba, y de doña Bernardina Silveira y Zayas-Bazán. Tuvieron por hijo: a

Don Claudio Morales y Calderín, natural de Bayamo, el cual pasó a Puerto Príncipe, donde casó en la parroquia Mayor, el 3 de agosto de 1777, con doña María Felipa de Posada y Ramírez, natural de Puerto Príncipe, hija de don Juan Tomás de Posada y Vargas-Machuca, natural de Alcalá de los Gazules, y de doña Juana Ramírez y Gutiérrez, natural de Puerto Príncipe. Tuvieron por hijo: a

Don José Norberto Morales y Posada, natural de Puerto Príncipe, que casó con doña Andrea Natalia Hernández y Palomino, natural de Puerto Príncipe, hija de don Francisco Antonio Andrés Hernández y Piña, natural de Madrid, y de doña María Teresa Palomino, natural de Bayamo. Tuvieron por hijos: a María Dolores; a María Martina, y a José Norberto Morales y Hernández. Los cuales:

A. — Doña María Dolores Morales y Hernández, natural de Puerto Príncipe, fue bautizada en la parroquia de Santa Ana el 21 de septiembre de 1829.

B. — Doña María Martina Morales y Hernández, natural de Puerto Príncipe, fue bautizada en la parroquia de Santa Ana en Puerto Príncipe el 15 de noviembre de 1827; casó en la parroquia de la Soledad de dicha villa, el 26 de septiembre de 1858, con el Coronel don José Carlos Hurtado de Mendoza y León, natural de Puerto Príncipe, hijo de don José Carlos Hurtado de Mendoza y Morales, y de doña María Rosario de León y Muñoz.

C. — Don José Norberto Morales y Hernández, natural de Puerto Príncipe, fue Ingeniero Civil. Casó con doña Julia de Miranda y Céspedes, hija de don Joaquín de Miranda y Varona, y de doña María Encarnación de Céspedes y Barranco, ambos naturales de Puerto Príncipe. Tuvieron por hija: a Abigail Morales y Miranda, la cual falleció soltera.

Procedente de la Orotava, se estableció otra familia Morales en Santiago de Cuba.

Don Francisco Morales y su mujer doña María Hernández fueron padres de:

Don Mateo Morales y Hernández, natural del Puerto de la Orotava, que casó en la Catedral de Santiago de Cuba el 14 de junio de 1694, con doña Sebastiana de la Cruz, hija del Sargento don Luis Álvarez, y de doña Teodora de la Cruz. Tuvieron por hija: a

Doña María Josefa Morales y Cruz, que casó en la Catedral de Santiago de Cuba el 4 de enero de 1721, con don Juan Antonio Núñez y Bohorques, hijo del Sargento Pedro Jorge y de Juana.

Procedente de Nueva Granada (Colombia), se estableció en Santiago de Cuba:

Don Francisco Morales y su mujer doña María Ignacia Tulleda, que tuvieron por hijo: a

Don José Antonio Morales y Tulleda, natural de Río Hacha, en Nueva Granada, que fue Comisario Ordenador de Marina y Comendador de la Orden de Isabel la Católica. Casó en la Catedral de Santiago de Cuba el 25 de julio de 1814, con doña Clara María Peralta y Romero, natural de Río Hacha, hija de Matías Saturnino y de Tomasa de los Dolores. Tuvieron por hija: a
Doña Ana María Morales y Peralta, que casó en la Catedral de Santiago de Cuba el 7 de julio de 1858, con don Bartolomé Falera y Peralta, hijo de Rafael y de Antonia.

MORALES DE LOS RÍOS

A principios del siglo XVIII, aparece radicada esta familia en la ciudad de Córdoba, estableciéndose en La Habana en la primera mitad del siglo XIX. Obtuvieron el título de Conde de Morales de los Ríos.

Don Andrés Morales de los Ríos, fue natural y Veinte y Cuatro de la ciudad de Córdoba. Casó con doña María Josefa de las Casas, y tuvieron por hijo: a

Don Gaspar Morales de los Ríos y de las Casas, natural de la ciudad de Córdoba, que casó con doña Francisca Ramírez de Arellano y Ochoa, natural de Arjona, hija de don Baltasar Ramírez de Arellano, Caballero de la Orden de Alcántara, y de doña Bernarda Ochoa y Zárate. Tuvieron por hijos: a José, y a Andrés Morales de los Ríos y Ramírez de Arellano. Los cuales:

1. — Don José Morales de los Ríos y Ramírez de Arellano, natural de Córdoba, fue Capitán del Regimiento Provincial de Bujalance, y Caballero de Campo de Su Majestad. Casó con doña Rafaela Bustamante y Guzmán, natural de Valencia, hija de don Pedro Antonio Bustamante Cueva y Angulo, Alcalde de los Hijos-dalgo de la Mancha, y de doña Rafaela Guzmán y Cárdenas. Tuvieron por hijos: a Fernando, y a Andrés Morales de los Ríos y Bustamante. De los cuales:

Don Andrés Morales de los Ríos y Bustamante, ingresó en las Reales Compañías de Guardias Marinas en 1752.

2. — Don Andrés Morales de los Ríos y Ramírez de Arellano, fue natural y Veinte y Cuatro de la ciudad de Córdoba, Regidor y Capitán a Guerra de Mancha Real y de Jaén, Corregidor de esta última, y Ministro del Real Consejo de Hacienda.

Casó con doña Francisca de Pineda y Morales, natural de Córdoba, hija de don Cristóbal de Pineda y Valenzuela y de doña Rosa Morales y Saavedra. Tuvieron por hijos: a Gaspar; a Francisco Javier; a Andrés y a Juan Morales de los Ríos y Pineda. Los cuales:

A. — Don Gaspar Morales de los Ríos y Pineda, natural de Córdoba, fue Brigadier de la Real Armada y Caballero de la Orden de Carlos III, en la que ingresó el 29 de noviembre de 1752.

B. — Don Francisco Javier Morales de los Ríos y Pineda, fue Teniente General de la Real Armada y Caballero de la Orden de Santiago. Por Real Despacho de 7 de diciembre de 1792, se le concedió el título de Conde de Morales de los Ríos.

C. — Don Andrés Morales de los Ríos y Pineda, natural y Veinte y Cuatro de la ciudad de Córdoba, fue del Consejo de Su Majestad en la Real Hacienda, y primer Superintendente de la Real Casa de la Moneda en la ciudad de Lima, Perú. Casó con doña Rosa de Salazar y Urdanegui, natural de Caravalí (Camana), hija de don José de Salazar y Solórzano, Alguacil Mayor de Arequipa, Perú, Corregidor de Cumaná, y de doña Josefa de Urdanegui Luján y Recalde. Tuvieron por hijo: a

Don José Morales de los Ríos y Salazar, natural de los Reyes de Lima, que ingresó en las Reales Compañías de Guardias Marinas. Casó con doña Rosa Luque de Muñana y Villapol, natural de Sevilla, hija de don Bernardo Luque de Muñana, Ministro Honorario de la Real Audiencia de Sevilla y Alcalde Mayor de la ciudad de Cádiz, y de doña María Antonia Villapol. Tuvieron por hijo: a

Don José Morales de los Ríos y Luque, natural de Cádiz, que fue Caballero de la Orden de Carlos III, en la que ingresó el 6 de agosto de 1838.

D. — Don Juan Morales de los Ríos y Pineda, fue natural y Corregidor de Jaén. Ingresó en las Reales Compañías de Guardias Marinas el año 1742, llegando a obtener el grado de Brigadier de la Real Armada, siendo además Caballero de la Orden de Carlos III, en la que ingresó el 29 de noviembre de 1752. Casó con doña Rosa Septién y Salinas, natural de Santoña, hija de don Miguel Septién y de doña Rosa Salinas y Camino. Tuvieron por hijos: a Adolfo; a Juan, y a José Morales de los Ríos y Septién. De los cuales:

a. — Don Juan Morales de los Ríos y Septién, natural del Ferrol, fue Teniente de Navío de la Real Armada y Jefe del Apostadero de La Habana. Casó en La Habana, parroquia del Espíritu Santo, el 6 de mayo de 1830, con doña María de los Dolores de la Cuesta y de la Terga, hija de don Tirso de la Cuesta y Manzanal, hermano del primer Conde de la Reunión de Cuba, y de doña Juana de Dios de la Terga y Pradel. Tuvieron por hijo: a

Don Juan Morales de los Ríos y de la Cuesta, natural de La Habana, que fue Caballero Maestrante de Zaragoza. Su defunción se encuentra en la Catedral de La Habana a 25 de noviembre de 1887. Casó con doña Aurora Oviedo.

b. — Don José Morales de los Ríos y Septién, nacido en el Ferrol en 1797, ingresó en las Reales Compañías de Guardias Marinas el año 1811, llegando a obtener el grado de Capitán de Navío de la Real Armada, siendo además Caballero de la Orden de Santiago. Casó dos veces: la primera, con doña Joaquina Morphy; y la segunda, con doña María de Salazar, teniendo con esta última: a

Don Santiago Morales de los Ríos y Salazar, que fue Maestro de Ceremonias de Su Majestad, Diputado del Cuerpo Colegiado de Caballeros Hijos-dalgo de Madrid, Gran Cruz de la Orden de Isabel la Católica, y Caballero de la Orden de Santiago. Casó con doña María Chavarri y López, y tuvieron por hijos: a José María; a Santiago, y a Luis Morales de los Ríos y Chavarri, pertenecientes los tres al Cuerpo Colegiado de la Nobleza de Madrid.

Don José Morales de los Ríos y Septién, y su primera mujer doña Joaquina Morphy, tuvieron por hijo: a

Don José Morales de los Ríos y Morphy, que casó con doña Bárbara Otero y Urdaneta, hija de don José Manuel de Otero y Guerra, natural de Venezuela, Capitán de Dragones, y de doña María de la Trinidad Urdaneta Roo, natural de Venezuela. Tuvieron por hijos: a María del Carmen; a Rosa; a José Manuel, y a Eduardo Morales de los Ríos y Otero. De los cuales:

1. — Doña Rosa Morales de los Ríos y Otero, casó en La Habana parroquia del Espíritu Santo, el primero de diciembre de 1893, con don Gonzalo Güel y Alfonso, Caballero de la Orden de San Juan de Jerusalén, hijo de don Joaquín Güel y Renté, y de doña Serafina Alfonso y Poey.

2. — Don José Morales de los Ríos y Otero, bautizado en la Catedral de La Habana el 21 de marzo de 1859, casó con doña Catalina Harrison.

3. — Don Eduardo Morales de los Ríos y Otero, casó con doña María Luisa del Castillo y de la Rúa, y tuvieron por hijos: a María Luisa; a Josefa; a Ofelia; a Eduardo; a Enrique; a Ernesto, y a Evelio Morales de los Ríos y del Castillo. De los cuales:

A. — Don Enrique Morales de los Ríos y del Castillo, casó con doña Josefa Gómez y Calvo.

B. — Don Ernesto Morales de los Ríos y del Castillo, casó con doña Mercedes Pérez de Castañeda y Martínez Ibor, hija de don Ignacio Pérez de Castañeda y Triana, y de doña Jenny Martínez Ibor y de las Revillas.

MORÉ

Cuatro familias Moré, con un probable tronco común, procedentes de la villa de Tossa, partido judicial de Santa Coloma de Farnés, en la provincia de Gerona, Cataluña, se establecieron en La Habana en la primera mitad del siglo XIX. La primera, que mencionamos a continuación, obtuvo el título de Conde de Casa-Moré.

Don Vicente Moré y Molins (hijo de Francisco y de Isabel), natural de la villa de Tossa, fue Teniente Coronel de Milicias, Regidor Alférez Real de la ciudad de Santa Marta, en Nueva Granada, familiar y Teniente de Alguacil Mayor del Santo Oficio de la Inquisición, Caballero de la Orden de Isabel la Católica. Fiel siempre a sus Reyes, no queriendo tomar parte en el movimiento separatista del país, emigró con toda su familia, naufragando a poco de partir, pereciendo en la catástrofe una de sus hijas, siendo recogidos el resto de la familia por un buque de guerra que los condujo a Puerto Bello. Su hermano, que era arcediano de la Catedral de Santa Marta, le facilitó medios para regresar a Nueva Granada, donde se había restablecido la autoridad de España. Una nueva insurrección señaló una era de persecuciones para los defensores de España. Una nueva insurrección señaló una era de persecuciones para los defensores de España, sufriendo entonces Moré una dura y penosa prisión en la que le acompañó su hijo, el niño José Eugenio. Poco después fue expulsado del país siéndole confiscados todos sus bienes, llegando con grandes dificultades a Santiago de Cuba en 1820, en cuya Catedral tiene asentado su partida de defunción a 9 de noviembre de 1830 (Libro 30 Castrense de Barajas, al folio 141). Casó con doña María Magdalena de la Bastida y Guzmán, natural de Santa Marta, hija de don Ignacio Mauricio de la Bastida, y de doña María Josefa Guzmán y Zafriño. Tuvieron por hijos: a Candelaria; a Rosalía; a Isabel Manuela; a Vicente; a José Eugenio, y a Francisco Moré y de la Bastida. De los cuales:

1. — Doña Rosalía Moré y de la Bastida, casó con don Juan Bautista Quintana y Navarro.

2. — Doña Isabel Manuela Moré y de la Bastida, natural de Santa Marta, casó en La Habana, parroquia de Guadalupe, el 13 de agosto de 1834, con don Félix Ignacio Arango y Aldana, capitán de Milicias de Infantería y IX Regidor Alférez Real del Ayuntamiento de La Habana, hijo de don Ciriaco Arango y Parreño, coronel del Regimiento de Infan-

tefa de Milicias y VIII Regidor Alférez Real de este Ayuntamiento, y de doña Gervasia Aldana y Espinosa.

3. — Don José Eugenio Moré y de la Bastida, bautizado en la Catedral de Santa Marta, Nueva Granada, el 7 de septiembre de 1808, fue Coronel del primer Batallón de Cazadores de la plaza de La Habana, Senador del Reino, los años, 1879, 1884, 1886 y 1890, gentil hombre de Cámara de Su Majestad, miembro de mérito de la Sociedad Económica de Amigos del País de La Habana, jefe del partido Unión Constitucional, primer Conde de Casa-Moré por Real despacho del año 1879, Comendador de la Real Orden de Carlos III y condecorado con la Gran Cruz de Caballero de la Orden de Isabel la Católica. Gran benefactor, donó más de doscientos mil pesos a la Escuela de Agricultura. Falleció sin sucesión el 8 de octubre de 1890 (Partida de defunción en la parroquia «El Cristo» en La Habana). Casó en La Habana, parroquia del Pilar, el 18 de mayo de 1842, con doña María de las Mercedes de Ajuria y Munar, Dama Noble de la Banda de María Luisa, hija de don Jorge de Ajuria y Echezárraga, y de doña Mariana Marta Munar y de la Vega. El Conde de Casa-Moré era dueño de los ingenios «Santísima Trinidad», «Indio», «Labrador», «San Isidro», «San Jacinto», «Pepilla» y «Abreu»; fundador del ferrocarril de Sagua y del Banco Agrícola en Puerto Príncipe y presidente de la razón social «Moré, Ajuria y Compañía».

4. — Don Vicente Manuel Moré y de la Bastida, natural de Santa Marta, fue Subteniente de ejército de Granaderos del Regimiento de Infantería de Milicias Blancas, y su defunción está en Santiago de Cuba, parroquia de la Trinidad, a 30 de marzo de 1844. Casó con doña María de la Concepción Martínez Artires, hija de José y de Micaela, el 26 de marzo de 1826 (Santiago de Cuba, parroquia de Santo Tomás, L. 2, Part. 4). Era viudo de doña Eleuteria de la Oz.

5. — Don Francisco Moré y de la Bastida, natural de Santa Marta, fue oficial de Administración de Correos de La Habana. Casó en esta ciudad, parroquia del Santo Cristo, el 4 de agosto de 1842, con doña María Mercedes Almirall y Soler, natural de Sitges, en Cataluña, hija de Juan y de María Francisca. Tuvieron por hijos: a Isabel Rita; a Rita Isabel; a Carlos; a Juan Francisco; a José Gregorio; a Francisco, y a Ignacio Vicente Moré y Almirall. De los cuales:

A. — Don Juan Francisco Moré y Almirall, bautizado en La Habana, parroquia del Santo Cristo, el 12 de enero de 1828, casó con doña X Mena, y tuvieron por hija a Encarnación Moré y Mena.

B. — Licenciado José Gregorio Moré y Almirall, natural de Santa Marta, fue Abogado. Casó en La Habana parroquia Monserrate, junio 12 de 1845, con doña Ana Rodríguez y Salamanca, natural de La Habana, hija de José y de Carmen. Tuvieron por hija: a

Doña Clara Moré y Rodríguez, que fue bautizada en La Habana, parroquia Monserrate, el 15 de diciembre de 1847. Casó en esta ciudad el año 1867, con don Ignacio Vicente Moré y Almirall, hijo de don Francisco Moré y de la Bastida, y de doña María Mercedes Almirall y Soler.

C. — Don Francisco Moré y Almirall, bautizado en La Habana, parroquia del Cristo (Libro 25, folio 36 vuelto, partida 121), casó don doña X. González, y tuvieron por hija: a Amelia Moré y González.

D. — Don Ignacio Vicente Moré y Almirall, bautizado en La Habana, parroquia del Santo Cristo, el 18 de agosto de 1838, casó en esta ciudad el año 1867, con su sobrina doña Clara Moré y Rodríguez, hija del Licenciado José Gregorio Moré y Almirall, Abogado, y de doña Ana Josefa de Santiago Rodríguez y Salamanca. Tuvieron por hijos: a Luz María; a Gustavo; a Alberto; a Carlos; a Ignacio, y a Jorge Moré y Moré.

6. — Doña Candelaria Moré y de la Bastida, casó con X. Rubio, y tuvieron por hija: a Dolores Rubio y Moré.

También aparece que:

Don Juan Moré y Jalpi (hijo de Antonio y de Antonia), natural de la villa de Tossa, y su mujer doña Teresa Llanusa y Vivó (hija de Gabriel y de Gertrudis), tuvieron por hijos: a Gerardo; a Juan; a Antonio, y a Gertrudis Moré y Llanusa. De los cuales:

1. — Don Gerardo Moré y Llanusa, falleció soltero en La Habana, a los 92 años de edad.

2. — Don Juan Moré y Llanusa, natural de la villa de Tossa, casó en la parroquia del pueblo de Regla, La Habana, el 1 de abril de 1839, con doña María Monserrate Nicolau y Pujadas, hija de don Antonio Nicolau y Vilardebó, y de doña Mariana Pujadas y Castella, naturales de Sitges, en Cataluña. (Libro 2, f. 18, Núm. 67). Tuvieron por hijos: a Antonio Juan Moré y Nicolau, bautizado en el Ángel el 12 de febrero de 1840; y a doña Teresa Moré y Nicolau, que casó en La Habana, parroquia del Espíritu Santo el 17 de junio de 1865, con don Nemesio Rousart y Sanz, natural de San Feliú de Guixola, Gerona, hijo de Buenaventura y de Nemesia.

3. — Don Antonio Moré y Llanusa, natural de la villa de Tossa, nació el 26 de marzo de 1793. Vino a Cuba y fue Capitán de Voluntarios. Testó ante G. Salinas el 16 de febrero de 1855. Su defunción está en la parroquia del Santo Cristo, La Habana (libro 14, f. 174r, núm. 291), el 17 de marzo de 1855. Casó en La Habana, parroquia del Santo Cristo, el 9 de noviembre de 1836 (Expediente Ultramarino del Arzobispado de la Habana, núm. 38 de 1836, octubre 29), con doña Amadora de los Ángeles Avilés y Romero, natural del pueblo de San Juan Bautista de Araguá, en Venezuela, hija de Manuel y de Magdalena (libro 8, f. 25 v, núm. 53). Tuvieron por hijos: a Juan Bautista Gerardo, y a Antonio de Padua Moré y Avilés. Los cuales:

A. — Don Juan Bautista Gerardo Moré y Avilés, nació en La Habana, el 16 de mayo de 1838, fue bautizado en la Catedral de la misma ciudad el 13 de junio de 1838, (libro 30, f. 58 m, núm. 221) y su defunción se encuentra en la parroquia de Guadalupe en La Habana, a 16 de octubre de 1897. Casó en la parroquia del pueblo de Regla, en La Habana, el 19 de julio de 1861, con doña Irene María de los Dolores Bellido de Luna y Sánchez-Casahonda, natural de San Miguel del Padrón, hjia del doctor Miguel Bellido de Luna y Guzmán, Médico, natural de Regla. Tuvieron por hijos: a María Dolores; a María Juana; a María Luisa; a Juan Antonio; a Gerardo; a José Eugenio; a Francisco; a Adolfo; a Ángel, y a Andrés Moré y Bellido de Luna. De los cuales:

a. — Doña María Dolores Moré y Bellido de Luna, nació en Regla, el 1 de junio de 1862, fue bautizada en la Catedral de La Habana y falleció en dicha ciudad, el 28 de junio de 1912. Casó con el doctor Andrés Arango y Lamar, Médico, hijo de don Felipe Arango y Manzano, coronel de Infantería de los Reales Ejércitos. Fiscal de la Comisión Militar Ejecutiva, condecorado con dos cruces de San Fernando de primera clase, y de doña María Dolores Lamar y Ximénez. Tuvieron por hija: a María Arango v Moré.

b. — Doña María Juana Moré y Bellido de Luna, nació en Regla, el 7 de julio de 1863, fue bautizada en Regla y falleció en La Habana, el 28 de octubre de 1944, casó con don Miguel González Gómez, siendo sus padrinos de boda, don José Eugenio Moré y de la Bastida, y doña María de las Mercedes Ajuria y Munar, Condes de Casa-Moré. Tuvieron por hijos: a Clemencia; a Miguel Ángel; a Julio; a Juan Manuel; a María Francisca; a Dulce María, y a Luis González Moré.

c. — Doña María Luisa Moré y Bellido de Luna, nació en Guanabacoa, el 25 de agosto de 1867, fue bautizada en la parroquia de dicha villa y falleció en la ciudad de México el 9 de noviembre de 1937. Casó con don Julio de Montemar y de Larra. Tuvieron por hija: a Julia de Montemar y Moré.

d. — Don Juan Antonio Moré y Bellido de Luna, nació en Guanabacoa el 12 de junio de 1869, fue bautizado en la parroquia de dicha villa y falleció en La Habana el 26 de septiembre de 1909. Casó con doña Rosalía Quintana y Pujals.

e. — Don Gerardo Lorenzo Moré y Bellido de Luna, nació en Guanabacoa el 5 de septiembre de 1870, fue bautizado en la parroquia de la misma villa y falleció en La Habana el 23 de septiembre de 1940. Casó con doña María Luisa del Río y Menocal, en la parroquia Monserrate el 18 de marzo de 1898, hija de don Mariano del Río de Sotomayor y Benítez, natural de Madrid, y de doña Eloísa Menocal y Brignardely, natural de La Habana. Tuvieron por hijos a Juan Bautista; a María de las Mercedes; a María Luisa; a Ofelia; a Hortensia, y a Gerardo León Moré y del Río. De los cuales:

Don Gerardo León Moré y del Río, es doctor en Filosofía y Letras de la Universidad de La Habana, y fue primero religioso de la Congregación de los Hermanos de las Escuelas Cristianas (De La Salle) con el nombre de Hermano Adolfo Fidel, siendo director de los Colegios de Sancti-Spiritus y de Santiago de Cuba y ocupando el cargo de Procurador de la provincia formada por Cuba y Santo Domingo. En el año 1970 recibió las Órdenes Sagradas, constituyéndose el Presbítero doctor Gerardo Moré y del Río, sacerdote diocesano.

f. — Don José Eugenio Moré y Bellido de Luna, nació en Guanabacoa el 12 de abril de 1873 y fue bautizado en la parroquia de la misma villa. Falleció en La Habana el 24 de abril de 1953. Casó en la parroquia del Vedado el 7 de noviembre de 1900, con doña Estela Benítez y de Cárdenas, hija de don Carlos Benítez y Lamar y de doña María de Jesús de Cárdenas y Ortega. Tuvieron por hijos: a Juan Bautista; a Ángel; a Estela; a José Eugenio; a Alberto; a Armando y a Elena Moré y Benítez.

g. — Don Francisco Moré y Bellido de Luna, nació en La Habana, el 5 de junio de 1874, fue bautizado en la parroquia Montserrate y falleció en La Habana, el 17 de julio de 1944. Casó con doña Blanca Pérez-Comonte.

h. — Don Ángel Moré y Bellido de Luna, nació en La Habana, el 21 de diciembre de 1878, fue bautizado en la parroquia Montserrate y falleció en La Habana el primero de julio de 1951. Casó con doña María Luisa Rodríguez Cortés, y tuvieron por hijo: a Eduardo Moré y Rodríguez.

B. — Don Antonio de Padua Moré y Avilés, nació en La Habana, el 20 de abril de 1840, fue bautizado en la Catedral de La Habana, el 13 de junio de 1840. Casó en Guanabacoa, en 1870, con doña Antonia Bella Marruz y Orta, hija de don Cristóbal Marruz y Camacho y de doña Catalina Otra y Avoy. Tuvieron por hijos: a María Antonia; a Cristóbal; a Antonio; a Gerardo; a José María, y a María Teresa Moré y Marruz. De los cuales:

1. — Doña María Antonia Moré y Marruz, casó con don Juan Francisco Toscano y Bachiller hijo de don Juan Toscano y Sánchez, y de doña María de la Ascensión Bachiller y Morales. Tuvieron por hijas a Obulia, y a Ofelia Toscano y Moré.

2. — Don Cristóbal Moré y Marruz, nació el 2 de noviembre de 1872, y fue bautizado en Guanabacoa el 8 de diciembre de 1873. Fue Teniente Coronel de la Guerra de Independencia de Cuba, y Magistrado del Tribunal Supremo de La Habana. Casó con doña María Almirall y Marcos, y tuvieron por hijos: a Rubén; a María; a Emma; a Marina; a Dora, y a Cristóbal Moré y Almirall.

3. — Don Gerardo Moré y Marruz, bautizado en Guanabacoa, el 18 de abril de 1875, fue Abogado. Casó en el Vedado, el 28 de mayo de 1902, con doña América Pla y Lorenzo, hija del doctor Juan Plá y Silva, natural de Villaclara, Médico, y de doña Cristina Lorenzo y Núñez, natural de La Habana. Tuvieron por hijos: a Roberto; a Alicia, y a Graciela Moré y Plá.

4. — Doña María Teresa Moré y Marruz, casó con don Rafael Suárez Solís, periodista. Tuvieron por hijos: a María Teresa; a Rafael; a Félix, y a Adolfina Suárez y Moré.

Igualmente aparece que:

Don Juan Moré y su mujer doña Olalla o Eulalia Pujals, tuvieron por hijo: a

Don Baltasar Moré y Pujals, natural de la villa de Tossa, que falleció en La Habana el 26 de enero de 1877. Casó en la parroquia de Güines el 9 de febrero de 1824, con doña Sebastiana Puig y Romeu, natural de Sitges, Tarragona, hija de Cristóbal y de Serafina. Tuvieron por hijos: a Matilde; a Julia; a Adelaida; a Olalla; a Baltasar; a Antonio Modesto, y a Manuel Baltasar Moré y Puig. De los cuales:

1. — Don Antonio Modesto Moré y Puig, fue bautizado en la parroquia de Güines el 26 de diciembre de 1826.

2. — Doctor Manuel Baltasar Moré y Puig, bautizado en la parroquia de Güines el 22 de marzo de 1829, fue Médico. Falleció en La Habana el 26 de marzo de 1903, donde casó en al Catedral, el 26 de abril de 1857, con doña Rita del Solar y Muro, hija de don Marcos José del Solar y de la Cuesta, natural de Castillo, en las Montañas de Santander, y de doña María Victoria Muro y González, natural de Calahorra, en Castilla. Tuvieron por hijos: a María Rita; a María Concepción; a María Teresa; a María del Carmen; a Manuel María; a Rafael; a Luis; a Sebastián, y a Marcos Moré y del Solar. De los cuales:

A. — Doña María del Carmen Moré y del Solar, bautizada en Guanabacoa el 16 de julio de 1865, casó con el doctor Ezequiel García de la Fontana y Ensonat, Abogado y Secretario de Instrucción Pública de la República de Cuba.

B. — Don Marcos Moré y del Solar, nacido en La Habana el 5 de octubre de 1869, casó en el Obispado de esta ciudad el 17 de febrero de 1917, con doña Graciella María Aenlle y Ovando, hija de don Antonio María Aenlle y Ufort, y de doña María Antonia Ovando y Suárez Inclán. Tuvieron por hijos: a Marco Antonio, y a Enrique Luis Moré y Aenlle.

C. — Don Luis Moré y del Solar, casó con doña Sofía Rodríguez y Adán, hija de don Alejandro Rodríguez y Velasco, natural de Sancti-Spiritus, Tesorero de la República de Cuba, primer Jefe de las Fuerzas Armadas, y primer Alcalde Municipal de La Habana, y de doña María Josefa Adán y Betancourt.

Igualmente aparece que:

Don José Moré, natural de Cataluña, casó con doña Juana Rodríguez, natural de la ciudad de Bejucal. Tuvieron por hijo: a

Don José Moré y Rodríguez, bautizado en Bejucal, mayo 13 de 1854, que casó con doña María de Jesús Díaz Reynoso, hija de don Francisco

Antonio Díaz, y de doña María Ana Reynoso. Tuvieron por hijos: a María de Jesús; a Blanca Rosa; a María de la Trinidad, y a José Francisco de Paula Moré y Díaz. Los cuales:

1. — Doña María de Jesús Moré y Díaz, nació en Bejucal, el 5 de marzo de 1864, y bautizada en el mismo lugar.

2. — Doña Blanca Rosa Moré y Díaz, nació y fue bautizada en Bejucal, el 23 de noviembre de 1866.

3. — Doña María de la Trinidad Moré y Díaz, nació y fue bautizada en Bejucal el 26 de abril de 1868.

4. — Don José Francisco de Paula Moré y Díaz, nació en Bejucal, el 2 de abril de 1870, fue bautizado en la misma ciudad, el 30 de abril de 1870. Casó, en Bejucal, con doña María del Rosario López Isla. Tuvieron por hija: a Carmen Moré y López..

MORENO

Apellido castellano, muy extendido por toda la Península.

A fines del siglo XVI, aparece radicada esta familia en la ciudad de Ronda, en Andalucía, estableciéndose en la isla de Cuba a mediados del siglo siguiente.

Son sus armas: en campo de oro, una torre de gules, y, saliendo del homenaje, dos águilas de sable, volantes; bordura de gules, con ocho aspas de oro.

Don Rodrigo Moreno y Delgado, empadronado como Hijo-dalgo en la ciudad de Ronda, casó con doña Ana Calvo Zamorano, y tuvieron por hijo: a

Don Miguel Moreno y Calvo, natural de Ronda, que fue Regidor de dicha ciudad. Casó con doña Gaspara de Mondragón, y tuvieron por hijos: a Blas, y a Francisco Manuel Moreno y Mondragón. Los cuales:

1. — Don Blas Moreno y Mondragón, natural de Ronda, fue Capitán de Mar y Guerra de la Armada de Barlovento que se encontraba en la isla de Cuba en 1713.

2. — Don Francisco Manuel Moreno y Mondragón, natural de Ronda, fue Regidor perpetuo de dicha ciudad. Casó con doña María de Mendoza-Villalobos y Mendoza-Villalobos, natural de Ceuta, hija de don Francisco de Mendoza-Villalobos y Vasconcellos de Garza, Alcalde Marítimo de la plaza de Ceuta, Caballero de la Orden de Calatrava, y de doña Catalina de Mendoza-Villalobos. Tuvieron por hijo: a

Don Ignacio Moreno y Mendoza-Villalobos, nacido en la ciudad de Ronda el 31 de jclio de 1712, que fue Teniente de Gobernador Político Militar, y Capitán a Guerra de la villa de San Salvador del Bayamo en 1751, Teniente Coronel de los Reales Ejércitos, y Capitán de Granaderos del Regimiento de la plaza de La Habana. Testó en esta ciudad el 12 de julio de 1762 ante Ignacio de Ayala, falleciendo días después de resultas de las heridas recibidas durante el sitio y toma de La Habana por los ingleses. Casó en Bayamo, parroquia de Predicadores, el 25 de diciembre de 1752, velándose en dicha ciudad, parroquia de San Fructuoso de las Piedras, el 17 de septiembre de 1757, con doña Francisca Antonia Odoardo y Tamayo, natural de Bayamo, hija de don Pablo Odoardo y Núñez de Cabrera, Teniente de Milicias, Alcalde ordinario, y de doña Manuela Tamayo y Milanés. Tuvieron por hijos: a Miguel José, y a Ignacio Moreno y Odoardo. Los cuales:

A. — Don Miguel José Moreno y Odoardo, fue bautizado en Bayamo, parroquia de San Juan Evangelista, el primero de septiembre de 1753.

B. — Don Ignacio Moreno y Odoardo, fue bautizado en Bayamo, parroquia de San Juan Evangelista, el 6 de mayo de 1758.

A principios del siglo XVIII, aparece radicada otra familia de este apellido en la ciudad de Alicante, Valencia, que pasó a la de Arcos de la Frontera, en la provincia de Cádiz, estableciéndose en la ciudad de Matanzas, en la isla de Cuba, a principios del siglo siguiente.

El doctor Francisco Mariano Moreno, natural de la ciudad de Valencia, fue Abogado, Escribano de número de la ciudad de Arcos de la Frontera, y Secretario Honorario de Su Majestad, encontrándose empadronado como Hijo-dalgo en el Ayuntamiento de Arcos de la Frontera, donde tiene su defunción, en la parroquia de Santa María, a 11 de noviembre de 1800. Casó con doña María González y Jiménez, cuya defunción está en la referida parroquia, a 29 de mayo de 1770. Tuvieron por hijos: a Diego José, y a Pedro Moreno y González. Los cuales:

1. — Don Diego José Moreno y González, casó con doña María Leonor Palacios, y tuvieron por hija: a

Doña María del Carmen Moreno y Palacios, nacida en Arcos de la Frontera el 20 de noviembre de 1747, que casó en Cádiz con don Miguel Molinero y Rubio, natural de Zaragoza, hijo de Manuel y de María.

2. — Don Pedro Moreno y González, nacido en Alicante en 1722, tiene su defunción en Arcos de la Frontera, parroquia de Santa María, a 8 de junio de 1783, donde casó el 4 de noviembre de 1742, con doña María Antonia Muñoz y Maya, hija de don Pedro Muñoz y Luna, y de doña Ana María de Maya y Vázquez. Tuvieron por hijos: a Francisco, y a Pedro Moreno y Muñoz. Los cuales:

A. — Don Francisco Moreno y Muñoz, nacido en Arcos de la Frontera en 1743, casó dos veces: la primera, con doña María Josefa Muñoz y Fernández de la Vega; y la segunda, con doña Francisca de Cózar.

Don Francisco Moreno y Muñoz, y su segunda mujer doña Francisca de Cózar, tuvieron por hijo: a

Don Pedro Moreno y Cózar, que casó con doña Francisca Ximénez. Tuvieron por hijo: a

Don Francisco Moreno y Ximénez, que casó con doña María del Rosario Rodríguez, y tuvieron por hijo: a

Don Pedro Moreno y Rodríguez, natural de Arcos de la Frontera, que fue distinguido político español.

B. — Don Pedro Moreno y Muñoz, bautizado en Arcos de la Frontera, parroquia de Santa María, el 19 de diciembre de 1745, fue empadronado como Hijo-dalgo en el Ayuntamiento de dicha ciudad. Casó dos veces en la referida parroquia: la primera, el 9 de mayo de 1768, con doña Leonor Díaz del Pozo y Herrera, natural de Genalguacil, Málaga, hija de Juan y de Beatriz. Casó por segunda vez, el 19 de junio de 1774, con doña Ana María Bernal y Morales, natural de Arcos de la Frontera, hija de don Cristóbal Bernal, y de doña Ana Morales y Guillén.

Don Pedro Moreno y Muñoz y su segunda mujer doña Ana María Bernal y Morales, tuvieron por hijos: a José; a Antonio, y a Francisco Moreno y Bernal. Los cuales:

a. — Don José Moreno y Bernal, natural de Arcos de la Frontera, tiene su defunción en La Habana, parroquia del Santo Ángel, a primero de febrero de 1856.

b. — Don Antonio Moreno y Bernal, natural de Arcos de la Frontera, testó el 9 de agosto de 1847 ante Luis López de Villavicencio, y su defunción se encuentra en la Catedral de Matanzas a 14 de agosto del mismo año, donde casó el 13 de noviembre de 1842, con doña Bernarda Cabrera y Noriega, hija de Antonio y de Rosalía. Tuvieron por hijos: a Luisa, y a Antonio Moreno y Cabrera.

c. — Don Francisco Moreno y Bernal, bautizado en Arcos de la Frontera, parroquia de Santa María, el 24 de noviembre de 1792, pasó a la isla de Cuba como Comisionada Real de la Renta del Tabaco en La Habana, cargo que obtuvo por nombramiento de 28 de enero de 1815. Su defunción se encuentra en la Catedral de Matanzas a 7 de noviembre de 1835. Casó tres veces: la primera, en la referida Catedral, el 8 de enero de 1818, con doña María de Elena. Casó por segunda vez, con doña María de la Merced Gea y Suárez, natural de La Habana, hija de don Agustín de Gea y Beseira, Subteniente de la Primera Compañía Ligera de Cataluña, y de doña María Gertrudis Suárez y Pérez de la Cruz Ordaz. Casó por tercera vez, en la Catedral de Matanzas el 3 de diciembre de 1836, con doña María del Socorro Alfonso de Armas y Rangel de Chávez, natural de Guamacaro, hija de don José Alfonso de Armas y Morales, y de doña Joaquina Rangel de Chávez y González.

Don Francisco Moreno y Bernal, y su segunda mujer doña María de la Merced de Gea y Suárez, tuvieron por hija: a

Doña María de los Dolores Moreno y Gea, que fue bautizada en la Catedral de Matanzas el 2 de julio de 1821. Su defunción se encuentra en Madrid, parroquia de San Ildefonso, a primero de febrero de 1885. Casó en la Catedral de Matanzas el primero de febrero de 1838, con don Antonio Cortadellas y Forgues, natural de la ciudad de Cervera, en la provincia de Lérida, hijo de don Raimundo Cortadellas y Gual, natural de dicha ciudad, y de doña Magdalena Forgues y Verdier, natural de la parroquia de Hostals, en el Arzobispado de Vic.

MUÑOZ

A fines del siglo XVII, procedente de Sevilla, se estableció esta familia en La Habana.

Son sus armas: Escudo cuartelado: 1ro. y 4to., en campo de oro, una cruz floreteada de gules, y 2do. y 3ro., en campo de oro, tres fajas de gules. Otros traen: en campo de oro, una cruz floreteada de gules. Otros traen: en campo de gules, cinco toros de oro, puestos en sotuer.

Don Fernando Muñoz, casó con doña Juliana Jiménez, y tuvieron por hijo: a

Don Francisco Antonio Muñoz y Jiménez, natural de Sevilla, que fue Teniente de Caballería del Regimiento de Lanceros. Testó en La Habana el 20 de diciembre de 1757, ante Manuel Álvarez, Teniente del Escribano Cristóbal Leal. Casó en la parroquia de la villa de Guanabacoa el 23 de junio de 1697, con doña María de Arce, bautizada en la referida parroquia el 26 de febrero de 1687, hija del Capitán José de Arce, natural de Santa Fe, y de doña Teodora de la Cruz, natural de La Habana. Tuvieron por hijos: a María Gertrudis; a Juana; a Isabel; a Diego; a Jerónimo, y a Fernando Antonio Muñoz y Arce. De los cuales:

Don Fernando Antonio Muñoz y Arce, bautizado en la parroquia de la villa de Guanabacoa el 30 de noviembre de 1705, fue Teniente de Caballería del Regimiento de Lanceros en el año 1759. Casó en la parroquia de los Quemados, Marianao, el 15 de junio de 1729, con doña María González y Quintero, bautizada en la Catedral de La Habana el 17 de octubre de 1701, rija de don Juan González y del Castillo, bautizado en la referida Catedral el 2 de abril de 1670, y de doña Ana Quintero y Rodríguez, bautizada en dicha Catedral el 4 de agosto de 1674. Tuvieron por hijos: a Josefa Soriana, y a Joaquín Muñoz y González. Los cuales:

1.— Doña Josefa Soriana Muñoz y González, bautizada en La Habana, parroquia del Santo Cristo, el 19 de mayo de 1732, tiene su defunción en la ciudad de La Habana, parroquia de Guadalupe, a 26 de marzo de 1817, habiendo testado ante Ramón Rodríguez. Casó en Marianao, parroquia de los Quemados, el 8 de diciembre de 1757, con don Vicente

Ponce de León y del Castillo, hijo del Capitán Juan Ponce de León y Ruiz-Mexías, y de doña Catalina Bueno del Castillo y Zaldívar.

El referido Vicente Ponce de León y del Castillo, hizo información de nobleza a nombre de su mujer en La Habana, la cual fue proveída por el Capitán General y Gobernador de la isla de Cuba, el 5 de junio de 1792.

2. — Don Joaquín Muñoz y González, fue Subteniente del Regimiento de Caballería de La Habana, por real cédula dada en San Lorenzo el 15 de noviembre de 1765.

MUÑOZ PALACIOS

Don Francisco Muñoz Salado, natural de Tarifa, casó con doña Antonia de Rivera y Escalante. Tuvieron por hijo: a

Don Sebastián Muñoz Salgado y Rivera, bautizado en la Iglesia Parroquial de San Francisco, en Tariffa el 17 de marzo de 1631 donde casó el 6 de octubre de 1649 con doña Juana Palacios y Lozano, bautizada en la iglesia de San Mateo en Tarifa el 8 de febrero de 1633 hija del doctor Adrián Pérez de Palacios y de doña Leonor Gómez de Moguel, ambos naturales de Tarifa. Tuvieron por hijos: a Andrés y a Diego Muñoz Palacios. Los cuales:

1. — Don Andrés Muñoz Palacios, natural de Tarifa, casó con doña Juana de Sierra Chirinos.

2. — Don Diego Muñoz Palacios, bautizado en la Iglesia Parroquial de San Francisco el 21 de septiembre de 1671, fue Regidor Perpetuo de Tarifa. Casó en dicha Iglesia Parroquial el 3 de octubre de 1695 con doña Teresa de Castro, bautizada en la iglesia de San Francisco el 21 de julio de 1677, hija de don Miguel Martín de Guzmán y de doña Teresa de Castro, ambos naturales de Tarifa. Tuvieron por hijos: a Josefa, y a Sebastián Muñoz Palacios y de Castro. Los cuales:

A. — Doña Josefa Nicolasa Muñoz Palacios y Castro, bautizada en la Iglesia Parroquial de San Francisco el 25 de noviembre de 1709, casó el 23 de septiembre de 1742, con don Sebastián Conejo y Ramón, Regidor perpetuo de Tarifa, hijo de don Alfonso Conejo y de doña Josefa Marcelina Ramón.

B. — Don Sebastián Martín Muñoz Palacios y Castro, bautizado en la Iglesia Parroquial de San Francisco el 13 de julio de 1714, pasó a la isla de Cuba, donde casó en la Iglesia Parroquial de Santiago de las Vegas el 17 de agosto de 1732 con doña Antonia Tirado y Sánchez de Castro, natural de La Habana, hija de don Marcos Tirado y Montaña y de doña Josefa Sánchez de Castro y Josué, naturales de La Habana. Tuvieron por hijos: a Juana; a Manuel; a Gaspar, y a Diego Muñoz Palacios y Tirado. Los cuales:

a. — Doña Juana Muñoz Palacios y Tirado, fue bautizada en la Iglesia Parroquial de Consolación, provincia de Pinar del Río el 8 de enero de 1749.

b. — Don Manuel Muñoz Palacios y Tirado, bautizado en la Iglesia Parroquial de Consolación el 11 de junio de 1747, fue Subteniente de Voluntarios de Caballería de la plaza de La Habana. Promovió Información de Nobleza, Hidalguía, Limpieza de Sangre y Legitimidad en dos ocasiones, la primera el 22 de diciembre de 1793 y la segunda el 30 de octubre de 1795, ambas ante don Luis de las Casas, Teniente General de los Reales Ejércitos, Gobernador y Capitán General de la isla de Cuba, a nombre de él y de sus hermanos.

c. — Don Gaspar Muñoz Palacios y Tirado, fue bautizado en la Iglesia Parroquial de Consolación el 11 de enero de 1752.

d. — Don Diego Muñoz Palacios y Tirado, fue bautizado en la Iglesia Parroquial del Santo Calvario en La Habana el 27 de diciembre de 1738. Pasó a la ciudad de Trinidad, Las Villas, donde casó con doña Ana Beatriz Montenegro de Rivera y Gálvez, natural de Trinidad, hija de don Agustín Montenegro de Rivera y de doña María de Gálvez. Tuvieron por hijos: a Inés; a María de las Mercedes, y a Sebastián José Muñoz Palacios y Montenegro de Rivera. Los cuales:

1. — Doña Inés Muñoz Palacios y Montenegro de Rivera, natural de Trinidad casó con don José del Rey y Fernández Copado, natural de México, hijo de don José del Rey y Álvarez Herrera, natural de La Habana, y de doña María Antonia Fernández Copado y Pérez Camareno, natural de México.

2. — Doña María de las Mercedes Palacios y Montenegro de Rivera, natural de Trinidad, casó con don José Manuel Echarri y Zabala, hijo de don Manuel Antonio Echarri y de doña Manuela Zabala.

3. — Don Sebastián José Muñoz Palacios y Montenegro de Rivera, bautizado en la parroquia de la Santísima Trinidad, en la ciudad de Trinidad el 21 de abril de 1772 fue Alcalde de la Santa Hermandad. Casó el 11 de diciembre de 1792 en dicha parroquia, con doña Josefa Ildefonsa Veloso y de la Torre, bautizada en Trinidad el 5 de marzo de 1776, hija de don José Veloso y de doña María Feliciana de la Torre y Pérez Costilla. Tuvieron por hijos: a Nicolás; a María de las Nieves; a Manuela; a Diego de Jesús, y a Lázaro Muñoz Palacios y Veloso. Los cuales:

A. — Doña Nicolasa Muñoz Palacios y Veloso, natural de Trinidad, casó con don Juan O'Bourke, natural de Limerick, Irlanda, doctor en Medicina, hijo de don Santiago O'Bourke y de doña María.

B. — Doña María de las Nieves Muñoz Palacios y Veloso, natural de Trinidad, casó con don Silvestre Entenza y Lasso, hijo de don Melchor Entenza y de doña Ana Beatriz Lasso.

C. — Doña Manuela Muñoz Palacios y Veloso, natural de Trinidad, casó con don José Fernando García y Naranjo, hijo de don Juan García y de doña María del Carmen Naranjo.

D. — Don Diego de Jesús Muñoz Palacios y Veloso, bautizado en Trinidad el 6 de julio de 1797, casó el 26 de agosto de 1817 con doña Antonia Josefa Manso de Contreras y de la Torre, bautizada en Trinidad el 16 de abril de 1791, hija de don Luis Manso de Contreras y Rodríguez de Arciniegas y de doña María Altagracia de la Torre y Pérez Costilla. Tuvieron por hijos: a Sebastián José, y a Pablo Muñoz Palacios y Manso de Contreras. Los cuales:

a. — Don Sebastián José Muñoz Palacios y Manso de Contreras, bautizado el 22 de enero de 1819, fue Licenciado en Jurisprudencia. Casó en Cienfuegos el 21 de diciembre de 1847, con doña Gertrudis Sotolongo y Pérez de los Reyes, hija de don Francisco Sotolongo y Hernández, Médico y de doña Eugenia Pérez de los Reyes y Pérez de Corcho. Tuvieron por hijos: a María Getrudis; a Nicolasa y a María de las Nieves Muñoz Palacios y Sotolongo. Las cuales:

1. — Doña María Gertrudis Muñoz Palacios y Sotolongo, bautizada en Cienfuegos el 10 de julio de 1857, donde casó el 3 de noviembre de 1871, con don Antonio Muñoz Palacios y Sánchez, hijo de don Lázaro Muñoz Palacios y Veloso y de doña María de las Mercedes Sánchez y Orizondo.

2. — Doña Nicolasa Muñoz Palacios y Sotolongo, casó en Cienfuegos el 12 de enero de 1890 con don Alberto Menéndez y Acebal, natural de Madrid, hijo de don Esteban Menéndez y de doña Josefa Acebal.

3. — Doña María de las Mercedes Muñoz Palacios y Sotolongo, bautizada en Trinidad el 30 de mayo de 1855, casó con don Pablo Muñoz Palacios y Lavalleé, hijo de don Pablo Muñoz Palacios y Manso de Contreras y de doña Carolina Lavalleé y Mora, natural de La Habana.

b. — Don Pablo Muñoz Palacios y Manso de Contreras, casó con doña Carolina Lavalleé y Mora, natural de La Habana, hija de don Francisco Lavalleé, natural de París y de doña María de la Concepción Mora. Tuvieron por hijo: a

Don Pablo Muñoz Palacios y Lavalleé, bautizado en Trinidad el 27 de noviembre de 1849, que casó con doña María de las Nieves Muñoz Palacios y Sotolongo, natural de Trinidad, hija de don Sebastián José Muñoz Palacios y Manso de Contreras y de doña Gertrudis Sotolongo y Pérez de los Reyes.

E. — Don Lázaro Muñoz Palacios y Veloso, bautizado en Trinidad el 17 de diciembre de 1807 casó dos veces: la primera con doña María de la Candelaria Sánchez y Orizondo, fallecida en Trinidad el 31 de mayo de 1836; casó por segunda vez con doña María de las Mercedes Sánchez y Orizondo, bautizada en la parroquia de San Blas de Palmarejo el 2 de octubre de 1825, ambas hijas de don Dionisio Sánchez y Villa natural de Trinidad y de doña Ana Rafaela Orizondo y Valdespino.

Don Lázaro Muñoz Palacios y Veloso y su primera mujer doña María de la Candelaria Sánchez y Orizondo, tuvieron por hijos: a Luisa Mariana y a Lázaro Muñoz Palacios y Sánchez. Los cuales:

A. — Doña Luisa Mariana Muñoz Palacios y Sánchez, bautizada en Trinidad el 4 de marzo de 1827 donde casó con don Juan Bautista O'Bourke y Muñoz Palacios, General de las Fuerzas Cubanas en la guerra de los Diez Años, hijo de don Juan O'Bourke, doctor en Medicina, natural de Limerick, Irlanda y de doña Nicolasa Muñoz Palacios y Veloso.

B. — Don Lázaro Muñoz Palacios y Sánchez, casó con doña Juana de Dios Borrell y Villafaña, natural de Trinidad, hija de don José Mariano Borrell y Lemus, primer Marqués de Gaimaro, Coronel de Milicias Caballero Gran Cruz de la orden de Isabel la Católica, y de doña María de la Concepción Villafaña y Galeto. Tuvieron por hijos: a Francisca; a Cándida; a Juan; a Rafael, y a Pablo Muñoz Palacios y Borrell. De los cuales:

Don Pablo Muñoz Palacios y Borrell, natural de Trinidad, casó con doña María Gronning y de Madaley, hija de don Juan Gronning y Fonseca y de doña Isabel de Madaley y Ramírez. Tuvieron por hijos: a María de los Dolores; a Isabel; a Luisa; a Gloria, y a Gustavo Muñoz Palacios y Gronning. De los cuales:

a. — Doña Isabel Muñoz Palacios y Gronning, casó con don Enrique Barrio y Suárez del Villar, natural de Cienfuegos, hijo de don Enrique Barrio y Escarrá y de doña Leticia Suárez del Villar y Suárez del Villar.

b. — Doña Luisa Muñoz Palacios y Gronning, casó con don Juan Bautista López y Taty, natural de Trinidad, hijo de don Martín López y Echarri y de doña Josefa Taty y Miranda.

c. — Doña Gloria Muñoz Palacios y Gronning, casó con don Saturnino Fernández y Menéndez, hijo de don Saturnino Fernández y Muñiz y de doña Eugenia Menéndez y Loyola.

d. — Don Gustavo Muñoz Palacios y Gronning, casó con doña Zoraida Zolozábal y López, hija de don Venancio Zolozábal y Ruiz y de doña María López y Rosell. Tuvieron por hijos: a Gustavo; a Pablo; a Venancio; a Ricardo, y a Roberto Muñoz Palacios y Zolozábal.

Don Lázaro Muñoz Palacios y Veloso y su segunda mujer doña María de las Mercedes Sánchez y Rizondo tuvieron por hijos: a María de las Mercedes; a José; a Salvador; a Luis; a Mariano, y a Juan Muñoz Palacios y Sánchez. De los cuales:

1. — Doña María de las Mercedes Muñoz Palacios y Sánchez, natural de Trinidad, casó con don Pedro Sánchez, natural de Sancti Spíritus.

2. — Don Juan Muñoz Palacios y Sánchez, casó con doña Ángela Buruaga y Saget, hija de don Victoriano Buruaga, Cónsul de España en Trinidad y de doña Ángela Saget. Tuvieron por hijo: a Juan Victoriano Muñoz Palacios y Buruaga.

OJEA

Apellido gallego.

A principios del siglo XIX, procedente de la parroquia de San Miguel de Montefurado, en el partido judicial de Quiroga, provincia de Lugo, Reino de Galicia, se estableció esta familia en La Habana.

Sus armas: en campo de azur, cinco medias lunas de plata, puntas arriba y puestas en sotuer, y en el cóncavo de cada una, una estrella de oro. Otros traen en campo de azur, una media luna de plata, y en cada ángulo del escudo, una estrella de oro.

Don Fermín Rodríguez-Ojea, casó con doña Magdalena Vicente, y tuvieron por hijo: a

Don Blas Rodríguez-Ojea y Vicente, natural de la parroquia de San Miguel de Montefurado, que fue Teniente Coronel del Batallón Ligero de Galicia y Sargento Mayor de la plaza de La Habana. Testó el 15 de marzo de 1857, ante Juan de Puentes, Escribano Real, y su defunción se encuentra en La Habana, parroquia de Monserrate, a 20 de marzo de dicho año. Casó con doña María de los Dolores San Clemente, natural de Puerto Cabello, y tuvieron por hijos: a Joaquina; a Juan; a Blas; a Antonio María, y a Francisco Rodríguez-Ojea y San Clemente. De los cuales:

1. — Don Blas Rodríguez-Ojea y San Clemente, fue Comandante de los Ejércitos Nacionales, Oficial de la Orden de San Mauricio y San Lázaro de Italia, Cruz del Mérito Militar de segunda clase de España, y Comendador de las Órdenes de Isabel la Católica y de Carlos III. Casó en la Catedral de La Habana el 26 de enero de 1874, con doña María de los Ángeles de Cárdenas y Castro-Palomino, hija de don Miguel de Cárdenas y Chávez, primer Marqués de San Miguel de Bejucal, Coronel de Milicias de Caballería de La Habana, Consejero de Administración, Senador del Reino, Comisario Regio de la Escuela de Agricultura, Vocal de la Junta Superior de Instrucción Pública, Gentil-hombre de Cámara de Su Majestad, Miembro de Mérito de la Real Sociedad Económica de Amigos del País, y Caballero de las órdenes de Isabel la Católica y de Alcántara, y de doña María del Rosario de Castro-Palomino y Flores.

2. — Licenciado Antonio María Rodríguez-Ojea y San Clemente, fue Abogado y Comisario Ordenador Honorario de la Marina de Guerra. Falleció en Macuriges, provincia de Matanzas, y su defunción se encuentra trasladada a la Catedral de La Habana el 17 de marzo de 1873, donde casó el 4 de mayo de 1859, con doña Josefa María de Cárdenas y Romero, hija de don Miguel de Cárdenas y Chávez, primer Marqués de San Miguel de Bejucal, Coronel de Milicias de Caballería de La Habana, Consejero de Administración, Senador del Reino, Comisario Regio de la Escuela de Agricultura, Vocal de la Junta Superior de Instrucción Pública, Gentil-hombre de Cámara de Su Majestad, Miembro de Mérito de la Real Sociedad Económica de Amigos del País y Caballero de las órdenes de Isabel la Católica y de Alcántara, y de doña María Josefa Fernández-Romero y Núñez de Villavicencio. Tuvieron por hijos: a Enrique; a Miguel, y a María de los Dolores Ojea y Cárdenas. De los cuales:

Doña María de los Dolores Ojea y Cárdenas, casó con don Francisco de los Santos Guzmán y Elízaga, bautizado en Madrid, parroquia de San Luis, el 11 de enero de 1869, hijo del Licenciado Francisco de los Santos Guzmán y Carballeda, Abogado, Consejero de Estado, Ministro de Gracia y Justicia, Diputado a Cortes por La Habana, Senador Vitalicio del Reino, primer Vicepresidente del Senado español, Gran Cruz y Collar de la orden de Carlos III, y de doña María del Pilar de Elízaga y Montes.

3. — Don Francisco Rodríguez-Ojea y San Clemente, casó en la Catedral de Puerto Príncipe el 26 de diciembre de 1857, con doña Francisca Xaviera del Castillo y Agramonte, hija de don Martín del Castillo y Quesada, y de doña Ángela Rufina Agramonte y Agramonte. Tuvieron por hijos: a Isabel Virginia, y a Ángel Ojea y del Castillo. Los cuales:

1. — Doña Isabel Virginia Ojea y del Castillo, natural de la villa de Puerto Príncipe, casó en la Catedral de La Habana el 13 de marzo de 1882, con don Francisco Ferrán y Ajuria, hijo de don Antonio Ferrán y Vilardell, Comendador de la orden de Isabel la Católica, y de doña Micaela Ajuria y Muñar.

2. — Don Ángel Ojea y del Castillo, natural de la villa de Puerto Príncipe, fue Alférez del Regimiento de Caballería de Milicias de la villa de San Julián de los Güines. Casó en La Habana, parroquia del Pilar, el primero de agosto de 1881, con doña Juana Valdés y Curbelo, hija de Joaquín y de Manuela.

OROZCO

A mediados del siglo XVII, aparece radicada esta familia en Santiago de Cuba.

Sus armas: en campo de plata, una cruz de gules, cargada de cinco aspas de oro, y cantonada de cuatro lobos de sable, mirando al centro del escudo; bordura de gules, con ocho aspas de oro.

El Capitán Bartolomé de Orozco Xorba Calderón, fue Alguacil Mayor del Santo Oficio de la Inquisición en Santiago de Cuba. Su defunción se encuentra en la Catedral de dicha ciudad a 7 de octubre de 1676. Casó con doña Ana María Ramos, y tuvieron por hijos: a María Ana; a María Micaela; a Gregoria; a Francisca; a Manuel; a Francisco, y a Bartolomé de Orozco Xorba Calderón y Ramos. De los cuales:

1. — Doña María Micaela de Orozco Xorba Calderón y Ramos, tiene su defunción en la Catedral de Santiago de Cuba a 10 de septiembre de 1691, donde casó el 26 de junio de 1689, con don Miguel Alejandro Ferrer y Roxas, natural de Puerto Rico, Alférez Mayor de Santiago de Cuba, hijo del Capitán Pedro Ferrer y Bolufer, Sargento Mayor, Gobernador Político y Militar de la plaza de Santiago de Cuba, y de doña Juana de Toro Roxas.

2. — Doña Gregoria de Orozco Xorba Calderón y Ramos, tiene su defunción en la Catedral de Santiago de Cuba a 14 de octubre de 1691, donde casó el primero de septiembre de 1688, con el Capitán Pedro López de Herrera y Ramos, hijo del Capitán Luis López de Herrera Leyba y Medrano, y de doña Mariana Ramos Patiño.

3. — Doña Francisca de Orozco Xorba Calderón y Ramos, tiene su defunción en la Catedral de Santiago de Cuba a 12 de octubre de 1720, donde se hace constar que falleció a los setenta años de edad. Casó con don Julián de Herrera y Moya, hijo del Capitán Francisco Herrera, y de doña Inés González de Moya y Pacheco.

4. — Don Manuel de Orozco Xorba Calderón y Ramos, falleció demente, y su defunción se encuentra en la Catedral de Santiago de Cuba a 11 de febrero de 1752, donde casó el primero de septiembre de 1688, con doña Leonor Manuela López de Herrera y Torres Patiño, hija del Capitán Luis López de Herrera Leyba y Medrano, y de doña Leonor de Torres Patiño. Tuvieron por hijas: a Micaela; a Ángela, y a María Ana de Orozco y López de Herrera. De las cuales:

Doña María Ana de Orozco y López de Herrera, tiene su defunción en la Catedral de Santiago de Cuba a 29 de julio de 1729.

5. — Don Francisco de Orozco Xorba Calderón y Ramos, casó con doña Juana Ferrer y Roxas, hija del Capitán Pedro Ferrer y Bolúfer, Sargento Mayor, Gobernador Político y Militar de la plaza de Santiago de Cuba, y de doña Juana de Toro Roxas. Tuvieron por hijos: a María Micaela; a Juana; a Pedro, y a Francisco de Orozco y Ferrer. De los cuales:

A. — Don Francisco de Orozco y Ferrer, casó en la Catedral de Santiago de Cuba el 29 de enero de 1727, con doña Mariana de Herrera-Moya y Castro, hija de don Carlos de Herrera y Moya y de doña Inés de Castro y Vélez.

B. — Doña María Micaela de Orozco y Ferrer, casó en la Catedral de Santiago de Cuba el 10 de agosto de 1718, con don José Nolasco Osorio de Pedroso y Pérez de Rivera, hijo de don Nicolás Osorio de Pedroso y Piñero, y de doña Feliciana Pérez de Rivera y Andrade.

6. — Alférez Bartolomé de Orozco Xorba, Calderón y Ramos, casó en la Catedral de Santiago de Cuba el 2 de agosto de 1688, con doña Marcelina Ferrer y Roxas, hija del Capitán Pedro Ferrer y Bolúfer, Sargento Mayor, Gobernador Político y Militar de Santiago de Cuba, y de doña Juana de Toro Roxas. Tuvieron por hijos: a Juana Josefa; a Margarita; a Tomás; a José Vicente, y a Jacinto de Orozco y Ferrer. De los cuales:

a. — Doña Juana Josefa de Orozco y Ferrer, nacida en Santiago de Cuba el 19 de marzo de 1705, casó en la Catedral de dicha ciudad el 25 de diciembre de 1723, con don Francisco Nicolás Palacios-Saldurtún, Sargento Mayor, Castellano del Morro, Gobernador y Capitán a Guerra de la plaza de Santiago de Cuba.

b. — Doña Margarita de Orozco y Ferrer, tiene su defunción en la Catedral de Santiago de Cuba a 8 de septiembre de 1734, donde casó el 19 de marzo de 1725, con don Juan Mateo de Herrera-Moya y Ramos, hijo del Alférez Pedro de Herrera y Moya, y de doña Inés Ramos Pacheco y Ramírez.

c. — Don José Vicente de Orozco y Ferrer, fue Dean de la Catedral de Santiago de Cuba, en cuya Catedral se encuentra su defunción a 20 de octubre de 1794.

d. — Don Jacinto de Orozco y Ferrer, testó en Santiago de Cuba ante Manuel González Prestelo, y su defunción se encuentra en la Catedral de dicha ciudad a 17 de octubre de 1750.

A fines del siglo XVIII, procedente de Cádiz, se estableció en La Habana otra familia Orozco a la cual perteneció:

Don José de Orozco y Bruna, Capitán de Navío de la Real Armada, que casó con doña Gertrudis de Herrera y Herrera, natural de Valladolid, hija de don Juan José Herrera y Losano, y de doña Ana Herrera y Paredes, y tuvieron por hijos: a José Antonio, y a Juan de Orozco y Herrera. Los cuales:

1. — Don José Antonio de Orozco y Herrera, nacido en Cádiz en 1768, perteneció a la Real Armada Española.

2. — Don Juan de Orozco y Herrera, nacido en Cádiz en 1765, fue Teniente de Navío de la Real Armada. Casó en La Habana, parroquia del Espíritu Santo, el 7 de mayo de 1796, con doña Juana Arango y Núñez del Castillo, hija de don Anastasio Arango y Meyreles, Teniente Coronel de Milicias de Infantería de la plaza de La Habana, y de doña Feliciana Núñez del Castillo y Sucre. Tuvieron por hijos: a María de las Mercedes; a Juan Santiago, y a Anastasio Orozco y Arango. Los cuales:

A. — Doña María de las Mercedes Orozco y Arango, casó en La Habana, parroquia del Espíritu Santo, el 5 de junio de 1820, con don Tomás O'Naghten y Enríquez, natural de la plaza de Ceuta, Teniente de Infantería de Irlanda, hijo de don Juan O'Naghten y O'Kelly, Brigadier y Coronel del Regimiento de Infantería de Irlanda, y de doña María del Carmen Enríquez y Puga.

B. — Coronel Juan Santiago Orozco y Arango, casó en la Catedral de La Habana el 8 de febrero de 1843, con doña María Teresa O'Farrill y Garro, hija de don Rafael O'Farrill y Arredondo, Alcalde ordinario y de doña Manuela Teresa Garro.

C. — Licenciado Anastasio Orozco y Arango, nacido en La Habana el 6 de agosto de 1805, fue Abogado de todos los Tribunales de Indias, Asesor Teniente Letrado de la Intendencia, Presidente de la Sección de Educación de la Diputación de la villa de Santa María de Puerto Príncipe, Tesorero de Rentas Reales, Secretario de la Superintendencia de La Habana; Teniente Fiscal del Tribunal Superior Territorial de Cuentas de la isla de Cuba, Vocal de la Junta de Fomento de Agricultura de la ciudad de San Felipe y Santiago, Miembro de la Real Sociedad Económica de Amigos del País, y Comendador de la Orden de Isabel la Católica. Casó en La Habana, parroquia del Espíritu Santo, el año 1865 (libro 13, folio 163), con doña Gabriela de Arascot y Soto-Carrillo, natural de México, hija del Coronel Narciso de Arascot y Goicoechea, Barón de Valdeciervos, Sargento Mayor de la plaza de La Habana, y de doña María de Jesús de Soto-Carrillo y Olmedo. Tuvieron por hijos: a Felipa, y a Gabriel Orozco y Soto-Carrillo. Los cuales:

a. — Doña Felipa Orozco y Arascot, natural de la villa de Santa María de Puerto Príncipe, casó en La Habana, parroquia del Espíritu Santo, el 28 de noviembre de 1860, con don Francisco del Calvo y Chenard. Promotor Fiscal del Juzgado de Pinar del Río, hijo del doctor Francisco del Calvo y López-Crespo, Abogado, Auditor Honorario, Padre General de Menores y Regidor del Ayuntamiento de La Habana, Fiscal Togado del Tribunal Superior de Marina, Caballero de la Orden de Carlos III, y de doña Josefa Chenard y de las Cuevas.

b. — Don Gabriel Orozco y Arascot, fue Teniente General de Infantería de los Reales Ejércitos, y Gentil-hombre de Cámara de Su Majestad.

PABLO VÉLEZ

Apellido castellano, originario por la unión de los Vélez con los Pablo.

A fines del siglo XV, aparece radicada esta familia en Villafranca de la Rivera, en el Reino de Navarra, de donde pasaron a La Habana a mediados del siglo XVII.

Don Pedro Vélez, casó con doña María Iñigo, ambos naturales de Villafranca de la Rivera. Tuvieron por hijo: a

Don Diego Vélez e Iñigo, bautizado en la parroquia de Villafranca de la Rivera el 8 de septiembre de 1511, que casó con doña Isabel de Haro, y tuvieron por hijo: a

Don Tomás Vélez y Haro, bautizado en la parroquia de Villafranca de la Rivera el 10 de enero de 1578, que casó con doña Ana de Cambra, natural de Azagra. Tuvieron por hijo: a

Don Juan Celedón Vélez y Cambra, que fue bautizado en la parroquia de Villafranca de la Rivera el 6 de septiembre de 1605, donde hizo información de nobleza, proveída el 3 de abril de 1655, por don Antonio de Vitoria, Alcalde y Juez ordinario de dicha villa, y por ante Francisco Ros y Valles, Escribano Público. Fue vecino de la villa de Alagón, en Navarra, y casó con doña Gracia Vélez. Tuvieron por hija: a

Doña Greciana Vélez y Vélez, que casó con don Domingo de Pablo, natural de Villafranca de la Rivera, donde testaron en 25 de octubre de 1605, ante Bartolomé de Amatrián. Tuvieron por hijos: a Catalina; a Juliana; a Atanasio, y a Domingo Pablo-Vélez. De los cuales:

Don Domingo Pablo Vélez, casó dos veces: la primera, en Villafranca de la Rivera, parroquia de Santa Eufemia, el 26 de octubre de 1608, con doña María de Peralta Burdaspar, hija de don Bartolomé de Burdaspar y de doña Catalina de Peralta. Casó por segunda vez, con doña Ana Polo.

Don Domingo Pablo-Vélez y su primera mujer doña María de Peralta Burdaspar, tuvieron por hijos: a Graciana; a Catalina; a Juliana, y a Domingo Pablo-Vélez y Peralta. De los cuales:

1. — Doña Juliana Pablo-Vélez y Peralta, casó con don Simón López.

2. — Don Domingo Pablo-Vélez y Peralta, bautizado en Villafranca de la Rivera, parroquia de Santa Eufemia, el 29 de noviembre de 1608, pasó a La Habana, donde testó el 9 de agosto de 1681 ante Cristóbal Valero, y su defunción se encuentra en la Catedral de La Habana a 19 de julio de 1687, donde casó el 28 de febrero de 1644, con doña Basilia Sáa Cordero, hija de don Gaspar Rodríguez de Sáa, y de doña Lorenza Cordero y López. Tuvieron por hijos: a María; a Josefa; a Basilia; a Estefanía; a Ana María; a Lorenza; a Antonia; a Pedro; aAndrés, y a José Pablo-Vélez y Sáa Cordero. De los cuales:

A. — Doña Estefanía Pablo-Vélez y Sáa Cordero, testó el 31 de julio de 1720 ante Miguel Hernández Arturo, y su defunción se encuentra en la Catedral de La Habana, a 2 de agosto de dicho año.

B. — Doña Ana María Pablo-Vélez y Sáa Cordero, testó el 2 de junio de 1721, ante Miguel Hernández Arturo, y su defunción se encuentra en la Catedral de La Habana a 4 de junio de dicho año.

C. — Doña Lorenza Pablo-Vélez y Sáa Cordero, dio poder para testar el 26 de septiembre de 1722 ante Gaspar Fuertes, y su defunción se encuentra en la Catedral de La Habana a primero de septiembre de 1723.

D. — Doña Antonia Pablo-Vélez y Sáa Cordero, bautizada en la Catedral de La Habana el 11 de noviembre de 1659, testó el 27 de octubre de 1714 ante Francisco de Flores Rubio, y su defunción se encuentra en la referida Catedral a 3 de enero de 1715, donde casó el 21 de noviembre de 1689, con el Capitán Francisco Damián Espinosa de Contreras y Caviedes, natural de Sevilla, Oficial Real de La Habana, hijo de don Juan Antonio Espinosa de Contreras, y de doña María Micaela Caviedes y Guillén de Castañeda tuvieron por hijos: a María Gertrudis; a Francisca; a Ana Damiana; a José, y a Lorenzo Espinosa de Contreras y Pablo Vélez.

E. — Don Andrés Pablo Vélez y Sáa Cordero, fue Presbítero. Testó el 22 de enero de 1720 ante Miguel Hernández Arturo, y su defunción se encuentra en la Catedral de La Habana a 25 de enero de dicho año.

F. — Don José Pablo-Vélez y Sáa Cordero, hizo información de nobleza en Villafranca de la Rivera, la cual fue proveída por don José del Lazo y López, Alcalde y Juez ordinario de dicha villa, el 10 de enero de 1715, ante Juan Antonio Suárez de Olloqui, Escribano Público.

A esta familia también perteneció:

Don Nicolás Pablo-Vélez, Alcalde ordinario y Teniente de Gobernador de la villa de Trinidad, que casó con doña Micaela Ximénez de Valdespino, hija del Alférez Ignacio Ximénez de Valdespino. Tuvieron por hijos: a Fernando; a José; a Domingo y a Manuela Josefa Pablo-Vélez y Ximénez de Valdespino. Los cuales:

a. — Don Fernando Pablo-Vélez y Ximénez de Valdespino, fue Capitán de Granaderos y Alcalde ordinario de la villa de Trinidad.

b. — Don José Pablo-Vélez y Ximénez de Valdespino, fue Teniente de Granaderos y Alcalde ordinario de la villa de Trinidad.

c. — Don Domingo Pablo-Vélez y Ximénez de Valdespino, casó en La Habana, parroquia del Espíritu Santo, el 12 de marzo de 1769, con doña Ángela Cadalso, hija de Pedro y de Elena.

d. — Doña Manuela Josefa Pablo-Vélez y Ximénez de Valdespino, casó en la parroquia de Trinidad el 3 de agosto de 1745, con el Capitán Rodríguez de Alaraz y López de Dicastillo, natural de Trinidad, hijo de don Pedro Rodríguez de Alaraz y Ximénez, natural de Sevilla, y de doña María Discatillo y González de Castañeda.

PACHECO

Apellido castellano, de Belmonte, Cuenca.

A mediados del siglo XVII, procedente de la villa de Osuna en la provincia y diócesis de Sevilla, España, se estableció una familia de este apellido en la villa de San Salvador del Bayamo, provincia de Oriente, Cuba.

Son sus armas: En campo de plata, dos calderas de oro, jironadas de gules, con dos cabezas de sierpes de sinople a cada lado; bordura de plata, con ocho escudos de las quinas de Portugal. Los de Andalucía traen: en campo de plata, dos calderas jaqueladas de oro y sable gringoladas de siete cuellos y cabezas de sierpe, de sinople en cada asa, linguadas de gules, tres a la diestra, afrontadas con tres a la siniestra; bordura jaquelada de oro y sable en dos órdenes. Los de Murcia traen: en campo de plata, dos calderas jaqueladas de oro y gules; bordura jaquelada de oro y gules, en dos órdenes.

Don Juan Pacheco Márquez, natural de Osuna, casó con doña Catalina Cepeda y tuvieron por hijo: a

Don Cristóbal Pacheco y Cepeda, que casó con doña Ana María Hidalgo Agüero. Tuvieron por hijo: a

Don Baltasar Pacheco e Hidalgo, que fue Regidor y Sargento Mayor de la villa de Bayamo. Casó con doña Juana Diéguez Pinela, y tuvieron por hijo: a

Don Juan Pacheco y Diéguez, que casó con doña Ana Antonia Silva y Ferral de Tamayo, hija de don Bartolomé Luis de Silva y Acosta, Alcalde ordinario de Bayamo, y de doña Ana Ferral de Tamayo. Tuvieron por hija: a

Doña Manuela Pacheco y Silva, que casó con don Alvaro Alejandro Milanés y Milanés, hijo de don Florentín Milanés y Tamayo, y de doña Margarita Milanés.

PASTRANA

Apellido castellano.

A mediados del siglo XVII, procedente de Canarias, se estableció una familia de este apellido en la ciudad de La Habana.

Sus armas: en campo de plata, tres bandas de azur, y, entre ellas, seis armiños de sable, puestos de dos en dos; bordura de gules, con ocho aspas de oro. Otros traen: en campo de azur, un toro de plata, superado de una cruz de oro, vaciada de gules.

Don Juan Pastrana, natural de Canarias, hijo de don Juan Caraballo, y de doña Juana Pastrana (adoptó como primer apellido el materno), casó en la parroquia del Espíritu Santo, el 24 de marzo de 1683, con doña Francisca de la Cruz de Figueroa y Armas, natural de Canarias, hija de don Juan de Figueroa, y de doña Dominga Francisca de Armas.

Tuvieron por hijos: a Tomás; a María; a Juan; a Josefa, y a Francisco Martín Pastrana y Figueroa. Los cuales:

1. — Don Tomás Pastrana y Figueroa, falleció soltero.

2. — Doña María Pastrana y Figueroa, casó en la parroquia de Jesús del Monte, el 3 de febrero de 1700, con don Domingo Álvarez Herrera, natural del lugar de Buenavista, en Tenerife, hijo de don Manuel Álvarez Herrera y González, y de doña Agueda de Herrera. Su defunción se encuentra en la parroquia del Espíritu Santo, donde fue sepultada el 28 de julio de 1773. Otorgó testamento ante el Escribano Público don Ignacio Rodríguez, en 19 de marzo de 1771, nombrando por Albaceas y Tenedores de Bienes a don Domingo Álvarez, su hijo, y al Lcdo. y Auditor de Guerra don Félix del Rey, su nieto.

3. — Don Juan Pastrana y Figueroa, casó en la parroquia de Jesús del Monte, el 22 de octubre de 1711; con doña María Álvarez Guirola y Díaz de Meneses, natural de La Habana, hija de don Juan Álvarez Guirola y Herrera, natural de Tenerife, y de doña Francisca Díaz y Meneses, natural de la ciudad de Real de Las Palmas, isla de Gran Canaria.

4. — Doña Josefa Pastrana y Figueroa, fue bautizada en la parroquia de Jesús del Monte. El 29 de abril de 1691, donde casó el 5 de diciembre de 1706, con el Teniente don Juan Lorenzo Cecilio, natural de La Palma, en Canarias, hijo de don Francisco Lorenzo Cecilio y de doña María de la O. Se encuentra su defunción en dicha iglesia, donde fue sepultada el 17 de octubre de 1776.

5. — Don Francisco Martín Pastrana y Figueroa, fue bautizado en la parroquia de Jesús del Monte, el 15 de octubre de 1693, donde contrajo nupcias, el 20 de agosto de 1714, con doña María Teresa Rodríguez Monzón, natural de La Habana, hija de don Francisco Rodríguez y Lorenzo, natural de Tenerife, y de doña Melchora Monzón y Monzón, natural de La Habana.

Don Juan Pastrana y Figueroa, anteriormente mencionado, y su mujer doña María Álvarez Guirola y Díaz de Meneses, tuvieron por hijos: a Francisca; a Ángel; a Andrea; a María Josefa; a Gertrudis; a Nicolasa; a Juan; a Juana Victoria; a José; a María Petronila; a Pedro, y a Josefa Pastrana y Álvarez Guirola. Los cuales:

A. — Doña Francisca Pastrana y Álvarez Guirola, fue bautizada en la parroquia de Jesús del Monte, el 30 de noviembre de 1712. Falleció en la infancia.

B. — Don Ángel Pastrana y Álvarez Guirola, falleció en la infancia, encontrándose su defunción en la parroquia de Jesús del Monte, a 30 de mayo de 1717.

C. — Doña Andrea Pastrana y Álvarez Guirola, fue bautizada en la parroquia de Jesús del Monte, el 6 de marzo de 1714. Casó en la parroquia del Espíritu Santo, el 11 de agosto de 1726, con don Felipe Gómez de la Guerra y Núñez de Villavicencio, natural de La Habana, hijo de don Esteban Gómez de la Guerra y Rodríguez, natural de Tenerife, y de doña Ana Núñez de Villavicencio y Márquez, natural de La Laguna, en Tenerife. Falleció el 6 de octubre de 1769, habiendo otorgado testamento el 25 de septiembre de dicho año, ante el Escribano don Nicolás de Frías.

D. — Doña María Josefa Pastrana y Álvarez Guirola, fue bautizada en la parroquia de Jesús del Monte, el 29 de septiembre de 1715. Falleció en la infancia.

E. — Doña Gertrudis Pastrana y Álvarez Guirola, falleció en la infancia, encontrándose su defunción en la parroquia de Jesús del Monte, a 5 de junio de 1720.

F. — Doña Nicolasa Pastrana y Álvarez Guirola, fue bautizada en la parroquia de Jesús del Monte, el 5 de mayo de 1717. Falleció en la infancia.

G. — Don Juan Pastrana y Álvarez Guirola, fue bautizado en la parroquia de Jesús del Monte, el 17 de junio de 1718. Falleció en la infancia, encontrándose su defunción en dicha iglesia a 3 de noviembre de 1722.

H. — Doña Juana Victoria Pastrana y Álvarez Guirola, fue bautizada en la parroquia de Jesús del Monte, el 30 de diciembre de 1719, donde casó el 3 de febrero de 1734, con don Francisco Javier Brisón, natural de la Orotava, en Tenerife, hijo de don Luis Brisón, y de doña Leonor Franco Xenedinas. Se encuentra su defunción en dicha iglesia, a 21 de marzo de 1778.

I. — Don José Pastrana y Álvarez Guirola, fue bautizado en la parroquia de Jesús del Monte, el 14 de noviembre de 1721. Fue Capitán del Regimiento de Caballería Ligera de Milicias de la plaza de La Habana. Casó en la Catedral de dicha ciudad, el 28 de enero de 1743, con doña María Gertrudis de Orta y Rodríguez, natural de La Habana, hija de don Juan Baltasar de Orta Bello, y de doña Manuela Rodríguez, naturales de La Habana.

J. — Doña María Petronila Pastrana y Álvarez Guirola, fue bautizada en la parroquia de Jesús del Monte, el 7 de febrero de 1725, donde contrajo nupcias, el 16 de agosto de 1742, con el Subteniente de Caballería de Milicias, don Manuel González Pargo y Morales, natural de La Habana, hijo de don Juan González Pargo y Díaz, natural de la ciudad de La Laguna, en Tenerife, y de doña María de la Concepción Morales y Hernández, natural de La Habana. Se encuentra su defunción en la parroquia del Calvario, donde fue sepultada, el 27 de septiembre de 1797. Otorgó testamento ante el Escribano Público don Jorge Díaz y Velázquez de Cuellar.

K. — Don Pedro Pastrana y Álvarez Guirola, falleció en la infancia, encontrándose su defunción en la parroquia de Jesús del Monte, a 30 de marzo de 1726.

L. — Doña Josefa Pastrana y Álvarez Guirola, fue bautizada en la parroquia de Jesús del Monte, el 26 de abril de 1727, donde casó el 18 de enero de 1745, con don Juan José de Orta Bello y Rodríguez, natural de La Habana, hijo de don Juan Baltasar de Orta Bello, y de doña Manuela Rodríguez, naturales de La Habana.

El Capitán don José Pastrana y Álvarez Guirola, anteriormente mencionado, y su mujer doña María Gertrudis de Orta y Rodríguez, tuvieron por hijos: a María Martina; a José Pablo; a Juan José Ramón; a María Josefa de los Dolores; a Bárbara Josefa María; a Felipa María Tadea; a Mateo José; a Francisco de Paula; a Estefanía Josefa; a José Francisco Antonio Julián; a Mateo José de los Reyes; a Bárbara Josefa; a Manuel José Ramón, y a Bárbara Josefa María Pastrana y Orta. Los cuales:

a. — Doña María Martina Pastrana y Orta, fue bautizada en la parroquia de Jesús del Monte, el 15 de noviembre de 1743, encontrándose su defunción en dicha iglesia, a 18 de ese mismo mes y año.

b. — Don José Pablo Pastrana y Orta, fue bautizado en la parroquia de Jesús del Monte, el 23 de enero de 1745. Falleció soltero, encontrándose su defunción en dicha iglesia, donde fue sepultado el 28 de julio de 1775. Otorgó testamento ante don Joaquín Hernández, Escribano Real, el 27 de ese mismo mes y año, el cual fue protocolado en la Escribanía de don Ignacio Rodríguez.

c. — Don Juan José Ramón Pastrana y Orta, fue bautizado en la parroquia de Jesús del Monte, el 2 de julio de 1746. Casó dos veces: la primera en dicha iglesia, el 23 de enero de 1775, con doña Rosa María de la Cruz Guerra y Pérez, natural de La Habana, bautizada en la parroquia del Santo Cristo del Buen Viaje, el 4 de abril de 1753, hija de don Diego Martín de la Cruz Guerra y Acosta, natural de La Habana, y de doña María Gregoria Pérez y Hernández, natural de Santiago de las Vegas. Casó por segunda vez, en la parroquia del partido del Calvario, el 15 de mayo de 1781, con doña Úrsula Juana Josefa García Calzadilla y Herrera, bautizada en dicha parroquia, el 30 de octubre de

1761, hija de don Cristóbal García Calzadilla y Rodríguez de Naveda, y de doña Justa Rosalía de Herrera López Barroso y Lauzán Vento, naturales de La Habana.

d. — Doña María Josefa de los Dolores Pastrana y Orta, fue bautizada en la parroquia de Jesús del Monte, el 6 de octubre de 1748. Casó privadamente e in articulo mortis, por encontrarse gravemente enferma, en el partido de San Miguel del Padrón, el 12 de septiembre de 1765, con don Martín Navarro y Labal, natural de Prat, provincia de Barcelona, España, Coronel Graduado y Ayudante Mayor del Regimiento de Caballería Ligera de Milicias disciplinadas de la plaza de La Habana, hijo de don Martín Navarro, y de doña Dorotea Labal. Se encuentra su defunción en la parroquia del Santo Cristo del Buen Viaje, donde se hace constar que fue sepultada en el convento de Nuestra Señora de la Merced, el 30 de noviembre de 1804. Fundó Capellanía y otorgó testamento ante el Escribano Público don José María Rodríguez, el 19 de junio de 1800.

e. — Doña Bárbara Josefa María Pastrana y Orta, fue bautizada en la parroquia de Jesús del Monte, el 24 de octubre de 1750. Falleció en la infancia.

f. — Doña Felipa María Tadea Pastrana y Orta, fue bautizada en la parroquia de Jesús del Monte, el 6 de mayo de 1752. Casó en la parroquia del Santo Cristo del Buen Viaje, el 14 de agosto de 1782, con el Subteniente del Regimiento de Caballería ligera de Milicias, don Manuel Isidro Álvarez y Pérez, natural de La Habana, hijo del Alférez don Miguel Álvarez y Pastrana, y de doña Tomasa Pérez y Gómez de la Guerra, naturales de La Habana. Se encuentra su defunción en la parroquia del partido del Calvario, a 2 de agosto de 1838. Otorgó testamento el 31 de julio del mismo año, ante don Juan Dabán, capitán Juez Pedaneo de dicho partido.

g. — Don Mateo José Pastrana y Orta, fue bautizado en la parroquia de Jesús del Monte, el 30 de septiembre de 1753. Falleció en la infancia.

h. — Don Francisco de Paula Pastrana y Orta, fue bautizado en la parroquia de Jesús del Monte, el 14 de abril de 1755. Falleció en la infancia.

i. — Doña Estefanía Josefa Pastrana y Orta, fue bautizada en la parroquia de Jesús del Monte, el 3 de noviembre de 1756. Falleció soltera, encontrándose su defunción en la Catedral de Matanzas, a 24 de abril de 1839. Otorgó testamento ante el Escribano don Luis López de Villavicencio, en 28 de junio de 1832.

j. — Don José Francisco Antonio Julián Pastrana y Orta, falleció en la infancia, encontrándose su defunción en la parroquia de Jesús del Monte, a 11 de septiembre de 1759.

k. — Don Mateo José de los Reyes Pastrana y Orta, fue bautizado en la parroquia de Jesús del Monte, el 14 de enero de 1761. Falleció en la infancia, encontrándose su defunción en la mencionada parroquia a 29 de octubre de 1762.

1. — Doña Bárbara Josefa Pastrana y Orta, fue bautizada en la parroquia de Jesús del Monte, el 19 de abril de 1762. Falleció en la infancia.

ll. — Don Manuel José Ramón Pastrana y Orta, fue bautizado en la parroquia de Jesús del Monte, el 9 de enero de 1764. Casó en la parroquia del Espíritu Santo, el 27 de junio de 1782, con doña Manuela Jacinta Rodríguez Polegre, natural de La Habana, hija de don Nicolás Rodríguez y Rodríguez, y de doña María Magdalena Hernández Polegre y Fernández, naturales de La Habana. Falleció sin dejar sucesión, encontrándose su defunción en la parroquia del Santo Cristo del Buen Viaje, donde fue sepultado, el 27 de marzo de 1783. Otorgó testamento ante el Escribano Público don Marccos Ramírez, en 25 de marzo de dicho año.

m. — Doña Bárbara Josefa María Pastrana y Orta, fue bautizada en la parroquia de Jesús del Monte, el 9 de enero de 1767. Falleció en la infancia.

Don Juan José Ramón Pastrana y Orta, anteriormente mencionado, y su mujer doña Rosa María de la Cruz y Pérez, tuvieron por hijos: a Rosa María; a Juan Francisco Bonifacio; a María Dorotea; a Juan José María, y a Juana María Gertrudis Pastrana y de la Cruz Guerra. Los cuales:

1. — Doña Rosa María Pastrana y de la Cruz Guerra, fue bautizada en la parroquia de Jesús del Monte, el primero de enero de 1776. Casó en la parroquia del Santo Cristo del Buen Viaje, el 7 de febrero de 1801, con don Felipe Gómez y Orta, natural de La Habana, Alcalde Constitucional de la ciudad de Matanzas durante los años de 1816 y 1824, hijo del Subteniente de Caballería Ligera de Milicias, don Juan de Jesús Gómez y Pastrana, y de doña Lorenza Gertrudis de Orta y Pastrana, naturales de La Habana. Se encuentra su defunción en la Catedral de Matanzas, a 5 de mayo de 1814. Otorgó testamento ante don Santiago López de Villavicencio, en 28 de enero de dicho año.

2. — Don Juan Francisco Bonifacio Pastrana y de la Cruz Guerra. fue bautizado en la parroquia del Santo Cristo del Buen Viaje, el 23 de mayo de 1777. Falleció en la infancia.

3. — Doña María Dolores Pastrana y de la Cruz Guerra, fue bautizada en la parroquia de Jesús del Monte, el 14 de febrero de 1779. Falleció en la infancia, encontrándose su defunción en dicha iglesia, a 25 de marzo de dicho año.

4. — Don Juan José María Pastrana y de la Cruz Guerra, y

5. — Doña Juana María Gertrudis Pastrana y de la Cruz Guerra, fueron bautizados en la parroquia del Santo Cristo del Buen Viaje, el 8 de abril de 1780. Don Juan José María Pastrana y de la Cruz Guerra, casó en la parroquia del Santo Cristo del Buen Viaje, el 26 de abril de 1803, con doña María del Rosario Josefa Joaquina de Urrutia y Álvarez Franco, natural de La Habana, bautizada en la Catedral de esta ciudad el 30 de mayo de 1783, hija de don Francisco Antonio Miguel de Urrutia y Prados, y de doña María Clara Catalina Álvarez Franco y Eligio de la Puente, naturales de La Habana.

Don Juan José María Pastrana y de la Cruz Guerra,[1] y su mujer doña María del Rosario de Urrutia y Álvarez Franco,[2] tuvieron por hijos: a Francisco Antonio Miguel de Jesús; a Clara Catalina, y a Juan José Crisóstomo de Jesús Pastrana y Urrutia. Los cuales:

A. — Don Francisco Antonio Miguel de Jesús Pastrana y Urrutia, fue bautizado en la parroquia del Santo Cristo del Buen Viaje, el 19 de mayo de 1804. Casó en la parroquia del Santo Ángel Custodio, el 17 de julio de 1826, con doña Josefa María del Carmen Correa y Betancourt, natural de La Habana, bautizada en la Catedral de esta ciudad el 6 de mayo de 1810, hija de don Miguel Correa y Sarmiento, natural de Canarias, Sargento Primero del Regimiento de Infantería de Milicias, y de doña Josefa María Dolores Betancourt y Ximénez, natural de Santa María del Rosario. Se encuentra su defunción en la parroquia de Guadalupe a 23 de febrero de 1841.

B. — Doña Clara Catalina Pastrana y Urrutia, fue bautizada en la parroquia del Santo Cristo del Buen Viaje, el 17 de diciembre de 1807. Falleció en la infancia, encontrándose su defunción en dicha iglesia a 8 de octubre de 1809.

C. — Don Juan José Crisóstomo de Jesús Pastrana y Urrutia, fue bautizado en la parroquia del Santo Cristo del Buen Viaje, el 4 de febrero de 1809

Don Juan José Ramón Pastrana y Orta, y su segunda mujer, doña Úrsula García Calzadilla y Herrera, tuvieron por hijos: a Juana de Dios; a José Francisco; a Manuel José Alejandro; a Manuel José Onofre; a Manuel María de la Luz; a María de Jesús; a Juan José Luciano, y a Úrsula María Coleta Pastrana y García Calzadilla. Los cuales:

a. — Doña Juana de Dios Pastrana y García Calzadilla fue bautizada en la parroquia de Jesús del Monte, el 17 de marzo de 1782. Casó dos veces: la primera en la parroquia del Santo Cristo del Buen Viaje, el 11 de enero de 1799, con don Baltasar de Sotolongo y Remírez de Estenoz, natural de La Habana, hijo de don Agustín de Sotolongo y González Carvajal, Regidor del Ayuntamiento de La Habana, y de doña Francisca Javiera Remírez de Estenoz y de Sotolongo, naturales de La Habana. Casó por segunda vez, en la mencionada parroquia del Santo

Cristo, el 11 de octubre de 1830, con don Joaquín González de Mendoza y Govantes, natural de la ciudad de Trinidad, hijo de don Antonio González de Mendoza y Salvadores, natural de la isla de San Fernando, en Cádiz, Oficial de la Tesorería de Marina del Departamento de Cádiz, Contador de Navío, Ordenador Agregado al Tribunal Mayor de Cuentas de la plaza de La Habana, Oficial Tercero del Ministerio de Marina, Ministro de Matrículas y Contador de Marina, en la villa de Trinidad, en la isla de Cuba, y de doña María de los Dolores Govantes y Ledesma, natural de Guane, provincia de Pinar del Río. Se encuentra su defunción en la parroquia de Nuestra Señora de Monserrate, a 13 de julio de 1849. Otorgó testamento el 20 de noviembre de 1845, ante don Pedro Vidal Rodríguez.

b. — Don José Francisco Pastrana y García Calzadilla, fue bautizado en la parroquia del Calvario, el 20 de agosto de 1783. Falleció soltero, encontrándose su defunción en la parroquia del Santo Cristo del Buen Viaje, a 14 de abril de 1853. Otorgó testamento el 15 de enero de 1851, ante don Pedro Vidal Rodríguez, nombrando por heredero universal a su sobrino, el Teniente retirado don Baltasar José Agustín de Sotolongo y Pastrana.

c. — Don Manuel José Alejandro Pastrana y García Calzadilla, fue bautizado en la parroquia del Santo Cristo del Buen Viaje, el 7 de marzo de 1785. Fue Alcalde Ordinario de Santiago de las Vegas, durante el bienio de 1841 a 1842, y Celador de Fortificación del partido de Wajay y sus dependencias, según nombramiento otorgado por el Real Cuerpo de Ingenieros, en 12 de mayo de 1841. Casó en la parroquia del Santo Cristo del Buen Viaje, el 14 de febrero de 1809, con doña María de los Dolores Cachurro y Fernández del Campo, natural de La Habana, bautizada en dicha parroquia el 19 de enero de 1788, hija de don Antonio Cachurro de Cea y González, natural de Palencia, en Castilla la Vieja, Oficial primero de la Contaduría General de la Real Factoría de Tabacos, y de doña María de la Luz Fernández del Campo y Rodríguez del Junco, Sotolongo Roxas y Pérez de Borroto, natural de La Habana.

d. — Don Manuel José Onofre Pastrana y García Calzadilla, fue bautizado en la parroquia del Calvario, el 27 de junio de 1786. Falleció en la infancia.

e. — Don Manuel María de la Luz Pastrana y García Calzadilla, fue bautizado en la parroquia del Santo Cristo del Buen Viaje, el 18 de febrero de 1788. Falleció en la infancia.

f. — Doña María de Jesús Pastrana y García Calzadilla, fue bautizada en la parroquia del Santo Cristo del Buen Viaje, el 12 de enero de 1791, donde casó el 25 de octubre de 1810, con don José de Jesús Gómez y de Orta, natural de La Habana, Subteniente de Milicias de la plaza de La Habana, hijo del Subteniente de Caballería Ligera de Milicias, don Juan de Jesús Gómez y Pastrana, y de doña Lorenza Gertrudis de Orta y Pastrana, naturales de La Habana. Se encuentra su defunción en dos iglesias: en la parroquia de Nuestra Señora de la Asunción, en la villa de Guanabacoa, y en la del Santo Ángel Custodio, por haber sido trasladado su cadáver, desde dicha villa a la capital, siendo sepultada en el Cementerio General, el 16 de julio de 1857. Otorgó testamento el 17 de febrero de 1854, y codicilio en 23 de agosto de 1855, ante el Escribano don Francisco Valerio.

g. — Don Juan José Luciano Pastrana y García Calzadilla, fue bautizado en la parroquia de Jesús del Monte, el 22 de diciembre de 1792. Casó en el partido de Managua, en su morada, el 26 de mayo de 1856, con doña Nicolasa Galindo y Enríquez, natural de La Habana, hija de don Manuel Galindo y de Acosta, natural de La Habana, y de doña Francisca Enríquez y Camino, natural de la isla de Puerto Rico, encontrándose asentado este matrimonio en los libros de la parroquia del Calvario, por haber oficiado en la ceremonia el párraco de dicho partido. Se encuentra su defunción en la parroquia de Nuestra Señora de los Remedios, en el partido de Managua, a 4 de febrero de 1876. Otorgó testamento ante el Juez de Paz de dicho partido, el 13 de octubre de 1873, según consta en la Escribanía de don Luis Justo Marín, en la villa de Guanabacoa.

h. — Doña Úrsula María Coleta Pastrana y García Calzadilla, fue bautizada en la parroquia del Santo Cristo del Buen Viaje, el 15 de marzo de 1801. Casó dos veces: la primera en dicha parroquia, el 9 de marzo de 1825, con don Juan Francisco García y de Meza, natural de La Habana, Teniente Segundo Ayudante del Regimiento Ligero de Barcelona, hijo de don Ignacio García y del Castillo, y de doña Manuela de Meza y Pérez, naturales de La Habana. Casó por segunda vez, en la parroquia de Guadalupe, el 2 de julio de 1840, con el Aforado de Guerra, don Rafael de Misas y López, natural de Córdova, Andalucía, hijo de don Rafael de Misas, y de doña Carmen López. Se encuentra su defunción en la parroquia de Nuestra Señora de Monserrate, a 16 de octubre de 1870.

Don Manuel José Alejandro Pastrana y García Calzadilla, anteriormente mencionado, y su mujer doña María de los Dolores Cachurro y Fernández del Campo, tuvieron por hijos: a María de los Dolores; a Manuel José Tomás; a Antonio Isidro; a Juan de Jesús; a María Belén; a Antonio José; a María Josefa; a María Luisa; a Úrsula María; a José Andrés; a Francisco de Paula; a Juana Bautista Agripina; a Manuel José Carlos; a María de la Luz, y a Baltasar José Eulogio Pastrana y Cachurro. Los cuales:

1. — Doña María de los Dolores Pastrana y Cachurro fue bautizada en la parroquia del Santo Cristo del Buen Viaje, el 11 de noviembre de 1809. Falleció soltera, encontrándose su defunción en la parroquia de San Francisco Javier de los Quemados de Marianao, a 12 de septiembre de 1892.

2. — Don Manuel José Tomás Pastrana y Cachurro, fue bautizado en la parroquia del Santo Cristo del Buen Viaje, el 3 de enero de 1811, y falleció en la infancia.

3. — Don Antonio Isidro Pastrana y Cachurro, fue bautizado en la parroquia del Santo Cristo del Buen Viaje, el 23 de mayo de 1812. Se encuentra su defunción en dicha iglesia, a 3 de junio de ese año.

4. — Don Juan de Jesús Pastrana y Cachurro, fue bautizado en la parroquia del Santo Cristo del Buen Viaje, el 12 de junio de 1813. Cursó sus estudios en el Seminario de San Carlos y se encuentra su defunción en la parroquia de Nuestra Señora de Monserrate, donde se hace constar que fue sepultado en bóveda de la familia, en el Cementerio de Espada, el 20 de julio de 1850. Ocurrió su fallecimiento en el cafetal «La Reforma», ubicado en el partido de Wajay, propiedad de la familia.

5. — Doña María Belén Pastrana y Cachurro, fue bautizada en la parroquia del Santo Cristo del Buen Viaje, el 20 de septiembre de 1814. Casó en la parroquia de San Francisco Javier de los Quemados de Marianao, el 29 de octubre de 1840, con el Lcdo. don Antonio Piña y Blanco de Brizuelas,[3] natural de La Habana, Abogado de las Reales Audiencias de esta isla, Auditor Honorario de Guerra, y Secretario de S.M., hijo de don Melchor de Piña y Melo, y de doña María Antonia Blanco de Brizuelas y de Medina, naturales de La Habana. Se encuentra su defunción en la parroquia de Nuestra Señora de Monserrate, a 4 de febrero de 1882.

6. — Don Antonio José Pastrana y Cachurro, fue bautizado en la parroquia del Santo Cristo del Buen Viaje, el 27 de mayo de 1816. Fue Procurador Público de Causas Procesales de la villa de Guanabacoa. Casó en la parroquia del Santo Ángel Custodio, el 29 de diciembre de 1850, con doña María de la Concepción Bernabela de Fuentes y Fuentes, natural de La Habana, bautizada en la parroquia de Guadalupe, el 30 de junio de 1825, hija de don Manuel Quirino de Fuentes y Perry, natural de San Agustín de la Florida, y de doña María de Regla de Fuentes y Calvis, natural de La Habana. Falleció sin dejar sucesión, encontrándose su defunción en la parroquia de Nuestra Señora de Monserrate, a 9 de diciembre de 1851.

7. — Doña María Josefa Pastrana y Cachurro, fue bautizada en la parroquia del Santo Cristo del Buen Viaje, el 10 de junio de 1817. Casó en la parroquia de Nuestra Señora de Monserrate, el 23 de enero de 1858, con don Nicolás Prince y Lengstyl, natural de la isla de Curazao, en las antillas Menores, hijo de don Pedro Prince, y de doña Isabel Lengstyl. Se encuentra su defunción en la parroquia de San Francisco Javier de los Quemados de Marianao, a 27 de junio de 1910.

8. — Doña María Luisa Pastrana y Cachurro, fue bautizada en la parroquia del Santo Cristo del Buen Viaje, el 2 de septiembre de 1818. Falleció a la edad de catorce años, encontrándose su defunción en la parroquia del Espíritu Santo, a 17 de septiembre de 1832.

9. — Doña Úrsula María Pastrana y Cachurro, fue bautizada en la parroquia del Santo Cristo del Buen Viaje, el 5 de febrero de 1820. Falleció soltera, encontrándose su defunción en la parroquia de Nuestra Señora de Monserrate, a 27 de diciembre de 1856.

10. — Don José Andrés Pastrana y Cachurro, fue bautizado en la parroquia del Santo Cristo del Buen Viaje, el 18 de noviembre de 1822. Falleció soltero, encontrándose su defunción en dicha iglesia, a 7 de mayo de 1840.

11. — Don Francisco de Paula Pastrana y Cachurro, fue bautizado en la parroquia del Santo Cristo del Buen Viaje, el 17 de abril de 1824. Cursó sus estudios en el Real Colegio de San Cristóbal de La Habana (Carraguao), ingresando después en la Real y Pontificia Universidad de San Jerónimo, de esta ciudad, recibiéndose de Bachiller en Filosofía, el 7 de agosto de 1844, y de Bachiller de Jurisprudencia, el primero de agosto de 1848. Fue Alcalde Mayor de Santiago de las Vegas, durante el bienio de 1860 a 1861, figurando como Regidor de ese Ayuntamiento, durante el bienio de 1862 a 1863, y Celador de Fortificación del partido de Wajay y sus dependencias, según nombramiento otorgado por el Real Cuerpo de Ingenieros, en 5 de agosto de 1850. Casó en la parroquia de Nuestra Señora de Monserrate, el 9 de junio de 1852, con doña Orosia Simona de Lezama y Parrado, natural de La Habana, bautizada en la parroquia del Santo Cristo del Buen Viaje, el 7 de diciembre de 1819, hija del doctor en Medicina don José Gregorio de Lezama y Quijano, Roxas y Sotolongo, natural de La Habana, y de doña María Antonia Parrado y González de Montes, natural de Santiago de los Caballeros, isla de Santo Domingo.

12. — Doña Juana Bautista Agripina Pastrana y Cachurro, fue bautizada en la parroquia del Santo Cristo del Buen Viaje, el 4 de julio de 1825. Casó dos veces: la primera en la parroquia de Nuestra Señora de Monserrate, el 18 de noviembre de 1848, con don Pablo José Miret y Amable, natural de La Habana, hijo de don Manuel Miret y Miret-Güell, natural de Villafranca del Penedés, provincia de Barcelona, España, y de doña María Micaela Amable y Martínez, natural de La Habana. Casó por segunda vez, en la parroquia de Guadalupe, el 7 de septiembre de 1861, con don Juan Francisco Martínez y Pagés, natural de La Habana, hijo de don Juan Nepomuceno Martínez y Martínez, y de doña María Gertrudis Pagés y González, natural de La Habana. Se encuentra su defunción en la parroquia de Nuestra Señora de Monserrate a 6 de diciembre de 1903.

13. — Don Manuel José Carlos Pastrana y Cachurro, fue bautizado en la parroquia del Santo Cristo del Buen Viaje, el 23 de febrero de 1827 y falleció soltero.

14. — Doña María de la Luz Pastrana y Cachurro, fue bautizada en la parroquia del Santo Cristo del Buen Viaje, el 12 de abril de 1828. Casó en la parroquia de Nuestra Señora de Monserrate, el 22 de mayo de 1855, con don José María Cástulo Rendón y Barbolla, natural de la ciudad de Pinar del Río, Procurador Público, hijo de don José Rendón y García, natural de Jerez de la Frontera, y de doña María Catalina Barbolla y Polanco, natural de La Habana. Se encuentra su defunción en la parroquia de San Rosendo, Pinar del Río, a 6 de julio de 1889.

15. — Don Baltasar José Eulogio Pastrana y Cachurro, fue bautizado en la parroquia del Santo Cristo del Buen Viaje, el 22 de marzo de 1830. Falleció en la infancia, encontrándose su defunción en la parroquia de la Purísima Concepción, del Cano, a 5 de julio de 1831.

Don Juan de Jesús Pastrana y Cachurro, anteriormente mencionado, tuvo por hijos, con doña Francisca Castillo y Bazán; a María Juana; a Francisco de Paula, y a María de los Dolores Pastrana y Castillo. Los cuales:

A. — Doña María Juana Pastrana y Castillo, fue bautizada en la parroquia del Espíritu Santo, el 13 de mayo de 1844.

B. — Don Francisco de Paula Pastrana y Castillo, fue bautizado en la parroquia de la Purísima Concepción, del Cano, el 29 de septiembre de 1845. Casó en la parroquia de Jesús del Monte, el 15 de diciembre de 1866, con doña Luisa María de la Luz Francisca de Paula Romay y Zayas Bazán, natural de La Habana, bautizada en la Catedral de esta ciudad, el 6 de octubre de 1832, hija del Licenciado Pedro María Romay y González Oseguera, y de doña María Rita Gertrudis de Zayas Bazán y Flores, naturales de La Habana. Falleció sin dejar sucesión, encontrándose su defunción en la parroquia de Nuestra Señora del Pilar, a 22 de marzo de 1880.

C. — Doña María de los Dolores Pastrana y Castillo, fue bautizada en la parroquia del Santo Ángel Custodio, el 16 de mayo de 1848. Casó en la parroquia de Nuestra Señora de Monserrate, el 10 de abril de 1863, con don Carlos Miguel Matías de Artigas y Barbería, natural de La Habana, hijo de don Carlos de Artigas y Espinosa, natural de Barcelona, España, y de doña Francisca Javiera de Barbería y Olaysola, natural de La Habana. Falleció sin dejar sucesión, encontrándose su defunción en la parroquia de Nuestra Señora del Pilar, a 12 de julio de 1882.

Don Francisco de Paula Pastrana y Cachurro,[1] anteriormente mencionado, y su mujer doña Orosia de Lezama y Parrado,[2] tuvieron por hijos: a Herminia Luisa Florentina María de los Dolores; a María de los Dolores Josefa Orosia Carlota; a Manuel Apolonio Ricardo; a María Dolores Arcadia Felipa, y a Francisca María de las Mercedes Pastrana y Lezama. Los cuales:

a. — Doña Herminia Luisa Florentina María de los Dolores Pastrana y Lezama, fue bautizada en la parroquia del Santo Cristo del Buen Viaje, el 16 de julio de 1853. Casó en la parroquia de Guadalupe, el 6 de marzo de 1890, con don León Hirzel y Echman, natural de Boston, Massachusetts, Estados Unidos de América, hijo de don León Hirzel y Hillman, natural de Suiza, y de doña María Isabel Úrsula Echman y Echman, natural del Tirol, en Austria. Falleció en La Habana, el 9 de septiembre de 1935.

b. — Doña María de los Dolores Josefa Orosia Carlota Pastrana y Lezama, fue bautizada en la parroquia del Santo Cristo del Buen Viaje, el 14 de diciembre de 1854. Falleció en la infancia, encontrándose su defunción en la parroquia de San Francisco Javier de los Quemados de Marianao, a 4 de noviembre de 1857.

    c. — Don Manuel Apolonio Ricardo Pastrana y Lezama, fue bautizado en la parroquia del Santo Cristo del Buen Viaje, el 12 de abril de 1856. Casó en la parroquia de San Francisco Javier de los Quemados de Marianao, el 27 de noviembre de 1882, con su primahermana doña María del Carmen Rafaela Piña y Pastrana, natural de La Habana, bautizada en la parroquia de Jesús del Monte, el 16 de noviembre de 1854, hija del Licenciado don Antonio Piña y Blanco de Brizuelas, Auditor Honorario de Guerra, y de doña María Belén Pastrana y Cachurro, naturales de La Habana. Falleció en La Habana, el 21 de mayo de 1935.

    d. — Doña María Dolores Arcadia Felipa Pastrana y Lezama, fue bautizada en la parroquia de Nuestra Señora de Monserrate, el 31 de mayo de 1858. Casó en la parroquia de Nuestra Señora de la Candelaria, en Wajay, el primero de diciembre de 1890, con don José Teodoro González y Delgado, natural de dicho partido, hijo de don Eduardo González y Delgado, natural de Güira de Melena, y de doña María de los Ángeles Delgado y Díaz, natural de Alquizar. Falleció en La Habana, el 3 de septiembre de 1943.

    e. — Doña Francisca María de las Mercedes Pastrana y Lezama, fue bautizada en la parroquia de Jesús del Monte, el 16 de diciembre de 1861. Casó en la parroquia de San Francisco Javier de los Quemados de Marianao, el 26 de marzo de 1884, con don Pedro Figueras y Baró,[3] natural de la villa de Ampurias, provincia de Gerona, España, Presidente de Honor de la Bolsa de La Habana, Socio fundador número uno de la misma, y Vocal de la Junta Directiva de la Compañía Cervecera Internacional S.A., hijo de don Antonio Figueras y Perxes, natural de Fortiá, provincia de Gerona, y de doña María Baró y Pagés, natural de Ventalló, provincia de Gerona. Se encuentra su defunción en la parroquia del Vedado, a 30 de noviembre de 1932. Falleció el día 27 de dicho mes y año.

Don Manuel Pastrana y Lezama, y su mujer doña María del Carmen Piña y Pastrana, tuvieron por hijos: a María Orosia Belén Bárbara Francisca; a María Belén; a Dulce María Belén Orosia; a Francisco Manuel; a Antonio de Jesús; a Jorge, y a José Luis Gustavo Pastrana y Piña. Los cuales:

    1. — Doña María Orosia Belén Bárbara Francisca Pastrana y Piña. fue bautizada en la parroquia del Santo Cristo del Buen Viaje, el 25 de marzo de 1885. Casó en la parroquia de Nuestra Señora de Monserrate, el 27 de enero de 1912, con don Horacio Casañas y Amézaga, natural de la ciudad de Matanzas, hijo de don Federico Casañas y Sambiagge, y de doña Rosa Amézaga y Casañas, naturales de Matanzas.

    2. — Doña María Belén Pastrana y Piña, falleció en la infancia, encontrándose su defunción en la parroquia de Nuestra Señora de Monserrate, a 15 de noviembre de 1885.

3. — Doña Dulce María Belén Orosia Pastrana y Piña, fue bautizada en la parroquia del Santo Cristo del Buen Viaje, el 20 de agosto de 1887. Casó en la parroquia de Nuestra Señora de Monserrate, el 16 de octubre de 1910, con don Ernesto de Hita y Borges, natural de La Habana, hijo de don Ernesto de Hita y Soldevilla, y de doña Lucrecia Borges y Piña, naturales de La Habana. Falleció en La Habana, el 20 de octubre de 1939.

4. — Don Francisco Manuel Pastrana y Piña, fue bautizado en la parroquia del Santo Cristo del Buen Viaje, el 9 de agosto de 1889. Casó en La Habana, parroquia de Nuestra Señora del Carmen, el 30 de noviembre de 1928, con doña Ana América Espino y Rodríguez, natural de Santiago de Cuba, hija del Licenciado en Leyes, don José María Espino y Manzano, natural de Santiago de Cuba, Magistrado de la Audiencia de dicha ciudad, y de doña María del Socorro Rodríguez y Savona, natural de Santiago de Compostela.

5. — Don Antonio de Jesús Pastrana y Piña, fue bautizado en la parroquia de San Francisco Javier de los Quemados de Marianao, el 24 de junio de 1890. Falleció soltero, encontrándose su defunción en la parroquia de San Nicolás, a 29 de noviembre de 1910.

6. — Don Jorge Pastrana y Piña, fue bautizado en la parroquia de San Francisco Javier de los Quemados de Marianao, el 9 de mayo de 1893. Casó en la parroquia del Vedado, el 30 de enero de 1926, con doña María de la Adoración Salazar y Roig, natural de Pinar del Río, hija de don Diego Salazar y Gómez, y de doña Blanca Roig y Ferino.

7. — Don José Luis Gustavo Pastrana y Piña, fue bautizado en la parroquia del Santo Cristo del Buen Viaje, el 9 de marzo de 1897. Casó en la parroquia ed San Francisco Javier de los Quemados de Marianao, el 11 de abril de 1925, con doña María Josefa Santiso y Bombalier, natural de La Habana, hija de don Adolfo Santiso y Momoitio, natural de Pipián, provincia de Matanzas, y de doña María Antonia Bombalier y Zunzunegui, natural de La Habana.

Don Francisco Manuel Pastrana y Piña, anteriormente mencionado, y su mujer doña Ana América Espino y Rodríguez, tuvieron por hijo único a:

Don Francisco José Pastrana y Espino que fue bautizado en la parroquia del Carmelo, en el Vedado, el 26 de enero de 1930. Cursó sus estudios en el Colegio de Belén, donde se graduó de Bachiller, el 16 de junio de 1949 y cursa en la Universidad de La Habana, la carrera de Ingeniero Civil.

Don Jorge Pastrana y Piña, y su mujer doña María de la Adoración Salazar y Roig, tuvieron por hijos: a Jorge; a Blanca María, y a Carmen Aurora Pastrana y Salazar. Los cuales:

1. — Don Jorge Pastrana y Salazar, fue bautizado en la parroquia del Vedado, el 28 de septiembre de 1927. Falleció en la infancia.

2. — Doña Blanca María Pastrana y Salazar, fue butizada en la parroquia del Vedado, el 4 de noviembre de 1928, donde casó el 26 de diciembre de 1948, con don José Ramón Jorge y Ramírez, natural de San Antonio de los Baños, hijo de don Juan Jorge y Abreu, y de doña María Josefa Ramírez y Valdés Collazo, naturales de Alquizar.

3. — Doña Carmen Aurora Pastrana y Salazar, fue bautizada en la parroquia de San Agustín, en el reparto Almendares, el 18 de junio de 1932, donde casó el 28 de abril de 1951, con don Luis Vico y García, natural de Málaga, Andalucía, España, hijo legítimo de don Mariano Vico y Cospedal, natural de Jaén, Andalucía, España, y de doña Presentación García y de los Ríos, natural de Granada, Andalucía, España.

Don José Luis Gustavo Pastrana y Piña anteriormente mencionado, y su mujer doña María Josefa Santiso y Bombalier, tuvieron por hijos: a Adolfo Manuel; a José Luis; a Gustavo, y a María Teresa Pastrana y Santiso. Los cuales:

A. — Don Adolfo Manuel Pastrana y Santiso, fue bautizado en la parroquia de San Francisco Javier de los Quemados de Marianao, el 4 de diciembre de 1927. Falleció en la infancia.

B. — Don José Luis Pastrana y Santiso, fue bautizado en la parroquia de San Francisco Javier de los Quemados de Marianao, el 7 de marzo de 1934.

C. — Don Gustavo Pastrana y Santiso, fue bautizado en la parroquia de San Francisco Javier de los Quemados de Marianao, el 9 de noviembre de 1933.

D. — Doña María Teresa Pastrana y Santiso, fue bautizada en la parroquia de San Francisco Javier de los Quemados de Marianao, el 31 de marzo de 1935.

PELAYO

Apellido aragonés, de las montañas de Jaca, Huesca.

Son sus armas: Escudo cuartelado: 1ro., en campo de azur, una estrella de oro, de ocho puntas; 2do., en campo sinople, cuatro bastones de oro; 3ro., en campo de gules, un castillo de plata, y saliendo del homenaje, un brazo armado de plata, con una espada en la mano, con una guarnición de oro; en jefe, y en letras de sable, esta leyenda: «Antes morir que huir», y 4to., en campo de sinople, una cruz patriarcal, de oro.

Don Bartolomé Pelayo, casó con doña María de Herrero, ambos naturales de la villa de la Vega de Paz. Tuvieron por hijo: a

Don Juan Pelayo y Herrero, que fue bautizado en la villa de La Vega de Paz, parroquia de Santa María, el 18 de abril de 1617. En los padrones de los años 1668, 1674 y 1680, aparece inscripto, en unión de su mujer e hijos, como Hijol-dalgos. Casó en la referida parroquia el 4 de abril de 1684, con doña María Ortiz y Trueba, y tuvieron por hijo: a

Don Marcos Pelayo y Ortiz, que fue bautizado en la villa de la Vega de la Paz, parroquia de Santa María, el 27 de abril de 1695. Se estableció en Liérganes, y para acreditar su nobleza en esta nueva residencia, litigó su hidalguía en el año 1736, obteniendo sentencia favorable el 11 de octubre de 1737. Casó en la parroquia de Liérganes el 4 de junio de 1720, con doña María Antonia de Flores y Calderón, hija de Blas y de María. Tuvieron por hijo: a

Don Juan Bautista Pelayo y Flores, que fue bautizado en la parroquia de Liérganes el 28 de febrero de 1734. En los padrones celebrados en Liérganes los años 1770, 1777, 1784 y 1798, fue inscrito, en unión de su mujer, como hijo-dalgo. Falleció en Liérganes el 11 de junio de 1803, donde casó el 19 de febrero de 1770, con doña Teresa Gómez y Gómez, hija de Roque y de María. Tuvieron por hijos: a María; a Ramona; a Simón; a José, y a Antonio Juan Pelayo y Gómez. De los cuales:

Don Juan Antonio Pelayo y Gómez, fue bautizado en la parroquia de Liérganes el 20 de octubre de 1771. En los padrones celebrados en la villa de Valdecilla, Santander, los años 1777, 1784, 1798, 1805 y 1814, aparece empadronado como Hijo-dalgo. Casó en la parroquia de Santa María de Cudeyo, Valdecilla, el 12 de febrero de 1800, con doña Josefa de la Gándara y Lombana, hija de don José Lucas de la Gándara y Camporredondo, y de doña Josefa Martina de la Lombana. Tuvieron por hijos: a Juana; a Felipe; a Joaquín; a Pedro Antonio; a Ramón, y a Juan José Pelayo y de la Gándara. De los cuales:

1. — Don Pedro Antonio Pelayo y de la Gándara, bautizado en la parroquia de Valdecilla el 18 de enero de 1808, casó en la parroquia de la villa de Santillana de Mar, Santander, el 17 de diciembre de 1856, con doña Gregoria Gutiérrez y Gómez, y tuvieron por hijos: a Jaría del Pilar, y a Gonzalo Pelayo y Gutiérrez. De los cuales:

Doña María del Pilar Pelayo y Gutiérrez, nacida en Santander el 27 de enero de 1862, casó en la parroquia de Valdecilla el 30 de noviembre de 1882, con don Adolfo Wunsch.

2. — Don Ramón Pelayo y de la Gándara, bautizado en la parroquia de Valdecilla el 7 de diciembre de 1810, aparece empadronado en dicha villa como Hijo-dalgo el año 1814. Falleció en Valdecilla el 16 de noviembre de 1872. Casó en la parroquia de Hermosa, el 14 de noviembre de 1836, con doña María Manuela de la Torriente y Hermosa, hija de don José Ramón de la Torriente y de la Gándara, y de doña María Petra Hermosa y de la Gándara. Tuvieron por hijos: a Carmen; a Luisa; a Telesfora; a Primitivo; a Cipriano; a Juan José; a José Antonio; a Telesforo; a Tomás, y a Ramón Pelayo y de la Torriente. De los cuales:

A. — Doña Luisa Pelayo y de la Torriente, casó con don Nicolás Rodríguez.

B. — Doña Telesfora Pelayo y de la Torriente, bautizada el 14 de enero de 1848, casó el 19 de octubre de 1877, con don Nicasio Gómez y Zubeldio.

C. — Don Ramón Pelayo y de la Torriente, bautizado en la parroquia de Valdecilla el 27 de octubre de 1850, pasó a la isla de Cuba, donde hizo una enorme fortuna. Fue propietario de la fábrica de azúcar «Rosario», situada en la provincia de Matanzas. Por Real Despacho de 14 de febrero de 1916, se le concedió el título de Marqués de Valdecilla, y por otro Real Despacho de 8 de febrero de 1927, se le concedió la Grandeza de España. Recibió la investidura de Doctor Honoris-causa en la Universidad Central de Madrid. Casó en la isla de Cuba, con doña María Teresa Piedra y Pérez, y no tuvieron sucesión.

3. — Don Juan José Pelayo y de la Gándara, bautizado en la parroquia de Valdecilla el 6 de mayo de 1805, pasó a la isla de Cuba donde casó en la Catedral de Matanzas el año 1839, con doña Matilde Gowen y Heraux, bautizada en la Catedral de La Habana el primero de julio de 1820, hija de Guillermo y de Adelaida, y tuvieron por hijos: a Eufemia; a Sofía; a Amalia; a Luisa; a Josefa; a Eduardo; a Juan José, y a Felipe Pelayo y Gowen. De los cuales:

a. — Doña Eufemia Pelayo y Gowen, natural de Matanzas, casó en La don José Zabala, natural de España.

b. — Doña Sofía Pelayo y Gowen, natural de Matanzas, casó en La Habana, parroquia de Guadalupe, el 7 de junio de 1882, con don Alfredo Ruiz del Castillo, natural de Murcia, Coronel de Caballería, hijo de Sinforiano y de Balbina.

c. — Doña Amelia Pelayo y Gowen, natural de Matanzas, casó con el Ingeniero Jorge Roux, natural de Francia.

d. — Doña Luisa Pelayo y Gowen, natural de Matanzas, casó con don Lorenzo Angulo.

e. — Doña Josefa Pelayo y Gowen, natural de Matanzas, falleció en París el 30 de marzo de 1909. Casó en Versalles, Matanzas, en 1862, con don Demetrio Manuel de Bea y Maruri, natural de Sodupe, Vizcaya, primer Marqués de Bellamar, Diputado a Cortes, Senador Vitalicio del Reino, Gran Cruz de la Orden de Isabel la Católica, hijo de don Francisco Xavier de Bea e Ibarra, y de doña María Maruri y Abiega.

f. — Licenciado Juan José Pelayo y Gowen, natural de Matanzas fue Abogado, y Magistrado del Tribunal Supremo de Justicia de España. Casó con doña Carmen Hore, y tuvieron por hijos: a Carmen; a Matilde; a Ana; a María; a José; a Tomás, y a Guillermo Pelayo y Hore.

g. — Don Felipe Pelayo y Gowen, natural de Matanzas, fue Coronel del Regimiento de Cazadores de Milicias de Cárdenas. Casó en Matanzas con doña María Toraya y Sicre, natural de La Habana, hija de don Juan Toraya y Fernández, natural de Santander, y de doña María de la Concepción Sicre. Tuvieron por hijos: a Sofía; a María de la Concepción; a María Matilde, y a José Pelayo y Toraya. De los cuales:

1. — Doña María de la Concepción Pelayo y Toraya, casó en La Habana, parroquia del Santo Ángel, con don Gustavo Carricaburu y Suárez.

2. — Doña María Matilde Pelayo y Toraya, casó en La Habana, parroquia del Santo Ángel, con el Ingeniero José Manuel Machado y Sánchez. Tuvieron por hijo: a Roberto, que casó con doña Carmen Teresa Betancourt, los que tienen por hijos: a Ana María, que casó con don Carl Giacci, y a Roberto Machado y Betancourt.

3. — Don José Pelayo y Toraya, casó en La Habana, parroquia de Monserrate, el 21 de diciembre de 1922, con doña Eloísa Fernández Ros.

PÉREZ-BARROSO

En la primera mitad del siglo XVIII, procedente del lugar de San Juan de la Rambla, en la isla de Tenerife, se estableció esta familia en la villa de Guanabacoa, provincia de La Habana, Cuba.

Don Francisco Pérez-Barroso, y su mujer doña Magdalena Pérez, tuvieron por hijo: a

Don Juan Pérez-Barroso, natural de San Juan de la Rambla, que testó en La Habana el 30 de agosto de 1761, ante Nicolás Flores Rubio. Casó en la parroquia de Guanabacoa el 8 de marzo de 1728, con doña María González de la Joya y González, natural de San Juan de la Rambla, hija de Ascencio y de Ángela. Tuvieron por hijos: a Teresa; a Antonio; a Juan; a Miguel, y a Francisco Pérez-Barroso y González de la Joya. De los cuales:

1. — Doña Teresa Pérez-Barroso y González de la Joya, casó con don Miguel Ruiz del Alamo y Viera, natural de Guanabacoa, Regidor de su Ayuntamiento, hijo de don Pedro Ruiz del Alamo, y de doña María Felipa de Viera.

2. — Don Juan Pérez-Barroso y González de la Joya, fue religioso.

3. — Teniente Coronel Francisco Pérez-Barroso y González de la Joya, Alcalde ordinario de Guanabacoa, casó en dicha villa el 27 de enero de 1765, con doña María Catalina Alfonso de Armas y Díaz, hija de don Sebastián Alfonso de Armas y Rodríguez, y de doña Simona Díaz y González.

4. — Teniente Coronel Miguel Pérez-Barroso y González de la Joya, fue Alcalde ordinario de la villa de Guanabacoa. Casó con doña Juliana Carrasco, y tuvieron por hijos: a Rafaela, y a Miguel José PNrez-Barroso y Carrasco. Los cuales:

A. — Doña Rafaela Pérez-Barroso y Carrasco, natural de Guanabacoa, casó con don Esteban Alfonso de Armas y Díaz, Subteniente de Milicias, hijo de don Sebastián Alfonso de Armas y Rodríguez, y de doña Simona Díaz y González. Tuvieron por hijo: a Rufino Alfonso de Armas y Pérez-Barroso.

B. — Don Miguel José Pérez-Barroso y Carrasco, fue Alcalde de la Santa Hermandad. Casó dos veces en Guanabacoa: la primera, el 7 de agosto de 1794, con doña Francisca Sardiña y Ruiz, hija de don Pedro José Sardiña y Roque de Escobar, y de doña María Isabel Ruiz y Fernández; y la segunda, el 4 de noviembre de 1807, con doña Mariana Tomasa Polo y Landín, hija de Félix y de María Eusebia.

También aparecen de este apellido, y casi seguramente de esta familia:

Don Domingo Pérez-Barroso (hijo de Domingo y de María Luisa), natural de San Juan de la Rambla, que casó en Guanabacoa el 9 de enero de 1736, con doña Josefa Torre de Medina, natural de la ciudad de La Laguna, en Tenerife, hija de Jerónimo y de Ana Suárez de Medina.

Don José Pérez-Barroso, casado con doña Ángela Márquez, que fueron padres de María Isidora y de Francisco Pérez-Barroso y Márquez. Los cuales:

a. — Doña María Isidora Pérez-Barroso y Márquez, casó en Guanabacoa el 13 de enero de 1744, con don Manuel García y Umpiérrez, natural de Vetancuría, en la isla de Fuerte Ventura, hijo de Salvador y de Juliana.

b. — Don Francisco Pérez-Barroso y Márquez, casó en Guanabacoa el 27 de julio de 1767, con doña María Candelaria Cabrera y de la Cruz, hija de José Antonio y de Josefa.

PIEDRA

Apellido vasco, de Vizcaya.

Son sus armas: En campo de oro, una piedra de sinople surmontada de dos cabezas de moro, ensangrentadas; en punta, dos panelas de plata, también ensangrentadas.

En la segunda mitad del siglo XVII, procedente del Obispado de Cuenca, España, se estableció esta familia en La Habana, pasando más tarde a la villa de Trinidad.

Don Juan Piedra y doña María Marsal fueron padres de:

El Sargento Diego Piedra y Marsal, bautizado el 25 de diciembre de 1633, en la villa de Alcabujate, del partido de la ciudad de Guette, en el Obispado de Cuenca. Casó en la Catedral de La Habana, el 3 de enero de 1667, con doña Andrea Quintana y González-Morera, natural de la ciudad de La Laguna, Tenerife, en las Islas Canarias, hija de don Pedro Quintana y Sánchez, natural de Canarias, y de doña Catalina González-Morera y Hernández, natural de La Laguna. Fueron padres de: Miguel y Julián Piedra y Quintana. Los cuales:

1. — Don Miguel Piedra y Quintana, bautizado en la Catedral de La Habana, el día 10 de octubre de 1667, fue Ayudante Militar de la plaza de La Habana, y Comandante del Castillo de Cojímar. Hizo información de nobleza el 15 de diciembre de 1703, ante el Alcalde de La Habana y por ante Bartolomé Núñez, Escribano Público.

2. — Don Julián Piedra y Quintana, natural de La Habana, casó en Guanabacoa, el 27 de octubre de 1703, con doña Isabel Rangel y Méndez, natural de La Habana, hija de don Francisco Rangel y Pacheco, y de doña Isabel Méndez y Barreto. Tuvieron por hijo: a

Don Juan Dionisio Piedra y Rangel, bautizado en La Habana, parroquia del Santo Ángel, el 19 de octubre de 1705, que casó dos veces: la primera, con doña Agustina Lezcano; y la segunda, con doña María Josefa Serrate y Olmedo, hija de don José Serrate y Serrano, y de doña María Josefa Olmedo y Díaz de Valencia. Con esta última tuvo por hijos: a José Francisco Mariano; a José Julián, y a José Andrés Piedra y Serrate. Los cuales:

A. — Don José Francisco Mariano Piedra y Serrate, fue bautizado en La Habana, parroquia del Santo Cristo, el 17 de diciembre de 1749. Fue Regidor del Ayuntamiento, Escribano Público del Cabildo, Registros y Guerra de Trinidad, así como Escribano Real. Hizo información de nobleza en Trinidad, el 19 de enero de 1807, a nombre de sus hijos, ante el Teniente Gobernador y por ante Francisco Antonio Muñoz, Escribano de Trinidad. Casó en la Parroquia Mayor de Trinidad, el 17 de noviembre de 1775, con doña Manuela Antonia Siverio y González Andrade, hija de don Blas Siverio y González, y de doña Micaela González Andrade y Alfonso del Manzano. Tuvieron por hijos: a Teresa de Jesús; a Blas Dionisio, y a José Mariano Piedra y Siverio. Los cuales:

a. — Doña Teresa de Jesús Piedra y Siverio, fue bautizada en Trinidad, el día 17 de octubre de 1776. Casó con don José Manuel Cadalso y Hermosilla.

b. — Don Blas Dionisio Piedra y Siveiro, bautizado en Trinidad el 2 de mayo de 1784, fue Escribano Público y de Guerra de Trinidad.

c. — Don José Mariano Piedra y Siverio fue bautizado en Trinidad el 7 de septiembre de 1790.

B. — Don José Julián Piedra y Serrate, anteriormente mencionado como hijo de don Juan Dionisio Piedra y Rangel y de doña María Josefa Serrate y Olmedo, fue Coronel del Regimiento de América. Se avecindó en la villa de Rota, España, donde murió. Casó con doña Antonia Suárez y tuvieron, entre otros hijos, a:

Doña Eugenia Carlota Piedra y Suárez, que casó con don Quintín de la Pradilla, Administrador e Interventor de la Aduana de San Lúcar de Barrameda, en España.

C. — Don José Andrés Piedra y Serrate, casó en La Habana, parroquia del Santo Cristo, el 4 de febrero de 1788, con doña Antonia de Jesús Martínez y Rodríguez-Prieto, hija de Antonio y de Micaela. Fueron padres de: don Manuel Piedra y Martínez, bautizado en la parroquia de Guadalupe, en La Habana, el 13 de enero de 1799, fue Médico, e hizo información de limpieza de sangre, el 9 de abril de 1824, ante Antonio Herrera.

PILOÑA

A mediados del siglo XVIII aparece radicada esta familia en Asturias, de donde pasaron a América, primeramente a Nicaragua y después a la isla de Cuba.

Don José Piloña y Hevia, fue Señor de Piloña y Regidor del Ayuntamiento de Infiesta, en Asturias. Casó con doña Ángela de Ayala, y tuvieron por hijos: a Josefa; a Jacinto; a Manuel, y a Diego Francisco Piloña y Ayala. Los cuales:

1. — Doña Josefa Piloña y Ayala, fue monja carmelita.

2. — Don Jacinto Piloña y Ayala, fue Señor de Piloña.

3. — Don Manuel Piloña y Ayala, fue Regidor perpetuo del Ayuntamiento de Infiesta.

4. — Don Diego Francisco Piloña y Ayala, natural de Ferero, Concejo de Piloña, en Oviedo, fue del Consejo de Su Majestad, Juez Noble de Infiesta, Fiscal de la Audiencia de Nicaragua y Oidor de la de Puerto Príncipe en la isla de Cuba, en 1805. Falleció en Puerto Príncipe el 17 de noviembre de 1808. Casó con doña María Juana de Icaza y Quirós, natural de Guatemala, fallecida en Puerto Príncipe el 5 de enero de 1811, hija del Capitán Sebastián de Icaza y Caparrós, natural de Panamá, y de doña María Quirós y Miranda, natural de Guatemala.[1] Tuvieron por hijos: a María de los Angeles; a Francisca; a Joaquina, y a José Antonio Piloña e Icaza. Los cuales:

A. — Doña María de los Ángeles Piloña e Icaza, natural de Guatemala, casó en la Catedral de Puerto Príncipe el 27 de diciembre de 1817, con el doctor Manuel García de Coronado y Núñez, natural de Cumaná, Auditor de Guerra del Real Cuerpo de Artillería e Ingenieros, Decano de la Facultad de Derecho, y Tesorero de la Universidad de La Habana, hijo de don Agustín Antonio García de Coronado, y de doña María Teresa Núñez.

B. — Doña Francisca Piloña e Icaza, natural de la ciudad de León, en Nicaragua, casó en la Catedral de Puerto Príncipe el 31 de octubre de 1821, con don Agustín de la Tejera y Bazo, natural de Cádiz, Censor de Gobierno, Diputado Provincial e Intérprete Confidencial, hijo de don Agustín de la Tejera y de la Oliva, natural de La Habana, Piloto Mayor de la Real Armada y Presidente del Real Consulado de Comercio de Santiago de Cuba, y de doña María Vicenta Bazo, natural de Cádiz.

C. — Doña Joaquina Piloña e Icaza, natural de Puerto Príncipe, casó en La Habana, parroquia del Espíritu Santo, el 18 de noviembre de 1839, con don Nicolás de Cárdenas y del Manzano, Regidor, Alcalde ordinario y Diputado de la Sociedad Patriótica, Jefe de la Sección de Instrucción Pública, y Presidente de la Real Casa de Beneficencia, Caballero Maestrante de la Real Ronda, hijo de don Miguel de Cárdenas y Chacón, segundo Marqués de Prado-Ameno, Regidor, Teniente de Alguacil Mayor, Alcalde ordinario, Gentil-hombre de Cámara de Su Majestad, Gran Cruz de la Orden de Isabel la Católica, Caballero Maestrante de la Real Ronda, y de doña María de la Concepción del Manzano y Jústiz, de la casa de los Marqueses de Jústiz de Santa Ana.

D. — Licenciado José Antonio Piloña e Icaza, natural de la ciudad de León, en Nicaragua, Juez de Letras en 1823, fue del Consejo de Su Majestad, Oidor de la Real Audiencia de Puerto Rico, Capitán de Voluntarios Realistas, Alcalde en 1825, Gobernador, Asesor Militar del Gobierno de la villa de Puerto Príncipe y de las Comisiones del Real Cuerpo de Artillería y Rentas de Correos y fundador de Nuevitas. Obtuvo certificación de armas e hidalgía el 23 de abril de 1830, expedida por Julián Zazo y Ortega. Casó dos veces en la Catedral de Puerto Príncipe: la primera, el 13 de abril de 1819, con doña Josefa de Zayas-Bazán y Zayas-Bazán, hija de don Manuel de Zayas-Bazán y Socarrás, y de doña Rufina de Zayas-Bazán y Varona. Casó por segunda vez, el 31 de mayo de 1837, con doña Mariana de Agüero y Perdomo, hija de don Pedro Agüero y de la Torre, y de doña Ana Josefa Perdomo y Armenteros y Guzmán. Con su primera mujer tuvo por hija: a

Doña Rufina Piloña y Zayas-Bazán, que casó dos veces: la primera, con don José López Canosa; y la segunda, en la Catedral de Puerto Príncipe el 21 de abril de 1840, con don José Antonio Miranda y Boza, Alcalde ordinario, hijo de don José Antonio Miranda y Loinaz, y de doña Mercedes Boza y Varona.

Don José Antonio Piloña e Icaza, y su segunda mujer, doña Mariana Agüero y Perdomo, tuvieron por hija: a

Doña Francisca Piloña y Agüero, que casó en la Catedral de Puerto Príncipe el primero de junio de 1858, con don José Agustín Agüero y Sánchez-Pereira, hijo de don Manuel Emiliano Agüero y de la Torre, y de doña María Trinidad SánchezPereira y del Castillo.

PORLIER

A mediados del siglo XVI, aparece radicada esta familia en el Señorío de Montmorency, Francia. A principios del siglo XVIII, pasaron a la isla de Tenerife, estableciéndose en La Habana a mediados del mismo siglo. Obtuvieron el título de Marqués de Bajamar.

Don Jean Porlier, llamado «Pagnon», que moró en el antiguo Solar de sus progenitores, sito en Enoyen, Señorío de Montmorency, casó con doña Genevieve Braque, y tuvieron por hijo: a

Don Pierre Porlier, que nació en Ecoyen el 3 de marzo de 1558. Casó con doña Jeanne Le Breton, y tuvieron por hijos: a Mathieu; a Vicent, y a Jean Porlier. De los cuales:

1. — Don Vicent Porlier, fue Consejero del Rey y Recaudador General de Rentas Reales de la Generalidad de Auvergne en el año 1629.

2. — Don Jean Porlier, fue Consejero del Rey y primer Teniente de la Condestabilia y Mariscalía de Francia, por merced de Luis XIII, de fecha 2 de junio de 1620. Casó con doña Anne Bourdin, y tuvieron por hijo: a don François Porlier, que fue Señor de Pidefer y de Compiègne, Regidor de la ciudad de Bourget por elección de 29 de junio de 1634, del Consejo del Rey, y su Secretario por nombramiento del año 1635. Casó el 7 de mayo de 1629, con doña Catherine de París, hija de don Antoine París, Regidor de la ciudad de París, Procurador Fiscal de la Contaduría Mayor, y de doña Claudette Poignat. Tuvieron por hijos: a François, y a Jean Porlier y París. Los cuales:

A. — Don François Porlier y París, bautizado en París, parroquia de Santiago de la Boucherie el 7 de mayo de 1630, fue Escudero, Señor de Compiègne, Consejero y Secretario de Órdenes y Decretos de don Charles de Orleans. Casó con doña Catherine de Santo, y tuvieron por hijas: a Anne Genèvieve, y a Philippe Porlier y Canto. Los cuales:

a. — Doña Anne Genèvieve Porlier, fue bautizada en París, parroquia de Deschamps el 28 de noviembre de 1666, casó en Saint-Sulpice el 30 de abril de 1697, con don Bernard Dumas, Escudero, Mariscal de Logia, de la Primera Compañía de Mosqueteros, Maestre de Campo de Caballería, y Caballero de la Orden de San Luis.

b. — Don Philippe Porlier, fue Escudero, Señor de Compiègne y de

Milleraye. Casó con Suzanne de Jardovil y tuvieron por hijos: a Marie Clare, y a Philippe Auguste Porlier y Jardovil. Los cuales:

1. — Doña Marie Clare Porlier y Jardovil, casó en París, parroquia de Saint-Sulpice, el 28 de septiembre de 1651, con don Alphonse Theodore de Riencourt, Conde de Orival, Brigadier de los Reales Ejércitos Franceses.

2. — Don Philippe Auguste Porlier y Jardovil, fue Escudero, Señor de Compiègne y de Milleraye y Capitán de Caballería.

B. — Don Jean Porlier y París, fue Escudero. Casó en Ecoyen el 17 de septiembre de 1674, con doña Marie Du-Ruth Guivillon, hija de Claude y de Marie. Tuvieron por hijo: a

Don Esteban Porlier y Du-Ruth, bautizado en Ecoyen, parroquia de Sainte-Anne el 7 de mayo de 1682, que fue Escudero y Caballero de la orden de San Juan de Jerusalén. Pasó a Canarias a principios del siglo XVIII, estableciéndose en la isla de Tenerife donde fue Cónsul General de Francia en 1709, cuyo cargo desempeñó hasta su fallecimiento ocurrido en París el primero de octubre de 1739. Testó en la ciudad de La Laguna, en la isla de Tenerife, el 12 de octubre de 1722 ante Francisco Tagle Bustamante, Escribano Público. Casó en La Laguna, parroquia de Nuestra Señora de la Concepción el 6 de diciembre de 1706, con doña Rita Juana de la Luz Sopranis Dutari, hija del Capitán Juan de la Luz Dutari y Fuentes, y de doña Jacobina Sopranis y Perera. Tuvieron por hijos: a María Josefa; a Felipa; a Esteban; a Juan Antonio; a José, y a Antonio Porlier y Sopranis. Los cuales:

A. — Doña María Josefa Porlier y Sopranis, bautizada en la ciudad de La Laguna, parroquia de la Concepción, el 10 de diciembre de 1707, casó en Londres, en la capilla de la Embajada de Portugal, el 21 de abril de 1723, con don Luis Benítez de Lugo y del Hoyo, Tercer Marqués de la Florida, Señor de las villas del Garrote y de Bormujos, hijo de don Lorenzo Benítez de Lugo Pereyra y Calderón del Hoyo, segundo Marqués de la Florida, y de doña Marciana Benítez del Hoyo y Vergara, Señora de las villas del Garrote y de Bormujos.

B. — Doña Felipa Porlier y Sopranis, fue bautizada en la ciudad de La Laguna, parroquia de la Concepción el 19 de febrero de 1710, donde casó el 3 de agosto de 1730, con el Teniente Coronel de Caballería Pedro de Nava Grimón y Aguilar, IV Marqués de Villanueva del Prado, Señor de la aldea de San Nicolás, en la Gran Canaria, Patrono General de la provincia de Santa Clara de Montefalcó de la orden de San Agustín hijo de Alonso de Nava Grimón, III Marqués de Villanueva del Prado, Caballero de la orden de Calatrava, y de doña Catalina de Aguilar Ponce de León, Guzmán Galindo y Fernández de Córdova. Tuvieron por hijo: a Domingo de Nava y Porlier, natural de La Laguna, que ingresó en las Reales Compañías de Guardias Marinas en el año 1754, llegando a obtener el grado de Teniente General de la Real Armada.

C. — Don Esteban Porlier y Sopranis, fue Capitán de Milicias Provinciales de la isla de Tenerife y Síndico Procurador General del Ayuntamiento de La Habana en 1759. Testó en La Habana el 21 de julio de 1750 ante Cristóbal Vianés de Salas, y su defunción se encuentra en esta ciudad (Habana), parroquia del Santo Cristo, a 8 de diciembre de 1777. Casó en la Catedral de La Habana el 26 de agosto de 1736, con doña Dionisia María de León y Pardo, hija de don Manuel de León y Navarro, Director General de la Real Factoría de Tabacos y Veedor General de la Intendencia de la isla de Cuba, y de doña Isabel Pardo de Aguiar y Galindo.

D. — Don Juan Antonio Porlier y Sopranis, nacido el 19 de diciembre de 1711, fue Capitán de Caballos de Corazas y Regidor perpetuo de la isla de Tenerife, recibido en el Cabildo de 23 de octubre de 1753; Cónsul General de Francia en las Canarias y Caballero de los órdenes de San Juan de Jerusalén y de Nuestra Señora del Carmen, con las que fue condecorado el año 1744 por Luis XV, Rey de Francia. Testó ante Francisco Uqué, Escribano Público, de La Laguna, donde falleció el 18 de mayo de 1746. Casó con doña Juana Castilla y Van-de-Amme, hija del Capitán Diego Castilla y Palenzuela, y de doña Juana Van-de-Amme y Alarcón. Tuvieron por hijos: a Juana María; a Micaela, y a Juan Antonio Porlier y Castilla. Los cuales:

a. — Doña Juana Porlier y Castilla, fue bautizada en La Laguna, parroquia de la Concepción, el 18 de febrero de 1748, donde casó el 10 de febrero de 1765, con el Capitán Martín Salazar de Frías y Franchi, Conde del Valle de Salazar y Señor de las villas de Nogales y de Valmayor, hijo de don Ventura Salazar de Frías y Lezcano, Conde del Valle de Salazar, y de doña Ana Franchi Bucaylle.

b. — Doña Micaela Porlier y Castilla, fue bautizada en La Laguna, parroquia de la Concepción, el 26 de septiembre de 1752, donde casó el 26 de marzo de 1780, con don Lorenzo Benítez de Lugo y de Hoyo, Capitán de Infantería de los Reales Ejércitos, hijo de don Luis Benítez de Lugo y Porlier, Marqués de la Florida, y de doña Isabel del Hoyo Solórzano.

c. — Don Juan Antonio Porlier y Castilla, fue bautizado en La Laguna, parroquia de la Concepción, el 11 de marzo de 1749.

E. — Don José Porlier y Sopranis, bautizado en La Laguna el 29 de noviembre de 1717, fue Capitán de Fragata de la Real Armada, falleciendo a consecuencia de las heridas recibidas en el sitio de la plaza de La Habana en el año 1762, en el combate que sostuvo la Fragata «Tetis», a su mando, contra dos navíos ingleses. Testó el 19 de abril de 1762 ante Antonio Ponce de León, y su defunción se encuentra en la Catedral de La Habana a 30 de junio de 1763, donde casó el 20 de marzo de 1748, con doña Francisca Zequeira y León, hermana del primer Conde de Lagunillas, hija de don Juan Francisco Zequeira y Ramallo, Contador Mayor del Real Tribunal y Real Audiencia de Cuentas, Ministro Honorario de la Contaduría Mayor del Real y Supremo Consejo de Hacienda, y Alcalde ordinario de La Habana, y de doña Teresa de Jesús de León y Grimaldo. Tuvieron por hijas: a Teresa, y a María Josefa Porlier y Zequeira. Las cuales:

1. — Doña Teresa Porlier y Zequeira, bautizada en la Catedral de La Habana el 2 de octubre de 1749, casó en dicha ciudad, parroquia del Santo Cristo, el 15 de abril de 1769, con don José Manuel de Villena y Palma-Beloso, segundo Marqués del Real Tesoro, Teniente General de la Real Armada, Comandante General del Departamento de Cartagena, Gobernador Militar de Sevilla, Gran Cruz de la Orden de San Hermenegildo y Caballero de la de Carlos III, hijo de don Antonio Manuel de Villena y Guadalfaxara, y de doña Nicolasa de Palma-Beloso y Pita de Figueroa.

2. — Doña María Josefa Porlier y Zequeira, casó en la Catedral de La Habana el 25 de junio de 1772, con don José de Zequeira y Palma-Beloso, Caballero de la Orden de Carlos III, hijo de don Felipe José de Zequeira y León primer Conde de Lagunillas, Teniente Coronel de Milicias de Caballería Ligera de La Habana, Procurador General, Tesorero de Policía, y Alcalde ordinario de La Habana, Caballero de las Órdenes de Carlos III y de Calatrava, y de doña Juana Apolonia de Palma-Beloso y Pita de Figueroa.

F. — Don Antonio Porlier y Sopranis, bautizado en La Laguna, parroquia de la Concepción, el 23 de abril de 1722, fue Abogado de la Universidad de Salamanca, Oidor y Fiscal Protector de la Real Audiencia de Charcas, Fiscal Civil de la Real Audiencia de Lima, Fiscal del Supremo Consejo y Cámara de Indias por lo concerniente a Nueva España, Secretario de Estado y del Despacho Universal de Gracia y Justicia de Indias, y Secretario de Gracia y Justicia en España, Gobernador Supremo del Real y Supremo Consejo de Indias, Académico de número de la de la Historia, y Caballero pensionado de la orden de Carlos III. Por Real Despacho de 12 de marzo de 1791, se le concedió el título de Marqués de Bajamar. Falleció en Madrid el 7 de febrero de 1813. Casó dos veces: la primera, en la parroquia de Mopo (Tupiza) en el Perú el 30 de julio de 1765, con doña María Josefa de Asteguieta e Iribarren, natural de la ciudad de Salta, provincia de Tucumán, hija de don Juan Manuel de Asteguieta y Cortázar, natural de Legarda, Álava, Gobernador de Salta, y de doña Josefa Sebastiana de Iribarren y Morales. Casó por segunda vez, el 6 de julio de 1782, en Madrid, parroquia de San Sebastián, con doña Jerónima Daoiz y Guendica, natural de Pamplona, Dama Noble de la Banda de María Luisa, hija de don Fernando María Daoiz, del Consejo de Su Majestad, Oidor de la Cámara de Comptos, en Navarra, y de doña María Josefa Guendica.

Don Antonio Porlier y Sopranis, y su primera mujer doña María Josefa de Asteguieta e Iribarren, tuvieron por hijos: a Juana; a Esteban; a Rosendo, y a Antonio Porlier y Asteguieta. De los cuales:

A. — Don Esteban Porlier y Asteguieta, bautizado en la iglesia Metropolitana de la ciudad de La Plata, el 4 de septiembre de 1768, fue segundo Marqués de Bajamar, Mariscal de Campo de los Reales Ejércitos, condecorado con la Gran Cruz de San Hermenegildo y con la de San

Fernando de tercera clase, y Caballero de la Orden de Santiago, en la que ingresó el 14 de abril de 1788. Falleció soltero.

B. — Don Rosendo Porlier y Asteguieta, bautizado en Lima, parroquia de Santa Ana el 21 de mayo de 1771, fue Brigadier de la Real Armada y Caballero de la Orden de Santiago. Se encontró en las expediciones de Orán y Rosas, en la defensa de Cádiz contra la escuadra de Nelson, en Brest, en Santo Domingo, en la toma del Diamante, en Finisterre, en Trafalgar y en otros combates navales. Falleció soltero en aguas del cabo de Hornos, víctima del naufragio del navío «San Telmo». En el Museo Nacional de Madrid se encuentra su retrato.

C. — Don Antonio Porlier y Asteguieta, bautizado en Lima, iglesia Metropolitana de los Reyes, el 18 de julio de 1772, fue III Marqués de Bajamar, Oficial de la Secretaría de Estado y del Despacho Universal de Gracia y Justicia de Indias, Maestrante de Sevilla y Caballero pensionado de la Orden de Carlos III, en la que ingresó el 4 de diciembre de 1789. Testó en Madrid el 31 de marzo de 1837 ante Carlos Rodríguez de Moya, donde falleció el 31 de agosto de 1839. Casó en Madrid, parroquia de San Martín, el primero de julio de 1801, con doña María Eugenia Ana de Miñano y Ramírez de Zurita hija de don José Luis de Miñano y Daoiz, Mariscal de Campo de los Reales Ejércitos, Gran Cruz de la Orden de San Hermenegildo, y de doña María Ana Ramírez de Zurita y Virues de Segovia. Tuvieron por hijos: a Juana, y a Donato Porlier y Miñano. De los cuales:

Don Donato Porlier y Miñano, bautizado en Madrid, parroquia de San Martín, el 13 de diciembre de 1802, fue IV Marqués de Bajamar, Caballero de la Orden de Carlos III, y Maestrante de Sevilla. Testó en la ciudad de Corella, Navarra, el 30 de enero de 1850 ante Domingo Laquidain. Falleció el 10 de abril de 1851. Casó en Corella, parroquia de Nuestra Señora del Rosario, el primero de agosto de 1831, con doña Josefa de Miñano e Irigoyen, hija de don Ignacio Luis de Miñano y Daoiz, Oficial Mayor de la Secretaría de Gracia y Justicia, y Caballero de la Orden de Carlos III, y de doña María del Pilar de Irigoyen y Jáuregui. Tuvieron por hijos: a María Eugenia; a Ignacio, y a Antonio Porlier y Miñano. Los cuales:

a. — Doña María Eugenia Porlier y Miñano, bautizada en Corella el 23 de febrero de 1833, falleció en Zaragoza el 7 de julio de 1871. Casó con don Juan José de Nieva.

b. — Don Ignacio Porlier y Miñano, bautizado en Corella, parroquia de San Miguel, el 22 de agosto de 1841, fue Coronel de Infantería, Caballero de la Orden de San Hermenegildo, condecorado con la medalla de Alfonso XIII, y con cuatro Cruces del Mérito Militar. Falleció soltero en Madrid el 22 de mayo de 1910.

c. — Don Antonio José Porlier y Miñano, natural de Zaragoza, fue V Marqués de Bajamar, en 1859. Testó en Corella el 22 de marzo de 1882, ante Carlos Moreno, y falleció en Madrid el 13 de marzo de 1885.

Casó en Guadalajara, el 30 de septiembre de 1866, con doña Matilde Lasquetty y Castro, IV Condesa de Casa Lasquetty, natural de México, hija de don Manuel Lasquetty y Salaverría [2] Caballero de la Orden de Carlos III (hijo de don Francisco Lasquetty y Lasquetty Restan y Chirino de la Espada, natural de Cádiz, Teniente de Navío de la Real Armada, hermano del primer Conde de Casa Lasquetty, y de doña Agustina de Salaverría y Sánchez), y de doña Manuela de Castro y San Salvador. Tuvieron por hijo: a

Don Antonio Porlier y Lasquetty, bautizado en Corella, parroquia de San Miguel, el 9 de septiembre de 1867, que fue el VI Marqués de Bajamar. Casó en Irún, parroquia de Nuestra Señora del Juncal, el 31 de octubre de 1895, con doña Aurelia Ugarte y Traverse, natural de Bilbao, hija de don Simón de Ugarte y Aldama, y de doña Emilia Traverse y Mendiburu. Tuvieron por hijos: a Amilia; a Matilde, y a Antonio Porlier y Ugarte. De los cuales:

Don Antonio Porlier y Ugarte, nacido en Madrid el 4 de febrero de 1903 fue el VII Marqués de Bajamar, y V Conde de Casa Lasquetty. Casó con doña María del Dulce Nombre Jarava y Aznar, y tuvieron por hijo: a

Don Antonio Francisco de Paula de Porlier y Jarava, que es el actual VIII Marqués de Bajamar desde el 10 de octubre de 1974, y VI Conde de Casa Lasquetty desde el 15 de septiembre del mismo año. Licenciado en Derecho, Oficial de Complemento del Cuerpo de Infantería de Marina de la Armada, Caballero de la orden de Montesa, del Real Cuerpo Colegiado de la Nobleza de Madrid y del Santo Cáliz de Valencia.

PORRO

A fines del siglo XVII, procedente de la ciudad de Finale, en Génova, Italia, se estableció esta familia en la villa de Santa María de Puerto Príncipe, en la isla de Cuba.

Don Nicolás Porro, casó con doña Mariana Falcó, y tuvieron por hijo: a

Don Benito Porro, natural de Finale que pasó a la isla de Cuba y se estableció en Santa María de Puerto Príncipe, donde testó el 13 de abril de 1722. Casó en la Catedral de la citada villa el 22 de noviembre de 1699, con doña Francisca de la Cova y Fernández Contreras, hija de Fernando y de Juana. Tuvieron por hijos: a Rosa; a Nicolás, y a Benito Porro y de la Cova. Los cuales:

1. — Doña Rosa Porro y de la Cova, casó dos veces en la parroquia de la Soledad de la villa de Puerto Príncipe: la primera, el 19 de marzo de 1729, con don Miguel de Aguilar y Espinosa, natural de Ga-

rachico, hijo de Jerónimo y de Margarita. Casó por segunda vez, el 26 de agosto de 1743, con don Jacinto Figueroa y Díaz Ceballos, hijo de Antonio y de María.

2. — Don Nicolás Porro y de la Cova, testó el 30 de mayo de 1757.

3. — Don Benito Porro y de la Cova, testó en Puerto Príncipe el 11 de junio de 1748, donde casó en la parroquia de la Soledad, el 7 de septiembre de 1730, con doña María Bausán del Real y Moya, hija de Antonio y de Ana. Tuvieron por hijos: a Luisa; a Rosalía; a María; a Pedro Antonio, y a Nicolás Porro y del Real. De los cuales:

A. — Doña Rosalía Porro y del Real, casó en Puerto Príncipe, en la parroquia de la Soledad, el 6 de julio de 1757, con don José de León y Fernández, natural de la Coruña, hijo de Antonio y de Josefa.

B. — Doña María Porro y del Real, casó en Puerto Príncipe, en la parroquia de la Soledad, el 8 de julio de 1765, con don Antonio Agosto y Castellanos, hijo de Carlos y de Leonor.

C. — Don Pedro Antonio Porro y del Real, del que se tratará en la LÍNEA PRIMERA.

D. — Don Nicolás Porro y del Real, del que se tratará en la LÍNEA SEGUNDA.

LÍNEA PRIMERA

Don Pedro Antonio Porro y del Real (mencionado anteriormente como hijo de don Benito Porro y de la Cova, y de doña María Bausán del Real y Moya), casó en la Catedral de Puerto Príncipe el 2 de febrero de 1764, con doña María Concepción Fernández de Villanueva y Morales, hija del Regidor Eusebio y de Isabel. Tuvieron por hijos: a María Luisa; a Ignacio; a Andrés Corsino, y a Benito Porro y Fernández de Villanueva. Los cuales:

a. — Doña María Luisa Porro y Fernández de Villanueva, casó en la Catedral de Puerto Príncipe el 26 de julio de 1796, con el Licenciado Juan Antonio Porro y Agosto, hijo de don Nicolás Porro y del Real y de doña Jerónima Agosto y Castellanos.

b. — Doctor Ignacio Porro y Fernández de Villanueva, fue Alcalde de la Santa Hermandad y Médico de Marina. Casó en Puerto Príncipe, parroquia de la Soledad, el 8 de diciembre de 1796, con doña María de la Soledad Agramonte y Ayllón, hija de don Tomás Agramonte y Rivero, y de doña Agüeda de Roxas Ayllón y Macías. Tuvieron por hijos: a María de la Concepción, y a Francisco Antonio Porro y Agramonte. Los cuales:

1. — Doña María de la Concepción Porro y Agramonte, casó en Puerto Príncipe, parroquia de la Soledad, el primero de mayo de 1821, con el Licenciado Miguel Agramonte y Porro, Abogado, hijo de don José Pablo Agramonte y Álvarez, Subteniente de Milicias, y de doña María del Pilar Porro y Agosto.

2. — Don Francisco Antonio Porro y Agramonte, casó en Puerto Príncipe, parroquia de la Soledad, el 8 de febrero de 1828, con doña María de las Mercedes Caballero y Caballero, hija de Manuel José y de Faustina.

c. — Don Andrés Corsino Porro y Fernández de Villanueva, Alcalde de Puerto Príncipe en 1820, casó en la Catedral de dicha villa el 24 de octubre de 1814, con doña Francisca Varona y Batista, hija de don Joaquín Varona y Varona, Regidor de dicha villa, y de doña Francisca Batista y Zayas-Bazán. Tuvieron por hijos: a María de la Concepción; a Francisca; a Andrea; a Diego José; a Agustín, y a Joaquín Porro y Varona. Los cuales:

A. — Doña María de la Concepción Porro y Varona, casó en la Catedral de Puerto Príncipe el 10 de junio de 1840, con don Francisco Celestino Varela y Arrieta, hijo de Rafael y de Agustina.

B. — Doña Francisca Porro y Varona, casó en la Catedral de Puerto Príncipe el 23 de noviembre de 1846, con don Victorino Cabrera y Calvo, natural de La Habana, Teniente de Infantería del Regimiento de la Corona, hijo del Coronel José María y de María Agustina.

C. — Don Andrés Porro y Varona, casó con doña Catalina Medrano y Varela, hija de Antonio y de María.

D. — Don Diego José Porro y Varona, casó en la Catedral de Puerto Príncipe el 9 de febrero de 1846, con doña Ángela Josefa Varela y Arrieta, hija de Rafael y de Juana.

E. — Don Agustín Porro y Varona, casó en la Catedral de Puerto Príncipe el 27 de diciembre de 1850, con doña María Josefa Brígida Aymerich y Estrada, hija de Francisco y de Juana.

F. — Don Joaquín Porro y Varona, casó con doña Mariana Adán y Masvidal, hija de don Gregorio Adán y Arteaga, y de doña Mercedes Masvidal y Díaz. Tuvieron por hijo: a

Don Augusto Porro y Adán, bautizado en Puerto Príncipe, parroquia de Santa Ana, el 13 de octubre de 1861, que fue Oficial del Ejército Nacional de la República de Cuba. Casó en la Catedral de Puerto Príncipe el 8 de octubre de 1894, con doña Isabel Lavera y Santana, hija de Santiago y de Caridad.

d. — Don Benito Porro y Fernández de Villanueva, casó tres veces en Puerto Príncipe: la primera, en la parroquia de la Soledad, el 22 de septiembre de 1795, con doña Mariana Pérez y García, hija de Miguel y de María. Casó por segunda vez, el 7 de octubre de 1800, en la Catedral, con doña Ángela Betancourt y Agüero, hija de don José de la Cruz Betancourt e Hidalgo, y de doña María Leonor Agüero y Agüero. Casó por tercera vez, con doña María Asunción Balboa, natural del partido de Cascorro.

Don Benito Porro y Fernández de Villanueva, y su tercera mujer doña María Asunción Balboa, tuvieron por hija: a

Doña Angela María Porro y Balboa, que casó en la Catedral de Puerto Príncipe el 29 de julio de 1832, con el Licenciado José María Agramonte y Recio, Síndico Procurador General en 1812, Alcalde de la Santa Hermandad en 1817, y Alcalde ordinario en 1816 y 1834, hijo de don Jacinto Agramonte y Miranda, Alcalde ordinario, Alguacil Mayor de la Santa Cruzada, y de doña María Loreto Recio y Miranda. (Ver Tomo I, pág. 10 de esta obra).

Don Benito Porro y Fernández de Villanueva, y su segunda mujer, doña Ángela Betancourt y Agüero, tuvieron por hijos: a Isabel; a María del Carmen, y a Benito Porro y Betancourt. Los cuales:

a. — Doña Isabel Porro y Betancourt, testó en la villa de Puerto Príncipe el 26 de mayo de 1837. Casó con el Teniente Saturnino González y Urbano.

b. — Doña María del Carmen Porro y Betancourt, casó en Puerto Príncipe, en la parroquia de la Soledad, el 6 de agosto de 1838, con don Antonio Pablo Betancourt y Porro, hijo de Juan de Dios y de Caridad.

c. — Don Benito Porro y Betancourt, casó en Puerto Príncipe en la parroquia de la Soledad, el 6 de julio de 1821, con doña Juana Peláez y de la Cruz, hija de Simón y de María Trinidad. Tuvieron por hijo: a

Don Guillermo Porro y Peláez, que casó con doña Susana del Castillo y Varona, y tuvieron por hijos: a Matilde; a Evangelina; a Benito; a Alberto; a Eduardo, y a Oliverio Porro y del Castillo. Los cuales:

1. — Doña Matilde Porro y del Castillo, casó con don Francisco Xavier Varona y Betancourt, hijo de don Francisco Xavier Varona y Agüero, y de doña Mariana de la Cruz Betancourt y Agramonte.

2. — Doña Evangelina Porro y del Castillo, casó con don Diego Antonio Varona y Betancourt, hijo de don Francisco Xavier Varona y Agüero, y de doña Mariana de la Cruz Betancourt y Agramonte.

3. — Don Benito Porro y del Castillo, casó con doña Rufina Quesada y Rodríguez.

4. — Don Alberto Porro y del Castillo, casó con doña Flora de Zayas-Bazán y Álvarez, y tuvieron por hijos: a Evangelina; a María Luisa; a Susana; a Flora; a Gloria; a Enrique; a Julio; a Mario; a Alberto, y a Raúl Porro y Zapas-Bazán. De los cuales:

A. — Doctor Alberto Porro y Zayas-Bazán, Médico, casó con doña X. González, y tuvieron por hijos: a Nylsa, y a Carlos Porro y González. De los cuales:

Doña Nylsa Porro y González casó con don Giraldo González Chaumont, y tienen por hijos: a Nino Bernardo; a Cristina Beatriz y a Manuel González Porro.

B. — Doctor Raúl Porro y Zayas-Bazán, Médico Anestesiólogo, casó con doña Glafira Vizcarra, y tuvieron por hijos: a Raúl, y a Manuel Porro y Vizcarra.

5. — Don Eduardo Porro y del Castillo, casó con doña Adelina Martínez y Sariol, y tuvieron por hijos: a Margarita; a Hortensia, y a Julio Porro y Martínez. Los cuales:

A. — Doña Margarita Porro y Martínez, casó con el doctor Ángel Varona y Vilardell, Médico, hijo de don Francisco Xavier Varona y Betancourt, y de doña Josefa Vilardell y Tapia.

B. — Doña Hortensia Porro y Martínez, casó con don Enrique Don y Plá.

C. — Don Julio Porro y Martínez, casó con doña Aida Duque de Estrada y del Castillo, y tuvieron por hija: a Aida Porro y Duque de Estrada.

6. — Don Oliverio Porro y del Castillo, casó con doña Coralia Ramos y Rivero, hija de don Domingo Ramos y González, y de doña Ana Rivero y Carmenatos. Tuvieron por hijos: a Obdulia; a Rosa María; a Ana Coralia; a Ángela; a Matilde; a Luis Oliverio, y a Guillermo Porro y Ramos. De los cuales:

a. — Doña Rosa María Porro y Ramos, casó con don Arturo Roca y Alonso.

b. — Doña Ana Coralia Porro y Ramos, casó con don Ricardo Campuzano y Valdés, Senador de la República de Cuba.

c. — Doña Ángela Porro y Ramos, casó con don Ramón Guerrero y Arnaldo.

d. — Doña Matilde Porro y Ramos, casó con don Ernesto Cadenas y Aguilera.

e. — Don Luis Oliverio Porro y Ramos, Terapista casó con doña Gloria Gómez de la Torre, y tuvieron por hijos: a Juan Luis; a Gloria, y a Guillermo Porro y Gómez de la Torre. Los cuales:

A. — Don Juan Luis Porro y Gómez de la Torre, Ingeniero, casó con doña María Eugenia Aguilar. Tuvieron por hijos: a Johnny; a Francisco; a Eduardo, y a Alejandro Porro y Aguiar.

B. — Doña Gloria Porro y Gómez de la Torre casó con don Luis Alberto González, Ingeniero. Tuvieron por hijos: a Gloria Cristina; a Laura, y a Luis González y Porro.

C. — Don Guillermo Porro y Gómez de la Torre casó con doña Elida Castellón.

f. — Don Guillermo Porro y Ramos, casó con doña Obdulia Toscano y Moré, hija de don Juan Francisco Toscano y Prat, y de doña María Antonia Moré y Marruz. Tuvieron por hija: a Marta Porro y Moré.

LINEA SEGUNDA

Don Nicolás Porro y del Real (mencionado anteriormente como hijo de don Benito Porro y de la Cova, y de doña María Bausán del Real y Moya), testó el 27 de febrero de 1798. Casó en Puerto Príncipe, parroquia de la Soledad, el 20 de abril de 1760, con doña María Jerónima Agosto y Castellanos, hija de Carlos y de Leonor. Tuvieron por hijos: a María de la Caridad; a María Concepción; a María del Pilar; a José; a Carlos, y a Juan Antonio Porro y Agosto. De los cuales:

1. — Doña María del Pilar Porro y Agosto, casó en Puerto Príncipe, parroquia de la Soledad, el primero de septiembre de 1794, con don José Pablo Agramonte y Álvarez, Subteniente de Milicias, hijo de don Tomás Agramonte y Rivera, y de doña Francisca Álvarez. Tuvieron por hijos: a Ana; a Gertrudis; a María Luisa; a José Antonio; a Francisco Antonio, y a Miguel Agramonte y Porro.

2. — Don José Porro y Agosto, casó en Puerto Príncipe, el 30 de junio de 1810, con doña Francisca Clara Montes de Oca y Téllez, hija de don Alvaro Montes de Oca, y de doña Ana de Téllez y Fonseca. Tuvieron por hijos: a María de las Mercedes; a María de la Concepción; a Micaela; a Nicolás, y a José Pío Porro y Montes de Oca. Los cuales:

A. — Doña María de las Mercedes Porro y Montes de Oca, casó en Puerto Príncipe, parroquia de la Soledad, el 31 de marzo de 1830, con don Manuel Mariano Acosta.

B. — Doña María de la Concepción Porro y Montes de Oca, casó en la Catedral de Puerto Príncipe, el 31 de octubre de 1836, con don Agustín Rivero y Consuegra, hijo de Manuel y de Dolores.

C. — Doña Micaela Porro y Montes de Oca, casó en la Catedral de Puerto Príncipe el 2 de agosto de 1847, con don José Gabriel Gregori y Roxas, hijo de Carlos y de Paula.

D. — Don Nicolás Porro y Montes de Oca, casó en Puerto Príncipe, parroquia de la Soledad, el primero de julio de 1833, con doña María

Juliana González y Rosales, hija de José María y de María de la Concepción.

E. — Don José Pío Porro y Montes de Oca, casó en Puerto Príncipe, parroquia de la Soledad, el 3 de agosto de 1846, con doña Teresa Pimentel y León, hija de José María y de María de la Concepción.

3. — Don Carlos Porro y Agosto, casó con doña Micaela Riverón, y tuvieron por hijos: a Ana Margarita, y a José Nicolás Porro y Riverón. Los cuales:

a. — Doña Ana Margarita Porro y Riverón, casó dos veces en Puerto Príncipe: la primera, en la parroquia de la Soledad, el 10 de septiembre de 1827, con el Licenciado Antonio Betancourt y Fuentes, hijo de Diego Alonso y de Luisa. Casó por segunda vez, el 24 de agosto de 1834, con don Fernando Betancourt y Fuentes, hermano de su primer marido.

b. — Don José Nicolás Porro y Riverón, Regidor en 1821, casó en la Catedral de Puerto Príncipe el 21 de octubre de 1815, con doña María de las Mercedes González y González, hija de Salvador y de Nicolasa. Tuvieron por hijo: a

Don Carlos Porro y González, que casó en Puerto Príncipe, en la parroquia de la Soledad, el 3 de junio de 1846, con doña Paula María Domínguez y Acosta, hija de Manuel y de Ramona.

4. — Doctor Juan Antonio Porro y Agosto, Médico Fiscal del Protomedicato, testó el 13 de octubre de 1849. Casó en la Catedral de Puerto Príncipe el 26 de julio de 1796, con doña María Luisa Porro y Fernández de Villanueva, hija de don Pedro Antonio Porro y del Real, y de doña María Concepción Fernández de Villanueva y Morales. Tuvieron por hijos: a María del Rosario; a Pedro Antonio; a Juan Francisco, y a Nicolás Porro y Porro. Los cuales:

1. — Doña María del Rosario Porro y Porro, casó en Puerto Príncipe, parroquia de la Soledad, el 3 de marzo de 1837, con el Licenciado Manuel Piña y Arango, Abogado, hijo de don Andrés Piña y Campos, y de doña María Dolores Arango y del Risco.

2. — Don Pedro Antonio Porro y Porro, fue Presbítero.

3. — Doctor Juan Francisco Porro y Porro, fue Médico Cirujano y testó el 2 de marzo del 1851. Casó con doña Ángela Isabel Muñoz y Socarrás, hija de José Manuel y de Ángela. Tuvieron por hijos: a Luisa; a Manuel, y a Cornelio Porro y Muñoz. De los cuales:

A. — Don Manuel Porro y Muñoz, fue General en México. Casó con doña Filomena Primelles y Socarrás, hija de don Alfonso Primelles y Usatorres, y de doña María del Pilar Socarrás y Zayas-Bazán. Tuvieron por hijos: a Leopoldina; a Angelina, y a Juan Francisco Porro y Primelles. De los cuales:

a. — Doña Angelina Porro y Primelles, casó en Madrid, parroquia de San José, el 11 de octubre de 1877, con el Licenciado Federico Mora y Valdés, Abogado, Notario Público y Gobernador de La Habana, hijo de Tomás y de Rosa.

b. — Don Juan Francisco Porro y Primelles, casó con doña Blanca Rosa Batista y Sánchez, hija de don Tomás Batista y Olazábal, y de doña Josefa Sánchez y Loret de Mola. Tuvieron por hijos: a Angelina; a Leopoldina; a María Luisa; a Alfredo, y a Juan Porro y Batista.

B. — Don Cornelio Porro y Muñoz, fue Brigadier de la Guerra de Independencia de Cuba. Casó con doña Sabina Primelles y Socarrás, hija de don Alfonso Primelles y Usatorres, y de doña María del Pilar Socarrás y Zayas-Bazán. Tuvieron por hijos: a Emma; a Juana; a Luisa; a Elvira; a Carlota; a Elia, y a Ángel Porro y Primelles. De los cuales:

1. — Doña Luisa Porro y Primelles, casó con don Rafael Fernández y Rodríguez.

2. — Doña Elvira Porro y Primelles, casó con don José Primelles y Agramonte, hijo de don Benjamín Primelles y Socarrás, y de doña Angelina Agramonte y Piña.

3. — Doña Carlota Porro y Primelles, casó en la Catedral de Puerto Príncipe el 5 de julio de 1873, con don José Manuel Carlés y Ley, natural de San Fernando, Cádiz, Alférez de Navío de la Real Armada, hijo de José y de Carlota.

4. — Doña Elia Porro y Primelles, bautizada en Puerto Príncipe, parroquia de la Soledad, el 24 de enero de 1874, casó en La Habana con el Licenciado Federico Mora y Valdés, Abogado, Notario Público y Gobernador de La Habana, hijo de Tomás y de Rosa.

4. — Doctor Nicolás Porro y Porro, casó en Puerto Príncipe, parroquia de la Soledad, el 24 de marzo de 1827, con doña Mariana de Céspedes y Ramos, hija de don Miguel de Céspedes y Betancourt, y de doña María Josefa Ramos y Keyser. Tuvieron por hijos: a Juana; a María del Rosario; a Virgilio, y a Ricardo Porro y Céspedes. Los cuales:

A. — Doña Juana Porro y Céspedes, casó en la Catedral de Puerto Príncipe el 20 de mayo de 1852, con don Juan Manuel Miranda y Céspedes, hijo de don Francisco Miranda y Varona, Alcalde ordinario, y de doña María Francisca de Céspedes y Guerra.

B. — Doña María del Rosario Porro y Céspedes, casó en la Catedral de Puerto Príncipe el 26 de mayo de 1853, con don Enrique Manuel González y Porro, hijo del Teniente Saturnino González y Urbano y de doña Isabel Porro y Betancourt.

C. — Don Virgilio Porro y Céspedes, casó con doña Mercedes Esteva y Mestre, natural de Santiago de Cuba, hija de Jaime y de Patrocinia. Tuvieron por hijo: a

Don Ricardo Porro y Esteva, bautizado en la Catedral de Santiago de Cuba el 6 de junio de 1868, que fue Ingeniero.

D. — Don Ricardo Porro y Céspedes, casó con doña Aurora Adán y Abstengo, hija de don José Adán y Arteaga, y de doña Mariana Abstengo y Muñoz. Tuvieron por hijo: al

Doctor Ricardo Porro y Adán, que casó con doña María Josefa Vives y Martí, natural de Cienfuegos, hija de don Manuel Vives y Simó, y de doña Matilde Martí y Machado. Tuvieron por hijo: a Leopoldo Porro y Vives.

PRIMELLES

A fines del siglo XVIII, procedente de Burdeos, en Francia, se estableció esta familia en la villa de Santa María de Puerto Príncipe, en la isla de Cuba.

Don Juan Manuel Selbek y Primelles, hijo de Esteban y de Antonia, natural de Burdeos, casó en la Catedral de Puerto Príncipe el 15 de enero de 1792, con doña Ana María Usatorres y Toso, hija del Alférez José Antonio Usatorres y Agramonte, y de doña Isabel Toso y Hernández. Tuvieron por hijos: a Filomena; a Juan Ramón, y a Alfonso Primelles y Usatorres. Los cuales:

1. — Doña Filomena Primelles y Usatorres, casó en la Catedral de Puerto Príncipe el 24 de febrero de 1823, con don Juan Bautista Rivas Rocafoul y Antentas, natural de la plaza de Ceuta, Teniente Coronel del Regimiento de León, hijo de Cayetano y de María.

2. — Don Juan Ramón Primelles y Usatorres, casó con doña Ángela Gómez.

3. — Don Alfonso Primelles y Usatorres, natural de La Habana, casó dos veces: la primera, con doña Pilar Socarrás y Zayas-Bazán; y la segunda, en la Catedral de Puerto Príncipe el 30 de noviembre de 1864, con doña Beatriz Cisneros y Zayas-Bazán, hija de don Francisco Dionisio Cisneros y de la Pera, y de doña Rufina de Zayas-Bazán y Zayas-Bazán.

Don Alfonso Primelles y Usatorres y su primera mujer doña Pilar Socarrás y Zayas-Bazán, tuvieron por hijos: a Mariana; a Filomena; a Sabina; a Alfonso; a Oscar; a Norberto; a Juan Manuel; a Benjamín, y a León Primelles y Socarrás. De los cuales:

A. — Doña Mariana Primelles y Socarrás, casó con don Juan Ginferrer.

B. — Doña Filomena Primelles y Socarrás, casó con don Manuel Porro y Muñoz, General en México, hijo del Licenciado Juan Porro y Porro, y de doña Ángela Muñoz y Socarrás.

C. — Doña Sabina Primelles y Socarrás, casó con don Cornelio Porro y Muñoz, Brigadier de la Guerra de Independencia de Cuba, hijo del Licenciado Juan Porro y Porro, y de doña Ángela Muñoz y Socarrás.

D. — Don Oscar Primelles y Socarrás, bautizado en la Catedral de Puerto Príncipe el 17 de noviembre de 1868, fue Brigadier de la Guerra de Independencia de Cuba, en la cual murió.

E. — Don Norberto Primelles y Socarrás, pasó a España. Casó con doña María Cortijo, y tuvieron por hijo: a Félix Primelles y Cortijo.

F. — Don Juan Manuel Primelles y Socarrás, casó con doña María Dolores Rivas Rocafoul y Primelles, hija de don Juan Bautista Rivas Rocafoul y Antentas, Teniente Coronel del Regimiento de León, y de doña Filomena Primelles y Usatorres. Tuvieron por hijos: a Rita; a Pilar; a Alfonso; a José, y a Norberto Primelles y Rivas. De los cuales:

Don Norberto Primelles y Rivas, fue bautizado en la villa de Puerto Príncipe, en la parroquia de la Soledad, el 24 de septiembre de 1861. Casó con doña María del Consuelo Reyes y Varona, natural de Nuevitas, hija de Miguel y de Juana. Tuvieron por hijo: a

Don Juan Bautista Primelles y Reyes, que nació en Nuevitas el 17 de agosto de 1892.

G. — Don Benjamín Primelles y Socarrás, casó con doña Angelina Agramonte y Piña, hija de don José Agramonte y Agüero, y de doña Concepción Piña. Tuvieron por hijos: a Benjamín; a Eduardo, y a José Primelles y Agramonte. De los cuales:

a. — Don Benjamín Primelles y Agramonte, casó con doña Consuelo de Armas y Agramonte, hija de don Juan Ignacio de Armas y Céspedes, Arquitecto y literato, Individuo de la Real Academia de la Historia de Madrid, y de doña Carmelina Agramonte y Piña.

b. — Doctor Eduardo Primelles y Agramonte, casó en Nueva York, en la iglesia Presbiteriana el 9 de abril de 1900, con doña Angelina Agramonte y Agramonte, hija de don Emilio Agramonte y Piña, y de doña Manuela Agramonte y Zayas-Bazán. Tuvieron por hijos: a Emma, y a Eduardo Primelles y Agramonte.

c. — Don José Primelles y Agramonte, bautizado en la Catedral de Puerto Príncipe el 20 de junio de 1867, fue Ingeniero Civil. Casó con doña Elvira Porro y Primelles, hija de don Cornelio Porro y Muñoz, Brigadier de la Guerra de Independencia de Cuba, y de doña Sabina Primelles y Socarrás. Tuvieron por hijos: a Elvira; a Angelina; a Morvila, y a Alfredo Primelles y Porro. Los cuales:

1. — Doña Elvira Primelles y Porro, casó con don Julián de la Guardia y Calvo, hijo del Licenciado Cristóbal de la Guardia y Madán, Abogado, Secretario de Justicia de la República de Cuba, y de doña María Teresa Calvo de la Puerta y Cárdenas. Tuvieron por hijo a Julián de la Guardia y Primelles, el cual casó dos veces: la primera, con doña X. Spencer, con la que tuvo por hijos: a Vivian de la Guardia y Spencer, que casó con don X. Gates; y a Julián de la Guardia y Spencer, que casó con doña Patricia Kender. Don Julián de la Guardia y Primelles, casó por segunda vez, con doña Aima Moore.

2. — Doña Angelina Primelles y Porro, casó con don Joaquín Weiss y Sánchez, Arquitecto, hijo de don Gaspar Weiss y Verzón y de doña Josefa Sánchez.

3. — Doña Morvila Primelles y Porro, casó con el doctor José Antonio Fernández de Castro y Abeillé, Abogado, Secretario de la Embajada de Cuba en México, Arquitecto, Catedrático de la Universidad de La Habana, Concejal de su Ayuntamiento y Capitán del Ejército Libertador de Cuba, y de doña María Teresa Abeillé y Santurio. Tuvieron por hijo al doctor Alfredo Fernández de Castro y Primelles, que casó dos veces: primero, con doña X. Vallejo, con la que tuvo por hijos a Alfredo y a Carmen Fernández de Castro y Vallejo. Casó por segunda vez, con doña Rosa María de Cárdenas y Blanco, viuda de don Gastón Ramírez de Arellano y Longa.

4. — Don Alfredo Primelles y Porro, casó con doña Pilar Bastida. Tuvieron por hijo al doctor Alfredo Primelles y Bastida, Cirujano Dentista, que casó con doña Ana María Gutiérrez y Mc Lain, los que tuvieron por hijos: a Alfredo Antonio Primelles y Gutiérrez; y a Ana María Primelles y Gutiérrez, la cual casó con don Manuel Legrá, los que son padres de Paul Robert y de Michael Legrá y Primelles.

H. — Don León Primelles y Socarrás, casó con doña Carmelina Agramonte y Piña, hija de don José Agramonte y Agüero, y de doña Concepción Piña. Tuvieron por hijos: a León, y a Arturo Primelles y Agramonte. Los cuales:

A. — Don León Primelles y Agramonte, fue Ingeniero. Casó en La Habana, parroquia de Monserrate, el 15 de abril de 1904, con Agnés Bridat y Sorensen, y tuvieron por hija: a

Doña Carmelina Primelles y Bridat, que casó con don Rafael de la Guardia y Calvo, hijo del Licenciado Cristóbal de la Guardia y Mádan, Abogado y Secretario de Justicia de la República de Cuba, y de doña María Teresa Calvo de la Puerta y Cárdenas. Tuvieron por hijo a Rafael de la Guardia y Primelles, que casó dos veces: la primera, con doña X. Álvarez de Tabio, con la que tuvo por hijos: a Beatriz María de la Guardia y Álvarez Tabio, que casó con don Mark Stewart; a Rafael Pablo de la Guardia y Álvarez Tabio. Don Rafael de la Guardia y Primelles casó por segunda vez, con doña Conchita Barreiros.

B. — Don Arturo Primelles y Agramonte, casó con doña María Xenes y Duarte, hija de don José Xenes y Xenes, y de doña María Asunción Duarte y Lima. Tuvieron por hijos: a Graciella; a León, y a Raúl Primelles y Xenes. De los cuales:

a. — Doña Graciella Primelles y Xenes, casó con don Juan A. Riera y Artiza. Tuvieron por hijo: a Arturo Riera y Primelles, que casó dos veces: primero, con doña Lourdes Arguelles y Andino, hija de don Benigno R. Arguelles y Navarro y de doña Graciella Andino y Pella, con la que tuvo por hijo a Arturo Felipe Riera y Arguelles; casó por segunda vez, con doña Lourdes Botifoll y Zalduondo, hija del doctor don Luis Botifoll y Gilpérez, Abogado, y de doña Aurora Zalduondo, con la que procreó a Juan Luis Riera y Botifoll.

b. — Doctor León Primelles y Xenes, fue Abogado.

QUIJANO

Apellido castellano, del valle de Buelna, Santander, desde donde se extendió por la Península y América.

Sus armas: En campo de oro, un león de púrpura. Otros traen escudo cuartelado: 1ro. y 4to., de gules, y 2do. y 3ro., en campo de plata, una estrella de azur. Otros traen, escudo cuartelado: 1ro. y 4to., en campo de gules, una flor de lis de plata, y 2do. y 3ro., jaquelado de oro y gules. El escudo está cuartelado por una cruz de sinople cargada de una torre de piedra, y dos perros de plata, saliendo de la puerta a la que están atados con cadena de hierro uno por cada lado.

A mediados del siglo XVII, procedente de la ciudad de Málaga, en Andalucía, se estableció esta familia en La Habana.

Don José Quijano y su mujer doña Isabel de Palma, tuvieron por hijo al: Capitán Juan José Quijano y de Palma, natural de Málaga, que testó en La Habana el 9 de diciembre de 1718 ante Francisco Flores Rubio. Casó en la Catedral de esta ciudad el 20 de agosto de 1669, con doña Lorenza Escalante-Borroto y Contreras, hija de don Gaspar Pérez-Borroto y Sotolongo, y de doña Jacinta Contreras. Tuvieron por hijos a: Margarita; María, Francisco; Juan; Luis; Manuel, y José Quijano y Borroto. De los cuales:

1. — Doña María Quijano y Borroto, testó el 20 de mayo de 1758 ante Cristóbal Leal, y su defunción se encuentra en la Catedral de La Habana a 25 de julio de 1760. Casó en esta ciudad, parroquia del Espíritu Santo, el 17 de noviembre de 1724, con don Juan Flores-Rubio y Sousa, natural de esta ciudad, hijo de Francisco y de Ana. Tuvieron por hijo: a

Juan Flores-Rubio y Quijano, natural de La Habana, Alcalde de la Sta. Hermanan.

2. — Don Francisco Quijano y Borroto, bautizado en La Habana, parroquia del Santo Cristo, el 16 de abril de 1685, fue religioso. Testó el 31 de enero de 1756 y su defunción se encuentra en la Catedral de La Habana a 8 de febrero de dicho año.

3. — Don Juan Quijano y Borroto, bautizado en la Catedral de La Habana el 1 de septiembre de 1670, testó el 19 de septiembre de 1730, ante Tomás Núñez. Casó con doña María Teresa de Valdespino y Castellón, hija de don Juan de Valdespino y Guilizasti, y de doña Bernarda Castellón y Lara-Bohorques. Tuvieron por hija: a

Doña María Gertrudis Quijano y Valdespino, bautizada en La Habana, parroquia del Espíritu Santo, el 20 de octubre de 1704, que testó el 13 de julio de 1778 ante Ignacio Rodríguez, y su defunción se encuentra en la referida parroquia a 5 de noviembre de dicho año. Casó en la Catedral de La Habana, el 15 de agosto de 1721, con el Alférez Antonio Hernández-Castellanos y del Valle, hijo del Alférez Sebastián Hernández-Castellanos y de doña María de la Concepción del Valle Vergara.

4. — Don Luis Quijano y Borroto, casó en la Catedral de La Habana el 21 de noviembre de 1701, con doña Micaela María Espinosa de Contreras y González-Cordero, hija del Capitán Francisco Damián Espinosa de Contreras y Caviedes, Oficial Real, y de doña María González-Cordero y Esquivel. Tuvieron por hijas: a Lorenza, y a Ana Quijano y Espinosa de Contreras. Las cuales:

A. — Doña Lorenza Quijano y Espinosa de Contreras, tiene su defunción en La Habana, parroquia de Guadalupe, a 3 de octubre de 1792. Casó en esta ciudad, parriquia del Espíritu Santo, el 15 de octubre de 1728, con don Miguel Hernández-Castellanos y Valle-Vergara, hijo del Alférez Sebastián Hernández-Castellanos, y de doña María de la Concepción del Valle Vergara.

B. — Doña Ana Quijano y Espinosa de Contreras, casó en la Catedral de La Habana el 27 de septiembre de 1726, con don Manuel Vicente Cordero y del Pino, hijo del Capitán Nicolás y de Agustina.

5. — Don Manuel Quijano y Borroto, testó el 6 de junio de 1743 ante Bartolomé Núñez, y su defunción se encuentra en la Catedral de La Habana a 10 de julio de dicho año. Casó dos veces: la primera, con doña María Armenteros Guzmán y Sotolongo, hija del Capitán Silvestre Armenteros Guzmán y del Clavo, Regidor, Alcalde de la Santa Hermandad y Caballero de la Orden de Calatrava, y de doña Graciana Sotolongo y Calvo de la Puerta. Casó por segunda vez, en esta ciudad, parroquia del Santo Cristo, con doña Antonia Muñoz y Armenteros, hija de Juan y de María.

Don Manuel Quijano y Borroto y su primera mujer doña María Armenteros Guzmán y Sotolongo, tuvieron por hijos: a María de la Altagracia; a Ana; a Francisco; a Nicolás, y a Antonio Quijano y Armenteros. De los cuales:

   a. — María de la Altagracia Quijano y Armenteros fue bautizada en la parroquia de Jesús del Monte el 29 de octubre de 1706.

   b. — Doña Ana Quijano y Armenteros, casó en La Habana, parroquia del Santo Cristo, el 9 de julio de 1742, con el Teniente Antonio Ochoa de Orbea y Lugo, hijo de don Ambrosio Ochoa de Orbea y Martínez de la Munera, y de doña Blasa de Lugo Trimiño y Medina.

   c. — Don Antonio Quijano y Armenteros testó el 25 de abril de 1770 ante Juan Salinas, y tiene su defunción en la iglesia del Santo Ángel a 29 de noviembre de 1807. Casó en La Habana, parroquia del Santo Ángel, el 10 de abril de 1759, con doña Melchora Armenteros Guzmán y Zaldívar, hija de don José Armenteros Guzmán y Sotolongo, Capitán de Caballos, y de doña María Micaela Fernández de Zaldívar y Ximénez-Barroto.

6. — Don José Quijano Borroto, bautizado en La Habana, parroquia del Espíritu Santo, el 22 de noviembre de 1676, testó el 13 de diciembre de 1707 ante Miguel Hernández Arturo, y su defunción se encuentra en la Catedral de esta ciudad a 18 de febrero de 1729. Casó en La Habana, parroquia del Espíritu Santo, el 3 de noviembre de 1703, con doña Margarita Balmaceda y Prado-Carvajal, hija del Teniente Luis de Balmaceda y Recio, y de doña Margarita de Prado Carvajal y Uriza. Tuvieron por hijos: a Ignacia; a Teresa; a Gertrudis; a Petrona; a Margarita; a Antonio; a Nicolás; a Luis; a Juan; a José, y a Francisco Xavier Quijano y Balmaceda. De los cuales:

   1. — Doña Ignacia Quijano y Balmaceda tiene su defunción en La Habana, parroquia de Guadalupe, a 9 de octubre de 1792.

   2. — Doña Teresa Quijano y Balmaceda, testó el 11 de octubre de 1781 ante José Antonio Bosque, y su defunción se encuentra en La Habana, parroquie del Santo Ángel, a 14 de octubre de dicho año.

   3. — Doña María Gertrudis Quijano y Balmaceda, tiene su defunción en La Habana, parroquia del Santo Ángel, a 11 de abril de 1783. Casó con el Coronel Antonio Cruenyes.

   4. — Doña Petrona Quijano y Balmaceda fue bautizada en La Habana, parroquia del Espíritu Santo, el 10 de julio de 1705, donde casó el 1 de agosto de 1737, con el Teniente Carlos Francisco Barreiro de los Ríos y Reitinger, hijo de don Manuel Francisco Barreiro Pereira de los Ríos, y de doña Mariana Cornelia Reitinger y Yonel.

   5. — Doña Margarita Quijano y Balmaceda, testó el 17 de febrero de 1790 ante Manuel Méndez, y su defunción se encuentra en La Habana, parroquia del Santo Ángel, a 11 de agosto de 1798. Casó dos veces en esta ciudad: la primera, el 30 de enero de 1744, en la parroquia del

Espíritu Santo, con don Diego Balmaceda y de la Torre, Teniente de Caballería de esta plaza, hijo del Capitán Mateo de Balmaceda y Valero-Guzmán, y de doña Anade la Torre Arismendi y Cendoya. Casó por segunda vez, el 25 de agosto de 1782, en la parroquia del Santo Angel, con el Teniente José Melchor de Sotolongo y Herrera, natural de Plasencia, en Extremadura, hijo de don José Sotolongo y Aréchaga, natural de La Habana, Regidor de este Ayuntamiento, y de doña María de la Cruz Herrera y Salgado.

6. — Don Luis Quijano y Balmaceda fue religioso.

7. — Don Juan Quijano y Balmaceda, casó en La Habana, parroquia del Espíritu Santo, el 3 de noviembre de 1736, con doña Juana de Roxas-Sotolongo y Rubio de Villarreal, hija de don José Gabriel de Roxas-Sotolongo y Garaondo, Regidor Depositario General de este Ayuntamiento, y de doña Isabel Rubio de Villarreal y Ximénez. Tuvieron por hijos: a Clara Josefa; a María de los Dolores; a Orosia; a María Belén; a María del Rosario; a Blasa; a María Isabel; a José; a José Manuel, y a Ignacio Quijano y Roxas-Sotolongo. Los cuales:

A. — Doña Clara Josefa Quijano y Roxas-Sotolongo fue bautizada en la provincia de La Habana, parroquia del Potosí.

B. — Doña María de los Dolores Quijano y Roxas-Sotolongo, bautizada en La Habana, parroquia del Espíritu Santo, el 18 de junio de 1745, testó el 15 de agosto de 1785, encontrándose su defunción en la parroquia del Santo Cristo, a 25 de agosto de dicho año. Casó con don Vicente Pérez.

C. — Doña Orosia Quijano y Roxas-Sotolongo, testó el 2 de octubre de 1809 ante Gabriel Ramírez, y su defunción se encuentra en La Habana, parroquia del Espíritu Santo, a 3 de octubre de dicho año. Casó en la Catedral de La Habana el 12 de junio de 1771, con don José Andrés de Lezama y Flores, natural de La Habana, hijo de Antonio y de Francisca.

D. — Doña María Belén Quijano y Roxas-Sotolongo, fue bautizada en La Habana, parroquia del Espíritu Santo, el 4 de enero de 1741, y tiene su defunción en La Habana, parroquia del Espíritu Santo, a 20 de febrero de 1793. Casó en esta ciudad, parroquia del Santo Cristo, el 10 de diciembre de 1765, con don José Ignacio de Porras-Pita y Zaldívar, hijo de don Miguel de Porras-Pita, y de doña Isabel Fernández de Zaldívar.

E. — Doña María del Rosario Quijano y Roxas-Sotolongo, testó el 12 de junio de 1828 ante Manuel de Ayala, y su defunción se encuentra en La Habana, parroquia de Guadalupe, a 11 de agosto de 1831. Casó con el Capitán Francisco Xavier de Ayala y Cepero, hijo de don Francisco de Ayala y Fernández de Velasco, Mayordomo de Propios del Ayuntamiento de La Habana, y de doña Gertrudis Cepero y Sotolongo.

F. — Doña Blasa Quijano y Roxas-Sotolongo fue bautizada en La Habana, parroquia del Espíritu Santo el 14 de febrero de 1744, donde tiene su defunción a 14 de octubre de 1804. Casó dos veces en esta ciudad: la primera, en la parroquia del Santo Cristo, el 16 de septiembre de 1766 con don Agustín de Varona y Varona, natural de la villa de Puerto Príncipe, hijo del Capitán Antonio de Varona y de la Torre, Alguacil Mayor, Regidor y Alcalde Provincial de dicha villa, y de doña Rosa de Varona y Agüero. Casó por segunda vez, el 5 de marzo de 1787, en la parroquia del Espíritu Santo, con don Felipe de Acosta y Martínez, hijo del Capitán Andrés y de María Josefa.

G. — Doña María Isabel Quijano y Roxas-Sotolongo, casó en la Catedral de La Habana el 28 de diciembre de 1779, con don Juan José Longo y Dorronsoro, natural de la villa de Puerto Real, hijo de Juan José y de Josefa.

H. — Don José Quijano y Roxas-Sotolongo fue bautizado en la parroquia del Espíritu Santo el 2 de abril de 1739.

I. — Don José Manuel Quijano y Roxas-Sotolongo fue bautizado en La Habana, parroquia del Santo Cristo, el 12 de noviembre de 1748. Casó dos veces: la primera, con doña Nicolasa Manresa; y la segunda, en la parroquia de la villa de Güines, el 4 de julio de 1792, con doña Juana Montero-Cid y Blanco, hija de Rafael y de Rosalía.

Don José Manuel Quijano y Roxas-Sotolongo y su primera mujer doña Nicolasa Manresa tuvieron por hija a:

Doña Cándida Quijano y Manresa, que fue bautizada en la parroquia de la villa de Güines el 4 de octubre de 1777.

Don José Manuel Quijano y Roxas-Sotolongo y su segunda mujer doña Juana Montero-Cid y Blanco, tuvieron por hijos: a Rafaela, y a Francisco María Quijano y Montero-Cid. Los cuales:

a. — Doña Rafaela Quijano y Montero-Cid, natural de la villa de San Julián de los Güines, tiene su defunción en La Habana, parroquia de Monserrate, a 30 de junio de 1868. Casó en la parroquia de Güines, el 4 de abril de 1820 con don José Vicente García y García, natural de San José de las Lajas, hijo de don José Vicente García y González de Urra, natural de Managua, y de doña Isabel García y Díaz, natural de Santa María del Rosario.

b. — Don Francisco María Quijano y Montero-Cid, bautizado en la parroquia de San Julián de los Güines en octubre de 1794, casó en La Habana, parroquia de Guadalupe, en 1843, con doña Salustiana Lezama y Parrado, natural de Regla, hija del Licenciado José Gregorio Lezama y Quijano, natural de La Habana, y de doña María Antonia Parrado y González de Montes, natural de Santiago de los Caballeros, en la isla de Santo Domingo.

J. — Don Ignacio Quijano y Roxas-Sotolongo, natural de La Habana, casó en Guanajay el 23 de septiembre de 1776, con doña Manuela de

Paula y Lemos, natural de La Habana, hija de don Francisco de Paula y de doña Rosa María Lemos.

8. — El Teniente Coronel José Quijano y Balmaceda, (anteriormente mencionado como hijo de don José Quijano y Borroto y doña Margarita Balmaceda y Prado-Carvajal), fue Capitán de Caballería durante la toma de La Habana por los ingleses en 1762. Testó el 18 de mayo de 1778 ante José Antonio Bosque y su defunción se encuentra en la Catedral de La Habana a 27 de abril de 1781. Casó en la Catedral de La Habana el 22 de mayo de 1736 con doña Teresa Tinoco y Viamonte-Navarra, hija de don Manuel Gutiérrez Tinoco y de doña Josefa Viamonte-Navarra y Recio Borroto. Tuvieron por hijos: a María de los Dolores; a María de la Soledad; a Ana Josefa; a Dominga; a María del Carmen; a Gertrudis; a Rafael; a Manuel; a Juan; a Ignacio, y a José María Quijano y Tinoco. De los cuales:

1. — Doña María de la Soledad Quijano y Tinoco, nacida en La Habana el 8 de marzo de 1743, fue bautizada en la Catedral de esta ciudad. Testó el 22 de agosto de 1802 ante Juan de Mesa, y su defunción se encuentra en La Habana, parroquia de Guadalupe, a 4 de julio de 1808. Casó en la Catedral de La Habana el 29 de mayo de 1756, con el Capitán Tiburcio Castilla y Góngora, hijo del Alférez Pedro Castilla y Santa Cruz, y de doña Josefa María de Góngora y Perdomo.

2. — Doña Ana Josefa Quijano y Tinoco, casó en la Catedral de La Habana el 16 de septiembre de 1762, con don Benito Luis Poñigo y Picasso, hijo del Brigadier Juan Bautista y de Catalina.

3. — Doña Dominga Quijano y Tinoco, tiene su defunción en la Catedral de La Habana a 16 de febrero de 1798, donde casó el 23 de diciembre de 1779, con el Licenciado Antonio Rodríguez-Morejón e Hidalgo-Gato, Abogado de las Reales Audiencias de México y Santo Domingo, Teniente de Regidor y Alguacil Mayor del Ayuntamiento de La Habana, hijo de don Antonio José Rodríguez de Morejón y Cepero, Capitán de Dragones de Matanzas, y de doña Josefa Hidalgo-Gato y Rodríguez-Morejón.

4. — Doña María del Carmen Quijano y Tinoco, testó ante José Leal, y su defunción se encuentra en La Habana, parroquia del Espíritu Santo, a 17 de agosto de 1806, donde casó el 8 de junio de 1766, con don Lorenzo Flores y Quijano, hijo de don Juan Flores-Rubio y Sousa, natural de La Habana, y doña María Quijano y Borroto.

5. — Doña Gertrudis Quijano y Tinoco, tiene su defunción en la Catedral de La Habana a 12 de diciembre de 1821. Casó dos veces en esta ciudad: la primera en la referida Catedral, el 31 de mayo de 1783, con don Manuel Paulín y de la Barrera, natural de Sevilla, Subteniente del Regimiento de Infantería de Flandes, hijo de Fernando y de Ana. Casó por segunda vez el 8 de agosto de 1808, en la parroquia de Guadalupe, con don Claudio José Fernández y Vargas-Machuca, hijo de Antonio y de Micaela.

6. — Don Manuel Quijano y Tinoco, casó en la Catedral de La Habana el 24 de febrero de 1766, con doña María de la Soledad Carmona y González, hija de José y de Micaela.

7. — Don Juan Quijano y Tinoco casó con doña María de la Barba.

8. — Don Ignacio Quijano y Tinoco, testó el 21 de marzo de 1779 ante Marcos Ramírez, y su defunción se encuentra en la Catedral de La Habana a 4 de mayo de dicho año. Casó en esta ciudad, parroquia del Espíritu Santo, el 17 de marzo de 1757, con doña Micaela Duarte y Balmaceda, hija de don Manuel Duarte y Osorio de Pedroso, y de doña Úrsula de Balmaceda y Prado-Carvajal. Tuvieron por hija a: Juana Quijano y Duarte.

9. — Don José María Quijano y Tinoco, fue bautizado en la parroquia del Espíritu Santo el 28 de noviembre de 1744.

9. — Don Francisco Xavier Quijano y Balmaceda, anteriormente mencionado como hijo de don José Quijano y Borroto y de Margarita Balmaceda y de Prado-Carvajal, casó en La Habana, parroquia del Espíritu Santo, el 13 de septiembre de 1732 con doña Josefa de Torres y Fernández, hija de Antonio y de Isidora. Tuvieron por hijos: a Isidora; a Inés; a Eugenio, y a Francisco Xavier Quijano y Torres. De los cuales:

A. — Doña Inés Quijano y Torres, tiene su defunción en La Habana, parroquia del Santo Ángel, a 12 de diciembre de 1813. Casó con don Andrés de Valderrama y Ortega, Moscoso y Valenzuela, natural de Écija, en Sevilla, Brigadier de la Real Armada.

B. — Don Eugenio Quijano y Torres, testó ante Marcos Rodríguez y tiene su defunción en La Habana, parroquia del Santo Ángel a 15 de enero de 1780. Casó con doña Antonia Ulavarro y tuvieron por hijas: a Josefa; a María de la Luz, y a Isabel Quijano y Ulavarro.

C. — Don Francisco Xavier Quijano y Torres, casó en La Habana, parroquia del Santo Ángel, el 30 de agosto de 1760, con doña María Gertrudis Flores y Quijano, hija de don Juan de Flores-Rubio y Sousa, y de doña María Quijano y Borroto. Tuvieron por hijos: a Eusebia, y a Francisco Quijano y Flores. Los cuales:

a. — Doña Eusebia Quijano y Flores tiene su defunción en la Catedral de La Habana a 9 de junio de 1867. Casó en esta ciudad, parroquia del Santo Cristo, el 5 de marzo de 1804, con el Licenciado Blas Manuel de Socarrás y Agüero, natural de la villa de Puerto Príncipe, hijo del Subteniente Manuel Ignacio de Socarrás y Fernández de Flines, y de doña María Ignacia de Agüero y Varona.

b. — Don Francisco Quijano y Flores, tiene su defunción en la parroquia de Marianao a 24 de enero de 1776.

Procedente de la isla de la Gomera, en las Canarias, se estableció otra familia de apellido Quijano en la ciudad de Jaruco durante la primera mitad del siglo XIX.

Don Rafael Quijano y su mujer doña Francisca Roldán, tuvieron por hijo a:

Don Antonio Quijano y Roldán, natural de la isla de la Gomera, que se estableció en Jaruco. Casó con doña María de la Candelaria Morales y González, hija de Domingo y de Ana, y tuvieron por hijos: a Teresa de Jesús, y a Rafael Quijano y Morales. Los cuales:

1. — Doña Teresa de Jesús Quijano y Morales, bautizada en la parroquia de San Juan de Jaruco el 28 de julio de 1832, casó con don Fernando Molina y García, natural de Catalina de Güines, hijo de don Manuel Molina y Armenteros, Teniente de Milicias de Caballería de la plaza de La Habana, y de doña Bárbara García y Arango.

2. — Don Rafael Quijano y Morales, natural de Jaruco, casó con doña María de Loreto Cobos y Álvarez, natural de Guamutas. Tuvieron por hija a:

Doña Ángela Rosa Quijano y Cobos, natural de Guamutas, que casó con don Carlos Manuel Muñoz e Inestrosa, natural de La Habana, hijo de don Manuel Muñoz y Ojeda, y de doña María del Carmen Inestrosa y Díaz.

Desde principios del siglo XVIII aparece radicada en La Habana otra familia de apellido Quijano.

Don José Quijano y doña María Juana Rangel fueron padres de: José Quijano y Rangel, natura lde La Habana, donde tiene su defunción, parroquia del Santo Cristo, a 9 de agosto de 1778. Casó en la parroquia de Jesús del Monte el 25 de agosto de 1769, con doña Micaela Alpízar y Enríquez, natural de Marianao, hijo de don Martín Rodríguez de Alpízar y de doña Juana Enríquez. Esta señora Micaela Alpízar y Enríquez tiene su defunción en la parroquia de Guatao a 3 de noviembre de 1815.

Don José Quijano y Rangel y su mujer Micaela Alpízar y Enríquez tuvieron por hijos: a Manuel; a José de la Luz; a Andrés; a José de Jesús; a Miguel, y a Nicolás Quijano y Alpízar. Los cuales:

1. — Don Manuel Quijano y Alpízar falleció soltero en el Guatao el 20 de agosto de 1816.

2. — Don Andrés Quijano y Alpízar fue bautizado en la parroquia de Jesús del Monte, el 25 de septiembre de 1772. Casó en la parroquia de Jesús del Monte, el 26 de diciembre de 1804, con doña María de la Concepción de Parra y Valdés, hija de Pablo Lorenzo y de María de la Concepción.

3. — Don José de la Luz Quijano y Alpízar, tiene su defunción en la parroquia de Jesús del Monte, a 4 de enero de 1774.

4. — Don José de Jesús Quijano y Alpízar, fue bautizado en la parroquia de Jesús del Monte, el 4 de diciembre de 1769.

5. — Don Manuel Quijano y Alpízar fue bautizado en la parroquia de Jesús del Monte, el 25 de septiembre de 1772.

6. — Don Nicolás Quijano y Alpízar, nació en Jesús del Monte y fue bautizado en la parroquia de los Quemados de Marianao, el 25 de septiembre de 1778. Tiene su defunción en la parroquia del Guatao, donde casó el 7 de marzo de 1814 con doña María de los Ángeles Baez y Oropesa, natural de Corralillo, en la provincia de La Habana, hija de don José Baez y Alpízar, y de doña Candelaria Oropesa y Delgado. Tuvieron por hijos: a María Francisca; a Inés; a José; a Irene; a Nicolás; a José Máximo y a Benito Quijano y Baez. Los cuales:

A. — Doña María Francisca Quijano y Baez, natural del Guatao, casó con don Pedro Antonio Alpízar y Camejo, hijo de don José Alpízar y Guzmán, y de doña María de las Nieves Camejo y de la Calle.

B. — Doña Inés Quijano y Baez fue natural del Guatao.

C. — Don José Irene Quijano y Baez, fue natural del Guata. Casó con doña María Juliana Benítez. Tuvieron por hijos: a María Canuta, y a Emilio Quijano y Benítez. Los cuales:

a. — Doña María Canuta Quijano y Benítez, casó con don Ramón Nonato Alpízar y Quijano, hijo de don Antonio Alpízar y Camejo, y de doña María Francisca Quijano y Báez.

b. — Don Emilio Quijano y Benítez, fue bautizado en Hoyo Colorado el 7 de julio de 1873, donde casó en 1893, con doña María Petrona de la Concepción y Alpízar, hija de Ceferino de la Concepción y Aguilar, y de doña María de los Ángeles Alpízar y Quijano.

D. — Don Nicolás Quijano y Baez, fue bautizado en el Guatao el 3 de enero de 1827, donde casó en 1850, con doña María Josefa Alpízar y Camejo, hija de don José Alpízar y Guzmán, y de doña María de las Nieves Camejo y de la Calle. Tuvieron por hijo: a

Don José Quijano y Alpízar, el cual casó con doña Teodora Navio y Castillo, y tuvieron por hija: a

Doña Laudelina Quijano y Navio, bautizada en el Guatao el 7 de abril de 1880, donde casó en 1906, con don Luis Alpízar y Rivero, hijo de don Francisco Alpízar y Camejo, y de doña Josefa Rivero y Gutiérrez.

E. — Don José Máximo Quijano y Baez, fue bautizado en Corralillo, provincia de La Habana, el 27 de noviembre de 1822. Casó en el Guatao en 1849, con doña Juana Alpízar y Camejo, hija de José Alpízar y Guzmán, y de doña María de las Nieves Camejo y de la Calle.

F. — Don Benito Quijano y Baez, fue bautizado en el Guata, el 28 de marzo de 1818, habiendo casado en el mismo lugar en 1847, con doña

María de las Mercedes Alpízar y Camejo, hija de don José Alpízar y Guzmán, y de doña María de las Nieves Camejo y de la Calle. Tuvieron por hijo a:

Don Hilario Quijano y Alpízar, bautizado en el Guatao, el 21 de enero de 1850, se casó en ese mismo lugar en 1871, con doña María Sixta de los Dolores Hernández y Quijano, hija natural de don José Francisco Hernández y Rosado, y de doña Inés Quijano y Baez.

A finales del siglo XVIII y procedente de las montañas de Santander, se estableció otra familia Quijano en La Habana.

Don Fernando Quijano y doña Catalina Sánchez, fueron padres de: don José Quijano y Sánchez, natural de las montañas de Santander, que casó en primeras nupcias con doña Vicenta Prieto. Casó por segunda vez en La Habana, parroquia del Espíritu Santo, el 30 de junio de 1800, con doña María Dolores Jiménez y de la Cruz, hija de Luis y de Francisca Andrea. Tuvieron por hija a:

Doña María del Carmen Quijano y Jiménez, natural de La Habana, que fue bautizada en la parroquia del Espíritu Santo, el 16 de diciembre de 1801.

Procedente de la isla de Margarita se estableció una familia Quijano en La Habana, a principios del siglo XVIII.

Don Félix Quijano, natural de la isla de Margarita, casó con doña Bernarda de Losa, natural de La Habana. Tuvieron por hijo a:

Don José Quijano y Losa natural de La Habana, bautizado en la parroquia del Santo Cristo, el 28 de febrero de 1706.

No hemos podido establecer el nexo entre esta familia y las otras que aparecen en este trabajo.

QUIROGA

Apellido gallego, del valle de su nombre en Lugo.

A fines del siglo XVII, procedente de Villafranca del Vierzo, en León, se estableció una familia de este apellido en Santiago de Cuba.

Sus armas: en campo de gules, cinco estrellas de plata, puestas en faja. Otros traen, el campo de sinople.

Don Diego de Quiroga y Losada, y su mujer doña María Josefa Losada y Torres, tuvieron por hijo: al

Alférez José de Quiroga y Losada, natural de Villafranca del Vierzo, que tiene su defunción en la Catedral de Santiago de Cuba a 13 de enero de 1744, donde casó el 10 de julio de 1701, con doña Mariana de Herrera y Moya, hija del Capitán Francisco de Herrera y Moya y de doña Ignacia de la Victoria. Tuvieron por hijos: a Marcelino, y a Francisco Quiroga y Herrera Moya. Los cuales:

1. — El capitán Marcelino Quiroga y Herrera Moya, tiene su defunción en la Catedral de Santiago de Cuba a 13 de octubre de 1771. Casó dos veces: la primera, con doña Nicolasa del Valle; y la segunda, en la Catedral de Santiago de Cuba, el 8 de diciembre de 1741, con doña Juana Ferrer y López de Herrera, hija de don Miguel Alejandro Ferrer y Roxas, Alférez Mayor, y de doña Margarita López de Herrera y Ramos.

2. — Don Francisco Quiroga y Herrera Moya, tiene su defunción en la Catedral de Santiago de Cuba, a 24 de septiembre de 1726, donde casó el 29 de junio de 1723, con doña Lucía de Velasco y Osuna, natural de la isla de Santo Domingo, hija del Capitán Juan Antonio y de Estefanía. Tuvieron por hijos: a Antonio, y a José Antonio Quiroga y Velasco. Los cuales:

1. — Doña Antonia Quiroga y Velasco, tiene su defunción en la Catedral de Santiago de Cuba a 20 de diciembre de 1755, donde casó el 15 de noviembre de 1739, con el Teniente Francisco Veranes, natural de la villa de Avilés, en Asturias, hijo de don Sancho Veranes, y de doña Antonia Fernández Veranes y Xerez.

2. — Teniente José Antonio Quiroga y Velasco, casó dos veces en la Catedral de Santiago de Cuba: la primera, el 15 de mayo de 1754, con doña Juana Teresa Palacios-Saldurtún y Betancourt, hija del Capitán José Palacios-Saldurtún y Mustelier, y de doña Isabel Antonia Betancourt y Cisneros. Casó por segunda vez, el 8 de noviembre de 1760, con doña María Delgado. Con su primera mujer, dejó por hijo: a Hilario Quiroga y Palacios-Saldurtún.

La familia López de Navia y Quiroga, establecida en Santiago de Cuba desde la segunda mitad del siglo XVII, aparece llamándose solamente Quiroga desde fines del siglo XVIII. A ella perteneció:

Don Gregorio López de Navia y Quiroga, que casó con doña Ana Ramírez Patiño, y tuvieron por hijo: al

Capitán Gabriel Marcelino López de Navia y Quiroga, que casó en la Catedral de Santiago de Cuba el 21 de noviembre de 1723, con doña Rosa María del Castillo y Fromesta, hija de don Bernardino Antonio del Castillo, natural de Madrid, y de doña Inés Fromesta y Montejo Salazar y Acuña. Tuvieron por hijo: a

Don José Nicolás López de Navia y Quiroga del Castillo, que casó en la Catedral de Santiago de Cuba el 30 de marzo de 1755, con doña Josefa Andrea Mancebo y Betancourt, hija de don Pedro Fernández Mancebo y Rosas, y de doña Catalina Betancourt y Cisneros. Tuvieron por hijo: a

Don Tomás Quiroga y Mancebo, que casó en la Catedral de Santiago de Cuba el 24 de diciembre de 1799, con doña María Josefa Azanza y Garsón, hija de don Pedro Tomás Azanza, Contador Fiscal de la Real Hacienda, y de doña Antonia Garsón.

RABEL

A mediados del siglo XIX, procedente del Departamento de Eure, en Francia, se estableció esta familia en la isla de Cuba, primeramente en Cárdenas, y después en La Habana.

Don Francisco Poussaint de Rabel, natural de Pont-Anderner, en el Departamento de Eure, casó con doña María Rosa Veauverrsy, y tuvieron por hijo: a

Don Luis Poussaint de Rabel, que falleció en Cárdenas el 24 de noviembre de 1871. Casó con doña Julia Luisa Bauduy, y tuvieron por hijo: a

Don Julio Rabel y Bauduy, natural de Point-Coufree, en New Orleans, que casó en Cárdenas el 4 de octubre de 1875, con doña Teresa Villa y Giorgi, natural de la ciudad de Bolívar, en la República de Bolivia, hija de Tomás y de Lucía Giorgi, natural de Córcega. Tuvieron por hijos: a Alberto; a Luis; a Gastón; a Edgardo, y a Julio Rabel y Villa. De los cuales:

1. — Don Edgardo Rabel y Villa, casó con doña María Núñez y Portuondo, hija de don Emilio Núñez y Rodríguez, General de División del Ejército Libertador de Cuba, Vicepresidente de la República de Cuba, Gobernador de La Habana, y de doña Dolores Portuondo y Blez. Tuvieron por hijos: a Dolores; a María; a Luis; a Edgardo; a Ricardo; a Julio, y a Emilio Rabel y Núñez.

2. — Don Julio Rabel y Villa, casó con doña Ana María García-Menocal y Cueto, hija del doctor Raimundo García-Menocal y García-Menocal, Médico, Catedrático de la Universidad de La Habana, Secretario de Sanidad y Beneficencia de la República de Cuba, Académico de Número de la Academia de Ciencias Médicas, Físicas y Naturales de La Habana, y de doña María Luisa del Cueto y Pazos. Tuvieron por hijo: a

Don Julio Rabel y García-Menocal, que casó en el Vedado, La Habana, el 6 de enero de 1936, con doña Margarita Zayas y de la Guardia, hija de don Francisco Zayas y Arrieta, Ingeniero, Representante a la Cámara de la República de Cuba, y de doña María del Amparo de la Guardia y Montalvo. Tuvieron por hija única a Margarita Rabel y Zayas, la cual pasó en la Catedral de La Habana el 16 de marzo de 1957, con el doctor Narciso Gelats y Suárez Solís, Abogado y Contador Público, hijo de don Juan Gelats y Botet, Banquero, y de doña Adolfina Suárez

Solís y Vázquez. Tuvieron por hijos: a Margarita; a Cristina; a Juan; a José y a Ana María Gelats y Rabel. De los cuales:

Doña Margarita Gelats y Rabel casó con don William Connors, y tienen por hija a Margarita Connors y Gelats.

Don Julio Rabel y García-Menocal, que casó con doña Margarita Zayas y de la Guardia, hija de don Francisco Zayas y Arrieta, Ingeniero, Representante a la Cámara de la República de Cuba, y de doña María del Amparo de la Guardia y Montalvo.

A otra familia Rabel perteneció:

Don Prudencio Rabel y Cubill, que obtuvo el título de Marqués de Rabel por Real Despacho de 1897.

RAMÍREZ DE AGUILAR

A mediados del siglo XVII, procedente de Castilla la Vieja, se estableció esta familia en Baracoa, región oriental de la isla de Cuba. Sus armas: escudo terciado en palo: 1.º, en campo de oro, tres bandas de azur; 2.º, en campo de azur, tres flores de lis de oro puestas en palo, y 3.º, en campo de plata, un árbol de sinople, y un león rampante de gules, empinado al tronco. Otros traen escudo partido: 1.º, en campo de oro, tres bandas de gules, y 2.º en campo de oro, un pino de sinople, y un león rampante al natural, empinado a él. Bordura de gules, con cinco aspas y cinco veneras, todas de oro, alternando.

El Capitán Francisco Ramírez de Aguilar, natural de Castilla la Vieja, fue Presidente Gobernador y Capitán General de Santo Domingo e isla Española, y Caballero de la Orden de Santiago. Pasó a Baracoa, Oriente, Cuba, y casó con doña Catalina Guerra Marrón de Santiesteban y Conquero, hija de don Juan de Guerra Marrón de Santiesteban, y de doña María Conquero. Tuvieron por hijo: a

Don Pedro Ramírez de Aguilar y Guerra, que casó con doña Sebastiana de Torres Morales y Lasso de la Vega, hija del Capitán José y de Isabel. Tuvieron por hijos: a Andrés Julián; a Cristóbal José, y a Pedro Ramírez de Aguilar y Torres. Los cuales:

1.— Don Andrés Julián Ramírez de Aguilar y Torres, fue Alcalde de la Santa Hermandad en la villa de Bayamo.

2.— Licenciado Cristóbal José Ramírez de Aguilar y Torres, fue Abogado de la Real Audiencia de Santo Domingo.

3.— Doctor Pedro Ramírez de Aguilar y Torres, fue Escribano de Cabildo, Gobierno y Real Hacienda de la villa de San Salvador del Bayamo. Casó con doña Rosa María de la Torre y Sarmiento-Caballero, hija de don Juan Manuel de la Torre y Rodríguez, y de doña Juana Noguera

Sarmiento-Caballero. Tuvieron por hijos: a María Catalina; a Isabel Francisca; a Cristóbal Francisco; a Manuel Antonio, y a Pedro Ramírez y de la Torre. Los cuales:

A. — Doña María Catalina Ramírez y de la Torre, casó con don Antonio Díaz Valdés, Oficial Mayor de la Real Factoría de Tabacos de La Habana.

B. — Doña Isabel Francisca Ramírez y de la Torre, casó con el Capitán Ignacio Zequeira y Aguilera, vecino de la villa de San Salvador del Bayamo.

C. — Don Cristóbal Francisco Ramírez y de la Torre, natural de Bayamo fue Presbítero y Canónigo Beneficiado en La Habana. Testó ante Miguel Méndez el 22 de febrero de 1803, y su defunción se encuentra en la Catedral de La Habana, a 28 de mayo de dicho año.

D. — Don Manuel Antonio Ramírez y de la Torre, fue Reverendo Padre Lector Maestro de Estudiantes.

E. — Doctor Pedro Ramírez y de la Torre, natural de Bayamo, fue Abogado de la Real Audiencia de Santiago de Cuba, Síndico Procurador General, y Catedrático de Derecho Civil de la Real Universidad de Santo Domingo. Hizo información de nobleza en Bayamo el 14 de noviembre de 1774, ante el Escribano José Núñez. Casó con doña Josefa Manuela Vandama y Guerra, natural de La Habana, hija de don Cristóbal de la Encarnación Vandama, natural de la Laguna, Tenerife, y de doña Gertrudis Guerra y Arriaga, natural de La Habana. Tuvieron por hijos: a Pedro José y a Martín Ramírez y Vandama. Los cuales:

1. — Don Pedro José Ramírez y Vandama, fue Cadete del Regimiento Fijo de Voluntarios de La Habana.

2. — Don Martín Ramírez y Vandama, fue bautizado en La Habana, parroquia del Espíritu Santo, el 24 de noviembre de 1755, donde casó el 20 de mayo de 1780, con doña Juana Saenz de Villarreal, natural del lugar de Pedroso, en Castilla la Vieja, y de doña María Isabel Méndez de Montañes. Tuvieron por hijo: a

Don Pedro Ramírez y Saenz de Villarreal, que fue bautizado en La Habana, parroquia del Espíritu Santo, el 4 de abril de 1781.

A esta familia también pertenecieron:

El Capitán Tomás Silvestre Ramírez de Aguilar, que casó con doña Ana Antonia Sánchez, y tuvieron por hija: a

Doña Isabel Ramírez de Aguilar y Sánchez, natural de la villa de San Salvador del Bayamo, que casó en La Habana, parroquia del Espíritu Santo, el 15 de marzo de 1800, con don Antonio Aguirre y Garibaldo, hijo del Teniente de Fragata Ramón Luis de Aguirre y Albertín y de doña Norberta Garibaldo y de la Parra.

También aparece:

Don Pedro Ramírez de Aguilar, que casó con doña Isabel Ramírez y Morales. Tuvieron por hijo: al

Bachiller Cristóbal José Ramírez de Aguilar y Ramírez Morales, natural de Bayamo, que casó en La Habana, parroquia de Jesús del Monte, el 25 de julio de 1743, con doña Jacoba de Valdivia y Rodríguez Gallo, natural de Sancti Spíritus, hija de Ignacio y de María.

RAMOS

A mediados del siglo XVII aparece ya radicada esta familia en Santiago de Cuba.

El Capitán Pedro Ramos fue Alcalde Provincial de la Santa Hermandad en Santiago de Cuba. Su defunción se encuentra en la Catedral de esa ciudad a 21 de marzo de 1685. Casó con doña Leonor Patiño, natural de la villa de San Salvador del Bayamo, cuya defunción se encuentra también en la Catedral de Santiago de Cuba a 9 de agosto de 1677. Tuvieron por hijos: a Mariana, a Francisca y a Francisco Ramos Patiño. Los cuales:

1. — Doña Mariana Ramos Patiño, tiene su defunción en la Catedral de Santiago de Cuba a 15 de junio de 1688. Casó con el Capitán Luis López de Herrera Leiva y Medrano, natural de Canarias, Regidor del Ayuntamiento de Santiago de Cuba, en cuya Catedral se encuentra su defunción a 21 de julio de 1692.

2. — Doña Francisca Ramos Patiño casó dos veces: la primera, con el Capitán Juan Vázquez Valdés de Coronado y Cisneros, que tiene su defunción en la Catedral de Santiago de Cuba a 6 de noviembre de 1694, hijo del Capitán Juan Vázquez Valdés de Coronado, y de doña Inés Cisneros y Duque de Estrada. Casó por segunda vez, en la referida Catedral, el 25 de febrero de 1703, con don Melchor de Sosa y Díaz Maroto, hijo del Capitán Antonio Ventura y de Petronila.

3. — El Capitán Francisco Ramos Patiño, natural de Santiago de Cuba, casó con doña Graciana Vázquez Valdés de Coronado y Cisneros, hija del Capitán Juan Vázquez Valdés de Coronado, y de doña Luisa Cisneros y Duque de Estrada. Tuvieron por hijos: a Dorotea; a Francisca Luisa; a María, y a Pedro José Ramos y Vázquez y Valdés de Coronado. Los cuales:

A. — Doña Dorotea Ramos y Vázquez Valdés de Coronado, casó en la Catedral de Santiago de Cuba el 23 de octubre de 1718, con el Tesorero Miguel Serrano de Padilla y de la Torre, hijo del Alférez Juan Serrano de Padilla, y de doña Ana de la Torre y Arce.

B. — Doña Francisca Luisa Ramos y Vázquez Valdés de Coronado, tiene su defunción en la Catedral de Santiago de Cuba a 24 de noviembre de 1722, donde casó el 27 de agosto de 1700, con el Capitán Pedro López de Herrera y Ramos, hijo del Capitán Luis López de Herrera Leiva y Medrano, Regidor del Ayuntamiento, y de doña Mariana Ramos Patiño.

C. — Doña María Ramos y Vázquez Valdés de Coronado, tiene su defunción en la Catedral de Santiago de Cuba a 28 de febrero de 1743 donde casó el 29 de junio de 1690, con el Capitán Alonso Sánchez de Carmona, natural de la ciudad de Córdoba, hijo de don Blas Sánchez y de doña Jerónima de Carmona.

D. — Don Pedro José Ramos y Vázquez Valdés de Coronado, tiene su defunción en la Catedral de Santiago de Cuba a 2 de junio de 1745. Casó con doña Clara Cisneros y Zayas-Bazán, hija del Capitán Andrés Cisneros y Duque de Estrada, Alcalde ordinario y Teniente de Gobernador de la villa de Bayamo, y de doña Catalina de Zayas-Bazán y Vázquez Valdés de Coronado. Tuvieron por hijos: a Margarita; a Lucas Francisco, y a Pedro Ramos y Cisneros. Los cuales:

a. — Doña Margarita Ramos y Cisneros, casó con don Juan Salvador Aguilera y Vázquez Valdés de Coronado, Capitán de Milicias y Alcalde ordinario de la villa de Bayamo, hijo de don Bartolomé Aguilera y Duque de Estrada, Sargento Mayor de Milicias, Alcalde ordinario, y de doña María Vázquez Valdés de Coronado y Pérez de Nava.

b. — Don Lucas Francisco Ramos y Cisneros, casó en la Catedral de Santiago de Cuba el 28 de octubre de 1743, con doña María de Herrera Moya y Serrano de Padilla, hija de don Miguel Julián de Herrera Moya y Orozco, y de doña Francisca Antonia Serrano de Padilla y de la Torre.

c. — Teniente Pedro Ramos y Cisneros, tiene su defunción en la Catedral de Santiago de Cuba a 5 de julio de 1796. Casó con doña Nicolasa Osorio, y tuvieron por hija: a

Doña María Ramos y Osorio, que casó en la Catedral de Santiago de Cuba, el 22 de noviembre de 1777, con don Juan de Herrera Moya y Orozco, hijo del Teniente Francisco de Herrera Moya y Serrano de Padilla, y de doña Manuela de Orozco.

También aparece que:

Don Juan Ramos, fue Sargento Mayor de la plaza de Santiago de Cuba. Testó ante el Alférez Vicente Delgado y Bernal, y su defunción se encuentra en la Catedral de dicha ciudad a 25 de marzo de 1721. Casó con doña María Teresa Ferrer y Roxas, hija del Capitán Pedro Ferrer y Bolúfer, Sargento Mayor, Gobernador Político y Militar de la plaza de Santiago de Cuba, y de doña Juana de Toro Roxas. Tuvieron por hijos: a Francisca; a José; y a Juan Francisco Ramos y Ferrer. Los cuales:

1. — Doña Francisca Ramos y Ferrer, casó en la Catedral de Santiago de Cuba el 25 de abril de 1715, con el Alférez Ignacio Hechavarría Elgusua y Moreno Xirón, Alcalde Mayor Provincial, hijo del Capitán Mateo Hechavarría y Elgusúa y González, Sargento Mayor y Gobernador de las Armas de la plaza de Santiago de Cuba, y Sargento Mayor de la de Campeche, y de doña Ana María Moreno Xirón y Bejarano.

2. — Don José Ramos y Ferrer, fue Alférez Mayor y Alcalde ordinario de Santiago de Cuba. Casó en la Catedral de dicha ciudad el 24 de abril de 1715, con doña Bárbara Sánchez de Carmona y Ramos, hija del Capitán Alonso Sánchez de Carmona, y de doña María Ramos y Vázquez Valdés de Coronado.

3. — Capitán Juan Francisco Ramos y Ferrer, fue Alcalde ordinario de Santiago de Cuba. Casó en la Catedral de dicha ciudad el 9 de octubre de 1712, con doña Ángela Betancourt y Cisneros, hija del Capitán Diego Alonso Betancourt y Fernández, Regidor del Ayuntamiento, Alcalde ordinario y Gobernador Político de la plaza, y de doña María Cisneros y Álvarez de Castro. Tuvieron por hijo: a

Don Juan Antonio Ramos y Betancourt, que fue Alguacil Mayor del Santo Oficio de la Inquisición y Capitán de la Compañía de Forasteros de la plaza de Santiago de Cuba, y Alcalde Mayor de Coautillán, en Nueva España. Casó en la Catedral de Santiago de Cuba el 26 de julio de 1739, con doña Juana Ferrer e Izquierdo, hija del Alférez Atanasio Ferrer y Roxas, y de doña Graciana Izquierdo y Vázquez Voldés de Coronado. Hija de éstos fue: Doña Rosa Ramos y Ferrer, que casó el 5 de enero de 1785, en Santiago de Cuba, con don José Félix Repilado y Avero, natural de San Agustín de la Florida.

También nos encontramos que:

Don Asensio Ramos y su mujer doña Justa Rodríguez, tuvieron por hijo: a

Don Francisco Ramos y Rodríguez, que fue Presbítero en Santiago de Cuba a 12 de enero de 1683, donde se hace constar que falleció a los 74 años de edad.

REVILLA

Apellido castellano, de las montañas de Santander.

Sus armas: En campo de oro, un león de sinople, armado de oro; bordura componada de oro y sable. Otros traen: en campo de oro, una faja de gules, acompañada de dos flores de lis de azur, una arriba y otra abajo. Otros traen escudo cuartelado en sotuer: 1ro. y 4to., en campo de gules, una piña de oro, y 2do. y 3ro., en campo de oro, un lobo de azur.

A mediados del siglo XVII aperece radicada esta familia en el Señorío de Vizcaya, con Casa Solar en el Concejo de Santurce, de donde pasó uno de sus miembros, a mediados del siglo XVIII, a la ciudad de Santiago de Cuba.

Don José de Revilla, casó con doña Simona de la Llosa. Tuvieron por hijo: a

Don José de Revilla y de la Llosa, que casó con doña María de Chávarri de Oyancas, hija de don Pedro de Chávarri y de doña María Ventura de Oyancas. Tuvieron por hijo: a

Don José de Revilla y Chávarri de Oyancas, bautizado en la parroquia de San Jorge de Santurce, villa de Portugalete, en el Señorío de Vizcaya, el 8 de diciembre de 1743. Casó en la Catedral de Santiago de Cuba, el 10 de mayo de 1773, con doña María Alejandra Quintero y de Castro de Luna, natural de Santiago de Cuba, hija de don Juan Quintero y Rodríguez, natural de la Isla de Hierro, en las Canarias, y de doña Isabel de Castro de Luna y Pereyra. Tuvieron por hijos; a María Eulalia de la Concepción, y a José Bernardo de Revilla y Quintero. Los cuales:

1. — Doña María Eulalia de la Concepción de Revilla y Quintero, bautizada en la Catedral de Santiago de Cuba, el 20 de febrero de 1775, tiene su defunción en la referida Catedral a 16 de diciembre de 1831, donde casó, el 14 de marzo de 1818, con don Francisco Cruzat y Llobet, natural de la villa de Sitges, en Cataluña, hijo de don José Cruzat y de doña María Teresa Llobet.

2. — Don José Bernardo de Revilla y Quintero, bautizado en la Catedral de Santiago de Cuba el 27 de agosto de 1776, allí tiene su defunción a 19 de enero de 1858. Hizo información de Nobleza e Hidalguía en 28 de abril de 1828, ante don José María Portuondo y Herrera. Alcalde Ordinario, con asistencia de don Francisco José Odio y Vallejo, Oficial Real Honorario, Regidor Fiel Ejecutor. Casó en la referida ciudad, parroquia de Santo Tomás Apóstol, el 1 de noviembre de 1824, con doña Juana Giró y Pera, hija de don José Rafael Giró y Díaz de Pliego y de doña Rosa Pera y García de la Torre. Tuvieron por hijos: a Juana; a Graciliana; a Irene; a Elvira; a Balbina; a Rosalía; a José Rafael y a Emilio Revilla y Giró. Los cuales:

A. — Doña Juana Revilla y Giró, bautizada en Santiago de Cuba, parroquia de Santo Tomás Apóstol, el 24 de noviembre de 1826, donde tiene su defunción a 29 de junio de 1916. Falleció soltera.

B. — Doña Graciliana Revilla y Giró, bautizada en Santiago de Cuba, parroquia de Santo Tomás Apóstol, el 23 de octubre de 1831, falleció en Kingston, Jamaica en 1870. Falleció soltera.

C. — Doña Irene Revilla y Giró, bautizada en Santiago de Cuba, parroquia de Santo Tomás Apóstol, el 23 de septiembre de 1834, allí tiene su defunción a 2 de enero de 1856. Falleció soltera.

D. — Doña Elvira Revilla y Giró, bautizada en Santiago de Cuba, parroquia de Santo Tomás Apóstol, el 14 de junio de 1840, tiene su defunción en la Catedral de Santiago de Cuba, a 4 de mayo de 1876. Casó en la referida ciudad, parroquia de Santo Tomás Apóstol, el 14 de mayo de 1859, con don Urbano Ros y Rodríguez, natural de la villa de Bayamo, hijo de don Salvador Ros, natural de Sitges, Cataluña, y de doña Isabel María Rodríguez, natural de Bayamo.

E. — Doña Balbina Revilla y Giró, bautizada en Santiago de Cuba, parroquia de Santo Tomás Apóstol, el 30 de noviembre de 1827, allí tiene su defunción a 30 de mayo de 1855. Casó en la referida parroquia, el 20 de noviembre de 1850, con su primo carnal don Félix Tejada y Giró, hijo del Licenciado don Juan de Mata Tejada y Tapia, natural de Santiago de los Caballeros, Sto. Domingo, y de doña Irene Giró y Pera.

F. — Doña Rosalía Revilla y Giró, bautizada en Santiago de Cuba, parroquia de Santo Tomás Apóstol, el 4 de septiembre de 1829, allí tiene su defunción a 20 de septiembre de 1913. Casó en la referida parroquia, el 3 de noviembre de 1857, con su primo carnal don Félix Tepada y Giró, viudo de su hermana doña Balbina, antes mencionada.

G. — Don José Rafael Revilla y Giró, bautizado en Santiago de Cuba, parroquia de Santo Tomás Apóstol, el 18 de agosto de 1825, allí tiene su defunción a 4 de noviembre de 1906. Casó en la villa de Palma Soriano, parroquia de Santa María del Rosario, el 28 de agosto de 1850, con su prima carnal doña Antonia Margarita Giró y Giró, hija de don Manuel Fernando Giró y Pera y de doña Antonia Josefa Giró y Hernández de Salinas. Tuvieron por hijos: a José Bernardo; a Rafael y a María Eulalia Revilla y Giró. De los cuales:

a. — Doña María Eulalia Revilla y Giró, fue bautizada en la villa de Palma Soriano, parroquia de Santa María del Rosario, el 20 de febrero de 1857 y falleció en Santiago de Cuba el 6 de diciembre de 1944. Casó en la Catedral de Spanish Town, Isla de Jamaica, el 24 de junio de 1876 con su tío don Emilio Revilla y Giró, hijo de don José Bernardo Revilla y Quintero y doña Juana Giró y Giró.

b. — Don José Bernardo Revilla y Giró, nació en Santiago de Cuba el 7 de agosto de 1851 y tiene su defunción en la referida ciudad a 7 de diciembre de 1911. Falleció soltero.

H. — Don Emilio Revilla y Giró, bautizado en Santiago de Cuba, parroquia de Santo Tomás Apóstol, el 24 de diciembre de 1838, donde tiene su defunción a 15 de marzo de 1907. Casó en la Catedral de Spanish Town, Isla de Jamaica, el 24 de junio de 1876, con su sobrina doña María Revilla y Giró, anteriormente mencionada, hija de don José Rafael Revilla y Giró y de doña Antonio Margarita Giró y Giró. Tuvieron por hija: a

Doña Elvira Revilla y Revilla, que nació en Kingston, Isla de Jamaica, el 12 de mayo de 1881.

RODRIGO DE VALLABRIGA

Don Roque Rodrigo de Vallabriga y Ferrer, nacido en España, fue Capitán del Ejército español en la guera de 1868. Después de ésta, se retiró y se dedicó a empresas particulares. Casó con doña María de Belén Cañizares y Lara, natural de Cuba, de cuyo matrimonio tuvieron por hijos: a Margarita; a Roque; a Enrique; a Francisco; a Carlos, y a Ana Rodrigo de Vallabriga y Cañizares. Los cuales:

1. — Doña Margarita Rodrigo de Vallabriga y Cañizares, nacida en Sancti Spiritus el 27 de octubre de 1884, casó en Santiago de Cuba el 9 de noviembre de 1905, con don José Horruitiner y Portuondo, y tuvieron dos hijos: a José Manuel, y a Margarita Enriqueta Horruitiner y Rodrigo de Vallabriga. Los cuales:

A. — Don José Manuel Horruitinier y Rodrigo de Vallabriga, nacido en Santiago de Cuba el 12 de octubre de 1906, casó en dicha ciudad, el 6 de octubre de 1935, con doña Claribel Galindo y González, hija de don José Galindo y Alarcón, y de doña Leopoldina González y Trujillo. Tuvieron por hija: a

Doña Margarita Horruitiner y Galindo, que nació en Santiago de Cuba, el 6 de julio de 1936.

B. — Doña Margarita Enriqueta Horruitiner y Rodrigo de Vallabriga, nacida en Santiago de Cuba el 15 de julio de 1910, fue soltera.

2. — Don Roque Rodrigo de Vallabriga y Cañizares, nacido en Sancti Spiritus en mayo de 1887, casó en Santiago de Cuba el 14 de julio de 1918, con doña Leopoldina González y Trujillo, natural de Puerto Rico, viuda de don José Galindo y Alarcón. (De su primer matrimonio, tuvo doña Leopoldina, por hijos: a José Ramón, y a Claribel Galindo y González, esta última casada con don José Manuel Horruitiner y Rodrigo de Vallabriga, ya mencionado). Tuvieron por hijos a Ana María, y a Roque Rodrígo de Vallabriga y González, nacidos ambos en Santiago de Cuba, el 14 de junio de 1919, la primera, y el 13 de agosto de 1920, el segundo.

3. — Don Enrique Rodrigo de Vallabriga y Cañizares, nacido en Sancti Spiritus en abril de 1888, casó en La Habana el año 1917, con doña

Benicia Medina, y tuvieron por hijos: a María Benicia, y a Enrique Rodrigo de Vallabriga y Medina, nacidos ambos en La Habana, el 12 de septiembre de 1918 la primera, y el 2 de mayo de 1920 el segundo.

4. — Don Francisco de Vallabriga y Cañizares, nacido en Sancti Spiritus el 29 de febrero de 1893, casó en Bayamo el 29 de junio de 1922, con doña Petronila García y Carrasco, y tuvieron por hijos: a María Belén, y a Francisco Rodrigo de Vallabriga y García, nacidos ambos en Santiago de Cuba, el 20 de marzo de 1932 la primera, y el 30 de octubre de 1937 el segundo.

5. — Don Carlos Rodrigo de Vallabriga y Cañizares, nacido en Sancti Spiritus en abril de 1896, murió soltero el 23 de marzo de 1921.

6. — Doña Ana Rodrigo de Vallabriga y Cañizares, nacida en Sancti Spiritus el 2 de noviembre de 1895, fue soltera y religiosa de la Comunidad de las Hijas de la Caridad de San Vicente de Paul.

RODRÍGUEZ SAN PEDRO

Don Bernabé Suárez del Villar y de la Riestra, bautizado en la parroquia de San Isidoro, en Oviedo, España, el 17 de julio de 1739, falleció en dicha villa en 1796, siendo enterrado en el Convento de San Francisco de Oviedo donde tenía varias sepulturas. Casó en la parroquia de San Isidoro de Oviedo el 7 de noviembre de 1763, con doña Teresa de Bango Miranda y García Escajadillo, hija de don Fernando Antonio de Bango Miranda y González-Cocote, y de doña Tomasa Teresa García Escajadillo y Dorado. Entre otros hijos, tuvieron: a

Doña María Ignacia Suárez del Villar y Bango-Miranda, nacida en Oviedo el 2 de febrero de 1774, que falleció el 10 de enero de 1847. Casó con don Antonio Díaz de Argüelles, y tuvieron por hija: a

Doña N. Díaz de Argüelles y Suárez del Villar, que casó con don Joaquín Rodríguez San Pedro y González de Castro, Fernández-Miranda y Cuervo Arango, natural de Grado, Oviedo, quien hizo pruebas de nobleza en el Ayuntamiento de Gijón (Nobleza de Asturias, por el Marqués de Ciadoncha, pág. 316). Tuvieron por hijo: a

Don Faustino Rodríguez San Pedro y Díaz de Argüelles, que fue eminente jurisconsulto y político, Presidente del Consejo de Ministros en varias ocasiones, Presidente del Senado, Ministro de Estado, Instrucción Pública y Hacienda, Alcalde de Madrid, Senador del Reino por derecho propio, Gran Collar de la Orden de Carlos III, Comendador de la Legión de Honor de Francia y condecorado con las Órdenes del Sol Naciente del Japón, y de la Corona de Italia. Casó con doña Carmen Alvargonzález y Menéndez del Pino. Tuvieron por hijos: a Concepción; a

Ramona; a Margarita, y a Carlos Rodríguez San Pedro y Alvargonzález. Los cuales:

1. — Doña Concepción Rodríguez San Pedro y Alvargonzález, casó con don José María de Rato y Du'Quesne, hijo de don Apolinar de Rato y Hevia, natural de Villavicioso, Asturias, y de doña Ana Du'Quesne y O'Farrill, de la Casa de los Marqueses y Condes de Du'Quesne. Tuvieron varios hijos, de los cuales:

Doña Carmen de Rato y Rodríguez San Pedro, casó con don Manuel Saiz de la Calleja y Fernández de Heres, hijo de don Vidal Saiz de la Calleja y Saiz de la Calleja, y de doña Avelina Fernández de Heres y Rodríguez San Pedro. Tuvieron por hija: a doña Carmen Saiz de la Calleja y de Rato.

2. — Doña Ramona Rodríguez San Pedro y Alvargonzález, casó el 11 de noviembre de 1897, con don José María Navia-Osorio y Castropol, XI Marqués de Santa Cruz de Marcenado, doctor en Derecho, Caballero de la Legión de Honor de Francia, y Gran Cruz de Isabel la Católica, hijo de don José María de Navia Osorio y Campomanes, X Marqués de Santa Cruz de Marcenado, Caballero Gran Cruz de Isabel la Católica, y de doña Josefa Castropol y Trelles. Tuvieron por hijos: a María Josefa; a María del Carmen; a María de la Concepción; a Margarita; a María Teresa; a Faustino; a José Ramón, y a Francisco Xavier de Navia Osorio y Rodríguez San Pedro. De los cuales:

A. — Doña María Josefa Navia-Osorio y Rodríguez San Pedro, casó con don José María de Cienfuegos Jovellanos y de Cotarelo, Bernaldo de Quirós y Trelles, licenciado en Derecho, II Marqués pontificio de San Martín de Mohias.

B. — Doña María del Carmen Navia-Osorio y Rodríguez San Pedro, permaneció soltera.

C. — Doña María de la Concepción Navia-Osorio y Rodríguez San Pedro, casó con don Luis Menéndez de Luarca y Menéndez de Luarca, licenciado en Derecho.

D. — Doña Margarita Navia-Osorio y Rodríguez San Pedro, casó con don Ignacio Cabanillas y de Verterra, Ingeniero de Caminos, Canales y Puertos.

E. — Doña María Teresa Navia-Osorio y Rodríguez San Pedro, permaneció soltera.

F. — Don José Ramón Navia-Osorio y Rodríguez San Pedro, murió durante la guerra civil española.

G. — Don Francisco Xavier Navia-Osorio y Rodríguez San Pedro fue casado.

3. — Doña Margarita Rodríguez San Pedro y Alvargonzález, fue soltera.

4. — Don Carlos Rodríguez San Pedro y Alvargonzález, fue Ministro de Hacienda, Estado e Instrucción Pública, y primer Conde de Rodríguez San Pedro por Real Decreto de 25 de marzo de 1927, y Real Despacho de 5 de junio del mismo año. Casó con doña María de la Concepción González Olivares y Álvarez Buylla, hija de don Hermógenes González Olivares y de doña Isabel Buylla. Tuvieron por hijo: a

Don Faustino Rodríguez San Pedro y González Olivares, Licenciado en Ciencias Industriales y Agricultor, que es el segundo Conde de Rodríguez San Pedro por Carta expedida con fecha 20 de julio de 1977. Casó con doña Beatriz Márquez y Patiño, hija de don José María Márquez y Castillejo, Caballero de la Orden de Calatrava, Maestrante de Sevilla, de la casa de los Condes de Floridablanca, Grandes de España, Marqueses de Montefuerte y Condes del Paraíso, y de doña Marta del Rosario Patiño y Losada, Duquesa de Grimaldi. Tuvieron por hijos: a María del Rosario, que casó con don Ignacio Heredia y Armada, y tienen por hijas a Silvia y a Beatriz Heredia y Rodríguez San Pedro; a José Carlos, que casó con doña María de las Angustias Martos y Aguirre, Condesa de Heredia-Spinola, Grande de España, y Condesa de Tilly, que tienen por hijos a Carlos, a Santiago y a Beltrán Rodríguez San Pedro y Martos; a Faustino, que casó con doña María Baselga y de la Vega, y tienen por hijos a Inés, Pablo y a Lucía Rodríguez San Pedro y Baselga; a María Beatriz, que casó con don Luis Martín-Artajo y Saracho; y a Ignacio Francisco Rodríguez San Pedro y Márquez.

ROQUE DE ESCOBAR

A finales del siglo XVII y procedente de Islas Canarias, se estableció esta familia en la provincia de La Habana.

Don Pedro Roque de Escobar y doña María Juana Fernández fueron los padres de:

Don Antonio Roque de Escobar y Fernández, natural de la Palma, Islas Canarias, el cual pasó a la isla de Cuba y casó en la parroquia de la villa de Guanabacoa el 4 de septiembre de 1688, con doña María Francisca Sardiña y Jiménez, hija de don Andrés Francisco Sardiña y de doña María Antonia Jiménez. Don Antonio testó ante Juan García de Vega el 31 de agosto de 1725 y tiene su defunción en la parroquia de Guanabacoa. Tuvo por hijos: a Manuel; a Ana; a Antonio; a Fernando; a María de la Concepción; a Gregorio; a Pedro; a Teresa; a Beatriz; a Lorenza Antonia y a Tomás Roque de Escobar y Sardiña. De los cuales:

1. — Doña Ana Roque de Escobar y Sardiña, natural de Guanabacoa,. casó con don Marcos Ruiz del Álamo y Viera, natural de Guanabacoa,. hijo de don Pedro Ruiz del Álamo y de doña María Felipa de Viera.

2. — Doña María Concepción Roque de Escobar y Sardiña, natural de Guanabacoa, casó con don Andrés Ruiz del Álamo y Viera, hijo de Pedro y de María Felipa. La boda se celebró en la parroquia de Guanabacoa el 16 de agosto de 1728.

3. — Doña Lorenza Antonia Roque de Escobar y Sardiña casó en la parroquia de Guanabacoa, el 28 de julio de 1728 con don Bernardo Ruiz del Álamo y Viera, hijo de Pedro y de María Felipa.

4. — Doña Beatriz Roque de Escobar y Sardiña casó con don Manuel Ruiz del Álamo y Viera, hijo de Pedro y de María Felipa.

5. — Doña Teresa Roque de Escobar y Sardiña casó con el Teniente don Manuel Hernández-Madruga.

6. — Don Antonio Roque de Escobar y Sardiña tiene su defunción en Guanabacoa a 22 de abril de 1738. Casó con doña María Guerrero y Rodríguez de Cárdenas, natural de Guanabacoa, hija de don Pedro Guerrero y García y de doña María Rodríguez de Cárdenas y de los Reyes. Tuvieron por hijo: a

Don Rosendo Roque de Escobar y Guerrero, natural de Guanabacoa que casó en la Catedral de Matanzas el 10 de junio de 1758 con doña Antonia Avalos y Gutiérrez Tinoco, hija de don Andrés Avalos y Díaz y de doña Catalina Gutiérrez-Tinoco y Burgos.

7. — Don Pedro Roque de Escobar y Sardiña fue Alcalde ordinario de Matanzas. Casó con doña Catalina Hernández Madruga. Tuvieron por hijas: a

Antonia y a Potenciana Roque de Escobar y Hernández-Madruga. Las cuales:

A. — Doña Antonia Roque de Escobar y Hernández-Madruga, casó en la Catedral de Matanzas el 19 de marzo de 1758 con don Nicolás Avalos y Gutiérrez-Tinoco, hijo de don Andrés Avalos y Díaz y de doña Catalina Gutiérrez-Tinoco y Burgos. (Ver tomo 8).

B. — Doña Potenciana Roque de Escobar y Hernández-Madruga, casó en la Catedral de Matanzas con don Lorenzo de Torres y Rodríguez-Landín, natural de Matanzas, hijo de don Bernardo de Torres y Domínguez, y de doña Isabel Rodríguez Landín y Pérez de Ramellón, naturales de Matanzas.

8. — Capitán Fernando Roque de Escobar y Sardiña, casó con doña María Candelaria Hernández-Madruga y Pérez Galindo, natural de Guanabacoa, cuya defunción se encuentra en dicha parroquia a 18 de

abril de 1743, hija de don Salvador Hernández-Madruga, natural de Icod de los Vinos, en Tenerife, y de doña Teresa Pérez Galindo, natural de La Habana. Tuvieron por hijo: al

Capitán Francisco Roque de Escobar y Hernández-Madruga, el cual casó dos veces: la primera, en la Catedral de Matanzas el 25 de marzo de 1752, con doña Juana de Torres y Rodríguez Landín, natural de Matanzas, hija de don Bernardo de Torres y Domínguez, y de doña Isabel Rodríguez Landín y Pérez de Ramellón, naturales de Matanzas. Casó por segunda vez, en la Catedral de Matanzas, el 8 de junio de 1756, con doña Rosalía Alfonso de Armas y García de Oramas, natural de Matanzas, hija de don Tomás Alfonso de Armas y González, y de doña Ana García de Oramas y Pérez de Ramellón, ambos naturales de Matanzas. El Capitán Francisco Roque de Escobar y su primera mujer doña Juana de Torres y Rodríguez Landín tuvieron por hija: a

Doña Juana Roque de Escobar y Torres que casó en la Catedral de Matanzas, el 17 de agosto de 1774, con don Antonio Hernández-Madruga y González, Cadete del Regimiento de Infantería de Guanabacoa, hijo del Capitán Juan y de Juana. Tuvieron por hija: a

Doña Rosalía Ignacia Hernández-Madruga y Roque de Escobar, que casó en la parroquia de Jaruco, el 30 de abril de 1805, con don Francisco Sánchez y Pérez, natural de Jaruco, hijo de Francisco y de Micaela.

9. — Don Manuel Roque de Escobar y Sardiña, natural de Guanabacoa, tiene su defunción en la parroquia de San Miguel del Padrón a 23 de abril de 1758. Casó en la villa de Guanabacoa el 27 de enero de 1727 con doña Juana Antonia-Gómez y Justiniano, natural de Guanabacoa, hija de don Francisco Antonio-Gómez y Montiel, Regidor de Guanabacoa y de doña María Silvestra Justiniano.

10. — Don Tomás Roque de Escobar y Sardiña, casó en la parroquia de Guanabacoa el 24 de mayo de 1730, con doña Francisca Antonia Gómez y Justiniano, natural del partido de San Julián de los Güines, hija de don Francisco Antonio-Gómez y Montiel, Regidor de Guanabacoa, y de doña María Silvestra Justiniano, ambos naturales de Guanabacoa. Tuvieron por hijos: a Inés; a Paula; a José; a Nicolasa; a María; a Antonio; a Jacinta; a Felipe y a Manuel Roque de Escobar y Gómez. De los cuales:

a. — Doña Inés Roque de Escobar y Gómez, natural de Guanabacoa, casó en la villa de Güines el 12 de marzo de 1779, con don José Marrero Marrero y Hernández-Piloto, hijo de Juan y de Ana.

b. — Doña Paula Roque de Escobar y Gómez, natural de Guanabacoa, casó en la villa de Güines el 12 de marzo de 1770, con don José Marrero y Piloto, hijo de José y de Feliciana.

c. — Don José Roque de Escobar y Gómez, natural de Guanabacoa, casó en la villa de Güines el 17 de marzo de 1771, con doña Petrona Morales y Fraga, natural de Güines, hija de Cristóbal y de Francisca.

11. — Don Gregorio Roque de Escobar y Sardiña, nació el 16 de mayo de 1716 en Guanabacoa. Casó con doña Josefa Alcaide y tuvieron por hijos: a Pedro; a Manuel, y a Hilario Roque de Escobar y Alcaide. Los cuales:

1. — Don Pedro Roque de Escobar y Alcaide fue Capitán de Dragones de Milicias de Matanzas. Casó en la Catedral de Matanzas el 13 de marzo de 1774, con doña María Bernarda Matos y Bolaños, hija del Capitán Francisco y de Bernarda. Tuvieron por hijos a: María de Jesús y a Pedro Roque de Escobar y Matos. Los cuales:

A. — Doña María de Jesús Roque de Escobar y Matos, natural de San Antonio de Río Blanco del Norte, tiene su defunción en el Santo Ángel a 22 de abril de 1818. Casó con don Manuel Paradas.

B. — Don Pedro Roque de Escobar y Matos, casó con doña María Dolores Alfonso y tuvieron por hijos: a Andrés y a Justo Roque de Escobar y Alfonso. Los cuales:

a — Don Andrés Roque de Escobar y Alfonso, casó en la Catedral de Matanzas el 28 de agosto de 1833, con doña María de Regla Alfonso y Pereira, hija de Juan José y de Juana.

b. — Don Justo Roque de Escobar y Alfonso, natural de Matanzas, casó en la catedral de Matanzas el 3 de agosto de 1835, con doña María Mercedes Alfonso y Alfonso, hija de Tomás José y de Gregoria Catalina.

2. — Don Manuel Roque de Escobar y Alcaide, natural de San Matías de Río Blanco, casó en la villa de Guanabacoa el 18 de diciembre de 1782, con doña María Concepción González-Chávez y Torres, natural del Cano, hija de Domingo y de María Catalina. Tuvieron por hijo a:

Don Domingo Roque de Escobar y González-Chávez, natural de San Antonio de Río Blanco del Norte, que casó el 12 de abril de 1819 con doña Lorenza Morejón. Tuvieron por hijo a:

Don Benito Roque de Escobar y Morejón, natural de Jibacoa, que casó con doña Elena Morejón y Pereira, natural de Matanzas, hija de Eugenio y de Catalina. Tuvieron por hija a:

Doña María de los Ángeles Roque de Escobar y Morejón, natural de San Martín de Río Blanco, que casó con don Camilo Saturnino de Acosta y Millán, natural de Matanzas. Fue su hija:

Doña Camila de Acosta y Roque de Escobar, nacida en Matanzas en 1869 y fallecida en el Vedado en 1933. Casó con don Francisco González-Chávez y Bombalier, natural de Matanzas, fallecido allí en 1924, hijo de don José Francisco González-Chávez y del Diestro, natural de Matanzas, y de doña Dolores Bombalier y Saint-Maxent, natural de La Habana.

Don Manuel Roque de Escobar y Alcaide, anteriormente mencionado, tuvo por hijo con doña Rita Díaz a:

Don Luis Roque de Escobar y Díaz, natural de San Antonio de Río Blanco, que casó en la Catedral de Matanzas el 21 de junio de 1790, con doña María Dolores Martínez de Velasco y Gómez, natural de Matanzas, hija de Antonio y de Gertrudis.

3. — Don Hilario Roque de Escobar y Alcaide, casó con doña María Magdalena García de Oramas y tuvieron por hijos: a Luis; a Francisca; a María Agustina; a Juan Antonio y a Josefa de Luz Roque de Escobar y García de Oramas. Los cuales:

1. — Don Luis Roque de Escobar y García de Oramas, casó en la Catedral de Matanzas el 16 de diciembre de 1795, con doña Ana Montero y Benítez natural de Matanzas, hija de José y de Juana. Fueron sus hijos:

A. — Don Luis Roque de Escobar y Montero, natural de Matanzas, que casó en la Catedral de Matanzas el 26 de noviembre de 1829, con doña Águeda María Cobo y Jiménez, natural de Limonar, hija de Pedro Antonio y de María Dolores.

B. — Doña María de Jesús Roque de Escobar y Montero, que casó en la Catedral de Matanzas el 13 de febrero de 1830, con don Ignacio José Martínez y Valdés.

C. — Doña Juana Nicomedes Roque de Escobar y Montero que casó en la Catedral de Matanzas el 26 de marzo de 1836, con don Santiago de la Huerta y Vera, natural de La Habana, hijo de Vicente Antonio y de Antonia.

2. — Doña Francisca Roque de Escobar y García de Oramas que casó en la Catedral de Matanzas el 13 de junio de 1775, con don Vicente Ribots y Fuentes, hijo de Juan y de Manuela.

3. — Doña María Agustina Roque de Escobar y García de Oramas, casó en la Catedral de Matanzas el 20 de marzo de 1798, con don Antonio Jiménez y Hernández, natural de Guamacaro, hijo del Capitán Felipe y de María.

4. — Don Juan Antonio Roque de Escobar y García de Oramas, casó en la Catedral de Matanzas el 4 de marzo de 1799, con doña María Concepción Medina y Rodríguez, hija de Pedro y de Bárbara.

5. — Doña Josefa de la Luz Roque de Escobar y García de Oramas, casó en la Catedral de Matanzas el 27 de octubre de 1785, con don Felipe Jiménez y Hernández, natural de Guanabacoa, hijo del Teniente Felipe y de Manuela.

También nos encontramos que:

Don Inocencio Roque de Escobar, y su mujer, doña Antonia Roque de Escobar, tuvieron por hijo: a

Don Alfonso Roque de Escobar y Roque de Escobar, que nació en Quemado de Güines, Las Villas, el 2 de agosto de 1880. Casó con doña Rosa Olivé y Portela, natural de Quemado de Güines, y tuvieron por hijos: a Ismael; a Juan; a Roberto; a Luz Marina; a Emilia y a Consuelo Roque de Escobar y Olivé. De los cuales:

Doña Consuelo Roque de Escobar y Olivé natural de Quemado de Güines, casó en Sagua La Grande, Las Villas, con don Manuel Salvat y Martínez, natural de Corralillo, hijo de Gabriel y de Dominica. Tuvieron por hijos: a Juan Manuel; a Gabriel y a Teresa Salvat y Roque de Escobar. De los cuales:

Don Juan Manuel Salvat y Roque de Escobar, natural de Sagua la Grande, casó con doña Marta Ortiz e Iturmendi, hija de don Miguel Ortiz y Sánchez, y de doña Guillermina Iturmendi y Consuegra, todos naturales de Las Villas. Tuvieron por hijos: a Marta María; a María Cristina; a Juan Manuel y a Miguel Ángel Salvat y Ortiz. De los cuales:

Doña Marta María Salvat y Ortiz casó con don Vladimir F. Golik, natural de Miami, hijo de don Vladimir A. Golik y de doña Mercedes Izquierdo.

ROSAS

Apellido castellano, de las cercanías de Laredo, Santander.

En la segunda mitad del siglo XVIII, y procedente de Cartagena de Indias, se estableció esta familia en Santiago de Cuba.

Sus armas: en campo de oro, una rosa de gules. Otros traen: en campo de sinople, tres flores de lis de plata, superadas de una rosa de oro.

Don Tomás de Rosas Cazorla, natural de Cartagena de Indias, tiene su defunción en la Catedral de Santiago de Cuba a 22 de diciembre de 1688. Casó con doña Beatriz Fromesta y Montejo Moreira, que tiene su defunción en la referida Catedral a 25 de julio de 1686, hija de don Hipólito Fromesta y Montejo, Alférez Mayor, y de doña Beatriz Moreira. Tuvieron por hijos: a Elena Teresa; a Ana María; a Isabel Francisca, y a Juan Francisco de Rosas Cazorla y Fromesta. Los cuales:

1. — Doña Elena Teresa de Rosas y Fromesta, casó en la Catedral de Santiago de Cuba el 8 de abril de 1697, con el Teniente Pedro Fernández Aguado de Mancebo y Sevillano, natural de Sevilla, hijo de don Francisco Fernández Aguado de Mancebo, y doña Juana Ximénez de Góngora Sevillano.

2. — Doña Ana María de Rosas Cazorla y Fromesta, casó en la Catedral de Santiago de Cuba el 3 de junio de 1697, con don Francisco

Suárez de Espinosa y Raspura, Teniente de Contador de la Real Hacienda, hijo del Capitán José y de Beatriz.

3. — Doña Isabel Francisca de Rosas Cazorla y Fromesta, casó en la Catedral de Santiago de Cuba el 27 de junio de 1701, con el Teniente Pedro Morales y González-Regüiferos, hijo del Capitán Juan Francisco Morales y Bonilla, Sargento Mayor y Gobernador interino de Santiago de Cuba, y de doña Juana Bautista González-Regüeiferos y Fuentes.

4. — Don Juan Francisco de Rosas Cazorla y Fromesta, fue Regidor del Ayuntamiento de Santiago de Cuba. Casó con doña Estefanía de Cárdenas, que tiene su defunción en la Catedral de Santiago de Cuba a 22 de julio de 1725. Tuvieron por hijos: a Francisca, y a Juan Antonio de Rosas y Cárdenas. Los cuales:

A. — Doña Francisca de Rosas y Cárdenas, casó en la Catedral de Santiago de Cuba el 27 de julio de 1712, con el Capitán Gonzalo del Valle y Herrera, natural del Valle de Camargo, en las Montañas de Burgos, hijo de Francisco y de Francisca.

B. — Don Juan Antonio de Rosas y Cárdenas, casó en la Catedral de Santiago de Cuba el 11 de abril de 1718, con doña Petronila de Herrera Moya y Ramos, hija del Alférez Pedro de Herrera y Moya, y de doña Inés Ramos Pacheco y Ramírez. Tuvieron por hija: a

Doña Juana Antonia de Rosas y Herrera Moya, que casó en la Catedral de Santiago de Cuba el 4 de enero de 1734, con don Bartolomé López del Castillo y Bañares, hijo del Capitán Bartolomé López del Castillo y Camacho, y de doña Juana Andrea Bañares Guzmán y Machado.

ROSILLO

Apellido castellano, de San Clemente, Cuenca.

Sus armas: En campo de oro, una panela de sinople, rodeada de seis rosas de gules; bordura de gules, con ocho aspas de oro. Otros, de las montañas de Burgos, traen: en campo de plata un águila volante, de sable, con pico y pies de oro; bordura de gules, con ocho aspas de oro.
Procedente de la provincia de Santander, se estableció esta familia en Santiago de Cuba durante la primera mitad del siglo XIX, y uno de sus miembros obtuvo el título de Conde de Rosillo.

Don Antonio Rosillo y su mujer doña Vicenta Gómez, tuvieron por hijos: a Federico; a Fermín, y a Juan Antonio Rosillo y Gómez. Los cuales:

1. — Don Federico Rosillo y Gómez, natural de las montañas de Santander, casó con doña Regina Quintana y Colomé, natural de Medina de

Pomar, en Castilla la Vieja, hija de Rufino y de Francisca. Fueron padres de: Vicenta; de Salvador; de Adela de la Merced, y de Federico Fernando Rosillo y Quintana, que fueron bautizados en Santiago de Cuba, parroquia de Santo Tomás, respectivamente, el 13 de diciembre de 1841, el 2 de diciembre de 1843, el 26 de octubre de 1845, y el 27 de junio de 1848.

2. — Don Fermín Rosillo y Gómez, natural de Puente de Arce, en la provincia de Santander, casó en Santiago de Cuba, parroquia de la Santísima Trinidad, el 13 de abril de 1855, con doña María de la Caridad Ramona Sarret y Sangredulce, de allí natural, cuya defunción se encuentra en la Catedral santiaguera a 11 de noviembre de 1869, hija de Juan y de María de la Asunción. Tuvieron por hijos: a Juan Benito; a María de la Encarnación; a María Vicenta Francisca y a María Francisca de Asís Rosillo y Serret, que respectivamente fueron bautizados en Santiago de Cuba, parroquia de Santo Tomás, el 14 de mayo de 1856, el 12 de mayo de 1858, el 26 de febrero de 1860, y el 25 de octubre de 1863.

3. — Don Juan Antonio Rosillo y Gómez, natural de la villa de Piélagos, en el valle de Piélagos, provincia santanderina, casó en Santiago de Cuba, parroquia de San Luis del Caney, el 28 de agosto de 1834, con doña Adelaida Paulina Alquier y Montreuill, natural de Tolouse, Francia, hija de Jean Frances Louis, y de Marie. Fnueron los padres de: Fernando Aniceto; de Juan de los Ángeles; de José Florencio; de Fermín; de María de la Ascensión; de Inés Edelmira; de Manuel; de Luisa Ladislás; de María de la Caridad; de Regina, y de Julia María de los Dolores Rosillo y Alquier. Los cuales:

A. — El doctor Fernando Aniceto Rosillo y Alquier, del que se tratará en la LÍNEA PRIMERA.

B. — El licenciado Juan de los Ángeles Rosillo y Alquier, del que se tratará en la LÍNEA SEGUNDA.

C. — Don José Florencio Rosillo y Alquier, fue bautizado en Santiago de Cuba, parroquia de Santo Tomás, el 14 de diciembre de 1841.

D. — Don Fermín Rosillo y Alquier, fue bautizado en Santiago de Cuba, parroquia de Santo Tomás, el 20 de mayo de 1843.

E. — Doña María de la Ascensión Rosillo y Alquier, fue bautizada en Santiago de Cuba, parroquia de Santo Tomás, el 30 de noviembre de 1844.

F. — Doña María Edelmira Rosillo y Alquier, fue bautizada en Santiago de Cuba, parroquia de Santo Tomás, el 23 de mayo de 1846.

G. — Don Manuel Rosillo y Alquier, fue bautizado en Santiago de Cuba, parroquia de Santo Tomás, el 24 de enero de 1848.

H. — Doña Luisa Ladisláa Rosillo y Alquier, fue bautizada en Santiago de Cuba, parroquia de Santo Tomás, el 6 de agosto de 1849.

I. — Doña María de la Caridad Rosillo y Alquier, fue bautizada en Santiago de Cuba, parroquia de Santo Tomás, el 11 de septiembre de 1851.

J. — Doña Regina Rosillo y Alquier, fue bautizada en Santiago de Cuba, parroquia de Santo Tomás, el 22 de agosto de 1853.

K. — Doña Julia María de los Dolores Rosillo y Alquier, fue bautizada en Santiago de Cuba, parroquiad e Santo Tomás, el 21 de febrero de 1855.

LÍNEA PRIMERA

El doctor Fernando Aniceto Rosillo y Alquier (anteriormente mencionado como hijo de don Juan Antonio Rosillo y Gómez, y de doña Adelaida Paulina Alquier y Montreuill), bautizado en Santiago de Cuba, parroquia de Santo Tomás el 25 de enero de 1837, fue un notable Médico-Cirujano que se doctoró como tal en la Universidad Central de Madrid el 12 de junio de 1861. En mayo ed 1867, fue designado Vacunador y Médico del Cuerpo de Policía y de la Cárcel de Santiago de Cuba, en cuya ciudad casó, parroquia de la Santísima Trinidad, el primero de junio de 1867, con doña María de los Dolores Beltrán y Millán, bautizada en la Catedral santiaguera el 8 de abril de 1850, hija de don Sebastián Feliciano Beltrán y Labrada, y de doña Rita Millán y Sánchez de Carmona. Tuvieron por hijos: a Sebastián Germán; a Salustiano Sixto; a Fernando Liberato; a María de los Dolores; a Adela de la Caridad; a María Luisa Magdalena; a Regina María, y a María de la Caridad Esperanza Rosillo y Beltrán. Los cuales:

a. — Don Sebastián Germán Rosillo y Beltrán, fue bautizado en Santiago de Cuba, parroquia de Santo Tomás, el 21 de noviembre de 1868.

b. — Don Sebastián Sixto Rosillo y Beltrán, fue bautizado en Santiago de Cuba, parroquia de Santo Tomás, el 30 de mayo de 1870.

c. — Don Fernando Liberato Rosillo y Beltrán, fue bautizado en Santiago de Cuba, parroquia de Santo Tomás, el 9 de octubre de 1871. estando su defunción en esa ciudad, parroquia de la Santísima Trinidad al folio 144, n.º 21, libro 5. Después de recibirse de Bachiller en su lugar natal, cursó estudios de medicina en la Universidad de Barcelona durante los años 1897 y 1898, sin terimnar la carrera, expediente 12.123 antiguo de la Universidad de La Habana.

d. — Doña María de los Dolores Rosillo y Beltrán, fue bautizada en Santiago de Cuba, parroquia de Santo Tomás el 19 de diciembre de 1873.

estando su defunción en esa ciudad, parroquia de la Santísima Trinidad, a 3 de septiembre de 1876.

e. — Doña Adela de la Caridad Rosillo y Beltrán, fue bautizada en Santiago de Cuba, parroquia de Santo Tomás el 22 de marzo de 1875.

f. — Doña María Luisa Magdalena Rosillo y Beltrán, fue bautizada en Santiago de Cuba, parroquia de Santo Tomás (página 294, n.º 626, libro 12), donde casó el 28 de septiembre de 1901, con don Edward Ernest Reed.

g. — Doña Regina María Rosillo y Beltrán, fue bautizada en Santiago de Cuba, parroquia de Santo Tomás, el 2 de octubre de 1880, donde casó el 4 de julio de 1898 con don Henri Alexander Fromm, natural de St. Petersburg, hijo de don Henri Alexander Fromm y de doña Stella Ritter.

h. — Doña María de la Caridad Rosillo y Beltrán, fue bautizada en Santiago de Cuba, parroquia de Santo Tomás, el 8 de junio de 1882, donde casó el 20 de abril de 1910 con don George Buchanan, natural del Canadá, vecino de la Ensenada de Mora, hijo de don James Buchanan y de doña Janet Mackley.

LÍNEA SEGUNDA

El licenciado Juan de los Ángeles Rosillo y Alquier (anteriormente mencionado como hijo de don Juan Antonio Rosillo y Gómez y de doña Adelaida Paulina Alquier y Montreuill), bautizado en Santiago de Cuba, parroquia de Santo Tomás, el 26 de agosto de 1839 y fallecido el 26 de noviembre de 1911, fue Licenciado en Jurisprudencia y Alcalde Mayor de Cárdenas. Casó dos veces: la primera, en la referida parroquia santiaguera de Santo Tomás, el 2 de agosto de 1868, con doña Agustina Verdereau y Casamayor, de allí natural, cuya defunción se encuentra en la Catedral de Santiago de Cuba a 11 de marzo de 1871, hija de Pedro Adolfo y de Agustina. En segundas nupcias casó con doña Justa Ortiz y Cañabate, que falleció el 13 de julio de 1924, de la que tuvo por hijos: a Miguel; a María de los Ángeles; a Fermín, y a Fernando Rosillo y Ortiz Cañabate. Los cuales:

1. — Doña María de los Ángeles Rosillo y Ortiz Cañabate, vecina de Madrid, casó con don Manuel Gallego y Amar de la Torre, Abogado, Consejero de la Fundación Rosillo y de la Equitativa Nacional, y Subjefe de los Ferrocarriles.

2. — El doctor Fermín Rosillo y Ortiz Cañabate, natural de Madrid, Abogado, fue miembro de la Asamblea Nacional Española, Vocal de la Comisaría General de Seguros, Presidente de las Compañías de Se-

guros Rosillo, Director de la Equitatipa Nacional, Consejero del Comisariado Marítimo, Diputado por Mora de Rubielos (Teruel y condecorado con la Medalla Pro-Trabajo de España. Casó con doña María Teresa Luque y Coca-Ballesteros, natural de Granada, y tuvieron por hijos; a María, y a Fausto Juan Rosillo y Luque. De los cuales:

El doctor Fausto Juan Rosillo y Luque, natural de Argenda del Rey, provincia de Madrid, y bautizado en la parroquia de San Juan Bautista en 1910 (folio 405, libro 26), fue Abogado. Casó en la Catedral de Santiago de Cuba el 14 de abril de 1940 (asentándose la correspondiente partida en la parroquia de la Santísima Trinidad), con doña Dora Margarita Vidal y Fernández Casas, cuyo bautismo consta en al parroquia santiaguera de Santo Tomás, al folio 28, n.º 69 libro 27, hija de don Francisco Vidal y Mas Sardá, natural de Puigcerdá, en Gerona, y de doña Carolina Cándida Fernández Casas, natural de Santiago de Cuba.

3. — El doctor Fernando Rosillo y Ortiz Cañabate, fallecido el 7 de noviembre de 1951, fue Abogado y Vicepresidente de la Equitativa Nacional en Madrid, poseyendo la Medalla de Oro del Trabajo. Casó con doña María de Martos y O'Neale, de la que tuvo por hijos: a Juan José; a María del Carmen; a María de los Ángeles, y a María de la Piedad Rosillo y Martos. De los cuales:

A. — Don Juan José Rosillo y Martos, casó en Madrid, parroquia de San Jerónimo el Real, el 10 de abril de 1947, con doña Eugenia de Carvajal y Colón, allí nacida el 5 de mayo de 1919, hija de don Manuel de Carvajal y Hurtado de Mendoza, Tellez-Girón y Ruiz de Otazo, que fue Abogado, XVIII Marqués de Aguilafuente, Vicepresidente del Consejo de Administración del Monte de Piedad y Caja de Ahorros de Madrid. Vocal de la Asociación General de Ganaderos, Gentil-hombre de Cámara de don Alfonso XIII, con ejercicio y servidumbre, Secretario de la Diputación de la Grandeza, y perteneciente a su Consejo, y Gran Cruz de la Orden de Carlos III, y de doña María del Pilar Colón y Aguilera, de la Cerda y Santiago Perales, natural de Madrid, XIII Duquesa de la Vega de Santo Domingo. De su citado enlace, tuvo por hijo, a Juan José Rosillo y Carvajal.

B. — Doña María de la Piedad Rosillo y Martos, casó en Madrid, parroquia de San Jerónimo el Real, en julio de 1950, con X. Espinosa de los Monteros y Dato, hijo de don Eugenio Espinosa de los Monteros y Bermejillo, y de doña María del Carmen Dato y Barrenechea.

4. — Don Miguel Rosillo y Ortiz Cañabate, fallecido en Madrid el 28 de abril de 1950, fue primer conde de Rosillo, por Real Decreto de 8 de enero de 1920, y Real Despacho de 21 de mayo del mismo año, Director de la Fundación Rosillo, Gentil-hombre de Cámara de Su Majestad con ejercicio y servidumbre desde el 29 de junio de 1913, Gran Cruz de la Orden de Isabel La Católica, Gran Cruz de la Orden Civil de Beneficencia desde 1921, Comendador de la Orden portuguesa de Nossa Sanhora de Villavicosa, y poseedor de la Medalla de Oro del Tra-

bajo de España. Casó con doña María de la Concepción Herrero y Velázquez y tuvo por hijos: a Juan Ángel; a Antonio; a María Justa; a María de la Concepción; a Miguel; a María del Pilar; a Luisa; a Rafael, y a Amalia Rosillo y Herrero. De los cuales:

a. — Don Antonio Rosillo y Herrero, casó con doña María de la Asunción Delgado y Sánchez Ibargüen.

b. — Don Miguel Rosillo y Herrero, casó con doña Amalia Martín del Valle.

c. — Doña María del Pilar Rosillo y Herrero, casó en 1948, con don Antonio de León y Arias de Saavedra, VII Marqués del Moscoso desde 1949, Maestrante de Sevilla, hijo de don José María de León y Manjón, Contreras y Margelina, VII Marqués del Valle de la Reina, y de doña María Justa Arias de Saavedra y Pérez de Vargas, Cárdenas y Cañabate, VI Marquesa del Moscoso, y VIII Condesa de Gomara.

d. — Doña Amalia Rosillo y Herrero, falleció el 30 de septiembre de 1941.

e. — Don Juan Ángel Rosillo y Herrero, fue II Conde de Rosillo, y Mayordomo de Semana de don Alfonso XIII. Casó en 1935, con doña Isabel Enríquez de la Orden y González-Oliveras, hija del doctor Gabriel Enríquez de la Orden, Abogado, Caballero de la Orden de San Juan de Jerusalén (Malta), del Cuerpo de Hijos-dalgo de la nobleza matritente, Caballero del Santo Sepulcro, e Infanzón de Illescas, y de doña Francisca González-Olivares, de los brazos de damas de las órdenes a que perteneció su marido. De su citado enlace, tuvieron por hijos: a Miguel; a Isabel; a Juan Ángel; a Victoria Eugenia, y a Alfonso Carlos Rosillo y Enrique de la Orden. De los cuales:
Don Miguel Rosillo y Enríquez de la Orden, es el III Conde de Rosillo, por Carta expedida con fecha 9 de mayo de 1982.

SALAZAR

Apellido castellano, del valle de su nombre, Burgos.

A principios del siglo XVI, aparece radicada esta familia en el Valle de Somorrostro, en Vizcaya, estableciéndose en La Habana a principios del siglo siguiente.

Son sus armas: en campo rojo, trece estrellas de oro.

Don Juan Ochoa de Salazar, vecino de Somorrostro, sirvió al Emperador don Carlos V, en las guerras de Barbería. Casó con doña María Muñatones, y tuvieron por hijo: a

Don Pedro de Salazar y Muñatones, que casó con doña Juana Fernández de Amurubay y Fernández Aguirre, hija de don Francisco Amurubay, y de doña Juana Fernández Aguirre. Tuvieron por hijo: a

Don Pedro de Salazar y Amurubay, natural del Valle de Somorrostro, que fue Gobernador y Capitán General de Flandes. Hizo información de nobleza en Bilbao el 19 de febrero de 1588, y obtuvo certificación de armas el 12 de enero de dicho año, expedida por don Diego de Urbina, Cronista y Rey de Armas de Su Majestad. Casó en la villa de Mastrequi, Flandes, con doña Josefa Sofía de His, hija de don Alonso de His y de las Coronas de Oro, y de doña Sofía... Tuvieron por hijos: al

Capitán Pedro de Salazar y His, natural de Madrid, Caballero del Hábito de San Jorge, que pasó a La Habana, donde fue Veedor. Testó el 8 de julio de 1653, ante Sebastián Francisco Hidalgo. Casó en la Catedral de La Habana el 15 de junio de 1620, con doña María González Carvajal y Rivadeneira, hija del Capitán Luis González-Carvajal y Lorenzo, y de doña María Díaz de Rivadeneira y del Villar. Tuvieron por hijos: a Isabel; a María; a Florencia; a Francisco, y a Juan de Salazar y González-Carvajal. De los cuales:

1. — Doña Isabel de Salazar y González-Carvajal, testó ante Juan de Argote, y su defunción se encuentra en la Catedral de La Habana a 4 de julio de 1693. Casó con don Cristóbal Calderón.

2. — Doña María de Salazar y González-Carvajal, casó en la Catedral de La Habana el 7 de enero de 1646, con don Matías Hidalgo-Gato, hijo de don Antonio Rodríguez Gato, y de doña María Núñez Hidalgo.

3. — Doña Florencia de Salazar y González-Carvajal, testó el 10 de septiembre de 1692 ante Juan de Argote, y su defunción se encuentra en la Catedral de La Habana, a 22 de junio de 1693, donde casó el 23 de septiembre de 1691, con el Capitán Nicolás Ponce de León y Ruiz de Zertucha, hijo de don Manuel Ponce de León y d'Ávila, Capitán de Infantería y Ayudante de Sargento Mayor de la plaza de San Agustín de la Florida, y de doña Lorenza de los Ángeles Ruiz de Zertucha y Arango.

4. — Don Juan de Salazar y González-Carvajal, bautizado en la Catedral de La Habana, el 21 de mayo de 1629, fue Alcalde ordinario de esta ciudad en 1680; testó ante el Escribano Flores, y su defunción se encuentra en la citada Catedral en el libro 4, folio 148 vuelto, y casó el 16 de julio de 1666, con doña Isabel de las Cuevas y Muñoz de Oñate, hija del Capitán Martín y de María. Tuvieron por hijos: a Ana María; a Nicolasa; a Manuela; a Tomasa; a Teresa; a Miguel; a José; a Juan; a Martín, y a Bernardo de Salazar y Cuevas. De los cuales:

A. — Don Martín de Salazar y Cuevas, fue Clérigo de menores órdenes. Testó ante Ignacio Núñez, y su defunción se encuentra en la Catedral de La Habana a 17 de junio de 1681.

B. — Don Bernardo de Salazar y Cuevas, bautizado en la Catedral de La Habana el 5 de septiembre de 1689, testó el 16 de junio de 1751, ante Juan Bautista Salinas, falleciendo el 23 de junio de dicho año. Casó en La Habana, parroquia del Santo Cristo, el 13 de marzo de 1712, con doña Francisca Ochoa de Orbea y Lugo, hija de don Ambrosio Ochoa de Orbea y Martínez de la Munera, y de doña Blasa de Lugo Trimiño y Medina. Tuvieron por hijos: a Isabel; a Ana; a Josefa; a Antonia; a Joaquín; a Blas; a Rafael; a Juan, y a Pedro de Salazar y Ochoa de Orbea. De los cuales:

a. — Doña Josefa de Salazar y Ochoa de Orbea, testó el 15 de febrero de 1786, ante Manuel Felipe Rodríguez, y su defunción se encuentra en La Habana parroquia de Guadalupe, a 9 de abril de 1787. Casó con don Manuel de Prado.

b. — Doña Antonia de Salazar y Ochoa de Orbea, testó el 24 de septiembre de 1792, ante don Gabriel Ramírez, y su defunción se encuentra en La Habana, parroquia de Guadalupe, a 4 de febrero de 1801. Casó dos veces: la primera, en La Habana, parroquia del Santo Cristo, el 12 de junio de 1737, con don José Calvo de la Puerta y Ximénez, hijo de don José Calvo de la Puerta y Justiniani, y de doña María Francisca Ximénez y Borroto. Casó por segunda vez, con dos Francisco Álvarez de Orbea.

c. — Don Blas de Salazar y Ochoa de Orbea, fue Presbítero.

d. — Don Rafael de Salazar y Ochoa de Orbea, fue religioso de la orden de San Juan de Dios, en La Habana.

e. — Don Juan de Salazar y Ochoa de Orbea, fue religioso de la orden Seráfica.

f. — Don Pedro de Salazar y Ochoa de Orbea, fue bautizado en La Habana, parroquia del Santo Cristo, el 5 de marzo de 1735, donde casó el 14 de agosto de 1768, con doña Tomasa Padrón y Hernández de la Rosa, natural de Pinar del Río, hija de don Eusebio Padrón y Caraballo, y de doña Teresa Hernández de la Rosa y Ancheta. Tuvieron por hijos: a Juan José; a José Joaquín; y a Ignacio de Salazar y Padrón. Los cuales:

1. — Don Juan José de Salazar y Padrón, fue bautizado en la Catedral de La Habana, el 3 de mayo de 1769.

2. — Don José Joaquín de Salazar y Padrón, fue bautizado en la Catedral de La Habana, el 26 de marzo de 1771.

3. — Don Ignacio de Salazar y Padrón (hermano gemelo del anterior), bautizado en la Catedral de La Habana, el 26 de marzo de 1771, fue Capitán del Regimiento de la plaza de La Habana. Casó con doña Úrsula de Porras-Pita y Unzueta, hija de Agustín y de Beatriz. Tuvieron por hijos: a María de los Dolores; a María de la Encarnación; a Pedro; a Francisco Xavier; a Ramón; a José Ignacio, y a José Agustín de Salazar y Porras-Pita. De los cuales:

A. — Don José Agustín de Salazar y Porras-Pita, fue Subteniente del Primer Batallón del Regimiento de Infantería de la plaza de La Habana. Casó con doña Agustina de Porras-Pita y Oñoro, hija de don Antonio de Porras-Pita, y de doña María de los Dolores de Oñoro y Carrillo. Tuvieron por hijo: a

B. — Don Ignacio de Salazar y Porras-Pita, fue bautizado en la Catedral de La Habana, el 27 de febrero de 1823.

En la segunda mitad del siglo XVII y procedente de la isla de La Palma, en Canarias, se estableció en La Habana otra familia Salazar.

El solar primitivo de esta familia radica en las montañas de Burgos, que es de donde proceden los establecidos en el Señoría de Vizcaya y en Andalucía. Fue Señor y Cabeza de esta Casa en las Montañas, el célebre Lope García de Salazar, Rico-hombre de Castilla, cuya alta dignidad está trocada hoy en día en la de Grande de España.

Tuvieron en Canarias su primitivo asiento en la ciudad de Santa Cruz, capital de la isla de San Miguel de La Palma, de donde se trasladaron al lugar de los Llanos, en la misma isla, donde obtuvieron repartimiento de tierras como Caballeros Conquistadores.

Son sus armas: escudo partido en faja; en la parte superior, en campo rojo, un castillo de su color natural, que otros lo ponen de oro. La parte de abajo, se divide en dos cuarteles: el de la derecha, consta de una imagen de un valeroso héroe de esta Casa (que por sus hazañas contra los moros en diferentes batallas mereció este lugar) armado con un peto de acero, perfiles de oro en el vestido, morrión con penacho de colores y una lanza en la mano siniestra, y la diestra en la cintura, mirando hacia el frente; el cuerpo todo en campo rojo, y sólo el morrión sobresaliente en el de plata. El último cuartel tiene dos campos, uno de plata en la parte de arriba con un árbol verde, y el otro de abajo es azul con trece estrellas de oro colocadas en tres órdenes de cuatro y una al fin, que ocupa el medio de dicho campo, y que algunos las ponen en campo rojo.

Don Sebastián González de Salazar y su mujer doña Beatriz Álvarez, tuvieron por hijo: a

Don Juan de Salazar y Álvarez, que casó en el lugar de los Llanos, isla de la Palma, en la parroquia de los Remedios, el primero de diciembre de 1602, con doña Leonor Spino y Hernández, natural de Barlovento, en la referida isla, hija de Francisco y de María. Tuvieron por hijo: a

Don Juan de Salazar y Spino, bautizado en el lugar de los Llanos, parroquia de los Remedios, el 27 de marzo de 1606, que casó en la parroquia de San Salvador, isla de la Palma, el 27 de diciembre de 1628 con doña Isabel Páez. Tuvieron por hijo: a

Don Melchor de Salazar y Páez, bautizado en la isla de la Palma, parroquia de San Salvador, el 24 de noviembre de 1646, que pasó a La Habana, y su defunción se encuentra en esta ciudad, parroquia del Espíritu Santo, a 6 de agosto de 1702, donde casó dos veces: la primera, el 24 de agosto de 1669, con doña María Ximénez de Abreu, hija del Teniente Pedro Ximénez de Escañuela, natural de la villa de Argenega, en la Andalucía alta, y de doña María Abreu y Vizcayno. Casó por segunda vez, el 24 de agosto de 1699, con doña Dorotea Bravo de Acuña y Coronel, hija del licenciado José Bravo de Acuña y Cavano, y de doña María Luisa Coronel y Rodríguez Marchero.

Don Melchor de Salazar y Páez, y su segunda mujer doña Dorotea Bravo de Acuña y Coronel, tuvieron por hijo: a Francisco de Salazar y Bravo de Acuña.

Don Melchor de Salazar y Páez, y su primera mujer doña María Ximénez de Abreu, tuvieron por hijos: a Manuela; a María Josefa; a José; a Melchor; a Pedro, y a Diego de Salazar y Ximénez. De los cuales:

1.— Doña Manuela de Salazar y Ximénez, casó con don Lucas Álvarez de Sotomayor, natural de la Florida, hijo del Alférez Alonso Álvarez de Sotomayor, Sargento Mayor, Cabo de Escuadra y Capitán de Mar y Guerra de la plaza de San Agustín de la Florida, y de doña Juliana González de Villa-García.

2.— Doña María Josefa de Salazar y Ximénez, casó en La Habana, parroquia del Espíritu Santo, el 11 de mayo de 1699, con don Juan Pérez de Olano y Villafranca, hijo de don Juan Pérez de Olano y de los Ángeles, y de doña Elvira Rosa de Villafranca y Riveros.

3.— Don Diego de Salazar y Ximénez, bautizado en La Habana, parroquia del Espíritu Santo, el 25 de noviembre de 1679, testó el 2 de noviembre de 1753 ante Marcos Ramírez. Casó dos veces: la primera, con doña Inés de Quiñones; y la segunda, con doña Lucía Alegre y García Osorio, hija del Alférez Juan Alegre y Fleites, y de doña Bernarda García Osorio y San Diego.

Don Diego de Salazar y Ximénez, y su segunda mujer doña Lucía Alegre y García Osorio, tuvieron por hijos: a María del Rosario, y a Melchor de Salazar y Alegre. Los cuales:

A.— Doña María del Rosario de Salazar y Alegre, casó en La Habana, parroquia del Espíritu Santo, el 12 de agosto de 1729, con don José Francisco Zenea y González, Alférez de Fragata de la Real Armada, hijo del Alférez Bernardo Francisco Zenea y Mendoza, Administrador de Rentas Reales de La Habana, y de doña Francisca Polonia González Vázquez y González de Silva.

B.— Don Melchor de Salazar y Alegre, hizo información de nobleza en La Habana el 26 de abril de 1765, ante don José de Zayas y Barros, Alcalde ordinario, y por ante don Juan Salinas, Escribano Público. Casó en La Habana, parroquia del Espíritu Santo, el 14 de julio de 1732, con doña Juana Burón y Rodríguez Morejón, hija de don Antonio Burón y de la Rocha, y de doña María Rodríguez Morejón y Martínez de la Munera. Tuvieron por hijos: a Lucía, y a Melchor Salazar y Burón. Los cuales:

a. — Doña Lucía de Salazar y Burón, casó en la Catedral de La Habana el 18 de marzo de 1762, con don Manuel Ramírez de Soto y Márquez, natural de Toledo, hijo de Gaspar y de Francisca.

b. — Don Melchor de Salazar y Burón, fue Alcalde de la Santa Hermandad en 1781; testó el 6 de marzo de 1793, ante José Lorenzo Rodríguez, y su defunción se encuentra en La Habana, parroquia del Santo Cristo, a 11 de diciembre de dicho año. Casó en la Catedral de La Habana el 26 de agosto de 1776, con doña María de los Dolores Noriega y Martín de Medina. Tuvieron por hijos: a María de los Dolores; a María Francisca; a María Isabel; a María Josefa; a José Agustín; a Miguel Antonio, y a Melchor de Salazar y Noriega. De los cuales:

1. — Don José Agustín de Salazar y Noriega, bautizado en la Catedral de La Habana el 9 de diciembre de 1788, casó en la Catedral de Matanzas el 22 de mayo de 1811, con doña Isabel Gertrudis Noriega y Hernández, natural de Tapaste, hija de don Basilio Noriega y Hernández, y de doña María Rafaela Josefa Hernández y Núñez. Tuvieron por hijo: a

Don Pablo José de Salazar y Noriega, que casó en la Catedral de Matanzas el 27 de febrero de 1841, con doña Francisca de Paula de los Reyes y Delgado, natural del Wajay, hija de Francisco y de Rosalía.

2. — Don Miguel Antonio de Salazar y Noriego, bautizado en la Catedral de La Habana el 18 de mayo de 1792, falleció el 7 de septiembre de 1849. Casó dos veces: la primera, en La Habana, parroquia del Espíritu Santo, el 14 de octubre de 1815, con doña Rita María Noriega y Castro-Palomino, hija del licenciado Sebastían Noriega y Martín de Medina, Catedrático de la Universidad de San Jerónimo de La Habana, y de doña Manuela de Castro-Palomino y Morales. Casó por segunda vez, con doña María Joaquina de Ayala y O'Kiffe, hija de don Sebastián de Ayala y García de la Rosa, Intendente Honorario de Ejército, Contador Mayor del Real Tribunal de Cuentas de la isla de Cuba y Comendador de la orden de Isabel la Católica, y de doña María del Pilar O'Kiffe y de la Torre.

Don Miguel Antonio de Salazar y Noriega, y su primera mujer doña María Rita Noriega y Castro-Palomino, tuvieron por hijos: a María Dolores; a María Isabel; a Sebastián; a Miguel, y a Melchor de Salazar y Noriega. Los cuales:

A. — Doña María Dolores de Salazar y Noriega, fue bautizada en la Catedral de La Habana el 10 de marzo de 1821.

B. — Doña María Isabel de Salazar y Noriega, bautizada en La Habana, parroquia del Santo Cristo, el 6 de julio de 1827, casó en La Habana, parroquia del Pilar, el año 1854, con don Diego de Salazar y González de la Torre, hijo de don Melchor de Salazar y Noriega, y de doña Rafaela González de la Torre y Castro-Palomino.

C. — Don Sebastián de Salazar y Noriega, fue bautizado en la Catedral de La Habana el 9 de mayo de 1818.

D. — Licenciado Miguel de Salazar y Noriega, bautizado en La Habana, parroquia del Santo risto, el 11 de marzo de 1826, fue Abogado.

E. — Don Melchor de Salazar y Noriega, casó con doña María de Jesús Fernández de Cossío y Castro-Palomino, hija de don Montiano Fernández de Cossío y Lorga, y de doña María del Carmen de Castro-Palomino y Pita de Figueroa. Tuvieron por hijo: a don Manuel de Salazar y Fernández de Cossío.

Don Miguel Antonio de Salazar y Noriega, y su segunda mujer doña María Joaquina Ayala y O'Kiffe, tuvieron por hijos: a María del Pilar; a Lutgarda; a María Mercedes, y a José Antonio de Salazar y Ayala. De los cuales:

Doña María Mercedes de Salazar y Ayala, casó con don Sebastián de Miranda y Ayala, hijo de don Juan Bautista de Miranda y Loinaz, y de doña María del Pilar Ayala y O'Kiffe.

3. — Don Melchor de Salazar y Noriega, bautizado en la Catedral de La Habana el 24 de diciembre de 1786, testó el 27 de octubre de 1848 ante Gabriel Ramírez, y su defunción se encuentra en La Habana, parroquia de Guadalupe, a 2 de noviembre de dicho año. Casó en La Habana, parroquia del Santo Cristo el 9 de diciembre de 1806, con doña Rafaela González de la Torre y Castro-Palomino, hija de don Silvestre González de la Torre y Castro-Palomino, y de doña Josefa de Castro-Palomino y Leiva. Tuvieron por hijos: a Francisca; a Carmen; a Rafaela; a María de Loreto; a Juana; a Luis; a Melchor, y a Diego de Salazar y González de la Torre. De los cuales:

a. — Doña Juana de Salazar y González de la Torre, casó en La Habana, parroquia de Guadalupe, el 22 de noviembre de 1837, con don Ramón de Elozúa y Zenea, hijo de don Francisco José de Elozúa y Melo, Ministro Honorario de Indias, Tesorero de las Reales Cajas de la villa de Puerto Príncipe, y de doña María de Jesús Zenea y Salazar.

b. — Licenciado Melchor de Salazar y González de la Torre, fue Abogado.

c. — Don Diego de Salazar y González de la Torre, fue bautizado en La Habana, parroquia de Guadalupe, el 24 de enero de 1827, donde tiene su defunción a 15 de agosto de 1865. Casó en La Habana, parroquia del Pilar, el año 1854, con doña Isabel de Salazar y Noriega, hija de don Miguel Antonio de Salazar y Noriega, y de doña María Rita Noriega y Castro-Palomino.

El origen de la siguiente familia ha sido tratada en detalle en la obra «Los Americanos en las Órdenes Nobiliarias», por Guillermo Löhmann Villena, tomo 2, pp. 224 y 225. A continuación, los datos que nosotros tenemos de ella.

A fines del siglo XVIII, procedente de Bilbao, en el Señorío de Vizcaya, se estableció en Santiago de Cuba, otra familia Salazar a la cual perteneció:

Don Juan Crisóstomo de Salazar y Santelices que casó con doña María Ana Barbachano y Viar. Tuvieron por hijo: a

Don Juan Francisco de Salazar y Barbachano, natural de Bilbao, que fue Contador de Ejército, y Tesorero de las Reales Cajas de la plaza de Santiago de Cuba. Casó en el Oratorio de Santiago de Cuba, el 14 de junio de 1793, con doña María Gertrudis de Hechavarría y Limonta, hija de don Luis de Hechavarría Elguezúa y Nieto de Villalobos, Ministro Factor de Tabacos, Alcalde ordinario, y de doña Isabel Limonta y Rodríguez. Tuvieron por hijos: a Isabel Begoña; a Mariana; a Francisco de Paula; a Luis; a Eligio; a Vicente, y a Juan de la Cruz de Salazar y Hechavarría. De los cuales:

1. — Doña Isabel Begoña de Salazar y Hechavarría, casó el primero de enero de 1818, con don Isidro Limonta y Sánchez de Carmona, hijo del Teniente Coronel Nicolás Limonta y Rodríguez, y de doña Nicolasa Sánchez de Carmona y Hechavarría.

2. — Doña Mariana de Salazar y Hechavarría, casó dos veces: la primera, en la Catedral de Santiago de Cuba el 26 de mayo de 1822, con don Antonio Parreño y Rodríguez del Toro, Coronel del Regimiento de Infantería de la plaza de La Habana, Benemérito de la Patria, condecorado con las cruces de San Fernando, de San Hermenegildo, y de Zaragoza, y Comandador de la Orden de Isabel La Católica, hijo de don Julián Parreño y Castro, Teniente de Navío de la Real Armada, Caballero de la Orden de Santiago y Capitán del Regimiento de Infantería de la plaza de Santiago de Cuba, y de doña María del Rosario Rodríguez del Toro y Ruiz de Florencia, de la Casa de los Marqueses de Toro. Casó por segunda vez, en La Habana, parroquia del Espíritu Santo, el 4 de diciembre de 1829, con su cuñado don Julián Parreño y Rodríguez del Toro, Coronel de Milicias de la plaza de Santiago de Cuba.

3. — Don Luis de Salazar y Hechavarría, casó en la Catedral de Santiago de Cuba el 27 de diciembre de 1838, con doña Irene de Jústiz y López del Castillo, hija de don Tomás de Jústiz y Hechavarría, y de doña María Dolores López del Castillo y Hechavarría.

4. — Don Eligio de Salazar y Hechavarría, casó en la Catedral de Santiago de Cuba el 13 de junio de 1824, con doña Francisca Xaviera Limonta y Sánchez de Carmona, hija del Teniente Coronel Nicolás Limonta y Rodríguez, y de doña Nicolasa Sánchez de Carmona y Hechavarría.

5. — Don Vicente de Salazar y Hechavarría, casó en Santiago de Cuba, parroquia de los Dolores, el 8 de septiembre de 1836, con doña María Dolores Kindelán y Mozo de la Torre, hija de don Sebastián Kindelán y O'Regan, Mariscal de Campo de los Reales Ejércitos, Sargento Mayor del Regimiento Fijo de Nueva España, Capitán General de la isla de Santo Domingo, Gobernador Político y Militar de la plaza de Santiago de Cuba, Teniente Rey y Gobernador interino de la isla de Cuba, e Inspector General de todas sus tropas en 1822, Presidente de la Junta Económica y de Gobierno del Real Consulado y Superintendente General de Postas y Correos de la isla de Cuba, Gran Cruz de la orden de Isabel La Católica, de la de Santiago, de la de San Fernando de tercera clase y Cruz y Placa de la orden de San Hermenegildo, y de doña Ana Manuela Mozo de la Torre y Garvey. Tuvieron por hijos: a Guadalupe; a Ángeles; a Caridad; a Dolores; a Ana; a Juan Francisco, y a Vicente Salazar y Kindelán. De los cuales:

A. — Don Juan Francisco de Salazar y Kindelán, falleció soltero.

B. — Don Vicente de Salazar y Kindelán, marchó a España.

C. — Doña Ana de Salazar y Kindelán, casó con don Manuel de Loresecha y Rodríguez de Alburquerque, Marqués de Hijosa de Álava, General de División, Consejero de Guerra y Marina, Gran Cruz de San Hermenegildo, Gentilhombre de Cámara de S.M., nacido en Valencia en 1831, y fallecido en Madrid el 20 de junio de 1895.

D. — Doña Dolores de Salazar y Kindelán, casó con Vidal.

6. — Don Juan de la Cruz de Salazar y Hechavarría, fue Regidor del Ayuntamiento de Santiago de Cuba. Casó dos veces en la Catedral de dicha ciudad: la primera, el 11 de octubre de 1815, con doña Graciana Sánchez de Carmona y Hechavarría, hija de don Santiago Lino Sánchez de Carmona y Hechavarría, y de doña María Josefa del Carmen Hechavarría y Limonta. Casó por segunda vez, el 28 de febrero de 1829, con doña Graciana Limonta y Sánchez de Carmona, hija del Teniente Coronel Nicolás Limonta y Rodríguez, y de doña Nicolasa Sánchez de Carmona y Hechavarría.

Don Juan de la Cruz de Salazar y Hechavarría, y su primera mujer doña Graciana Sánchez de Carmona y Hechavarría, tuvieron por hijos: a María Gertrudis; a Carmen; a Carlota, y a Santiago de Salazar y Sánchez de Carmona. Los cuales:

a. — Doña María Gertrudis de Salazar y Sánchez de Carmona, casó en la Catedral de Santiago de Cuba el 17 de marzo de 1848, con el doctor

Juan de Ucera y Alarcón, natural de Madrid, Médico de la Real Armada, hijo de Marcelo y de Bernarda.

b. — Doña Carmen de Salazar y Sánchez de Carmona, casó en la Catedral de Santiago de Cuba el 18 de noviembre de 1835, con don Antonio Fernández Rebustillo y del Villar, natural de Cartagena de Indias, Teniente del Regimiento de León, hijo del Teniente Coronel Antonio y de Rafaela.

c. — Doña Carlota de Salazar y Sánchez de Carmona, casó en la Catedral de Santiago de Cuba el 16 de abril de 1848, con don Juan Navarro y Ferray, natural de Huesca, Teniente de Infantería, hijo de Juan y de Manuela.

d. — Don Santiago de Salazar y Sánchez de Carmona, del que se tratará en la LINEA PRIMERA.

Don Juan de la Cruz de Salazar y Hechavarría, y su segunda mujer doña Graciana Limonta y Sánchez de Carmona, tuvieron por hijos: a Isabel; a Nicolás; a Manuel, y a Francisco Salazar y Limonta. De los cuales:

1. — Don Nicolás de Salazar y Limonta, casó con doña Isabel Ferrer y Colás, hija del licenciado Joaquín Ferrer y Ferrer, Fiscal del Tribunal del Real Cuerpo de Artillería, y de doña María Ana Colás y Hechavarría. Tuvieron por hijos: a Leopoldo; a José Francisco, y a Joaquín de Salazar y Ferrer. De los cuales:

A. — Don José Francisco de Salazar y Ferrer, casó con doña Francisca Gandarías, y tuvieron por hija: a Dolores de Salazar y Gandarías.

B. — Don Joaquín de Salazar y Ferrer, casó con doña Leticia Creagh, y tuvieron por hijos: a Isabel; a Leopoldo, y a Joaquín de Salazar y Creagh.

2. — Don Manuel de Salazar y Limonta, del que se tratará en la LINEA SEGUNDA.

3. — Don Francisco de Salazar y Limonta, del que se tratará en la LINEA TERCERA.

LINEA PRIMERA

Don Santiago de Salazar y Sánchez de Carmona (mencionado anteriormente como hijo de Juan de la Cruz de Salazar y Hechavarría, y de doña Graciana Sánchez de Carmona y Hechavarría), casó dos veces: la primera, con doña Isabel Álvarez Lebrún y Anaya; y la segunda, con doña

Ercilia Álvarez Lebrún y Anaya. Con la primera, tuvo por hijos: a Isabel; a Juan Ventura, y a Santiago Salazar y Álvarez. De los cuales:

Doña Isabel de Salazar y Álvarez, casó en la Catedral de Santiago de Cuba el 8 de junio de 1867, con don Juan Pablo López del Castillo y de la Cruz, hijo de don Manuel López del Castillo y Justiz, y de doña María Josefa de la Cruz y Sánchez de Carmona.

Don Santiago de Salazar y Sánchez de Carmona, y su segunda mujer doña Ercilia Álvarez Lebrún y Blanco de Anaya, tuvieron por hijos: a Dolores; a Víctor; a Lino; a Luis Felipe; a Francisco; a Eduardo; a José; a Eligio y a Caridad de Salazar y Álvarez. De los cuales:

a. — Doña Dolores de Salazar y Álvarez, casó con don Joaquín Ferrer y Ferrer, hijo de don Joaquín Ferrer y Landa, y de doña Carlota Ferrer y Somo de Villa.

b. — Don Víctor de Salazar y Álvarez, casó en la Catedral de Santiago de Cuba el primero de marzo de 1877, con doña Prudencia Hechavarría y Sánchez, hija de don Desiderio Hechavarría y Martí, y de doña María de la Caridad Sánchez y Hechavarría.

c. — Don Lino de Salazar y Álvarez, casó en la Catedral de Santiago de Cuba el 5 de diciembre de 1884, con doña Magdalena Sánchez Griñán y Masó, hija de don Mariano Sánchez Griñán y Nariño, y de doña Adela Masó y Solórzano.

d. — Don Luis Felipe de Salazar y Álvarez, casó con doña Dolores Anrich y Herrera, hija de don Santiago Anrich y Cachurro, y de doña María de la Caridad Herrera y Bell.

e. — Don Francisco de Salazar y Álvarez, casó con doña Caridad Gómez y Muñoz y tuvieron por hija: a

Doña Caridad de Salazar y Gómez, que casó con don Manuel Fernández Blanco. Tuvieron por hijas: a Elena, que casó con don Roberto Pessant y Estrada, Arquitecto; a Josefina, que casó con el doctor Eduardo Sardiña y Azcárate; a Loly, que casó con don Silvio de Cárdenas y Arenal, Investment Consultant; y a Mirta, que casó con don Alberto Maciá y Kindelán.

f. — Don Eduardo de Salazar y Álvarez, casó con doña Rosa Jané Troome, y tuvieron por hijos: a Eduardo, y a Santiago de Salazar y Jané. Los cuales:

1. — Don Eduardo de Salazar y Jané, casó con doña Delia Catasús y Rodríguez y tuvieron por hijo: a Eduardo de Salazar y Catasús, que casó con doña Mireya Rodríguez, y tuvieron por hija a Mireya de Salazar y Rodríguez, que casó con don Hans Bange.

2. — Don Santiago de Salazar y Jané, casó con doña Berta Rodríguez

y López y tuvieron por hijos: a Rosa; a Santiago, y a Luis de Salazar y Rodríguez.

g. — Don José de Salazar y Álvarez, casó con doña Rosa Aguilar y Villalón, hija de don Rafael Aguilar y Poblán, y de doña Mariana Villalón y Bory. Tuvieron por hijos: a Ana; a Lino, y a José de Salazar y Aguilar. Los cuales:

A. — Doña Ana de Salazar y Aguilar, casó dos veces: la primera, con el doctor José María Cabarrocas y Ayala, Abogado, los que son padres del doctor Jaime Cabarrocas y Salazar, Abogado, que casó con doña Georgina García Ferrada, y la segunda vez, con el doctor José Portuondo y de Castro, Catedrático de la Universidad de La Habana, y de la Universidad Católica de Ponce, Puerto Rico, hijo de don José Portuondo y Tamayo, Ingeniero Civil, Coronel del Ejército Libertador de Cuba, y de doña María de Castro y Bachiller.

B. — Doctor Lino de Salazar y Aguilar, es Abogado y fue Juez Municipal. Casó con doña Mimí Mola y Pérez, y tuvieron por hija: a Elena de Salazar y Mola.

C. — Doctor José de Salazar y Aguilar, es Médico. Casó con doña Ana María Carrillo y Hernández, hija de don Justo Carrillo y Morales, Coronel del Ejército Libertador de Cuba, y de doña María Hernández. Tuvieron por hijos: a Jorge; a José, y a Eduardo de Salazar y Carrillo. Los cuales:

a. — Don Jorge de Salazar y Carrillo, Economista y Chairman del Departamento de Economía de Florida International University, casó con doña Mary Gene Winthrop y Varela. Tuvieron por hijos: a Jorge Eduardo; a Manning Manuel; a Mario Javier, y a María Eugenia de Salazar y Winthrop.

b. — Doctor José Antonio de Salazar y Carrillo, Médico, casó con doña Josie Borges y Seigle. Tuvieron por hijos: a Josetta, y a Javier de Salazar y Borges.

c. — Don Eduardo de Salazar y Carrillo, Presidente de Interamerican Housing Corp., y de American Land Investment Corp., casó con doña Margarita de Armas y Fernández. Tuvieron por hijos: a Ana María; a Mariana; a Margarita; a Luisa María; a Sofía, y a Eduardo de Salazar y de Armas.

LÍNEA SEGUNDA

Don Manuel de Salazar y Limonta (anteriormente mencionado como hijo de don Juan de la Cruz de Salazar y Hechavarría y de su segunda mujer doña Graciana Limonta y Sánchez de Carmona), casó en la Catedral de Santiago de Cuba el 15 de septiembre de 1853, con doña Isabel Villalón y Bory, hija de don Manuel Villalón y Pera, y de doña Manuela

Bory y Odio. Tuvieron por hijos: a María; a Carmen; a Juan de la Cruz; a Andrés; a José, y a Manuel de Salazar y Villalón. De los cuales:

1. — Doña María de Salazar y Villalón, casó con don Miguel Carbonell y Morales del Castillo.

2. — Doña Carmen de Salazar y Villalón, casó con don Magín Masó y Ferrer, hijo de don Magín Masó y Coulange, y de doña Manuela Ferrer y Somo de Villa.

3. — Don José de Salazar y Villalón, casó con doña Isabel Lacasette, y tuvieron por hijos: a Juana, y a José Alfredo de Salazar y Lacasette.

4. — Doctor Manuel de Salazar y Vilallón, es Médico. Casó en la Catedral de Santiago de Cuba el 11 de noviembre de 1885, con doña Isabel Veranes y Viado, hija de don Felipe Veranes y del Castillo, y de doña Isabel Viado y Lebrún. Tuvieron por hijos: a Emma; a Felipe, y a Luis de Salazar y Veranes. De los cuales:

A. — Doctor Felipe de Salazar y Veranes, es Abogado y Notario Público. Casó con doña Lisette Waguet, y tuvieron por hija: a

Doña Paulina de Salazar y Waguet, que casó con el doctor Raúl Gutiérrez Catedrático del Instituto de Segunda Enseñanza de Santiago de Cuba.

B. — Doctor Luis de Salazar y Veranes, es Médico. Casó con doña María Bravo y Acha, hija del doctor Antonio Bravo y Correoso-Catalán, Abogado, Senador de la República de Cuba, y de doña Dolores Acha y Portes.

LÍNEA TERCERA

Don Francisco de Salazar y Limonta (anteriormente mencionado como hijo de don Juan de la Cruz de Salazar y Hechavarría, y de su segunda mujer doña Graciana Limonta y Sánchez de Carmona), casó en la Catedral de Santiago de Cuba el 13 de abril de 1856, con doña María Josefa de las Cuevas y García Bustamante, hija de don Santiago de las Cuevas y Mancebo, y de doña Dolores García de Bustamante y González. Tuvieron por hijos: a Isabel Begoña; a Dolores; a María Luisa; a Carmen Rosa; a Manuel; a Sixto; a Fernando; a Juan Francisco; a José María; a Ángel Luis; a Francisco de Asís, y a Pedro de Salazar y de las Cuevas. De los cuales:

a. — Don José María de Salazar y de las Cuevas, casó con doña Catalina Asencio y Chacón, hija de Manuel y de Soledad.

b. — Don Ángel Luis de Salazar y de las Cuevas, casó con doña Rebeca Jongh Boudet, hija de don David Jongh, y de doña María Boudet y Landa.

c. — Don Francisco de Asís de Salazar y de las Cuevas, casó con doña Dolores Agüero e Ibarra, hija de don Juan Agüero y Almanza, y de doña María Micaela Ibarra y Ortiz. Tuvieron por hijos: a Dolores; a María Isabel; a Francisco; a Oscar, y a Juan Manuel de Salazar y Agüero. De los cuales:

1. — El doctor Oscar de Salazar y Agüero, Médico, casó dos veces: primero, con X Iglesias, y tuvo por hijo a Ricardo F. de Salazar e Iglesias.

Don Ricardo de Salazar e Iglesias, casó con doña Doris de la Haye.

El doctor Oscar de Salazar y Agüero casó en segundas nupcias con doña Catalina García Rego.

2. — El doctor Juan Manuel de Salazar y Agüero, Médico, casó con la doctora Carmen Cubillas y Pardiñas, Médico, y tuvieron por hijas: a Carmen, y a Rosa María de Salazar y Cubillas. Las cuales:

A. — Doña Carmen de Salazar y Cubillas, Médico, casó con el doctor Eduardo E. Roca y Trillo, Psicólogo.

B. — Doña Rosa María de Salazar y Cubillas casó con don Alfredo S. Carranza y Bernal Executive Vice-President Sunshine Cordage Corp, y tienen por hijas a Patricia María, y a Diana María Carranza y Salazar.

d. — Don Pedro de Salazar y de las Cuevas, casó con doña Matilde Borges y Medrano, hija de Carmelo y de Rufina. Tuvieron por hijos: a María Josefa; a Matilde; a María Luisa; a Francisco; a José Carmelo, y a Pedro de Salazar y Borges. De los cuales:

a. — Doña María Luisa de Salazar y Borges, casó con don Agustín Núñez.

b. — Don Pedro de Salazar y Borges, casó con doña Delia Miró y Quirch, hija de Salvador y de Caridad. Tuvieron por hijos: a Pedro y a Héctor de Salazar y Miró.

SÁNCHEZ DE MOVELLÁN

Los Sánchez de Movellán, descienden de Roiz, Santander, donde todavía existe su casa solariega. Uno de sus miembros obtuvo el título de Marqués de Movellán.

Don Antonio Sánchez de Movellán y Piélago, natural de Comillas, Santander, casó con doña Amalia Mitjans y Colino (de la familia de los banqueros de París), y tuvieron por hijos: a María; a Isabel, y a Lorenzo Sánchez de Movellán y Mitjans. Los cuales:

1. — Doña María Sánchez de Movellán y Mitjans, casó con dos Rafael Angulo y Heredia, natural de Matanzas, primer Marqués de Caviedes, por Real Despacho de 8 de febrero de 1915, Banquero, Gran Cruz del Mérito Militar, y Comendador de la Legión de Honor de Francia, hijo del licenciado Laureano Angulo y Heredia, natural de Santo Domingo, Abogado, y de doña Rafaela de Heredia y Heredia, natural de Caracas, Venezuela. Tuvieron por hijas: a María Teresa, y a Amalia Angulo Sánchez de Movellán. Las cuales:

A. — Doña María Teresa Angulo y Sánchez de Movellán, casó con don Eduardo Gautier.

B. — Doña Amalia Angulo y Sánchez de Movellán, casó con don Renato Formeri y Saint-Lourend.

2. — Doña Isabel Sánchez de Movellán y Mitjans, casó con don Rafael Angulo y Heredia, primer Marqués de Caviedes, viudo de su hermana María. Tuvieron por hijos: a Isabel, y a Antonio Angulo y Sánchez de Movellán. Los cuales:

a. — Doña Isabel Angulo y Sánchez de Movellán, casó con don Carlos García Ogara y Aguirre.

b. — Don Antonio Angulo y Sánchez de Movellán, fue segundo Marqués de Caviedes. Casó con doña Isabel García Ogara y Aguirre y tuvieron por hijos: a Isabel; a María; a Rafael; a Carlos, y a Antonio Angulo y García Ogara. De los cuales:

Don Rafael Angulo y García Ogara, es el tercer Marqués de Caviedes. Casó con doña María de los Ángeles García Simón.

3. — Don Lorenzo Sánchez de Movellán y Mitjans, nacido en París, en 1854, fue banquero, Gentilhombre de Cámara de Su Majestad, y Caballero de la Legión de Honor de Francia. Por Real Despacho de 15 de julio de 1902, se le concedió el título de Marqués de Movellán. Falleció en París, el 27 de diciembre de 1935. Casó con doña Mariana Sánchez Romate y Lambarri, natural de San Lucas de Barrameda. Tuvieron por hijos: a Amalia; a Carmen; a Mariana; a Manuel, y a Eduardo Sánchez de Movellán y Sánchez Romate. De los cuales:

A. — Doña Carmen Sánchez de Movellán y Sánchez Romate, casó con don Eduardo Gómez Bea.

B. — Doña Mariana Sánchez de Movellán y Sánchez Romate, casó con el Coronel Ortiz de Zárate.

C. — Don Manuel Sánchez de Movellán y Sánchez Romate, casó con doña Hupfel, y tu vieron por hijo, entre otros, a :

Don Manuel Sánchez de Movellán y Hupfel, que es el actual Marqués de Movellán, por Real Carta de 15 de febrero de 1950. Casó en Pau, Francia, en 1956, con doña María Isabel García Ogara y Wright, y tienen por hijos: a Alejandra Beatriz; a Cristina María de las Mercedes; a María Manuela; a Manuel Patricio, y a Carolina Teresa Sánchez de Movellán y García Ogara.

SÁNCHEZ OSSORIO

Son sus armas: en campo de oro, dos lobos de sable, desollados; bordura de gules, con ocho aspas de oro.

Fue progenitor de esta familia, Ossorio, que se halló con don Pelayo, primer Rey de Asturias.

Don Juan Álvarez Ossorio, Adelantado Mayor de León y Asturias, Señor de Páramo y Villamañan en 1327, era hijo de don Álvaro Rodríguez Ossorio, Señor de Villaornate, y de su mujer doña Elvira Núñez. Casó con doña María de Viedma, Señora de Fuentes de Ropel, hija de don Fernán Ruiz de Viedma, Señor de Tobar, Ayo del Infante don Felipe, y de doña María Páez de Sotomayor. Tuvieron por hijos: a Álvaro Rodríguez Ossorio, y a Pedro Álvarez Ossorio. Los cuales:

1.— Don Álvaro Rodríguez Ossorio, en 1338 estaba en Valencia con el Maestre de Alcántara, y casó con doña María de Sandoval, progenitores de los Señores de Cabrera y Rivera, Condes de Villalobos, etc.

2.— Don Pedro Álvarez Ossorio, fue Adelantado Mayor de León, Señor de Valdiras y Fuentes de Ropel y Duque de Anguiar en tiempos de Pedro el Cruel. Otorgó su testamento en la volla de Fuentes ante Nicolás Martínez el 14 de junio de 1939, y fue enterrado en el Convento de Santo Domingo de Benavente junto al Altar Mayor donde estaban sepultados sus padres. Casó con doña María Fernández de Villalobos, hija de don Fernán Rodríguez de Villalobos, señor de Villalobos, y de doña Inés de la Cerda, biznieta del Rey Alfonso X. Tuvieron por hijo, entre otros, a:

3.— Don Álvaro Pérez Ossorio, que sirvió al Rey don Enrique II, de quien fue Rico-hombre, y por merced suya de 5 de marzo de 1359, Conde y Señor de Villalobos, su valle y otros muchos lugares. En 1387 se le hizo también merced de la villa de Castroverde de Campos; mercedes que fueron confirmadas por los Reyes Juan I y Enrique III. Casó con doña Mayor de Velasco y Sarmiento, hija de don Pedro Fernández de Velasco y de doña María de Sarmiento, progenitores de los Duques de Frías, y de todas las casas de Velasco. Tuvieron por hijo, entre otros, a:

Don Juan Álvarez Ossorio, que fue Conde de Villalobos, Señor de la villa de Castroverde. La Reina doña Catalina, le hizo merced de la Merindad de Carrión, sirvió al Rey don Enrique III de Alférez Mayor de la Divisa, confirmado como Rico-hombre de Castilla y Mayordomo Mayor de la Reina doña Catalina. Otorgó su testamento en Castroverde a 25 de agosto de 1417, y casó con doña Aldonza de Guzmán y de Padilla, hija de don Ramiro Núñez de Guzmán, Señor de Aviados, Rico-Home de Castilla, y de doña Elvira de Padilla Bazán, progenitores de los Marqueses de Toral y Monte-alegre. Entre otros hijos tuvieron: a

Don Pedro Álvarez Ossorio, que fue Conde de Villalobos, Mayorazgo sobre las villas de Castroverde, Valderas y otros lugares; el Rey don Juan II por cédula de 4 de febrero de 1445, despachada en San Martín de Valdeiglesias le hizo Conde de Trastamara y señor de las tierras de Trastamara y Trava, en el Reino de Galicia. Por real cédula de 13 de abril de 1458, el Rey don Enrique IV le concedió facultad llamándole Primo, para que pudiese repartir entre sus hijos los bienes vinculados que gozaba, por ser su casa de las más antiguas y grandes del Reino, lo que ejecutó en su testamento y codicilos. Casó en primeras nupcias con doña Isabel de Rojas, Señora del estado de Cepeda, en el Reino de León, de Castillo de Quintana, a quien el Infante don Juan de Aragón y de Sicilia le hizo merced por cédula de Donación otorgada en Valladolid a 7 de junio de 1420, ante Martí Fernández de Aguilar, con calidad de Mayorazgo para ella y sus hijos. Tuvieron por hijos: a Constanza; a María; a Luis; a Pedro; a Diego, y a Álvaro Ossorio y de Rojas. Los cuales:

1.— Doña Constanza Ossorio, casó con don Gómez Suárez de Figueroa, II Cande de Feria.

2.— Doña María Ossorio, casó con don Gozalo de Guzmán, Señor de Toral y progenitores de los marqueses de este nombre.

3.— Don Luis Ossorio, Señor del Estado de Valdunquillo, de quien proceden sus Marqueses, unido al Condado de Miranda y Ducado de Peñaranda.

4.— Don Pedro Ossorio, casó con doña Urraca Moscoso, segunda Condesa de Altamira.

5.— Don Álvaro Pérez Ossorio, Señor de su Casa, Conde de Villalobos y Trastamara, y primer Marqués de Astorga por merced del Rey Enrique IV de 16 de julio de 1465, con calidad de mayorazgo, anexo al que heredó de su padre y abuelo.

6.— Don Diego Ossorio, su hermano don Álvaro le hizo donación de quinientos vasallos y de las tierras de Cervantes y sus fortalezas, pueblo, y valle de Neira de Rey, cotos de Joris y Basosela y otros lugares por escritura otorgada en Castroverde el 9 de enero de 1467, ante Álvaro Díaz de Santaella. Casó con doña Inés de Guzmán, hija de don Alonso Pérez de Vivero, Rico-hombre y Contador Mayor de Castilla, y de doña Inés de Guzmán, progenitores de los Condes de Fuensaldaña y Vizcondes de Altamira. Entre otros hijos, tuvieron: a

Don Álvaro Sánchez Ossorio, Señor del Estado de Villacís y tierra de Cervantes; sirvió al Emperador don Carlos V, y antes a los Reyes Católicos; fue uno de los cuatro Mayordomos del mencionado Emperador, y testó en la villa de Villacís el 17 de septiembre de 1536, ante Diego de Medina, testamento que se abrió en Valladolid, el 17 de septiembre de 1538, por ante Pedro Granda, Escribano, lo mismo que el codicilo que había otorgado en el mismo día y ante el propio Escribano. Casó con doña María de Ossorio y de Córdova, Señora de la mitad de Vellio, hija de don Diego Ossorio, Señor de Vellice, y de doña Catalina de Córdova. Tuvieron por hijos: a María; a Inés; y a don Pedro Álvarez Ossorio. Los cuales:

1. — Doña María de Ossorio, casó con don Felipe de Ocampo.

2. — Doña Inés de Ossorio, casó con don Juan Barba, Señor del Estado de Castrofuerte, de quien proceden sus Marqueses.

3. — Don Pedro Álvarez Ossorio, casó con doña Constanza Carrillo, hija del Comendador don Antonio de Barrientos, y de doña Juana Carrillo. Tuvieron por hijo: a

Don Álvaro Pérez Ossorio, que sucedió a su padre en los Mayorazgos de su Casa. Casó con doña Magdalena Manrique, hija de don Gabriel Manrique, hermano del Conde de Osorno, y de doña Constanza Zapata. Tuvieron por hijos: a María; a Catalina Manrique; a Ana María; a Pedro; a Antonio, y a Gaspar Ossorio y Manrique. De los cuales:

1. — Doña Isabel Ossorio, casó con don Pedro Maldonado, tercer poseedor del Mayorazgo de Espino Arcillo, en Salamanca.

2. — Don Pedro Ossorio, sucedió a su padre en el Señorío de Villacís y demás Mayorazgos, de que tomó posesión en su nombre su madre el 22 de septiembre de 1563, y ambos en 4 de diciembre de 1569, ante Juan de Rozas, Escribano de número de Valladolid, en virtud de facultad Real de don Felipe II, otorgaron escritura y obligaron los bienes del Mayorazgo a la restitución de 7.000 ducados de parte de la dote que llevaba doña Teresa Fonseca, con quien estaba tratado casar don Pedro, y de 200 ducados de oro que le prometían de arras. Testó en la villa de Villacís, el 21 de mayo de 1631, ante Domingo López de Soto. Fue su hijo y sucesor:

Don Antonio Ossorio y Fonseca, que casó con su prima hermana doña Ana María de Fonseca, III Condesa de Villanueva de Cañedo. Testó don Antonio el 27 de agosto de 1650, ante Bartolomé Conde, Notario. Tuvieron por hijos: a Álvaro, y a Alonso Sánchez Ossorio. Los cuales:

1. — Don Álvaro Pérez Ossorio, que sucedió en la Casa Mayorazgo.

2. — Don Alonso Sánchez Ossorio y Fonseca, casó en Murcia con doña María Sánchez. Tuvieron entre otros hijos: a

Don Sebastián Sánchez Ossorio, que casó con doña Francisca Carrillo. Que entre otros hijos tuvieron: a

Don Sebastián Bernabé Sánchez Ossorio y Carrillo, que pasó de Capitán de Infantería a la isla de Cuba. Casó en Murcia, con doña Juana López, y fueron padres de:

Don José Sánchez Ossorio y López, natural de Pacheco, en Murcia, que casó con doña Antonia Vázquez, natural de La Habana, y tuvieron por hijo: a

Don Isidro Sánchez Ossorio y Fuentes, natural de La Habana, primer Comandante del Regimiento de Bomberos de La Habana, Caballero de la Real Orden de Isabel la Católica. Casó con doña Teresa de León y de la Cruz, hija de don Vicente de León y Estolt, natural de Orihuela, y de doña María de la Cruz y García, natural de San Agustín de la Florida. Tuvieron por hijo: a

Don Ramón Sánchez Ossorio y León, Capitán de Milicias Disciplinadas de La Habana, Caballero Hijodalgo de la Nobleza de Madrid, y Caballero de la Orden de Carlos III. Casó con doña Eusebia Sotolongo y Lobato, hija de don Ramón Sotolongo y Saravia, Teniente de Fragata de la Real Armada, y de doña Isabel Lobato y Tadoy.

SAÑUDO

Apellido castellano.

Son las Armas de esta familia: escudo partido: 1ro., en campo de oro, tres fajas de gules, superadas de una cruz floreteada, de gules, y en punta, un león rampante, también de gules; y 2do., en campo de azur, una garza de oro, manchada de sangre.

Don Domingo Sañudo y de la Riva, natural de Santander, España, casó con doña Micaela Repollo y Ramos, hija de don Juan Repollo y Baibás, y de doña Concepción Ramos. Tuvieron por hija: a

Doña María de Regla Sañudo y Repollo, que casó con don Juan Muñoz y Romay. Tuvieron por hijos: a Lizardo; a Mercedes; y a María Teresa Muñoz y Sañudo. Los cuales:

1. — Don Lizardo Muñoz y Sañudo, murió soltero.

2. — Doña Mercedes casó con don Enrique Loynaz del Castillo, General del Ejército Libertador de Cuba, y Ministro de dicho país en

México y en Santo Domingo. Tuvieron por hijos: a Enrique; a Dulce María; a Carlos, y Flor Loynaz del Castillo y Muñoz Sañudo. Los cuales:

A. — Don Enrique Loynaz del Castillo y Muñoz Sañudo, fue Abogado, y casó con doña Francisca Lamas.

B. — Doña Dulce María Loynaz del Castillo y Muñoz Sañudo, fue poetisa, y casó con don Pablo Álvarez de Cañas, periodista.

C. — Don Carlos Loynaz del Castillo y Muñoz Sañudo, fue soltero.

D. — Doña Flor Loynaz del Castillo y Muñoz Sañudo, casó con don Felipe Garden.

3. — Doña María Teresa Muñoz Sañudo, casó con don Manuel Aranda y Jiménez, General del Ejército Constitucional dominicano y Coronel del Ejército Libertador de Cuba, hijo de don Antonio Aranda y Pichardo, Abogado, y de doña Ana Jiménez y Báez. Tuvieron por hijos: a Manuel Antonio; a María Teresa, y a Fernando Aranda y Muñoz Sañudo. De los cuales:

A. — Doña María Teresa Aranda y Muñoz Sañudo, fue Presidenta de la Sociedad de Artes y Letras Cubanas. Casó con don Rafael Echeverría y Mora, doctor en Farmacia, y tuvieron por hijos: a Rafael, y a María Teresa Echeverría y Aranda.

B. — Doctor Manuel Antonio Aranda y Muñoz Sañudo, fue Abogado y Médico. Casó con doña María Alejandrina del Junco y Rojas, hija de don José del Junco y Larios, Pagador y Jefe del Despacho del Senado de la República de Cuza, y de María Alejandrina Rojas y de Quesada. Tuvieron por hijo: a

Don Manuel Ricardo de Aranda y del Junco, que es el actual Marqués de Santa Olalla, por Carta expedida el 4 de abril de 1952.

SARDO DE ARANA

En la segunda mitad del siglo XVI, procedente de Triana, en Sevilla, se estableció esta familia en La Habana.

Don Antonio Sardo, y su mujer doña Isabel de León, tuvieron por hijo: al

Capitán Melchor Sardo de Arana, natural de Triana, que obtuvo el cargo de alcalde del castillo de la Fuerza; antigua Fortaleza de La Habana, por nombramiento que le hizo don Gabriel de Luján, gobernador de la Isla de Cuba. Además en 1597 salió electo alcalde ordinario de La Habana. Testó el 26 de mayo de 1586 ante don Martín Calvo de la Puerta. Casó dos veces: la primera, con doña Teodora de Urisa, que falleció en esta Ciudad, en diciembre de 1582; y la segunda, el 15 de agosto de 1586, con doña Luisa de León Farfán, natural de Sevilla, que testó ante don Hernando Pérez Barrero, encontrándose su defunción en la Catedral de La Habana a 27 de octubre de 1633. Con su segunda mujer tuvo por hija: a

Doña Ana de León, que testó ante Francisco García Brito, encontrándose su defunción en la Catedral de La Habana a primero de octubre de 1636, donde casó el 16 de febrero de 1602, con don Luis de Céspedes, natural de la Isla de la Palma, en Canarias, regidor del Ayuntamiento, procurador general, alcalde ordinario y de la Santa Hermandad, en La Habana, hijo de don Benito Rodríguez y de doña Ana Catalina de Céspedes (Véase el tomo IV de esta obra, página 134).

SANTIESTEBAN

Apellido castellano. Una rama pasó a Andalucía y a Indias.

Sus armas: Escud cuartelado: 1ro. y 4to., en campo de azur, un menguante de plata, y 2do. y 3ro., en campo de oro, una cruz floreteada, de gules.

A principios del siglo XVII, procedente de Alcalá la Real, se estableció esta familia en la provincia de Oriente de la Isla de Cuba.

El Licenciado Gabriel Hernando de Santiesteban, natural de Alcalá la Real, fue Alcalde de la ciudad de Santiago de Cuba, su Gobernador Político interino el año 1612, y Teniente de Gobernador de la villa de Bayamo. Casó con doña Teresa Vázquez Valdés de Coronado y Miranda, hija del Capitán Pedro Vázquez Valdés de Coronado, Teniente General de Santiago de Cuba y Alcalde ordinario de la villa de San Salvador de Bayamo, y de doña Mariana Miranda y Martín de Frutos. Tuvieron por hijo: a

Don Hernando de Santiesteban y Vázquez Valdés de Coronado, que fue Alférez Mayor y Regidor Alguacil Mayor de Bayano. Casó con doña Leonor Texeira y Duque de Estrada, hija de don Manuel Texeira Rivero y Betancourt, natural de Canarias, y de doña María Duque de Estrada y Tobar. Tuvieron por hijo: a

Don José de Santiesteban y Texeira, Regidor y Alcalde ordinario de Bayamo, que casó con doña Isabel de la Vega, y tuvieron por hijos: a Matías, y a Lorenzo de Santiesteban y de la Vega. Los cuales:

1. — Don Matías de Santiesteban y de la Vega, casó con doña Teresa Estadio, y tuvieron por hija: a

Doña Isabel de Santiesteban y Estadio, que casó con don Diego de Zayas-Bazán y Vázquez Valdés de Coronado, Regidor y Alcalde ordinario de Bayamo, hijo de don Agustín de Zayas-Bazán y Barreda, Alcalde ordinario, y de doña Clara Tiburcia Vázquez Valdés de Coronado y del Águila.

2. — Don Lorenzo de Santiesteban y de la Vega, fue Regidor del Ayuntamiento de Bayamo. Casó con doña María Ferral de Tamayo y Marrón de Santiesteban, y tuvieron por hijo: a

Don José de Santiesteban y Ferral de Tamayo, que fue Regidor y Alcalde ordinario de Bayamo. Casó con doña Ángela Vázquez Valdés de Coronado y Céspedes, hija de don Juan Salvador Vázquez Valdés de Coronado y Duque de Estrada, Regidor y Alcalde ordinario, y de doña Beatriz de Céspedes y Zayas-Bazán. Tuvieron por hijos: a María, y a José de Santiesteban y Vázquez Valdés de Coronado. Los cuales:

A. — Doña María de Santiesteban y Vázquez Valdés de Coronado, casó con el Capitán Nicolás Infante y Silva, Regidor y Alcalde ordinario de la villa de San Salvador del Bayamo, hijo de don Diego Infante y Pabón, Regidor de Bayamo, y de doña Leonor de Silva y Ramírez de Arellano, hija de don Bartolomé Luis de Silva y Tamayo, Sargento Mayor, Alcalde ordinario, Regidor perpetuo y Teniente a Guerra de Bayamo, y de doña Ana María Ramírez de Arellano y Santiesteban.

Tuvieron por hija: a doña Josefa Infante y Santiesteban, que casó con el licenciado Francisco Tamayo y Vázquez Valdés de Coronado, Abogado, Regidor de Bayamo, hijo de don Esteban Tamayo y Pardo, Capitán de Milicias, Regidor y Alguacil Mayor de la citada villa, y de doña Juana Vázquez Valdés de Coronado y Borrero.

Don Diego Infante y Pabón (y su hermano Juan que fue Contador Judicial de Bayamo y que casó con doña Guadalupe Duque de Estrada y Silva, hija del Teniente Juan Duque de Estrada y de la Vega, Alcalde ordinario de Bayamo, y de doña Ana Antonia de Silva y Ferral de Tamayo, esta última de los progenitores de los Marqueses de Guisa, y que tuvieron por hija a doña Eugenia Infante y Estrada, que casó con don Felipe Pabón y Fonseca, Regidor y Alcalde Mayor Provincial de Bayamo, hijo de don Baltasar Pabón Orellana y de doña Ana de Fonseca) era hijo de don Juan Infante e Hidalgo, Alcalde ordinario y Contador Judicial de Bayamo, y de doña Isabel Pabón Ulloque, la cual era hija del Capitán Diego Pabón Naveda de Alvarado, Alcalde ordinario de Bayamo, y de doña Isabel Ulloque Milanés; siendo el Capitán Diego, hijo del Capitán Luis Lorenzo Pabón, natural de Canarias, y de doña Catalina Naveda Alvarado y Leiva, hija ésta de don Francisco de Naveda, Gobernador de Jamaica; y el Capitán Luis Lorenzo, a su vez hijo de don Pedro de Sojos y de su mujer doña Lorenza Pabón.

B. — Don José de Santiesteban y Vázquez Valdés de Coronado, fue Provincial de la Santa Hermandad de la villa de Bayamo. Casó con doña Isabel Mojena y Villalobos, y tuvieron por hija: a

Doña Leonor de Santiesteban y Mojena, que fue bautizada en la parroquia de la villa de Bayamo el 12 de octubre de 1658, donde casó el 8 de diciembre de 1677, con don José Ramón Ramírez de Arellano y Salvatierra, natural de La Habana, hijo de don Juan Ramírez de Arellano y Martínez, Capitán del Real Cuerpo de Artillería, Gobernador de la Fortaleza del Morro en la plaza de La Habana, Caballero de las Órdenes del Cristo y de Santiago, Capitán General y Gobernador de la isla de Jamaica, y de doña Ana María Salvatierra y Franco.

SAVIÑÓN

A principios del siglo XVIII, procedente de Sanlúcar de Barrameda, se estableció esta familia en la isla de Cuba.

Don Juan Esteban Saviñón y su mujer doña Francisca Micaela Blanco, tuvieron por hijo: a

Don Juan Antonio Saviñón y Blanco, natural de Sanlúcar de Barrameda, que fue Regidor y Alcalde Mayor Provincial de Santiago de Cuba. Su defunción se encuentra en la Catedral de dicha ciudad, a 11 de junio de 1765, donde casó el 20 de abril de 1717, con doña Margarita Angulo y Arias, hija del Capitán Leonardo Antonio Angulo Roxas y Vázquez, Regidor y Alcalde Mayor Provincial del Ayuntamiento de Santiago de Cuba, y de doña Ángela Gabriela Arias. Tuvieron por hijos: a Tomasa; a Juana y a Gregorio Saviñón y Angulo. Los cuales:

1. — Doña Tomasa Saviñón y Angulo, casó en la Catedral de Santiago de Cuba el 16 de abril de 1743, con don Buenaventura Mariño y Mancebo, hijo de don Manuel Mariño de Araujo y Olivera, Alcalde ordinario, y de doña Beatriz Fernández de Mancebo y Roxas.

2. — Juana Saviñón y Angulo, natural de Santiago de Cuba, casó con don Gonzalo de Tapia y Castro, natural de la isla de Santo Domingo, hijo de don Pedro de Tapia y Torres, y de doña Ana de Castro.

3. — Don Gregorio Saviñón y Angulo, fue Regidor del Ayuntamiento de Santiago de Cuba. Casó con doña Micaela Antonia Tapia y Castro, natural de la isla de Santo Domingo, hija de don Pedro Tapia y Torres, y de doña Ana de Castro. Tuvieron por hijos: a Bárbara; a María Antonia; a Juana; a Jacinta; a Carmen; a Vicenta; a Ana Josefa; a Ramón; a Manuel y a Pedro Saviñón y Tapia. De los cuales:

A. — Doña Bárbara Saviñón y Tapia, casó con don Salvador Pit y Piquer.

B. — Doña María Antonia Saviñón y Tapia, casó con el Regidor Miguel Martínez de Santelices.

C. — Doña Juana Saviñón y Tapia, casó con don Pedro Roig, natural de Puerto Rico, Capitán de Ingenieros.

D. — Doña Jacinta Saviñón y Tapia, casó con don Fernando Mauleón, Oficial Real Tesorero de las Cajas de la isla de Santo Domingo.

E. — Doña Carmen Saviñón y Tapia, casó con don Francisco Xavier Foxá, Capitán del Regimiento de Cantabria.

F. — Doña Vicenta Saviñón y Tapia, casó con don Joaquín Fernández de Castro y Caro, natural de Santo Domingo, hijo de don Lorenzo Fernández de Castro y Meléndez-Bazán, y de doña María de Belén Caro y Oviedo.

G. — Doña Ana Josefa Saviñón y Tapia, casó con el Capitán Leonardo Pichardo y Zereceda, Regidor del Ayuntamiento de Santiago de los Caballeros, hijo de don José Antonio Pichardo y Pichardo, Capitán de Milicias, y de doña Rosa Zereceda y Cruzado.

H. — Licenciado Manuel Saviñón y Tapia, fue Abogado.

I. — Don Pedro Saviñón y Tapia, casó con doña Francisca Arroyo y Quevedo, y tuvieron por hijos: a Natalia, y a Francisco Saviñón y Arroyo. Los cuales:

a. — Doña Natalia Saviñón y Arroyo, casó con don Juan Ravelo.

b. — Don Francisco Saviñón y Arroyo, casó con doña Carmen Piñero.

SEGURA

Apellido vasco, de la villa de su nombre, Guipúzcoa.

A mediados del siglo XVIII, aparece radicada esta familia en el Valle de Almonacid, obispado de Segorbe, de donde pasaron a Valencia del Cid, estableciéndose en La Habana en la primera mitad del siglo XIX.

Son sus armas: en campo de oro, una cruz floretada de gules, acompañada de cuatro tréboles de azur, uno en cada hueco; bordura de oro con ocho aspas de gules.

Don Francisco Segura, natural del Valle de Almonacid, casó con doña María Teresa del Campo y Mendoza, natural de Sevilla, y tuvieron por hijo: a

Don Vicente Segura y del Campo, natural de Valencia del Cid, que casó con doña María Antonia Muñoz y Torner, natural de San Felipe de Játiva, hija de don Mariano Muñoz y Martínez, y de doña Gertrudis Torner y Oller. Tuvieron por hijo: a

Don Hilario Miguel Segura y Muñoz, natural de Valencia del Cid, que obtuvo Real despacho de nobleza y armas expedido por Juan José Vilá y Psaylá, Rey de Armas de Su Majestad, el 28 de noviembre de 1864. Pasó a La Habana, y casó con doña Joaquina Llopis y Roquero, hija de Andrés y de María del Carmen. Tuvieron por hijos: a Carmen; a Joaquín; a Vicente, y a Andrés Segura y Llopis. De los cuales:

Don Andrés Segura y Llopis, bautizado en La Habana, parroquia del Espíritu Santo el 25 de junio de 1838, fue Secretario de la Audiencia de La Habana. Casó en la referida parroquia, el primero de mayo de 1863, con doña Cabrera y Peralta, hija de Rafael y de María Magdalena. Tuvieron por hijos: a Rosario, y a Andrés Segura y Cabrera. Los cuales:

1. — Doña Rosario Segura y Cabrera, fue bautizada en la parroquia de la villa de Guanabacoa el 16 de febrero de 1876.

2. — Doctor Andrés Segura y Cabrera, bautizado en La Habana, parroquia del Espíritu Santo el 30 de noviembre de 1864, fue Abogado. Casó en La Habana, parroquia del Santo Ángel, el 16 de febrero de 1891 con doña María Luisa García-Menocal y Cabrera, hija de don Federico García-Menocal y Govín, y de doña Rafaela Cabrera y Moreno. Tuvieron por hijos: a María del Carmen, y a Ismael Segura y García-Menocal. De los cuales:

Doctor Ismael Segura y García-Menocal, nacido en La Habana el 8 de marzo del año 1900, fue Abogado y Registrador de la Propiedad en San Cristóbal, provincia de Pinar del Río. Casó con doña Mercedes López y González.

SOLA

Apellido catalán, que pasó a Aragón, a Navarra y a Cuba.

A mediados del siglo XVII, aparece radicada esta familia en el valle de Olanos, en el Reino de Navarra, estableciéndose en La Habana a mediados del siglo XIX.

Son sus armas: En campo de azur, un sol de oro. Otros traen: en campo de gules, un castillo de oro.

Don Juan de Sola, Señor de la Casa de Sola, en el Valle de Olanos, casó con doña Rafaela Martínez de Escribano, y tuvieron por hijo: a

Don Nicolás de Sola y Martínez de Escribano, que casó con doña María de Zaragüeta los que procrearon al

Coronel Juan Carlos de Sola y Zaragüeta, natural de la ciudad de Pamplona, provincia de Navarra, que fue Teniente Rey de la plaza de Siracusa. Casó con doña María Teresa Salinas y Montesinos, natural de Luxemburgo, y tuvieron por hijos: a

Don Nicolás de Sola y Salinas, que casó con doña Úrsula Teresa Arrizabalaga Arrúo, y tuvieron por hijo: a

Don Casimiro de Sola y Arrizabalaga, que nació en Mondragón el año 1752. Casó con doña Ramona de Loizaga, y tuvieron por hijo: a

Don José de Sola y Loizaga, llamado «Pico de Oro», por su elocuencia en las Juntas Forales de Guipúzcoa, en donde fue Diputado General el año 1828. Casó con doña Josefa de Manclares y Marquina, y tuvieron por hijos: a Marcos; a José María, y a Francisco de Sola y Manclares. Los cuales:

1. — Licenciado Marcos de Sola y Manclares, fue Abogado y Magistrado de la Real Audiencia de Manila, en Filipinas.

2. — Don José María de Sola y Manclares, fue Mayorazgo de su Casa. Casó en Logroño, con doña Dominga Tejada y Arizcum, y tuvieron por hijos: a Mauricia; a Pascuala; a José; a Dionisio, y a Víctor de Sola y Tejada. Los cuales:

A. — Doña Mauricia de Sola y Tejada, casó con don Vicente Fernández de Urrutia.

B. — Doña Pascuala de Sola y Tejada, casó con don Juan Francisco Aleu y Naneti, General de Brigada, Ayudante de la Plana Mayor del Real Cuerpo de Alabarderos.

C. — Don José de Sola y Tejada, falleció en Madrid el 31 de mayo de 1906, víctima del atentado regio, cuando los esponsales de Su Majestad don Alfonso XIII.

D. — Don Dionisio de Sola y Tejada, fue Teniente de Navío de la Real Armada. Falleció en San Sebastián el año 1880, de resultas de las heridas recibidas mucho antes en las costas de Joló.

E. — Don Víctor de Sola y Tejada, fue Capitán de Fragata de la Real Armada, y segundo Comandante del acorazado «Oquendo», muriendo al mando del mismo en el combate naval de Santiago de Cuba en 1898.

3. — Doctor Francisco de Sola Manclares, natural de Mondragón, en Guipúzcoa, fue Abogado y fundador del palacio de Sola junto al

puente de Maala, en Mondragón. Casó con doña María de Iradi y Batable, natural de la isla de Curazao, y tuvieron por hijos: a Josefa; a Julia; a Ana; a Francisco; a Fermín; a Ramón, y a Leopoldo de Sola e Iradi. De los cuales:

a. — Doña Julia de Sola e Iradi, casó con don Eugenio Gorosabel.

b. — Doña Ana de Sola e Iradi, casó con el Conde de Moy.

c. — Don Francisco de Sola e Iradi, casó con doña Eloísa Planas.

d. — Don Fermín de Sola e Iradi, Hacendado, casó con doña María Candelaria Carvajal.

e. — Doctor Leopoldo de Sola e Iradi, natural de Cienfuegos, en la isla de Cuba, fue Abogado. Casó con doña Isabel de Bobadilla y Lunar, natural de La Habana, hija del doctor José Bobadilla y Grau, Abogado, y de doña Adelaida Lunar y Tejera. Tuvieron por hijos: a Isabel; a Julia; a Leopoldo; a José Sixto, y a Francisco José de Sola y Bobadilla. De los cuales:

1. — Doctor Leopoldo de Sola y Bobadilla, fue Abogado. Casó con su cuñada doña Josefa Vila y Sánchez, hija de don Alfredo Vila y González y de doña María del Rosario Sánchez y Sarría.

2. — Doctor José Sixto de Sola y Bobadilla, nacido en Puentes Grandes el 8 de febrero de 1888, fue Abogado. Casó con doña Josefa Vila y Sánchez, y tuvieron por hijas: a Josefa, y a Maritza de Sola y Vila. Las cuales:

A. — Doña Josefa de Sola y Vila, casó con el doctor Eric Agüero y Montoro, Abogado y Notario, hijo del doctor Arístides Agüero y Betancourt, Catedrático de la Universidad de La Habana, Miembro de la Carrera Diplomática de la República de Cuba, y de doña Herminia Montoro y Saladrigas. Tuvieron por hijos: a Fefita, que casó con X Cross, y a Eric Agüero y de Sola.

B. — Doña Maritza de Sola y Vila, fue soltera.

3. — Don Francisco José de Sola y Bobadilla, bautizado en la Catedral de La Habana el 15 de mayo de 1884, fue Ingeniero Civil, graduado en «The Renselaer Polytechnic Institute» de Troy, New York, y en la Universidad de La Habana.

SOLÓRZANO

Apellido castellano, del lugar de su nombre, cercano a Santander.

Son sus armas: Escudo cuartelado: 1ro. y 4to., en campo de sinople, tres hoces de segar, de plata, y 2do. y 3ro., en campo de azur, tres flores de lis de oro.

En la segunda mitad del siglo XVIII, procedente de la villa de Aries, en el Obispado de Santander, se estableció esta familia en Santiago de Cuba.

Don Pedro Solórzano y su mujer doña Antonia Díaz, tuvieron por hijo: a

Don Fernando Solórzano y Díaz, natural de la villa de Arias, que casó dos veces en la Catedral de Santiago de Cuba: la primera, el 13 de diciembre de 1772, con doña Ana María Blanco de Anaya y Betancourt, hija de don Juan Antonio Blanco de Anaya e Izquierdo, y de doña María Betancourt y Angulo. Casó por segunda vez, el 12 de abril de 1812, con doña Antonia Correoso-Catalán y Usatorres, hija de don Ramón Correoso-Catalán y Mustelier, Alcalde ordinario, y de doña María Bartola Usatorres y Mungarrieta de Urbizu. Con su segunda mujer dejó por hijo: a

Don Antonio Mamerto Solórzano y Correoso-Catalán, que casó en la Catedral de Santiago de Cuba el 4 de septiembre de 1843, con doña María del Rosario Felicitas Andrades y Sánchez, hija de don Felipe Andrades, Teniente de Infantería y Ayudante de Dragones del Valle de Dupán, y de doña María Dolores Sánchez y Suárez.

Don Fernando Solórzano y Díaz, y su primera mujer doña Ana María Blanco de Anaya y Betancourt, tuvieron por hijos: a Félix; a José; a Pedro; a Juan, y Domingo Solórzano y Blanco de Anaya. Los cuales:

1. — Don Félix Solórzano y Blanco de Anaya, casó en la Catedral de Santiago de Cuba el 6 de septiembre de 1798, con doña María de la Concepción Cisneros y Betancourt, hija de don José Joaquín Cisneros y Fuentes, Teniente Coronel de Milicias, y de doña Luisa Manuela Betancourt y Morales.

2. — Don José Solórzano y Blanco de Anaya, casó en la Catedral de Santiago de Cuba el 6 de septiembre de 1798, con doña Mariana Cisneros y Betancourt, hija de don José Joaquín Cisneros y Fuentes, Teniente Coronel de Milicias, y de doña Luisa Manuela Betancourt y Morales. Tuvieron por hija: a

Doña María Caridad Solórzano y Cisneros, que casó en la Catedral de Santiago de Cuba el 5 de abril de 1824, con don Juan Solórzano y Blanco de Anaya, su tío, hijo de don Fernando Solórzano y Díaz, y de doña Ana María Blanco de Anaya y Betancourt.

3. — Don Pedro Solórzano y Blanco de Anaya, casó en la Catedral de Santiago de Cuba el 27 de octubre de 1808, con doña María del Rorio Cisneros y Betancourt, hija de don José Joaquín Cisneros y Fuentes, Teniente Coronel de Milicias, y de doña Luisa Manuela Betancourt y Morales. Tuvieron por hijo: a

Don Espafirroso Solórzano y Cisneros, que casó en Santiago de Cuba, parroquia Dolores, el 28 de junio de 1847, con doña María Dolores Portuondo y Rizo, hija de Rafael Blas y de María Trinidad.

4. — Don Juan Solórzano y Blanco de Anaya, casó en la Catedral de Santiago de Cuba el 5 de abril de 1824, con su sobrina doña María Caridad Solórzano y Cisneros, hija de don José Solórzano y Blanco de Anaya, y de doña Mariana Cisneros y Betancourt.

5. — Don Domingo Solórzano y Blanco de Anaya, casó con doña Prudencia Cisneros y Betancourt, hija de don José Joaquín Cisneros y Fuentes, Teniente Coronel de Milicias de la plaza de Santiago de Cuba, y de doña Luisa Manuela Betancourt y Morales. Tuvieron por hijo: a

Don Adolfo Solórzano y Cisneros, que casó en Santiago de Cuba, parroquia Dolores, el 23 de abril de 1841, con doña Isabel Cisneros y Mena, hija de don Francisco Xavier Cisneros y Saco, y de doña María del Carmen Mena y Garibaldo.

SUÁREZ

Apellido patronímico, derivado del nombre propio de Suero. Sus solares más antiguos radicaron en las montañas de Santander.

Sus armas: Los de dicho lugar, Asturias y León traen: en campo de oro, dos torres de piedra, puestas en faja sobre una terraza de sinople, y saliendo de cada torre un águila volante, de sable; las dos águilas afrontadas. Otros, de Castilla, traen en campo de plata, una fuente al natural, superada de un sauce de sinople.

En el libro de asiento de bautismos de la Iglesia de San Pablo de Carreyra, se halla al folio 87 vuelto la hoja, una partida del tenor siguiente: «el 25 de mayo de 1711, fue bautizado Gregorio, hijo de José Suárez y de Dominga González y fue su padrino Gregorio Paz, todos de esta feligresía».

Don Gregorio Suárez, natural del lugar de San Pablo de Caneira, en Galicia, casó en La Habana, parroquia del Spíritu Santo, en 22 de agosto de 1740, libro 2 de matrimonios de españoles, al folio 160, part. 2, núm. 33, con Luisa María Perdomo, natural de La Habana, viuda de don Antonio Juan Ángel Casiano.

Don Gregorio falleció en La Habana, el 8 de marzo de 1790, siendo enterrado en la capilla de la venerable orden tercera de San Francisco, amortajado con su hábito, siendo asentada la defunción en el libro 9 de entierros de españoles en la parroquia del Spíritu Santo. Testó el 2 de abril de 1785 por ante don Ignacio Rodríguez, dejando por su viuda a doña Luisa Perdomo y por sus hijos legítimos: a

Doña Dionisia, a doña Juana, a doña Inés, a don Sebastián, a don José Francisco, y al Padre don Bartolomé, religioso de San Juan de Dios. De los cuales:

Doña Dionisia Suárez, nacida en La Habana el 9 de octubre de 1743, fue bautizada en la parroquia del Espíritu Santo, el jueves 24 de octubre de 1743. Fue su padrino don Tomás Aguirre. (Libro 6 de bautismos de españoles a folio 147, p. 2).

TAPIA

Apellido castellano. Una rama pasó a Trujillo (Cáceres).

Sus armas: En campo de plata, tres fajas de azur; bordura de gules, con siete aspas de oro, y, en lo más alto, una flor de lis de plata. Otros traen: en campo de plata, seis cuervos de sable, puestos en dos palos; bordura de gules, con ocho escudetes de plata, con tres bandas de azur cada uno.

A fines del siglo XVII, procedente de la ciudad de la Laguna, en Tenerife, se estableció esta familia en la isla de Santo Domingo, de donde pasaron a la de Cuba a fines del siglo siguiente.

Don Pedro Tapia y su mujer, doña Arzola Torres, tuvieron por hijo: a

Don Pedro Tapia y Torres, natural de la ciudad de la Laguna, que casó con doña Ana de Castro, natural de la isla de Santo Domingo. Tuvieron por hijos: a Jerónima; a Micaela Antonia; a Gonzalo, y a Francisco Cayetano Tapia y Castro. Los cuales:

1. — Doña Jerónima Tapia y Castro, casó con don Joaquín Pueyo Díez Urríes, Alcalde Mayor de Santo Domingo.

2. — Doña Micaela Antonia Tapia y Castro, natural de Santo Domingo, casó con don Gregorio Saviñón y Angulo, natural de Santiago

de Cuba, Regidor de su Ayuntamiento, hijo de don Juan Antonio Saviñón, Regidor y Alcalde Mayor Provincial, y de doña Margarita Angulo y Arias de Tamariz.

3. — Don Gonzalo de Tapia y Castro, natural de Santo Domingo, casó con doña Juana Saviñón y Angulo, natural de Santiago de Cuba, hija de don Juan Antonio Saviñón, Regidor y Alcalde Mayor Provincial, y de doña Margarita Angulo y Arias de Tamariz. Tuvieron por hijos: a Mónica; a Rosa, y a Francisco Cayetano Tapia y Saviñón. Los cuales:

A. — Doña Mónica Tapia y Saviñón, casó con don Félix de Texada y del Monte, hijo del licenciado Luis de Texada y d'Isla Montenegro, Abogado, Regidor y Alcalde ordinario de Santiago de los Caballeros y de La Habana, Oficial Real interino de la isla de Santo Domingo, y de doña Mauricia del Monte y Luna.

B. — Doña Rosa Tapia y Saviñón, casó en Santiago de los Caballeros el 23 de noviembre de 1772, con don Lucas Pichardo y Zereceda, natural de dicha ciudad, Padre General de Menores, Síndico Procurador General, Regidor Alcalde ordinario y de la Santa Hermandad, Oficial Real Tesorero de las Reales Cajas y Contador Judicial de la ciudad de Santiago de los Caballeros, isla de Santo Domingo, Ministro principal de Real Hacienda, y Tesorero de las Reales Cajas de la villa de Puerto Príncipe, en la isla de Cuba, hijo de don José Antonio Pichardo y Pichardo, Capitán de Milicias de la plaza de Santiago de los Caballeros, y de doña Rosa Zereceda y Cruzado.

C. — Don Francisco Cayetano Tapia y Saviñón, natural de Santo Domingo, fue Regidor del Ayuntamiento. Casó con doña Rosa Marcano, y tuvieron por hijos: a Dolores, y a Francisco de Paula Tapia y Marcano. De los cuales:

Don Francisco de Paula Tapia y Marcano, fue Regidor en Santo Domingo. Casó con doña Teresa Báez, y tuvieron por hijos: a Juan Nepomuceno; a Manuel, y a Bernardino Tapia y Báez.

También aparecen los hermanos Francisco, y Bernardino Tapia de la Parra y Solano Peralta. Los cuales:

1. — Capitán Francisco Tapia de la Parra y Solano Peralta, casó con doña María Coronado de los Ríos y Gazo, y tuvieron por hijas: a Isabel, y a Juana Tapia y Coronado. Las cuales:

A. — Doña Isabel Tapia y Coronado, casó el 15 de mayo de 1707, con el Capitán Antonio del Monte Pichardo y Villafaña, hijo de don Francisco del Monte Pichardo y Mena de San Miguel, Capitán de una de las Compañías del Tercio de la ciudad de Santiago de los Caballeros, y de doña María Bravo de Villafaña.

B. — Doña Juana Tapia y Coronado, casó el 19 de febrero de 1712, con don Leonardo Manuel del Monte Pichardo y Villafaña, Teniente Coronel del Batallón de Milicias, Alguacil Mayor, Regidor, Alcalde Mayor y Gobernador de las Armas de la ciudad de Santiago de los Caballeros, hijo de don Francisco del Monte Pichardo y Mena de San Miguel, Capitán de una de las Compañías del Tercio de la ciudad citada, y de doña María Bravo de Villafaña.

2. — Don Bernardino Tapia de la Parra y Solano Peralta, fue Alcalde Mayor de Santo Domingo. Casó con doña María Fernández de Castro y Fernández de Oviedo, hija de don Francisco Fernández de Castro y Monasterios, Regidor del Ayuntamiento de Santo Domingo, y de doña Felipa Margarita Fernández de Oviedo Valdés. Tuvieron por hija: a

Doña Juana Tapia y Fernández de Castro, que casó en Santo Domingo, el 31 de marzo de 1728, con don José del Monte Pichardo y Villafaña, hijo de don Francisco del Monte Pichardo y Mena de San Miguel, Capitán de una de las Compañías del Tercio de la ciudad de Santiago de los Caballeros, y de doña María Bravo de Villafaña.

TÉLLEZ-GIRÓN

A fines del siglo XVIII, procedente de Sevilla, se estableció esta familia en Santiago de Cuba.

Sus armas: En campo de oro, tres jirones de gules; bordura jaquelada de oro y gules, en tres órdenes.

Don Domingo Téllez-Girón y Andrada, natural de Ronda, y su mujer doña Úrsula Loizaga y Schelet, natural de Vizcaya, tuvieron por hijo: a

Don Andrés Téllez-Girón y Loizaga, nacido en Sevilla el 6 de mayo de 1758, que fue Coronel del Regimiento Fijo de Cuba y Gobernador de Yucatán. Casó en la Catedral de Santiago de Cuba el 7 de abril de 1799, con doña Beatriz de las Cuevas y Hernández, hija de don Antonio de las Cuevas y Duany, y de doña Francisca Antonia Hernández y Palacios. Tuvieron por hijas: a Rafaela; a María del Carmen, y a María Guadalupe Téllez-Girón y de las Cuevas. Las cuales:

1. — Doña Rafaela Téllez-Girón y de las Cuevas, natural del Puerto de Santa María, en Andalucía, casó en Santiago de Cuba, parroquia Dolores, el 26 de enero de 1824, con don Antonio Vaillant y Berthier, primer Marqués de Candelaria de Yarayabo, Caballero de la Orden de Carlos III, Coronel de Infantería de los Reales Ejércitos, Agregado al Estado Mayor, Sub-Inspector del Batallón de Pardos de la plaza de Santiago de Cuba, Diputado de la Junta de Sanidad, Vocal de la de Censura, y Alcalde ordinario de dicha ciudad; Gran Cruz de la Orden de Carlos III, y Cruz y Placa de la de San Hermenegildo.

2. — Doña María del Carmen Téllez-Girón y de las Cuevas, natural

de Mérida, México, casó en Santiago de Cuba, parroquia Santo Tomás, en 1848, con su cuñado don Antonio Vaillant y de las Cuevas, anteriormente mencionado.

3. — Doña María Guadalupe Téllez-Girón y de las Cuevas, casó en Santiago de Cuba, parroquia Dolores, el 15 de enero de 1840, con don Anselmo Meana Suárez del Villar y Rincón, natural de la ciudad de Cádiz, hijo de don Anselmo Meana Suárez del Villar, natural de San Julián de Lavandera, en Asturias, y de doña María Dolores Rincón y Montero de Espinosa, natural de la isla de San Fernando, en Cádiz.

TEXADA

Apellido castellano.

Sus armas: Escudo losanjado de gules y oro. Otros traen escudo cuartelado: 1ro., en campo de oro, un león rampante al natural; 2do., en campo de oro, dos bandas de sable; 3ro., en campo de sable una loba arrimada a un castaño, al natural, y 4to., en campo de sable, un castillo de oro.

A mediados del siglo XVIII, procedente de la isla de Santo Domingo, se estableció esta familia en la isla de Cuba.

El licenciado Luis de Texada d'Isla Montenegro, natural de la ciudad de Santiago de los Caballeros, en la isla de Santo Domingo, fue Abogado, Regidor y Alcalde ordinario de su ciudad natal y de La Habana y Oficial Real interino de la isla de Santo Domingo. Casó con doña Mauricia del Monte y Luna, hija del Capitán Tiburcio del Monte Pichardo y Villafaña, y de doña Ana de Luna y Lara. Tuvieron por hijos: a Ana, y a Félix Texada y del Monte. Los cuales:

1. — Doña Ana Texada y del Monte, casó dos veces: la primera, con don Antonio del Monte y Medrano, Subteniente de Milicias de la primera Compañía de Infantería de la plaza de Santiago de los Caballeros, en la isla de Santo Domingo, hijo de don Juan del Monte y Tapia, Capitán de Caballos de Corazas del Batallón de Milicias de Santiago de los Caballeros, Capitán de las Compañías de Caballería, Comandante de la Frontera del Norte, Regidor Alférez Real, Alcalde ordinario de la Santa Hermandad, Teniente Oficial de la Real Hacienda de las ciudades de San Fernando de Monte-Christi y Puerto de Plata, Sargento Mayor de las Milicias de la ciudad de Santiago de los Caballeros y su Teniente Gobernador, y de doña Apolinaria Medrano y Ortega. Casó por segunda vez, en la ciudad de Santiago de los Caballeros, el 17 de diciembre de 1781, con don José Cayetano Pichardo y Zereceda, Regidor, Alférez Real y Alguacil Mayor de dicha ciudad, hijo de don José Antonio Pichardo y Pichardo, Capitán de Milicias de Santiago de los Canalleros, y de doña Rosa Zereceda y Cruzado.

2. — Don Félix Texada y del Monte, casó con doña Mónica de Tapia y Saviñón, hija de don Gonzalo de Tapia y Castro, natural de la isla de Santo Domingo, y de doña Juana Saviñón y Angulo, natural de Santiago de Cuba. Tuvieron por hijos: a Luisa, y a Juan de Mata Texada y Tapia. Los cuales:

A. — Doña Luisa de Texada y Tapia, casó con don Tomás Pichardo y Contreras, hijo de don Antonio Pichardo y Zereceda, Regidor Alférez Real, Fiel Ejecutor y Alcalde ordinario de Santiago de los Caballeros, y de doña Mariana Contreras y Medrano.

B. — Licenciado don Juan de Mata Texada y Tapia, natural de la isla de Santo Domingo, casó tres veces: La primera, con doña Manuela Caballero y Carrión; la segunda, con doña Carmen Castellanos y Caballero; y la tercera, con doña Irene Giró y Pera, teniendo con esta última: a Higinia; a Rosa; a Amelia; a Irene; a Ana; a Dolores; a Luis; a Félix; a Juan, y a Rafael de Texada y Giró.

TOPETE

Apellido oriundo de Portugal.

A mediados del siglo XVIII aparece radicada esta familia en la villa de Morón de la Frontera, estableciéndose en La Habana en la primera mitad del siglo XIX.

Sus armas: en campo de plata, una gavia atravesada por cinco saetas; cortado de ondas de agua de plata y azur.

Don García Topete y su mujer doña Beatriz Venegas tuvieron por hijo: a

Don Luis Topete y Venegas, nacido en Morón de la Frontera en 1682, que fue Caballero de la Orden de Calatrava. Casó con doña María Topete y Melo, natural de dicha villa, hija de José y de Leonor de Melo y Ponce de León. Tuvieron por hijo: a

Don García José Topete y Topete, nacido en Morón en 1706, que fue Alcalde de dicha villa. Casó con doña María Fuentes y Beráez, natural de Sevilla, hija de don José de Fuentes y Londoño, natural de Sevilla, y de doña Eugenia Beráez y Vivero. Tuvieron por hijos: a José, a Juan, y a Ramón Topete y Fuentes. Los cuales:

1. — Don José Topete y Fuentes, Topete y Beráez, natural de Morón de la Frontera, ingresó en las Reales Compañías de Guardias-Marinas el año 1760, y fue Caballero de la Orden de Carlos III.

2. — Don Juan Topete y Fuentes, Topete y Beráez, natural de Morón de la Frontera, ingresó en las Reales Compañías de Guardias-Marinas el año 1772.

3. — Don Ramón Topete y Fuentes, Topete y Beráez, natural de Morón de la Frontera, ingresó en las Reales Compañías de Guardias-Marinas, el año 1759, llegando a obtener el grado de Jefe de Escuadra de la Real Armada. Casó con doña Francisca Viaña y Sánchez de Sanz, natural del Puerto de Santa María, hija de José Enrique y de María del Pilar. Tuvieron por hijos: a Francisco de Paula, y a Juan Bautista Topete y Viaña. Los cuales:

A. — Don Francisco de Paula Topete y Viaña, natural del Puerto de Santa María, ingresó en las Reales Compañías de Guardias-Marinas el año 1796, llegando a obtener el grado de Capitán de Navío de la Real Armada. Falleció soltero, y su defunción se encuentra en La Habana, parroquia de Guadalupe, a 15 de enero de 1843.

B. — Don Juan Bautista Topete y Viaña, nacido en Cartagena en 1784, fue Brigadier de la Real Armada, Jefe de Escuadra y del Apostadero de La Habana en 1834. Casó dos veces: la primera, con doña Clara Carballo; y la segunda, en La Habana, parroquia del Santo Cristo, el 14 de diciembre de 1832, con doña Rafaela Wading y Cárdenas, natural de Guatemala, hija de don Tomás Wading y Perea, Contador Mayor del Real Tribunal y Audiencias de Cuentas del Reino de Guatemala, Contador de Ejército y Caballero de la Orden de Carlos III, y de doña María Gertrudis de Cárdenas y López de Ramos.

Don Juan Bautista Topete y Viaña, y su primera mujer doña Clara Carballo, tuvieron por hijos: a Ángel; a Juan Bautista, y a Ramón Topete y Carballo. Los cuales:

a. — Don Ángel Topete y Carballo, fue Capitán de Navío de la Real Armada.

b. — Don Juan Bautista Topete y Carballo, natural de San Cristóbal de Hacoltalpán, ingresó en las Reales Compañías de Guardias Marinas el año 1835, llegando al grado de Vice-Almirante de la Real Armada, siendo además Senador del Reino, Caballero de la Orden de Isabel la Católica y Gran Cruz de la Orden de San Hermenegildo.

c. — Don Ramón Topete y Carballo, natural de San Cristóbal de Hacoltalpán, ingresó en las Reales Compañía de Guardia-Marinas el año 1835, llegando a obtener el grado de Vice-Almirante de la Real Armada, Jefe del Apostadero de La Habana en 1881, Gran Cruz de la Orden de San Hermenegildo, y de la del Mérito Naval con distintivo blanco.

TURBIANO

En la parroquia del Spíritu Santo, en el libro 2 de matrimonios de españoles, a folio 9, p. 1, aparece que el día 4 de marzo de 1761, se desposaron don Juan Turbiano y Aguilera, de la ciudad de Cádiz, hijo legítimo de don José Turbiano y de doña Antonia Aguilera, y doña Dionisia Suárez y Perdomo, natural de esta ciudad, hija legítima de don Gregorio Suárez y de doña Luisa Perdomo.

En la propia parroquia del Spíritu Santo, a libro 6 de enterramientos de españoles, a folio 35, en la capilla de la orden Tercera de San Francisco, el 21 de diciembre de 1763, se enterró a don Juan Turbiano, natural de Cádiz. Testó el 20 de diciembre de 1763, ante Manuel Ramírez de Soto y fue enterrado con el hábito de San Francisco. Tuvo por hijos legítimos: a Liberata María y a Juan Turbiano y Suárez.

Bautismo de Liberata María Turbiano que nació en La Habana el 4 de enero de 1762. En la parroquia del Spíritu Santo, libro 9 de bautismos de españoles, a folio 86, p. 2, domingo 17 de enero de 1762, fue bautizada Liberata María, hija legítima de don Juan Turbiano, natural de la ciudad de Cádiz, y de doña Dionisia Suárez, natural de esta ciudad; fue su padrino don Gregorio Suárez y su madrina doña Luisa Perdomo.

VANDAMA

Cristóbal de la Encarnación Vandama, natural de la ciudad de La Laguna, en la isla de Tenerife, Canarias, pasó a La Habana, donde casó con doña Gertrudis Guerra y Arriaga, de esa naturaleza, hija de don Diego Guerra de la Vega y de doña Josefa de Arriaga.

Don Cristóbal de la Encarnación Vandama, y su mujer doña Gertrudis Guerra y Arriaga, tuvieron por hija: a

Doña Josefa Manuela Vandama y Guerra, natural de La Habana, quien casó con el doctor Pedro de Jesús Ramírez y de la Torre, natural de Bayamo, Abogado de la Real Audiencia de Santiago de Cuba, Síndico Procurador General, Catedrático de Derecho Civil de la Universidad de Santo Domingo, hijo del doctor Pedro Ramírez de Aguilar y Torres. Escribano de Cabildo, Gobierno y Real Hacienda de la villa de Bayamo, y de doña Rosa María de la Torre y Sarmiento Caballero.

VERANES

En la primera mitad del siglo XVIII, y procedente de la villa de Avilés, en el Principado de Asturias, se estableció esta familia en Santiago de Cuba.

Don Sancho Veranes, y su mujer doña Antonia Fernández Veranes y Xerez tuvieron por hijo: al

Teniente Francisco Veranes, natural de la villa de Avilés, que tiene su defunción en la Catedral de Santiago de Cuba a 3 de enero de 1755, donde casó el 15 de noviembre de 1739, con doña Antonia Quiroga y Velasco, hija de don Francisco Quiroga y Herrera Moya, y de doña Lucía Velasco y Osuna. Tuvieron por hijo: a

Don Francisco Antonio Veranes y Quiroga, que casó en la Catedral de Santiago de Cuba el 2 de mayo de 1766, con doña Juana de Herrera y Moya. Tuvieron por hijos: a María Gertrudis; a Francisca Antonia; a José Antonio; a Juan Esteban, y a José María Veranes y Herrera Moya. Los cuales:

1. — Doña María Gertrudis Veranes y Herrera Moya, casó en la Catedral de Santiago de Cuba el 2 de marzo de 1815, con don Vicente Portuondo y Carrión, hijo de don Agustín Portuondo y Morales, y de doña Inés María Carrión y Serrano de Padilla.

2. — Doña Francisca Antonia Veranes y Herrera Moya, casó en la Catedral de Santiago de Cuba el 18 de diciembre de 1815, con don Fernando López y Rodríguez, hijo de Manuel Desiderio, natural de La Habana, y de Juana de Dios.

3. — Don José Antonio Veranes y Herrera Moya, casó en la Catedral de Santiago de Cuba el 21 de agosto de 1797, con doña Rita Jerónima Maldonado y Artola, hija de Juan y de Margarita. Tuvieron por hija: a

Doña Margarita Veranes y Maldonado, que casó en la Catedral de Santiago de Cuba el 3 de febrero de 1827, con don José María Montes y Herrera Moya, hijo de don Juan José Montes y Morales, Capitán de Infantería, y de doña Mariana de Herrera Moya y de las Cuevas.

4. — Don Juan Esteban Veranes y Herrera Moya, casó en Santiago de Cuba, parroquia Dolores, el 27 de mayo de 1819, con doña María Dolores Jústiz y Hechavarría, hija de don José María Jústiz y Ferrer, Teniente Coronel de Caballería, y de doña Bárbara Hechavarría y Cisneros. Tuvieron por hija: a

Doña Manuela Veranes y Jústiz, que casó en la Catedral de Santiago de Cuba el 22 de mayo de 1844, con don Marcelino Ramón y Jaén, hijo de Baltasar y de María de la Concepción.

5. — Don José María Veranes y Herrera Moya, casó dos veces: la primera, en la Catedral de Santiago de Cuba el 26 de julio de 1802, con doña María Josefa de las Cuevas y Correoso-Catalán, hija de don Miguel de las Cuevas y Duany, y de doña María Manuela Correoso-Catalán y de los Santos. Casó por segunda vez, con doña Lorenza del Castillo Villamedio y Rizo, hija de don José Wenceslao del Castillo Villamedio, Regidor Honorario del Ayuntamiento de Santiago de Cuba, y de doña Catalina Rizo. Con su segunda mujer, dejó por hijos: a José María; a José Nicolás; a Juan Bautista, y a Felipe Veranes y del Castillo. Los cuales:

A. — Don José María Veranes y del Castillo, casó dos veces en Santiago de Cuba, en la parroquia de los Dolores: la primera, el 2 de octubre de 1839, con doña María de Jesús de las Cuevas y Correoso-Catalán, hija de don Tadeo de las Cuevas y Correoso-Catalán, y de doña Juana Antonia Correoso-Catalán y Palacios-Saldurtún. Casó por segunda vez, el 8 de enero de 1872, con doña María Trinidad Mariño.

B. — Don José Nicolás Veranes y del Castillo, casó en Santiago de Cuba, parroquia Santo Tomás, el 13 de abril de 1844, con doña Catalina del Castillo y Mancebo, hija de don José Wenceslao del Castillo, Regidor del Ayuntamiento, y de doña Mariana Mancebo.

C. — Don Juan Bautista Veranes y del Castillo, casó en la Catedral de Santiago de Cuba el 24 de abril de 1847, con doña María Gertrudis Gola y Suárez, hija de Domingo y de Margarita.

D. — Don Felipe Veranes y del Castillo, bautizado en la Catedral de Santiago de Cuba el 13 de mayo de 1823, casó en la isla de Jamaica el 23 de mayo de 1877 (asentado este matrimonio en la Catedral de Santiago de Cuba el 17 de noviembre de 1881), con doña Isabel Viado y Brown, hija de Francisco y de Rosa.

Doña Luisa Veranes, miembro de esta familia, casó con don Antonio Asencio, natural de Valencia, Ayudante Mayor de la plaza de Santiago de Cuba. Tuvieron por hija: a

Doña Luisa Asencio y Veranes, que casó en la Catedral de Santiago de Cuba el 14 de agosto de 1792, con don Jacinto Callejas y Aguilera, hijo de José y de Ana María, naturales de la villa de Bayamo.

VILDÓSOLA

Apellido vasco, de la anteiglesia de Ceánuri, partido judicial de Durango, Vizcaya.

En la segunda mitad del siglo XVIII, procedente de Bilbao, se estableció esta familia en la isla de Cuba.

Son sus armas: en campo de gules, un tronco de árbol seco, con algunas ramas de oro, y terrasado de sinople, y, arrimado al tronco, un cordero de plata; en el jefe, una flor de lis de oro.

Don Juan López de Vildósola, y su mujer doña Catalina Echavarri, tuvieron por hijo: a

Don Juan López de Vildósola y Echavarri, que casó con doña Magdalena Barañano e Ibarrondo, hija de Pedro y de Catalina. Tuvieron por hijo: a

Don Francisco López de Vildósola y Barañano, bautizado en la iglesia parroquial de Nuestra Señora de Santa María, de la ante iglesia de Castillo de la Merindad de Arratia, el 5 de octubre de 1654, que fue Síndico, Procurador General, Regidor del Ayuntamiento de Bilbao y Diputado del Señorío. Casó en Bilbao, en la iglesia parroquial de los Señores San Joanes, el 29 de junio de 1679, con doña María de Arteaga y Urrueta, hija de don Pedro Arteaga y San Juan de Larrea, y de doña Magdalena Urrueta y Larrea. Tuvieron por hijo: a

Don Agustín Francisco Vildósola y Arteaga, bautizado en Bilbao, en la iglesia Mayor del Señor Santiago, el 31 de enero de 1703, que fue Coronel de Ejército, Síndico, Procurador General, Conciliario, Regidor y Alcalde ordinario de dicha ciudad. Casó en Bilbao, en la iglesia parroquial de los Señores San Joanes, el 29 de julio de 1731, con doña María Josefa Irarza y Padura, hija de Francisco Lorenzo y de María. Tuvieron por hijo: a

Don José Fausto Vildósola e Irarza, bautizado en Bilbao, en la iglesia parroquial de los Señores San Joanes, el 15 de octubre de 1734, que fue Síndico, Cónsul, Prior del Real Consulado, Regidor del Ayuntamiento, Alcalde ordinario de dicha ciudad y Director del Real Banco de San Carlos. Casó en Bilbao, en la iglesia Mayor del Señor Santiago, el 28 de noviembre de 1762, con doña María Francisca Jardoqui y Arriquibar, hija de don José Gardoqui y Mereta, natural de Guernica, Intendente de Bilbao, y de doña María Simona Arriquibar y Mercorta, natural de Bilbao. Tuvieron por hijos: a Juan José; a Nicolás Vicente, y a José Vildósola y Gardoqui. Los cuales:

1. — Don Juan José Vildósola y Gardoqui, bautizado en Bilbao, en la iglesia Mayor del Señor Santiago, el 2 de julio de 1772, fue Alférez de Fragata de la Real Armada.

2. — Don Nicolás Vicente Vildósola y Gardoqui, bautizado en Bilbao, en la iglesia Mayor del Señor Santiago el 19 de julio de 1768, fue Diácono y Bachiller en ambos Derechos.

3. — Don José Mateo Vildósola y Gardoqui, bautizado en Bilbao, en la iglesia Mayor del Señor Santiago, el 22 de septiembre de 1764, fue Intendente Honorario de Ejército, Ministro Tesorero de Ejército y Real Hacienda de México, Primer Intendente de la Provincia de Puerto Príncipe en la isla de Cuba en 1813, Oficial Real Honorario, Comisario del Tráfico de Negros de La Habana, y Caballero de la Orden de Santiago. En unión de sus hermanos, promovieron información de nobleza en Bilbao, el 25 de octubre de 1792, por medio de su apoderado el Procurador Domingo de Aresti, y por ante el Escribano Francisco Xavier de Pujana. Testó en La Habana el 30 de abril de 1819 ante José Salinas, y su defunción se encuentra en La Habana, parroquia del Santo Cristo, a 3 de enero de 1821. Casó en la Catedral de La Haban el 10 de enero de 1798, con doña María Josefa Jáuregui y Aróstegui, hija de don Juan Tomás de Jáuregui y Mayora, Capitán de Caballería Ligera de Milicias de la plaza de La Habana, y de doña María Ana Aróstegui y Bassave. Tuvieron por hijos: a Mariana; a María de los Ángeles; a María Manuela; a María de las Angustias; a Juan Tomás; a José Fausto; a Fernando, y a Francisco de Paula Vildósola y Jáuregui. De los cuales:

A. — Don José Fausto Vildósola y Jáuregui, nacido el 17 de diciembre del año 1800, fue bautizado el día siguiente en la parroquia del Sagrario de la Catedral de México.

B. — Doña Mariana Vildósola y Jáuregui, nacida el 22 de febrero de 1802, fue bautizada el siguiente día en la Catedral de México.

C. — Doña María de los Ángeles Vildósola y Jáuregui, fue bautizada en la parroquia del Sagrario de la Catedral de México el 23 de diciembre de 1804.

D. — Don Francisco de Paula Vildósola y Jáuregui, bautizado en México, en la parroquia Metropolitana, el 27 de agosto de 1807, fue Abogado y Auditor Honorario de Marina. Casó en la Catedral de La Habana el 28 de febrero de 1831, con doña Tomasa González-Larrinaga y Benítez, hija de don Ignacio González-Larrinaga y Benítez, Intendente de Marina. Caballero Gran Cruz de Isabel La Católica, y de doña Tomasa Benítez y Turbiano. Tuvieron por hijo: a

Don Ignacio Vildósola y González-Larrinaga, que fue Sub-teniente de Milicias de Infantería de la plaza de La Habana y Caballero de la Orden de Isabel La Católica. Casó con doña Nieves González y Osma, hija de don Francisco González y Jiménez, y de doña Josefa Osma y de las Llanas. Tuvieron por hijos: a Francisco y a José Ignacio Vildósola y González. Los cuales:

a. — Don Francisco Vildósola y González, casó con doña María Concepción Ajuria y González, hija de don Ramón Ajuria y Munar, y de doña María Concepción González y Osma. Tuvieron por hijo: a

b. — Don José Ignacio Vildósola y González, bautizado en el Cerro el 15 de septiembre de 1859, que casó con doña Elodia Pocorrull y Oña, hija de don Manuel Pocorrull y Novell, Teniente Coronel del Ejército Español, natural de Cataluña, y de doña Elodia Oña y Veglia, natural de Sagua la Grande, Cuba, y tuvieron por hijos: a Víctor, y a Sergio Fernando Vildósola y Pocorrull. De los cuales:

Doctor Sergio Fernando Vildósola y Pocorrull, fue Dentista. Casó con doña Clara Ponce de León y Ponce de León, hija de don Adolfo Ponce de León y del Corral, V Conde de Villanueva, Grande de España, III Vizconde de Valbanera, Comandante de Milicias de la plaza de La Habana y Gentil-hombre de Cámara de Su Majestad. Tuvieron por hijo: a Rosa; a Nieves; a Francisco; a Concha; a Elodia, y a Sergio Vildósola y Ponce de León. De los cuales:

1. — Doña Rosa Vildósola y Ponce de León, casó con X. Ramoní.

2. — Doña Nieves Vildósola y Ponce de León, casó con don Edward Rehm.

3. — Doña Concha Vildósola y Ponce de León, casó con X. Menéndez.

4. — Doña Elodia Vildósola y Ponce de León, casó con don José Díaz Martínez.

5. — Don Francisco Vildósola y Ponce de León, casó con doña Petrica Pereiro García, y tuvieron por hijo: a Francisco Vildósola y Pereiro García.

Don Francisco Vildósola y Pereiro, casó con doña Mercedes Castro

VIZCAÍNO DE LA ROSA

A mediados del siglo XVII y procedente de la isla de La Palma, en Canarias, se estableció esta familia en la provincia de La Habana, Cuba.

Don Pedro Rodríguez Vizcaíno, y su mujer doña Juana María de la Rosa, tuvieron por hijos: a Pedro; a Domingo; a Juan, y a Diego Rodríguez Vizcaíno y de la Rosa. Los cuales:

1. — Don Pedro Rodríguez Vizcaíno y de la Rosa, natural de la isla de La Palma, tiene su defunción en la parroquia de la villa de Guanabacoa a 11 de septiembre de 1713.

2. — Don Domingo Rodríguez Vizcaíno y de la Rosa, natural de la isla de La Palma, testó ante Dionisio de Soto, y su defunción se encuentra en la parroquia de Guanabacoa a 30 de marzo de 1703.

3. — Don Juan Rodríguez Vizcaíno y de la Rosa, natural de la isla de La Palma, tiene su defunción a 12 de marzo de 1720. Casó con doña María de Acósta.

4. — Don Diego Rodríguez Vizcaíno y de la Rosa, natural de la isla de La Palma, tiene su defunción en la parroquia de la villa de Guanabacoa a 9 de diciembre de 1721. Casó en la Catedral de La Habana el 5 de junio de 1664, con doña María de la Candelaria Rodríguez Borges natural de La Habana, cuya defunción se encuentra en la parroquia de Guanabacoa a 10 de noviembre de 1702. Tuvieron por hijos: a María; a Ana; a Gregorio; a Diego; a Luis, y a Juan Vizcaíno de la Rosa y Borges. Los cuales:

A. — Doña María Vizcaíno de la Rosa y Borges, testó el 9 de marzo de 1737 ante Francisco Flores Rubio, y su defunción se encuentra en la parroquia de Guanabacoa a 24 de marzo de dicho año. Casó con don Manuel de Molina.

B. — Doña Ana Vizcaíno de la Rosa y Borges, fue bautizada en la Catedral de La Habana el 13 de diciembre de 1670. Testó ante Agustín Polo, Alcalde ordinario de Guanabacoa, y su defunción se encuentra en dicha villa a 16 de julio de 1748, donde casó en el año 1685, con don Patricio Salgado y Oviedo, natural de la citada villa, hijo del Alférez Juan Mateo Salgado y Ponce de León, y de doña Teresa de Jesús Oviedo y de la Raya.

C. — Don Gregorio Vizcaíno de la Rosa y Borges, fue bautizado en la Catedral de La Habana el 7 de marzo de 1672.

D. — Don Diego Vizcaíno de la Rosa y Borges, natural de La Habana, tiene su defunción en la parroquia de Guanabacoa a 24 de marzo de 1693.

E. — Don Luis Vizcaíno de la Rosa y Borges, fue bautizado en la Catedral de La Habana el 30 de diciembre de 1687. Casó con doña María Hernández, y tuvieron por hijos: a Lucía; a Ana; a Dorotea; a Manuel; a Pablo José, y a Luis Vizcaíno de la Rosa. Los cuales:

a. — Doña Lucía Vizcaíno de la Rosa y Hernández, bautizada en La Habana, parroquia del Santo Cristo, el 17 de diciembre de 1706, casó dos veces: la primera, en La Habana, en la citada parroquia, el 17 de julio de 1726, con don Juan Germán y González, hijo de Juan y de Agustina; y la segunda, en la parroquia de Managua, el 8 de noviembre de 1747, con don Manuel José Fernández-Buiza y Durán, natural de Sanlúcar de Barrameda.

b. — Doña Ana Vizcaíno de la Rosa y Hernández, fue bautizada en La Habana, parroquia del Santo Cristo, el 18 de enero de 1711.

c. — Doña Dorotea Vizcaíno de la Rosa y Hernández, fue bautizada en La Habana, parroquia del Santo Cristo, el 13 de febrero de 1712.

d. — Don Manuel Vizcaíno de la Rosa y Hernández, fue bautizado en La Habana, parroquia del Santo Cristo, el 17 de febrero de 1715.

e. — Don Pablo José Vizcaíno de la Rosa y Hernández, fue bautizado en La Habana, parroquia del Santo Cristo, el 8 de julio de 1716.

f. — Don Luis Vizcaíno de la Rosa y Hernández, bautizado en el Santo Cristo el 18 de enero de 1709, casó con doña Antonia Herrera, y tuvieron por hijo: a

Don Luis Vizcaíno de la Rosa y Herrera, natural de San Antonio de Río Blanco del Norte, que casó en la parroquia de la villa de Guanabacoa el 11 de diciembre de 1782, con doña Rosa del Castillo y Ruiz, natural de dicha villa, hija de Francisco y de Agustina.

G. — Capitán Juan Vizcaíno de la Rosa y Borges, natural de Guanabacoa, casó en la parroquia de Villaclara el 13 de febrero de 1707, con doña Águeda Pérez de Morales y Veitia, natural de San Juan de los Remedios, hija de Juan y de Luisa. Tuvieron por hijas: a Ana, y a Paula Vizcaíno de la Rosa y Pérez de Morales. Las cuales:

a. — Doña Ana Vizcaíno de la Rosa y Pérez de Morales, casó en la parroquia de Villaclara el 29 de abril de 1726, con don José de Moya y Sarduy, hijo de José y de María.

b. — Doña Paula Vizcaíno de la Rosa y Pérez de Morales, natural de Guanabacoa, casó en la parroquia de Villaclara el 29 de enero de 1742, con don José López Silvero y Sarduy, hijo del Alférez Gregorio López Silvero y del Águila, natural de La Habana, y de doña Ana Sarduy y Ramírez, natural de Remedios.

WADING

A fines del siglo XVIII, y procedente de la ciudad de la Laguna, en la isla de Tenerife, se estableció esta familia en La Habana.

El Capitán Francisco Xavier Wading, casó con doña Florencia Perea y Betancourt, y tuvieron por hijo: a

Don Tomás Wading y Perea, natural de la Laguna, que fue Contador Mayor del Real Tribunal y Audiencia de Cuentas de Guatemala, Contador de Ejército, y Caballero de la Orden de Carlos III. Testó en la ciudad de Guatemala el 13 de agosto de 1809, ante Francisco Navarrete, y casó en La Habana, parroquia del Santo Ángel, el 23 de julio de 1789, con doña María Gertrudis de Cárdenas y López de Ramos, bautizada en la Catedral de La Habana el 22 de diciembre de 1771, hija del Licenciado Alfonso María de Cárdenas y Pérez, Abogado, Intendente de Provincia, Juez de Apelaciones en causas de Real Hacienda, Presidente de la Junta Superior de dicha Real Hacienda, Contador Mayor del Tribunal y Real Audiencia de Cuentas de la isla de Cuba y demás de Barlovento y provincia de Luisiana, y de doña Tomasa López de Ramos y Maroto. Tuvieron por hijos: a María Gertrudis; a María de la Concepción; a María de las Mercedes; a Rafaela; a Francisco Xavier; a Tomás; a José Francisco; a María Florencia, y a Alfonso Wading y Cárdenas. De los cuales:

1. — Doña María de la Concepción Wading y Cárdenas, fue monja.

2. — Doña María de las Mercedes Wading y Cárdenas, casó en La Habana, parroquia del Espíritu Santo, el 18 de febrero de 1830, con don Dionisio Guiral y Mediano de Valdeosera, Capitán de Navío de la Real Armada, hijo de don Francisco Xavier Guiral y Navarrete, Capitán de Fragata de la referida Armada, y de doña María Josefa Mediano de Valdeosera y López de Ramos. Tuvieron por hijos: a María de los Dolores; a Josefa; a María de las Mercedes; a María Gertrudis; a Dionisio y Rafael Guiral y Wading. (Ver tomo III, pág. 191.)

3. — Doña Rafaela Wading y Cárdenas, natural de Guatemala, casó en La Habana, parroquia del Santo Cristo, el 14 de diciembre de 1832, con don Juan Bautista Topete y Viaña, Brigadier de la Real Armada, Jefe del Apostadero de La Habana, hijo de don Ramón Topete y Fuentes, Jefe de Escuadra, y de doña Francisca Viaña y Sánchez.

4. — Doña María Florencia Wading y Cárdenas, casó en la Catedral de Guatemala el 12 de junio de 1872, don Juan Nepomuceno Álvarez de las Asturias y Arroyave Beteta, hijo de Miguel Álvarez de las Asturias Nava y Montúfar, y de Josefa Arroyave Beteta y Mencos.

5. — Don Alfonso Wading y Cárdenas, fue bautizado en La Habana, parroquia del Santo Ángel, el primero de marzo de 1792.

Índice Alfabético Tomo Noveno

Apellidos	Pág.	Apellidos	Tomo Pág.
ALFONSO DE ARMAS	5	MONÉS	236
BAS	17	MONTERO DE ESPINOSA	237
CALVO	21	MORA	238
CARMONA DE ALBORNOZ	24	MORALES	250
CARRIÓN	25	MORALES DE LOS RÍOS	253
CATURLA	30	MORÉ	256
CEBALLOS	30	MORENO	262
CERRA	32	MUÑOZ	265
CERVANTES	35	MUÑOZ PALACIOS	266
CÉSPEDES	42	OJEA	270
CIRIA	43	OROZCO	271
DURLAND	46	PABLO VÉLEZ	274
ENTENZA	48	PACHECO	277
EZPELETA	49	PASTRANA	277
FERNÁNDEZ	55	PELAYO	291
FERNÁNDEZ DE LARA	58	PÉREZ-BARROSO	294
FERNÁNDEZ PELLÓN	70	PIEDRA	295
FERNÁNDEZ ROSILLO	72	PILOÑA	297
FEYJOO DE SOTOMAYOR	75	PORLIER	299
FLORENCIA	78	PORRO	304
GARÓFALO	90	PRIMELLES	312
GARSON	91	QUIJANO	315
GELABERT	91	QUIROGA	324
GELT	94	RABEL	326
GIRÓ	95	RAMÍREZ DE AGUILAR	327
GONZÁLEZ LARRINAGA	116	RAMOS	329
GOYTISOLO	121	REVILLA	331
GUTIÉRREZ	123	RODRIGO DE VALLABRIGA	334
HERRERA	125	RODRÍGUEZ SAN PEDRO	335
IBARGÜEN	144	ROQUE DE ESCOBAR	337
IZQUIERDO	152	ROSAS	342
JAÉN	153	ROSILLO	343
JIMÉNEZ	154	SALAZAR	348
JORGE	156	SÁNCHEZ DE MOVELLÁN	361
JOVA	161	SÁNCHEZ OSORIO	363
LADRÓN DE GUEVARA	167	SAÑUDO	366
LASTRES	168	SARDO DE ARANA	367
LEBLANC	172	SANTIESTEBAN	368
LÓPEZ DE QUERALTA	173	SAVIÑÓN	370
LOSADA	175	SEGURA	371
LUIS Y RODRÍGUEZ DE ALDANA (I)	176	SOLA	372
		SOLORZANO	375
LLANOS	177	SUÁREZ	376
MALDONADO	178	TAPIA	377
MANDULEY	181	TÉLLEZ-GIRÓN	379
		TEXADA	380
MANES	204	TOPETE	381
MARNOL	205	TURBIANO	383
MASNATA	210	VALDAMA	383
MEANA	212	VERANES	384
MESA	214	VILDÓSOLA	386
MIMÓ	216	VIZCAÍNO DE LA ROSA	388
MOLINA	218	WALDING	390

Índice Alfabético de Familias Comprendidas en los Tomos I al VIII

Apellidos	Tomo	Pág.	Apellidos	Tomo	Pág.
Abeille	8	1	Armenteros	3	32
Abreu	1	175	Armero	8	20
Abstengo	3	3	Armiñán	7	13
Acacio	1	2	Armona	5	33
Acosta	7	1	Aróstegui	4	46
Adán	3	1	Arredondo	3	184
Adot	5	192	Arredondo	4	54
Agramonte	1	1	Arrieta	4	113
Agramonte	4	391	Arriola	2	52
Agüero	5	1	Arteaga	2	42
Aguiar	7	4	Ascanio	7	17
Águila	6	1	Auñón	7	28
Aguilera	1	21	Avalos	8	21
Aguirre	8	2	Averhoff	7	37
Aguirre de Tejada	1	81	Ayala	2	52
Ajuria	1	25	Ayans de Ureta	3	259
Alacán	2	1	Ayestarán	2	72
Alarcón Ocaña	2	3	Ayllón	1	31
Albear	5	27	Azcárate	2	73
Aldama	1	29	Baca Rengifo	7	43
Alegre	4	43	Bacardí	7	41
Alés	3	6	Bachiller	3	62
Alfonso	3	8	Balaguer	8	23
Allo	5	31	Baldasaño	4	62
Almagro	2	6	Balzán	7	44
Almirante	8	5	Barnet	8	26
Alonso	2	9	Baró	1	32
Aloy	5	228	Barraqué	2	77
Álvarez	8	11	Barreda	5	38
Álvarez Calderón	3	17	Barrero	4	64
Álvarez de la Campa	8	14	Barreto	3	65
Álvarez de Abreu	5	63	Barroso	2	389
Álvarez Lebrún	5	32	Barroso	7	45
Álvarez Pedroso	3	155	Basarrate	8	31
Ambulodi	4	43	Bassave	3	69
Anaya	8	15	Batet	4	64
Andrade	8	19	Batista	3	74
Angulo	3	20	Bayona	1	35
Antonio	6	14	Bea	7	47
Apezteguía	3	30	Beato	2	79
Arancibia	6	2	Beitía	3	82
Aranda	2	10	Belt	7	49
Arango	2	11	Benítez	8	36
Arango	6	5	Benítez	3	88
Argüelles	4	148	Benítez de Lugo	7	50
Argüelles Díez	5	36	Bermúdez	4	66
Arias	8	20	Bernal	8	37
Ariosa	7	10	Bernal	6	11
Armas	2	35	Bernal López de Lusa	8	38

Apellidos	Tomo	Pág.	Apellidos	Tomo	Pág.
Berriel	8	40	Cepero	6	66
Berrio y Guzmán	6	14	Cervellón	1	320
Berroa	1	36	Céspedes	3	108
Beseira	8	41	Céspedes	4	134
Betancourt	4	69	Chacón	3	128
Betancourt	7	57	Chappotín	2	94
Beurmann	1	392	Chaumont	5	220
Bolívar	2	127	Chávez	3	217
Bonilla	4	102	Chávez	6	93
Borges	8	42	Chenard	6	94
Borges	3	93	Chirinos	4	126
Borrell	1	38	Cisneros	1	115
Borrero	5	49	Claussó	1	44
Boza	3	96	Coca	5	71
Bravo	8	46	Colás	2	90
Bravo de Acuña	8	53	Conill	2	93
Bramosio	1	190	Coppinger	7	108
Bringas	4	103	Cordero	7	113
Broch	1	41	Coronado	8	67
Brunet	1	40	Corral	6	87
Bruñón de Vertiz	2	81	Correoso Catalán	5	74
Bruzón	7	66	Cortadellas	8	69
Bucarelli	8	54	Cossio	7	124
Burón	8	55	Covarrubias	6	91
Caballero	5	49	Cowley	7	126
Cabrera	8	57	Crespo	1	277
Cabrera	5	63	Criloche	1	279
Cachurro	8	61	Cruz Prieto	2	65
Cadaval	2	82	Cuesta	3	124
Cagigal	4	293	Cueva	5	79
Calderón	3	19	Des Chapelles	2	98
Canton	8	63	Desvernine	7	131
Calderón	5	67	Diago	1	132
Calona	5	354	Díaz	5	84
Calvo de Arroyo	5	42	Díaz Albertini	7	134
Calvo de la Puerta	4	104	Díaz Pimienta	4	131
Cámara	1	43	Díaz de León	8	71
Cánovas del Castillo	3	343	Díaz de Villegas	8	73
Cantera	3	105	Dolz del Castellar	4	148
Cantón	8	61	Domínguez	2	100
Cárdenas	1	45	Dominicis	4	170
Cárdenas	5	253	Doria	7	139
Caro	6	17	Dorticós	7	140
Carreño	5	70	Du Bouchet	3	147
Carrerá	6	20	Du-Breuil	8	82
Carricarte	2	84	Du Quesne	4	171
Carrillo de Albornóz	1	94	Duany	4	150
Casas	1	105	Duarte	6	98
Cascales	8	66	Ducos	4	310
Castañeda	4	186	Duque de Estrada	4	154
Castaños	1	106	Echarte	2	123
Castellanos	6	24	Echeverría	6	117
Castellón	6	36	Eligio de la Puente	5	87
Castellví	7	70	Elozúa	4	179
Castilla	1	106	Encinoso de Abreu	8	84
Castillo	6	42	Embil	6	274
Castro	2	87	Engelhard	2	142
Castro Palomino	7	81	Enríquez	1	249
Castro y Rivera	2	126	Escobar	3	152
Casuso	7	103	Escobedo	4	144
Ceballos Escalera	4	299	Espada	7	150

Apellidos	Tomo	Pág.
Espeliús	1	138
Espinosa de Contreras	5	92
Esteva	3	155
Entralgo	8	86
Espellosa	8	87
Estrada	8	88
Fernández Cueto	1	31
Fernández de Alarcón	8	89
Fernández de Castro	2	126
Fernández de Cavada	2	139
Fernández de Córdoba	1	304
Fernández de Velasco	6	130
Fernández del Pino	6	122
Fernández Pacheco	6	119
Fernández Poveda	5	100
Fernández Trevejo	6	123
Ferral de Tamayo	6	306
Ferrán	2	141
Ferer	4	183
Fesser	1	132
Fierro	1	323
Figueredo	8	90
Figueroa	5	106
Firlay	5	189
Flores	1	232
Flores de Apodaca	1	140
Fonseca	4	143
Font	8	94
Fonts	1	141
Forcade	5	113
Fowler	2	143
Foxá	7	146
Franca	1	144
Franco	8	96
Franiel	4	128
Frenchi Alfaro	3	156
Freyre de Andrade	3	169
Frías	2	145
Fuentes	8	98
Fuertes	2	185
Galainena	8	116
Galarraga	7	165
Galarza	8	119
Galdós	8	120
Gama, De la	8	124
Gamba	7	163
Gamboa	4	198
García	8	126
García	4	200
García Barrera	3	173
García-Chicano	8	129
García de Lavín	2	146
García de Osuña	7	168
García Menocal	1	148
García Tuñón	2	153
Garmendia	8	132
Garro	5	115
Gastelumendi	5	121
Gastón	2	154
Gatica	5	122
Gaviria	5	125

Apellidos	Tomo	Pág.
Gea	8	135
Gener	8	137
Giquel	7	171
Göbel	8	139
Goicoechea	3	178
Goicuría	7	174
Gola	2	160
Gómez	6	144
Gómez	7	180
Gómez de Avellaneda	2	46
Gómez de Lara	4	113
Gómez de Molina	8	142
Gómez Mena	4	205
González	1	169
González Abreu	1	171
González de Alfonseca	8	148
González Carvajal	3	181
González Carvajal	5	102
González de Estéfani	4	453
González de la Campa	8	149
González de la Torre	2	161
González de la Vega	1	314
González de Mendoza	1	176
González de Rivera	8	157
González del Valle	5	126
González Estéfani	1	175
González-Llorente	8	151
González Osorio	5	68
González Regüeiferos	7	177
Gordon	8	159
Goudie	8	160
Govantes	2	181
Govin	2	185
Goyri	6	152
Granados	8	162
Grau	4	315
Gregorio	3	259
Guardia	1	184
Güell	2	192
Guerra	6	153
Guerrero	8	166
Guevara	1	1
Guilizasti	4	207
Guillén del Castillo	8	170
Guiral	3	188
Guiteras	8	173
Gumá	7	183
Guridi	3	22
Hano y Vega	5	130
Hechavarría	3	193
Heredia	5	136
Hernández	3	214
Hernández	3	60
Hernández	5	228
Hernández de Alba	8	177
Hernández Miyares	3	221
Herrera	8	181
Herrera	2	194
Herrera y Moya	7	187
Hevia	5	150
Hidalgo	1	150

Apellidos	Tomo	Pág.	Apellidos	Tomo	Pág.
Hidalgo-Gato	7	192	Manzaneda	6	199
Hierrezuelo	6	171	Manzano	1	206
Hoces	2	219	Marín	4	136
Holguin	8	185	Maroto	5	171
Horruitiner	7	206	Márquez del Toro	5	255
Horstmann	1	187	Márquez-Sterling	8	213
Hurtado de Mendoza	8	186	Marrón de Santiesteban	8	216
Ibáñez	3	225	Martín	1	265
Ibarra	8	192	Martínez	3	95
Iglesias	8	193	Martínez	4	229
Irabien	8	196	Martínez de Campos	3	276
Isla	5	198	Martínez de Pinillos	3	280
Iznaga	3	226	Martínez de Valdivieso	8	217
Jacot	1	189	Martínez Fortún	7	247
Jáuregui	2	222	Masvidal	3	3
Jorrín	1	190	Matienzo	1	208
Junco	7	219	Mazón	8	219
Justiniani	3	238	Mazorra	1	312
Jústiz	2	227	Mediano de Valdosera	8	223
Kessel	2	240	Mendiola	2	263
Kindelán	1	193	Menéndez de Avilés	2	266
Kohly	3	244	Menéndez Márquez	2	266
Laborde	8	196	Merlín	1	347
LaMadrid	3	171	Meyreles	3	283
LaMar	2	242	Mieses	5	143
Lanz	6	174	Milanés	2	274
Lara	4	209	Millán de Bohorques	4	282
Laredo	8	198	Miranda	2	276
Lasa	3	248	Miranda	3	288
Lemaur	1	364	Miyares	4	233
Lemaur	3	253	Molinar	4	238
León	3	255	Molins	1	357
Leos Echalas	5	138	Montagú	3	236
Leyba	7	241	Montalvo	3	289
Lima	3	269	Montaña	5	172
Limonta	6	176	Monte	2	295
Lisundia	3	272	Montes	5	173
Loinaz	6	181	Monteverde	4	240
Lombard	5	264	Montoro	1	210
Lombillo	3	274	Montoulieu	5	175
Longa	2	251	Montoya	5	176
López Abreu	8	201	Mora	8	225
López de Aldazábal	8	202	Morales	1	212
López de Avilés	3	33	Morejón	7	256
López de Cangas	3	195	Morell de Santa Cruz	5	177
López de Gamarra	8	205	Moreno Xirón	3	194
López de Ganuza	5	160	Mozo de la Torre	5	179
López de Herrera	8	207	Mozo de la Torre	7	290
López de Ochoa	1	300	Munive	5	181
López de Ramos	1	197	Muñoz	6	200
López de Villavicencio	3	325	Muñoz de Roxas	2	306
López Silvero	4	210	Muñoz de Velasco	4	296
Loret de Mola	1	199	Murguía	6	202
Loza	8	209	Mustelier	4	242
Luz	2	252	Nadal	1	166
Machado	7	242	Navarrete	5	182
Maciá	1	204	Navarro	4	248
Mádan	5	164	Navarro de Balboa	5	191
Mallén	2	258	Navarro Soto	7	369
Mancebo	6	189	Nieto	8	227
Mantilla	4	223	Nieto	1	241
Manuel de Villena	6	195	Noguera	6	205

Apellidos	Tomo	Pág.	Apellidos	Tomo	Pág.
Noriega	7	293	Poveda	5	105
Núñez de Villavicencio	3	324	Prado Carvajal	5	234
Núñez del Castillo	4	249	Presenti	4	317
O'Farrill	3	334	Primo de Rivera	4	337
O'Gaban	3	209	Pulido	1	304
O'Naghten	1	248	Quesada	6	258
O'Reilly	3	349	Quintana	8	274
Ochoa de Orbea	6	208	Rainieri	8	275
Odoardo	5	193	Ramírez	5	236
Orta	5	195	Ramírez de Arellano	7	313
Ortega	5	253	Ramírez Soto	7	319
Otero	8	230	Ramos	6	286
Ortiz de Matienzo	4	257	Ramos Izquierdo	5	237
Ortiz de Zarate	5	196	Recio	3	358
Orue	5	197	Ramírez de Estenoz	4	319
Osorio de Pedroso	1	251	Rendón	5	240
Ovando	6	210	Rey	4	340
Pacheco	5	253	Reyes Gavilán	7	326
Palacián	5	205	Río Noguerido	3	252
Palacios Saldurtún	6	212	Rionda	4	327
Palma	6	220	Risel	4	329
Párraga	6	226	Rivas	5	242
Parreño	3	354	Rivero	1	305
Paterson	2	226	Robiou	6	288
Pedroso	2	308	Roca	5	246
Pelayo	1	375	Rodríguez	1	31
Peñalver	4	258	Rodríguez	2	335
Pera	6	231	Rodríguez	5	247
Perdomo	5	206	Rodríguez Acosta	5	250
Pérez-Barnuevo	8	239	Rodríguez Capote	2	137
Pérez Borroto	4	274	Rodríguez de Biedma	5	252
Pérez de Abreu	5	211	Rodríguez del Toro	3	356
Pérez de Alderete	6	233	Rodríguez-Rubio	8	276
Pérez de Castañeda	7	297	Rodríguez Vigario	5	252
Pérez de Bullones	8	251	Romay	6	290
Pérez de la Riva	7	301	Romero	1	308
Pérez de las Alas	4	114	Romeu	8	279
Pérez de Olano	8	256	Romeu	5	333
Pérez de Ordaz	8	259	Roustán de Estrada	5	255
Pérez de Urría	5	222	Roxas	1	315
Pérez de Vargas	5	223	Rua, De la	8	281
Pérez Najarro	6	239	Ruiz	8	283
Pérez Piquero	1	89	Ruiz de Apodaca	7	339
Pérez Ulloque	1	1	Ruiz de Pastrana	4	139
Pertierra	5	225	Ruiz Guillén	5	257
Pezuela	4	291	Ruiz Tagle	5	258
Pichardo	1	253	Saavedra	8	289
Piedra Hita	5	226	Saavedra	4	225
Pineyro	1	133	Saco	8	290
Pintó	5	227	Saint Maxent	4	333
Pita de Figueroa	6	244	Saladrigas	2	338
Pla	1	264	Salgado	7	346
Poey	5	229	Samá	5	259
Polo	8	269	San Martín	4	330
Ponce de León	1	265	Sánchez	2	28
Ponce de León	6	251	Sánchez	5	261
Porcallo de Figueroa	4	303	Sánchez de Bustamante	7	364
Portela	7	302	Sánchez de Carmona	6	295
Portillo	6	254	Sánchez de Fuente	7	366
Porto	5	232	Sánchez Griñán	3	384
Portuondo	1	288	Sánchez Pereira	2	341
Pouble	4	308	Sandoval	2	358

Apellidos	Tomo	Pág.
Santa Cruz	1	318
Santiago Aguirre	5	265
Santos Guzmán	2	360
Saravia	5	267
Sardiña	8	291
Sardiña	5	268
Sarmiento de Valladares	1	249
Scott-Jenckes	8	301
Scull	1	366
Sedano	2	361
Segrera	6	304
Seidel	5	277
Sequeira	6	366
Serrano	2	102
Silva	1	323
Silva	2	366
Socarrás	6	305
Solana	8	303
Soler	6	332
Solís-Puñales	8	308
Solloso	5	280
Sorzano	2	369
Sotolongo	5	281
Sousa	3	43
Sterling	2	379
Suárez de Argudín	4	336
Suárez de Gamboa	4	198
Suárez de Toledo	4	198
Suárez del Villar	4	339
Sucre	2	372
Tagle	2	376
Tamayo	3	388
Tarafa	3	31
Tejera	4	343
Terry	3	397
Tirry	3	400
Toca	6	335
Tolón	2	378
Torre	5	348
Torres Ayala	1	369
Torriente	1	372
Tous de Monsalve	1	107
Tovar	4	155
Trelles	8	319
Trimiño	4	346
Troncoso	1	44
Truffin	5	221
Ugarte	2	381
Urbizú	6	336

Apellidos	Tomo	Pág.
Uriza	5	173
Urra	8	324
Urrutia	7	371
Usatorres	5	368
Ustariz	6	338
Vaillant	5	382
Valcárcel	2	385
Valdés	5	371
Valdés Fauli	6	175
Valdespino	5	378
Valiente	5	388
Valle	2	388
Van de Walle	7	396
Varona	4	348
Vázquez Valdés de Coronado	7	402
Velasco	6	340
Velázquez de Cuéllar	1	382
Velázquez del Castillo	4	199
Velluti	3	320
Veloso	5	394
Verdeja	5	276
Vergara	2	277
Viamonte y Navarra	8	327
Videau	6	302
Villa Urrutia	3	401
Villalón	4	384
Villanueva	1	31
Villaverde	8	330
Vinent	3	403
Wall	1	134
Weber	2	194
Xénes	4	392
Ximeno	4	397
Xiques	8	332
Yarini	1	282
Zalba	3	3
Zaldívar	6	350
Zaldo	1	388
Zambrana	7	406
Zartucha	1	269
Zayas	4	401
Zayas Zamudio	3	204
Zéndegui	2	394
Zenea	8	334
Zequeira	6	366
Zuásnavar	5	396
Zuazo	6	382
Zulueta	4	448
Zúñiga	6	388

www.ingramcontent.com/pod-product-compliance
Lightning Source LLC
Chambersburg PA
CBHW031402290426
44110CB00011B/239